2026
제29회 시험대비 전면개정

박문각
주택관리사

기본서 2차
공동주택관리실무

김혁 외 박문각 주택관리연구소 편저

브랜드만족
1위
박문각

수상내역
후면표기

동영상강의
www.pmg.co.kr

합격까지 박문각
합격 노하우가 다르다!

박문각
주택관리사

공동주택관리실무는 출제범위가 따로 정해져 있지 않아 단시간에 원하는 점수를 얻을 수 있는 과목이 아니기 때문에 꾸준한 학습과 노력을 통해 실력을 향상시켜야 좋은 결과를 얻을 수 있습니다.

공동주택관리와 연계된 법령 및 실무와 관련된 이론부분에서 문제가 출제되고 있기 때문에 단순한 암기 위주가 아닌 이해 위주의 학습을 토대로 하여 문제에 대한 응용력 및 변별력을 배양하는 학습이 되어야 합니다.

이에 본 기본서는 다음의 특징에 중점을 두어 기술하였습니다.

첫째   최근 출제경향에 맞추어 많은 부분을 빠짐없이 수록하였고 최근 개정된 법령을 누락됨 없이 철저히 반영하였습니다.

둘째   학습한 내용이 실제 시험에서 어떻게 출제되고 있는지 확인할 수 있도록 기출문제와 확인문제를 수록하였습니다.

셋째   공동주택관리실무와 관련된 과목인 공동주택시설개론과 주택관리관계법규와도 연계학습이 될 수 있도록 구성하였습니다.

본서가 수험생 여러분들에게 많은 도움이 되어 수험생 여러분 모두에게 합격의 영광이 있기를 진심으로 기원합니다.

2025년 10월
편저자 김혁

자격안내

자격개요

주택관리사보는 공동주택의 운영·관리·유지·보수 등을 실시하고 이에 필요한 경비를 관리하며, 공동주택의 공용부분과 공동소유인 부대시설 및 복리시설의 유지·관리 및 안전관리 업무를 수행하기 위해 주택관리사보 자격시험에 합격한 자를 말한다.

변천과정

1990년	주택관리사보 제1회 자격시험 실시
1997년	자격증 소지자의 채용을 의무화(시행일 1997. 1. 1.)
2006년	2005년까지 격년제로 시행되던 자격시험을 매년 1회 시행으로 변경
2008년	주택관리사보 자격시험의 시행에 관한 업무를 한국산업인력공단에 위탁(시행일 2008. 1. 1.)

주택관리사제도

❶ 주택관리사 등의 자격

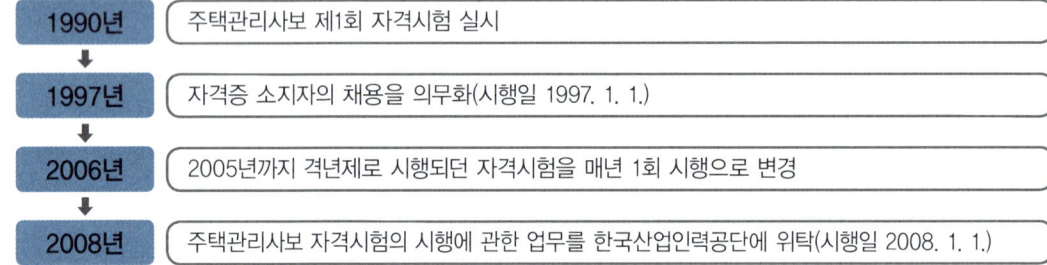

주택관리사보 주택관리사보가 되려는 자는 국토교통부장관이 시행하는 자격시험에 합격한 후 시·도지사로부터 합격증서를 발급받아야 한다.

주택관리사 주택관리사는 주택관리사보 합격증서를 발급받고 대통령령으로 정하는 주택관련 실무경력이 있는 자로서 시·도지사로부터 주택관리사 자격증을 발급받은 자로 한다.

❷ 주택관리사 인정경력

시·도지사는 주택관리사보 자격시험에 합격하기 전이나 합격한 후 다음의 어느 하나에 해당하는 경력을 갖춘 자에 대하여 주택관리사 자격증을 발급한다.

- 사업계획승인을 받아 건설한 50세대 이상 500세대 미만의 공동주택의 관리사무소장으로 근무한 경력 3년 이상
- 사업계획승인을 받아 건설한 50세대 이상의 공동주택의 관리사무소의 직원(경비원, 청소원, 소독원 제외) 또는 주택관리업자의 직원으로 주택관리업무에 종사한 경력 5년 이상
- 한국토지주택공사 또는 지방공사의 직원으로 주택관리업무에 종사한 경력 5년 이상
- 공무원으로 주택관련 지도·감독 및 인·허가 업무 등에 종사한 경력 5년 이상
- 주택관리사단체와 국토교통부장관이 정하여 고시하는 공동주택관리와 관련된 단체의 임직원으로 주택관련 업무에 종사한 경력 5년 이상
- 위의 경력들을 합산한 기간 5년 이상

법적 배치근거

공동주택을 관리하는 주택관리업자·입주자대표회의(자치관리의 경우에 한함) 또는 임대사업자(「민간임대주택에 관한 특별법」에 의한 임대사업자를 말함) 등은 공동주택의 관리사무소장으로 주택관리사 또는 주택관리사보를 다음의 기준에 따라 배치하여야 한다.

- 500세대 미만의 공동주택: 주택관리사 또는 주택관리사보
- 500세대 이상의 공동주택: 주택관리사

주요업무

공동주택을 안전하고 효율적으로 관리하여 공동주택의 입주자 및 사용자의 권익을 보호하기 위하여 입주자대표회의에서 의결하는 공동주택의 운영·관리·유지·보수·교체·개량과 리모델링에 관한 업무 및 이와 같은 업무를 집행하기 위한 관리비·장기수선충당금이나 그 밖의 경비의 청구·수령·지출 업무, 장기수선계획의 조정, 시설물 안전관리계획의 수립 및 건축물의 안전점검에 관한 업무(단, 비용지출을 수반하는 사항에 대하여는 입주자대표회의의 의결을 거쳐야 함) 등 주택관리서비스를 수행한다.

진로 및 전망

주택관리사는 주택관리의 시장이 계속 확대되고 주택관리사의 지위가 제도적으로 발전하면서 공동주택의 효율적인 관리와 입주자의 편안한 주거생활을 위한 전문지식과 기술을 겸비한 전문가집단으로 자리매김하고 있다.

주택관리사의 업무는 주택관리서비스업으로서, 자격증 취득 후 아파트 단지나 빌딩의 관리소장, 공사 및 건설업체·전문용역업체, 공동주택의 운영·관리·유지·보수 책임자 등으로 취업이 가능하다.
과거 주택건설 및 공급 위주의 주택정책이 국가경제적인 측면에서 문제가 되었다는 점에서 지금은 공동주택의 수명연장 및 쾌적한 주거환경 조성을 우선으로 하는 주택관리의 시대가 되었다. 이러한 시대적 변화에 맞추어 전문자격자로서 주택관리사의 역할이 어느 때보다 중요해지고 있으며, 공동주택의 리모델링의 활성화로 주택관리사들이 전문기법을 연구·발전시켜 국가경제발전에도 크게 기여하게 될 것이다.

자격시험안내

시험기관

소관부처 (국토교통부 주택건설공급과)

실시기관 (한국산업인력공단(http://www.Q-net.or.kr))

응시자격 및 결격사유

❶ **응시자격:** 없음

※ 단, 시험시행일 현재 주택관리사 등의 결격사유에 해당하는 자와 부정행위를 한 자로서 당해 시험시행일로부터 5년이 경과되지 아니한 자는 응시 불가능

❷ **주택관리사보 결격사유**(공동주택관리법 제67조 제4항)

다음 각 호 어느 하나에 해당하는 사람은 주택관리사 등이 될 수 없으며 그 자격을 상실한다.

> 1. 피성년후견인 또는 피한정후견인
> 2. 파산선고를 받은 사람으로서 복권되지 아니한 사람
> 3. 금고 이상의 실형의 선고를 받고 그 집행이 끝나거나(집행이 끝난 것으로 보는 경우를 포함) 집행이 면제된 날부터 2년이 지나지 아니한 사람
> 4. 금고 이상의 형의 집행유예를 선고받고 그 집행유예기간 중에 있는 사람
> 5. 주택관리사 등의 자격이 취소된 후 3년이 지나지 아니한 사람(제1호 및 제2호에 해당하여 주택관리사 등의 자격이 취소된 경우는 제외)

시험방법

❶ 주택관리사보 자격시험은 제1차 시험 및 제2차 시험으로 구분하여 시행
❷ **제1차 시험문제:** 객관식 5지 택일형, 과목당 40문항을 출제
❸ **제2차 시험문제:** 객관식 5지 택일형 및 주관식 단답형, 과목당 40문항을 출제(객관식 24문항, 주관식 16문항)

시험의 일부면제

❶ 2025년도 제28회 제1차 시험 합격자(2026년도 제1차 시험에 한함, 별도 서류제출 없음)
❷ 2025년도 제1차 시험 합격자가 2026년도 제1차 시험 재응시를 원할 경우, 응시 가능하며 불합격하여도 전년도 제1차 시험 합격에 근거하여 2026년도 제2차 시험에 응시 가능

※ 다만, 2026년도 제1차 시험의 시행일 기준으로 결격사유에 해당하는 사람에 대해서는 면제하지 아니함

합격기준

❶ 제1차 시험 절대평가, 제2차 시험 상대평가(공동주택관리법 제67조 제5항)

국토교통부장관은 선발예정인원의 범위에서 대통령령으로 정하는 합격자 결정 점수 이상을 얻은 사람으로서 전과목 총득점의 고득점자 순으로 주택관리사보 자격시험 합격자를 결정

❷ 시험합격자의 결정(공동주택관리법 시행령 제75조)

> **1. 제1차 시험**
> 과목당 100점을 만점으로 하여 모든 과목 40점 이상이고 전 과목 평균 60점 이상의 득점을 한 사람
> **2. 제2차 시험**
> ① 과목당 100점을 만점으로 하여 모든 과목 40점 이상이고 전 과목 평균 60점 이상의 득점을 한 사람. 다만, 모든 과목 40점 이상이고 전 과목 평균 60점 이상의 득점을 한 사람의 수가 법 제67조 제5항 전단에 따른 선발예정인원에 미달하는 경우에는 모든 과목 40점 이상을 득점한 사람
> ② 법 제67조 제5항 후단에 따라 제2차 시험 합격자를 결정하는 경우 동점자로 인하여 선발예정인원을 초과하는 경우에는 그 동점자 모두를 합격자로 결정. 이 경우 동점자의 점수는 소수점 둘째자리까지만 계산하며, 반올림은 하지 아니함

시험과목

(2025. 03. 28. 제28회 시험 시행계획 공고 기준)

시험구분		시험과목	시험범위	시험시간
제1차 (3과목)	1교시	회계원리	세부 과목 구분 없이 출제	100분
		공동주택 시설개론	• 목구조·특수구조를 제외한 일반건축구조와 철골구조 • 장기수선계획 수립 등을 위한 건축적산 • 홈네트워크를 포함한 건축설비개론	
	2교시	민 법	• 총칙 • 물권 • 채권 중 총칙·계약총칙·매매·임대차·도급·위임·부당이득·불법행위	50분
제2차 (2과목)		주택관리 관계법규	「주택법」·「공동주택관리법」·「민간임대주택에 관한 특별법」·「공공주택 특별법」·「건축법」·「소방기본법」·「화재예방, 소방시설설치·유지 및 안전관리에 관한 법률」·「승강기 안전관리법」·「전기사업법」·「시설물의 안전 및 유지관리에 관한 특별법」·「도시 및 주거환경정비법」·「도시재정비 촉진을 위한 특별법」·「집합건물의 소유 및 관리에 관한 법률」 중 주택관리에 관련되는 규정	100분
		공동주택 관리실무	시설관리, 환경관리, 공동주택회계관리, 입주자관리, 공동주거관리이론, 대외업무, 사무·인사관리, 안전·방재관리 및 리모델링, 공동주택 하자관리(보수공사 포함) 등	

※ 1. 시험과 관련하여 법률·회계처리기준 등을 적용하여 답을 구하여야 하는 문제는 시험시행일 현재 시행 중인 법령 등을 적용하여 정답을 구하여야 함
2. 회계처리 등과 관련된 시험문제는 「한국채택국제회계기준(K-IFRS)」을 적용하여 출제
3. 기활용된 문제, 기출문제 등도 변형·활용되어 출제될 수 있음

2025년 제28회 주택관리사(보) 2차 시험 과목별 총평

주택관리 관계법규

이번 제28회 주택관리사(보) 시험은 상대평가로 전환된 이후 다섯 번째 시험으로, 선발예정인원은 약 1,600명 수준이었습니다.

2차 과목 가운데 주택관리관계법규는 난도가 높게 출제된 반면, 공동주택관리실무는 다소 쉽게 출제되었습니다. 이에 따라 전체적인 합격 평균점수는 작년과 비슷한 수준에서 형성될 것으로 예상됩니다.

특히, 주택관리관계법규는 예년과 달리 최근 개정된 법률 부분이 거의 출제되지 않았으며, 난이도 기준으로 볼 때 상(上) 수준 문제가 약 12문항, 중(中) 수준 문제가 15문항이 출제되었습니다. 이로 인해 다수의 고득점자가 나오기는 어려웠을 것으로 보이며, 해가 거듭될수록 법규 과목의 출제 난도가 점차 높아지는 경향이 뚜렷하게 나타나고 있습니다.

시험 직후 수험생들의 후기를 살펴보면, 모의고사에서 70점 이상을 기록했던 수험생조차 실제 시험에서는 50점 전후에 머물렀다는 사례가 많았습니다. 이는 이번 시험의 난이도를 실감케 하는 대목입니다.

다만, 선발인원은 작년과 동일하나 지원 경쟁률이 더 높아졌기 때문에, 실제 합격선(커트라인)은 작년과 비슷할 것으로 보입니다.

공동주택 관리실무

이번 제28회 시험은 출제난도가 높게 유지되면서 문항 수도 많이 출제되던 사무관리에서 기존 난도보다는 낮게 5문제만 출제되었습니다. 하지만 제29회 시험에서는 이전의 난도와 문항 수로 출제될 수 있기 때문에 이에 대한 대비가 필요합니다.

공동주택관리의 개요에서는 용어정의, 자치관리와 위탁관리를 포함한 공동주택 관리에 관련된 문제가 평이하게 출제되었고 높은 출제빈도를 유지하고 있는 곳이기 때문에 꼼꼼한 정리가 필요합니다. 대외업무에서는 허가와 신고 규정이 생략되는 문제가 출제되어 난도는 낮았지만 역으로 난도를 조절할 수 있는 주관식 문제가 출제될 수 있기 때문에 이에 철저한 대비도 필요합니다.

꾸준하게 출제빈도가 높은 공동주택 건축설비에서는 까다로운 계산문제 1문제를 포함하여 총 13문제가 기존 출제난도보다는 낮게 출제되었습니다.

건축물 및 시설관리와 하자보수 등에서는 지엽적인 1문제를 포함하여 5문항이 "중" 정도의 난도로 출제되었고, 환경관리에서는 출제빈도가 높은 실내공기질 관리법을 포함하여 4문제가 출제되었으며 제29회 시험에서도 문항 수는 제28회 시험과 동일하거나 더 늘어 날 수 있을 것으로 보입니다.

박문각의 학습과정과 교재를 통해 꾸준하게 수험준비를 하신 분들은 큰 어려움 없이 시험을 치르셨을 것으로 생각됩니다.

**주택관리사(보)
자격시험
5개년 합격률**

▷ **제1차 시험** (단위: 명)

구 분	접수자(A)	응시자(B)	합격자(C)	합격률(C/B)
제24회(2021)	17,011	13,827	1,760	12.73%
제25회(2022)	18,084	14,410	3,137	21.76%
제26회(2023)	18,982	15,225	1,877	12.33%
제27회(2024)	20,809	17,023	2,017	11.84%
제28회(2025)	22,406	18,683	2,952	15.8%

▷ **제2차 시험** (단위: 명)

구 분	접수자(A)	응시자(B)	합격자(C)	합격률(C/B)
제23회(2020)	2,305	2,238	1,710	76.4%
제24회(2021)	2,087	2,050	1,610	78.5%
제25회(2022)	3,494	3,408	1,632	47.88%
제26회(2023)	3,502	3,439	1,610	46.81%
제27회(2024)	2,992	2,913	1,612	55.33%

출제경향 분석 및 수험대책

📖 출제경향 분석

분야	구 분	제24회	제25회	제26회	제27회	제28회	총 계	비율(%)
행정실무	공동주택관리의 개요	8	8	6	9	7	38	19
	입주자관리	4	3	3	3	3	16	8
	사무관리	7	8	7	7	5	34	17
	대외업무 및 리모델링					1	1	0.5
	공동주택 회계관리	2	1	1	1	1	6	3
	소 계	21	20	17	20	17	95	47.5
기술실무	건축물 및 시설물관리	3	5	4	4	3	19	9.5
	하자보수 및 장기수선계획 등	1	1	3	1	2	8	4
	공동주택의 건축설비	14	10	11	10	13	58	29
	환경관리		3	3	3	4	13	6.5
	안전관리	1	1	2	2	1	7	3.5
	소 계	19	20	23	20	23	105	52.5
총 계		40	40	40	40	40	200	100

📋 시험총평

이번 제28회 시험은 전체적으로 평이하게 출제되었지만 일부 문제는 법령의 지엽적인 부분에서 출제되었고, 높은 출제빈도를 보인 곳은 공동주택의 설비에서 13문제, 공동주택관리의 개요에서 7문제, 사무관리에서 5문제가 출제되었습니다.

박문각의 학습과정과 교재를 통해 꾸준하게 수험준비를 하신 분들은 큰 어려움 없이 시험을 치르셨을 것으로 생각됩니다.

✒️ 수험대책

제29회 시험을 대비하여 다음의 사항을 유념하여 수험준비를 해야 합니다.

첫 째 단계별 모든 과정을 빠짐없이 수강하고 이해 위주의 학습이 이루어져야 합니다.

둘 째 전 범위에 걸쳐 기출문제를 꼼꼼히 확인하여 이해력을 높임과 동시에 실제시험 유형에 접근하는 데 필요한 응용력을 길러야 합니다.

셋 째 노무관리와 사회보험도 출제비중이 지속적으로 높아지고 있기 때문에 소홀함 없이 충분한 준비를 하여야 합니다.

넷 째 시설개론의 건축설비의 설비와 관련된 이론지문을 정확히 정리해서 관리실무에서 다루기 어려운 지문을 보완 하여야 합니다.

다섯째 주관식 단답형 부분점수 제도에 따라 펜을 들고 직접 써보는 연습을 많이 하여야 합니다.

제1편 행정실무

▶ **제1장 공동주택관리의 개요**: 용어정의, 의무관리대상 전환 공동주택의 관리업무 이관절차, 의무관리대상 공동주택의 관리업무 이관절차, 주택관리사제도, 관리주체와 관리사무소장에 대한 종합유형의 문제와 주택관리업과 주택관리업자에 대한 문제가 꾸준히 출제되고 있으며, 이 부분은 기입형과 서술형으로 번갈아가며 매년 4~5문제가 출제되고 있으므로 정확한 정리가 필요합니다.

▶ **제2장 입주자관리**: 입주자대표회의에 관한 문제가 매년 2문제 정도 출제되고 있으며 특히 동별 대표자의 결격사유와 구성원에 대한 윤리교육 부분이 출제빈도가 높습니다. 층간소음에 관한 규정과 공동주택관리 분쟁조정에 관한 내용은 꼼꼼한 정리가 필요합니다.

▶ **제3장 사무관리**: 노무관리와 사회보험에 관한 부분이 6~7문제로 꾸준히 출제 문항 수가 늘어나고 있으며 노무관리 규정 중에서는 「근로기준법」, 「최저임금법」, 「남녀고용평등과 일·가정 양립 지원에 관한 법률」, 「근로자퇴직급여 보장법」, 사회보험에서는 「산업재해보상보험법」과 「고용보험법」에 대한 철저한 대비가 필요합니다.

▶ **제4장 대외업무 및 리모델링**: 공동주택과 부대시설 및 복리시설에 대한 행위허가와 신고에 관한 문제가 출제되고 있으나 정리가 잘되지 않아 수험생들이 시험 직전까지 힘들어 하는 부분이기도 합니다. 따라서 기출문제를 토대로 출제유형을 습득해야 하며 리모델링은 개정부분이 많기 때문에 특히 주의하여 정리해야 합니다.

▶ **제5장 공동주택 회계관리**: 공동주택 회계관리에서는 관리비의 비목별 구성명세와 사용료 항목을 구분하는 출제유형이 많으며 난이도 조절을 위해 주관식 기입형의 출제가 예상되므로 이에 대한 대비가 필요합니다.

제2편 기술실무

▶ **제1장 건축물 및 시설물관리**: 결로의 원인과 대책, 아스팔트 방수와 시멘트액체 방수의 비교규정을 잘 정리해야 하고, 진입도로의 폭에 관한 규정과 공동주택성능등급에 관한 규정을 포함하여 부대시설과 복리시설의 세부설치기준에 관해 객관식 문제와 주관식 기입형 문제까지 대비하여 꼼꼼하게 정리하여야 합니다.

▶ **제2장 하자보수 및 장기수선계획 등**: 매년 2~3문제가 꾸준하게 출제되고 있는 장이므로 특정한 부분에 한정하지 않고 전체적으로 자세하게 정리를 하여야 합니다.

▶ **제3장 공동주택의 건축설비**: 매년 14~15문제가 건축설비 이론과 관련 법령에서 출제되는 장으로 1차 공동주택시설개론과의 연계학습이 필요한 부분이기도 합니다. 건축설비 관련 법령지문은 공동주택관리실무에서 출제되고 있기 때문에 체계적으로 정리되어야 하며, 특히 주관식 기입형 문제도 자주 출제되기 때문에 꼼꼼하게 학습하여야 합니다.

▶ **제4장 환경관리**: 매년 2문세 정도가 출제되는 장으로서 공동주택의 소독대상과 점검횟수, 소음관리, 신축공동주택의 실내공기질 관리규정을 특히 주의하여 정리하여야 합니다.

▶ **제5장 안전관리**: 공동주택관리법령상의 안전관리계획, 안전점검, 안전관리교육은 객관식 문제뿐만 아니라 주관식 기입형 문제를 대비해야 하는 중요한 부분이며, 어린이놀이시설 안전관리법령은 앞으로 출제문항이 늘어날 수 있기 때문에 관리적인 측면에 대한 정리가 반드시 필요합니다.

단계별 학습전략 Process 4

STEP 1
시험준비 단계

시험출제 수준 및 경향 파악

사전준비 없이 막연한 판단으로 공부를 시작하면 비효율적이고 시험에 실패할 위험도 크다. 따라서 기출문제의 꼼꼼한 분석을 통해 출제범위를 명확히 하고, 출제 빈도 및 경향을 정확히 가늠하여 효율적인 학습방법을 찾는 것이 합격을 위한 첫 걸음이다.

최적의 수험대책 수립 및 교재 선택

시험출제 수준 및 경향을 정확하게 파악하였다면, 수험생 본인에게 적합한 수험방법을 선택해야 한다. 본인에게 맞지 않는 수험방법은 동일한 결과를 얻기 위해 몇 배의 시간과 노력을 들여야 한다. 따라서 본인의 학습태도를 파악하여 자신에게 맞는 학습량과 시간 배분 및 학습 장소, 학원강의 등을 적절하게 선택해야 한다. 그리고 내용이 충실하고 본인에게 맞는 교재를 선택하는 것도 합격을 앞당기는 지름길이 된다.

STEP 2
실력쌓기 단계

과목별 학습시간의 적절한 배분

주택관리사보 자격시험을 단기간에 준비하기에는 내용도 방대하고 난도도 쉽지 않다. 따라서 과목별 학습목표량과 학습시간을 적절히 배분하는 것이 중요한데, 취약과목에는 시간을 좀 더 배분하도록 한다. 전체 일정은 기본서, 객관식 문제집, 모의고사 순으로 학습하여 빠른 시일 내에 시험 감각을 키우는 것을 우선으로 해야 한다.

전문 학원 강사의 강의 수강

학습량도 많고 난도도 높아 독학으로 주택관리사보 자격시험을 공략하기란 쉽지 않다. 더욱이 법률 과목은 기본개념을 파악하는 것 자체가 쉽지 않고, 해당 과목의 전체적인 흐름을 이해하고 핵심을 파악하기보다는 평면적·단순 암기식 학습에 치우칠 우려가 있어 학습의 효율성을 떨어뜨리고 시험기간을 장기화하는 원인이 될 수 있다. 이러한 독학의 결점이나 미비점을 보완하기 위한 방안으로 전문학원 강사의 강의를 적절히 활용하도록 한다.

수험생 스스로 사전 평가를 통하여 고득점을 목표로 집중학습할 전략과목을 정하도록 한다.
그러나 그보다 더 중요한 것은 취약과목을 어느 수준까지 끌어올리느냐 하는 것이다.

STEP **3**

실력점검 단계

취약과목을 집중 공략

개인차가 있겠지만 어느 정도 공부를 하고 나면 전략과목과 취약과목의 구분이 생기기 마련이다. 고득점을 보장하는 전략과목 다지기와 함께 취약과목을 일정 수준까지 끌어올리려는 노력이 무엇보다 필요하다. 어느 한 과목의 점수라도 과락이 되면 전체 평균점수가 아무리 높다고 해도 합격할 수 없기 때문에 취약과목을 어느 수준까지 끌어올리느냐가 중요하다고 하겠다.

문제 해결력 기르기

각 과목별 특성을 파악하고 전체적인 흐름을 이해했다면 습득한 지식의 정확도를 높이고, 심화단계의 문제풀이를 통해 실력을 높일 필요가 있다. 지금까지 학습해 온 내용의 점검과 함께 자신의 실력으로 굳히는 과정을 어떻게 거치느냐에 따라 시험의 성패가 결정될 것이다.

STEP **4**

최종 마무리 단계

합격을 좌우하는 마지막 1개월

시험 1개월 전은 수험생들이 스트레스를 가장 많이 받는 시점이자 수험생활에 있어 마지막 승부가 가늠되는 지점이다. 이 시기의 학습효과는 몇 개월 동안의 학습효과와 비견된다 할 수 있으므로 최대한 집중력을 발휘하고 혼신의 힘을 기울여야 한다. 이때부터는 그 동안 공부해 온 것을 시험장에서 충분히 발휘할 수 있도록 암기가 필요한 사항은 외우고 틀린 문제들은 점검하면서 마무리 교재를 이용하여 실전감각을 배양하도록 한다.

시험 당일 최고의 컨디션 유지

시험 당일 최고의 컨디션으로 실전에 임할 수 있어야 공부한 모든 것들을 제대로 쏟아 낼 수 있다. 특히 시험 전날의 충분한 수면은 시험 당일에 명석한 분석 및 판단력을 발휘하는 데 큰 도움이 됨을 잊지 말아야 한다.

교재 구성 및 활용

01 단원별 출제경향을 체계적으로 분석

최근 5개년의 기출문제를 분석한 출제분포를 표로 정리하여 출제경향의 변화된 주요 흐름을 한눈에 파악할 수 있도록 구성하였습니다. 나아가 수험대책을 제시함으로써 제29회 시험을 정확히 예측하고 학습방향을 바로잡을 수 있도록 하였습니다.

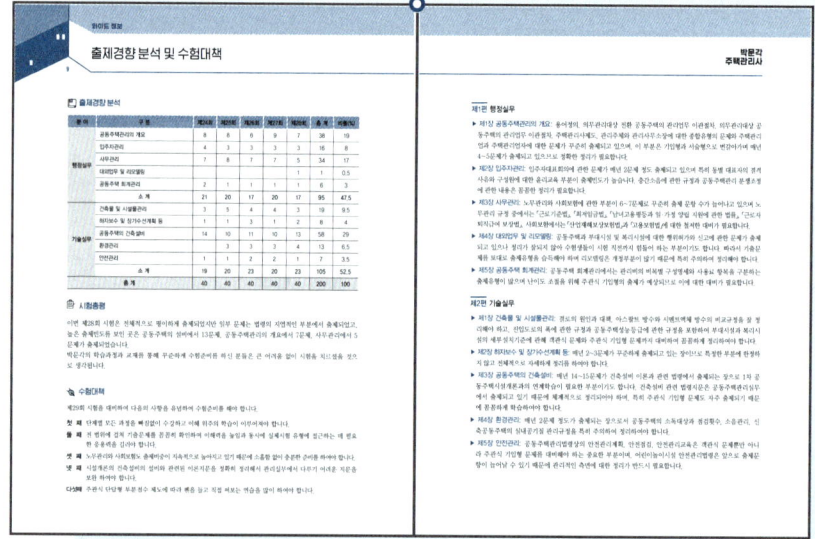

02 방대한 학습분량을 효율적으로 서술

2단 본문구성으로 가독성을 높여 보다 효율적인 학습이 가능하도록 하였으며, 다양한 본문 요소들을 통해 방대한 학습분량을 체계적으로 분류하고 논리적으로 서술하여 내용 파악이 용이하도록 구성하였습니다.

① **보충학습**: 추가로 학습해야 하는 사항을 놓치지 않도록 체계적으로 정리

② **알아두기**: 더 깊이 있게 알아두어야 할 내용을 풍부하게 학습

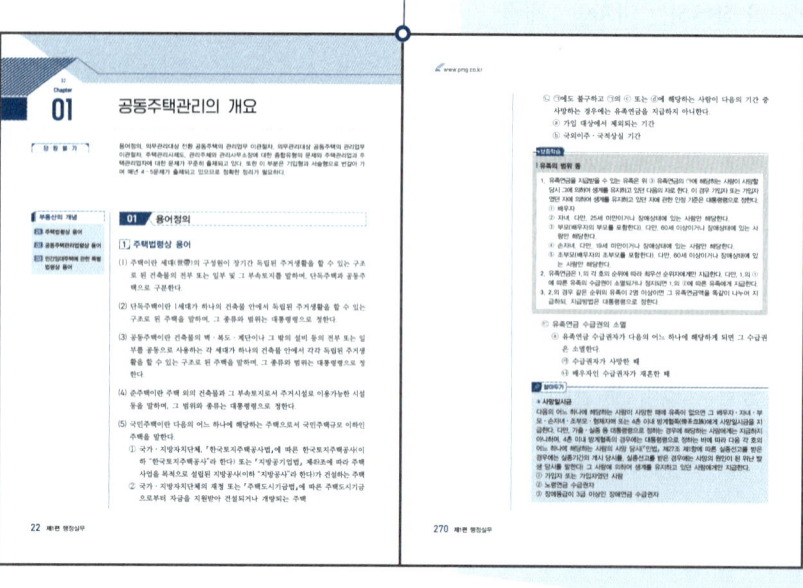

03 실전예상문제

철저한 최신출제경향 분석을 통해 출제가
능성이 높은 문제를 수록함으로써 실전능
력을 기를 수 있도록 하였습니다. 아울러 문
제의 핵심을 찌르는 정확하고 명쾌한 해설
을 수록하였습니다.

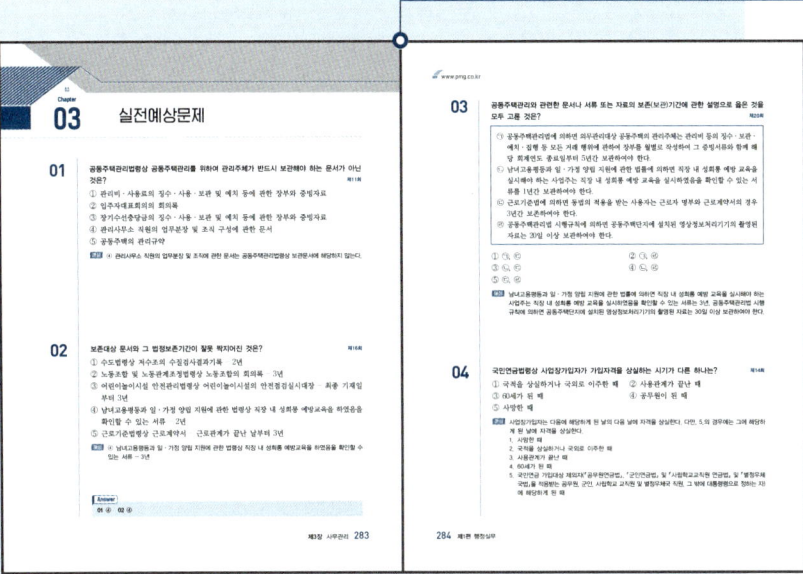

04 부록

제28회 기출문제를 부록으로 수록하
여 풍부한 학습이 가능하도록 하였으
며 실제시험을 치르는 자세로 수험생
스스로가 자신의 실력을 점검해볼 수
있도록 하였습니다.

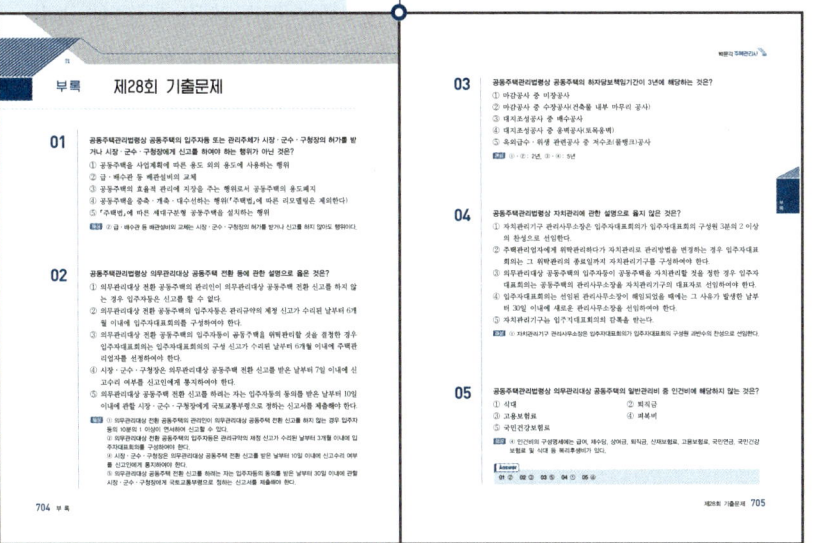

이 책의 차례

PART 1

행정실무

제1장 공동주택관리의 개요

01 용어정의	22
02 주택의 분류	29
03 공동주택	33
04 공동주택 관리기구 등	35
05 공동주택 관리방식 등	56
06 민간임대주택의 관리	75
07 주택관리사제도	85
▷ 실전예상문제	95

제2장 입주자관리

01 입주자대표회의	118
02 임차인대표회의	129
03 공동주택관리규약 및 층간소음 방지	131
04 공동주택관리 분쟁조정	140
05 공동주택관리감독 등	152
06 공동주택 관리비리 신고센터 설치 등	154
07 공동주택 주거론	157
▷ 실전예상문제	161

제3장 사무관리

01 문서관리   172
02 노무관리   176
03 사회보험   236
▷ 실전예상문제   283

제4장 대외업무 및 리모델링

01 행위허가 등   302
02 리모델링   315
▷ 실전예상문제   327

제5장 공동주택 회계관리   332

▷ 실전예상문제   341

제1장 건축물 및 시설물관리

01 건축물의 노후화·열화현상   350
02 부대시설 및 복리시설의 관리   359
03 주요시설의 설치기준   375
▷ 실전예상문제   383

PART 2

기술실무

이 책의 차례

제2장 하자보수 및 장기수선계획 등

01 하자보수제도   398
02 장기수선계획과 장기수선충당금   426

▷ 실전예상문제   438

제3장 공동주택의 건축설비

01 급수설비   446
02 배수·통기설비   466
03 오수정화설비   475
04 난방·환기설비   481
05 급탕설비   495
06 전기설비   500
07 가스설비   523
08 소방설비   533
09 승강기설비   592
10 냉동설비   609

▷ 실전예상문제   612

제4장 환경관리

01 환경관리의 개요 642

02 자연환경관리 643

03 생활환경관리 647

▷ 실전예상문제 674

제5장 안전관리

01 안전관리계획과 안전관리진단기준 680

02 안전점검 등 682

▷ 실전예상문제 695

▷ **제28회 기출문제** 704

부 록

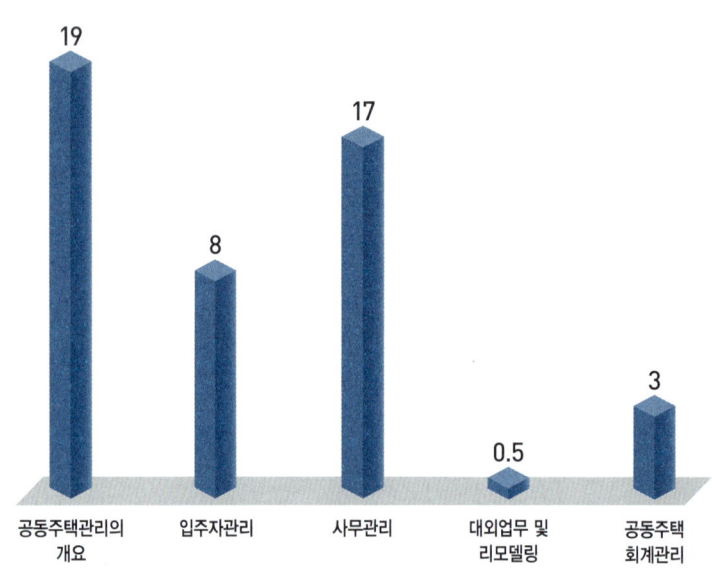

19	8	17	0.5	3
공동주택관리의 개요	입주자관리	사무관리	대외업무 및 리모델링	공동주택 회계관리

🔍 제28회 기출문제 분석

출제빈도가 높게 유지되는 공동주택관리의 개요에서 7문제, 입주자 관리에서는 주관식 문제로 3문제가 출제되었습니다. 난이도 조절을 하기 위해 출제되었던 사무관리에서는 객관식 문제로 3문제(국민건강보험법, 산재보험법, 고용보험법), 주관식 2문제(근로자퇴직급여 보장법, 남녀고용평등법)가 기존 출제 난도보다는 낮게 출제되었으나 제29회에서는 난도를 높일 수 있기 때문에 보다 철저한 준비가 필요합니다. 대외업무 및 리모델링과 공동주택 회계관리에서 각각 1문제씩 출제되었습니다.

PART

01

행정실무

제1장 공동주택관리의 개요
제2장 입주자관리
제3장 사무관리
제4장 대외업무 및 리모델링
제5장 공동주택 회계관리

공동주택관리의 개요

단·원·열·기

용어정의, 의무관리대상 전환 공동주택의 관리업무 이관절차, 의무관리대상 공동주택의 관리업무 이관절차, 주택관리사제도, 관리주체와 관리사무소장에 대한 종합유형의 문제와 주택관리업과 주택관리업자에 대한 문제가 꾸준히 출제되고 있다. 또한 이 부분은 기입형과 서술형으로 번갈아 가며 매년 4~5문제가 출제되고 있으므로 정확한 정리가 필요하다.

용어정의

01 주택법령상 용어

02 공동주택관리법령상 용어

03 민간임대주택에 관한 특별법령상 용어

01 용어정의

1 주택법령상 용어

(1) 주택이란 세대(世帶)의 구성원이 장기간 독립된 주거생활을 할 수 있는 구조로 된 건축물의 전부 또는 일부 및 그 부속토지를 말하며, 단독주택과 공동주택으로 구분한다.

(2) 단독주택이란 1세대가 하나의 건축물 안에서 독립된 주거생활을 할 수 있는 구조로 된 주택을 말하며, 그 종류와 범위는 대통령령으로 정한다.

(3) 공동주택이란 건축물의 벽·복도·계단이나 그 밖의 설비 등의 전부 또는 일부를 공동으로 사용하는 각 세대가 하나의 건축물 안에서 각각 독립된 주거생활을 할 수 있는 구조로 된 주택을 말하며, 그 종류와 범위는 대통령령으로 정한다.

(4) 준주택이란 주택 외의 건축물과 그 부속토지로서 주거시설로 이용가능한 시설 등을 말하며, 그 범위와 종류는 대통령령으로 정한다.

(5) 국민주택이란 다음의 어느 하나에 해당하는 주택으로서 국민주택규모 이하인 주택을 말한다.
① 국가·지방자치단체, 「한국토지주택공사법」에 따른 한국토지주택공사(이하 "한국토지주택공사"라 한다) 또는 「지방공기업법」 제49조에 따라 주택사업을 목적으로 설립된 지방공사(이하 "지방공사"라 한다)가 건설하는 주택
② 국가·지방자치단체의 재정 또는 「주택도시기금법」에 따른 주택도시기금으로부터 자금을 지원받아 건설되거나 개량되는 주택

(6) 국민주택규모란 주거의 용도로만 쓰이는 면적이 1호(戶) 또는 1세대당 $85m^2$ 이하인 주택(「수도권정비계획법」 제2조 제1호에 따른 수도권을 제외한 도시지역이 아닌 읍 또는 면 지역은 1호 또는 1세대당 주거전용면적이 $100m^2$ 이하인 주택을 말한다)을 말한다. 이 경우 주거전용면적의 산정방법은 국토교통부령으로 정한다.

(7) 민영주택이란 국민주택을 제외한 주택을 말한다.

(8) 임대주택이란 임대를 목적으로 하는 주택으로서, 「공공주택 특별법」에 따른 공공임대주택과 「민간임대주택에 관한 특별법」에 따른 민간임대주택으로 구분한다.

(9) 토지임대부 분양주택이란 토지의 소유권은 사업계획의 승인을 받아 토지임대부 분양주택 건설사업을 시행하는 자가 가지고, 건축물 및 복리시설(福利施設) 등에 대한 소유권[건축물의 전유부분(專有部分)에 대한 구분소유권은 이를 분양받은 자가 가지고, 건축물의 공용부분·부속건물 및 복리시설은 분양받은 자들이 공유한다]은 주택을 분양받은 자가 가지는 주택을 말한다.

(10) 사업주체란 주택건설사업계획 또는 대지조성사업계획의 승인을 받아 그 사업을 시행하는 다음의 자를 말한다.
① 국가·지방자치단체
② 한국토지주택공사 또는 지방공사
③ 등록한 주택건설사업자 또는 대지조성사업자
④ 그 밖에 「주택법」에 따라 주택건설사업 또는 대지조성사업을 시행하는 자

(11) 주택단지란 주택건설사업계획 또는 대지조성사업계획의 승인을 받아 주택과 그 부대시설 및 복리시설을 건설하거나 대지를 조성하는 데 사용되는 일단(一團)의 토지를 말한다. 다만, 다음의 시설로 분리된 토지는 각각 별개의 주택단지로 본다.
① 철도·고속도로·자동차전용도로
② 폭 20m 이상인 일반도로
③ 폭 8m 이상인 도시계획예정도로
④ ①부터 ③까지의 시설에 준하는 것으로서 대통령령으로 정하는 시설

⑿ 부대시설이란 주택에 딸린 다음의 시설 또는 설비를 말한다.
　① 주차장, 관리사무소, 담장 및 주택단지 안의 도로
　② 「건축법」 제2조 제1항 제4호에 따른 건축설비
　③ ① 및 ②의 시설·설비에 준하는 것으로서 대통령령으로 정하는 시설 또는 설비

⒀ 복리시설이란 주택단지의 입주자 등의 생활복리를 위한 다음의 공동시설을 말한다.
　① 어린이놀이터, 근린생활시설, 유치원, 주민운동시설 및 경로당
　② 그 밖에 입주자 등의 생활복리를 위하여 대통령령으로 정하는 공동시설

⒁ 기간시설(基幹施設)이란 도로·상하수도·전기시설·가스시설·통신시설·지역난방시설 등을 말한다.

⒂ 간선시설(幹線施設)이란 도로·상하수도·전기시설·가스시설·통신시설 및 지역난방시설 등 주택단지(둘 이상의 주택단지를 동시에 개발하는 경우에는 각각의 주택단지를 말한다) 안의 기간시설을 그 주택단지 밖에 있는 같은 종류의 기간시설에 연결시키는 시설을 말한다. 다만, 가스시설·통신시설 및 지역난방시설의 경우에는 주택단지 안의 기간시설을 포함한다.

⒃ 세대구분형 공동주택이란 공동주택의 주택 내부 공간의 일부를 세대별로 구분하여 생활이 가능한 구조로 하되, 그 구분된 공간의 일부를 구분소유 할 수 없는 주택으로서 대통령령으로 정하는 건설기준, 설치기준, 면적기준 등에 적합한 주택을 말한다.

⒄ 도시형 생활주택이란 300세대 미만의 국민주택규모에 해당하는 주택으로서 대통령령으로 정하는 주택을 말한다.

⒅ 에너지절약형 친환경주택이란 저에너지 건물 조성기술 등 대통령령으로 정하는 기술을 이용하여 에너지 사용량을 절감하거나 이산화탄소 배출량을 저감할 수 있도록 건설된 주택을 말하며, 그 종류와 범위는 대통령령으로 정한다.

⒆ 건강친화형 주택이란 건강하고 쾌적한 실내환경의 조성을 위하여 실내공기의 오염물질 등을 최소화할 수 있도록 대통령령으로 정하는 기준에 따라 건설된 주택을 말한다.

⒇ 장수명 주택이란 구조적으로 오랫동안 유지·관리될 수 있는 내구성을 갖추고, 입주자의 필요에 따라 내부 구조를 쉽게 변경할 수 있는 가변성과 수리 용이성 등이 우수한 주택을 말한다.

💡 **다른 법률과의 관계**
주택의 건설 및 공급에 관하여 다른 법률에 특별한 규정이 있는 경우를 제외하고는 주택법에서 정하는 바에 따른다.

2 공동주택관리법령상 용어

(1) 공동주택은 다음의 주택 및 시설을 말한다.
① 「주택법」에 따른 공동주택
② 「건축법」에 따른 건축허가를 받아 주택 외의 시설과 주택을 동일 건축물로 건축하는 건축물
③ 「주택법」에 따른 부대시설 및 복리시설

(2) 의무관리대상 공동주택은 해당 공동주택을 전문적으로 관리하는 자를 두고 자치 의결기구를 의무적으로 구성하여야 하는 등 일정한 의무가 부과되는 공동주택으로서, 다음 중 어느 하나에 해당하는 공동주택을 말한다.
① 300세대 이상의 공동주택
② 150세대 이상으로서 승강기가 설치된 공동주택
③ 150세대 이상으로서 중앙집중식 난방방식(지역난방방식을 포함한다)의 공동주택
④ 「건축법」 제11조에 따른 건축허가를 받아 주택 외의 시설과 주택을 동일 건축물로 건축한 건축물로서 주택이 150세대 이상인 건축물
⑤ ①부터 ④까지에 해당하지 아니하는 공동주택 중 전체 입주자 등의 3분의 2 이상이 서면으로 동의하여 정하는 공동주택

(3) 공동주택단지란 「주택법」에 따른 아래의 주택단지를 말한다.
주택단지는 주택건설사업계획 또는 대지조성사업계획의 승인을 받아 주택과 그 부대시설 및 복리시설을 건설하거나 대지를 조성하는 데 사용되는 일단(一團)의 토지를 말한다. 다만, 다음의 시설로 분리된 토지는 각각 별개의 주택단지로 본다.
① 철도·고속도로·자동차전용도로
② 폭 20미터 이상인 일반도로
③ 폭 8미터 이상인 도시계획예정도로
④ ①부터 ③까지의 시설에 준하는 것으로서 다음의 어느 하나에 해당하는 도로를 말한다.
  ㉠ 「국토의 계획 및 이용에 관한 법률」에 따른 도시·군계획시설인 도로로서 「도시·군계획시설의 결정·구조 및 설치기준에 관한 규칙」에 따른 주간선도로, 보조간선도로, 집산도로 및 폭 8미터 이상인 국지도로
  ㉡ 「도로법」에 따른 일반국도·특별시도·광역시도 또는 지방도
  ㉢ 그 밖에 관계 법령에 따라 설치된 도로로서 ㉠ 및 ㉡에 준하는 도로

♀ 주택법에 따른 공동주택의 범위는 아파트, 연립주택, 다세대주택을 말한다.

PART
01

(4) 혼합주택단지는 분양을 목적으로 한 공동주택과 임대주택이 함께 있는 공동주택단지를 말한다.

(5) 입주자는 공동주택의 소유자 또는 그 소유자를 대리하는 배우자 및 직계존비속(直系尊卑屬)을 말한다.

(6) 사용자는 공동주택을 임차하여 사용하는 사람(임대주택의 임차인은 제외한다) 등을 말한다.

(7) 입주자 등이란 입주자와 사용자를 말한다.

(8) 입주자대표회의는 공동주택의 입주자 등을 대표하여 관리에 관한 주요사항을 결정하기 위하여 구성하는 자치 의결기구를 말한다.

(9) 관리규약은 공동주택의 입주자 등을 보호하고 주거생활의 질서를 유지하기 위하여 입주자 등이 정하는 자치규약을 말한다.

(10) 관리주체란 공동주택을 관리하는 다음의 자를 말한다.
　① 자치관리기구의 대표자인 공동주택의 관리사무소장
　② 관리업무를 인계하기 전의 사업주체
　③ 주택관리업자
　④ 임대사업자
　⑤ 「민간임대주택에 관한 특별법」에 따른 주택임대관리업자(시설물 유지·보수·개량 및 그 밖의 주택관리 업무를 수행하는 경우에 한정한다)

(11) 주택관리사보는 주택관리사보 합격증서를 발급받은 사람을 말한다.

(12) 주택관리사는 주택관리사 자격증을 발급받은 사람을 말한다.

(13) 주택관리사 등이란 주택관리사보와 주택관리사를 말한다.

(14) 주택관리업은 공동주택을 안전하고 효율적으로 관리하기 위하여 입주자 등으로부터 의무관리대상 공동주택의 관리를 위탁받아 관리하는 업(業)을 말한다.

(15) 주택관리업자는 주택관리업을 하는 자로서 등록한 자를 말한다.

(16) 장기수선계획은 공동주택을 오랫동안 안전하고 효율적으로 사용하기 위하여 필요한 주요 시설의 교체 및 보수 등에 관하여 수립하는 장기계획을 말한다.

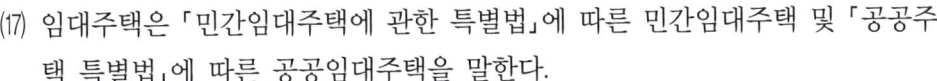

(17) 임대주택은「민간임대주택에 관한 특별법」에 따른 민간임대주택 및「공공주택 특별법」에 따른 공공임대주택을 말한다.

(18) 임대사업자는「민간임대주택에 관한 특별법」에 따른 임대사업자 및「공공주택 특별법」에 따른 공공주택사업자를 말한다.

(19) 임차인대표회의는「민간임대주택에 관한 특별법」에 따른 임차인대표회의 및「공공주택 특별법」에 따라 준용되는 임차인대표회의를 말한다.

  💡 공동주택관리법에서 따로 정하지 아니한 용어의 뜻은「주택법」에서 정한 바에 따른다.

  💡 **다른 법률관의 관계**
① 공동주택의 관리에 관하여 공동주택관리법에서 정하지 아니한 사항에 대하여는「주택법」을 적용한다.
② 임대주택의 관리에 관하여「민간임대주택에 관한 특별법」또는「공공주택 특별법」에서 정하지 아니한 사항에 대하여는 공동주택관리법을 적용한다.

3 민간임대주택에 관한 특별법령상 용어

(1) 민간임대주택이란 임대 목적으로 제공하는 주택(토지를 임차하여 건설된 주택 및 오피스텔 등 대통령령으로 정하는 준주택 및 대통령령으로 정하는 일부만을 임대하는 주택을 포함한다)으로서 임대사업자가 등록한 주택을 말하며, 민간건설임대주택과 민간매입임대주택으로 구분한다.

① 위 (1)에서 오피스텔 등 대통령령으로 정하는 준주택이란 다음의 요건을 모두 갖춘 건축물을 말한다.

  ㉠「주택법」에 따른 주택 외의 건축물을「건축법」에 따라「주택법 시행령」의 기숙사 중 일반기숙사로 리모델링한 건축물

  ㉡「주택법 시행령」의 기숙사 중 임대형기숙사

  ㉢ 다음의 요건을 모두 갖춘「주택법 시행령」의 오피스텔

    ⓐ 전용면적이 $120m^2$ 이하일 것

    ⓑ 상하수도 시설이 갖추어진 전용 입식 부엌, 전용 수세식 화장실 및 목욕시설(전용 수세식 화장실에 목욕시설을 갖춘 경우를 포함한다)을 갖출 것

② 위 (1)에서 대통령령으로 정하는 일부만을 임대하는 주택이란「건축법 시행령」별표 1에 따른 다가구주택으로서 임대사업자 본인이 거주하는 실(室)(한 세대가 독립하여 구분 사용할 수 있도록 구획된 부분을 말한다)을 제외한 나머지 실 전부를 임대하는 주택을 말한다.

(2) 민간건설임대주택이란 다음의 어느 하나에 해당하는 민간임대주택을 말한다.
　① 임대사업자가 임대를 목적으로 건설하여 임대하는 주택
　② 「주택법」에 따라 등록한 주택건설사업자가 사업계획승인을 받아 건설한 주택 중 사용검사 때까지 분양되지 아니하여 임대하는 주택

(3) 민간매입임대주택이란 임대사업자가 매매 등으로 소유권을 취득하여 임대하는 민간임대주택을 말한다.

(4) 공공지원민간임대주택이란 임대사업자가 다음의 어느 하나에 해당하는 민간임대주택을 10년 이상 임대할 목적으로 취득하여 민간임대주택에 관한 특별법에 따른 임대료 및 임차인의 자격 제한 등을 받아 임대하는 민간임대주택을 말한다.
　① 「주택도시기금법」에 따른 주택도시기금의 출자를 받아 건설 또는 매입하는 민간임대주택
　② 「주택법」에 따른 공공택지 또는 수의계약 등으로 공급되는 토지 및 「혁신도시 조성 및 발전에 관한 특별법」에 따른 종전부동산을 매입 또는 임차하여 건설하는 민간임대주택
　③ 용적률을 완화 받거나 「국토의 계획 및 이용에 관한 법률」에 따라 용도지역 변경을 통하여 용적률을 완화 받아 건설하는 민간임대주택
　④ 공공지원민간임대주택 공급촉진지구에서 건설하는 민간임대주택
　⑤ 그 밖에 국토교통부령으로 정하는 공공지원을 받아 건설 또는 매입하는 민간임대주택

(5) 장기일반민간임대주택이란 임대사업자가 공공지원민간임대주택이 아닌 주택을 10년 이상 임대할 목적으로 취득하여 임대하는 민간임대주택[아파트(「주택법」의 도시형 생활주택이 아닌 것을 말한다)를 임대하는 민간매입임대주택은 제외한다]을 말한다.

(6) 단기민간임대주택이란 임대사업자가 6년 이상 임대할 목적으로 취득하여 임대하는 민간임대주택[아파트(「주택법」의 도시형 생활주택이 아닌 것을 말한다)는 제외한다]을 말한다.

(7) 임대사업자란 「공공주택 특별법」에 따른 공공주택사업자가 아닌 자로서 1호 이상의 민간임대주택을 취득하여 임대하는 사업을 할 목적으로 등록한 자를 말한다.

💡 다른 법률관의 관계
민간임대주택의 건설·공급 및 관리 등에 관하여 민간임대주택에 관한 특별법에서 정하지 아니한 사항에 대하여는 「주택법」, 「건축법」, 「공동주택관리법」 및 「주택임대차보호법」을 적용한다.

02 주택의 분류

1 주택법령상 주택의 분류

(1) 단독주택이란 1세대가 하나의 건축물 안에서 독립된 주거생활을 할 수 있는 구조로 된 주택을 말하며, 그 종류는 다음과 같다.
   ① 단독주택
   ② 다중주택
   ③ 다가구주택

(2) 공동주택이란 건축물의 벽·복도·계단이나 그 밖의 설비 등의 전부 또는 일부를 공동으로 사용하는 각 세대가 하나의 건축물 안에서 각각 독립된 주거생활을 할 수 있는 구조로 된 주택을 말하며, 그 종류는 다음과 같다.
   ① 아파트
   ② 연립주택
   ③ 다세대주택

(3) 준주택이란 주택 외의 건축물과 그 부속토지로서 주거시설로 이용가능한 시설 등을 말하며, 그 종류는 다음과 같다.
   ① 기숙사
   ② 다중생활시설
   ③ 노인복지주택
   ④ 오피스텔

(4) 세대구분형 공동주택이란 공동주택의 주택 내부 공간의 일부를 세대별로 구분하여 생활이 가능한 구조로 하되, 그 구분된 공간의 일부를 구분소유 할 수 없는 주택으로서 아래 ①과 ②에서 정하는 건설기준, 설치기준, 면적기준 등에 적합한 주택을 말한다.
   ① **주택법 제15조에 따른 사업계획의 승인을 받아 건설하는 공동주택의 경우** : 다음의 요건을 모두 충족할 것
      ㉠ 세대별로 구분된 각각의 공간마다 별도의 욕실, 부엌과 현관을 설치할 것
      ㉡ 하나의 세대가 통합하여 사용할 수 있도록 세대 간에 연결문 또는 경량구조의 경계벽 등을 설치할 것
      ㉢ 세대구분형 공동주택의 세대수가 해당 주택단지 안의 공동주택 전체 세대수의 3분의 1을 넘지 않을 것

   ② 세대별로 구분된 각각의 공간의 주거전용면적 합계가 해당 주택단지 전체 주거전용면적 합계의 3분의 1을 넘지 않는 등 국토교통부장관이 정하여 고시하는 주거전용면적의 비율에 관한 기준을 충족할 것

② **「공동주택관리법」 제35조에 따른 행위의 허가를 받거나 신고를 하고 설치하는 공동주택의 경우**: 다음의 요건을 모두 충족할 것

   ㉠ 구분된 공간의 세대수는 기존 세대를 포함하여 2세대 이하일 것

   ㉡ 세대별로 구분된 각각의 공간마다 별도의 욕실, 부엌과 구분 출입문을 설치할 것

   ㉢ 세대구분형 공동주택의 세대수가 해당 주택단지 안의 공동주택 전체 세대수의 10분의 1과 해당 동의 전체 세대수의 3분의 1을 각각 넘지 않을 것. 다만, 특별자치시장, 특별자치도지사, 시장, 군수 또는 구청장(구청장은 자치구의 구청장을 말하며, 이하 "시장·군수·구청장"이라 한다)이 부대시설의 규모 등 해당 주택단지의 여건을 고려하여 인정하는 범위에서 세대수의 기준을 넘을 수 있다.

   ㉣ 구조, 화재, 소방 및 피난안전 등 관계 법령에서 정하는 안전 기준을 충족할 것

③ ①과 ②에 따라 건설 또는 설치되는 주택과 관련하여 주택건설기준 등을 적용하는 경우 세대구분형 공동주택의 세대수는 그 구분된 공간의 세대수에 관계없이 하나의 세대로 산정한다.

(5) 도시형 생활주택

① 300세대 미만의 국민주택규모에 해당하는 주택으로서 국토의 계획 및 이용에 관한 법률에 따른 도시지역에 건설하는 다음의 주택을 말한다.

   ㉠ 아파트형 주택: 다음의 요건을 모두 갖춘 아파트

     ⓐ 세대별로 독립된 주거가 가능하도록 욕실 및 부엌을 설치할 것

     ⓑ 지하층에는 세대를 설치하지 않을 것

   ㉡ 단지형 연립주택: 연립주택. 다만, 「건축법」에 따라 건축위원회의 심의를 받은 경우에는 주택으로 쓰는 층수를 5개층까지 건축할 수 있다.

   ㉢ 단지형 다세대주택: 다세대주택. 다만, 「건축법」에 따라 건축위원회의 심의를 받은 경우에는 주택으로 쓰는 층수를 5개층까지 건축할 수 있다.

② 하나의 건축물에는 도시형 생활주택과 그 밖의 주택을 함께 건축할 수 없다. 다만, 다음의 어느 하나에 해당하는 경우는 예외로 한다.

   ㉠ 도시형 생활주택과 주거전용면적이 85제곱미터를 초과하는 주택 1세대를 함께 건축하는 경우

ⓛ 「국토의 계획 및 이용에 관한 법률 시행령」에 따른 준주거지역 또는 상
　업지역에서 아파트형 주택과 도시형 생활주택 외의 주택을 함께 건축하
　는 경우

③ 하나의 건축물에는 단지형 연립주택 또는 단지형 다세대주택과 아파트형
　주택을 함께 건축할 수 없다.

2 건축법령상 주택의 분류(건축법 시행령 별표 1)

(1) 단독주택

단독주택의 형태를 갖춘 가정어린이집·공동생활가정·지역아동센터·공동
육아나눔터(「아이돌봄 지원법」에 따른 공동육아나눔터를 말한다)·작은도서관
(「도서관법」에 따른 작은도서관을 말하며, 해당 주택의 1층에 설치한 경우만
해당한다) 및 노인복지시설(노인복지주택은 제외한다)을 포함한다.

① **단독주택**

② **다중주택**: 다음의 요건 모두를 갖춘 주택을 말한다.

　㉠ 학생 또는 직장인 등 여러 사람이 장기간 거주할 수 있는 구조로 되어
　　있는 것

　㉡ 독립된 주거의 형태를 갖추지 않은 것(각 실별로 욕실은 설치할 수 있으
　　나, 취사시설은 설치하지 않은 것을 말한다)

　㉢ 1개 동의 주택으로 쓰이는 바닥면적(부설 주차장 면적은 제외한다)의
　　합계가 660m^2 이하이고 주택으로 쓰는 층수(지하층은 제외한다)가 3개
　　층 이하일 것. 다만, 1층의 전부 또는 일부를 필로티 구조로 하여 주차장
　　으로 사용하고 나머지 부분을 주택(주거 목적으로 한정한다) 외의 용도
　　로 쓰는 경우에는 해당 층을 주택의 층수에서 제외한다.

　㉣ 적정한 주거환경을 조성하기 위하여 건축조례로 정하는 실별 최소 면
　　적, 창문의 설치 및 크기 등의 기준에 적합할 것

③ **다가구주택**: 다음의 요건을 모두 갖춘 주택으로서 공동주택에 해당하지
　아니하는 것을 말한다.

　㉠ 주택으로 쓰는 층수(지하층은 제외한다)가 3개층 이하일 것. 다만, 1층
　　의 전부 또는 일부를 필로티구조로 하여 주차장으로 사용하고 나머지
　　부분을 주택(주거 목적으로 한정한다) 외의 용도로 쓰는 경우에는 해당
　　층을 주택의 층수에서 제외한다.

  ⓛ 1개동의 주택으로 쓰이는 바닥면적(부설주차장 면적은 제외한다)의 합계가 $660m^2$ 이하일 것

  ⓒ 19세대(대지 내 동별 세대수를 합한 세대를 말한다) 이하가 거주할 수 있을 것

 ④ 공 관

(2) 공동주택

공동주택의 형태를 갖춘 가정어린이집·공동생활가정·지역아동센터·공동육아나눔터·작은도서관·노인복지시설(노인복지주택은 제외한다) 및 「주택법 시행령」에 따른 아파트형 주택을 포함한다. 다만, ①이나 ②에서 층수를 산정할 때 1층 전부를 필로티 구조로 하여 주차장으로 사용하는 경우에는 필로티 부분을 층수에서 제외하고, ③에서 층수를 산정할 때 1층의 전부 또는 일부를 필로티 구조로 하여 주차장으로 사용하고 나머지 부분을 주택(주거 목적으로 한정한다) 외의 용도로 쓰는 경우에는 해당 층을 주택의 층수에서 제외하며, ① 부터 ④까지의 규정에서 층수를 산정할 때 지하층을 주택의 층수에서 제외한다.

① **아파트**: 주택으로 쓰는 층수가 5개층 이상인 주택

② **연립주택**: 주택으로 쓰는 1개동의 바닥면적(2개 이상의 동을 지하주차장으로 연결하는 경우에는 각각의 동으로 본다) 합계가 $660m^2$를 초과하고, 층수가 4개층 이하인 주택

③ **다세대주택**: 주택으로 쓰는 1개동의 바닥면적 합계가 $660m^2$ 이하이고, 층수가 4개층 이하인 주택(2개 이상의 동을 지하주차장으로 연결하는 경우에는 각각의 동으로 본다)

④ **기숙사**: 다음의 어느 하나에 해당하는 건축물로서 공간의 구성과 규모 등에 관하여 국토교통부장관이 정하여 고시하는 기준에 적합한 것. 다만, 구분소유된 개별 실(室)은 제외한다.

 ㉠ 일반기숙사: 학교 또는 공장 등의 학생 또는 종업원 등을 위하여 사용하는 것으로서 해당 기숙사의 공동취사시설 이용 세대 수가 전체 세대 수(건축물의 일부를 기숙사로 사용하는 경우에는 기숙사로 사용하는 세대 수로 한다)의 50퍼센트 이상인 것(「교육기본법」 제27조 제2항에 따른 학생복지주택을 포함한다)

 ㉡ 임대형기숙사: 「공공주택 특별법」 제4조에 따른 공공주택사업자 또는 「민간임대주택에 관한 특별법」 제2조 제7호에 따른 임대사업자가 임대사업에 사용하는 것으로서 임대 목적으로 제공하는 실이 20실 이상이고 해당 기숙사의 공동취사시설 이용 세대 수가 전체 세대 수의 50퍼센트 이상인 것

03 공동주택

공동주택

01 공동주택의 장·단점
02 출입구조에 따른 분류
03 단면형식에 따른 분류
04 난방방식에 따른 분류

1 공동주택의 장·단점

(1) 장 점

① 효율적인 토지이용의 극대화
② 구조의 통일성으로 건설비용, 에너지 비용 절감 가능
③ 주변 조경 등 주택관리에 시간과 노력이 절감되고 생활이 편리함
④ 주택 유지관리비용이 절감됨
⑤ 동선이 절약됨

(2) 단 점

① 정원 가꾸기나 애완동물 사육(장애인 보조견은 제외)의 제한
② 생활공간의 규격화 및 획일화로 정서가 삭막함
③ 사생활 보호의 어려움
④ 주택이나 단지에 대한 소속감이나 애착심이 약화
⑤ 고층아파트의 경우 구조체와 설비에 따른 문제로 단독주택에 비하여 건설비 증가요인 발생 가능

2 출입구조에 따른 분류

(1) 갓복도형

편복도를 통해서 각 세대에 출입하는 구조로서 복도에 면한 각 세대가 프라이버시, 소음 등에 노출되기 쉽다.

(2) 중복도형

복도를 중심으로 각 세대를 마주보게 배치한 구조로서 프라이버시, 소음, 사생활 등에 노출되기가 쉽고 화재시에는 복도가 연통 역할을 하여 화재시 취약하다.

(3) 계단실형(직접 접근형, Hall형)

승강기에 내려서 직접 각 세대로 출입할 수 있는 구조로서 복도 등의 공유면적을 줄여 넓은 전용면적을 확보할 수 있다.

3 단면형식에 따른 분류

(1) 각층 통로형

공용통로가 각 층마다 설치된 공동주택을 말한다.

(2) 스킵플로어형

공용통로가 각 층마다 있지 않고 2층 또는 3층마다 설치되어 공간에 변화를 주어 입체적인 배치가 되도록 설계된 공동주택을 말한다. 고층건물의 경우 승강기 운행 횟수를 줄일 수 있고 유지관리가 편리하나 입주자 등이 이용시에 불편할 수 있다.

4 난방방식에 따른 분류

(1) 개별난방방식

주택의 난방시설이 세대별로 설치되어 난방을 공급하는 방식으로 필요시에만 난방을 할 수 있으나 난방시 연료비가 증가할 수 있다.

(2) 중앙집중식 난방방식

주택단지 지하에 대형보일러가 설치되어 난방을 한 곳에서 종합적으로 관리하는 방식으로 난방이 편리하고 일률적으로 통제하므로 연료절감의 효과를 거둘 수 있으나 세대에서 필요할 때 난방이 곤란하다.

(3) 지역난방방식

난방용 증기 또는 온수를 외부에서 공급받아 일정지역의 전 세대를 난방하는 방식으로 연료절감의 효과를 거둘 수 있으나 공급과정에서 열손실이 많이 발생한다.

04 공동주택 관리기구 등

공동주택 관리기구 등

01 관리주체
02 관리사무소장의 배치 등
03 관리사무소장의 업무 등
04 관리사무소장의 손해배상 책임
05 주택관리업자 등의 교육
06 공제사업
07 협회의 설립
08 공동주택관리정보시스템의 구축·운영 등

1 관리주체

(1) 관리주체의 범위

관리주체란 공동주택을 관리하는 다음의 자를 말한다.
① 자치관리기구의 대표자인 공동주택의 관리사무소장
② 관리업무를 인계하기 전의 사업주체
③ 주택관리업자
④ 임대사업자
⑤ 「민간임대주택에 관한 특별법」에 따른 주택임대관리업자(시설물 유지·보수·개량 및 그 밖의 주택관리 업무를 수행하는 경우에 한정한다)

(2) 관리주체의 업무

관리주체는 다음의 업무를 행한다. 이 경우 필요한 범위 안에서 공동주택의 공용부분을 사용할 수 있다.
① 공동주택의 공용부분의 유지·보수 및 안전관리
② 공동주택단지 안의 경비·청소·소독 및 쓰레기 수거
③ 관리비 및 사용료의 징수와 공과금 등의 납부대행
④ 장기수선충당금의 징수·적립 및 관리
⑤ 관리규약으로 정한 사항의 집행
⑥ 입주자대표회의에서 의결한 사항의 집행
⑦ 공동주택관리업무의 공개·홍보 및 공동시설물의 사용방법에 관한 지도·계몽
⑧ 입주자 등의 공동사용에 제공되고 있는 공동주택단지 안의 토지·부대시설 및 복리시설에 대한 무단 점유행위의 방지 및 위반행위시의 조치
⑨ 공동주택단지 안에서 발생한 안전사고 및 도난사고 등에 대한 대응 조치
⑩ 하자보수청구 등의 대행

(3) 관리주체의 동의사항

① 입주자 등은 다음의 행위를 하려는 경우에는 관리주체의 동의를 받아야 한다.
  ㉠ 국토교통부령으로 정하는 경미한 행위로서 주택내부의 구조물과 설비를 교체하는 행위

▶보충학습

▌**국토교통부령으로 정하는 경미한 행위**

위 ㉠의 국토교통부령으로 정하는 경미한 행위란 다음의 어느 하나에 해당하는 행위를 말한다.
1. 창틀·문틀의 교체
2. 세대내 천장·벽·바닥의 마감재 교체
3. 급·배수관 등 배관설비의 교체
4. 세대 내 난방설비의 교체(시설물의 파손·철거는 제외한다)
5. 구내통신선로설비, 경비실과 통화가 가능한 구내전화, 지능형 홈네트워크 설비, 방송수신을 위한 공동수신설비 또는 영상정보처리기기의 교체(폐쇄회로 텔레비전과 네트워크 카메라 간의 교체를 포함한다)
6. 보안등, 자전거보관소, 안내표지판, 담장(축대는 제외한다) 또는 보도블록의 교체
7. 폐기물보관시설(재활용품 분류보관시설을 포함한다), 택배보관함 또는 우편함의 교체
8. 조경시설 중 수목(樹木)의 일부 제거 및 교체
9. 주민운동시설의 교체(다른 운동종목을 위한 시설로 변경하는 것을 말하며, 면적이 변경되는 경우는 제외한다)
10. 부대시설 중 각종 설비나 장비의 수선·유지·보수를 위한 부품의 일부 교체
11. 그 밖에 1.부터 10.까지의 규정에서 정한 사항과 유사한 행위로서 시장·군수·구청장이 인정하는 행위

㉡ 소방시설 설치 및 관리에 관한 법률 제16조 제1항에 위배되지 아니하는 범위에서 공용부분에 물건을 적재하여 통행·피난 및 소방을 방해하는 행위

「소방시설 설치 및 관리에 관한 법률」 제16조 제1항

특정소방대상물의 관계인은 「건축법」에 따른 피난시설, 방화구획 및 방화시설에 대하여 정당한 사유가 없는 한 다음의 행위를 하여서는 아니 된다.
1. 피난시설, 방화구획 및 방화시설을 폐쇄하거나 훼손하는 등의 행위
2. 피난시설, 방화구획 및 방화시설의 주위에 물건을 쌓아두거나 장애물을 설치하는 행위
3. 피난시설, 방화구획 및 방화시설의 용도에 장애를 주거나 「소방기본법」 제16조에 따른 소방활동에 지장을 주는 행위
4. 그 밖에 피난시설, 방화구획 및 방화시설을 변경하는 행위

ⓒ 공동주택에 광고물·표지물 또는 표지를 부착하는 행위

ⓔ 가축(장애인 보조견을 제외한다)을 사육하거나 방송시설 등을 사용함으로써 공동주거생활에 피해를 미치는 행위

ⓜ 공동주택의 발코니 난간 또는 외벽에 돌출물을 설치하는 행위

ⓗ 전기실·기계실·정화조시설 등에 출입하는 행위

ⓢ 「환경친화적 자동차의 개발 및 보급 촉진에 관한 법률」에 따른 전기자동차의 이동형 충전기를 이용하기 위한 차량무선인식장치[전자태그(RFID tag)를 말한다]를 콘센트 주위에 부착하는 행위

② ①의 ⓜ에도 불구하고 「주택건설기준 등에 관한 규정」에 따라 세대 안에 냉방설비의 배기장치를 설치할 수 있는 공간이 마련된 공동주택의 경우 입주자 등은 냉방설비의 배기장치를 설치하기 위하여 돌출물을 설치하는 행위를 하여서는 아니 된다.

(4) 냉방설비의 배기장치

① 공동주택의 각 세대에는 발코니 등 세대 안에 냉방설비의 배기장치를 설치할 수 있는 공간을 마련하여야 한다. 다만, 중앙집중냉방방식의 경우에는 그러하지 아니하다.

② ①의 본문에 따른 배기장치 설치공간은 냉방설비의 배기장치가 원활하게 작동할 수 있도록 국토교통부령으로 정하는 기준에 따라 설치해야 한다.

③ ②에서 "국토교통부령으로 정하는 기준"이란 다음의 요건을 모두 갖춘 것을 말한다.

ⓐ 냉방설비가 작동할 때 주거환경이 악화되지 않도록 거주자가 일상적으로 생활하는 공간과 구분하여 구획할 것. 다만, 배기장치 설치공간을 외부 공기에 직접 닿는 곳에 마련하는 경우에는 그렇지 않다.

ⓑ 세대별 주거전용면적에 적정한 용량인 냉방설비의 배기장치 규격에 배기장치의 설치·유지 및 관리에 필요한 여유 공간을 더한 크기로 할 것

ⓒ 세대별 주거전용면적이 50제곱미터를 초과하는 경우로서 세대 내 거실 또는 침실이 2개 이상인 경우에는 거실을 포함한 최소 2개의 공간에 냉방설비 배기장치 연결배관을 설치할 것

ⓓ 냉방설비 배기장치 설치공간을 외부 공기에 직접 닿는 곳에 마련하는 경우에는 배기장치 설치공간 주변에 주택건설기준 등에 관한 규정 제18조 제1항 및 제2항에 적합한 난간을 설치할 것

④ ③의 ⓛ에 따른 배기장치의 설치·유지 및 관리에 필요한 여유 공간은 다음의 구분에 따른다.

　　ⓐ 배기장치 설치공간을 외부 공기에 직접 닿는 곳에 마련하는 경우로서 냉방설비 배기장치 설치공간에 출입문을 설치하고, 출입문을 연 상태에서 배기장치를 설치할 수 있는 경우: 가로 0.5미터 이상

　　ⓑ 그 밖의 경우: 가로 0.5미터 이상 및 세로 0.7미터 이상

> **주택건설기준 등에 관한 규정 제18조【난간】** ① 주택단지 안의 건축물 또는 옥외에 설치하는 난간의 재료는 철근콘크리트, 파손되는 경우에도 비산(飛散)되지 아니하는 안전유리 또는 강도 및 내구성이 있는 재료(금속제인 경우에는 부식되지 아니하거나 도금 또는 녹막이 등으로 부식방지처리를 한 것만 해당한다)를 사용하여 난간이 안전한 구조로 설치될 수 있게 하여야 한다. 다만, 실내에 설치하는 난간의 재료는 목재로 할 수 있다.
> ② 난간의 각 부위의 치수는 다음의 기준에 적합하여야 한다.
> 1. 난간의 높이: 바닥의 마감면으로부터 120센티미터 이상. 다만, 건축물내부계단에 설치하는 난간, 계단중간에 설치하는 난간 기타 이와 유사한 것으로 위험이 적은 장소에 설치하는 난간의 경우에는 90센티미터 이상으로 할 수 있다.
> 2. 난간의 간살의 간격: 안목치수 10센티미터 이하

(5) 관리비 등의 사업계획 및 예산안 수립 등

① 의무관리대상 공동주택의 관리주체는 다음 회계연도에 관한 관리비 등의 사업계획 및 예산안을 매 회계연도 개시 1개월 전까지 입주자대표회의에 제출하여 승인을 받아야 하며, 승인사항에 변경이 있는 때에는 변경승인을 받아야 한다.

② 사업주체 또는 의무관리대상 전환 공동주택의 관리인으로부터 공동주택의 관리업무를 인계받은 관리주체는 지체 없이 다음 회계연도가 시작되기 전까지의 기간에 대한 사업계획 및 예산안을 수립하여 입주자대표회의의 승인을 받아야 한다. 다만, 다음 회계연도가 시작되기 전까지의 기간이 3개월 미만인 경우로서 입주자대표회의 의결이 있는 경우에는 생략할 수 있다.

③ 의무관리대상 공동주택의 관리주체는 회계연도마다 사업실적서 및 결산서를 작성하여 회계연도 종료 후 2개월 이내에 입주자대표회의에 제출하여야 한다.

(6) 회계감사

① 의무관리대상 공동주택의 관리주체는 대통령령으로 정하는 바에 따라 「주식회사 등의 외부감사에 관한 법률」에 따른 감사인의 회계감사를 매년 1회 이상 받아야 한다. 다만, 다음 각 호의 구분에 따른 연도에는 그러하지 아니하다.

    ㉠ 300세대 이상인 공동주택: 해당 연도에 회계감사를 받지 아니하기로 입주자 등의 3분의 2 이상의 서면동의를 받은 경우 그 연도

    ㉡ 300세대 미만인 공동주택: 해당 연도에 회계감사를 받지 아니하기로 입주자 등의 과반수의 서면동의를 받은 경우 그 연도

② 관리주체는 회계감사를 받은 경우에는 감사보고서 등 회계감사의 결과를 제출받은 날부터 1개월 이내에 입주자대표회의에 보고하고 해당 공동주택단지의 인터넷 홈페이지 및 동별 게시판에 공개하여야 한다.

③ 회계감사의 감사인은 입주자대표회의가 선정한다. 이 경우 입주자대표회의는 시장·군수·구청장 또는 「공인회계사법」에 따른 한국공인회계사회에 감사인의 추천을 의뢰할 수 있으며, 입주자 등의 10분의 1 이상이 연서하여 감사인의 추천을 요구하는 경우 입주자대표회의는 감사인의 추천을 의뢰한 후 추천을 받은 자 중에서 감사인을 선정하여야 한다.

④ 회계감사를 받는 관리주체는 다음 각 호의 어느 하나에 해당하는 행위를 하여서는 아니 된다.

    ㉠ 정당한 사유 없이 감사인의 자료열람·등사·제출 요구 또는 조사를 거부·방해·기피하는 행위

    ㉡ 감사인에게 거짓 자료를 제출하는 등 부정한 방법으로 회계감사를 방해하는 행위

⑤ 회계감사의 감사인은 회계감사 완료일부터 1개월 이내에 회계감사 결과를 해당 공동주택을 관할하는 시장·군수·구청장에게 제출하고 공동주택관리정보시스템에 공개하여야 한다.

⑥ 관리주체는 ①의 단서에 따라 서면동의를 받으려는 경우에는 회계감사를 받지 아니할 사유를 입주자 등이 명확히 알 수 있도록 동의서에 기재하여야 한다.

⑦ 관리주체는 ⑥에 따른 동의서를 관리규약으로 정하는 바에 따라 보관하여야 한다.

⑧ ①의 각 호 외의 부분 본문에 따라 회계감사를 받아야 하는 공동주택의 관리주체는 매 회계연도 종료 후 9개월 이내에 다음 각 호의 재무제표에 대하여 회계감사를 받아야 한다.

　　　　㉠ 재무상태표

　　　　㉡ 운영성과표

　　　　㉢ 이익잉여금처분계산서(또는 결손금처리계산서)

　　　　㉣ 주석(註釋)

　⑨ 재무제표를 작성하는 회계처리기준은 국토교통부장관이 정하여 고시한다.

　⑩ 국토교통부장관은 회계처리기준의 제정 또는 개정의 업무를 외부 전문기관에 위탁할 수 있다.

　⑪ 회계감사는 공동주택 회계의 특수성을 고려하여 제정된 회계감사기준에 따라 실시되어야 한다.

　⑫ 회계감사기준은 「공인회계사법」에 따른 한국공인회계사회가 정하되, 국토교통부장관의 승인을 받아야 한다.

　⑬ ①의 각 호 외의 부분 본문에 따른 감사인은 ⑧에 따라 관리주체가 회계감사를 받은 날부터 1개월 이내에 관리주체에게 감사보고서를 제출해야 한다.

　⑭ 입주자대표회의는 감사인에게 감사보고서에 대한 설명을 하여 줄 것을 요청할 수 있다.

　⑮ 공동주택 회계감사의 원활한 운영 등을 위하여 필요한 사항은 국토교통부령으로 정한다.

(7) 회계서류의 작성 · 보관 및 공개 등

　① 의무관리대상 공동주택의 관리주체는 다음의 구분에 따른 기간 동안 해당 장부 및 증빙서류를 보관하여야 한다. 이 경우 관리주체는 「전자문서 및 전자거래 기본법」에 따른 정보처리시스템을 통하여 장부 및 증빙서류를 작성하거나 보관할 수 있다.

　　　㉠ 관리비 등의 징수 · 보관 · 예치 · 집행 등 모든 거래 행위에 관하여 월별로 작성한 장부 및 그 증빙서류: 해당 회계연도 종료일부터 5년간

　　　㉡ 주택관리업자 및 사업자 선정 관련 증빙서류: 해당 계약 체결일부터 5년간

　② 공동주택의 관리주체는 입주자 등이 관리비 등의 장부나 증빙서류, 관리비 등의 사업계획, 예산안, 사업실적서 및 결산서 정보의 열람을 요구하거나 자기의 비용으로 복사를 요구하는 때에는 관리규약으로 정하는 바에 따라 이에 응하여야 한다. 다만, 다음의 정보는 제외하고 요구에 응하여야 한다.

　　　㉠ 「개인정보 보호법」에 따른 고유식별정보 등 개인의 사생활의 비밀 또는 자유를 침해할 우려가 있는 정보

　　　㉡ 의사결정과정 또는 내부검토과정에 있는 사항 등으로서 공개될 경우 업무의 공정한 수행에 현저한 지장을 초래할 우려가 있는 정보

③ 관리주체는 다음의 사항(입주자 등의 세대별 사용명세 및 연체자의 동·호수 등 기본권 침해의 우려가 있는 것은 제외한다)을 그 공동주택단지의 인터넷 홈페이지 및 동별 게시판에 각각 공개하거나 입주자 등에게 개별 통지해야 한다. 이 경우 동별 게시판에는 정보의 주요내용을 요약하여 공개할 수 있다.

　　㉠ 입주자대표회의의 소집 및 그 회의에서 의결한 사항

　　㉡ 관리비 등의 부과명세(관리비, 사용료 및 이용료 등에 대한 항목별 산출명세를 말한다) 및 연체 내용

　　㉢ 관리규약 및 장기수선계획·안전관리계획의 현황

　　㉣ 입주자 등의 건의사항에 대한 조치결과 등 주요업무의 추진상황

　　㉤ 동별 대표자의 선출 및 입주자대표회의의 구성원에 관한 사항

　　㉥ 관리주체 및 공동주택관리기구의 조직에 관한 사항

(8) 관리비 등의 집행을 위한 사업자 선정

① 의무관리대상 공동주택의 관리주체 또는 입주자대표회의가 관리비, 사용료 등, 장기수선충당금과 그 적립금액의 어느 하나에 해당하는 금전 또는 하자보수보증금과 그 밖에 해당 공동주택단지에서 발생하는 모든 수입에 따른 금전을 집행하기 위하여 사업자를 선정하려는 경우 다음의 기준을 따라야 한다.

　　㉠ 전자입찰방식으로 사업자를 선정할 것. 다만, 선정방법 등이 전자입찰방식을 적용하기 곤란한 경우로서 국토교통부장관이 정하여 고시하는 경우에는 전자입찰방식으로 선정하지 아니할 수 있다.

　　㉡ 그 밖에 입찰의 방법 등 대통령령으로 정하는 방식을 따를 것

② ①의 ㉠에 따른 전자입찰방식의 세부기준, 절차 및 방법 등은 국토교통부장관이 정하여 고시한다.

③ ①의 ㉡에 따른 대통령령으로 정하는 방식이란 다음에 따른 방식을 말한다.

　　㉠ 국토교통부장관이 정하여 고시하는 경우 외에는 경쟁입찰로 할 것. 이 경우 다음의 사항은 국토교통부장관이 정하여 고시한다.

　　　ⓐ 입찰의 절차

　　　ⓑ 입찰 참가자격

　　　ⓒ 입찰의 효력

　　　ⓓ 그 밖에 사업자의 적정한 선정을 위하여 필요한 사항

　　㉡ 입주자대표회의의 감사가 입찰과정 참관을 원하는 경우에는 참관할 수 있도록 할 것

④ 관리주체 또는 입주자대표회의는 다음의 구분에 따라 사업자를 선정(계약의 체결을 포함한다)하고 집행하여야 한다.

㉠ 관리주체가 사업자를 선정하고 집행하는 다음의 사항

ⓐ 청소, 경비, 소독, 승강기유지, 지능형 홈네트워크, 수선·유지(냉방·난방시설의 청소를 포함한다)를 위한 용역 및 공사

ⓑ 주민공동시설의 위탁, 물품의 구입과 매각, 잡수입의 취득(어린이집, 다함께돌봄센터, 공동육아나눔터 임대에 따른 잡수입의 취득은 제외한다), 보험계약 등 국토교통부장관이 정하여 고시하는 사항

㉡ 입주자대표회의가 사업자를 선정하고 집행하는 다음의 사항

ⓐ 하자보수보증금을 사용하여 보수하는 공사

ⓑ 사업주체로부터 지급받은 공동주택 공용부분의 하자보수비용을 사용하여 보수하는 공사

㉢ 입주자대표회의가 사업자를 선정하고 관리주체가 집행하는 다음의 사항

ⓐ 장기수선충당금을 사용하는 공사

ⓑ 전기안전관리를 위한 용역

⑤ 입주자 등은 기존 사업자(용역 사업자만 해당한다)의 서비스가 만족스럽지 못한 경우에는 전체 입주자 등의 과반수의 서면동의로 새로운 사업자의 선정을 위한 입찰에서 기존 사업자의 참가를 제한하도록 관리주체 또는 입주자대표회의에 요구할 수 있다. 이 경우 관리주체 또는 입주자대표회의는 그 요구에 따라야 한다.

> 💡 전기안전관리란 전기안전관리법에 따라 전기설비의 안전관리에 관한 업무를 위탁 또는 대행하게 하는 경우를 말한다.

⑼ **계약서의 공개**

의무관리대상 공동주택의 관리주체 또는 입주자대표회의는 선정한 주택관리업자 또는 공사, 용역 등을 수행하는 사업자와 계약을 체결하는 경우 계약 체결일부터 1개월 이내에 그 계약서를 해당 공동주택단지의 인터넷 홈페이지 및 동별 게시판에 공개하여야 한다. 이 경우 「개인정보 보호법」에 따른 고유식별정보 등 개인의 사생활의 비밀 또는 자유를 침해할 우려가 있는 정보는 제외하고 공개하여야 한다.

(10) 주민공동시설의 위탁 · 운영

① 관리주체는 입주자 등의 이용을 방해하지 아니하는 한도에서 주민공동시설을 관리주체가 아닌 자에게 위탁하여 운영할 수 있다.

② 관리주체는 주민공동시설을 위탁하려면 다음의 구분에 따른 절차를 거쳐야 한다. 관리주체가 위탁 여부를 변경하는 경우에도 또한 같다.

　㉠「주택법」에 따른 사업계획승인을 받아 건설한 공동주택 중 건설임대주택을 제외한 공동주택의 경우에는 다음의 어느 하나에 해당하는 방법으로 제안하고 입주자 등 과반수의 동의를 받을 것

　　ⓐ 입주자대표회의의 의결

　　ⓑ 입주자 등 10분의 1 이상의 요청

　㉡「주택법」에 따른 사업계획승인을 받아 건설한 건설임대주택의 경우에는 다음의 어느 하나에 해당하는 방법으로 제안하고 임차인 과반수의 동의를 받을 것

　　ⓐ 임대사업자의 요청

　　ⓑ 임차인 10분의 1 이상의 요청

　㉢「건축법」에 따른 건축허가를 받아 주택 외의 시설과 주택을 동일건축물로 건축한 건축물의 경우에는 다음의 어느 하나에 해당하는 방법으로 제안하고 입주자 등 과반수의 동의를 받을 것

　　ⓐ 입주자대표회의의 의결

　　ⓑ 입주자 등 10분의 1 이상의 요청

(11) 인근 공동주택단지 입주자 등의 주민공동시설 이용의 허용

① 관리주체는 입주자 등의 이용을 방해하지 아니하는 한도에서 주민공동시설을 인근 공동주택단지 입주자 등도 이용할 수 있도록 허용할 수 있다. 이 경우 영리를 목적으로 주민공동시설을 운영해서는 아니 된다.

② 관리주체가 주민공동시설을 인근 공동주택단지 입주자 등도 이용할 수 있도록 허용하려면 다음의 구분에 따른 절차를 거쳐야 한다. 관리주체가 허용 여부를 변경하는 경우에도 또한 같다.

　㉠「주택법」에 따른 사업계획승인을 받아 건설한 공동주택 중 건설임대주택을 제외한 공동주택의 경우에는 다음의 어느 하나에 해당하는 방법으로 제안하고 과반의 범위에서 관리규약으로 정하는 비율 이상의 입주자 등의 동의를 받을 것

　　ⓐ 입주자대표회의의 의결

　　ⓑ 입주자 등 10분의 1 이상의 요청

ⓛ 「주택법」에 따른 사업계획승인을 받아 건설한 건설임대주택의 경우에는 다음의 어느 하나에 해당하는 방법으로 제안하고 과반의 범위에서 관리규약으로 정하는 비율 이상의 임차인의 동의를 받을 것
　ⓐ 임대사업자의 요청
　ⓑ 임차인 10분의 1 이상의 요청
ⓒ 「건축법」에 따른 건축허가를 받아 주택 외의 시설과 주택을 동일건축물로 건축한 건축물의 경우에는 다음의 어느 하나에 해당하는 방법으로 제안하고 과반의 범위에서 관리규약으로 정하는 비율 이상의 입주자 등의 동의를 받을 것
　ⓐ 입주자대표회의의 의결
　ⓑ 입주자 등 10분의 1 이상의 요청

② 관리사무소장의 배치 등

(1) 배 치

① 의무관리대상 공동주택을 관리하는 다음의 어느 하나에 해당하는 자는 주택관리사를 해당 공동주택의 관리사무소장으로 배치하여야 한다. 다만, 500세대 미만의 공동주택에는 주택관리사를 갈음하여 주택관리사보를 해당 공동주택의 관리사무소장으로 배치할 수 있다.
　㉠ 입주자대표회의
　㉡ 관리업무를 인계하기 전의 사업주체
　㉢ 주택관리업자
　㉣ 임대사업자
② ①에 해당하는 자는 관리사무소장의 보조자로서 주택관리사 등을 배치할 수 있다.

> 💡 입주자대표회의가 관리사무소장을 배치하는 경우는 자치관리의 경우에 한정한다.

(2) 배치 및 변경신고

① 관리사무소장은 그 배치내용과 업무의 집행에 사용할 직인을 시장·군수·구청장에게 신고하여야 한다. 신고한 배치내용과 직인을 변경할 때에도 또한 같다.
② 배치내용과 업무의 집행에 사용할 직인을 신고하려는 공동주택의 관리사무소장은 배치된 날부터 15일 이내에 관리사무소장의 배치 및 직인 신고서에 다음의 서류를 첨부하여 주택관리사단체에 제출하여야 한다.

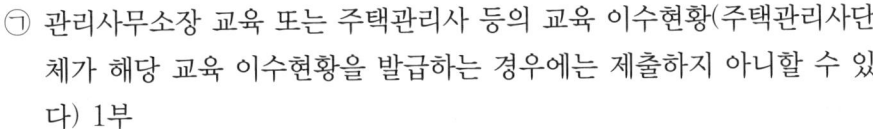
㉠ 관리사무소장 교육 또는 주택관리사 등의 교육 이수현황(주택관리사단체가 해당 교육 이수현황을 발급하는 경우에는 제출하지 아니할 수 있다) 1부

㉡ 임명장 사본 1부. 다만, 배치된 공동주택의 전임(前任) 관리사무소장이 배치종료 신고를 하지 아니한 경우에는 배치를 증명하는 다음의 구분에 따른 서류를 함께 제출하여야 한다.

　　ⓐ 공동주택의 관리방법이 자치관리인 경우 : 근로계약서 사본 1부

　　ⓑ 공동주택의 관리방법이 위탁관리인 경우 : 위·수탁 계약서 사본 1부

㉢ 주택관리사보자격시험 합격증서 또는 주택관리사 자격증 사본 1부

㉣ 주택관리사 등의 손해배상책임을 보장하기 위한 보증설정을 입증하는 서류 1부

③ 신고한 배치 내용과 업무의 집행에 사용하는 직인을 변경하려는 관리사무소장은 변경사유(관리사무소장의 배치가 종료된 경우를 포함한다)가 발생한 날부터 15일 이내에 신고서에 변경내용을 증명하는 서류를 첨부하여 주택관리사단체에 제출하여야 한다.

④ 신고 또는 변경신고를 접수한 주택관리사단체는 관리사무소장의 배치 내용 및 직인 신고(변경신고하는 경우를 포함한다) 접수 현황을 분기별로 시장·군수·구청장에게 보고하여야 한다.

⑤ 주택관리사단체는 관리사무소장이 배치신고 또는 변경신고에 대한 증명서 발급을 요청하면 즉시 증명서를 발급하여야 한다.

⬦ **공동주택관리법 시행규칙[별지 제33호 서식]**

| 관리사무소장 배치 및 직인 | [　]신고서 |
| | [　]변경신고서 |

※ 뒤쪽의 작성방법을 읽고 작성하시기 바라며, [　]에는 해당되는 곳에 √표를 합니다. (앞쪽)

접수번호		접수일		처리기간	즉시

신고인	성명				생년월일	
	주소				(전화번호 :　　　　　　)	
	자격	자격구분	[　]주택관리사　　　　　[　]주택관리사보(제　회 시험 합격)			
		자격번호	제　　　　호(발급 시·도 :　　　　　)			
		취 득 일	년　　월　　일			

단지 현황	단 지 명	
	단지주소	(전화 :　　　　　)
	세 대 수	세대 | 승강기 유무 | 대 또는 (　　　)
	난방방식	사용검사일 | 년　월　일

관리 방법	[　]자치관리	개 시 일	년　　월　　일	
	[　]위탁관리	상　　호	주택관리업자 :	
		주　　소		
	공동주택 관리기구	기술인력		총　　명
		관리인력		

배치 사항	[　]신　　고	배치시작	년　　월　　일 (관리사무소장 업무시작일)			
	[　]변경신고	변경사항	[　]신고인 정보　　[　]단지현황　　[　]관리방법　　[　]배치종료			
		변 경 전				
		변 경 후				
		배치종료	년　　월　　일 (관리사무소장 업무종료일)			

업무 직인	[　]신　　고	「공동주택관리법」 제64조 제2항 각 호에 따른 관리사무소장의 업무집행에 사용하는 직인입니다.	(인)
	[　]변경신고		

「공동주택관리법」 제64조 제5항 및 같은 법 시행규칙 제30조 제2항·제3항에 따라 위와 같이 ([　]신고 [　]변경신고) 합니다.

년　　월　　일

신고인　　주택관리사(보)　　　　　　　　　　　　　　　　(서명 또는 인)

주택관리사단체의 장 귀하

첨부 서류	뒤쪽 참조	수수료 없음

210mm×297mm[백상지(80g/m²) 또는 중질지(80g/m²)]

(뒤쪽)

| 첨부
서류 | 1. **신고시**
　가. 「공동주택관리법」 제70조 제1항에 따른 관리사무소장 교육 또는 같은 조 제2항에 따른 주택관리
　　　사 또는 주택관리사 등의 교육 이수현황(해당하는 경우에만 제출하되, 주택관리사단체가 해당
　　　교육 이수현황을 발급하는 경우에는 제출하지 아니할 수 있습니다) 1부
　나. 임명장 사본 1부. 다만, 배치된 공동주택의 전임 관리사무소장이 배치종료 신고를 하지 않은 경
　　　우에는 배치를 증명하는 다음의 구분에 따른 서류를 함께 제출합니다.
　　　1) 공동주택의 관리방법이 법 제7조에 따른 자치관리인 경우: 근로계약서 사본 1부
　　　2) 공동주택의 관리방법이 법 제6조에 따른 위탁관리인 경우: 위·수탁 계약서 사본 1부
　다. 주택관리사보자격시험 합격증서 또는 주택관리사 자격증 사본 1부
　라. 「공동주택관리법 시행령」 제70조 및 제71조에 따라 주택관리사 등의 손해배상책임을 보장하기
　　　위한 보증설정을 입증하는 서류 1부
2. **변경신고시. 다만, 배치종료를 신고하는 경우에는 첨부하지 않습니다.**
　가. 배치내용(신고인 정보, 단지현황, 관리방법) 또는 직인의 변경을 증명하는 서류 1부 | 수수료
없음 |

유의사항

관리사무소장이 그 배치 내용 등을 신고하지 않는 경우에는 「공동주택관리법」 제102조 제3항 제23호에 따라 500만원 이하의 과태료를 부과하게 됩니다.

작성방법

1. 배치사항 변경신고의 변경사항이 "신고인 정보, 단지현황, 관리방법"인 경우에는 변경 전·후 란에 변경내용을 적고, 만약 기재란이 부족한 경우에는 "별첨"으로 적은 후 변경내용을 별도로 첨부합니다.
2. 배치사항 변경신고의 변경사항이 "배치종료"인 경우에는 배치종료 란에 신고인 본인이 배치신고 하였던 공동주택에서 퇴직한 날을 적습니다.
3. 업무직인 란에는 중심원에는 주택관리사 등의 성명이, 바깥원에는 주택관리사 등의 자격명칭 및 자격번호가 새겨진 지름 2센티미터의 둥근 직인을 날인합니다.
4. 색상이 어두운 란은 신청인이 작성하지 않습니다.

3 관리사무소장의 업무 등

(1) 관리사무소장은 공동주택을 안전하고 효율적으로 관리하여 공동주택의 입주자 등의 권익을 보호하기 위하여 다음의 업무를 집행한다.

① 입주자대표회의에서 의결하는 다음의 업무가 해당된다.
  ㉠ 공동주택의 운영·관리·유지·보수·교체·개량
  ㉡ ㉠의 업무를 집행하기 위한 관리비·장기수선충당금이나 그 밖의 경비의 청구·수령·지출 및 그 금액을 관리하는 업무

② 하자의 발견 및 하자보수의 청구, 장기수선계획의 조정, 시설물 안전관리계획의 수립 및 건축물의 안전점검에 관한 업무. 다만, 비용지출을 수반하는 사항에 대하여는 입주자대표회의의 의결을 거쳐야 한다.

③ 관리사무소 업무의 지휘·총괄

④ 관리주체 업무를 지휘·총괄하는 업무

⑤ 입주자대표회의 및 선거관리위원회의 운영에 필요한 업무 지원 및 사무처리

⑥ 안전관리계획을 3년마다 조정하되, 관리여건상 필요하여 관리사무소장이 입주자대표회의 구성원 과반수의 서면동의를 받은 경우에는 3년이 지나기 전에 조정할 수 있다.

⑦ 관리비 등이 예치된 금융기관으로부터 매월 말일을 기준으로 발급받은 잔고증명서의 금액과 장부상 금액이 일치하는지 여부를 관리비 등이 부과된 달의 다음 달 10일까지 확인하는 업무

(2) 관리사무소장은 (1) ①의 ㉠ 및 ㉡과 관련하여 입주자대표회의를 대리하여 재판상 또는 재판 외의 행위를 할 수 있다.

(3) 관리사무소장은 선량한 관리자의 주의로 그 직무를 수행하여야 한다.

(4) 관리사무소장은 그 배치 내용과 업무의 집행에 사용할 직인을 국토교통부령으로 정하는 바에 따라 시장·군수·구청장에게 신고하여야 한다. 신고한 배치 내용과 직인을 변경할 때에도 또한 같다.

(5) **관리사무소장의 업무에 대한 부당 간섭 배제 등**

① 입주자대표회의(구성원을 포함한다)는 관리사무소장의 업무에 부당하게 간섭하여서는 아니 된다.

② 입주자대표회의가 관리사무소장의 업무에 부당하게 간섭하여 입주자 등에게 손해를 초래하거나 초래할 우려가 있는 경우 관리사무소장은 시장·군수·구청장에게 이를 보고하고, 사실 조사를 의뢰할 수 있다.

③ 시장·군수·구청장은 사실 조사를 의뢰받은 때에는 즉시 이를 조사하여야 하고, 부당하게 간섭한 사실이 있다고 인정하는 경우 입주자대표회의에 필요한 명령 등의 조치를 하여야 한다.

④ 시장·군수·구청장은 사실 조사 결과 또는 시정명령 등의 조치 결과를 관리사무소장에게 통보하여야 한다.

⑤ 입주자대표회의는 보고나 사실 조사 의뢰 또는 명령 등을 이유로 관리사무소장을 해임하거나 해임하도록 주택관리업자에게 요구하여서는 아니 된다.

(6) 경비원 등 근로자의 업무 등

① 공동주택에 경비원을 배치한 경비업자(경비업법에 따라 허가를 받은 경비업자를 말한다)는 경비업법에도 불구하고 대통령령으로 정하는 공동주택 관리에 필요한 업무에 경비원을 종사하게 할 수 있다.

② **종사업무**

  ㉠ ①에서 "대통령령으로 정하는 공동주택 관리에 필요한 업무"란 다음 각 호의 업무를 말한다.

   ⓐ 청소와 이에 준하는 미화의 보조

   ⓑ 재활용 가능 자원의 분리배출 감시 및 정리

   ⓒ 안내문의 게시와 우편수취함 투입

  ㉡ 공동주택 경비원은 공동주택에서의 도난, 화재, 그 밖의 혼잡 등으로 인한 위험발생을 방지하기 위한 범위에서 주차 관리와 택배물품 보관 업무를 수행할 수 있다

③ 입주자 등, 입주자대표회의 및 관리주체 등은 경비원 등 근로자에게 적정한 보수를 지급하고, 처우개선과 인권존중을 위하여 노력하여야 한다.

④ 입주자 등, 입주자대표회의 및 관리주체 등은 경비원 등 근로자에게 다음의 어느 하나에 해당하는 행위를 하여서는 아니 된다.

  ㉠ 공동주택관리법 또는 관계 법령에 위반되는 지시를 하거나 명령을 하는 행위

  ㉡ 업무 이외에 부당한 지시를 하거나 명령을 하는 행위

⑤ 경비원 등 근로자는 입주자 등에게 수준 높은 근로 서비스를 제공하여야 한다.

4 관리사무소장의 손해배상책임

(1) 주택관리사 등은 관리사무소장의 업무를 집행하면서 고의 또는 과실로 입주자 등에게 재산상의 손해를 입힌 경우에는 그 손해를 배상할 책임이 있다.

(2) 관리사무소장으로 배치된 주택관리사 등은 손해배상책임을 보장하기 위하여 다음의 구분에 따른 금액을 보장하는 보증보험 또는 공제에 가입하거나 공탁을 하여야 한다.
① **500세대 미만의 공동주택**: 3천만원
② **500세대 이상의 공동주택**: 5천만원

(3) 주택관리사 등은 손해배상책임을 보장하기 위한 보증보험 또는 공제에 가입하거나 공탁을 한 후 해당 공동주택의 관리사무소장으로 배치된 날에 다음의 어느 하나에 해당하는 자에게 보증보험 등에 가입한 사실을 입증하는 서류를 제출하여야 한다.
① 입주자대표회의의 회장
② 임대주택의 경우에는 임대사업자
③ 입주자대표회의가 없는 경우에는 시장·군수·구청장

(4) 공탁한 공탁금은 주택관리사 등이 해당 공동주택의 관리사무소장의 직을 사임하거나 그 직에서 해임된 날 또는 사망한 날부터 3년 이내에는 회수할 수 없다.

(5) 관리사무소장의 손해배상책임을 보장하기 위한 보증보험 또는 공제에 가입하거나 공탁을 한 조치를 이행한 주택관리사 등은 그 보증설정을 다른 보증설정으로 변경하려는 경우에는 해당 보증설정의 효력이 있는 기간 중에 다른 보증설정을 하여야 한다.

(6) 보증보험 또는 공제에 가입한 주택관리사 등으로서 보증기간이 만료되어 다시 보증설정을 하려는 자는 그 보증기간이 만료되기 전에 다시 보증설정을 하여야 한다.

(7) (5) 및 (6)에 따라 보증설정을 한 경우에는 해당 보증설정을 입증하는 서류를 (3)에 따라 제출하여야 한다.

(8) 입주자대표회의는 손해배상금으로 보증보험금·공제금 또는 공탁금을 지급받으려는 경우에는 다음의 어느 하나에 해당하는 서류를 첨부하여 보증보험회사, 공제회사 또는 공탁기관에 손해배상금의 지급을 청구하여야 한다.
① 입주자대표회의와 주택관리사 등 간의 손해배상합의서 또는 화해조서
② 확정된 법원의 판결문 사본
③ ① 또는 ②에 준하는 효력이 있는 서류

(9) 주택관리사 등은 보증보험금·공제금 또는 공탁금으로 손해배상을 한 때에는 15일 이내에 보증보험 또는 공제에 다시 가입하거나 공탁금 중 부족하게 된 금액을 보전하여야 한다.

5 주택관리업자 등의 교육

(1) 주택관리업자(법인인 경우에는 그 대표자를 말한다)와 관리사무소장으로 배치받은 주택관리사 등은 (2)에 따라 시·도지사로부터 공동주택관리에 관한 교육과 윤리교육을 받아야 한다. 이 경우 관리사무소장으로 배치받으려는 주택관리사 등은 공동주택관리에 관한 교육과 윤리교육을 받을 수 있고, 그 교육을 받은 경우에는 관리사무소장의 교육의무를 이행한 것으로 본다.

(2) 주택관리업자(법인인 경우에는 그 대표자를 말한다) 또는 관리사무소장으로 배치받은 주택관리사 등은 다음의 구분에 따른 시기에 교육업무를 위탁받은 기관 또는 단체(이하 '교육수탁기관'이라 한다)로부터 공동주택관리에 관한 교육과 윤리교육을 받아야 한다. 이 경우 교육수탁기관은 관리사무소장으로 배치받으려는 주택관리사 등에 대해서도 공동주택관리에 관한 교육과 윤리교육을 시행할 수 있다.
   ① **주택관리업자**: 주택관리업의 등록을 한 날부터 3개월 이내
   ② **관리사무소장**: 관리사무소장으로 배치된 날(주택관리사보로서 관리사무소장이던 사람이 주택관리사의 자격을 취득한 경우에는 그 자격취득일을 말한다)부터 3개월 이내

(3) 관리사무소장으로 배치받으려는 주택관리사 등이 배치예정일부터 직전 5년 이내에 관리사무소장·공동주택관리기구의 직원 또는 주택관리업자의 임직원으로서 종사한 경력이 없는 경우에는 국토교통부령으로 정하는 바에 따라 시·도지사가 실시하는 공동주택관리에 관한 교육과 윤리교육을 이수하여야 관리사무소장으로 배치받을 수 있다. 이 경우 공동주택관리에 관한 교육과 윤리교육을 이수하고 관리사무소장으로 배치받은 주택관리사 등에 대하여는 (1)에 따른 관리사무소장의 교육의무를 이행한 것으로 본다.

(4) 공동주택의 관리사무소장으로 배치받아 근무 중인 주택관리사 등은 (1) 또는 (3)에 따른 교육을 받은 후 3년마다 국토교통부령으로 정하는 바에 따라 공동주택관리에 관한 교육과 윤리교육을 받아야 한다.

(5) 국토교통부장관은 시·도지사가 실시하는 교육의 전국적 균형을 유지하기 위하여 교육수준 및 교육방법 등에 필요한 지침을 마련하여 시행할 수 있다.

(6) (3)에 따른 교육은 주택관리사와 주택관리사보로 구분하여 실시한다.

(7) (4)에 따른 교육에는 다음의 사항이 포함되어야 한다.
　① 공동주택의 관리 책임자로서 필요한 관계 법령, 소양 및 윤리에 관한 사항
　② 공동주택 주요시설의 교체 및 수리 방법 등 주택관리사로서 필요한 전문 지식에 관한 사항
　③ 공동주택의 하자보수 절차 및 분쟁해결에 관한 교육

(8) (1), (3), (4)에 따른 교육기간은 3일로 한다. 이 경우 교육은 교육과정의 성격, 교육여건 등을 고려하여 집합교육 또는 인터넷을 이용한 교육의 방법으로 실시할 수 있다.

(9) (1), (3), (4)까지의 규정에 따른 교육은 다음의 규정을 따른다.
　① 교육수탁기관은 교육 실시 10일 전에 교육의 일시·장소·기간·내용·대상자 및 그 밖에 교육에 필요한 사항을 공고하거나 관리주체에게 통보하여야 한다.
　② 특별시장·광역시장·특별자치시장·도지사 또는 특별자치도지사(이하 "시·도지사")는 교육수탁기관으로 하여금 다음의 사항을 이행하도록 하여야 한다.
　　㉠ 매년 11월 30일까지 다음의 내용이 포함된 다음 연도의 교육계획서를 작성하여 시·도지사의 승인을 받을 것
　　　ⓐ 교육일시·장소 및 교육시간
　　　ⓑ 교육예정인원
　　　ⓒ 강사의 성명·주소 및 교육과목별 이수시간
　　　ⓓ 교육과목 및 내용
　　　ⓔ 그 밖에 교육시행과 관련하여 시·도지사가 요구하는 사항
　　㉡ 해당 연도의 교육 종료 후 1개월 이내에 다음의 내용이 포함된 교육결과보고서를 작성하여 시·도지사에게 보고할 것
　　　ⓐ 교육대상자 및 이수자명단
　　　ⓑ 교육계획의 주요내용이 변경된 경우에는 그 변경내용과 사유
　　　ⓒ 그 밖에 교육시행과 관련하여 시·도지사가 요구하는 사항

6 공제사업

(1) 주택관리사단체는 관리사무소장의 손해배상책임과 공동주택에서 발생하는 인적·물적 사고, 그 밖에 공동주택관리업무와 관련한 종사자와 사업자의 손해배상책임 등을 보장하기 위하여 공제사업을 할 수 있다.

(2) 주택관리사단체가 할 수 있는 공제사업의 범위는 다음과 같다.
① 주택관리사 등의 손해배상책임을 보장하기 위한 공제기금의 조성 및 공제금의 지급에 관한 사업
② 공제사업의 부대사업으로서 국토교통부장관의 승인을 받은 사업

(3) 주택관리사단체는 공제사업을 하려면 아래의 공제규정을 제정하여 국토교통부장관의 승인을 받아야 한다. 공제규정을 변경하려는 경우에도 또한 같다.
① **공제계약의 내용으로서 다음의 사항**
㉠ 주택관리사단체의 공제책임
㉡ 공제금, 공제료 및 공제기간
㉢ 공제금의 청구와 지급절차, 구상 및 대위권, 공제계약의 실효
㉣ 그 밖에 공제계약에 필요한 사항
② **회계기준**: 공제사업을 손해배상기금과 복지기금으로 구분하여 각 기금별 목적 및 회계원칙에 부합되는 기준
③ **책임준비금의 적립비율**: 공제료 수입액의 100분의 10 이상(공제사고 발생률 및 공제금 지급액 등을 종합적으로 고려하여 정한다)

(4) 공제규정에는 대통령령으로 정하는 바에 따라 공제사업의 범위, 공제계약의 내용, 공제금, 공제료, 회계기준 및 책임준비금의 적립 비율 등 공제사업의 운용에 필요한 사항이 포함되어야 한다.

(5) 주택관리사단체는 공제사업을 다른 회계와 구분하여 별도의 회계로 관리하여야 하며, 책임준비금을 다른 용도로 사용하려는 경우에는 국토교통부장관의 승인을 받아야 한다.

(6) 주택관리사단체는 매년도의 공제사업 운용 실적을 일간신문 또는 단체의 홍보지 등을 통하여 공제계약자에게 공시하여야 한다.

💡 공제료는 공제사고 발생률 및 보증보험료 등을 종합적으로 고려하여 정한다.

(7) 주택관리사단체는 다음의 사항이 모두 포함된 공제사업 운용 실적을 매 회계 연도 종료 후 2개월 이내에 국토교통부장관에게 보고하고, 일간신문 또는 주택관리사단체의 인터넷 홈페이지 등을 통하여 공시하여야 한다.
   ① 재무상태표, 손익계산서 및 감사보고서
   ② 공제료 수입액, 공제금 지급액, 책임준비금 적립액
   ③ 그 밖에 공제사업의 운용에 관한 사항

(8) 국토교통부장관은 주택관리사단체가 공동주택관리법 및 공제규정을 지키지 아니하여 공제사업의 건전성을 해칠 우려가 있다고 인정되는 경우에는 시정을 명하여야 한다.

(9) 「금융위원회의 설치 등에 관한 법률」에 따른 금융감독원 원장은 국토교통부장 관이 요청한 경우에는 주택관리사단체의 공제사업에 관하여 검사를 할 수 있다.

7 협회의 설립

(1) 주택관리사 등은 공동주택관리에 관한 기술·행정 및 법률 문제에 관한 연구 와 그 업무를 효율적으로 수행하기 위하여 주택관리사단체를 설립할 수 있다.

(2) (1)의 단체(이하 "협회")는 법인으로 한다.

(3) 협회는 그 주된 사무소의 소재지에서 설립등기를 함으로써 성립한다.

(4) 「공동주택관리법」에 따라 국토교통부장관, 시·도지사 또는 대도시 시장으로 부터 영업 및 자격의 정지처분을 받은 협회 회원의 권리·의무는 그 영업 및 자격의 정지기간 중에는 정지되며, 주택관리사 등의 자격이 취소된 때에는 협 회의 회원자격을 상실한다.

(5) 협회를 설립하려면 공동주택의 관리사무소장으로 배치된 자의 5분의 1 이상의 인원수를 발기인으로 하여 정관을 마련한 후 창립총회의 의결을 거쳐 국토교 통부장관의 인가를 받아야 한다. 인가받은 정관을 변경하는 경우에도 또한 같다.

(6) 국토교통부장관은 협회를 인가하였을 때에는 이를 지체 없이 공고하여야 한다.

(7) 국토교통부장관은 협회를 지도·감독한다.

(8) 국토교통부장관은 감독상 필요한 경우에는 주택관리사단체에 대하여 다음의 사항을 보고하게 할 수 있다.

① 총회 또는 이사회의 의결사항

② 회원의 실태파악을 위하여 필요한 사항

③ 주택관리사단체의 운영계획 등 업무와 관련된 중요 사항

④ 그 밖에 공동주택의 관리와 관련하여 필요한 사항

(9) 협회에 관하여 「공동주택관리법」에서 규정한 것 외에는 「민법」 중 사단법인에 관한 규정을 준용한다.

8 공동주택관리정보시스템의 구축·운영 등

(1) 국토교통부장관은 공동주택관리의 투명성과 효율성을 제고하기 위하여 공동주택관리에 관한 정보를 종합적으로 관리할 수 있는 공동주택관리정보시스템을 구축·운영할 수 있고, 이에 관한 정보를 관련 기관·단체 등에 제공할 수 있다.

(2) 국토교통부장관은 공동주택관리정보시스템을 구축·운영하기 위하여 필요한 자료를 관련 기관·단체 등에 요청할 수 있다. 이 경우 기관·단체 등은 특별한 사유가 없으면 그 요청에 따라야 한다.

(3) 시·도지사는 공동주택관리에 관한 정보를 종합적으로 관리할 수 있고, 이에 관한 정보를 관련 기관·단체 등에 제공하거나 요청할 수 있다. 이 경우 기관·단체 등은 특별한 사유가 없으면 그 요청에 따라야 한다.

공동주택 관리방식 등

01 관리방식

02 관리업무의 이관절차

03 전자적 방법을 통한 입주자 등의 의사결정

04 사업주체관리

05 자치관리

06 위탁관리

07 주택관리업자에 대한 행정처분

08 공동주택의 공동관리 또는 구분관리

09 혼합주택단지의 관리

05 공동주택 관리방식 등

1 관리방식

공동주택 관리방식은 사업주체관리방식, 자치관리방식, 위탁관리방식으로 구분할 수 있다.

(1) 사업주체관리

사업주체관리는 입주 초기 사업주체가 공동주택단지의 시설과 공간의 기능을 보전하기 위해 관리하는 방식을 말한다.

(2) 자치관리

① 공동주택의 입주자가 공동주택 시설물 등을 직접 관리하는 방식으로 자치관리를 하고자 할 때 입주자대표회의는 자치관리기구를 구성하여야 한다.

② 입주자대표회의는 공동주택관리법 시행령 별표 1에 따른 기술 인력과 장비를 갖춘 공동주택관리기구를 구성하고 감독하게 된다.

(3) 위탁관리

공동주택관리법 시행령 별표 1에 따른 기술인력과 장비를 갖추고 시장·군수·구청장에게 등록한 주택관리업자가 사업주체 또는 입주자대표회의로부터 관리업무를 위탁받아 관리하는 방식을 말한다.

2 관리업무의 이관절차

(1) 의무관리대상 전환 공동주택의 이관절차

① 의무관리대상 공동주택으로 전환되는 공동주택(이하 "의무관리대상 전환 공동주택"이라 한다)의 관리인(「집합건물의 소유 및 관리에 관한 법률」에 따른 관리인을 말하며, 관리단이 관리를 개시하기 전인 경우에는 공동주택을 관리하고 있는 자를 말한다)은 대통령령으로 정하는 바에 따라 관할 특별자치시장·특별자치도지사·시장·군수·구청장(자치구의 구청장을 말하며 이하 같다. 이하 특별자치시장·특별자치도지사·시장·군수·구청장은 "시장·군수·구청장"이라 한다)에게 의무관리대상 공동주택 전환 신고를 하여야 한다. 다만, 관리인이 신고하지 않는 경우에는 입주자 등의 10분의 1 이상이 연서하여 신고할 수 있다.

② 의무관리대상 전환 공동주택의 입주자 등은 관리규약의 제정 신고가 수리된 날부터 3개월 이내에 입주자대표회의를 구성하여야 하며, 입주자대표회의의 구성 신고가 수리된 날부터 3개월 이내에 공동주택의 관리 방법을 결정하여야 한다.

③ 의무관리대상 전환 공동주택의 입주자 등이 공동주택을 위탁관리할 것을 결정한 경우 입주자대표회의는 입주자대표회의의 구성 신고가 수리된 날부터 6개월 이내에 주택관리업자를 선정하여야 한다.

④ 의무관리대상 전환 공동주택의 입주자 등은 해당 공동주택을 의무관리대상에서 제외할 것을 정할 수 있으며, 이 경우 입주자대표회의의 회장(직무를 대행하는 경우에는 그 직무를 대행하는 사람을 포함한다)은 대통령령으로 정하는 바에 따라 시장·군수·구청장에게 의무관리대상 공동주택 제외 신고를 하여야 한다.

⑤ 의무관리대상 공동주택 전환 신고를 하려는 자는 입주자 등의 동의를 받은 날부터 30일 이내에 관할 시장·군수·구청장에게 ⑦에서 정하는 신고서를 제출해야 한다.

⑥ 의무관리대상 공동주택 제외 신고를 하려는 입주자대표회의의 회장(직무를 대행하는 경우에는 그 직무를 대행하는 사람을 포함한다)은 입주자 등의 동의를 받은 날부터 30일 이내에 시장·군수·구청장에게 ⑦에서 정하는 신고서를 제출해야 한다.

⑦ ⑤와 ⑥에서 "국토교통부령으로 정하는 신고서"란 의무관리대상 공동주택 전환 등 신고서를 말하며, 해당 신고서를 제출할 때에는 다음의 서류를 첨부해야 한다.
  ㉠ 제안서 및 제안자 명부
  ㉡ 입주자 등의 동의서
  ㉢ 입주자 등의 명부

⑧ 시장·군수·구청장은 ① 및 ④에 따른 신고를 받은 날부터 10일 이내에 신고수리 여부를 신고인에게 통지하여야 한다.

⑨ 시장·군수·구청장이 ⑧에서 정한 기간 내에 신고수리 여부 또는 민원 처리 관련 법령에 따른 처리기간의 연장을 신고인에게 통지하지 아니하면 그 기간(민원 처리 관련 법령에 따라 처리기간이 연장 또는 재연장된 경우에는 해당 처리기간을 말한다)이 끝난 날의 다음 날에 신고를 수리한 것으로 본다.

(2) 의무관리대상 공동주택의 업무 이관절차

① 의무관리대상 공동주택을 건설한 사업주체는 입주예정자의 과반수가 입주할 때까지 그 공동주택을 관리하여야 하며, 입주예정자의 과반수가 입주하였을 때에는 입주자 등에게 그 사실을 알리고 해당 공동주택을 관리할 것을 요구하여야 한다.

② 사업주체는 입주자 등에게 입주예정자의 과반수가 입주한 사실을 통지하는 때에는 통지서에 다음의 사항을 기재하여야 한다.

    ㉠ 총 입주 예정 세대수 및 총 입주 세대수

    ㉡ 동별 입주 예정 세대수 및 동별 입주 세대수

    ㉢ 공동주택의 관리방법에 관한 결정의 요구

    ㉣ 사업주체의 성명 및 주소(법인인 경우에는 명칭 및 소재지를 말한다)

③ 임대사업자는 다음의 어느 하나에 해당하는 경우에는 ②를 준용하여 입주자 등에게 통지하여야 한다.

    ㉠ 민간임대주택에 관한 특별법에 따른 민간건설임대주택을 임대사업자 외의 자에게 양도하는 경우로서 해당 양도 임대주택 입주예정자의 과반수가 입주하였을 때

    ㉡ 공공주택 특별법에 따른 공공건설임대주택에 대하여 분양전환을 하는 경우로서 해당 공공건설임대주택 전체 세대수의 과반수가 분양전환된 때

④ 입주자 등이 ①에 따라 사업주체로부터 공동주택을 관리할 것을 요구받았을 때에는 그 요구를 받은 날부터 3개월 이내에 입주자를 구성원으로 하는 입주자대표회의를 구성하여야 한다.

⑤ 사업주체 및 임대사업자는 입주자대표회의의 구성에 협력하여야 한다.

⑥ 입주자대표회의의 회장은 입주자 등이 해당 공동주택의 관리방법을 결정(위탁관리하는 방법을 선택한 경우에는 그 주택관리업자의 선정을 포함한다)한 경우에는 이를 사업주체 또는 의무관리대상 전환 공동주택의 관리인에게 통지하고, 아래 ⑨에서 정하는 바에 따라 관할 시장·군수·구청장에게 신고하여야 한다. 신고한 사항이 변경되는 경우에도 또한 같다.

⑦ 시장·군수·구청장은 ⑥에 따른 신고를 받은 날부터 7일 이내에 신고수리 여부를 신고인에게 통지하여야 한다.

⑧ 시장·군수·구청장이 ⑦에서 정한 기간 내에 신고수리 여부 또는 민원 처리 관련 법령에 따른 처리기간의 연장을 신고인에게 통지하지 아니하면 그 기간(민원 처리 관련 법령에 따라 처리기간이 연장 또는 재연장된 경우에는 해당 처리기간을 말한다)이 끝난 날의 다음 날에 신고를 수리한 것으로 본다.

⑨ ⑥에 따라 입주자대표회의의 회장은 공동주택 관리방법의 결정(위탁관리하는 방법을 선택한 경우에는 그 주택관리업자의 선정을 포함한다) 또는 변경결정에 관한 신고를 하려는 경우에는 그 결정일 또는 변경결정일부터 30일 이내에 신고서를 시장·군수·구청장에게 제출해야 한다.

⑩ 입주자대표회의의 회장(직무를 대행하는 경우에는 그 직무를 대행하는 사람을 포함한다)은 시장·군수·구청장에게 ⑨에 따른 신고서를 제출할 때에는 관리방법의 제안서 및 그에 대한 입주자 등의 동의서를 첨부하여야 한다.

⑪ 사업주체는 입주자대표회의로부터 관리방법 결정통지가 없거나 입주자대표회의가 자치관리기구를 구성하지 아니하는 경우에는 주택관리업자를 선정하여야 한다. 이 경우 사업주체는 입주자대표회의 및 관할 시장·군수·구청장에게 그 사실을 알려야 한다.

(3) 관리방법 결정 및 주택관리업자의 선정

① 공동주택 관리방법의 결정 또는 변경은 다음의 어느 하나에 해당하는 방법으로 한다.
  ㉠ 입주자대표회의의 의결로 제안하고 전체 입주자 등의 과반수가 찬성
  ㉡ 전체 입주자 등의 10분의 1 이상이 제안하고 전체 입주자 등의 과반수가 찬성

② 의무관리대상 공동주택의 입주자 등이 공동주택을 위탁관리할 것을 정한 경우에는 입주자대표회의는 다음의 기준에 따라 주택관리업자를 선정하여야 한다.
  ㉠ 전자문서 및 전자거래 기본법에 따른 정보처리시스템을 통하여 선정(이하 '전자입찰방식'이라 한다)할 것. 다만, 선정방법 등이 전자입찰방식을 적용하기 곤란한 경우로서 국토교통부장관이 정하여 고시하는 경우에는 전자입찰방식으로 선정하지 아니할 수 있다.
  ㉡ 다음의 구분에 따른 사항에 대하여 전체 입주자 등의 과반수의 동의를 얻을 것
    ⓐ 경쟁입찰: 입찰의 종류 및 방법, 낙찰방법, 참가자격 제한 등 입찰과 관련한 중요사항
    ⓑ 수의계약: 계약상대자 선정, 계약 조건 등 계약과 관련한 중요사항
  ㉢ 그 밖에 입찰의 방법 등 대통령령으로 정하는 방식을 따를 것

③ ②의 ㉠에 따른 전자입찰방식의 세부기준·절차 및 방법 등은 국토교통부장관이 정하여 고시한다.

④ ②의 ⓒ에서 '그 밖에 입찰의 방법 등 대통령령으로 정하는 방식'이란 다음에 따른 방식을 말한다.
  ㉠ 국토교통부장관이 정하여 고시하는 경우 외에는 경쟁입찰로 할 것. 이 경우 다음의 사항은 국토교통부장관이 정하여 고시한다.
    ⓐ 입찰의 절차
    ⓑ 입찰 참가자격
    ⓒ 입찰의 효력
    ⓓ 그 밖에 주택관리업자의 적정한 선정을 위하여 필요한 사항
  ㉡ 입주자대표회의의 감사가 주택관리업자 선정을 위한 입찰과정 참관을 원하는 경우에는 참관할 수 있도록 할 것
  ㉢ 주택관리업자와의 계약기간은 장기수선계획의 조정주기를 고려하여 정할 것
⑤ 입주자 등은 기존 주택관리업자의 관리서비스가 만족스럽지 못한 경우에는 새로운 주택관리업자 선정을 위한 입찰에서 기존 주택관리업자의 참가를 제한하도록 입주자대표회의에 요구할 수 있다. 이 경우 입주자대표회의는 그 요구에 따라야 한다.
⑥ 입주자 등이 새로운 주택관리업자 선정을 위한 입찰에서 기존 주택관리업자의 참가를 제한하도록 입주자대표회의에 요구하려면 전체 입주자 등 과반수의 서면동의가 있어야 한다.

⑷ **관리업무의 인수 · 인계**
① 사업주체 또는 의무관리대상 전환 공동주택의 관리인은 다음의 어느 하나에 해당하게 된 날부터 1개월 이내에 해당 관리주체에게 공동주택의 관리업무를 인계하여야 한다.
  ㉠ 입주자대표회의의 회장으로부터 주택관리업자의 선정을 통지받은 경우
  ㉡ 자치관리기구가 구성된 경우
  ㉢ 주택관리업자가 선정(입주자대표회의로부터 관리방법 결정통지가 없거나 입주자대표회의가 자치관리기구를 구성하지 아니하는 경우에 사업주체가 주택관리업자를 선정한 경우를 말한다)된 경우
② 공동주택의 관리주체가 변경되는 경우에 기존 관리주체는 새로운 관리주체에게 해당 공동주택의 관리업무를 인계하여야 한다.
③ 새로운 관리주체는 기존 관리의 종료일까지 공동주택관리기구를 구성하여야 하며, 기존 관리주체는 해당 관리의 종료일까지 공동주택의 관리업무를 인계하여야 한다.

④ ③에도 불구하고 기존 관리의 종료일까지 인계·인수가 이루어지지 아니한 경우 기존 관리주체는 기존 관리의 종료일(기존 관리의 종료일까지 새로운 관리주체가 선정되지 못한 경우에는 새로운 관리주체가 선정된 날을 말한다)부터 1개월 이내에 새로운 관리주체에게 공동주택의 관리업무를 인계하여야 한다. 이 경우 그 인계기간에 소요되는 기존 관리주체의 인건비 등은 해당 공동주택의 관리비로 지급할 수 있다.

⑤ 사업주체 또는 의무관리대상 전환 공동주택의 관리인은 공동주택의 관리업무를 해당 관리주체에게 인계할 때에는 입주자대표회의의 회장 및 1명 이상의 감사의 참관하에 인계자와 인수자가 인계·인수서에 각각 서명·날인하여 다음의 서류를 인계해야 한다. 기존 관리주체가 새로운 관리주체에게 공동주택의 관리업무를 인계하는 경우에도 또한 같다.
  ㉠ 설계도서, 장비의 명세, 장기수선계획 및 안전관리계획
  ㉡ 관리비·사용료·이용료의 부과·징수현황 및 이에 관한 회계서류
  ㉢ 장기수선충당금의 적립현황
  ㉣ 관리비예치금의 명세
  ㉤ 세대 전유부분을 입주자에게 인도한 날의 현황
  ㉥ 관리규약과 그 밖에 공동주택의 관리업무에 필요한 사항

⑸ 사업주체의 어린이집 등의 임대계약 체결

① 시장·군수·구청장은 입주자대표회의가 구성되기 전에 다음 각 호의 주민공동시설의 임대계약 체결이 필요하다고 인정하는 경우에는 사업주체로 하여금 입주예정자 10분의 3 이상의 서면 동의를 받아 해당 시설의 임대계약을 체결하도록 할 수 있다.
  ㉠ 「영유아보육법」에 따른 어린이집
  ㉡ 「아동복지법」에 따른 다함께돌봄센터
  ㉢ 「아이돌봄 지원법」에 따른 공동육아나눔터
② 사업주체는 임대계약을 체결하려는 경우에는 해당 공동주택단지의 인터넷 홈페이지에 관련 내용을 공고하고 입주예정자에게 개별 통지해야 한다.
③ 사업주체는 임대계약을 체결하려는 경우에는 관리규약 및 관련 법령의 규정에 따라야 한다. 이 경우 어린이집은 관리규약 중 제19조 제1항 제21호 다목의 사항은 적용하지 않는다.

제19조 제1항 제21호 다목의 사항
제19조 【관리규약의 준칙】 ① 관리규약의 준칙에는 다음 각 호의 사항이 포함되어야
  한다. 이 경우 입주자등이 아닌 자의 기본적인 권리를 침해하는 사항이 포함되어서
  는 안 된다.
21. 공동주택의 어린이집 임대계약(지방자치단체에 무상임대하는 것을 포함한다)에
  대한 다음 각 목의 임차인 선정기준. 이 경우 그 기준은 「영유아보육법」 제24조
  제2항 각 호 외의 부분 후단에 따른 국공립어린이집 위탁체 선정관리 기준에 따
  라야 한다.
  가. 임차인의 신청자격
  나. 임차인 선정을 위한 심사기준
  다. 어린이집을 이용하는 입주자등 중 어린이집 임대에 동의하여야 하는 비율
  라. 임대료 및 임대기간
  마. 그 밖에 어린이집의 적정한 임대를 위하여 필요한 사항

3 전자적 방법을 통한 입주자 등의 의사결정

(1) 입주자 등은 동별 대표자나 입주자대표회의의 임원을 선출하는 등 공동주택의
  관리와 관련하여 의사를 결정하는 경우(서면동의에 의하여 의사를 결정하는
  경우를 포함한다) 대통령령으로 정하는 바에 따라 전자적 방법(「전자문서 및
  전자거래 기본법에 따른 정보처리시스템을 사용하거나 그 밖에 정보통신기술
  을 이용하는 방법을 말한다)을 통하여 그 의사를 결정할 수 있다.

(2) 의무관리대상 공동주택의 입주자대표회의, 관리주체 및 선거관리위원회는 입
  주자 등의 참여를 확대하기 위하여 공동주택의 관리와 관련한 의사결정에 대
  하여 전자적 방법을 우선적으로 이용하도록 노력하여야 한다.

(3) 입주자 등은 전자적 방법으로 의결권을 행사(이하 '전자투표'라 한다)하는 경
  우에는 다음의 어느 하나에 해당하는 방법으로 본인확인을 거쳐야 한다.
  ① 휴대전화를 통한 본인인증 등 정보통신망 이용촉진 및 정보보호 등에 관한
    법률에 따른 본인확인기관에서 제공하는 본인확인의 방법
  ② 전자서명법에 따른 공인전자서명 또는 공인인증서를 통한 본인확인의
    방법
  ③ 그 밖에 관리규약에서 전자문서 및 전자거래 기본법에 따른 전자문서를 제
    출하는 등 본인확인절차를 정하는 경우에는 그에 따른 본인확인의 방법

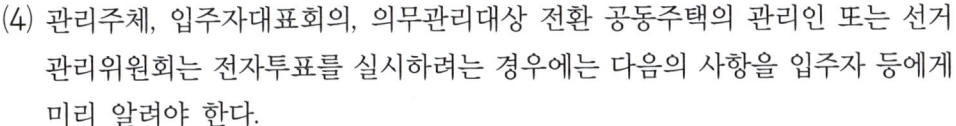

⑷ 관리주체, 입주자대표회의, 의무관리대상 전환 공동주택의 관리인 또는 선거
관리위원회는 전자투표를 실시하려는 경우에는 다음의 사항을 입주자 등에게
미리 알려야 한다.
① 전자투표를 하는 방법
② 전자투표 기간
③ 그 밖에 전자투표의 실시에 필요한 기술적인 사항

⑸ **부정행위 금지 등**

① 공동주택의 관리(관리사무소장 등 근로자의 채용을 포함한다)와 관련하여
입주자대표회의와 관리사무소장은 공모(共謀)하여 부정하게 재물 또는 재
산상의 이익을 취득하거나 제공하여서는 아니 된다.

② 공동주택의 관리와 관련하여 입주자 등, 관리주체, 입주자대표회의, 선거관
리위원회는 부정하게 재물 또는 재산상의 이익을 취득하거나 제공하여서
는 아니 된다.

③ 입주자대표회의 및 관리주체는 관리비·사용료와 장기수선충당금을 공동
주택관리법에 따른 용도 외의 목적으로 사용하여서는 아니 된다.

④ 주택관리업자 및 주택관리사 등은 다른 자에게 자기의 성명 또는 상호를
사용하여 공동주택관리법에서 정한 사업이나 업무를 수행하게 하거나 그
등록증 또는 자격증을 대여하여서는 아니 된다.

> 💡 입주자대표회의에는 그 구성원을 포함한다.

> 💡 선거관리위원회에는 위원을 포함한다.

4 사업주체관리

⑴ **사업주체의 개념**

주택건설사업계획 또는 대지조성사업계획의 승인을 받아 그 사업을 시행하는
다음의 자를 말한다.
① 국가·지방자치단체
② 한국토지주택공사 또는 지방공사
③ 등록한 주택건설사업자 또는 대지조성사업자
④ 그 밖에 주택법에 따라 주택건설사업 또는 대지조성사업을 시행하는 자

(2) 사업주체 관리업무의 내용

① **관리업무의 성격**: 사업주체는 입주자 등이 스스로 공동주택관리방식을 결정하여 그 관리업무를 개시할 준비가 될 때까지만 관리하게 되며, 입주자 등이 이러한 준비를 하지 아니하는 경우에는 자신을 대신하여 해당 공동주택을 관리할 주택관리업자를 선정하게 되는 과도기적 관리기구의 성격을 갖게 된다.

② **관리계약의 체결**: 사업주체는 입주예정자의 과반수가 입주할 때까지 공동주택을 직접 관리하는 경우에는 입주예정자와 관리계약을 체결하여야 하며, 그 관리계약에 의하여 당해 공동주택의 공용부분의 관리 및 운영 등에 필요한 비용(관리비예치금)을 징수할 수 있다.

③ **관리규약 제정에 관한 제안**: 공동주택 분양 후 최초의 관리규약은 사업주체가 제안한 내용을 해당 입주예정자의 과반수가 서면으로 동의하는 방법으로 결정한다.

④ **관리기구의 구성**: 사업주체는 공동주택을 관리하는 때에는 공동주택관리법 시행령 별표 1에서 규정하는 기술인력 및 장비를 갖춘 관리기구를 당해 공동주택단지 안에 두어야 한다.

⑤ 분양되지 아니한 세대의 장기수선충당금은 사업주체가 이를 부담하여야 한다.

⑥ 사업주체(국가·지방자치단체·한국토지주택공사 및 지방공사인 사업주체는 제외)는 공동주택관리법령상의 절차에 따라 공동주택의 하자를 보수할 책임이 있으며, 하자보수보증금을 예치하여야 한다.

5 자치관리

(1) 구성시기

① 의무관리대상 공동주택의 입주자 등이 공동주택을 자치관리할 것을 정한 경우에는 입주자대표회의는 사업주체로부터 해당 공동주택에 대한 관리요구가 있은 날(의무관리대상 공동주택으로 전환되는 경우에는 입주자대표회의의 구성 신고가 수리된 날을 말한다)부터 6개월 이내에 공동주택의 관리사무소장을 자치관리기구의 대표자로 선임하고, 대통령령으로 정하는 기술인력 및 장비를 갖춘 자치관리기구를 구성하여야 한다.

② 주택관리업자에게 위탁관리하다가 자치관리로 관리방법을 변경하는 경우 입주자대표회의는 그 위탁관리의 종료일까지 자치관리기구를 구성하여야 한다.

(2) 관리기구

① 자치관리기구는 입주자대표회의의 감독을 받는다.
② 자치관리기구가 갖추어야 하는 기술인력 및 장비는 공동주택관리법 시행령 별표 1에서 규정하고 있다.

(3) 기술인력 및 장비(공동주택관리법 시행령 별표 1)

구 분	기 준
기술 인력	다음의 기술인력을 갖추어야 한다. 다만, 관리주체가 입주자대표회의의 동의를 받아 관리업무의 일부를 해당 법령에서 인정하는 전문용역업체에 용역하는 경우에는 해당 기술인력을 갖추지 않을 수 있다. ① 승강기가 설치된 공동주택인 경우에는 「승강기 안전관리법」 시행령 제28조에 따른 승강기자체검사자격을 갖추고 있는 사람 1명 이상 ② 해당 공동주택의 건축설비의 종류 및 규모 등에 따라 전기안전관리법, 고압가스 안전관리법, 액화석유가스의 안전관리 및 사업법, 도시가스사업법, 에너지이용 합리화법, 소방기본법, 화재의 예방 및 안전관리에 관한 법률, 소방시설 설치 및 관리에 관한 법률 및 대기환경보전법 등 관계 법령에 따라 갖추어야 할 기준 인원 이상의 기술자
장 비	① 비상용 급수펌프(수중펌프를 말한다) 1대 이상 ② 절연저항계(누전측정기를 말한다) 1대 이상 ③ 건축물 안전점검의 보유장비 ⇨ 망원경, 카메라, 돋보기, 콘크리트 균열폭 측정기, 5m 이상용 줄자 및 누수탐지기 각 1대 이상

💡비 고
1. 관리사무소장과 기술인력 상호간에는 겸직할 수 없다.
2. 기술인력 상호간에는 겸직할 수 없다. 다만, 입주자대표회의가 입주자대표회의 구성원 과반수의 찬성으로 의결하는 방법으로 다음의 겸직을 허용한 경우에는 그러하지 아니하다.
　가. 해당 법령에서 「국가기술자격법」에 따른 국가기술자격의 취득을 선임요건으로 정하고 있는 기술인력과 국가기술자격을 취득하지 않아도 선임할 수 있는 기술인력의 겸직
　나. 해당 법령에서 국가기술자격을 취득하지 않아도 선임할 수 있는 기술인력 상호간의 겸직

(4) 자치관리기구 선임 등

① 자치관리기구 관리사무소장은 입주자대표회의가 입주자대표회의 구성원(관리규약으로 정한 정원을 말하며, 해당 입주자대표회의 구성원의 3분의 2 이상이 선출되었을 때에는 그 선출된 인원을 말한다) 과반수의 찬성으로 선임한다.
② 입주자대표회의는 선임된 관리사무소장이 해임되거나 그 밖의 사유로 결원이 되었을 때에는 그 사유가 발생한 날부터 30일 이내에 새로운 관리사무소장을 선임하여야 한다.
③ 입주자대표회의 구성원은 자치관리기구의 직원을 겸할 수 없다.

6 위탁관리

(1) 주택관리업의 등록

① 주택관리업을 하려는 자는 시장·군수·구청장에게 등록하여야 하며, 등록사항이 변경되는 경우에는 변경신고를 하여야 한다.

② 등록을 한 주택관리업자가 그 등록이 말소된 후 2년이 지나지 아니한 때에는 다시 등록할 수 없다.

③ 등록은 주택관리사(임원 또는 사원의 3분의 1 이상이 주택관리사인 상사법인을 포함한다)가 신청할 수 있다.

④ 주택관리업자가 아닌 자는 주택관리업 또는 이와 유사한 명칭을 사용하지 못한다.

⑤ 주택관리업자의 지위에 관하여 공동주택관리법에 규정이 있는 것 외에는 「민법」 중 위임에 관한 규정을 준용한다.

> **→ 보충학습**
>
> **┃ 위임규정 비교표**
>
> 1. 협회에 관하여 공동주택관리법에서 규정한 것 외에는 민법 중 사단법인에 관한 규정을 준용한다.
> 2. 하자심사·분쟁위원회는 분쟁의 조정 등의 절차에 관하여 공동주택관리법에서 규정하지 아니한 사항 및 소멸시효의 중단에 대하여는 민사조정법을 준용한다.

(2) 주택관리업의 등록기준(공동주택관리법 시행령 별표 5)

구 분		등록기준
자본금		2억원 이상
기술인력	전기분야 기술자	전기산업기사 이상의 기술자 1명 이상
	연료사용기기 취급 관련 기술자	에너지관리산업기사 이상의 기술자 또는 에너지관리기능사 1명 이상
	고압가스 관련 기술자	가스기능사 이상의 자격을 가진 사람 1명 이상
	위험물취급 관련 기술자	위험물기능사 이상의 기술자 1명 이상
주택관리사		주택관리사 1명 이상
시설·장비		① 5마력 이상의 양수기 1대 이상 ② 절연저항계(누전측정기를 말한다) 1대 이상 ③ 사무실

(3) 주택관리업의 등록신청 등

① 주택관리업의 등록을 하려는 자는 신청서를 제출할 때에는 다음의 서류를 첨부하여야 한다.
   ㉠ 법인인 경우에는 납입자본금에 관한 증명서류, 개인인 경우에는 자산평가서와 그 증명서류
   ㉡ 장비보유현황 및 그 증명서류
   ㉢ 기술자의 기술자격 및 주택관리사의 자격에 관한 증명서 사본
   ㉣ 사무실 확보를 증명하는 서류(건물 임대차 계약서 사본 등 사용에 관한 권리를 증명하는 서류)
② ①에 따른 신청서를 받은 시장·군수·구청장은 「전자정부법」에 따른 행정정보의 공동이용을 통하여 건물등기사항증명서를 확인하여야 하며 신청인이 법인인 경우에는 법인 등기사항증명서를 확인하여야 한다.
③ 시장·군수·구청장은 등록증을 발급한 경우에는 주택관리업 등록대장에 그 내용을 적어야 한다.
④ 등록사항 변경신고를 하려는 자는 변경사유가 발생한 날부터 15일 이내에 변경신고서에 변경내용을 증명하는 서류를 첨부하여 시장·군수·구청장에게 제출하여야 한다.
⑤ 주택관리업 등록대장은 전자적 처리가 불가능한 특별한 사유가 없으면 전자적 처리가 가능한 방법으로 작성·관리하여야 한다.

(4) 주택관리업자의 관리상 의무

① 주택관리업자는 공동주택을 관리함에 있어 배치된 주택관리사 또는 주택관리사보가 해임 그 밖의 사유로 결원이 생긴 때에는 그 사유가 발생한 날부터 15일 이내에 새로운 주택관리사 등을 배치하여야 한다.
② 주택관리업자는 공동주택을 관리할 때에는 공동주택관리법 시행령 별표 1에 따른 기술인력 및 장비를 갖추고 있어야 한다.

(5) 주택관리업의 등록말소

① 시장·군수·구청장은 주택관리업자가 다음의 어느 하나에 해당하면 그 등록을 말소하거나 1년 이내의 기간을 정하여 영업의 전부 또는 일부의 정지를 명할 수 있다. 다만, ㉠, ㉡ 또는 ㉾에 해당하는 경우에는 그 등록을 말소하여야 하고, ㉱ 또는 ◎에 해당하는 경우에는 1년 이내의 기간을 정하여 영업의 전부 또는 일부의 정지를 명하여야 한다.
   ㉠ 거짓이나 그 밖의 부정한 방법으로 등록을 한 경우

ⓛ 영업정지기간 중에 주택관리업을 영위한 경우 또는 최근 3년간 2회 이상의 영업정지처분을 받은 자로서 그 정지처분을 받은 기간이 합산하여 12개월을 초과한 경우

ⓒ 고의 또는 과실로 공동주택을 잘못 관리하여 소유자 및 사용자에게 재산상의 손해를 입힌 경우

ⓔ 공동주택 관리 실적이 대통령령으로 정하는 기준에 미달한 경우

ⓜ 주택관리업 등록요건에 미달하게 된 경우

ⓗ 관리방법 및 업무내용 등을 위반하여 공동주택을 관리한 경우

ⓢ 부정하게 재물 또는 재산상의 이익을 취득하거나 제공한 경우

ⓞ 관리비·사용료와 장기수선충당금을 공동주택관리법에 따른 용도 외의 목적으로 사용한 경우

ⓩ 다른 자에게 자기의 성명 또는 상호를 사용하여 공동주택관리법에서 정한 사업이나 업무를 수행하게 하거나 그 등록증을 대여한 경우

ⓒ 공동주택관리에 관한 감독에 따른 보고, 자료의 제출, 조사 또는 검사를 거부·방해 또는 기피하거나 거짓으로 보고를 한 경우

ⓚ 입주자 등의 감사요청에 의한 지방자치단체의 감사를 거부·방해 또는 기피한 경우

② ①의 ⓔ에서 "공동주택 관리 실적이 대통령령으로 정하는 기준에 미달한 경우"란 매년 12월 31일을 기준으로 최근 3년간 공동주택의 관리 실적이 없는 경우를 말한다.

③ 시장·군수·구청장은 주택관리업자에 대하여 등록말소 또는 영업정지 처분을 하려는 때에는 처분일 1개월 전까지 해당 주택관리업자가 관리하는 공동주택의 입주자대표회의에 그 사실을 통보하여야 한다.

④ 시장·군수·구청장은 주택관리업자가 ①의 ⓒ부터 ⓗ까지, ⓒ 및 ⓚ의 어느 하나에 해당하는 경우에는 영업정지를 갈음하여 2천만원 이하의 과징금을 부과할 수 있다.

⑤ 시장·군수·구청장은 주택관리업자가 과징금을 기한까지 내지 아니하면 「지방행정제재·부과금의 징수 등에 관한 법률」에 따라 징수한다.

(6) 주택관리업자에 대한 과징금의 부과 및 납부

① 과징금은 영업정지기간 1일당 3만원을 부과하되, 영업정지 1개월은 30일을 기준으로 한다. 이 경우 과징금은 2천만원을 초과할 수 없다.

② 시장·군수·구청장은 과징금을 부과하려는 때에는 그 위반행위의 종류와 과징금의 금액을 명시하여 이를 납부할 것을 서면으로 통지하여야 한다.

③ 과징금 통지를 받은 자는 통지를 받은 날부터 30일 이내에 과징금을 시장·군수·구청장이 정하는 수납기관에 납부해야 한다.

④ 과징금의 납부를 받은 수납기관은 그 납부자에게 영수증을 발급하여야 한다.

⑤ 과징금 수납기관이 과징금을 수납한 때에는 지체 없이 그 사실을 시장·군수·구청장에게 통보하여야 한다.

7 주택관리업자에 대한 행정처분

(1) 일반기준

① 위반행위의 횟수에 따른 행정처분의 기준은 최근 1년간 같은 위반행위로 처분을 받은 경우에 적용한다. 이 경우 행정처분기준의 적용은 같은 위반행위에 대하여 최초로 행정처분을 한 날과 그 행정처분 후 다시 적발한 날을 기준으로 한다.

② ①에 따라 가중된 처분을 하는 경우 가중처분의 적용 차수는 그 위반행위 전 처분 차수(①에 따른 기간 내에 처분이 둘 이상 있었던 경우에는 높은 차수를 말한다)의 다음 차수로 한다.

③ 같은 주택관리업자가 둘 이상의 위반행위를 한 경우로서 그에 해당하는 각각의 처분기준이 다른 경우에는 다음의 기준에 따라 처분한다.

　㉠ 가장 무거운 위반행위에 대한 처분기준이 등록말소인 경우에는 등록말소처분을 한다.

　㉡ 각 위반행위에 대한 처분기준이 영업정지인 경우에는 가장 중한 처분의 2분의 1까지 가중할 수 있되, 각 처분기준을 합산한 기간을 초과할 수 없다. 이 경우 그 합산한 영업정지기간이 1년을 초과하는 때에는 1년으로 한다.

④ 시장·군수·구청장은 위반행위의 동기·내용·횟수 및 위반의 정도 등 다음에 해당하는 사유를 고려하여 행정처분을 가중하거나 감경할 수 있다. 이 경우 그 처분이 영업정지인 경우에는 그 처분기준의 2분의 1의 범위에서 가중(가중한 영업정지기간은 1년을 초과할 수 없다)하거나 감경할 수 있고, 등록말소인 경우(필요적 등록말소인 경우는 제외한다)에는 6개월 이상의 영업정지처분으로 감경할 수 있다.

　㉠ 가중사유

　　ⓐ 위반행위가 고의나 중대한 과실에 따른 것으로 인정되는 경우

　　ⓑ 위반의 내용과 정도가 중대하여 입주자 등 소비자에게 주는 피해가 크다고 인정되는 경우

ⓛ 감경사유

　　ⓐ 위반행위가 사소한 부주의나 오류에 따른 것으로 인정되는 경우

　　ⓑ 위반의 내용과 정도가 경미하여 입주자 등 소비자에게 미치는 피해가 적다고 인정되는 경우

　　ⓒ 위반 행위자가 처음 위반행위를 한 경우로서 3년 이상 해당 사업을 모범적으로 해 온 사실이 인정되는 경우

　　ⓓ 위반 행위자가 해당 위반행위로 검사로부터 기소유예처분을 받거나 법원으로부터 선고유예의 판결을 받은 경우

　　ⓔ 위반 행위자가 해당 사업과 관련 지역사회의 발전 등에 기여한 사실이 인정되는 경우

　　ⓕ 주택관리업자가 청문 또는 「행정절차법」에 따른 의견제출 기한까지 등록기준을 보완하고 그 증명 서류를 제출하는 경우

(2) 개별기준

위반행위	행정처분기준		
	1차 위반	2차 위반	3차 이상 위반
가. 거짓이나 그 밖의 부정한 방법으로 등록을 한 경우	등록말소		
나. 영업정지기간 중에 주택관리업을 영위한 경우 또는 최근 3년간 2회 이상의 영업정지처분을 받은 자로서 그 정지처분을 받은 기간이 합산하여 12개월을 초과한 경우	등록말소		
다. 고의 또는 과실로 공동주택을 잘못 관리하여 소유자 및 사용자에게 재산상의 손해를 입힌 경우			
1) 고의로 공동주택을 잘못 관리하여 소유자 및 사용자에게 재산상의 손해를 입힌 경우	영업정지 6개월	영업정지 1년	
2) 중대한 과실로 공동주택을 잘못 관리하여 소유자 및 사용자에게 재산상의 손해를 입힌 경우	영업정지 2개월	영업정지 3개월	영업정지 3개월
3) 경미한 과실로 공동주택을 잘못 관리하여 소유자 및 사용자에게 재산상의 손해를 입힌 경우	경고	영업정지 1개월	영업정지 1개월
라. 최근 3년간 공동주택 관리 실적이 없는 경우	등록말소		
마. 등록요건에 미달하게 된 경우			
1) 등록요건에 미달하게 된 날부터 1개월이 지날 때까지 보완하지 않은 경우	영업정지 3개월	영업정지 6개월	등록말소
2) 1)에 해당되어 영업정지처분을 받은 후 영업정지기간이 끝나는 날까지 보완하지 않은 경우	등록말소		

바. 관리방법 및 업무 내용 등을 위반하여 공동주택을 관리한 경우			
1) 배치된 주택관리사 등의 해임 그 밖의 사유로 결원이 된 때 그 사유가 발생한 날부터 15일 이내에 새로운 주택관리사 등을 배치하지 않은 경우	경고	영업정지 3개월	영업정지 6개월
2) 별표 1에 따른 기술인력 및 장비를 갖추지 않고 공동주택을 관리한 경우	경고	영업정지 1개월	영업정지 3개월
사. 부정하게 재물 또는 재산상의 이익을 취득하거나 제공한 경우	영업정지 3개월	영업정지 6개월	영업정지 1년
아. 관리비·사용료와 장기수선충당금을 공동주택관리법에 따른 용도 외의 목적으로 사용한 경우	영업정지 3개월	영업정지 6개월	영업정지 6개월
자. 다른 자에게 자기의 성명 또는 상호를 사용하여 공동주택관리법에서 정한 사업이나 업무를 수행하게 하거나 그 등록증을 대여한 경우	등록말소		
차. 보고, 자료의 제출, 조사 또는 검사를 거부·방해 또는 기피하거나 거짓으로 보고를 한 경우			
1) 조사 또는 검사를 거부·방해 또는 기피하거나 거짓으로 보고를 한 경우	경고	영업정지 2개월	영업정지 3개월
2) 보고 또는 자료제출 등의 명령을 이행하지 않은 경우	경고	영업정지 1개월	영업정지 2개월
3) 공동주택관리에 관한 신고 또는 보고를 게을리한 경우	경고	영업정지 1개월	영업정지 1개월
카. 감사를 거부·방해 또는 기피한 경우	경고	영업정지 2개월	영업정지 3개월

8 공동주택의 공동관리 또는 구분관리

(1) 공동관리와 구분관리의 제안

입주자대표회의는 해당 공동주택의 관리에 필요하다고 인정하는 경우에는 국토교통부령으로 정하는 바에 따라 인접한 공동주택단지(임대주택단지를 포함한다)와 공동으로 관리하거나 500세대 이상의 단위로 나누어 관리하게 할 수 있다.

(2) 공동주택의 공동관리 등

① 입주자대표회의는 「공동주택관리법」에 따라 공동주택을 공동관리하거나 구분관리하려는 경우에는 다음의 사항을 입주자 등에게 통지하고 입주자 등의 서면동의를 받아야 한다.

　　　㉠ 공동관리 또는 구분관리의 필요성

　　　㉡ 공동관리 또는 구분관리의 범위

　　　㉢ 공동관리 또는 구분관리에 따른 다음의 내용

　　　　　ⓐ 입주자대표회의의 구성 및 운영 방안

　　　　　ⓑ 공동주택 관리기구의 구성 및 운영 방안

　　　　　ⓒ 장기수선계획의 조정 및 장기수선충당금의 적립 및 관리 방안

　　　　　ⓓ 입주자 등이 부담하여야 하는 비용변동의 추정치

　　　　　ⓔ 그 밖에 공동관리 또는 구분관리에 따라 변경될 수 있는 사항 중 입주자대표회의가 중요하다고 인정하는 사항

　　　㉣ 그 밖에 관리규약으로 정하는 사항

　② ①에 따른 서면동의는 다음의 구분에 따라 받아야 한다.

　　　㉠ 공동관리의 경우: 단지별로 입주자 등 과반수의 서면동의

　　　㉡ 구분관리의 경우: 구분관리 단위별 입주자 등 과반수의 서면동의. 다만, 관리규약으로 달리 정한 경우에는 그에 따른다.

　③ **공동관리시 기준**

　　　㉠ 공동관리는 단지별로 입주자 등의 과반수의 서면동의를 받은 경우(임대주택단지의 경우에는 임대사업자와 임차인대표회의의 서면동의를 받은 경우를 말한다)로서 국토교통부령으로 정하는 기준에 적합한 경우에만 해당한다.

　　　㉡ ㉠에서 "국토교통부령으로 정하는 기준"이란 다음의 기준을 말한다. 다만, 특별자치시장·특별자치도지사·시장·군수 또는 구청장(구청장은 자치구의 구청장을 말하며, 이하 "시장·군수·구청장"이라 한다)이 지하도, 육교, 횡단보도, 그 밖에 이와 유사한 시설의 설치를 통하여 단지 간 보행자 통행의 편리성 및 안전성이 확보되었다고 인정하는 경우에는 ⓑ의 기준은 적용하지 아니한다.

　　　　　ⓐ 공동관리하는 총세대수가 1,500세대 이하일 것. 다만, 의무관리대상 공동주택단지와 인접한 300세대 미만의 공동주택단지를 공동으로 관리하는 경우는 제외한다.

　　　　　ⓑ 공동주택 단지 사이에 다음의 어느 하나에 해당하는 시설이 없을 것

　　　　　　㉮ 철도·고속도로·자동차전용도로

　　　　　　㉯ 폭 20m 이상인 일반도로

　　　　　　㉰ 폭 8m 이상인 도시계획예정도로

　　　　　　㉱ ㉮부터 ㉰까지의 시설에 준하는 것으로서 주택법 시행령으로 정하는 시설

(3) 관리기구의 설치 결정 통보

① 입주자대표회의 또는 관리주체는 공동주택을 공동관리하거나 구분관리하
는 경우에는 공동관리 또는 구분관리 단위별로 공동주택관리기구를 구성
하여야 한다.

② 입주자대표회의는 공동주택을 공동관리하거나 구분관리 할 것을 결정한
경우에는 지체 없이 그 내용을 시장·군수·구청장에게 통보하여야 한다.

9 혼합주택단지의 관리

(1) 용어정의

혼합주택단지는 분양을 목적으로 한 공동주택과 임대주택이 함께 있는 공동주
택단지를 말한다.

(2) 관리사항 결정 및 협의

① 입주자대표회의와 임대사업자는 혼합주택단지의 관리에 관한 사항을 공동
으로 결정하여야 한다. 이 경우 임차인대표회의가 구성된 혼합주택단지에
서는 임대사업자는 아래에 해당하는 사항을 임차인대표회의와 사전에 협
의하여야 한다.

㉠ 민간임대주택 관리규약의 제정 및 개정
㉡ 관리비
㉢ 민간임대주택의 공용부분·부대시설 및 복리시설의 유지·보수
㉣ 임대료 증감
㉤ 그 밖에 민간임대주택의 유지·보수·관리 등에 필요한 사항으로서 대
통령령으로 정하는 사항

② 혼합주택단지의 입주자대표회의와 임대사업자가 혼합주택단지의 관리에
관하여 공동으로 결정하여야 하는 사항은 다음과 같다.

㉠ 관리방법의 결정 및 변경
㉡ 주택관리업자의 선정
㉢ 장기수선계획의 조정
㉣ 장기수선충당금 및 특별수선충당금(「민간임대주택에 관한 특별법」 또
는 「공공주택 특별법」 특별수선충당금을 말한다)을 사용하는 주요시설
의 교체 및 보수에 관한 사항
㉤ 관리비 등을 사용하여 시행하는 각종 공사 및 용역에 관한 사항

③ 다음의 요건을 모두 갖춘 혼합주택단지에서는 ②의 ㉣ 또는 ㉤의 사항을 입주자대표회의와 임대사업자가 각자 결정할 수 있다.

　㉠ 분양을 목적으로 한 공동주택과 임대주택이 별개의 동(棟)으로 배치되는 등의 사유로 구분하여 관리가 가능할 것

　㉡ 입주자대표회의와 임대사업자가 공동으로 결정하지 아니하고 각자 결정하기로 합의하였을 것

④ 공동으로 결정하기 위한 입주자대표회의와 임대사업자 간의 합의가 이뤄지지 않는 경우에는 다음의 구분에 따라 혼합주택단지의 관리에 관한 사항을 결정한다.

　㉠ ②의 ㉠ 및 ㉡ : 해당 혼합주택단지 공급면적의 2분의 1을 초과하는 면적을 관리하는 입주자대표회의 또는 임대사업자가 결정

　㉡ ②의 ㉢, ㉣, ㉤까지의 사항 : 해당 혼합주택단지 공급면적의 3분의 2 이상을 관리하는 입주자대표회의 또는 임대사업자가 결정. 다만, 다음의 요건에 모두 해당하는 경우에는 해당 혼합주택단지 공급면적의 2분의 1을 초과하는 면적을 관리하는 자가 결정한다.

　　ⓐ 해당 혼합주택단지 공급면적의 3분의 2 이상을 관리하는 입주자대표회의 또는 임대사업자가 없을 것

　　ⓑ 시설물의 안전관리계획 수립대상 등 안전관리에 관한 사항일 것

　　ⓒ 입주자대표회의와 임대사업자 간 2회의 협의에도 불구하고 합의가 이뤄지지 않을 것

⑤ 입주자대표회의 또는 임대사업자는 ④에도 불구하고 혼합주택단지의 관리에 관한 결정이 이루어지지 아니하는 경우에는 공동주택관리 분쟁조정위원회에 분쟁의 조정을 신청할 수 있다.

06 민간임대주택의 관리

1 민간임대주택의 의무관리

(1) 임대사업자는 민간임대주택이 아래에 해당하는 규모 이상에 해당하면 「공동주택관리법」에 따른 주택관리업자에게 관리를 위탁하거나 자체관리하여야 한다.

① 300세대 이상의 공동주택

② 150세대 이상의 공동주택으로서 승강기가 설치된 공동주택

③ 150세대 이상의 공동주택으로서 중앙집중식 난방방식 또는 지역난방방식인 공동주택

(2) 민간임대주택의 자체관리

임대사업자가 민간임대주택을 자체관리하려면 「공동주택관리법 시행령」 별표의 기준에 따른 기술인력 및 장비를 갖추고 국토교통부령으로 정하는 바에 따라 시장·군수·구청장의 인가를 받아야 한다.

(3) 인가신청

① 임대사업자는 민간임대주택을 자체관리하기 위하여 인가를 받으려는 경우에는 자체관리 인가신청서에 다음의 서류를 첨부하여 시장·군수·구청장에게 제출하여야 한다.

㉠ 기술인력의 인적사항 및 장비의 명세서

㉡ 관리 인력의 인적사항에 관한 서류

㉢ 단지 배치도

② 인가신청을 받은 시장·군수·구청장은 인가를 할 때에는 자체관리인가서를 내주어야 한다.

(4) 민간임대주택의 공동관리

① 임대사업자(둘 이상의 임대사업자를 포함한다)가 동일한 시(특별시·광역시·특별자치시·특별자치도를 포함한다)·군 지역에서 민간임대주택을 관리하는 경우에는 ②에 따라 공동으로 관리할 수 있다.

② 임대사업자가 민간임대주택을 공동으로 관리할 수 있는 경우는 단지별로 임차인대표회의 또는 임차인 과반수(임차인대표회의를 구성하지 않은 경우만 해당한다)의 서면동의를 받은 경우로서 둘 이상의 민간임대주택단지를 공동으로 관리하는 것이 합리적이라고 특별시장, 광역시장, 특별자치시장, 특별자치도지사, 시장 또는 군수가 인정하는 경우로 한다.

③ ②에 따라 공동관리하는 둘 이상의 민간임대주택단지에 기술인력 및 장비 기준을 적용할 때에는 둘 이상의 민간임대주택단지를 하나의 민간임대주택단지로 본다. 다만, 특별시장, 광역시장, 특별자치시장, 특별자치도지사, 시장 또는 군수가 민간임대주택단지 간의 거리 및 안전성 등을 고려하여 민간임대주택단지마다 갖출 것을 요구하는 경우에는 그렇지 않다.

(5) 민간임대주택의 관리에 필요한 공동주택관리법령 규정

① 민간건설임대주택 및 대통령령으로 정하는 민간매입임대주택의 회계서류 작성, 보관 등 관리에 필요한 사항은 대통령령으로 정하는 바에 따라 「공동주택관리법」을 적용한다.

② ①에서 "대통령령으로 정하는 민간매입임대주택"이란 임대사업자가 「주택법」 제54조에 따라 사업주체가 건설·공급하는 주택 전체를 매입하여 임대하는 민간매입임대주택을 말한다.

③ ①에 해당하는 민간임대주택의 관리에 대해서는 「공동주택관리법」 및 「공동주택관리법 시행령」 중 다음 각 호의 규정만을 적용한다.

  ㉠ 「공동주택관리법」 제8조에 따른 구분관리에 관한 사항

  ㉡ 「공동주택관리법」 제23조 제4항에 따른 관리비 등의 공개에 관한 사항

  ㉢ 「공동주택관리법」 제27조 제1항 제1호에 따른 회계서류의 작성·보관에 관한 사항

  ㉣ 「공동주택관리법」 제63조에 따른 관리주체의 업무에 관한 사항

  ㉤ 「공동주택관리법 시행령」 제19조 제2항에 따른 관리주체의 동의에 관한 사항

  ㉥ 「공동주택관리법 시행령」 제23조 제4항에 따른 이용료 부과 및 제29조에 따른 주민운동시설의 위탁 운영에 관한 사항

  ㉦ 「공동주택관리법 시행령」 제25조 제1항 제1호 가목에 따른 관리비의 집행을 위한 사업자 선정에 관한 사항

  ㉧ 「공동주택관리법 시행령」 제33조에 따른 시설물의 안전관리에 관한 사항

  ㉨ 「공동주택관리법 시행령」 제34조에 따른 공동주택의 안전점검에 관한 사항

  ㉩ 「공동주택관리법 시행령」 제35조에 따른 행위허가 등의 기준에 관한 사항

  ㉪ 「공동주택관리법 시행령」 제36조 및 제44조에 따른 하자 보수에 관한 사항

  ㉫ 「공동주택관리법 시행령」 제69조, 제70조, 제71조 및 제73조에 따른 관리사무소장의 배치와 주택관리사 및 주택관리사보 등에 관한 사항

  ㉬ 「공동주택관리법 시행령」 제96조에 따른 공동주택관리의 감독에 관한 사항

2 주택임대관리

(1) 주택임대관리업

주택임대관리업이란 주택의 소유자로부터 임대관리를 위탁받아 관리하는 업(業)을 말하며, 다음과 같이 구분한다.

① **자기관리형 주택임대관리업**: 주택의 소유자로부터 주택을 임차하여 자기 책임으로 전대(轉貸)하는 형태의 업

② **위탁관리형 주택임대관리업**: 주택의 소유자로부터 수수료를 받고 임대료 부과·징수 및 시설물 유지·관리 등을 대행하는 형태의 업

    ㉠ 임대인의 권리보호를 위한 보증: 자기관리형 주택임대관리업자가 약정한 임대료를 지급하지 아니하는 경우 약정한 임대료의 3개월분 이상의 지급을 책임지는 보증

    ㉡ 임차인의 권리보호를 위한 보증: 자기관리형 주택임대관리업자가 임대보증금의 반환의무를 이행하지 아니하는 경우 임대보증금의 반환을 책임지는 보증

💡 **전 대**

임대차계약에 의해 물건을 빌린 사람이 그 빌린 물건을 다른 사람에게 다시 빌려주는 것

(2) 주택임대관리업의 결격사유

① 파산선고를 받고 복권되지 아니한 자

② 피성년후견인 또는 피한정후견인

③ 주택임대관리업의 등록이 말소된 후 2년이 지나지 아니한 자. 이 경우 등록이 말소된 자가 법인인 경우에는 말소 당시의 원인이 된 행위를 한 사람과 대표자를 포함한다.

④ 「민간임대주택에 관한 특별법」, 「주택법」, 「공공주택 특별법」 또는 「공동주택관리법」을 위반하여 금고 이상의 실형을 선고받고 집행이 종료(집행이 종료된 것으로 보는 경우를 포함한다)되거나 그 집행이 면제된 날부터 3년이 지나지 아니한 사람

⑤ 「민간임대주택에 관한 특별법」, 「주택법」, 「공공주택 특별법」 또는 「공동주택관리법」을 위반하여 형의 집행유예를 선고받고 그 유예기간 중에 있는 사람

(3) 주택임대관리업의 등록

① 주택임대관리업을 하려는 자는 시장·군수·구청장에게 등록할 수 있다. 다만, 아래에 해당하는 규모 이상으로 주택임대관리업을 하려는 자[국가, 지방자치단체, 「공공기관의 운영에 관한 법률」에 따른 공공기관, 「지방공기업법」에 따라 설립된 지방공사는 제외한다]는 등록하여야 한다.

㉠ 자기관리형 주택임대관리업의 경우: 단독주택, 공동주택, 준주택(일반 기숙사로 리모델링한 건축물은 제외한다)을 합산하여 100호

㉡ 위탁관리형 주택임대관리업의 경우: 단독주택, 공동주택, 준주택(일반 기숙사로 리모델링한 건축물은 제외한다)을 합산하여 300호

② **등록기준**

구 분		자기관리형 주택임대관리업	위탁관리형 주택임대관리업
1. 자본금		2억원 이상	1억원 이상
2. 전문인력	가. 변호사, 법무사, 공인회계사, 세무사, 감정평가사, 건축사, 공인중개사, 주택관리사 자격을 취득한 후 각각 해당 분야에 2년 이상 종사한 사람	2명 이상	1명 이상
	나. 부동산 관련 분야의 석사 이상의 학위를 취득한 후 부동산 관련 업무에 3년 이상 종사한 사람		
	다. 부동산 관련 회사에서 5년 이상 근무한 사람으로서 부동산 관련 업무에 3년 이상 종사한 사람		
3. 시 설		사무실	

③ ①에 따라 등록하는 경우에는 자기관리형 주택임대관리업과 위탁관리형 주택임대관리업을 구분하여 등록하여야 한다. 이 경우 자기관리형 주택임대관리업을 등록한 경우에는 위탁관리형 주택임대관리업도 등록한 것으로 본다.

④ ①에 따라 등록한 자가 등록한 사항을 변경하거나 말소하고자 할 경우 시장·군수·구청장에게 신고하여야 한다. 다만, 자본금 또는 전문인력의 수가 증가한 경우 등 경미한 사항은 신고하지 아니하여도 된다.

⑤ 시장·군수·구청장은 ④에 따른 신고를 받은 날부터 5일 이내에 신고수리 여부를 신고인에게 통지하여야 한다.

⑥ 시장·군수·구청장이 ⑤에서 정한 기간 내에 신고수리 여부 또는 민원 처리 관련 법령에 따른 처리기간의 연장을 신고인에게 통지하지 아니하면 그 기간(민원 처리 관련 법령에 따라 처리기간이 연장 또는 재연장된 경우에는 해당 처리기간을 말한다)이 끝난 날의 다음 날에 신고를 수리한 것으로 본다.

⑦ **변경신고 및 말소신고** : 주택임대관리업자는 등록한 사항이 변경된 경우에는 변경사유가 발생한 날부터 15일 이내에 시장·군수·구청장(변경사항이 주택임대관리업자의 주소인 경우에는 전입지의 시장·군수·구청장을 말한다)에게 신고하여야 하며, 주택임대관리업을 폐업하려면 폐업일 30일 이전에 시장·군수·구청장에게 말소신고를 하여야 한다.

(4) 보증상품의 가입

① 자기관리형 주택임대관리업을 하는 주택임대관리업자는 임대인 및 임차인의 권리보호를 위하여 보증상품에 가입하여야 한다.

② 자기관리형 주택임대관리업자는 다음의 보증을 할 수 있는 보증상품에 가입하여야 한다.

  ㉠ 임대인의 권리보호를 위한 보증 : 자기관리형 주택임대관리업자가 약정한 임대료를 지급하지 아니하는 경우 약정한 임대료의 3개월분 이상의 지급을 책임지는 보증

  ㉡ 임차인의 권리보호를 위한 보증 : 자기관리형 주택임대관리업자가 임대보증금의 반환의무를 이행하지 아니하는 경우 임대보증금의 반환을 책임지는 보증

③ 자기관리형 주택임대관리업자는 임대인과 주택임대관리계약을 체결하거나 임차인과 주택임대차계약을 체결하는 경우에는 ②의 보증상품 가입을 증명하는 보증서를 임대인 또는 임차인에게 내주어야 한다.

④ ③에 따른 보증서는 다음의 어느 하나에 해당하는 기관이 발행한 것이어야 한다.

  ㉠ 「주택도시기금법」에 따른 주택도시보증공사

  ㉡ 다음의 금융기관 중 국토교통부장관이 지정하여 고시하는 금융기관

    ⓐ 「은행법」에 따른 은행

    ⓑ 「중소기업은행법」에 따른 중소기업은행

    ⓒ 「상호저축은행법」에 따른 상호저축은행

    ⓓ 「보험업법」에 따른 보험회사

    ⓔ 그 밖의 법률에 따라 금융업무를 행하는 기관으로서 국토교통부령으로 정하는 것

⑤ 자기관리형 주택임대관리업자는 ②에 따른 보증상품의 내용을 변경하거나 해지하는 경우에는 그 사실을 임대인 및 임차인에게 알리고, 자기관리형 주택임대관리업자의 사무실 등 임대인 및 임차인이 잘 볼 수 있는 장소에 게시하여야 한다.

⑸ 자기관리형 주택임대관리업자의 의무

임대사업자인 임대인이 자기관리형 주택임대관리업자에게 임대관리를 위탁한 경우 주택임대관리업자는 위탁받은 범위에서 「민간임대주택에 관한 특별법」에 따른 임대사업자의 의무를 이행하여야 한다. 이 경우 「민간임대주택에 관한 특별법」의 제7장(벌칙)을 적용할 때에는 주택임대관리업자를 임대사업자로 본다.

⑹ 위·수탁계약서

① 주택임대관리업자는 업무를 위탁받은 경우 위·수탁계약서를 작성하여 주택의 소유자에게 교부하고 그 사본을 보관하여야 한다.

② 위·수탁계약서에는 계약기간, 주택임대관리업자의 의무 등 대통령령으로 정하는 사항이 포함되어야 한다.

③ ②에서 계약기간, 주택임대관리업자의 의무 등 대통령령으로 정하는 사항이란 다음의 사항을 말한다.

  ㉠ 관리수수료(위탁관리형 주택임대관리업자만 해당한다)

  ㉡ 임대료(자기관리형 주택임대관리업자만 해당한다)

  ㉢ 전대료(轉貸料) 및 전대보증금(자기관리형 주택임대관리업자만 해당한다)

  ㉣ 계약기간

  ㉤ 주택임대관리업자 및 임대인의 권리·의무에 관한 사항

  ㉥ 그 밖에 주택임대관리업자의 업무 외에 임대인·임차인의 편의를 위하여 추가적으로 제공하는 업무의 내용

④ 국토교통부장관은 위·수탁계약의 체결에 필요한 표준위·수탁계약서를 작성하여 보급하고 활용하게 할 수 있다.

⑺ 주택임대관리업자의 업무범위

① 주택임대관리업자는 임대를 목적으로 하는 주택에 대하여 다음의 업무를 수행한다.

  ㉠ 임대차계약의 체결·해제·해지·갱신 및 갱신거절 등

  ㉡ 임대료의 부과·징수 등

  ㉢ 임차인의 입주 및 명도·퇴거 등(공인중개사법 제2조 제3호에 따른 중개업은 제외한다)

② 주택임대관리업자는 임대를 목적으로 하는 주택에 대하여 부수적으로 다음의 업무를 수행할 수 있다.
- ㉠ 시설물 유지·보수·개량 및 그 밖의 주택관리업무
- ㉡ 임차인이 거주하는 주거공간의 관리
- ㉢ 임차인의 안전 확보에 필요한 업무
- ㉣ 임차인의 입주에 필요한 지원업무

(8) 주택임대관리업자의 현황신고

① 주택임대관리업자는 분기마다 그 분기가 끝나는 달의 다음 달 말일까지 자본금, 전문인력, 관리 호수 등 대통령령으로 정하는 정보를 시장·군수·구청장에게 신고하여야 한다. 이 경우 신고받은 시장·군수·구청장은 국토교통부장관에게 이를 보고하여야 한다.

② ①에서 "자본금, 전문인력, 관리 호수 등 대통령령으로 정하는 정보"란 다음 각 호의 정보를 말한다. 다만, 임대사업자로부터 임대관리를 위탁받은 자기관리형 주택임대관리업자가 전대차계약 신고 또는 변경신고를 한 경우에는 ㉼의 사항을 신고한 것으로 본다.
- ㉠ 자본금
- ㉡ 전문인력
- ㉢ 사무실 소재지
- ㉣ 위탁받아 관리하는 주택의 호수·세대수 및 소재지
- ㉤ 보증보험 가입사항(자기관리형 주택임대관리업자만 해당한다)
- ㉥ 계약기간, 관리수수료(위탁관리형 주택임대관리업자만 해당한다) 및 임대료(자기관리형 주택임대관리업자만 해당한다) 등 위·수탁 계약조건에 관한 정보
- ㉼ 자기관리형 주택임대관리업자가 체결한 전대차(轉貸借) 계약기간, 전대료(轉貸料) 및 전대보증금

③ 주택임대관리업자로부터 ②의 각 호의 정보를 신고받은 시장·군수·구청장은 신고받은 날부터 30일 이내에 국토교통부장관에게 보고하여야 한다.

(9) **주택임대관리업자의 행정처분**

① 시장·군수·구청장은 주택임대관리업자가 다음의 어느 하나에 해당하면 그 등록을 말소하거나 1년 이내의 기간을 정하여 영업의 전부 또는 일부의 정지를 명할 수 있다. 다만, ㉠, ㉡ 또는 ㉮에 해당하는 경우에는 그 등록을 말소하여야 한다.

㉠ 거짓이나 그 밖의 부정한 방법으로 등록을 한 경우

㉡ 영업정지기간 중에 주택임대관리업을 영위한 경우 또는 최근 3년간 2회 이상의 영업정지처분을 받은 자로서 그 정지처분을 받은 기간이 합산하여 12개월을 초과한 경우

㉢ 고의 또는 중대한 과실로 임대를 목적으로 하는 주택을 잘못 관리하여 임대인 및 임차인에게 재산상의 손해를 입힌 경우

㉣ 정당한 사유 없이 최종 위탁계약 종료일의 다음 날부터 1년 이상 위탁계약 실적이 없는 경우

㉤ 등록기준을 갖추지 못한 경우. 다만, 일시적으로 등록기준에 미달하는 등 대통령령으로 정하는 경우는 그러하지 아니하다.

㉮ 다른 자에게 자기의 명의 또는 상호를 사용하여 민간임대주택에 관한 특별법에서 정한 사업이나 업무를 수행하게 하거나 그 등록증을 대여한 경우

㉯ 국토교통부장관 또는 지방자치단체의 장의 보고, 자료의 제출 또는 검사를 거부·방해 또는 기피하거나 거짓으로 보고한 경우

② 시장·군수·구청장은 주택임대관리업자가 ①의 ㉢부터 ㉤까지 및 ㉯ 중 어느 하나에 해당하는 경우에는 영업정지를 갈음하여 1천만원 이하의 과징금을 부과할 수 있다.

③ **행정처분의 통보**: 시장·군수·구청장은 주택임대관리업 등록의 말소 또는 영업정지 처분을 하려면 처분 예정일 1개월 전까지 해당 주택임대관리업자가 관리하는 주택의 임대인 및 임차인에게 그 사실을 통보하여야 한다.

④ **과징금 부과기준 및 납부**

㉠ 과징금은 영업정지기간 1일당 3만원을 부과하되, 영업정지 1개월은 30일을 기준으로 한다. 이 경우 과징금은 1천만원을 초과할 수 없다.

㉡ 과징금 통지를 받은 자는 통지를 받은 날부터 30일 이내에 과징금을 시장·군수·구청장이 정하는 수납기관에 납부해야 한다.

주택임대관리업자에 대한 행정처분 기준(민간임대주택에 관한 특별법 시행령 별표 2)

1. **일반기준**

　가. 위반행위의 횟수에 따른 행정처분의 기준은 최근 1년간 같은 위반행위로 처분을 받은 경우에 적용한다. 이 경우 행정처분기준의 적용은 행정처분을 한 날과 그 행정처분 후 다시 같은 위반행위를 하여 적발한 날을 기준으로 한다.

　나. 가목에 따라 가중된 부과처분을 하는 경우 가중처분의 적용 차수는 그 위반행위 전 부과처분 차수(가목에 따른 기간 내에 처분이 둘 이상 있었던 경우에는 높은 차수를 말한다)의 다음 차수로 한다.

　다. 같은 주택임대관리업자가 둘 이상의 위반행위를 한 경우로서 그에 해당하는 각각의 처분기준이 다른 경우에는 다음의 기준에 따라 처분한다.

　　1) 가장 무거운 위반행위에 대한 처분기준이 등록말소인 경우에는 등록말소처분을 한다.

　　2) 각 위반행위에 대한 처분기준이 영업정지인 경우에는 가장 무거운 처분의 2분의 1까지 가중할 수 있되, 가중하는 경우에도 각 처분기준을 합산한 기간을 초과할 수 없다. 이 경우 그 합산한 영업정지기간이 1년을 초과할 때에는 1년으로 한다.

　라. 시장·군수·구청장은 등록기준 미달로 등록말소 또는 영업정지 처분사유에 해당하게 된 주택임대관리업자가 「행정절차법」에 따른 의견제출시까지 등록기준을 보완하고 이를 증명하는 서류를 제출할 때에는 당초 처분기준의 2분의 1까지 감경한다. 다만, 당초 처분기준이 등록말소인 경우에는 영업정지 3개월로 한다.

　마. 시장·군수·구청장은 위반행위의 동기·내용·횟수 및 위반의 정도 등 다음에 해당하는 사유를 고려하여 행정처분을 가중하거나 감경할 수 있다. 이 경우 그 처분이 영업정지인 경우에는 그 처분기준의 2분의 1의 범위에서 가중(가중한 영업정지기간은 1년을 초과할 수 없다)하거나 감경할 수 있고, 등록말소인 경우(필요적 등록말소에 해당하는 경우는 제외한다)에는 6개월 이상의 영업정지처분으로 감경할 수 있다.

　　1) 가중사유

　　　가) 위반행위가 고의나 중대한 과실에 따른 것으로 인정되는 경우

　　　나) 위반의 내용과 정도가 중대하여 임대인 및 임차인에게 주는 피해가 크다고 인정되는 경우

　　2) 감경사유

　　　가) 위반행위가 사소한 부주의나 오류에 따른 것으로 인정되는 경우

　　　나) 위반의 내용과 정도가 경미하여 임대인 및 임차인에게 미치는 피해가 적다고 인정되는 경우

　　　다) 위반행위자가 처음 위반행위를 한 경우로서 3년 이상 해당 사업을 모범적으로 해 온 사실이 인정되는 경우

라) 위반행위자가 해당 위반행위로 검사로부터 기소유예 처분을 받거나 법원으로부터 선고유예의 판결을 받은 경우

마) 위반행위자가 해당 사업과 관련 지역사회의 발전 등에 기여한 사실이 인정되는 경우

2. 개별기준

위반행위	행정처분기준		
	1차 위반	2차 위반	3차 이상 위반
가. 거짓이나 그 밖의 부정한 방법으로 등록을 한 경우	등록말소		
나. 영업정지기간 중에 주택임대관리업을 영위한 경우 또는 최근 3년간 2회 이상의 영업정지처분을 받은 자로서 그 정지처분을 받은 기간이 합산하여 12개월을 초과한 경우	등록말소		
1) 영업정지기간 중에 주택임대관리업을 영위한 경우	이미 처분한 영업정지기간의 1.5배	이미 처분한 영업정지기간의 2배	등록말소
2) 최근 3년간 2회 이상의 영업정지처분을 받은 자로서 그 정지처분을 받은 기간이 합산하여 12개월을 초과한 경우	등록말소		
다. 고의 또는 중대한 과실로 임대를 목적으로 하는 주택을 잘못 관리하여 임대인 및 임차인에게 재산상의 손해를 입힌 경우			
1) 고의로 인한 경우	영업정지 6개월	영업정지 1년	등록말소
2) 중대한 과실로 인한 경우	영업정지 2개월	영업정지 3개월	영업정지 6개월
라. 정당한 사유 없이 최종 위탁계약 종료일의 다음 날부터 1년 이상 위탁계약 실적이 없는 경우	등록말소		
마. 등록기준을 갖추지 못한 경우			
1) 등록기준을 갖추지 못하게 된 날부터 1개월이 지날 때까지 이를 보완하지 않은 경우	영업정지 3개월	영업정지 6개월	영업정지 6개월
2) 1)에 해당되어 영업정지처분을 받은 후 영업정지기간이 끝나는 날까지 이를 보완하지 않은 경우	등록말소		

구분			
바. 다른 자에게 자기의 명의 또는 상호를 사용하여 「민간임대주택에 관한 특별법」에서 정한 사업이나 업무를 수행하게 하거나 그 등록증을 대여한 경우	등록말소		
사. 보고, 자료의 제출 또는 검사를 거부·방해 또는 기피하거나 거짓으로 보고한 경우			
1) 보고 또는 자료제출을 거부·방해 또는 기피한 경우	경고	영업정지 1개월	영업정지 2개월
2) 검사를 거부·방해 또는 기피한 경우	경고	영업정지 1개월	영업정지 2개월
3) 거짓으로 보고한 경우	경고	영업정지 2개월	영업정지 3개월

07 주택관리사제도

1 주택관리사의 자격요건 등

(1) 주택관리사 등의 결격사유

다음의 어느 하나에 해당하는 사람은 주택관리사 등이 될 수 없으며 그 자격을 상실한다.

① 피성년후견인 또는 피한정후견인
② 파산선고를 받은 사람으로서 복권되지 아니한 사람
③ 금고 이상의 실형을 선고받고 그 집행이 끝나거나(집행이 끝난 것으로 보는 경우를 포함한다) 집행이 면제된 날부터 2년이 지나지 아니한 사람
④ 금고 이상의 형의 집행유예를 선고받고 그 유예기간 중에 있는 사람
⑤ 주택관리사 등의 자격이 취소된 후 3년이 지나지 아니한 사람(① 및 ②에 해당하여 주택관리사 등의 자격이 취소된 경우는 제외한다)

(2) 주택관리사 등의 자격취소 등

① 특별시장·광역시장·특별자치시장·도지사 또는 특별자치도지사(이하 "시·도지사"라 한다)는 주택관리사 등이 다음의 어느 하나에 해당하면 그 자격을 취소하거나 1년 이내의 기간을 정하여 그 자격을 정지시킬 수 있다. 다만, ㉠부터 ㉣까지, ㉫ 중 어느 하나에 해당하는 경우에는 그 자격을 취소하여야 한다.

       ㉠ 거짓이나 그 밖의 부정한 방법으로 자격을 취득한 경우

       ㉡ 공동주택의 관리업무와 관련하여 금고 이상의 형을 선고받은 경우

       ㉢ 의무관리대상 공동주택에 취업한 주택관리사 등이 다른 공동주택 및 상가 · 오피스텔 등 주택 외의 시설에 취업한 경우

       ㉣ 주택관리사 등이 자격정지기간에 공동주택관리업무를 수행한 경우

       ㉤ 고의 또는 중대한 과실로 공동주택을 잘못 관리하여 소유자 및 사용자에게 재산상의 손해를 입힌 경우

       ㉥ 주택관리사 등이 업무와 관련하여 금품수수 등 부당이득을 취한 경우

       ㉦ 다른 사람에게 자기의 명의를 사용하여 「공동주택관리법」에서 정한 업무를 수행하게 하거나 자격증을 대여한 경우

       ㉧ 공동주택관리에 관한 감독에 따른 보고, 자료의 제출, 조사 또는 검사를 거부 · 방해 또는 기피하거나 거짓으로 보고를 한 경우

       ㉨ 입주자 등의 감사요청에 의한 지방자치단체의 감사를 거부 · 방해 또는 기피한 경우

    ② 자격의 취소 및 정지처분에 관한 기준은 대통령령으로 정한다.

(3) 주택관리사 실무경력

    ① 주택관리사보가 되려는 사람은 국토교통부장관이 시행하는 자격시험에 합격한 후 시 · 도지사['지방자치법」에 따른 서울특별시 · 광역시 및 특별자치시를 제외한 인구 50만 이상의 대도시(이하 "대도시"라 한다)의 경우에는 그 시장을 말한다]로부터 합격증서를 발급받아야 한다.

    ② 주택관리사는 다음의 요건을 갖추고 시 · 도지사로부터 주택관리사 자격증을 발급받은 사람으로 한다.

       ㉠ 주택관리사보 합격증서를 발급받았을 것

       ㉡ 주택 관련 실무경력이 있을 것

    ③ 시 · 도지사는 주택관리사보 자격시험에 합격하기 전이나 합격한 후 다음의 어느 하나에 해당하는 경력을 갖춘 자에 대하여 주택관리사 자격증을 발급한다.

       ㉠ 사업계획승인을 받아 건설한 50세대 이상 500세대 미만의 공동주택(건축법 제11조에 따른 건축허가를 받아 주택과 주택 외의 시설을 동일 건축물로 건축한 건축물 중 주택이 50세대 이상 300세대 미만인 건축물을 포함한다)의 관리사무소장으로 근무한 경력 3년 이상

ⓒ 사업계획승인을 받아 건설한 50세대 이상의 공동주택(건축법 제11조에 따른 건축허가를 받아 주택과 주택 외의 시설을 동일 건축물로 건축한 건축물 중 주택이 50세대 이상 300세대 미만인 건축물을 포함한다)의 관리사무소의 직원(경비원, 청소원, 소독원은 제외한다) 또는 주택관리업자의 임직원으로서 주택관리업무에 종사한 경력 5년 이상

ⓒ 한국토지주택공사 또는 지방공사의 직원으로 주택관리업무에 종사한 경력 5년 이상

ⓔ 공무원으로서 주택관련 지도·감독 및 인·허가 업무 등에 종사한 경력 5년 이상

ⓜ 주택관리사단체와 국토교통부장관이 정하여 고시하는 공동주택관리와 관련된 단체의 임직원으로서 주택관련업무에 종사한 경력 5년 이상

ⓑ ⓐ부터 ⓜ의 경력을 합산한 기간 5년 이상

④ 주택관리사 자격증을 발급받으려는 자는 자격증발급신청서(전자문서로 된 신청서를 포함한다)에 실무경력에 대한 증명서류(전자문서를 포함한다) 및 사진을 첨부하여 주택관리사보 자격시험 합격증서를 발급한 시·도지사에게 제출해야 한다.

② 주택관리사 등에 대한 행정처분기준

(1) 일반기준

① 위반행위의 횟수에 따른 행정처분의 기준은 최근 1년간 같은 위반행위로 처분을 받은 경우에 적용한다. 이 경우 행정처분기준의 적용은 같은 위반행위에 대하여 최초로 행정처분을 한 날과 그 행정처분 후 다시 적발한 날을 기준으로 한다.

② ①에 따라 가중된 처분을 하는 경우 가중처분의 적용 차수는 그 위반행위 전 처분 차수(①에 따른 기간 내에 처분이 둘 이상 있었던 경우에는 높은 차수를 말한다)의 다음 차수로 한다.

③ 같은 주택관리사 등이 둘 이상의 위반행위를 한 경우로서 그에 해당하는 각각의 처분기준이 다른 경우에는 다음의 기준에 따라 처분한다.

ⓐ 가장 무거운 위반행위에 대한 처분기준이 자격취소인 경우에는 자격취소처분을 한다.

ⓛ 각 위반행위에 대한 처분기준이 자격정지인 경우에는 가장 중한 처분의 2분의 1까지 가중할 수 있되, 각 처분기준을 합산한 기간을 초과할 수 없다. 이 경우 그 합산한 자격정지기간이 1년을 초과하는 때에는 1년으로 한다.

④ 시 · 도지사는 위반행위의 동기 · 내용 · 횟수 및 위반의 정도 등 다음에 해당하는 사유를 고려하여 행정처분을 가중하거나 감경할 수 있다. 이 경우 그 처분이 자격정지인 경우에는 그 처분기준의 2분의 1의 범위에서 가중(가중한 자격정지기간은 1년을 초과할 수 없다)하거나 감경할 수 있고, 자격취소인 경우(필요적 자격취소인 경우는 제외한다)에는 6개월 이상의 자격정지처분으로 감경할 수 있다.

ⓘ 가중사유

    ⓐ 위반행위가 고의나 중대한 과실에 따른 것으로 인정되는 경우

    ⓑ 위반의 내용과 정도가 중대하여 입주자 등 소비자에게 주는 피해가 크다고 인정되는 경우

ⓛ 감경사유

    ⓐ 위반행위가 사소한 부주의나 오류에 따른 것으로 인정되는 경우

    ⓑ 위반의 내용과 정도가 경미하여 입주자 등 소비자에게 미치는 피해가 적다고 인정되는 경우

    ⓒ 위반행위자가 처음 위반행위를 한 경우로서 주택관리사로서 3년 이상 관리사무소장을 모범적으로 해 온 사실이 인정되는 경우

    ⓓ 위반행위자가 해당 위반행위로 검사로부터 기소유예 처분을 받거나 법원으로부터 선고유예의 판결을 받은 경우

    ⓔ 중대한 과실로 주택을 잘못 관리하여 소유자 및 사용자에게 재산상의 손해를 입힌 경우에 따른 자격정지처분을 하려는 경우로써 위반행위자가 손해배상책임을 보장하는 금액을 2배 이상 보장하는 보증보험가입 · 공제가입 또는 공탁을 한 경우

(2) 개별기준

위반행위	행정처분기준		
	1차 위반	2차 위반	3차 위반
가. 거짓이나 그 밖의 부정한 방법으로 자격을 취득한 경우	자격취소		
나. 공동주택의 관리업무와 관련하여 금고 이상의 형을 선고받은 경우	자격취소		
다. 의무관리대상 공동주택에 취업한 주택관리사 등이 다른 공동주택 및 상가·오피스텔 등 주택 외의 시설에 취업한 경우	자격취소		
라. 주택관리사 등이 자격정지기간에 공동주택관리업무를 수행한 경우	자격취소		
마. 고의 또는 중대한 과실로 공동주택을 잘못 관리하여 소유자 및 사용자에게 재산상의 손해를 입힌 경우			
1) 고의로 공동주택을 잘못 관리하여 소유자 및 사용자에게 재산상의 손해를 입힌 경우	자격정지 6개월	자격정지 1년	
2) 중대한 과실로 공동주택을 잘못 관리하여 소유자 및 사용자에게 재산상의 손해를 입힌 경우	자격정지 3개월	자격정지 6개월	자격정지 6개월
바. 주택관리사 등이 업무와 관련하여 금품수수 등 부당이득을 취한 경우	자격정지 6개월	자격정지 1년	
사. 다른 사람에게 자기의 명의를 사용하여 공동주택관리법에서 정한 업무를 수행하게 하거나 자격증을 대여한 경우	자격취소		
아. 보고, 자료의 제출, 조사 또는 검사를 거부·방해 또는 기피하거나 거짓으로 보고를 한 경우			
1) 조사 또는 검사를 거부·방해 또는 기피하거나 거짓으로 보고를 한 경우	경고	자격정지 2개월	자격정지 3개월
2) 보고 또는 자료제출 등의 명령을 이행하지 않은 경우	경고	자격정지 1개월	자격정지 2개월
자. 감사를 거부·방해 또는 기피한 경우	경고	자격정지 2개월	자격정지 3개월

3 공동주택관리법령상 행정형벌 및 과태료

(1) 3년 이하의 징역 또는 3천만원 이하의 벌금

공동주택의 관리와 관련하여 입주자대표회의(구성원을 포함한다)와 관리사무소장이 공모(共謀)하여 부정하게 재물 또는 재산상의 이익을 취득하거나 제공한 경우에는 3년 이하의 징역 또는 3천만원 이하의 벌금에 처한다. 다만, 그 위반행위로 얻은 이익의 100분의 50에 해당하는 금액이 3천만원을 초과하는 자는 3년 이하의 징역 또는 그 이익의 2배에 해당하는 금액 이하의 벌금에 처한다.

(2) 2년 이하의 징역 또는 2천만원 이하의 벌금

다음의 어느 하나에 해당하는 자는 2년 이하의 징역 또는 2천만원 이하의 벌금에 처한다. 다만, ②에 해당하는 자로서 그 위반행위로 얻은 이익의 100분의 50에 해당하는 금액이 2천만원을 초과하는 자는 2년 이하의 징역 또는 그 이익의 2배에 해당하는 금액 이하의 벌금에 처한다.
① 주택관리업 등록을 하지 아니하고 주택관리업을 운영한 자 또는 거짓이나 그 밖의 부정한 방법으로 등록한 자
② 공동주택의 관리와 관련하여 입주자 등·관리주체·입주자대표회의·선거관리위원회(위원을 포함한다)가 부정하게 재물 또는 재산상의 이익을 취득하거나 제공한 자

(3) 1년 이하의 징역 또는 1천만원 이하의 벌금

다음의 어느 하나에 해당하는 자는 1년 이하의 징역 또는 1천만원 이하의 벌금에 처한다.
① 아래의 규정을 위반하여 회계감사를 받지 아니하거나 부정한 방법으로 받은 자

> 의무관리대상 공동주택의 관리주체는 대통령령으로 정하는 바에 따라 「주식회사 등의 외부감사에 관한 법률」에 따른 감사인의 회계감사를 매년 1회 이상 받아야 한다. 다만, 다음의 구분에 따른 연도에는 그러하지 아니하다.
> ㉠ 300세대 이상인 공동주택 : 해당 연도에 회계감사를 받지 아니하기로 입주자 등의 3분의 2 이상의 서면동의를 받은 경우 그 연도
> ㉡ 300세대 미만인 공동주택 : 해당 연도에 회계감사를 받지 아니하기로 입주자 등의 과반수의 서면동의를 받은 경우 그 연도

② 회계감사를 받는 관리주체가 회계감사를 방해하는 등 정당한 사유 없이 감사인의 자료열람·등사·제출 요구 또는 조사를 거부·방해·기피하는 행위와 감사인에게 거짓 자료를 제출하는 등 부정한 방법으로 회계감사를 방해하는 행위를 한 자

③ 아래의 규정을 위반하여 장부 및 증빙서류를 작성 또는 보관하지 아니하거나 거짓으로 작성한 자

> 의무관리대상 공동주택의 관리주체는 다음의 구분에 따른 기간 동안 해당 장부 및 증빙서류를 보관하여야 한다. 이 경우 관리주체는 「전자문서 및 전자거래 기본법」에 따른 정보처리시스템을 통하여 장부 및 증빙서류를 작성하거나 보관할 수 있다.
> ㉠ 관리비 등의 징수·보관·예치·집행 등 모든 거래 행위에 관하여 월별로 작성한 장부 및 그 증빙서류: 해당 회계연도 종료일부터 5년간
> ㉡ 주택관리업자 및 사업자 선정 관련 증빙서류: 해당 계약 체결일부터 5년간

④ 용도 외 사용 등 행위허가기준을 위반한 자(행위 중 신고대상 행위를 신고하지 아니하고 행한 자는 제외한다)

⑤ 하자분쟁조정위원회의 위원과 하자분쟁조정위원회의 사무국 직원으로서 그 업무를 수행하거나 수행하였던 사람이 조정 등의 절차에서 직무상 알게 된 비밀을 누설한 자

⑥ 주택관리업 영업정지기간에 영업을 한 자나 주택관리업의 등록이 말소된 후 영업을 한 자

⑦ 주택관리사 등의 자격을 취득하지 아니하고 관리사무소장의 업무를 수행한 자 또는 해당 자격이 없는 자에게 이를 수행하게 한 자

⑧ 주택관리업자 및 주택관리사 등이 등록증 또는 자격증의 대여 등을 한 자

⑨ 국토교통부장관 또는 지방자치단체의 장의 보고·검사나 지방자치단체의 장의 공동주택관리의 효율화와 입주자 등의 보호를 위한 감사를 거부·방해 또는 기피한 자

⑩ 공사 중지 등의 명령(국토교통부장관 또는 지방자치단체의 장은 사업주체 등 및 공동주택의 입주자 등, 관리주체, 입주자대표회의나 그 구성원이 공동주택관리법 또는 공동주택관리법에 따른 명령이나 처분을 위반한 경우에는 공사의 중지, 원상복구, 하자보수 이행 또는 그 밖에 필요한 조치를 명할 수 있다)을 위반한 자

(4) 1천만원 이하의 벌금

다음의 어느 하나에 해당하는 자는 1천만원 이하의 벌금에 처한다.
① 공동주택관리기구가 갖추어야 할 기술인력 또는 장비를 갖추지 아니하고 관리행위를 한 자
② 의무관리대상 공동주택에 주택관리사 등을 배치하지 아니한 자

(5) 2천만원 이하의 과태료

하자보수보증금을 공동주택관리법에 따른 용도 외의 목적으로 사용한 자에게는 2천만원 이하의 과태료를 부과한다.

(6) 1천만원 이하의 과태료

다음의 어느 하나에 해당하는 자에게는 1천만원 이하의 과태료를 부과한다.
① 공동주택의 관리업무를 1개월 이내에 인계하지 아니한 자
② 수립되거나 조정된 장기수선계획에 따라 주요시설을 교체하거나 보수하지 아니한 자
③ 하자판정을 받은 하자를 보수하지 아니한 자
④ 주택관리업자가 아닌 자가 주택관리업 또는 이와 유사명칭을 사용한 자
⑤ 지방자치단체의 장의 공동주택관리의 효율화와 입주자 등의 보호를 위한 보고 또는 자료 제출 등의 명령을 위반한 자
⑥ 관리사무소장의 업무에 대한 부당간섭 배제를 위반하여 관리사무소장을 해임하거나 해임하도록 주택관리업자에게 요구한 자
⑦ 관리비·사용료와 장기수선충당금을 공동주택관리법에 따른 용도 외의 목적으로 사용한 자

(7) 500만원 이하의 과태료

다음의 어느 하나에 해당하는 자에게는 500만원 이하의 과태료를 부과한다.
① 자치관리기구를 구성하지 아니한 자
② 전자입찰방식을 위반하여 주택관리업자 또는 사업자를 선정한 자
③ 의무관리대상 공동주택의 전환 및 제외, 관리방법의 결정 및 변경, 관리규약의 제정 및 개정, 입주자대표회의의 구성 및 변경 등의 신고를 하지 아니한 자
④ 입주자대표회의 회의록을 작성하여 보관하게 하지 아니한 자
④의2 입주자대표회의 회의록의 열람 청구 또는 복사 요구에 응하지 아니한 자
⑤ 관리비 등의 내역을 공개하지 아니하거나 거짓으로 공개한 자

⑥ 관리주체는 회계감사를 받은 경우에 감사보고서 등 회계감사의 결과를 제출받은 날부터 1개월 이내에 입주자대표회의에 보고하고 해당 공동주택단지의 인터넷 홈페이지와 공동주택관리정보시스템에 공개하여야 하는데 규정을 위반하여 회계감사의 결과를 보고 또는 공개하지 아니하거나 거짓으로 보고 또는 공개한 자

⑦ 회계감사 결과를 제출 또는 공개하지 아니하거나 거짓으로 제출 또는 공개한 자

⑧ 관리비 등의 장부나 증빙서류, 관리비 등의 사업계획, 예산안, 사업실적서 및 결산서에 대한 열람, 복사의 요구에 응하지 아니하거나 거짓으로 응한 자

⑨ 의무관리대상 공동주택의 관리주체 또는 입주자대표회의가 선정한 주택관리업자 또는 공사, 용역 등을 수행하는 사업자와 계약을 체결하는 경우 계약 체결일부터 1개월 이내에 계약서를 공개하지 아니하거나 거짓으로 공개한 자

⑩ 장기수선계획을 수립하지 아니하거나 검토하지 아니한 자 또는 장기수선계획에 대한 검토사항을 기록하고 보관하지 아니한 자

⑪ 장기수선충당금을 적립하지 아니한 자

⑫ 의무관리대상 공동주택의 설계도서 등을 보관하지 아니하거나 시설의 교체 및 보수 등의 내용을 기록·보관·유지하지 아니한 자

⑬ 안전관리계획을 수립 또는 시행하지 아니하거나 교육을 받지 아니한 자

⑭ 안전점검을 실시하지 아니하거나 안전점검의 결과 건축물의 구조·설비의 안전도가 매우 낮아 재해 및 재난 등이 발생할 우려가 있는 경우에 입주자대표회의 또는 시장·군수·구청장에게 통보 또는 보고하지 아니하거나 필요한 조치를 하지 아니한 자

⑮ 용도 외 사용 등 행위를 신고하지 아니하고 행한 자

⑯ 하자보수에 대한 시정명령을 이행하지 아니한 자

⑰ 하자보수보증금의 사용내역 신고를 하지 아니하거나 거짓으로 신고한 자

⑱ 하자분쟁조정위원회의 출석요구를 따르지 아니한 안전진단기관 또는 관계전문가

⑲ 하자분쟁조정위원회의 조정 등에 대한 답변서를 하자분쟁조정위원회에 제출하지 아니한 자 또는 분쟁조정 신청에 대한 답변서를 중앙분쟁조정위원회에 제출하지 아니한 자

⑳ 하자분쟁조정위원회의 조정 등에 응하지 아니한 자(입주자 및 임차인은 제외한다) 또는 중앙분쟁조정위원회의 분쟁조정에 응하지 아니한 자

㉑ 하자분쟁조정위원회가 조정 등을 신청받은 때에 하자분쟁조정위원회의 위원장이 하자분쟁조정위원회의 사무국 직원으로 하여금 심사·조정 대상물 및 관련 자료를 조사·검사 및 열람하게 하거나 참고인의 진술을 들을 수 있도록 하는 규정을 위반하여 조사·검사 및 열람을 거부하거나 방해한 자

㉒ 주택관리업의 등록사항 변경신고를 하지 아니하거나 거짓으로 신고한 자

㉓ 공동주택을 공동주택관리법 또는 공동주택관리법에 따른 명령을 위반하여 공동주택을 관리한 자

㉔ 관리사무소장의 배치 내용 및 직인의 신고 또는 변경신고를 하지 아니한 자

㉕ 주택관리사 등의 보증보험 등에 가입한 사실을 입증하는 서류를 제출하지 아니한 자

㉖ 주택관리업자 등의 교육을 받지 아니한 자

㉗ 국토교통부장관 또는 지방자치단체의 장은 필요하다고 인정할 때에는 공동주택관리법에 따라 허가를 받거나 신고·등록 등을 한 자에게 국토교통부장관 또는 지방자치단체의 장이 필요한 보고를 하게 하거나, 관계 공무원으로 하여금 사업장에 출입하여 필요한 검사를 하게 할 수 있다. 그러나 이에 대해 보고 또는 검사의 명령을 위반한 자

㉘ 국토교통부장관 또는 지방자치단체의 장으로부터 통보받은 명령, 조사 또는 검사, 감사 결과 등의 내용을 공개하지 아니하거나 거짓으로 공개한 자 또는 열람, 복사 요구에 따르지 아니하거나 거짓으로 따른 자

㉙ 하자보수청구 서류 등을 보관하지 아니한 자

㉚ 하자보수청구 서류 등을 제공하지 아니한 자

㉛ 공동주택의 하자보수청구 서류 등을 인계하지 아니한 자

㉜ 하자분쟁조정위원회로부터 계속하여 2회의 출석 요구를 받고 정당한 사유 없이 출석하지 아니한 자 또는 출석하여 거짓으로 진술하거나 감정한 자

㉝ 하자분쟁조정위원회로부터 제출을 요구받은 문서 또는 물건을 제출하지 아니하거나 거짓으로 제출한 자

실전예상문제

01 건축법령상 주택에 대한 설명으로 옳지 않은 것은?

① 다가구주택은 1층의 전부 또는 일부를 필로티 구조로 하여 주차장으로 사용하고 나머지 부분을 주택(주거 목적으로 한정한다) 외의 용도로 쓰는 경우에는 해당 층을 주택의 층수에서 제외한다.

② 연립주택은 주택으로 쓰는 1개 동의 바닥면적(2개 이상의 동을 지하주차장으로 연결하는 경우에는 각각의 동으로 본다) 합계가 $660m^2$ 이하이고, 층수가 4개층 이하인 주택을 말한다.

③ 다세대주택은 주택으로 쓰는 1개 동의 바닥면적 합계가 $660m^2$ 이하이고, 층수가 4개층 이하인 주택(2개 이상의 동을 지하주차장으로 연결하는 경우에는 각각의 동으로 본다)을 말한다.

④ 일반기숙사는 학교 또는 공장 등의 학생 또는 종업원 등을 위하여 사용하는 것으로서 해당 기숙사의 공동취사시설 이용 세대 수가 전체 세대 수(건축물의 일부를 기숙사로 사용하는 경우에는 기숙사로 사용하는 세대수로 한다)의 50퍼센트 이상인 것(「교육기본법」 제27조 제2항에 따른 학생복지주택을 포함한다)을 말한다.

⑤ 아파트, 연립주택, 다세대주택, 기숙사의 층수를 산정할 때 지하층을 주택의 층수에서 제외한다.

해설 ② 연립주택은 주택으로 쓰는 1개 동의 바닥면적(2개 이상의 동을 지하주차장으로 연결하는 경우에는 각각의 동으로 본다) 합계가 $660m^2$를 초과하고, 층수가 4개층 이하인 주택을 말한다.

Answer

01 ②

02 건축법령상 주택의 종류에 대한 설명이다. 다음의 요건을 모두 충족하는 것은? 제11회 일부수정

> • 학생 또는 직장인 등 여러 사람이 장기간 거주할 수 있는 구조로 되어 있는 것
> • 독립된 주거의 형태를 갖추지 아니한 것(각 실별로 욕실은 설치할 수 있으나, 취사시설은 설치하지 아니한 것을 말한다)
> • 1개 동의 주택으로 쓰이는 바닥면적(부설 주차장 면적은 제외한다)의 합계가 660제곱미터 이하이고 주택으로 쓰는 층수(지하층은 제외한다)가 3개 층 이하일 것. 다만, 1층의 전부 또는 일부를 필로티 구조로 하여 주차장으로 사용하고 나머지 부분을 주택(주거목적으로 한정한다) 외의 용도로 쓰는 경우에는 해당 층을 주택의 층수에서 제외한다.
> • 적정한 주거환경을 조성하기 위하여 건축조례로 정하는 실별 최소 면적, 창문의 설치 및 크기 등의 기준에 적합할 것

① 기숙사   ② 다중주택   ③ 다세대주택
④ 연립주택   ⑤ 다가구주택

해설 다중주택에 대한 설명이다.

03 공동주택의 유형에 관한 설명으로 옳은 것은?

① 건축법령상 다세대주택은 주택으로 쓰는 1개 동의 바닥면적 합계가 660m²를 초과하고, 층수가 4개층 이하인 주택을 말한다.
② 주택법령상 국민주택규모는 주거의 용도로만 쓰이는 면적이 수도권정비계획법에 따른 수도권을 제외한 도시지역이 아닌 읍 또는 면 지역은 1호 또는 1세대당 주거전용면적이 100m² 이하인 주택을 말한다.
③ 중앙집중식 난방방식의 공동주택은 지역에 발전소와 같은 플랜트를 설치하여, 증기와 고온수 등을 이용하여 지역에 열을 공급하는 형태를 말한다.
④ 계단실형 공동주택은 건물의 한쪽면 전체를 복도로 하고, 출입구에서 계단, 승강기, 복도 등을 통하여 각 세대로 출입하는 형태를 말한다.
⑤ 탑상형 공동주택은 흔히 한쪽 방향으로만 향해 있는 일자(一字)로 된 구조로 중저층의 공동주택 건립에 많이 이용되고 있는 형태를 말한다.

해설 ① 건축법령상 다세대주택은 주택으로 쓰는 1개 동의 바닥면적 합계가 660m² 이하이고, 층수가 4개층 이하인 주택을 말한다.
③ 지역난방방식의 공동주택은 지역에 발전소와 같은 플랜트를 설치하여, 증기와 고온수 등을 이용하여 지역에 열을 공급하는 형태를 말한다.
④ 갓복도형 공동주택은 건물의 한쪽면 전체를 복도로 하고, 출입구에서 계단, 승강기, 복도 등을 통하여 각 세대로 출입하는 형태를 말한다.
⑤ 판상형 공동주택은 흔히 한쪽 방향으로만 향해 있는 일자(一字)로 된 구조로 중저층의 공동주택 건립에 많이 이용되고 있는 형태를 말한다.

PART

01

04

주택법령상 용어로 옳지 않은 것은?   제16회 일부수정

① '준주택'이란 주택 외의 건축물과 그 부속토지로서 주거시설로 이용 가능한 시설 등을 말한다.

② '국민주택규모'란 주거전용면적이 1호(戶) 또는 1세대당 100m^2 이하인 주택을 말한다.

③ '장수명 주택'이란 구조적으로 오랫동안 유지·관리될 수 있는 내구성을 갖추고, 입주자의 필요에 따라 내부 구조를 쉽게 변경할 수 있는 가변성과 수리 용이성 등이 우수한 주택을 말한다.

④ '단독주택'이란 1세대가 하나의 건축물 안에서 독립된 주거생활을 할 수 있는 구조로 된 주택을 말하며, 그 종류와 범위는 대통령령으로 정한다.

⑤ '건강친화형 주택'이란 건강하고 쾌적한 실내환경의 조성을 위하여 실내공기의 오염물질 등을 최소화할 수 있도록 대통령령으로 정하는 기준에 따라 건설된 주택을 말한다.

해설 ② '국민주택규모'란 주거전용면적이 1호(戶) 또는 1세대당 85m^2 이하인 주택(수도권정비계획법에 따른 수도권을 제외한 도시지역이 아닌 읍 또는 면 지역은 1호 또는 1세대당 주거전용면적이 100m^2 이하인 주택)을 말한다.

05

주택법령상 사업계획의 승인을 받아 건설되는 세대구분형 공동주택에 관한 설명으로 옳지 않은 것은?

① 공동주택의 주택 내부 공간의 일부를 세대별로 구분하여 생활이 가능한 구조로 하되, 그 구분된 공간 일부에 대하여 구분소유를 할 수 있는 주택을 말한다.

② 세대구분형 공동주택의 세대별로 구분된 각각의 공간마다 별도의 욕실, 부엌과 현관을 설치하여야 한다.

③ 하나의 세대가 통합하여 사용할 수 있도록 세대 간에 연결문 또는 경량구조의 경계벽 등을 설치하여야 한다.

④ 세대구분형 공동주택의 세대수가 해당 주택단지 안의 공동주택 전체 세대수의 3분의 1을 넘지 않아야 한다.

⑤ 세대구분형 공동주택의 건설과 관련하여 주택건설기준 등을 적용하는 경우 세대구분형 공동주택의 세대수는 그 구분된 공간의 세대에 관계없이 하나의 세대로 산정한다.

해설 ① 세대구분형 공동주택은 그 구분된 공간 일부에 대하여 구분소유를 할 수 없는 주택을 말한다.

Answer

02 ②   03 ②   04 ②   05 ①

06 주택법령상 도시형 생활주택에 관한 설명으로 옳지 않은 것은? 제14회

① 도시형 생활주택의 종류에는 단지형 연립주택, 단지형 다세대주택, 아파트형 주택이 있다.

② 단지형 연립주택은 건축법에 따른 건축위원회의 심의를 받은 경우에는 주택으로 쓰는 층수를 5개층까지 건축할 수 있다.

③ 준주거지역에서 하나의 건축물에는 아파트형 주택과 도시형 생활주택 외의 주택을 함께 건축할 수 있다.

④ 하나의 건축물에는 아파트형 주택과 단지형 다세대주택을 함께 건축할 수 없다.

⑤ 아파트형 주택은 세대별로 독립된 주거가 가능하도록 욕실, 부엌, 주차장을 설치한다.

해설 ⑤ 아파트형 주택은 세대별로 독립된 주거가 가능하도록 욕실 및 부엌을 설치한다.

07 다음에서 설명하고 있는 주택법령상의 용어를 쓰시오.

> 주택 외의 건축물과 그 부속토지로서 주거시설로 이용가능한 시설 등을 말하며, 건축법령에 따른 기숙사·다중생활시설·노인복지시설 중 「노인복지법」의 노인복지주택·오피스텔 등이 그 종류와 범위에 해당된다.

해설 주택 외의 건축물과 그 부속토지로서 주거시설로 이용가능한 시설 등을 말하며, 건축법령에 따른 기숙사·다중생활시설·노인복지시설 중 「노인복지법」의 노인복지주택·오피스텔 등이 그 종류와 범위에 해당되는 것은 준주택이다.

08 민간임대주택에 관한 특별법상 민간임대주택에 관한 내용이다. (   )에 들어갈 용어와 아라비아 숫자를 쓰시오.　　　　　　　　　　　　　　　　　　　　　　제24회

> • 민간임대주택이란 임대 목적으로 제공하는 주택(토지를 임차하여 건설된 주택 및 오피스텔 등 대통령령으로 정하는 (㉠) 및 대통령령으로 정하는 일부만을 임대하는 주택을 포함한다)으로서 임대사업자가 제5조에 따라 등록한 주택을 말하며, 민간(㉡)임대주택과 민간매입임대주택으로 구분한다.
> • 장기일반민간임대주택이란 임대사업자가 공공지원민간임대주택이 아닌 주택을 (㉢)년 이상 임대한 목적으로 취득하여 임대하는 민간임대주택[아파트(「주택법」 제2조 제20호의 도시형 생활주택이 아닌 것을 말한다)를 임대하는 민간매입임대주택은 제외한다]을 말한다.

해설　준주택, 건설, 10

09 공동주택관리법령상 관리주체의 업무가 아닌 것은?
① 공동주택의 전유부분의 유지·보수 및 안전관리
② 공동주택단지 안의 경비·청소·소독 및 쓰레기 수거
③ 관리규약으로 정한 사항의 집행
④ 입주자대표회의에서 의결한 사항의 집행
⑤ 사용료의 징수와 공과금 등의 납부대행

해설　① 공동주택의 공용부분의 유지·보수 및 안전관리가 해당된다.

Answer
06 ⑤　07 준주택　08 ㉠ 준주택 ㉡ 건설 ㉢ 10　09 ①

10 공동주택관리법령상 공동주택의 관리주체 및 관리사무소장의 업무에 관한 설명으로 옳지 않은 것은?

제24회

① 의무관리대상 공동주택의 관리주체는 관리비 등의 징수·보관·예치·집행 등 모든 거래 행위에 관하여 장부를 월별로 작성하여 그 증빙서류와 함께 해당 회계연도 종료일부터 5년간 보관하여야 한다.

② 관리주체는 장기수선충당금을 해당 주택의 소유자로부터 징수하여 적립하여야 한다.

③ 관리사무소장은 입주자대표회의에서 의결하는 공동주택의 운영·관리업무와 관련하여 입주자대표회의를 대리하여 재판상 행위를 할 수 있다.

④ 관리사무소장은 배치 내용과 업무의 집행에 사용할 직인을 시장·군수·구청장에게 신고하여야 하며, 배치된 날부터 30일 이내에 '관리사무소장 배치 및 직인 신고서'를 시장·군수·구청장에게 제출하여야 한다.

⑤ 의무관리대상 공동주택에 취업한 주택관리사 등이 다른 공동주택 및 상가·오피스텔 등 주택 외의 시설에 취업한 경우, 주택관리사 등의 자격취소 사유에 해당한다.

해설 ④ 관리사무소장은 배치 내용과 업무의 집행에 사용할 직인을 시장·군수·구청장에게 신고하여야 하며, 배치된 날부터 15일 이내에 '관리사무소장 배치 및 직인 신고서'를 주택관리사단체에게 제출하여야 한다.

11 다음 중 공동주택관리법령상 의무관리대상 공동주택에 해당하는 것을 모두 고른 것은?

제14회 일부수정

> ㉠ 승강기가 설치되지 않고 중앙집중식 난방방식이 아닌 400세대인 공동주택
> ㉡ 승강기가 설치된 120세대인 공동주택
> ㉢ 중앙집중식 난방방식의 120세대인 공동주택
> ㉣ 「건축법」상 건축허가를 받아 주택 외의 시설과 주택을 동일 건축물로 건축한 건축물로서 주택이 200세대인 건축물

① ㉠, ㉡   ② ㉠, ㉢   ③ ㉠, ㉣
④ ㉡, ㉢   ⑤ ㉡, ㉣

해설 의무관리대상 공동주택의 범위는 다음과 같다.
  ⑴ 300세대 이상의 공동주택
  ⑵ 150세대 이상으로서 승강기가 설치된 공동주택
  ⑶ 150세대 이상으로서 중앙집중식 난방방식(지역난방을 포함한다)의 공동주택
  ⑷ 「건축법」 제11조에 따른 건축허가를 받아 주택 외의 시설과 주택을 동일 건축물로 건축한 건축물로서 주택이 150세대 이상인 건축물
  ⑸ ⑴부터 ⑷까지에 해당하지 아니하는 공동주택 중 전체 입주자 등의 3분의 2 이상이 서면으로 동의하여 정하는 공동주택

12 공동주택관리법령상 사업주체가 관리업무를 주택관리업자에게 인계하는 때에는 인수·인계서를 작성하여야 한다. 이 경우 인계할 서류로 옳게 짝지어지지 않은 것은? (단, 공동주택관리법 시행령 제10조 제4항 제6호 '관리규약과 그 밖에 관리업무에 필요한 사항'은 고려하지 않음)
제11회 일부수정

① 설계도서·장비의 명세 – 안전관리계획
② 관리비의 부과·징수현황 – 장기수선계획
③ 장기수선충당금의 적립현황 – 사용료의 부과·징수현황
④ 장기수선충당금의 사용내역 – 하자보수충당금의 적립현황
⑤ 관리비예치금의 명세 – 장기수선계획

해설 사업주체 또는 의무관리대상 전환 공동주택의 관리인은 공동주택의 관리업무를 해당 관리주체에 인계할 때에는 입주자대표회의의 회장 및 1명 이상의 감사의 참관하에 인계자와 인수자가 인계·인수서에 각각 서명·날인하여 다음의 서류를 인계해야 한다. 기존 관리주체가 새로운 관리주체에게 공동주택의 관리업무를 인계하는 경우에도 또한 같다.
(1) 설계도서, 장비의 명세, 장기수선계획 및 안전관리계획
(2) 관리비·사용료·이용료의 부과·징수현황 및 이에 관한 회계서류
(3) 장기수선충당금의 적립현황
(4) 관리비예치금의 명세
(5) 세대 전유부분을 입주자에게 인도한 날의 현황
(6) 관리규약과 그 밖에 공동주택의 관리업무에 필요한 사항

13 공동주택관리법령상 공동주택관리기구가 갖추어야 하는 장비의 기준이 아닌 것은?

① 비상용 급수펌프
② 누전측정기
③ 콘크리트 균열폭 측정기
④ 5마력 이상의 양수기
⑤ 망원경

해설 공동주택관리기구가 갖출 장비기준은 다음과 같다.
(1) 비상용 급수펌프(수중펌프를 말한다) 1대 이상
(2) 절연저항계(누전측정기를 말한다) 1대 이상
(3) 건축물 안전점검의 보유장비 ⇨ 망원경, 카메라, 돋보기, 콘크리트 균열폭 측정기, 5미터 이상용 줄자 및 누수탐지기 각 1대 이상

Answer
10 ④   11 ③   12 ④   13 ④

14 공동주택관리법령상 주택관리사 자격증을 발급받을 수 있는 주택관련 실무경력 기준을 충족 시키지 못하는 자는?

제22회

① 주택관리사보 시험에 합격하기 전에 한국토지주택공사의 직원으로 주택관리업무에 종사한 경력이 5년인 자

② 주택관리사보 시험에 합격하기 전에 공무원으로 주택관련 인·허가 업무 등에 종사한 경력이 3년인 자

③ 주택관리사보 시험에 합격하기 전에 공동주택관리법에 따른 주택관리사단체의 임직원으로 주택 관련 업무에 종사한 경력이 2년이고, 주택관리사보 시험에 합격한 후에 지방공사의 직원으로 주택관리업무에 종사한 경력이 3년인 자

④ 주택관리사보 시험에 합격한 후에 주택법에 따른 사업계획승인을 받아 건설한 100세대인 공동주택의 관리사무소장으로 근무한 경력이 3년인 자

⑤ 주택관리사보 시험에 합격한 후에 공동주택관리법에 따른 주택관리사단체 임직원으로 주택 관련 업무에 종사한 경력이 5년인 자

해설 특별시장·광역시장·특별자치시장·도지사 또는 특별자치도지사는 주택관리사보 자격시험에 합격하기 전이나 합격한 후 다음의 어느 하나에 해당하는 경력을 갖춘 자에 대하여 주택관리사 자격증을 발급한다.

(1) 사업계획승인을 받아 건설한 50세대 이상 500세대 미만의 공동주택(「건축법」 제11조에 따른 건축허가를 받아 주택과 주택 외의 시설을 동일 건축물로 건축한 건축물 중 주택이 50세대 이상 300세대 미만인 건축물을 포함한다)의 관리사무소장으로의 근무경력 3년 이상

(2) 사업계획승인을 받아 건설한 50세대 이상의 공동주택(「건축법」 제11조에 따른 건축허가를 받아 주택과 주택 외의 시설을 동일 건축물로 건축한 건축물 중 주택이 50세대 이상 300세대 미만인 건축물을 포함한다)의 관리사무소의 직원(경비원, 청소원, 소독원은 제외한다) 또는 주택관리업자의 임직원으로서 주택관리업무에 종사한 경력 5년 이상

(3) 한국토지주택공사 또는 지방공사의 직원으로서 주택관리업무에 종사한 경력 5년 이상

(4) 공무원으로서 주택관련 지도·감독 및 인·허가 업무 등에 종사한 경력 5년 이상

(5) 주택관리사단체와 국토교통부장관이 정하여 고시하는 공동주택관리와 관련된 단체의 임직원으로서 주택관련업무에 종사한 경력 5년 이상

(6) (1)부터 (5)의 경력을 합산한 기간 5년 이상

15

공동주택관리법령상 주택관리업 등록말소 등의 기준에 대한 내용이다. ( ) 안에 들어갈 숫자를 각각 순서대로 쓰시오. 제11회 일부수정

> 시장·군수·구청장은 주택관리업자에게 영업정지의 행정처분에 갈음하여 영업정지기간 1일당 (   )만원을 부과하되, 영업정지 1개월은 (   )일을 기준으로 과징금을 부과할 수 있다. 이 경우 과징금은 2천만원을 초과할 수 없다.

해설 시장·군수·구청장은 주택관리업자에게 영업정지의 행정처분에 갈음하여 영업정지기간 1일당 3만원을 부과하되, 영업정지 1개월은 30일을 기준으로 과징금을 부과할 수 있다. 이 경우 과징금은 2천만원을 초과할 수 없다.

16

공동주택관리법령상 의무관리대상 공동주택의 입주자 등이 공동주택을 위탁관리할 것을 정한 경우 입주자대표회의가 주택관리업자를 선정하는 기준 및 방식에 관한 설명으로 옳은 것을 모두 고른 것은? 제24회

> ㉠ 입주자 등은 기존 주택관리사업자의 관리 서비스가 만족스럽지 못한 경우에는 대통령령으로 정하는 바에 따라 새로운 주택관리업자 선정을 위한 입찰에서 기존 주택관리업자의 참가를 제한하도록 입주자대표회의에 요구할 수 있다.
> ㉡ 입주자대표회의는 입주자대표회의의 감사가 입찰과정 참관을 원하는 경우에는 참관할 수 있도록 하여야 한다.
> ㉢ 입주자 등이 새로운 주택관리업자 선정을 위한 입찰에서 기존 주택관리업자의 참가를 제한하도록 입주자대표회의에 요구하려면 전체 입주자 등 3분의 2 이상의 서면동의가 있어야 한다.

① ㉠　　　　② ㉢　　　　③ ㉠, ㉡
④ ㉡, ㉢　　　⑤ ㉠, ㉡, ㉢

해설 ㉢ 입주자 등이 새로운 주택관리업자 선정을 위한 입찰에서 기존 주택관리업자의 참가를 제한하도록 입주자대표회의에 요구하려면 전체 입주자 등 과반수 이상의 서면동의가 있어야 한다.

Answer
14 ②　15 3, 30　16 ③

17 공동주택관리법상 주택관리업자 등의 교육 및 벌칙에 관한 내용이다. (   )에 들어갈 아라비아 숫자를 쓰시오. 제24회

> 공동주택의 관리사무소장으로 배치받아 근무 중인 주택관리사는 공동주택관리법 제70조 제1항 또는 제2항에 따른 교육을 받은 후 (㉠)년마다 국토교통부령으로 정하는 바에 따라 공동주택관리에 관한 교육과 윤리교육을 받아야 하며, 이 교육을 받지 아니한 자에게는 (㉡)만원 이하의 과태료를 부과한다.

해설 3, 500

18 공동주택관리법령상 공동주택관리기구에 관한 설명으로 옳지 않은 것은?
① 입주자인 자치관리기구의 직원은 입주자대표회의의 구성원을 겸할 수 있다.
② 자치관리기구는 입주자대표회의의 감독을 받는다.
③ 입주자대표회의 또는 관리주체는 공동주택을 공동관리하거나 구분관리하는 경우에는 공동관리 또는 구분관리 단위별로 공동주택관리기구를 구성하여야 한다.
④ 입주자대표회의는 자치관리기구의 관리사무소장을 그 구성원 과반수의 찬성으로 선임한다.
⑤ 자치관리기구는 각 1대 이상의 망원경, 카메라 등 건축물의 안전점검의 보유장비를 갖추어야 한다.

해설 ① 입주자대표회의의 구성원은 자치관리기구의 직원을 겸할 수 없다.

19 공동주택관리법령상 주택관리사 등에 대한 행정처분기준 중 개별기준에 관한 규정의 일부이다. ㉠~㉢에 들어갈 내용으로 옳은 것은? 제20회

위반행위	행정처분기준		
중대한 과실로 공동주택을 잘못 관리하여 소유자 및 사용자에게 재산상의 손해를 입힌 경우	1차 위반	2차 위반	3차 위반
	㉠	㉡	㉢

① ㉠: 자격정지 3개월, ㉡: 자격정지 3개월, ㉢: 자격정지 6개월
② ㉠: 자격정지 3개월, ㉡: 자격정지 3개월, ㉢: 자격취소
③ ㉠: 자격정지 3개월, ㉡: 자격정지 6개월, ㉢: 자격정지 6개월
④ ㉠: 자격정지 3개월, ㉡: 자격정지 6개월, ㉢: 자격취소
⑤ ㉠: 자격정지 6개월, ㉡: 자격정지 6개월, ㉢: 자격취소

> **해설** 시·도지사는 주택관리사 등이 중대한 과실로 공동주택을 잘못 관리하여 소유자 및 사용자에게 재산상의 손해를 입힌 경우에 1차 위반시 자격정지 3개월, 2차 위반시 자격정지 6개월, 3차 위반시 자격정지 6개월의 행정처분을 한다.

20 공동주택관리법령상 시장·군수·구청장이 주택관리업자의 등록을 반드시 말소하여야 하는 것으로만 짝지어진 것은? 제13회 일부수정

> ㉠ 부정한 방법으로 등록한 경우
> ㉡ 공동주택의 관리방법 및 업무 내용 등을 위반하여 공동주택을 관리한 경우
> ㉢ 매년 12월 31을 기준으로 최근 3년간 공동주택의 관리실적이 없는 경우
> ㉣ 고의 또는 과실로 공동주택을 잘못 관리하여 입주자 및 사용자에게 재산상의 손해를 입힌 경우
> ㉤ 최근 3년간 2회 이상의 영업정지처분을 받은 자로서 그 정지처분을 받은 기간이 통산하여 12개월을 초과한 경우

① ㉠, ㉡   ② ㉠, ㉤
③ ㉡, ㉣   ④ ㉢, ㉣
⑤ ㉢, ㉤

> **해설** 시장·군수·구청장은 주택관리업자가 ㉡, ㉢, ㉣에 해당하면 그 등록을 말소하거나 1년 이내의 기간을 정하여 영업의 전부 또는 일부의 정지를 명할 수 있다. 그러나 ㉠, ㉤의 경우에는 반드시 말소하여야 한다.

Answer

17 ㉠ 3 ㉡ 500   18 ①   19 ③   20 ②

21 민간임대주택에 관한 특별법령상 주택임대관리업에 관한 설명으로 옳지 않은 것은?

제22회

① 주택임대관리업을 하려는 자가 자기관리형 주택임대관리업을 등록한 경우에는 위탁관리형 주택임대관리업도 등록한 것으로 본다.

② 주택임대관리업에 등록한 자는 자본금이 증가된 경우 이를 시장·군수·구청장에게 신고하여야 한다.

③ 공동주택관리법을 위반하여 형의 집행유예를 선고받고 그 유예기간 중에 있는 사람은 주택임대관리업의 등록을 할 수 없다.

④ 시장·군수·구청장은 주택임대관리업자가 정당한 사유 없이 최종 위탁계약 종료일의 다음 날부터 1년 이상 위탁계약 실적이 없어 영업정지처분을 하여야 할 경우에는 이에 갈음하여 1천만원 이하의 과징금을 부과할 수 있다.

⑤ 시장·군수·구청장은 주택임대관리업자가 거짓이나 그 밖의 부정한 방법으로 주택임대관리업 등록을 한 경우에는 그 등록을 말소하여야 한다.

해설 ② 등록한 자가 등록한 사항을 변경하거나 말소하고자 할 경우 시장·군수·구청장에게 신고하여야 한다. 다만, 자본금 또는 전문인력의 수가 증가한 경우 등의 경미한 사항은 신고하지 아니하여도 된다.

22 민간임대주택에 관한 특별법령상 임대를 목적으로 하는 주택에 대한 주택임대관리업자의 업무(부수적인 업무 포함) 범위에 해당하는 것을 모두 고른 것은?

제24회

㉠ 시설물 유지·보수·개량	㉡ 임대차계약의 체결·해제·해지·갱신
㉢ 임대료의 부과·징수	㉣「공인중개사법」에 따른 중개업
㉤ 임차인의 안전 확보에 필요한 업무	

① ㉠, ㉡, ㉣ ② ㉠, ㉣, ㉤ ③ ㉠, ㉡, ㉢, ㉤

④ ㉡, ㉢, ㉣, ㉤ ⑤ ㉠, ㉡, ㉢, ㉣, ㉤

해설 주택임대관리업자의 업무(부수적인 업무포함)범위는 아래와 같다.
  1. 주택임대관리업자는 임대를 목적으로 하는 주택에 대하여 다음의 업무를 수행한다.
    ① 임대차계약의 체결·해제·해지·갱신 및 갱신거절 등
    ② 임대료의 부과·징수 등
    ③ 임차인의 입주 및 명도·퇴거 등(「공인중개사법」에 따른 중개업은 제외한다)
  2. 주택임대관리업자는 임대를 목적으로 하는 주택에 대하여 부수적으로 다음의 업무를 수행할 수 있다.
    ① 시설물 유지·보수·개량 및 그 밖의 주택관리 업무
    ② 임차인이 거주하는 주거공간의 관리
    ③ 임차인의 안전 확보에 필요한 업무
    ④ 임차인의 입주에 필요한 지원 업무

23 공동주택관리법령상 관리사무소장의 손해배상책임에 관한 설명으로 옳은 것을 모두 고른 것은?

제22회

> ⊙ 주택관리사 등은 관리사무소장의 업무를 집행하면서 고의 또는 과실로 입주자 등에게 재산상의 손해를 입힌 경우에는 그 손해를 배상할 책임이 있다.
> ⓒ 임대주택의 경우 주택관리사 등은 손해배상책임을 보장하기 위한 보증보험 또는 공제에 가입하거나 공탁을 한 후 해당 공동주택의 관리사무소장으로 배치된 날에 임대사업자에게 보증보험 등에 가입한 사실을 입증하는 서류를 제출하여야 한다.
> ⓒ 주택관리사 등이 손해배상책임 보장을 위하여 공탁한 공탁금은 주택관리사 등이 해당 공동주택의 관리사무소장의 직을 사임하거나 그 직에서 해임된 날 또는 사망한 날부터 3년 이내에는 회수할 수 없다.
> ⓔ 주택관리사 등은 보증보험금·공제금 또는 공탁금으로 손해배상을 한 때에는 지체 없이 보증보험 또는 공제에 다시 가입하거나 공탁금 중 부족하게 된 금액을 보전하여야 한다.

① ⊙
② ⊙, ⓒ
③ ⊙, ⓒ, ⓒ
④ ⓒ, ⓒ, ⓔ
⑤ ⊙, ⓒ, ⓒ, ⓔ

해설 ⓔ 주택관리사 등은 보증보험금·공제금 또는 공탁금으로 손해배상을 한 때에는 15일 이내에 보증보험 또는 공제에 다시 가입하거나 공탁금 중 부족하게 된 금액을 보전하여야 한다.

24 공동주택관리법령상 자치관리에 대한 설명 중 옳지 않은 것은?

① 입주자대표회의가 공동주택을 자치관리하고자 하는 때 자치관리기구가 갖추어야 하는 장비에는 수중펌프 1대 이상, 누전측정기 1대 이상, 건축물 안전점검의 보유장비(망원경, 카메라, 돋보기, 콘크리트 균열폭측정기, 5m 이상용 줄자 및 누수탐지기 각 1대 이상)가 있다.

② 자치관리기구는 입주자대표회의의 감독을 받는다.

③ 자치관리기구의 관리사무소장은 입주자 과반수의 찬성으로 선임한다.

④ 시·도지사가 정하는 관리규약의 준칙에는 자치관리기구의 구성·운영 및 관리사무소장과 그 소속 직원의 자격요건·인사·보수·책임에 관한 사항들이 포함된다.

⑤ 입주자대표회의의 구성원은 자치관리기구의 직원을 겸할 수 없다.

해설 ③ 입주자대표회의는 자치관리기구의 관리사무소장을 그 구성원 과반수의 찬성으로 선임한다.

Answer

21 ②   22 ③   23 ③   24 ③

25 공동주택관리법령상 공동주택 관리사무소장에 관한 설명으로 옳지 않은 것은? 제18회 일부수정

① 500세대 미만의 공동주택에는 주택관리사를 갈음하여 주택관리사보를 해당 공동주택의 관리사무소장으로 배치할 수 있다.

② 관리사무소장은 공동주택의 운영·관리·유지·보수·교체·개량 및 리모델링에 관한 업무와 관련하여 입주자대표회의를 대리하여 재판상 또는 재판 외의 행위를 할 수 없다.

③ 주택관리사 등은 관리사무소장의 업무를 집행하면서 고의 또는 과실로 입주자에게 재산상의 손해를 입힌 경우에는 그 손해를 배상할 책임이 있다.

④ 관리사무소장은 선량한 관리자의 주의로 그 직무를 수행하여야 한다.

⑤ 손해배상책임을 보장하기 위하여 공탁한 공탁금은 주택관리사 등이 해당 공동주택의 관리사무소장의 직책을 사임하거나 그 직에서 해임된 날 또는 사망한 날부터 3년 이내에는 회수할 수 없다.

해설 ② 관리사무소장은 공동주택의 운영·관리·유지·보수·교체·개량 및 리모델링에 관한 업무와 관련하여 입주자대표회의를 대리하여 재판상 또는 재판 외의 행위를 할 수 있다.

26 공동주택관리법령상 공동주택의 관리사무소장으로 배치된 자가 주택관리사단체에 제출할 때 반드시 첨부하여야 할 서류에 해당하지 않는 것은? 제13회 일부수정

① 임명장 사본 1부

② 학력 및 경력을 입증하는 사본

③ 관리사무소장 교육 또는 주택관리사 등의 교육 이수현황. 다만, 주택관리사단체가 해당 교육 이수현황을 발급하는 경우에는 제출하지 아니할 수 있다.

④ 주택관리사보 자격시험 합격증서 또는 주택관리사 자격증 사본 1부

⑤ 주택관리사 등의 보증설정을 입증하는 서류 1부

해설 배치 내용과 업무의 집행에 사용할 직인을 신고하려는 관리사무소장은 배치된 날부터 15일 이내에 신고서에 다음의 서류를 첨부하여 주택관리사단체에 제출하여야 한다.
1. 관리사무소장 교육 또는 주택관리사 등의 교육 이수현황(주택관리사단체가 해당 교육 이수현황을 발급하는 경우에는 제출하지 아니할 수 있다) 1부
2. 임명장 사본 1부. 다만, 배치된 공동주택의 전임(前任) 관리사무소장이 배치종료 신고를 하지 아니한 경우에는 배치를 증명하는 다음의 구분에 따른 서류를 함께 제출하여야 한다.
   가. 공동주택의 관리방법이 자치관리인 경우 : 근로계약서 사본 1부
   나. 공동주택의 관리방법이 위탁관리인 경우 : 위·수탁 계약서 사본 1부
3. 주택관리사보자격시험 합격증서 또는 주택관리사 자격증 사본 1부
4. 주택관리사 등의 손해배상책임을 보장하기 위한 보증설정을 입증하는 서류 1부

27 공동주택관리법령상 관리사무소장의 업무와 손해배상책임에 관한 설명으로 옳지 않은 것은?

제23회

① 관리사무소장은 하자의 발견 및 하자보수의 청구, 장기수선계획의 조정, 시설물 안전관리계획의 수립 및 안전점검업무가 비용지출을 수반하는 경우 입주자대표회의의 의결 없이 이를 집행할 수 있다.

② 관리사무소장은 안전관리계획의 조정을 3년마다 하되, 관리여건상 필요하여 입주자대표회의 구성원 과반수의 서면동의를 받은 경우에는 3년이 지나가기 전에 조정할 수 있다.

③ 주택관리사 등은 관리사무소장의 업무를 집행하면서 고의 또는 과실로 입주자 등에게 재산상의 손해를 입힌 경우에는 그 손해를 배상할 책임이 있다.

④ 관리사무소장은 관리비, 장기수선충당금의 관리업무에 관하여 입주자대표회의를 대리하여 재판상 또는 재판 외의 행위를 할 수 있다.

⑤ 관리사무소장은 입주자대표회의에서 의결하는 공동주택의 운영 · 관리 · 유지 · 보수 · 교체 · 개량에 대한 업무를 집행한다.

> **해설** ① 관리사무소장은 하자의 발견 및 하자보수의 청구, 장기수선계획의 조정, 시설물 안전관리계획의 수립 및 건축물의 안전점검업무가 비용지출을 수반하는 사항에 대하여는 입주자대표회의의 의결을 거쳐야 한다.

28 공동주택관리법령상 주택관리업의 등록기준에 관한 설명으로 옳지 않은 것은?

① 전기산업기사 이상의 기술자 1명 이상

② 5마력 이상의 양수기 1대 이상

③ 에너지관리산업기사 이상의 기술자 또는 에너지관리기능사 1명 이상

④ 자본금 2억원 이상

⑤ 주택관리사 또는 주택관리사보 1명 이상

> **해설** ⑤ 주택관리사 1명 이상이 등록기준에 해당한다.

Answer

25 ②   26 ②   27 ①   28 ⑤

29 공동주택관리법령상 관리주체에 대한 회계감사에 관한 내용이다. (　)에 들어갈 숫자와 용어를 순서대로 쓰시오.

제22회

> 회계감사를 받아야 하는 공동주택의 관리주체는 매 회계연도 종료 후 (　)개월 이내에 다음 각 호의 (　)에 대하여 회계감사를 받아야 한다.
> 1. 재무상태표
> 2. 운영성과표
> 3. 이익잉여금처분계산서(또는 결손금처리계산서)
> 4. 주석(注釋)

해설 회계감사를 받아야 하는 공동주택의 관리주체는 매 회계연도 종료 후 9개월 이내에 재무제표에 대하여 회계감사를 받아야 한다.

30 공동주택관리법령상 관리주체에 대한 회계감사에 관한 내용이다. (　)에 들어갈 용어를 쓰시오.

제24회

> 공동주택관리법에 따라 회계감사를 받아야 하는 공동주택의 관리주체는 매 회계연도 종료 후 9개월 이내에 다음의 재무제표에 대하여 회계감사를 받아야 한다.
> • 재무상태표
> • 운영성과표
> • 이익잉여금처분계산서(또는 결손금처리계산서)
> • (㉠)

해설 ㉠ 주석

31 공동주택관리법령상 관리주체의 업무에 속하지 않는 것은?

제18회 일부수정

① 관리비 및 사용료의 징수와 공과금 등의 납부대행
② 관리규약으로 정한 사항의 집행
③ 관리비 등의 집행을 위한 사업계획 및 예산의 승인
④ 공동주택단지 안에서 발생한 안전사고 및 도난사고 등에 대한 대응조치
⑤ 입주자 등의 공동사용에 제공되고 있는 공동주택단지 안의 토지·부대시설 및 복리시설에 대한 무단 점유행위의 방지 및 위반행위시의 조치

해설 관리비 등의 집행을 위한 사업계획 및 예산의 승인(변경승인을 포함한다)은 입주자대표회의 구성원 과반수의 찬성으로 의결한다.

32 공동주택관리법령상 관리주체에 관한 설명으로 옳지 않은 것은? 제15회 일부수정

① 장기수선충당금을 사용하는 공사는 관리주체가 사업자를 선정하고 집행하여야 한다.

② 관리주체는 매 회계연도마다 사업실적서 및 결산서를 작성하여 회계연도 종료 후 2개월 이내에 입주자대표회의에 제출하여야 한다.

③ 관리주체는 공동주택의 공용부분의 유지 · 보수 및 안전관리 업무를 행한다.

④ 관리주체는 관리비 등의 부과명세 및 연체내용을 그 공동주택단지의 인터넷 홈페이지 및 동별 게시판에 각각 공개하거나 입주자 등에게 개별 통지해야 한다. 이 경우 동별 게시판에는 정보의 주요내용을 요약하여 공개할 수 있다.

⑤ 자치관리기구의 대표자인 공동주택의 관리사무소장은 관리주체에 해당한다.

> **해설** ① 장기수선충당금을 사용하는 공사는 입주자대표회의가 사업자를 선정하고 관리주체가 집행하여야 한다.

33 공동주택관리법령상 관리비 등의 집행을 위한 사업자 선정과 사업계획 및 예산안 수립에 관한 설명으로 옳은 것은? 제23회

① 의무관리대상 공동주택의 관리주체는 회계연도마다 사업실적서 및 결산서를 작성하여 회계연도 종료 후 3개월 이내에 입주자대표회의에 제출하여야 한다.

② 의무관리대상 공동주택의 관리주체는 다음 회계연도에 관한 관리비 등의 사업계획 및 예산안을 매 회계연도 개시 2개월 전까지 입주자대표회의에 제출하여 승인을 받아야 한다.

③ 의무관리대상 공동주택의 관리주체는 관리비, 장기수선충당금을 은행, 상호저축은행, 보험회사 중 입주자대표회의가 지정하는 동일한 계좌로 예치 · 관리하여야 한다.

④ 입주자대표회의는 주민공동시설의 위탁, 물품의 구입과 매각, 잡수입의 취득에 대한 사업자를 선정하고, 관리주체가 이를 집행하여야 한다.

⑤ 입주자대표회의는 하자보수보증금을 사용하여 보수하는 공사에 대한 사업자를 선정하고 집행하여야 한다.

> **해설** ① 의무관리대상 공동주택의 관리주체는 회계연도마다 사업실적서 및 결산서를 작성하여 회계연도 종료 후 2개월 이내에 입주자대표회의에 제출하여야 한다.
> ② 의무관리대상 공동주택의 관리주체는 다음 회계연도에 관한 관리비 등의 사업계획 및 예산안을 매 회계연도 개시 1개월 전까지 입주자대표회의에 제출하여 승인을 받아야 하며, 승인사항에 변경이 있는 때에는 변경승인을 받아야 한다.
> ③ 의무관리대상 공동주택의 관리주체는 관리비, 장기수선충당금을 은행, 상호저축은행, 보험회사 중 입주자대표회의가 지정하는 금융기관에 예치하여 관리하되 장기수선충당금은 별도의 계좌로 예치 · 관리하여야 한다.
> ④ 관리주체는 주민공동시설의 위탁, 물품의 구입과 매각, 잡수입의 취득에 대한 사업자를 선정하고 집행하여야 한다.

Answer

29 9. 재무제표   30 ㉠ 주석   31 ③   32 ①   33 ⑤

34 공동주택관리법령상 공동주택 관리주체의 회계감사 및 회계서류에 관한 설명으로 옳지 않은 것은?

제23회

① 의무관리대상 공동주택으로서 300세대 미만인 공동주택의 관리주체는 해당 연도에 회계감사를 받지 아니하기로 입주자 등의 과반수의 서면동의를 받은 경우 그 연도에는 회계감사를 받지 않을 수 있다.

② 500세대인 공동주택의 관리주체는 해당 공동주택 입주자 등의 2분의 1이 회계감사를 받지 아니하기로 서면동의를 한 연도에는 회계감사를 받지 않을 수 있다.

③ 관리주체는 회계감사를 받은 경우에는 회계감사의 결과를 제출받은 날부터 1개월 이내에 입주자대표회의에 보고하여야 한다.

④ 감사인은 관리주체가 회계감사를 받은 날부터 1개월 이내에 관리주체에게 감사보고서를 제출하여야 한다.

⑤ 의무관리대상 공동주택의 관리주체는 관리비 등의 징수 등 모든 거래행위에 관하여 장부를 월별로 작성하여 그 증빙서류와 함께 해당 회계연도 종료일부터 5년간 보관하여야 한다.

> **해설** 의무관리대상 공동주택의 관리주체는 대통령령으로 정하는 바에 따라 「주식회사 등의 외부감사에 관한 법률」에 따른 감사인의 회계감사를 매년 1회 이상 받아야 한다. 다만, 다음 각 호의 구분에 따른 연도에는 그러하지 아니하다.
> 1. 300세대 이상인 공동주택 : 해당 연도에 회계감사를 받지 아니하기로 입주자 등의 3분의 2 이상의 서면동의를 받은 경우 그 연도
> 2. 300세대 미만인 공동주택 : 해당 연도에 회계감사를 받지 아니하기로 입주자 등의 과반수의 서면동의를 받은 경우 그 연도

35 공동주택관리법령상 주택관리업에 관한 설명으로 옳지 않은 것은?

① 주택관리업자가 등록이 말소된 후 2년이 지나지 아니한 때에는 다시 등록할 수 없다.

② 주택관리업의 등록기준 중에서 자본금은 2억원 이상이어야 한다.

③ 최근 3년간 2회 이상의 영업정지처분을 받은 주택관리업자로서 그 정지처분을 받은 기간이 통산하여 12개월을 초과한 경우에는 영업정지를 갈음하여 2천만원 이하의 과징금을 부과받을 수 있다.

④ 의무관리대상 공동주택의 관리를 업으로 하려는 자는 시장·군수·구청장에게 등록하여야 한다.

⑤ 과징금 납부를 통지받은 주택관리업자는 그 통지를 받은 날부터 30일 이내에 과징금을 납부하여야 한다.

> **해설** ③ 최근 3년간 2회 이상의 영업정지처분을 받은 주택관리업자로서 그 정지처분을 받은 기간이 통산하여 12개월을 초과한 경우에 시장·군수 또는 구청장은 그 등록을 말소하여야 한다.

36

민간임대주택에 관한 특별법령상 주택임대관리업자에 대한 행정처분의 내용이다. ( )에 들어갈 용어를 쓰시오.

제23회

> 시장·군수·구청장은 주택임대관리업자가 고의 또는 중대한 과실로 임대를 목적으로 하는 주택을 잘못 관리하여 임대인 및 임차인에게 재산상의 손해를 입힌 경우에는 (㉠)(을)를 갈음하여 1천만원 이하의 (㉡)(을)를 부과할 수 있다.

해설 시장·군수·구청장은 주택임대관리업자가 고의 또는 중대한 과실로 임대를 목적으로 하는 주택을 잘못 관리하여 임대인 및 임차인에게 재산상의 손해를 입힌 경우에는 영업정지를 갈음하여 1천만원 이하의 과징금을 부과할 수 있다.

37

다음 사례 중 공동주택관리법령을 위반한 것은?

① A아파트의 관리사무소장은 선량한 관리자의 주의로 그 직무를 수행하였다.
② B아파트의 입주자대표회의는 관리사무소장이 해임된 날부터 20일째 되는 날에 새로운 관리사무소장을 선임하였다.
③ 甲주택관리업자는 700세대인 A아파트의 관리사무소장으로 주택관리사보를 배치하였다.
④ B아파트의 관리사무소장은 관리사무소장으로 배치된 날의 그 다음 달에 주택관리에 관한 업무를 위탁받은 기관에서 시행한 교육을 3일간 받았다.
⑤ A아파트의 관리사무소장은 입주자대표회의에서 의결한 공동주택의 운영·관리·유지·보수·교체·개량 및 리모델링에 관한 업무를 집행하였다.

해설 ③ 500세대 이상인 공동주택에는 주택관리사를 관리사무소장으로 배치하여야 한다.

Answer

34 ② 35 ③ 36 ㉠ 영업정지, ㉡ 과징금 37 ③

38 공동주택관리법령상 사업주체가 관리업무를 자치관리기구 또는 주택관리업자에게 인수·인계시 첨부하여야 할 문서에 관한 설명이다. (   ) 안에 들어갈 내용은?

> 1. 설계도서, 장비의 명세, 장기수선계획 및 안전관리계획
> 2. 관리비·사용료·이용료의 부과·징수현황 및 이에 관한 회계서류
> 3. (   )
> 4. 관리비예치금의 명세
> 5. 세대 전유부분을 입주자에게 인도한 날의 현황
> 6. 관리규약과 그 밖에 공동주택의 관리업무에 필요한 사항

① 입주자대표회의의 회의록
② 장기수선충당금의 적립현황
③ 하자보수보증금의 현황
④ 입주자 등의 구성내용
⑤ 위·수탁관리계약에 관한 사항

해설 사업주체 또는 의무관리대상 전환 공동주택의 관리인은 공동주택의 관리업무를 해당 관리주체에 인계할 때에는 입주자대표회의의 회장 및 1명 이상의 감사의 참관하에 인계자와 인수자가 인계·인수서에 각각 서명·날인하여 다음의 서류를 인계해야 한다. 기존 관리주체가 새로운 관리주체에게 공동주택의 관리업무를 인계하는 경우에도 또한 같다.
1. 설계도서, 장비의 명세, 장기수선계획 및 안전관리계획
2. 관리비·사용료·이용료의 부과·징수현황 및 이에 관한 회계서류
3. 장기수선충당금의 적립현황
4. 관리비예치금의 명세
5. 세대 전유부분을 입주자에게 인도한 날의 현황
6. 관리규약과 그 밖에 공동주택의 관리업무에 필요한 사항

39 공동주택관리법령상 다음의 요건을 모두 갖춘 혼합주택단지에서 입주자대표회의와 임대사업자가 공동으로 결정하지 않고 각자 결정할 수 있는 사항은? 제22회

> • 분양을 목적으로 한 공동주택과 임대주택이 별개의 동(棟)으로 배치되는 등의 사유로 구분하여 관리가 가능할 것
> • 입주자대표회의와 임대사업자가 공동으로 결정하지 아니하고 각자 결정하기로 합의하였을 것

① 공동주택관리방법의 결정
② 공동주택관리방법의 변경
③ 장기수선계획의 조정
④ 주택관리업자의 선정
⑤ 장기수선충당금을 사용하는 주요시설의 교체

해설 다음의 요건을 모두 갖춘 혼합주택단지에서는 장기수선충당금 및 특별수선충당금을 사용하는 주요시설의 교체 및 보수에 관한 사항과 관리비 등을 사용하여 시행하는 각종 공사 및 용역에 관한 사항을 입주자대표회의와 임대사업자가 각자 결정할 수 있다.
1. 분양을 목적으로 한 공동주택과 임대주택이 별개의 동(棟)으로 배치되는 등의 사유로 구분하여 관리가 가능할 것
2. 입주자대표회의와 임대사업자가 공동으로 결정하지 아니하고 각자 결정하기로 합의하였을 것

40 공동주택관리법령상 과태료 부과금액이 가장 높은 경우는? (단, 가중·감경사유는 고려하지 않음) 제19회 일부수정

① 입주자대표회의의 대표자가 장기수선계획에 따라 주요시설을 교체하거나 보수하지 않은 경우
② 입주자대표회의 등이 하자보수보증금을 법원의 재판 결과에 따른 하자보수비용 외의 목적으로 사용한 경우
③ 관리주체가 장기수선계획에 따라 장기수선충당금을 적립하지 않은 경우
④ 관리사무소장으로 배치받은 주택관리사가 시·도지사로부터 주택관리의 교육을 받지 않은 경우
⑤ 의무관리대상 공동주택의 관리주체가 주택관리업자 또는 사업자와 계약을 체결한 후 1개월 이내에 그 계약서를 공개하지 아니하거나 거짓으로 공개한 경우

해설 ② 하자보수보증금을 공동주택관리법령에 따른 용도 외의 목적으로 사용한 자에게는 2천만원 이하의 과태료를 부과한다.
① 1천만원 이하의 과태료를 부과한다.
③④⑤ 500만원 이하의 과태료를 부과한다.

Answer
38 ② 39 ⑤ 40 ②

41 주택임대관리업자에 관한 설명이다. (㉠), (㉡)에 들어갈 용어를 순서대로 쓰시오.

제21회

> 민간임대주택에 관한 특별법은 주택임대관리업자의 현황 신고에 관하여 주택임대관리업
> 자는 (㉠)마다 그 (㉠)(이)가 끝나는 달의 다음 달 말일까지 자본금, 전문인력, 관리
> 호수 등 대통령령으로 정하는 정보를 (㉡)에게 신고하여야 한다.

해설 민간임대주택에 관한 특별법은 주택임대관리업자의 현황 신고에 관하여 주택임대관리업자는 분기마다
그 분기가 끝나는 달의 다음 달 말일까지 자본금, 전문인력, 관리 호수 등 대통령령으로 정하는 정보를
시장·군수·(자치)구청장[또는 특별자치시장·특별자치도지사·시장·군수·(자치)구청장]에게 신고
하여야 한다.

42 민간임대주택에 관한 특별법령상 주택임대관리업에 관한 설명으로 옳지 않은 것은? 제23회

① 「민간임대주택에 관한 특별법」을 위반하여 금고 이상의 실형을 선고받고 그 집행이 종
료된 날부터 3년이 지나지 아니한 사람은 주택임대관리업을 등록할 수 없다.
② 주택임대관리업의 등록이 말소된 후 3년이 지난 자는 주택임대관리업을 등록할 수 있다.
③ 주택임대관리업자는 임대를 목적으로 하는 주택에 대하여 임대차계약의 체결에 관한
업무를 수행한다.
④ 위탁관리형 주택임대관리업자는 보증보험 가입사항을 시장·군수·구청장에게 신고
하여야 한다.
⑤ 자기관리형 주택임대관리업자는 전대료 및 전대보증금을 포함한 위·수탁계약서를 작
성하여 주택의 소유자에게 교부하여야 한다.

해설 ④ 시장·군수·구청장에게 신고하여야 하는 정보는 다음 각 호의 정보를 말한다.
다만, 임대사업자로부터 임대관리를 위탁받은 자기관리형 주택임대관리업자가 전대차계약 신고 또는
변경신고를 한 경우에는 제7호의 사항을 신고한 것으로 본다.
1. 자본금
2. 전문인력
3. 사무실 소재지
4. 위탁받아 관리하는 주택의 호수·세대수 및 소재지
5. 보증보험 가입사항(자기관리형 주택임대관리업자만 해당한다)
6. 계약기간, 관리수수료(위탁관리형 주택임대관리업자만 해당한다) 및 임대료(자기관리형 주택임대관
리업자만 해당한다) 등 위·수탁 계약조건에 관한 정보
7. 자기관리형 주택임대관리업자가 체결한 전대차(轉貸借) 계약기간, 전대료(轉貸料) 및 전대보증금

Answer
41 ㉠ 분기 ㉡ 시장·군수(자치)구청장 또는 특별자치시장·특별자치도지사·시장·군수·(자치)구청장 **42** ④

Memo

입주자대표회의에 관한 문제가 매년 2문제 정도 출제되고 있으며 특히 동별 대표자의 결격사유와 구성원에 대한 윤리교육 부분이 출제빈도가 높다. 층간소음에 관한 규정과 공동주택관리 분쟁조정에 관한 내용은 꼼꼼한 정리가 필요하다.

입주자대표회의

01 정 의

02 입주자대표회의 구성 등

03 입주자대표회의 임기 등

04 입주자대표회의 의결방법 및 의결사항 등

05 입주자대표회의의 회의소집

06 입주자대표회의의 구성원 교육

01 입주자대표회의

1 정 의

공동주택의 입주자 등을 대표하여 관리에 관한 주요사항을 결정하기 위하여 구성하는 자치 의결기구를 말한다.

2 입주자대표회의의 구성 등

(1) 구성 시기 및 방법

① 입주자 등이 사업주체로부터 공동주택을 관리할 것을 요구받았을 때에는 그 요구를 받은 날부터 3개월 이내에 입주자를 구성원으로 하는 입주자대표회의를 구성하여야 한다.

② 입주자대표회의는 4명 이상으로 구성하되, 동별 세대수에 비례하여 관리규약으로 정한 선거구에 따라 선출된 대표자로 구성한다. 이 경우 선거구는 2개동 이상으로 묶거나 통로나 층별로 구획하여 정할 수 있다.

③ 하나의 공동주택단지를 여러 개의 공구로 구분하여 순차적으로 건설하는 경우(임대주택은 분양전환된 경우를 말한다) 먼저 입주한 공구의 입주자 등은 ②에 따라 입주자대표회의를 구성할 수 있다. 다만, 다음 공구의 입주 예정자의 과반수가 입주한 때에는 다시 입주자대표회의를 구성하여야 한다.

(2) 동별 대표자의 자격 및 임원 등

① 동별 대표자는 동별 대표자 선출공고에서 정한 각종 서류 제출 마감일을 기준으로 다음의 요건을 갖춘 입주자(입주자가 법인인 경우에는 그 대표자를 말한다) 중에서 대통령령으로 정하는 바에 따라 선거구 입주자 등의 보통·평등·직접·비밀선거를 통하여 선출한다. 다만, 입주자인 동별 대표자 후보자가 없는 선거구에서는 다음 각 호 및 ②에서 정하는 요건을 갖춘 사용자도 동별 대표자로 선출될 수 있다.

♀ 입주자가 법인인 경우에는 그 대표자를 말한다.

  ㉠ 해당 공동주택단지 안에서 주민등록을 마친 후 3개월 이상 거주하고 있을 것(최초의 입주자대표회의를 구성하거나 공동주택단지를 여러 개의 공구로 구분하여 순차적으로 입주자대표회의를 구성하기 위하여 동별 대표자를 선출하는 경우는 제외한다)

  ㉡ 해당 선거구에 주민등록을 마친 후 거주하고 있을 것

② 사용자는 ①의 각 호 외의 부분 단서 및 2회의 선출공고(직전 선출공고일부터 2개월 이내에 공고하는 경우만 2회로 계산한다)에도 불구하고 입주자(입주자가 법인인 경우에는 그 대표자를 말한다)인 동별 대표자의 후보자가 없는 선거구에서 직전 선출공고일부터 2개월 이내에 선출공고를 하는 경우로서 ①의 각 호와 다음 각 호의 어느 하나에 해당하는 요건을 모두 갖춘 경우에는 동별 대표자가 될 수 있다. 이 경우 입주자인 후보자가 있으면 사용자는 후보자의 자격을 상실한다.

  ㉠ 공동주택을 임차하여 사용하는 사람일 것. 이 경우 법인인 경우에는 그 대표자를 말한다.

  ㉡ ㉠의 전단에 따른 사람의 배우자 또는 직계존비속일 것. 이 경우 ㉠의 전단에 따른 사람이 서면으로 위임한 대리권이 있는 경우만 해당한다.

③ 동별 대표자는 선거구별로 1명씩 선출하되 그 선출방법은 다음의 구분에 따른다.

  ㉠ 후보자가 2명 이상인 경우: 해당 선거구 전체 입주자 등의 과반수가 투표하고 후보자 중 최다득표자를 선출

  ㉡ 후보자가 1명인 경우: 해당 선거구 전체 입주자 등의 과반수가 투표하고 투표자 과반수의 찬성으로 선출

④ 서류 제출 마감일을 기준으로 다음의 어느 하나에 해당하는 사람은 동별 대표자가 될 수 없으며 그 자격을 상실한다.

  ㉠ 미성년자, 피성년후견인 또는 피한정후견인

  ㉡ 파산자로서 복권되지 아니한 사람

ⓒ 「공동주택관리법」 또는 「주택법」, 「민간임대주택에 관한 특별법」, 「공공주택 특별법」, 「건축법」, 「집합건물의 소유 및 관리에 관한 법률」을 위반한 범죄로 금고 이상의 실형 선고를 받고 그 집행이 끝나거나(집행이 끝난 것으로 보는 경우를 포함한다) 집행이 면제된 날부터 2년이 지나지 아니한 사람

ⓔ 금고 이상의 형의 집행유예선고를 받고 그 유예기간 중에 있는 사람

ⓜ 공동주택관리법 또는 주택법, 민간임대주택에 관한 특별법, 공공주택 특별법, 건축법, 집합건물의 소유 및 관리에 관한 법률을 위반한 범죄로 벌금형을 선고받은 후 2년이 지나지 아니한 사람

ⓗ 선거관리위원회 위원(사퇴하거나 해임 또는 해촉된 사람으로서 그 남은 임기 중에 있는 사람을 포함한다)

ⓢ 공동주택의 소유자가 서면으로 위임한 대리권이 없는 소유자의 배우자나 직계존비속

ⓞ 해당 공동주택 관리주체의 소속 임직원과 해당 공동주택 관리주체에 용역을 공급하거나 사업자로 지정된 자의 소속 임원. 이 경우 관리주체가 주택관리업자인 경우에는 해당 주택관리업자를 기준으로 판단한다.

ⓩ 해당 공동주택의 동별 대표자를 사퇴한 날부터 1년(해당 동별 대표자에 대한 해임이 요구된 후 사퇴한 경우에는 2년을 말한다)이 지나지 아니하거나 해임된 날부터 2년이 지나지 아니한 사람

ⓒ 관리비 등을 최근 3개월 이상 연속하여 체납한 사람

ⓚ 동별 대표자로서 임기 중에 ⓩ에 해당하여 퇴임한 사람으로서 그 남은 임기(남은 임기가 1년을 초과하는 경우에는 1년을 말한다) 중에 있는 사람

⑤ 동별 대표자가 임기 중에 ①에 따른 자격요건을 충족하지 아니하게 된 경우나 ④에 따른 결격사유에 해당하게 된 경우에는 당연히 퇴임한다.

⑥ 공동주택 소유자 또는 공동주택을 임차하여 사용하는 사람의 결격사유는 그를 대리하는 자에게 미치며, 공유(共有)인 공동주택 소유자의 결격사유를 판단할 때에는 지분의 과반을 소유한 자의 결격사유를 기준으로 한다.

⑦ 동별 대표자 후보자 등에 대한 범죄경력 조회 등은 다음과 같다.

㉠ 선거관리위원회 위원장(선거관리위원회가 구성되지 아니하였거나 위원장이 사퇴, 해임 등으로 궐위된 경우에는 입주자대표회의의 회장을 말하며, 입주자대표회의의 회장도 궐위된 경우에는 관리사무소장을 말한다)은 동별 대표자 후보자에 대하여 동별 대표자의 자격요건 충족 여부와 동별 대표자 결격사유 해당 여부를 확인하여야 하며, 결격사유 해당 여부를 확인하는 경우에는 동별 대표자 후보자의 동의를 받아 범죄경력을 관계 기관의 장에게 확인하여야 한다.

ⓛ 선거관리위원회 위원장은 동별 대표자에 대하여 동별 대표자 자격요건 충족 여부와 동별 대표자 결격사유 해당 여부를 확인할 수 있으며, 결격 사유 해당 여부를 확인하는 경우에는 동별 대표자의 동의를 받아 범죄 경력을 관계 기관의 장에게 확인하여야 한다. 전체 입주자 과반수의 서 면동의를 얻은 경우에는 그러하지 아니하다.

⑧ 동별 대표자의 임기나 그 제한에 관한 사항, 동별 대표자 또는 입주자대표 회의 임원의 선출이나 해임 방법 등 입주자대표회의의 구성 및 운영에 필 요한 사항과 입주자대표회의의 의결 방법은 대통령령으로 정한다.

⑨ 입주자대표회의의 의결사항은 관리규약, 관리비, 시설의 운영에 관한 사항 등으로 하며, 그 구체적인 내용은 대통령령으로 정한다.

⑩ 입주자대표회의의 구성원 중 사용자인 동별 대표자가 과반수인 경우에는 대통령령으로 그 의결방법 및 의결사항을 달리 정할 수 있다.

(3) 동별 대표자의 임기 등

① 동별 대표자의 임기는 2년으로 한다. 다만, 보궐선거 또는 재선거로 선출된 동별 대표자의 임기는 다음의 구분에 따른다.

㉠ 모든 동별 대표자의 임기가 동시에 시작하는 경우: 2년

㉡ 그 밖의 경우: 전임자 임기(재선거의 경우 재선거 전에 실시한 선거에 서 선출된 동별 대표자의 임기를 말한다)의 남은 기간

② 동별 대표자는 한 번만 중임할 수 있다. 이 경우 보궐선거 또는 재선거로 선출된 동별 대표자의 임기가 6개월 미만인 경우에는 임기의 횟수에 포함 하지 않는다.

③ (2)의 ③ 및 (3)의 ②의 규정에도 불구하고 2회의 선출공고(직전 선출공고일 부터 2개월 이내에 공고하는 경우만 2회로 계산한다)에도 불구하고 동별 대표자의 후보자가 없거나 선출된 사람이 없는 선거구에서 직전 선출공고 일부터 2개월 이내에 선출공고를 하는 경우에는 동별 대표자를 중임한 사 람도 해당 선거구 입주자 등의 과반수의 찬성으로 다시 동별 대표자로 선 출될 수 있다. 이 경우 후보자 중 동별 대표자를 중임하지 않은 사람이 있으 면 동별 대표자를 중임한 사람은 후보자의 자격을 상실한다.

(4) 임원의 선출

① 입수자대표회의에는 ③으로 정하는 바에 따라 회장, 감사 및 이사를 임원으로 둔다.

② ①에도 불구하고 사용자인 동별 대표자는 회장이 될 수 없다. 다만, 입주자인 동별 대표자 중에서 회장 후보자가 없는 경우로서 선출 전에 전체 입주자 과반수의 서면동의를 얻은 경우에는 그러하지 아니하다.

③ 입주자대표회의에는 다음의 임원을 두어야 한다.

 ㉠ 회장 1명

 ㉡ 감사 2명 이상

 ㉢ 이사 1명 이상

④ 임원은 동별 대표자 중에서 다음의 구분에 따른 방법으로 선출한다.

 ㉠ 회장 선출방법

  ⓐ 입주자 등의 보통·평등·직접·비밀선거를 통하여 선출

  ⓑ 후보자가 2명 이상인 경우: 전체 입주자 등의 10분의 1 이상이 투표하고 후보자 중 최다득표자를 선출

  ⓒ 후보자가 1명인 경우: 전체 입주자 등의 10분의 1 이상이 투표하고 투표자 과반수의 찬성으로 선출

  ⓓ 다음의 경우에는 입주자대표회의 구성원 과반수의 찬성으로 선출하며, 입주자대표회의 구성원 과반수 찬성으로 선출할 수 없는 경우로서 최다득표자가 2인 이상인 경우에는 추첨으로 선출

   ㉮ 후보자가 없거나 ⓐ부터 ⓒ까지의 규정에 따라 선출된 자가 없는 경우

   ㉯ ⓐ부터 ⓒ까지의 규정에도 불구하고 500세대 미만의 공동주택단지에서 관리규약으로 정하는 경우

 ㉡ 감사 선출방법

  ⓐ 입주자 등의 보통·평등·직접·비밀선거를 통하여 선출

  ⓑ 후보자가 선출필요인원을 초과하는 경우: 전체 입주자 등의 10분의 1 이상이 투표하고 후보자 중 다득표자 순으로 선출

  ⓒ 후보자가 선출필요인원과 같거나 미달하는 경우: 후보자별로 전체 입주자 등의 10분의 1 이상이 투표하고 투표자 과반수의 찬성으로 선출

  ⓓ 다음의 경우에는 입주자대표회의 구성원 과반수의 찬성으로 선출하며, 입주자대표회의 구성원 과반수 찬성으로 선출할 수 없는 경우로서 최다득표자가 2인 이상인 경우에는 추첨으로 선출

　　㉮ 후보자가 없거나 ⓐ부터 ⓒ까지의 규정에 따라 선출된 자가 없는
　　　경우(선출된 자가 선출필요인원에 미달하여 추가선출이 필요한
　　　경우를 포함한다)

　　㉯ ⓐ부터 ⓒ까지의 규정에도 불구하고 500세대 미만의 공동주택
　　　단지에서 관리규약으로 정하는 경우

　ⓒ 이사 선출방법

　　ⓐ 후보자가 선출필요인원을 초과하는 경우 : 입주자대표회의 구성원
　　　의 과반수가 투표하고 후보자 중 다득표자 순으로 선출하며, 순위 내
　　　에 득표수가 같은 후보자가 있는 경우로서 그 득표수가 같은 후보자
　　　를 모두 선출하면 선출필요인원을 초과하는 경우에는 그 득표수가
　　　같은 후보자들 간에는 추첨으로 선출

　　ⓑ 후보자가 선출필요인원과 같거나 미달하는 경우 : 후보자별로 입주
　　　자대표회의 구성원의 과반수가 투표하고 투표자 과반수의 찬성으로
　　　선출

　　ⓒ ⓐ 및 ⓑ에도 불구하고 관리규약에서 입주자대표회의의 정원과 임원
　　　의 정원을 같은 수로 정한 경우에는 회장과 감사가 모두 선출된 후
　　　남은 동별 대표자를 별도의 투표 또는 동의 절차 없이 이사로 선출

⑤ 입주자대표회의는 입주자 등의 소통 및 화합의 증진을 위하여 그 이사 중
　공동체 생활의 활성화에 관한 업무를 담당하는 이사를 선임할 수 있다.

⑥ 입주자대표회의 임원의 업무범위 등은 아래와 같다.

　㉠ 입주자대표회의의 회장은 입주자대표회의를 대표하고, 그 회의의 의장
　　이 된다.

　㉡ 이사는 회장을 보좌하고, 회장이 사퇴 또는 해임으로 궐위된 경우 및 사
　　고나 그 밖에 부득이한 사유로 그 직무를 수행할 수 없을 때에는 관리규
　　약에서 정하는 바에 따라 그 직무를 대행한다.

　㉢ 감사는 관리비·사용료 및 장기수선충당금 등의 부과·징수·지출·보
　　관 등 회계 관계 업무와 관리업무 전반에 대하여 관리주체의 업무를 감
　　사한다.

　㉣ 감사는 ㉢에 따른 감사를 한 경우에는 감사보고서를 작성하여 입주자대
　　표회의와 관리주체에게 제출하고 인터넷 홈페이지(인터넷 홈페이지가
　　없는 경우에는 인터넷 포털을 통해 관리주체가 운영·통제하는 유사한
　　기능의 웹사이트 또는 관리사무소의 게시판을 말한다) 및 동별 게시판
　　(통로별 게시판이 설치된 경우에는 이를 포함한다)에 공개해야 한다.

        ⓜ 감사는 입주자대표회의에서 의결한 안건이 관계 법령 및 관리규약에 위반된다고 판단되는 경우에는 입주자대표회의에 재심의를 요청할 수 있다.

        ⓗ 재심의를 요청받은 입주자대표회의는 지체 없이 해당 안건을 다시 심의하여야 한다.

⑦ 동별 대표자 및 입주자대표회의의 임원은 관리규약으로 정한 사유가 있는 경우에 다음의 구분에 따른 방법으로 해임한다.

    ⓘ 동별 대표자 : 해당 선거구 전체 입주자 등의 과반수가 투표하고 투표자 과반수의 찬성으로 해임한다.

    ⓛ 입주자대표회의의 임원 : 다음의 구분에 따른 방법으로 해임한다.

        ⓐ 회장 및 감사 : 전체 입주자 등의 10분의 1 이상이 투표하고 투표자 과반수의 찬성으로 해임. 다만, ④의 ⓘ의 ⓝ 및 ⓛ의 ⓗ에 따라 입주자대표회의에서 선출된 회장 및 감사는 관리규약으로 정하는 절차에 따라 해임한다.

        ⓑ 이사 : 관리규약으로 정하는 절차에 따라 해임

⑸ 동별 대표자 등의 선거관리

① 입주자 등은 동별 대표자나 입주자대표회의의 임원을 선출하거나 해임하기 위하여 선거관리위원회를 구성한다.

② 다음의 어느 하나에 해당하는 사람은 선거관리위원회 위원이 될 수 없으며 그 자격을 상실한다.

    ⓘ 동별 대표자 또는 그 후보자

    ⓛ ⓘ에 해당하는 사람의 배우자 또는 직계존비속

    ⓒ 미성년자, 피성년후견인 또는 피한정후견인

    ⓔ 동별 대표자를 사퇴하거나 그 지위에서 해임된 사람 또는 공동주택관리법 제14조 제5항에 따라 퇴임한 사람으로서 그 남은 임기 중에 있는 사람

    ⓜ 선거관리위원회 위원을 사퇴하거나 그 지위에서 해임 또는 해촉된 사람으로서 그 남은 임기 중에 있는 사람

③ 선거관리위원회는 입주자 등(서면으로 위임된 대리권이 없는 공동주택 소유자의 배우자 및 직계존비속이 그 소유자를 대리하는 경우를 포함한다) 중에서 위원장을 포함하여 다음의 구분에 따른 위원으로 구성한다.

    ⓘ 500세대 이상인 공동주택 : 5명 이상 9명 이하

    ⓛ 500세대 미만인 공동주택 : 3명 이상 9명 이하

④ 선거관리위원회 위원장은 위원 중에서 호선한다.

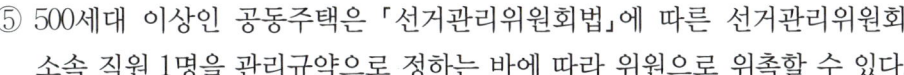
⑤ 500세대 이상인 공동주택은 「선거관리위원회법」에 따른 선거관리위원회 소속 직원 1명을 관리규약으로 정하는 바에 따라 위원으로 위촉할 수 있다.

⑥ 선거관리위원회는 그 구성원 과반수의 찬성으로 그 의사를 결정한다. 이 경우 공동주택관리법 시행령 및 관리규약으로 정하지 아니한 사항은 선거관리위원회 규정으로 정할 수 있다.

⑦ 선거관리위원회의 구성·운영·업무(동별 대표자 결격사유의 확인을 포함한다)·경비, 위원의 선임·해임 및 임기 등에 관한 사항은 관리규약으로 정한다.

⑧ 선거관리위원회는 선거관리를 위하여 「선거관리위원회법」에 따라 해당 소재지를 관할하는 구·시·군선거관리위원회에 투표 및 개표 관리 등 선거 지원을 요청할 수 있다.

💡 선거관리위원회의 구성원은 관리규약으로 정한 정원을 말한다.

3 입주자대표회의 임기 등

(1) 동별 대표자의 임기나 그 제한에 관한 사항, 동별 대표자 또는 입주자대표회의 임원의 선출이나 해임 방법 등 입주자대표회의의 구성 및 운영에 필요한 사항과 입주자대표회의의 의결 방법은 대통령령으로 정한다.

(2) 입주자대표회의의 의결사항은 관리규약, 관리비, 시설의 운영에 관한 사항 등으로 하며, 그 구체적인 내용은 대통령령으로 정한다.

(3) (1) 및 (2)에도 불구하고 입주자대표회의의 구성원 중 사용자인 동별 대표자가 과반수인 경우에는 대통령령으로 그 의결방법 및 의결사항을 달리 정할 수 있다.

4 입주자대표회의의 의결방법 및 의결사항 등

(1) **의결방법**

입주자대표회의는 입주자대표회의 구성원 과반수의 찬성으로 의결한다.

(2) **입주자대표회의 의결사항**

① 관리규약 개정안의 제안(제안서에는 개정안의 취지·내용, 제안유효기간 및 제안자 등을 포함한다)

② 관리규약에서 위임한 사항과 그 시행에 필요한 규정의 제정·개정 및 폐지

③ 공동주택관리방법의 제안

④ 관리비 등의 집행을 위한 사업계획 및 예산의 승인(변경승인을 포함한다)

⑤ 공용시설물 이용료 부과기준의 결정

⑥ 관리비 등의 회계감사의 요구 및 회계감사보고서의 승인

⑦ 관리비 등의 결산의 승인

⑧ 단지 안의 전기·도로·상하수도·주차장·가스설비·냉난방설비 및 승강기 등의 유지·운영기준

⑨ 자치관리를 하는 경우 자치관리기구 직원의 임면에 관한 사항

⑩ 장기수선계획에 따른 공동주택의 공용부분의 보수·교체 및 개량

⑪ 공동주택 공용부분의 행위허가 또는 신고 행위의 제안

⑫ 공동주택 공용부분의 담보책임 종료 확인

⑬ 주민공동시설(어린이집은 제외하며, 이하 "주민공동시설"이라 한다) 위탁 운영의 제안

⑭ 인근 공동주택단지 입주자 등의 주민공동시설 이용에 대한 허용 제안

⑮ 장기수선계획 및 안전관리계획의 수립 또는 조정(비용지출을 수반하는 경우로 한정한다)

⑯ 입주자 등 상호간에 이해가 상반되는 사항의 조정

⑰ 공동체 생활의 활성화 및 질서유지에 관한 사항

⑱ 그 밖에 공동주택의 관리와 관련하여 관리규약으로 정하는 사항

(3) (1) 및 (2)에도 불구하고 입주자대표회의 구성원 중 사용자인 동별 대표자가 과반수인 경우에는 (2)의 ⑫에 관한 사항은 의결사항에서 제외하고, ⑮ 중 장기수선계획의 수립 또는 조정에 관한 사항은 전체 입주자 과반수의 서면동의를 받아 그 동의 내용대로 의결한다.

(4) 입주자대표회의는 (2)에 따른 사항을 의결할 때에는 입주자 등이 아닌 자로서 해당 공동주택의 관리에 이해관계를 가진 자의 권리를 침해해서는 안 된다.

(5) 입주자대표회의는 주택관리업자가 공동주택을 관리하는 경우에는 주택관리업자의 직원인사·노무관리 등의 업무수행에 부당하게 간섭해서는 아니 된다.

5 입주자대표회의의 회의소집

(1) 회의소집 절차

입주자대표회의는 관리규약으로 정하는 바에 따라 회장이 그 명의로 소집한
다. 다만, 다음의 어느 하나에 해당하는 때에는 회장은 해당일부터 14일 이내
에 입주자대표회의를 소집하여야 한다.

① 입주자대표회의 구성원 3분의 1 이상이 청구하는 때
② 입주자 등의 10분의 1 이상이 요청하는 때
③ 전체 입주자의 10분의 1 이상이 요청하는 때[입주자대표회의의 의결사항
중 장기수선계획의 수립 또는 조정에 관한 사항(비용지출을 수반하는 경우
로 한정한다)만 해당한다]

💡 회장이 회의를 소집하지 않
는 경우에는 관리규약으로 정하
는 이사가 그 회의를 소집하고
회장의 직무를 대행한다.

(2) 회의록의 작성 · 보관 및 열람

① 입주자대표회의는 그 회의를 개최한 때에는 회의록을 작성하여 관리주체
에게 보관하게 하여야 한다. 이 경우 입주자대표회의는 관리규약으로 정하
는 바에 따라 입주자 등에게 회의를 실시간 또는 녹화 · 녹음 등의 방식으
로 중계하거나 방청하게 할 수 있다.

② 300세대 이상인 공동주택의 관리주체는 관리규약으로 정하는 범위 · 방법
및 절차 등에 따라 회의록을 입주자 등에게 공개하여야 하며, 300세대 미만
인 공동주택의 관리주체는 관리규약으로 정하는 바에 따라 회의록을 공개
할 수 있다. 이 경우 관리주체는 입주자 등이 회의록의 열람을 청구하거나
자기의 비용으로 복사를 요구하는 때에는 관리규약으로 정하는 바에 따라
이에 응하여야 한다.

6 입주자대표회의의 구성원교육

(1) 실시권자 등

① 시장 · 군수 · 구청장은 입주자대표회의 구성원에게 입주자대표회의의 운
영과 관련하여 필요한 교육 및 윤리교육을 실시하여야 한다. 이 경우 입주
자대표회의의 구성원은 그 교육을 성실히 이수하여야 한다.

② 교육 내용에는 다음의 사항을 포함하여야 한다.
  ㉠ 공동주택의 관리에 관한 관계 법령 및 관리규약의 준칙에 관한 사항
  ㉡ 입주자대표회의의 구성원의 직무 · 소양 및 윤리에 관한 사항
  ㉢ 공동주택단지 공동체의 활성화에 관한 사항

ⓔ 관리비·사용료 및 장기수선충당금에 관한 사항

ⓜ 층간소음 예방 및 입주민 간 분쟁의 조정에 관한 사항

ⓗ 하자 보수에 관한 사항

ⓢ 공동주택 회계처리에 관한 사항

ⓞ 그 밖에 입주자대표회의의 운영에 필요한 사항

③ 시장·군수·구청장은 관리주체·입주자 등이 희망하는 경우에는 ①의 교육을 관리주체·입주자 등에게 실시할 수 있다.

🔗 **교육실시권자 비교표**

시·도지사	① 주택관리업자와 관리사무소장의 교육 ② 장기수선계획의 검토 전 조정교육
시장·군수·구청장	① 입주자대표회의의 구성원교육 ② 방범교육 및 안전교육

(2) **교육시기 등**

① 시장·군수·구청장은 입주자대표회의 구성원 또는 입주자 등에 대하여 입주자대표회의의 운영과 관련하여 필요한 교육 및 윤리교육을 하려면 다음의 사항을 교육 10일 전까지 공고하거나 교육대상자에게 알려야 한다.

ⓖ 교육일시, 교육기간 및 교육장소

ⓛ 교육내용

ⓒ 교육대상자

ⓔ 그 밖에 교육에 관하여 필요한 사항

② 입주자대표회의 구성원은 매년 4시간의 운영·윤리교육을 이수하여야 한다.

③ 운영·윤리교육은 집합교육의 방법으로 한다. 다만, 교육 참여현황의 관리가 가능한 경우에는 그 전부 또는 일부를 온라인교육으로 할 수 있다.

④ 시장·군수·구청장은 운영·윤리교육을 이수한 사람에게 수료증을 내주어야 한다. 다만, 교육수료사실을 입주자대표회의 구성원이 소속된 입주자대표회의에 문서로 통보함으로써 수료증의 수여를 갈음할 수 있다.

⑤ 입주자대표회의 구성원에 대한 운영·윤리교육의 수강비용은 입주자대표회의 운영경비에서 부담하며, 입주자 등에 대한 운영·윤리교육의 수강비용은 수강생 본인이 부담한다. 다만, 시장·군수·구청장은 필요하다고 인정하는 경우에는 그 비용의 전부 또는 일부를 지원할 수 있다.

⑥ 시장·군수·구청장은 입주자대표회의 구성원의 운영·윤리교육 참여현황을 엄격히 관리하여야 하며, 운영·윤리교육을 이수하지 아니한 입주자대표회의 구성원에 대해서는 필요한 조치를 하여야 한다.

02 | 임차인대표회의

임차인대표회의
01 임차인대표회의의 구성 등
02 임대사업자와의 협의사항

1 임차인대표회의 구성 등

(1) 임차인대표회의 구성범위 및 통지

① 임대사업자가 20세대 이상의 범위에서 대통령령으로 정하는 세대 이상의 민간임대주택을 공급하는 공동주택단지에 입주하는 임차인은 임차인대표회의를 구성할 수 있다. 다만, 임대사업자가 150세대 이상의 민간임대주택을 공급하는 공동주택단지 중 대통령령으로 정하는 공동주택단지에 입주하는 임차인은 임차인대표회의를 구성하여야 한다.

② ①의 본문에서 대통령령으로 정하는 세대란 20세대를 말한다.

③ ①의 단서에서 대통령령으로 정하는 공동주택단지란 다음의 어느 하나에 해당하는 공동주택단지를 말한다.
    ㉠ 300세대 이상의 공동주택
    ㉡ 150세대 이상의 공동주택으로서 승강기가 설치된 공동주택
    ㉢ 150세대 이상의 공동주택으로서 중앙집중식 난방방식 또는 지역난방방식인 공동주택

④ 임대사업자는 입주예정자의 과반수가 입주한 때에는 과반수가 입주한 날부터 30일 이내에 입주현황과 임차인대표회의를 구성할 수 있다는 사실 또는 구성하여야 한다는 사실을 입주한 임차인에게 통지하여야 한다. 다만, 임대사업자가 본문에 따른 통지를 하지 아니하는 경우 시장·군수·구청장이 임차인대표회의를 구성하도록 임차인에게 통지할 수 있다.

⑤ ①의 단서에 따라 임차인대표회의를 구성하여야 하는 임차인이 임차인대표회의를 구성하지 아니한 경우 임대사업자는 임차인이 임차인대표회의를 구성할 수 있도록 대통령령으로 정하는 바에 따라 지원하여야 한다.

⑥ 임대사업자는 임차인이 임차인대표회의를 구성하지 않는 경우에 임차인대표회의를 구성해야 한다는 사실과 임대사업자와의 협의사항 및 임차인대표회의의 구성·운영에 관한 사항을 반기 1회 이상 임차인에게 통지해야 한다.

(2) 임차인대표회의 구성원 및 자격

① 임차인대표회의는 민간임대주택의 동별 세대수에 비례하여 선출한 대표자로 구성한다.

② 동별 대표자가 될 수 있는 사람은 해당 민간임대주택단지에서 6개월 이상 계속 거주하고 있는 임차인으로 한다. 다만, 최초로 임차인대표회의를 구성하는 경우에는 그러하지 아니하다.

③ 임차인대표회의는 회장 1명, 부회장 1명 및 감사 1명을 동별 대표자 중에서 선출하여야 한다.

(3) 임차인대표회의의 회의절차

① 임차인대표회의를 소집하려는 경우에는 소집일 5일 전까지 회의의 목적·일시 및 장소 등을 임차인에게 알리거나 공고하여야 한다.

② 임차인대표회의는 그 회의에서 의결한 사항, 임대사업자와의 협의결과 등 주요 업무의 추진 상황을 지체 없이 임차인에게 알리거나 공고하여야 한다.

③ 임차인대표회의는 회의를 개최하였을 때에는 회의록을 작성하여 보관하고, 임차인이 회의록의 열람을 청구하거나 자기의 비용으로 복사를 요구할 경우에는 그에 따라야 한다.

2 임대사업자와의 협의사항

(1) 위 **1** (1) ①에 따라 임차인대표회의를 구성하여야 하는 임차인이 임차인대표회의를 구성하지 아니한 경우 임대사업자는 임차인이 임차인대표회의를 구성할 수 있도록 아래 (5)에 따라 지원하여야 한다.

(2) 임차인대표회의가 구성된 경우에는 임대사업자는 다음의 사항에 관하여 협의하여야 한다.

① 민간임대주택 관리규약의 제정 및 개정

② 관리비

③ 민간임대주택의 공용부분·부대시설 및 복리시설의 유지·보수

④ 임대료 증감

⑤ 하자보수

⑥ 공동주택의 관리에 관하여 임대사업자와 임차인대표회의가 합의한 사항

⑦ 임차인 외의 자에게 민간임대주택 주차장을 개방하는 경우 다음의 사항

　㉠ 개방할 수 있는 주차대수 및 위치

　㉡ 주차장의 개방시간

　㉢ 주차료 징수 및 사용에 관한 사항

　㉣ 그 밖에 주차장의 적정한 개방을 위해 필요한 사항

⑶ 임대사업자는 임차인대표회의가 위 ⑵의 사항에 대하여 협의를 요청하면 성실히 응하여야 한다.

⑷ **민간임대주택 주차장의 외부개방**

　임대사업자는 위 ⑵의 ⑦에 따라 임차인대표회의와 협의하여 결정한 사항에 대해 전체 임차인 과반수의 서면동의를 받은 경우 지방자치단체와 협약을 체결하여 주차장을 개방할 수 있다. 이 경우 개방하는 민간임대주택 주차장의 운영·관리자는 지방자치단체, 「지방공기업법」 제76조에 따라 설립된 지방공단 또는 지방자치단체의 장이 지정하는 자 중에서 지방자치단체와의 협약에 따라 정한다.

⑸ 임대사업자는 임차인이 임차인대표회의를 구성하지 않는 경우에 임차인대표회의를 구성해야 한다는 사실과 협의사항 및 임차인대표회의의 구성·운영에 관한 사항을 반기 1회 이상 임차인에게 통지해야 한다.

---

03 공동주택관리규약 및 층간소음 방지

공동주택관리규약 및 층간소음 방지

01 정 의

02 공동주택관리규약 등

1 정 의

공동주택의 입주자 등을 보호하고 주거생활의 질서를 유지하기 위하여 입주자 등이 정하는 자치규약을 말한다.

2 공동주택관리규약 등

⑴ **절 차**

① 특별시장·광역시장·특별자치시장·도지사 또는 특별자치도지사(이하 "시·도지사"라 한다)는 공동주택의 입주자 등을 보호하고 주거생활의 질서를 유지하기 위하여 대통령령으로 정하는 바에 따라 공동주택의 관리 또는 사용에 관하여 준거가 되는 관리규약의 준칙을 정하여야 한다.

② 입주자 등은 관리규약의 준칙을 참조하여 관리규약을 정한다. 이 경우 「주택법」에 따라 공동주택에 설치하는 어린이집의 임대료 등에 관한 사항은 관리규약의 준칙, 어린이집의 안정적 운영, 보육서비스 수준의 향상 등을 고려하여 결정하여야 한다.

③ 관리규약은 입주자 등의 지위를 승계한 사람에 대하여도 그 효력이 있다.

(2) 관리규약 등의 신고

① 입주자대표회의의 회장(관리규약의 제정의 경우에는 사업주체 또는 의무관리대상 전환 공동주택의 관리인을 말한다)은 다음의 사항을 대통령령으로 정하는 바에 따라 시장·군수·구청장에게 신고하여야 하며, 신고한 사항이 변경되는 경우에도 또한 같다. 다만, 의무관리대상 전환 공동주택의 관리인이 관리규약의 제정 신고를 하지 아니하는 경우에는 입주자 등의 10분의 1 이상이 연서하여 신고할 수 있다.

　㉠ 관리규약의 제정·개정

　㉡ 입주자대표회의의 구성·변경

　㉢ 그 밖에 필요한 사항으로서 대통령령으로 정하는 사항

② 시장·군수·구청장은 ①에 따른 신고를 받은 날부터 7일 이내에 신고수리 여부를 신고인에게 통지하여야 한다.

③ 시장·군수·구청장이 ②에서 정한 기간 내에 신고수리 여부 또는 민원 처리 관련 법령에 따른 처리기간의 연장을 신고인에게 통지하지 아니하면 그 기간(민원 처리 관련 법령에 따라 처리기간이 연장 또는 재연장된 경우에는 해당 처리기간을 말한다)이 끝난 날의 다음 날에 신고를 수리한 것으로 본다.

④ ①에 따른 신고를 하려는 입주자대표회의의 회장(관리규약 제정의 경우에는 사업주체 또는 의무관리대상 전환 공동주택의 관리인을 말한다)은 관리규약이 제정·개정되거나 입주자대표회의가 구성·변경된 날부터 30일 이내에 신고서를 시장·군수·구청장에게 제출해야 한다.

⑤ 입주자대표회의의 회장(관리규약 제정의 경우에는 사업주체 또는 의무관리대상 전환 공동주택의 관리인을 말한다)은 시장·군수·구청장에게 신고서를 제출할 때에는 다음의 구분에 따른 서류를 첨부해야 한다.

　㉠ 관리규약의 제정·개정을 신고하는 경우: 관리규약의 제정·개정 제안서 및 그에 대한 입주자 등의 동의서

　㉡ 입주자대표회의의 구성·변경을 신고하는 경우: 입주자대표회의의 구성 현황(임원 및 동별 대표자의 성명·주소·생년월일 및 약력과 그 선출에 관한 증명서류를 포함한다)

(3) 관리규약의 제정 및 개정

① 사업주체는 입주예정자와 관리계약을 체결할 때 관리규약 제정안을 제안 해야 한다. 다만, 사업주체가 입주자대표회의가 구성되기 전에 어린이집, 다함께돌봄센터, 공동육아나눔터 임대계약을 체결하려는 경우에는 입주개 시일 3개월 전부터 관리규약 제정안을 제안할 수 있다.

② 공동주택 분양 후 최초의 관리규약은 사업주체가 제안한 내용을 해당 입주 예정자의 과반수가 서면으로 동의하는 방법으로 결정한다.

③ ②의 경우 사업주체는 해당 공동주택단지의 인터넷 홈페이지(인터넷 홈페 이지가 없는 경우에는 인터넷 포털을 통해 관리주체가 운영·통제하는 유 사한 기능의 웹사이트 또는 관리사무소의 게시판을 말한다)에 제안내용을 공고하고 입주예정자에게 개별 통지해야 한다.

④ 의무관리대상 전환 공동주택의 관리규약 제정안은 의무관리대상 전환 공 동주택의 관리인이 제안하고, 그 내용을 전체 입주자 등 과반수의 서면동의 로 결정한다. 이 경우 관리규약 제정안을 제안하는 관리인은 ③의 방법에 따라 공고·통지해야 한다.

⑤ 관리규약을 개정하려는 경우에는 다음의 사항을 기재한 개정안을 ③의 방 법에 따른 공고·통지를 거쳐 ⑥의 방법으로 결정한다.
  ㉠ 개정 목적
  ㉡ 종전의 관리규약과 달라진 내용
  ㉢ 관리규약의 준칙과 달라진 내용

⑥ 관리규약의 개정은 다음의 어느 하나에 해당하는 방법으로 개정한다.
  ㉠ 입주자대표회의의 의결로 제안하고 전체 입주자 등의 과반수가 찬성
  ㉡ 전체 입주자 등의 10분의 1 이상이 제안하고 전체 입주자 등의 과반수 가 찬성

⑦ 공동주택의 관리주체는 관리규약을 보관하여 입주자 등이 열람을 청구하 거나 자기의 비용으로 복사를 요구하면 응하여야 한다.

(4) 관리규약의 준칙에 포함되는 사항

관리규약의 준칙에는 다음의 사항이 포함되어야 한다. 이 경우 입주자 등이 아 닌 자의 기본적인 권리를 침해하는 사항이 포함되어서는 안 된다.

① 입주자 등의 권리 및 의무(입주자 등이 관리주체의 동의를 받아야 하는 의 무를 포함한다)

② 입주자대표회의의 구성·운영(회의의 녹음·녹화·중계 및 방청에 관한 사항을 포함한다)과 그 구성원의 의무 및 책임

③ 동별 대표자의 선거구·선출절차와 해임 사유·절차 등에 관한 사항

④ 선거관리위원회의 구성·운영·업무·경비, 위원의 선임·해임 및 임기 등에 관한 사항

⑤ 입주자대표회의 소집절차, 임원의 해임 사유·절차 등에 관한 사항

⑥ 입주자대표회의 운영경비의 용도 및 사용금액(운영·윤리교육 수강비용을 포함한다)

⑦ 자치관리기구의 구성·운영 및 관리사무소장과 그 소속 직원의 자격요건·인사·보수·책임

⑧ 입주자대표회의 또는 관리주체가 작성·보관하는 자료의 종류 및 그 열람방법 등에 관한 사항

⑨ 위·수탁관리계약에 관한 사항

⑩ 입주자 등이 관리주체의 동의를 받아야 하는 행위에 대한 관리주체의 동의기준

⑪ 관리비예치금의 관리 및 운용방법

⑫ 관리비 등의 세대별부담액 산정방법, 징수, 보관, 예치 및 사용절차

⑬ 관리비 등을 납부하지 아니한 자에 대한 조치 및 가산금의 부과

⑭ 장기수선충당금의 요율 및 사용절차

⑮ 회계관리 및 회계감사에 관한 사항

⑯ 회계관계 임직원의 책임 및 의무(재정보증에 관한 사항을 포함한다)

⑰ 각종 공사 및 용역의 발주와 물품구입의 절차

⑱ 관리 등으로 인하여 발생한 수입의 용도 및 사용절차

⑲ 공동주택의 관리책임 및 비용부담

⑳ 관리규약을 위반한 자 및 공동생활의 질서를 문란하게 한 자에 대한 조치

㉑ 공동주택의 어린이집 임대계약(지방자치단체에 무상임대하는 것을 포함한다)에 대한 다음의 임차인 선정기준. 이 경우 그 기준은 「영유아보육법」 제24조 제2항 각 호 외의 부분 후단에 따른 국공립어린이집 위탁체 선정관리기준에 따라야 한다.

㉠ 임차인의 신청자격

㉡ 임차인 선정을 위한 심사기준

㉢ 어린이집을 이용하는 입주자 등 중 어린이집 임대에 동의하여야 하는 비율

㉣ 임대료 및 임대기간

㉤ 그 밖에 어린이집의 적정한 임대를 위하여 필요한 사항

㉒ 공동주택의 층간소음 및 간접흡연에 관한 사항
㉓ 주민공동시설의 위탁에 따른 방법 또는 절차에 관한 사항
㉔ 주민공동시설을 인근 공동주택단지 입주자 등도 이용할 수 있도록 허용하는 경우에 대한 다음의 기준
  ㉠ 입주자 등 중 허용에 동의하여야 하는 비율
  ㉡ 이용자의 범위
  ㉢ 그 밖에 인근 공동주택단지 입주자 등의 이용을 위하여 필요한 사항
㉕ 혼합주택단지의 관리에 관한 사항
㉖ 전자투표의 본인확인 방법에 관한 사항
㉗ 공동체 생활의 활성화에 관한 사항
㉘ 공동주택의 주차장 임대계약 등에 대한 다음의 기준
  ㉠ 「도시교통정비 촉진법」에 따른 승용차 공동이용을 위한 주차장 임대계약의 경우
    ⓐ 입주자 등 중 주차장의 임대에 동의하는 비율
    ⓑ 임대할 수 있는 주차대수 및 위치
    ⓒ 이용자의 범위
    ⓓ 그 밖에 주차장의 적정한 임대를 위하여 필요한 사항
  ㉡ 지방자치단체와 입주자대표회의 간 체결한 협약에 따라 지방자치단체 또는 「지방공기업법」 제76조에 따라 설립된 지방공단이 직접 운영·관리하거나 위탁하여 운영·관리하는 방식으로 입주자 등 외의 자에게 공동주택의 주차장을 개방하는 경우
    ⓐ 입주자 등 중 주차장의 개방에 동의하는 비율
    ⓑ 개방할 수 있는 주차대수 및 위치
    ⓒ 주차장의 개방시간
    ⓓ 그 밖에 주차장의 적정한 개방을 위하여 필요한 사항
  ㉢ 민간에 위탁하여 운영·관리하는 방식으로 입주자 등 외의 자에게 공동주택의 주차장을 개방하는 경우
    ⓐ 입주자 등 중 주차장의 개방에 동의하는 비율
    ⓑ 개방할 수 있는 주차대수 및 위치
    ⓒ 주차장의 개방시간
    ⓓ 주차장 요금의 상한 및 운영수입의 사용 용도
    ⓔ 그 밖에 주차장의 적정한 개방을 위하여 필요한 사항
㉙ 경비원 등 근로자에 대한 괴롭힘의 금지 및 발생 시 조치에 관한 사항

㉚ 「주택건설기준 등에 관한 규정」에 따른 지능형 홈네트워크 설비의 기본적인 유지·관리에 관한 사항

㉛ 그 밖에 공동주택의 관리에 필요한 사항

(5) 공동주택 층간소음의 방지 등

💡 층간소음에는 벽간소음 등 인접한 세대 간의 소음(대각선에 위치한 세대 간의 소음을 포함한다)을 말한다.

① 공동주택의 입주자 등(임대주택의 임차인을 포함한다)은 공동주택에서 뛰거나 걷는 동작에서 발생하는 소음이나 음향기기를 사용하는 등의 활동에서 발생하는 소음 등 층간소음(이하 "층간소음"이라 한다)으로 인하여 다른 입주자 등에게 피해를 주지 아니하도록 노력하여야 한다.

② 층간소음의 범위: 공동주택 층간소음의 범위는 입주자 또는 사용자의 활동으로 인하여 발생하는 소음으로서 다른 입주자 또는 사용자에게 피해를 주는 다음의 소음으로 한다. 다만, 욕실, 화장실 및 다용도실 등에서 급수·배수로 인하여 발생하는 소음은 제외한다.

㉠ 직접충격 소음: 뛰거나 걷는 동작 등으로 인하여 발생하는 소음

㉡ 공기전달 소음: 텔레비전, 음향기기 등의 사용으로 인하여 발생하는 소음

③ 층간소음의 기준

층간소음의 구분		층간소음의 기준[단위: dB(A)]	
		주간 (06:00~22:00)	야간 (22:00~06:00)
㉠ 직접충격 소음	1분간 등가소음도(Leq)	39	34
	최고소음도(Lmax)	57	52
㉡ 공기전달 소음	5분간 등가소음도(Leq)	45	40

💡 비고
1. 직접충격 소음은 1분간 등가소음도(Leq) 및 최고소음도(Lmax)로 평가하고, 공기전달 소음은 5분간 등가소음도(Leq)로 평가한다.
2. 위 표의 기준에도 불구하고 「주택법」 제2조 제3호에 따른 공동주택으로서 「건축법」 제11조에 따라 건축허가를 받은 공동주택과 2005년 6월 30일 이전에 「주택법」 제15조에 따라 사업승인을 받은 공동주택의 직접충격 소음 기준에 대해서는 2024년 12월 31일까지는 위 표 제1호에 따른 기준에 5dB(A)을 더한 값을 적용하고, 2025년 1월 1일 부터는 2dB(A)을 더한 값을 적용한다.
3. 층간소음의 측정방법은 「환경분야 시험·검사 등에 관한 법률」 제6조 제1항 제2호에 따라 국립환경과학원장이 정하여 고시하는 소음·진동 관련 공정시험기준에 따른다.
4. 1분간 등가소음도(Leq) 및 5분간 등가소음도(Leq)는 비고 3.에 따라 측정한 값 중 가장 높은 값으로 한다.
5. 최고소음도(Lmax)는 1시간에 3회 이상 초과할 경우 그 기준을 초과한 것으로 본다.

④ 층간소음으로 피해를 입은 입주자 등은 관리주체에게 층간소음 발생 사실을 알리고, 관리주체가 층간소음 피해를 끼친 해당 입주자 등에게 층간소음 발생을 중단하거나 소음차단 조치를 권고하도록 요청할 수 있다. 이 경우 관리주체는 사실관계 확인을 위하여 세대 내 확인 등 필요한 조사를 할 수 있다.

⑤ 층간소음 피해를 끼친 입주자 등은 관리주체의 조치 및 권고에 협조하여야 한다.

⑥ 관리주체의 조치에도 불구하고 층간소음 발생이 계속될 경우에는 층간소음 피해를 입은 입주자 등은 공동주택 층간소음관리위원회에 조정을 신청할 수 있다.

⑦ 공동주택 층간소음의 범위와 기준은 국토교통부와 환경부의 공동부령으로 정한다.

⑧ 관리주체는 필요한 경우 입주자 등을 대상으로 층간소음의 예방, 분쟁의 조정 등을 위한 교육을 실시할 수 있다.

⑨ 입주자 등은 층간소음에 따른 분쟁을 예방하고 조정하기 위하여 관리규약으로 정하는 바에 따라 다음의 업무를 수행하는 공동주택 층간소음관리위원회를 구성·운영할 수 있다. 다만, 의무관리대상 공동주택 중 대통령령으로 정하는 규모 이상인 경우에는 층간소음관리위원회를 구성하여야 한다.
   ㉠ 층간소음 민원의 청취 및 사실관계 확인
   ㉡ 분쟁의 자율적인 중재 및 조정
   ㉢ 층간소음 예방을 위한 홍보 및 교육
   ㉣ 그 밖에 층간소음 분쟁 방지 및 예방을 위하여 관리규약으로 정하는 업무

⑩ ⑨의 단서에서 "대통령령으로 정하는 규모"란 700세대를 말한다.

⑪ 층간소음관리위원회는 다음의 사람으로 구성한다.
   ㉠ 입주자대표회의 또는 임차인대표회의의 구성원
   ㉡ 선거관리위원회 위원
   ㉢ 공동체 생활의 활성화를 위한 단체에서 추천하는 사람
   ㉣ 관리사무소장
   ㉤ 그 밖에 공동주택관리 분야에 관한 전문지식과 경험을 갖춘 사람으로서 관리규약으로 정하거나 지방자치단체의 장이 추천하는 사람

⑫ 국토교통부장관은 층간소음의 피해 예방 및 분쟁 해결을 지원하기 위하여 다음 각 호의 업무를 수행하는 기관 또는 단체를 지정하여 고시할 수 있다.
   ㉠ 층간소음의 측정 지원
   ㉡ 피해사례의 조사·상담

ⓒ 층간소음관리위원회의 구성원에 대한 층간소음 예방 및 분쟁 조정 교육

ⓓ 그 밖에 국토교통부장관 또는 지방자치단체의 장이 층간소음과 관련하여 의뢰하거나 위탁하는 업무

⑬ 층간소음관리위원회의 구성원은 고시하는 기관 또는 단체에서 실시하는 교육을 성실히 이수하여야 한다. 이 경우 교육의 시기·방법 및 비용 부담 등에 필요한 사항은 대통령령으로 정한다.

⑭ 층간소음 피해를 입은 입주자 등은 관리주체 또는 층간소음관리위원회의 조치에도 불구하고 층간소음 발생이 계속될 경우 공동주택관리 분쟁조정위원회나 「환경분쟁 조정 및 환경피해 구제 등에 관한 법률」에 따른 환경분쟁조정피해구제위원회에 조정을 신청할 수 있다.

⑮ **층간소음관리위원회 구성원 교육**

ⓐ ⑫에 따라 국토교통부장관이 정하여 고시하는 기관 또는 단체(이하 "층간소음분쟁해결지원기관"이라 한다)는 공동주택 층간소음관리위원회의 구성원에 대해 층간소음 예방 및 분쟁 조정 교육(이하 "층간소음예방등교육"이라 한다)을 하려면 다음의 사항을 교육 10일 전까지 공고하거나 교육대상자에게 알려야 한다.

  ⓐ 교육일시, 교육기간 및 교육장소

  ⓑ 교육내용

  ⓒ 교육대상자

  ⓓ 그 밖에 교육에 관하여 필요한 사항

ⓑ 층간소음관리위원회의 구성원은 매년 4시간의 층간소음예방등교육을 이수해야 한다.

ⓒ 층간소음예방등교육은 집합교육의 방법으로 한다. 다만, 교육 참여현황의 관리가 가능한 경우에는 그 전부 또는 일부를 온라인교육으로 할 수 있다.

ⓓ 층간소음분쟁해결지원기관은 층간소음예방등교육을 이수한 사람에게 수료증을 내주어야 한다. 다만, 교육수료사실을 층간소음관리위원회의 구성원이 소속된 층간소음관리위원회에 문서로 통보함으로써 수료증의 수여를 갈음할 수 있다.

ⓔ 층간소음관리위원회의 구성원에 대한 층간소음예방등교육의 수강비용은 잡수입에서 부담한다.

ⓕ 층간소음분쟁해결지원기관은 층간소음관리위원회 구성원의 층간소음예방등교육 참여현황을 엄격히 관리해야 한다.

(6) 층간소음 실태조사

① 국토교통부장관 또는 지방자치단체의 장은 공동주택의 층간소음 예방을 위한 정책의 수립과 시행에 필요한 기초자료를 확보하기 위하여 대통령령으로 정하는 바에 따라 층간소음에 관한 실태조사를 단독 또는 합동으로 실시할 수 있다.

② 국토교통부장관 또는 지방자치단체의 장은 층간소음에 관한 실태조사를 하는 경우에는 국토교통부장관 또는 지방자치단체의 장이 환경부장관과 협의하여 정하는 방법에 따라 다음의 사항을 조사한다.

㉠ 공동주택의 주거환경

㉡ 층간소음 피해 및 분쟁조정 현황

㉢ 그 밖에 층간소음 예방을 위한 정책의 수립과 시행에 필요한 사항

③ 국토교통부장관 또는 지방자치단체의 장은 실태조사와 관련하여 관계 기관의 장 또는 관련 단체의 장에게 필요한 자료의 제출을 요청할 수 있다. 이 경우 자료제출을 요청받은 자는 정당한 사유가 없으면 이에 따라야 한다.

④ 국토교통부장관 또는 지방자치단체의 장은 층간소음에 관한 실태조사 업무를 대통령령으로 정하는 기관 또는 단체에 위탁하여 실시할 수 있다.

⑤ ④에서 "대통령령으로 정하는 기관 또는 단체"란 다음의 기관 또는 단체를 말한다.

㉠ 공동주택관리 지원기구

㉡ 「정부출연연구기관 등의 설립·운영 및 육성에 관한 법률」에 따라 설립된 정부출연연구기관

㉢ 「지방자치단체출연 연구원의 설립 및 운영에 관한 법률」에 따라 설립된 지방자치단체출연 연구원

⑥ 국토교통부장관 또는 지방자치단체의 장은 ④에 따라 업무를 위탁하는 경우에는 위탁받는 기관 또는 단체 및 위탁업무의 내용을 관보 또는 공보에 고시해야 한다.

(7) 간접흡연의 방지 등

① 공동주택의 입주자 등은 발코니, 화장실 등 세대 내에서의 흡연으로 인하여 다른 입주자 등에게 피해를 주지 아니하도록 노력하여야 한다.

② 간접흡연으로 피해를 입은 입주자 등은 관리주체에게 간접흡연 발생 사실을 알리고, 관리주체가 간접흡연 피해를 끼친 해당 입주자 등에게 일정한 장소에서 흡연을 중단하도록 권고할 것을 요청할 수 있다. 이 경우 관리주체는 사실관계 확인을 위하여 세대 내 확인 등 필요한 조사를 할 수 있다.

③ 간접흡연 피해를 끼친 입주자 등은 ②에 따른 관리주체의 권고에 협조하여
야 한다.

④ 관리주체는 필요한 경우 입주자 등을 대상으로 간접흡연의 예방, 분쟁의 조
정 등을 위한 교육을 실시할 수 있다.

⑤ 입주자 등은 필요한 경우 간접흡연에 따른 분쟁의 예방, 조정, 교육 등을
위하여 자치적인 조직을 구성하여 운영할 수 있다.

⑻ 공동체 생활의 활성화

① 공동주택의 입주자 등은 입주자 등의 소통 및 화합 증진 등을 위하여 필요
한 활동을 자율적으로 실시할 수 있고, 이를 위하여 필요한 조직을 구성하
여 운영할 수 있다.

② 입주자대표회의 또는 관리주체는 공동체 생활의 활성화에 필요한 경비의
일부를 재활용품의 매각 수입 등 공동주택을 관리하면서 부수적으로 발생
하는 수입에서 지원할 수 있다.

③ ②에 따른 경비의 지원은 관리규약으로 정하거나 관리규약에 위배되지 아
니하는 범위에서 입주자대표회의의 의결로 정한다.

공동주택관리 분쟁조정

01 공동주택관리 분쟁조정위
원회의 설치

02 중앙·지방분쟁조정위원
회의 업무 관할

03 중앙분쟁조정위원회

04 지방분쟁조정위원회

05 임대주택분쟁조정위원회

04 공동주택관리 분쟁조정

1 공동주택관리 분쟁조정위원회의 설치

⑴ 공동주택관리 분쟁(공동주택의 하자담보책임 및 하자보수 등과 관련한 분쟁
은 제외한다)을 조정하기 위하여 국토교통부에 중앙 공동주택관리 분쟁조정위
원회(이하 "중앙분쟁조정위원회"라 한다)를 두고, 시·군·구에 지방 공동주
택관리 분쟁조정위원회(이하 "지방분쟁조정위원회"라 한다)를 둔다. 다만, 공
동주택 비율이 낮은 시·군·구로서 국토교통부장관이 인정하는 시·군·구
의 경우에는 지방분쟁조정위원회를 두지 아니할 수 있다.

⑵ 공동주택관리 분쟁조정위원회는 다음의 사항을 심의·조정한다.

① 입주자대표회의의 구성·운영 및 동별 대표자의 자격·선임·해임·임기
에 관한 사항

② 공동주택관리기구의 구성·운영 등에 관한 사항

③ 관리비·사용료 및 장기수선충당금 등의 징수·사용 등에 관한 사항

④ 공동주택(공용부분만 해당한다)의 유지·보수·개량 등에 관한 사항

⑤ 공동주택의 리모델링에 관한 사항

⑥ 공동주택의 층간소음에 관한 사항

⑦ 혼합주택단지에서의 분쟁에 관한 사항

⑧ 다른 법령에서 공동주택관리 분쟁조정위원회가 분쟁을 심의·조정할 수 있도록 한 사항

⑨ 그 밖에 공동주택의 관리와 관련하여 분쟁의 심의·조정이 필요하다고 대통령령 또는 시·군·구의 조례(지방분쟁조정위원회에 한정한다)로 정하는 사항

2 중앙·지방분쟁조정위원회의 업무 관할

(1) 중앙분쟁조정위원회는 위 **1**의 (2)의 사항 중 다음의 사항을 심의·조정한다.

① 둘 이상의 시·군·구의 관할 구역에 걸친 분쟁

② 시·군·구에 지방분쟁조정위원회가 설치되지 아니한 경우 해당 시·군·구 관할 분쟁

③ 분쟁당사자가 쌍방이 합의하여 중앙분쟁조정위원회에 조정을 신청하는 분쟁

④ 500세대 이상의 공동주택단지에서 발생한 분쟁

⑤ 지방분쟁조정위원회가 스스로 조정하기 곤란하다고 결정하여 중앙분쟁조정위원회에 이송한 분쟁

(2) 지방분쟁조정위원회는 해당 시·군·구의 관할 구역에서 발생한 분쟁 중 중앙분쟁조정위원회의 심의·조정 대상인 분쟁 외의 분쟁을 심의·조정한다.

3 중앙분쟁조정위원회

(1) 구성 등

① 중앙분쟁조정위원회는 위원장 1명을 포함한 15명 이내의 위원으로 구성한다.

② 중앙분쟁조정위원회의 위원은 공동주택관리에 관한 학식과 경험이 풍부한 사람으로서 다음의 어느 하나에 해당하는 사람 중에서 국토교통부장관이 임명 또는 위촉한다. 이 경우 ㉡에 해당하는 사람이 3명 이상 포함되어야 한다.

㉠ 1급부터 4급까지 상당의 공무원 또는 고위공무원단에 속하는 공무원

㉡ 공인된 대학이나 연구기관에서 부교수 이상 또는 이에 상당하는 직에 재직한 사람

ⓒ 판사·검사 또는 변호사의 직에 6년 이상 재직한 사람

ⓔ 공인회계사·세무사·건축사·감정평가사 또는 공인노무사의 자격이 있는 사람으로서 10년 이상 근무한 사람

ⓜ 주택관리사로서 공동주택의 관리사무소장으로 10년 이상 근무한 사람

ⓗ 「민사조정법」에 따른 조정위원으로서 사무를 3년 이상 수행한 사람

ⓢ 국가, 지방자치단체, 「공공기관의 운영에 관한 법률」에 따른 공공기관 및 「비영리민간단체 지원법」에 따른 비영리민간단체에서 공동주택관리 관련 업무에 5년 이상 종사한 사람

③ **위원장의 임명 등**

㉠ 위원장은 국토교통부장관이 임명한다.

㉡ 위원장과 공무원이 아닌 위원의 임기는 2년으로 하되 연임할 수 있으며, 보궐위원의 임기는 전임자의 남은 임기로 한다.

㉢ 중앙분쟁조정위원회의 위원 중 공무원이 아닌 위원은 다음에 해당하는 경우를 제외하고는 본인의 의사에 반하여 해촉되지 아니한다.

ⓐ 신체상 또는 정신상의 장애로 직무를 수행할 수 없는 경우

ⓑ 「국가공무원법」 제33조의 어느 하나에 해당하는 경우

ⓒ 그 밖에 직무상의 의무 위반 등 대통령령으로 정하는 해촉 사유에 해당하는 경우

④ 위원장은 중앙분쟁조정위원회를 대표하고 그 직무를 총괄한다. 다만, 위원장이 부득이한 사유로 직무를 수행할 수 없는 경우에는 위원장이 미리 지명한 위원 순으로 그 직무를 대행한다.

⑤ **위원의 제척 등**

㉠ 중앙분쟁조정위원회의 위원이 다음의 어느 하나에 해당하는 경우에는 그 사건의 조정 등에서 제척된다.

ⓐ 위원 또는 그 배우자나 배우자였던 사람이 해당 사건의 당사자가 되거나 해당 사건에 관하여 공동의 권리자 또는 의무자의 관계에 있는 경우

ⓑ 위원이 해당 사건의 당사자와 친족관계에 있거나 있었던 경우

ⓒ 위원이 해당 사건에 관하여 증언을 한 경우

ⓓ 위원이 해당 사건에 관하여 당사자의 대리인으로서 관여하였거나 관여한 경우

ⓔ 위원이 해당 사건의 원인이 된 처분 또는 부작위에 관여한 경우

㉡ 중앙분쟁조정위원회는 제척의 원인이 있는 경우에는 직권 또는 당사자의 신청에 따라 제척 결정을 하여야 한다.

ⓒ 당사자는 위원에게 공정한 조정 등을 기대하기 어려운 사정이 있는 경우에는 중앙분쟁조정위원회에 기피신청을 할 수 있으며, 중앙분쟁조정위원회는 기피신청이 타당하다고 인정하면 기피 결정을 하여야 한다.

ⓔ 위원은 ⓐ 또는 ⓒ의 사유에 해당하는 경우에는 스스로 그 사건의 조정 등에서 회피(回避)하여야 한다.

⑥ 중앙분쟁조정위원회는 위원회의 소관 사무 처리절차와 그 밖에 위원회의 운영에 관한 규칙을 정할 수 있다.

(2) 분쟁조정의 신청 등

① **1**의 (2)에 대하여 분쟁이 발생한 때에는 중앙분쟁조정위원회에 조정을 신청할 수 있다.

② **선정대표자**

ⓐ 신청한 조정 등의 사건 중에서 여러 사람이 공동으로 조정 등의 당사자가 되는 사건(이하 "단체사건"이라 한다)의 경우에는 그중에서 3명 이하의 사람을 대표자로 선정할 수 있다.

ⓑ 중앙분쟁조정위원회는 단체사건의 당사자들에게 대표자를 선정하도록 권고할 수 있다.

ⓒ 선정된 대표자는 신청한 조정 등에 관한 권한을 갖는다. 다만, 신청을 철회하거나 조정안을 수락하려는 경우에는 서면으로 다른 당사자의 동의를 받아야 한다.

ⓓ 대표자가 선정되었을 때에는 다른 당사자들은 특별한 사유가 없으면 그 선정대표자를 통하여 해당 사건에 관한 행위를 하여야 한다.

ⓔ 대표자를 선정한 당사자들은 그 선정결과를 국토교통부령으로 정하는 바에 따라 중앙분쟁조정위원회에 제출하여야 한다. 선정대표자를 해임하거나 변경한 경우에도 또한 같다.

ⓕ 조정 등의 사건에 대하여 대표자를 선정, 해임 또는 변경한 당사자들은 선정대표자 선임(해임·변경)계를 중앙분쟁조정위원회에 제출하여야 한다.

③ 조정을 신청하려는 자는 공동주택관리 분쟁조정 신청서에 다음의 서류를 첨부하여 중앙분쟁조정위원회에 제출하여야 한다. 이 경우 전자적 방법으로 필요한 서류를 제출할 수 있다.

ⓐ 당사자 간 교섭경위서(공동주택관리 분쟁이 발생한 때부터 조정을 신청할 때까지 해당 분쟁사건의 당사자 간 일정별 교섭내용과 그 입증자료를 말한다) 1부

ⓒ 신청인의 신분증 사본(대리인이 신청하는 경우에는 신청인의 위임장 및 인감증명서와 대리인의 신분증 사본을 말한다) 각 1부

ⓒ 입주자대표회의가 신청하는 경우에는 그 구성 신고를 증명하는 서류 1부

ⓒ 관리사무소장이 신청하는 경우에는 관리사무소장 배치 및 직인 신고증 명서 사본 1부

ⓒ 그 밖에 조정에 참고가 될 수 있는 객관적인 자료

④ 중앙분쟁조정위원회는 당사자 일방으로부터 조정 등의 신청을 받은 때에는 그 신청내용을 상대방에게 통지하여야 한다.

⑤ 통지를 받은 상대방은 신청내용에 대한 답변서를 특별한 사정이 없으면 10일 이내에 중앙분쟁조정위원회에 제출하여야 한다.

⑥ 중앙분쟁조정위원회로부터 분쟁조정 신청에 관한 통지를 받은 입주자대표회의(구성원을 포함한다)와 관리주체는 분쟁조정에 응하여야 한다.

(3) 분쟁조정의 처리기간 등

① 중앙분쟁조정위원회는 조정의 신청을 받은 때에는 지체 없이 조정의 절차를 개시하여야 한다. 이 경우 중앙분쟁조정위원회는 필요하다고 인정하면 당사자나 이해관계인을 중앙분쟁조정위원회에 출석하게 하여 의견을 들을 수 있다.

② 중앙분쟁조정위원회는 조정절차를 개시한 날부터 30일 이내에 그 절차를 완료한 후 조정안을 작성하여 지체 없이 이를 각 당사자에게 제시하여야 한다. 다만, 부득이한 사정으로 30일 이내에 조정절차를 완료할 수 없는 경우 중앙분쟁조정위원회는 그 기간을 연장할 수 있다. 이 경우 그 사유와 기한을 명시하여 당사자에게 서면으로 통지하여야 한다.

③ **조정안의 기재사항**

ⓒ 사건번호와 사건명

ⓒ 당사자, 선정대표자, 대리인의 주소 및 성명(법인인 경우에는 본점의 소재지 및 명칭을 말한다)

ⓒ 신청취지

ⓒ 조정일자

ⓒ 조정이유

ⓒ 조정결과

④ 조정안을 제시받은 당사자는 그 제시를 받은 날부터 30일 이내에 그 수락 여부를 중앙분쟁조정위원회에 서면으로 통보하여야 한다. 이 경우 30일 이내에 의사표시가 없는 때에는 수락한 것으로 본다.

⑤ 당사자가 조정안을 수락하거나 수락한 것으로 보는 경우 중앙분쟁조정위원회는 조정서를 작성하고, 위원장 및 각 당사자가 서명·날인한 후 조정서 정본을 지체 없이 각 당사자 또는 그 대리인에게 송달하여야 한다. 다만, 수락한 것으로 보는 경우에는 각 당사자의 서명·날인을 생략할 수 있다.

⑥ 조정서 기재사항
  ㉠ 사건번호와 사건명
  ㉡ 당사자, 선정대표자, 대리인의 주소 및 성명(법인인 경우에는 본점의 소재지 및 명칭을 말한다)
  ㉢ 조정서 교부일자
  ㉣ 조정내용
  ㉤ 신청의 표시(신청취지 및 신청원인)

(4) 조정의 효력

당사자가 조정안을 수락하거나 수락한 것으로 보는 때에는 그 조정서의 내용은 재판상 화해와 동일한 효력을 갖는다. 다만, 당사자가 임의로 처분할 수 없는 사항에 관한 것은 그러하지 아니하다.

(5) 조정의 거부와 중지

① 중앙분쟁조정위원회는 분쟁의 성질상 분쟁조정위원회에서 조정을 하는 것이 맞지 아니하다고 인정하거나 부정한 목적으로 신청되었다고 인정하면 그 조정을 거부할 수 있다. 이 경우 조정의 거부 사유를 신청인에게 알려야 한다.

② 중앙분쟁조정위원회는 신청된 사건의 처리 절차가 진행되는 도중에 한쪽 당사자가 소를 제기한 경우에는 조정의 처리를 중지하고 이를 당사자에게 알려야 한다.

③ 중앙분쟁조정위원회는 분쟁조정 신청을 받으면 조정절차 계속 중에도 당사자에게 합의를 권고할 수 있다. 이 경우 권고는 조정절차의 진행에 영향을 미치지 아니한다.

(6) 조정의 비용

① 중앙분쟁조정위원회에 조정을 신청하려는 자는 국토교통부장관이 정하여 고시하는 바에 따라 수수료를 납부해야 한다.

② 조정 등의 진행과정에서 다음의 비용이 발생할 때에는 당사자가 합의한 바에 따라 그 비용을 부담한다. 다만, 당사자가 합의하지 아니하는 경우에는 중앙분쟁조정위원회에서 부담비율을 정한다.

　　　　　⊙ 조사, 분석 및 검사에 드는 비용
　　　　　ⓒ 증인 또는 증거의 채택에 드는 비용
　　　　　ⓒ 통역 및 번역 등에 드는 비용
　　　　　⊜ 그 밖에 조정 등에 드는 비용

(7) **중앙분쟁조정위원회의 회의 등**

① 중앙분쟁조정위원회를 구성할 때에는 성별을 고려하여야 한다.

② 중앙분쟁조정위원회의 위원장은 위원회의 회의를 소집하려면 특별한 사정이 있는 경우를 제외하고는 회의 개최 3일 전까지 회의의 일시·장소 및 심의안건을 각 위원에게 서면(전자우편을 포함한다)으로 알려야 한다.

③ 중앙분쟁조정위원회는 조정을 효율적으로 하기 위하여 필요하다고 인정하면 해당 사건들을 분리하거나 병합할 수 있다.

④ 중앙분쟁조정위원회는 해당 사건들을 분리하거나 병합한 경우에는 조정의 당사자에게 지체 없이 서면으로 그 뜻을 알려야 한다.

⑤ 중앙분쟁조정위원회는 조정을 위하여 필요하다고 인정하면 당사자에게 증거서류 등 관련 자료의 제출을 요청할 수 있다.

⑥ 중앙분쟁조정위원회는 당사자나 이해관계인을 중앙분쟁조정위원회에 출석시켜 의견을 들으려면 회의 개최 5일 전까지 서면(전자우편을 포함한다)으로 출석을 요청하여야 한다. 이 경우 출석을 요청받은 사람은 출석할 수 없는 부득이한 사유가 있는 경우에는 미리 서면으로 의견을 제출할 수 있다.

⑦ ①부터 ⑥까지에서 규정한 사항 외에 중앙분쟁조정위원회의 운영 등 필요한 사항은 중앙분쟁조정위원회의 의결을 거쳐 위원장이 정한다.

⑧ 중앙분쟁조정위원회의 회의는 재적위원 과반수의 출석으로 개의하고 출석위원 과반수의 찬성으로 의결한다.

⑨ 국토교통부장관은 분쟁조정 사건을 전자적 방법으로 접수·통지 및 송달하거나, 민원상담 및 홍보 등을 인터넷을 이용하여 처리하기 위하여 중앙분쟁조정시스템을 구축·운영할 수 있다.

⑩ 중앙분쟁조정위원회 위원에 대해서는 예산의 범위에서 업무수행에 따른 수당, 여비 및 그 밖에 필요한 경비를 지급할 수 있다. 다만, 공무원인 위원이 소관업무와 직접 관련하여 회의에 출석하는 경우에는 그러하지 아니하다.

⑻ 운영 및 사무처리의 위탁

① 국토교통부장관은 중앙분쟁조정위원회의 운영 및 사무처리를 고시로 정하는 기관 또는 단체에 위탁할 수 있다.

② 기관 또는 단체(이하 "운영수탁자"라 한다)에 중앙분쟁조정위원회의 운영 및 사무처리를 위한 사무국을 두며, 사무국은 위원장의 명을 받아 사무를 처리한다.

③ 사무국의 조직 및 인력 등은 운영수탁자가 국토교통부장관의 승인을 받아 정한다.

④ 국토교통부장관은 예산의 범위에서 중앙분쟁조정위원회의 운영 및 사무처리에 필요한 경비를 수탁 기관 또는 단체에 출연 또는 보조할 수 있다.

⑼ 사실조사 · 검사 등

① 중앙분쟁조정위원회는 위원 또는 중앙분쟁조정위원회의 운영 및 사무처리를 위한 조직(이하 "중앙분쟁조정위원회의 사무국"이라 한다)의 직원으로 하여금 해당 공동주택 등에 출입하여 조사 · 검사 및 열람하게 하거나 참고인의 진술을 들을 수 있도록 할 수 있다. 이 경우 당사자와 이해관계인은 이에 협조하여야 한다.

② 조사 · 검사 등을 하는 사람은 그 권한을 나타내는 증표를 지니고 이를 관계인에게 내보여야 한다.

⑽ 준 용

① 중앙분쟁조정위원회는 분쟁의 조정 등의 절차에 관하여 공동주택관리법에서 규정하지 아니한 사항 및 소멸시효의 중단에 관하여는 「민사조정법」을 준용한다.

② 조정 등에 따른 서류송달에 관하여는 「민사소송법」 제174조부터 제197조까지의 규정을 준용한다.

⑾ 절차 등의 비공개 등

① 중앙분쟁조정위원회가 수행하는 조정 등의 절차 및 의사결정과정은 공개하지 아니한다. 다만, 중앙분쟁조정위원회에서 공개할 것을 의결한 경우에는 그러하지 아니하다.

② 중앙분쟁조정위원회의 위원과 중앙분쟁조정위원회의 사무국 직원으로서 그 업무를 수행하거나 수행하였던 사람은 조정 등의 절차에서 직무상 알게 된 비밀을 누설하여서는 아니 된다.

4 지방분쟁조정위원회

(1) 설치 등

① 지방분쟁조정위원회의 위원 중 공무원이 아닌 위원이 본인의 의사에 반하여 해촉되지 아니할 권리, 위원의 제척·기피·회피에 관한 내용은 중앙분쟁조정위원회에 관한 규정을 준용한다.

② 지방분쟁조정위원회의 구성에 필요한 사항은 대통령령으로 정하며, 지방분쟁조정위원회의 회의·운영 등에 필요한 사항은 해당 시·군·구의 조례로 정한다.

(2) 구성 등

① 지방 공동주택관리 분쟁조정위원회(이하 "지방분쟁조정위원회"라 한다)는 위원장 1명을 포함하여 10명 이내의 위원으로 구성하되, 성별을 고려하여야 한다.

② 지방분쟁조정위원회의 위원은 다음의 어느 하나에 해당하는 사람 중에서 해당 시장·군수·구청장이 위촉하거나 임명한다.

　㉠ 해당 시·군 또는 구(자치구를 말한다) 소속 공무원

　㉡ 법학·경제학·부동산학 등 주택분야와 관련된 학문을 전공한 사람으로 대학이나 공인된 연구기관에서 조교수 이상 또는 이에 상당하는 직(職)에 있거나 있었던 사람

　㉢ 변호사·공인회계사·세무사·건축사·공인노무사의 자격이 있는 사람 또는 판사·검사

　㉣ 공동주택 관리사무소장으로 5년 이상 근무한 경력이 있는 주택관리사

　㉤ 그 밖에 공동주택관리 분야에 대한 학식과 경험을 갖춘 사람

③ 지방분쟁조정위원회의 위원장은 위원 중에서 해당 지방자치단체의 장이 지명하는 사람이 된다.

④ 공무원이 아닌 위원의 임기는 2년으로 한다. 다만, 보궐위원의 임기는 전임자의 남은 임기로 한다.

(3) 조정의 효력

분쟁당사자가 지방분쟁조정위원회의 조정결과를 수락한 경우에는 당사자 간에 조정조서(調停調書)와 같은 내용의 합의가 성립된 것으로 본다.

5 임대주택분쟁조정위원회

(1) 구 성

① 시장·군수·구청장은 임대주택(민간임대주택 및 공공임대주택을 말한다)에 관한 학식 및 경험이 풍부한 자 등으로 임대주택분쟁조정위원회(이하 "조정위원회"라 한다)를 구성한다.

② 조정위원회는 위원장 1명을 포함하여 10명 이내로 구성하되, 조정위원회의 운영, 절차 등에 필요한 사항은 대통령령으로 정한다.

③ 임대주택분쟁조정위원회의 위원장을 제외한 위원은 다음의 어느 하나에 해당하는 사람 중에서 해당 시장·군수·구청장이 성별을 고려하여 임명하거나 위촉하되, 각 호의 사람이 각각 1명 이상 포함되어야 하고, 공무원이 아닌 위원이 6명 이상이 되어야 한다.

  ㉠ 법학, 경제학이나 부동산학 등 주택 분야와 관련된 학문을 전공한 사람으로서 「고등교육법」에 따른 학교에서 조교수 이상으로 1년 이상 재직한 사람

  ㉡ 변호사, 공인회계사, 감정평가사 또는 세무사로서 해당 자격과 관련된 업무에 1년 이상 종사한 사람

  ㉢ 「공동주택관리법」에 따른 주택관리사가 된 후 관련 업무에 3년 이상 근무한 사람

  ㉣ 국가 또는 다른 지방자치단체에서 민간임대주택 또는 공공임대주택 사업의 인·허가 등 관련 업무를 수행하는 5급 이상 공무원으로서 해당 기관의 장이 추천한 사람 또는 해당 지방자치단체에서 민간임대주택 또는 공공임대주택 사업의 인·허가 등 관련 업무를 수행하는 5급 이상 공무원

  ㉤ 한국토지주택공사 또는 지방공사에서 민간임대주택 또는 공공임대주택 사업 관련 업무에 종사하고 있는 임직원으로서 해당 기관의 장이 추천한 사람

  ㉥ 임대주택과 관련된 시민단체 또는 소비자단체가 추천한 사람

④ 위원장은 해당 지방자치단체의 장이 된다.

⑤ 조정위원회의 부위원장은 위원 중에서 호선(互選)한다.

⑥ 공무원이 아닌 위원의 임기는 2년으로 하며, 두 차례만 연임할 수 있다.

⑦ **위원의 제척 · 기피 · 회피**

  ㉠ 조정위원회 위원이 다음의 어느 하나에 해당하는 경우에는 조정위원회
    의 심의 · 의결에서 제척(除斥)된다.

    ⓐ 위원이나 그 배우자 또는 배우자였던 사람이 해당 안건의 당사자(당
      사자가 법인 · 단체 등인 경우에는 그 임원을 포함한다. 이하 ⓑ에서
      도 같다)이거나 그 안건의 당사자와 공동권리자 또는 공동의무자인
      경우

    ⓑ 위원이 해당 안건의 당사자와 친족인 경우

    ⓒ 위원이 해당 안건에 관하여 증언, 진술, 자문, 연구, 용역 또는 감정
      (鑑定)을 한 경우

    ⓓ 위원이나 위원이 속한 법인 · 단체 등이 해당 안건의 당사자의 대리
      인이거나 대리인이었던 경우

  ㉡ 해당 안건의 당사자는 위원에게 공정한 심의 · 의결을 기대하기 어려운
    사정이 있는 경우에는 위원회에 기피 신청을 할 수 있고, 위원회는 의결
    로 이를 결정한다. 이 경우 기피 신청의 대상인 위원은 그 의결에 참여
    하지 못한다.

  ㉢ 위원이 제척 사유에 해당하는 경우에는 스스로 해당 안건의 심의 · 의결
    에서 회피(回避)하여야 한다.

⑧ **위원의 해촉**: 지정권자는 위촉위원이 다음의 어느 하나에 해당하는 경우
  에는 해당 위원을 해촉(解囑)할 수 있다.

  ㉠ 심신장애로 직무를 수행할 수 없게 된 경우

  ㉡ 직무와 관련된 비위사실이 있는 경우

  ㉢ 직무태만, 품위손상이나 그 밖의 사유로 인하여 위원으로 적합하지 아
    니하다고 인정되는 경우

  ㉣ 위 ⑦의 ㉠(제척사유)의 어느 하나에 해당하는 데에도 불구하고 회피하
    지 아니한 경우

  ㉤ 위원 스스로 직무를 수행하는 것이 곤란하다고 의사를 밝히는 경우

(2) **회의소집**

① 조정위원회의 회의는 위원장이 소집한다.

② 위원장은 회의 개최일 2일 전까지 회의와 관련된 사항을 위원에게 알려야
  한다.

③ 조정위원회의 회의는 재적위원 과반수의 출석으로 개의(開議)하고, 출석위
  원 과반수의 찬성으로 의결한다.

④ 위원장은 조정위원회의 사무를 처리하도록 하기 위하여 해당 지방자치단체에서 민간임대주택 또는 공공임대주택 관련 업무를 하는 직원 중 1명을 간사로 임명하여야 한다.

⑤ 간사는 조정위원회의 회의록을 작성하여 「공공기록물 관리에 관한 법률」에 따라 보존하되, 그 회의록에는 다음의 사항이 포함되어야 한다.
　㉠ 회의 개최 일시와 장소
　㉡ 출석위원의 서명부
　㉢ 회의에 상정된 안건 및 회의결과
　㉣ 그 밖에 논의된 주요 사항

⑥ 조정위원회의 회의에 참석한 위원에게는 예산의 범위에서 수당과 여비 등을 지급할 수 있다. 다만, 공무원인 위원이 소관 업무와 직접적으로 관련되어 조정위원회에 출석하는 경우에는 그러하지 아니하다.

⑦ 조정위원회는 해당 민간임대주택 또는 공공임대주택의 분쟁을 조정하기 위하여 필요한 자료를 임대사업자 또는 공공주택사업자에게 요청할 수 있다.

⑧ 민간임대주택에 관한 특별법 시행령에서 규정된 사항 외에 조정위원회의 회의·운영 등에 필요한 사항은 조정위원회의 의결을 거쳐 위원장이 정한다.

(3) 분쟁의 조정신청

① **민간임대주택의 조정신청사항**: 임대사업자와 임차인대표회의는 다음의 어느 하나에 해당하는 분쟁에 관하여 조정위원회에 조정을 신청할 수 있다.
　㉠ 임대료의 증액
　㉡ 민간임대주택의 관리
　㉢ 다음의 임차인대표회의와 임대사업자 간의 협의사항
　　ⓐ 민간임대주택 관리규약의 제정 및 개정
　　ⓑ 관리비
　　ⓒ 민간임대주택의 공용부분·부대시설 및 복리시설의 유지·보수
　　ⓓ 임대료 증감
　　ⓔ 하자 보수
　　ⓕ 공동주택의 관리에 관하여 임대사업자와 임차인대표회의가 합의한 사항
　　ⓖ 임차인 외의 자에게 민간임대주택 주차장을 개방하는 경우 다음의 사항
　　　㉮ 개방할 수 있는 주차대수 및 위치
　　　㉯ 주차장의 개방시간

ⓓ 주차료 징수 및 사용에 관한 사항

ⓔ 그 밖에 주차장의 적정한 개방을 위해 필요한 사항

ⓛ 그 밖에 대통령령으로 정하는 사항

② **공공임대주택의 조정신청사항** : 공공주택사업자와 임차인대표회의는 다음의 어느 하나에 해당하는 분쟁에 관하여 조정위원회에 조정을 신청할 수 있다.

ⓐ 위 ①의 사항

ⓑ 공공임대주택의 분양전환가격. 다만, 분양전환승인에 관한 사항은 제외한다.

③ 공공주택사업자, 임차인대표회의 또는 임차인은 「공공주택 특별법」에 따른 우선 분양전환 자격에 대한 분쟁에 관하여 조정위원회에 조정을 신청할 수 있다.

⑷ **조정의 효력**

임대사업자와 임차인대표회의가 조정위원회의 조정안을 받아들이면 당사자 간에 조정조서와 같은 내용의 합의가 성립된 것으로 본다.

공동주택관리감독 등

01 공동주택관리에 관한 감독

02 공동주택관리에 관한 감독 사항

05 공동주택관리감독 등

⑴ **공동주택관리에 관한 감독**

① 지방자치단체의 장은 공동주택관리의 효율화와 입주자 등의 보호를 위하여 다음의 어느 하나에 해당하는 경우 입주자 등, 입주자대표회의나 그 구성원, 관리주체(의무관리대상 공동주택이 아닌 경우에는 관리인을 말한다), 관리사무소장 또는 선거관리위원회나 그 위원 등에게 관리비 등의 사용내역 등 대통령령으로 정하는 업무에 관한 사항을 보고하게 하거나 자료의 제출이나 그 밖에 필요한 명령을 할 수 있으며, 소속 공무원으로 하여금 영업소·관리사무소 등에 출입하여 공동주택의 시설·장부·서류 등을 조사 또는 검사하게 할 수 있다. 이 경우 출입·검사 등을 하는 공무원은 그 권한을 나타내는 증표를 지니고 이를 관계인에게 내보여야 한다.

ⓐ ③과 ④에 따른 감사에 필요한 경우

ⓑ 공동주택관리법 또는 공동주택관리법에 따른 명령이나 처분을 위반하여 조치가 필요한 경우

ⓒ 공동주택단지 내 분쟁의 조정이 필요한 경우

    ㉑ 공동주택 시설물의 안전관리를 위하여 필요한 경우

    ㉮ 입주자대표회의 등이 공동주택 관리규약을 위반한 경우

    ㉯ 그 밖에 공동주택관리에 관한 감독을 위하여 필요한 경우

② 공동주택의 입주자 등은 ①의 ㉯, ㉰ 또는 ㉮에 해당하는 경우 전체 입주자 등의 10분의 2 이상의 동의를 받아 지방자치단체의 장에게 입주자대표회의나 그 구성원, 관리주체, 관리사무소장 또는 선거관리위원회나 그 위원 등의 업무에 대하여 감사를 요청할 수 있다. 이 경우 감사 요청은 그 사유를 소명하고 이를 뒷받침할 수 있는 자료를 첨부하여 서면으로 하여야 한다.

③ 지방자치단체의 장은 ②에 따른 감사 요청이 이유가 있다고 인정하는 경우에는 감사를 실시한 후 감사를 요청한 입주자 등에게 그 결과를 통보하여야 한다.

④ 지방자치단체의 장은 ②에 따른 감사 요청이 없더라도 공동주택관리의 효율화와 입주자 등의 보호를 위하여 필요하다고 인정하는 경우에는 ②의 감사 대상이 되는 업무에 대하여 감사를 실시할 수 있다.

⑤ 지방자치단체의 장은 ③ 또는 ④에 따라 감사를 실시할 경우 변호사·공인회계사 등의 전문가에게 자문하거나 해당 전문가와 함께 영업소·관리사무소 등을 조사할 수 있다.

⑥ ②부터 ⑤까지의 감사 요청 및 감사 실시에 필요한 사항은 지방자치단체의 조례로 정한다.

⑦ 지방자치단체의 장은 ①부터 ④까지의 규정에 따라 명령, 조사 또는 검사, 감사의 결과 등을 통보하는 경우 그 내용을 해당 공동주택의 입주자대표회의 및 관리주체에게도 통보하여야 한다.

⑧ 관리주체는 ⑦에 따라 통보받은 내용을 대통령령으로 정하는 바에 따라 해당 공동주택단지의 인터넷 홈페이지 및 동별 게시판에 공개하고 입주자 등의 열람·복사 요구에 따라야 한다.

⑨ ⑦에 따른 통보를 받은 관리주체는 ⑧에 따라 통보를 받은 날부터 10일 이내에 그 내용을 공동주택단지의 인터넷 홈페이지 및 동별 게시판에 7일 이상 공개해야 한다. 이 경우 동별 게시판에는 통보받은 일자, 통보한 기관 및 관계 부서, 주요 내용 및 조치사항 등을 요약하여 공개할 수 있다.

⑩ 관리주체는 ⑨에 따라 공개하는 내용에서 「개인정보 보호법 시행령」에 따른 고유식별정보 등 개인의 사생활의 비밀 또는 자유를 침해할 우려가 있는 정보는 제외해야 한다.

(2) **공동주택관리에 관한 감독사항[(1)의 ①의 대통령령으로 정하는 업무]**

① 입주자대표회의의 구성 및 의결
② 관리주체 및 관리사무소장의 업무
③ 자치관리기구의 구성 및 운영
④ 관리규약의 제정·개정
⑤ 시설물의 안전관리
⑥ 공동주택의 안전점검
⑦ 장기수선계획 및 장기수선충당금 관련업무
⑧ 행위허가 또는 신고
⑨ 그 밖에 공동주택의 관리에 관한 업무

**공동주택 관리비리
신고센터 설치 등**

01 공동주택 관리비리 신고
센터의 설치

02 공동주택 관리비리 신고
센터의 설치 및 구성

03 공동주택 관리비리의 신고
및 확인

04 공동주택 관리비리 신고의
종결처리

05 공동주택 관리비리 신고의
처리

06 공동주택 관리비리 신고센터 설치 등

(1) **공동주택 관리비리 신고센터의 설치**

① 국토교통부장관은 공동주택 관리비리와 관련된 불법행위 신고의 접수·처리 등에 관한 업무를 효율적으로 수행하기 위하여 공동주택 관리비리 신고센터(이하 "신고센터"라 한다)를 설치·운영할 수 있다.
② 신고센터는 다음의 업무를 수행한다.
  ㉠ 공동주택관리의 불법행위와 관련된 신고의 상담 및 접수
  ㉡ 해당 지방자치단체의 장에게 해당 신고사항에 대한 조사 및 조치 요구
  ㉢ 신고인에게 조사 및 조치 결과의 요지 등 통보
③ 공동주택관리와 관련하여 불법행위를 인지한 자는 신고센터에 그 사실을 신고할 수 있다. 이 경우 신고를 하려는 자는 자신의 인적사항과 신고의 취지·이유·내용을 적고 서명한 문서와 함께 신고 대상 및 증거 등을 제출하여야 한다.
④ ②의 ㉡에 따른 요구를 받은 지방자치단체의 장은 신속하게 해당 요구에 따른 조사 및 조치를 완료하고 완료한 날부터 10일 이내에 그 결과를 국토교통부장관에게 통보하여야 하며, 국토교통부장관은 통보를 받은 경우 즉시 신고자에게 그 결과의 요지를 알려야 한다.
⑤ ①부터 ④까지에서 규정한 사항 외에 신고센터의 설치·운영·업무·신고 및 처리 등에 필요한 사항은 대통령령으로 정한다.

⑵ **공동주택 관리비리 신고센터의 설치 및 구성**

① 국토교통부장관은 국토교통부에 공동주택 관리비리 신고센터(이하 "신고센터"라 한다)를 설치한다.

② 신고센터의 장은 국토교통부의 공동주택 관리업무를 총괄하는 부서의 장으로 하고, 구성원은 공동주택 관리와 관련된 업무를 담당하는 공무원으로 한다.

③ 국토교통부장관은 신고센터의 운영을 위하여 필요한 경우 지방자치단체의 장에게 소속 직원의 파견을 요청할 수 있다. 이 경우 국토교통부장관은 공동주택 관리비리 신고 및 처리 건수 등을 고려하여 관계 지방자치단체의 장과 협의를 거쳐 인력지원의 규모, 기간 및 방법 등을 조정할 수 있다.

④ 국토교통부장관으로부터 소속 직원의 파견을 요청받은 지방자치단체의 장은 특별한 사유가 없으면 파견에 필요한 조치를 하여야 한다.

⑶ **공동주택 관리비리의 신고 및 확인**

① 신고를 하려는 자는 다음의 사항을 포함한 신고서(전자문서를 포함한다)를 신고센터에 제출하여야 한다.
   ㉠ 신고자의 성명, 주소, 연락처 등 인적사항
   ㉡ 신고대상자의 성명, 주소, 연락처 및 근무기관 등 인적사항
   ㉢ 신고자와 신고대상자의 관계
   ㉣ 신고의 경위 및 이유
   ㉤ 신고 대상 비리행위의 발생일시·장소 및 그 내용
   ㉥ 신고내용을 증명할 수 있는 참고인의 인적사항 또는 증거자료

② ①에 따른 신고서를 받은 신고센터는 다음의 사항을 확인할 수 있다.
   ㉠ 신고자 및 신고대상자의 인적사항
   ㉡ 신고내용을 증명할 수 있는 참고인 또는 증거자료의 확보 여부
   ㉢ 신고자가 신고내용의 조사·처리 등에서 신고센터 및 해당 지방자치단체의 담당 공무원 외의 자에게 그 신분을 밝히거나 암시하는 것(이하 "신분공개"라 한다)에 동의하는지 여부

③ 신고센터는 신분공개의 동의 여부를 확인하는 경우에는 신고내용의 처리 절차 및 신분공개의 절차 등에 관하여 설명하여야 한다.

④ 신고센터는 확인 결과 신고서가 신고자의 인적사항이나 신고내용의 특정에 필요한 사항을 갖추지 못한 경우에는 신고자로 하여금 15일 이내의 기간을 정하여 이를 보완하게 할 수 있다. 다만, 15일 이내에 자료를 보완하기 곤란한 사유가 있다고 인정되는 경우에는 신고자와 협의하여 보완기간을 따로 정할 수 있다.

⑤ 신고센터 및 해당 지방자치단체의 장은 신고내용의 확인을 위하여 신고자로부터 진술을 듣거나 신고자 또는 신고대상자에게 필요한 자료의 제출을 요구할 수 있다.

(4) 공동주택 관리비리 신고의 종결처리

신고센터는 다음의 어느 하나에 해당하는 경우 접수된 신고를 종결할 수 있다. 이 경우 종결 사실과 그 사유를 신고자에게 통보하여야 한다.

① 신고내용이 명백히 거짓인 경우
② 신고자가 (3)의 ④에 따른 보완요구를 받고도 보완기간 내 보완하지 아니한 경우
③ 신고에 대한 처리결과를 통보받은 사항에 대하여 정당한 사유 없이 다시 신고한 경우로서 새로운 증거자료 또는 참고인이 없는 경우
④ 그 밖에 비리행위를 확인할 수 없는 등 조사가 필요하지 아니하다고 신고센터의 장이 인정하는 경우

(5) 공동주택 관리비리 신고의 처리

① 신고센터는 (3)의 ①에 따른 신고서를 받은 날부터 10일 이내[(3)의 ④에 따른 보완기간은 제외한다]에 해당 지방자치단체의 장에게 신고사항에 대한 조사 및 조치를 요구하고, 그 사실을 신고자에게 통보하여야 한다.
② 신고사항에 대한 조사 및 조치를 요구받은 지방자치단체의 장은 요구를 받은 날부터 60일 이내에 조사 및 조치를 완료하고, 조사 및 조치를 완료한 날부터 10일 이내에 국토교통부장관에게 통보하여야 한다. 다만, 60일 이내에 처리가 곤란한 경우에는 한 차례만 30일 이내의 범위에서 그 기간을 연장할 수 있다.
③ ②의 단서에 따라 조사 및 조치 기간을 연장하려는 지방자치단체의 장은 그 사유와 연장기간을 신고센터에 통보하여야 한다.

07 공동주택 주거론

공동주택 주거론

01 개 요
02 공동주택 주거론
03 공동주거와 정보 네트워크
04 공동주거자산관리

1 개 요

주거론은 주거에 대한 이론적 논의라 할 수 있다. 이때 '주거'는 단순히 물리적인 객체로서의 주택만을 의미하는 것은 아니며, 그것이 생활과 결합하여 우리에게 '인식되어지는 주거경험', 또는 '주관적 인식'의 문제를 포함한다.

공동주택의 주거문제는 단독주택과 달리 전유부분과 공유부분으로 구분되어 공용부분의 시설물 및 설비의 관리에 수반된 문제와 공동주거 생활에서 발생될 수 있는 입주자 등의 공동의 이익과 질서유지 및 양호한 주거환경 조성을 위한 입주자 등의 상호간 이해 조정 등이 주거형태의 급속한 변화와 도시화로 인하여 크다 할 수 있다.

주거에 대한 생활양식의 변화가 의식의 전환에 앞서다 보니, 공동주거환경 속에 거주하면서도 시설물의 이용 및 관리는 개인적 편익에만 치중하는 경우가 있어, 상대적으로 불이익을 당한 공동 거주자인 이웃과 분쟁이 발생되는 등 이해관계의 조정을 통해 공동체 문화의 활성화가 필요하게 되었다.

2 공동주택 주거론

(1) **주거와 주택의 의미**

① **주택과 주거**

인간을 비·바람이나 추위·더위와 같은 자연적 피해와 도난·파괴와 같은 사회적 침해로부터 보호하기 위한 건물을 주택이라 하며, 주택이라는 물리적인 건축물에서 가족이 생활의 안정과 향상을 위해 이웃 그리고 지역 사회와 더불어 살아가는 생활환경을 주거라고 한다.

② **주거의 기능**

㉠ 외부의 위협으로부터 가족의 신체와 재산을 보호하고 정신적인 안정을 추구 하는 공간이다.

㉡ 부부생활이 이루어지며, 자녀를 낳아 양육·교육하는 장소이다.

㉢ 가족의 결합과 화합이 이루어지며, 휴식을 통한 노동력 재생산공간이다.

㉣ 노인들을 보호하고, 가족의 기본적인 생활이 이루어지는 장소이다.

㉤ 가족을 위한 가사 노동의 터전이다.

㉥ 우리 삶의 질을 결정하는 중요한 요소로 개인, 가족, 사회와 관련을 맺고 이루어진다.

③ 주거의 조건
  ㉠ 안전성
    ⓐ 자연 재해로부터 인간의 생활을 안전하게 보호할 수 있어야 한다.
    ⓑ 가족의 생명과 재산을 보호할 수 있어야 한다.
    ⓒ 안전사고 방지를 위해 바닥이 미끄럽지 않고 계단, 베란다 등에는 안전한 설비를 갖추어야 한다.
  ㉡ 쾌적성 : 온도와 습도 조절, 채광 통풍, 급·배수, 쓰레기처리시설이 양호하여야 하며, 소음이나 공기 오염이 적은 지역이어야 한다.
  ㉢ 능률성(편리성) : 알맞은 방의 수와 크기, 동선이 짧고 인체 치수에 맞는 공간과 가구, 수납공간이 충분히 확보된 시설을 이용할 수 있어야 한다. 또한 교통·교육 환경, 지역사회 시설 같은 외적 요인도 고려되어야 한다.
  ㉣ 심미성 : 신체적, 정신적 피로의 휴식처이므로 가족의 취미와 개성의 표현을 위한 아름다운 공간이어야 한다.
  ㉤ 경제성 : 가정의 경제 수준에 알맞은 주거비(주택구입비, 임차비, 상하수도 요금, 가스 요금, 냉난방비, 주택 관련 세금)이어야 한다.

(2) **공동주거관리의 필요성**

① **자원낭비로부터의 환경보호** : 지속가능한 주거환경의 정착을 위하여 재건축으로 인한 단절보다는 주택의 수명을 연장시키고 오랫동안 이용하고 거주할 수 있는 관리방식이 요구되고 있다. 특히 공동주택은 건설시에 대량의 자원과 에너지를 소비하게 되고, 제거시에도 대량의 폐기물이 발생되므로 주택의 수명연장이 필요하다.

② **양질의 사회적 자산 형성** : 주택은 양적으로나 질적으로 공동사회적 자산 가치를 가지므로 생활변화에 대응하면서 쾌적하게 오랫동안 살 수 있는 주택 스톡 대책으로 공동주택의 적절한 유지관리가 필요하다.

③ **자연재해로부터의 안전성** : 주택은 시간이 흐름에 따라 노후화가 진행되기 때문에 적절한 시기에 점검과 수선 등을 통해 주택의 안전성을 확보하여 지진, 태풍 등의 재해로부터 피해를 받는 일이 없도록 예방해야 할 필요가 있다.

④ **지속적인 커뮤니티로부터의 주거문화 계승** : 주거문화의 유형의 대상은 물리적 공간인 주택이고, 무형의 대상은 물리적 공간 내외부에서 일어나는 인간들의 삶의 이야기와 지속적인 커뮤니티라 할 수 있기 때문에 주거문화의 계승은 주거관리 행위가 바람직하게 지속적으로 이루어질 때 형성되기 때문에 필요하다.

3 공동주거와 정보 네트워크

(1) 용어의 정의

① 초고속정보통신건물은 초고속정보통신서비스를 편리하게 이용할 수 있도록 일정 기준 이상의 구내정보통신 설비를 갖춘 건축물을 말한다.

② 홈네트워크건물은 원격에서 조명, 난방, 출입통제 등의 홈네트워크 서비스를 제공할 수 있도록 일정 기준 이상의 홈네트워크용배관, 배선 등을 갖춘 건축물을 말한다.

③ 공동주택은 「건축법 시행령」에서 분류하고 있는 아파트, 연립주택, 다세대주택, 기숙사를 말한다.

④ 업무시설은 「건축법 시행령」에서 분류된 국가 또는 지방자치단체의 청사, 금융업소, 사무소, 신문사, 오피스텔 등을 말한다.

(2) 초고속정보통신건물 인증

① **인증대상**: 「건축법」의 공동주택 중 20세대 이상의 건축물 또는 업무시설 중 연면적 $3,300m^2$ 이상인 건축물

② **인증등급**
 ㉠ 초고속정보통신 특등급
 ㉡ 초고속정보통신 1등급
 ㉢ 초고속정보통신 2등급

(3) 홈네트워크건물 인증

① **인증대상**: 홈네트워크건물 인증 대상은 「건축법」의 공동주택 중 20세대 이상의 건축물 또는 「주택법」 및 「주택법 시행령」에 따른 오피스텔(준주택)을 대상으로 한다.

② **인증등급**
 ㉠ 홈네트워크 AAA등급(홈IoT)
 ㉡ 홈네트워크 AA등급
 ㉢ 홈네트워크 A등급

4 공동주거자산관리

(1) 시설관리

공동주택 시설을 운영하여 유지하는 것으로서 그 업무로 설비운전 및 보수, 외주관리, 에너지관리, 환경·안전관리 등이 있다.

(2) 부동산자산관리

주택이라는 자산으로부터 획득하고자 하는 수익목표를 설정하고 이에 자본적, 수익적 지출계획과 연간예산을 수립하는 것과 주택의 임대차를 유치 및 유지하며 발생하는 비용을 통제하는 것을 말하며 그 업무에는 인력관리, 회계업무, 임대료 책정을 위한 적절한 기준과 계획, 보험 및 세금에 대한 업무 등이 있다.

(3) 입주자관리

입주자의 생활편익을 증진할 수 있는 다양한 서비스를 준비하며 해당 공동주택에 거주하는 것이 더 매력적이게 만들어 궁극적으로 임대수익을 극대화시킬 수 있는 관리를 말한다. 즉 관리직원의 친절함은 물론이고 우편물관리, 민원대행, 주차안내, 자동차관리, 이사 서비스, 임대차계약 후 사후관리 서비스 등이 이에 해당한다.

01 다음 사례 중 공동주택관리법령을 위반한 것은?

① 하나의 공동주택단지를 여러 개의 공구로 구분하여 순차적으로 건설한 단지에서, 먼저 입주한 공구의 입주자 등이 입주자대표회의를 구성하였다가 다음 공구의 입주예정자의 과반수가 입주한 때에 다시 입주자대표회의를 구성하였다.

② 입주자대표회의 구성원 10명 중 6명의 찬성으로 자치관리기구의 관리사무소장을 선임하였다.

③ 자치관리를 하는 공동주택의 입주자대표회의가 구성원 과반수의 찬성으로 자치관리기구 직원의 임면을 의결하였다.

④ 300세대 전체가 입주한 공동주택에서 2013년 8월 10일에 35세대의 입주자가 요청하여 회장이 2013년 9월 9일에 입주자대표회의를 소집하였다.

⑤ 입주자대표회의의 구성원 10명 중 6명의 찬성으로 해당 공동주택에 대한 리모델링의 제안을 의결하였다.

해설 입주자대표회의는 관리규약이 정하는 바에 따라 회장이 소집한다. 다만, 다음의 어느 하나에 해당하는 때에는 회장은 해당일부터 14일 이내에 입주자대표회의를 소집하여야 하고, 회장이 회의를 소집하지 아니하는 경우에는 관리규약으로 정하는 이사가 그 회의를 소집하고 회장의 직무를 대행한다.
(1) 입주자대표회의 구성원 3분의 1 이상이 청구하는 때
(2) 입주자 등의 10분의 1 이상이 요청하는 때
(3) 전체 입주자의 10분의 1 이상이 요청하는 때[입주자대표회의의 의결사항인 장기수선계획 및 안전관리계획의 수립 또는 조정(비용지출을 수반하는 경우로 한정한다) 중 장기수선계획의 수립 또는 조정에 관한 사항만 해당한다]

02 공동주택관리법령상 선거관리위원회에 관한 설명으로 옳지 않은 것은? 　　　　제22회

① 500세대 이상인 공동주택의 선거관리위원회는 입주자 등 중에서 위원장을 포함하여 5명 이상, 9명 이하의 위원으로 구성한다.
② 선거관리위원회 위원장은 위원 중에서 호선한다.
③ 500세대 미만인 공동주택은 「선거관리위원회법」에 따른 선거관리위원회 소속 직원 1명을 관리규약으로 정하는 바에 따라 위원으로 위촉한다.
④ 선거관리위원회 위원장은 동별 대표자 후보자에 대하여 동별 대표자의 자격요건 충족 여부와 결격사유 해당 여부를 확인하여야 한다.
⑤ 선거관리위원회의 위원장은 동별 대표자가 결격사유 확인에 관한 사무를 수행하기 위하여 불가피한 경우 개인정보 보호법 시행령에 따른 주민등록번호가 포함된 자료를 처리할 수 있다.

해설 ③ 500세대 이상인 공동주택은 「선거관리위원회법」에 따른 선거관리위원회 소속 직원 1명을 관리규약으로 정하는 바에 따라 위원으로 위촉할 수 있다.

03 공동주택관리법령상 입주자대표회의의 구성과 임원의 업무범위 등에 관한 설명으로 옳지 않은 것은? 　　　　제23회 일부수정

① 감사는 감사를 한 경우에는 감사보고서를 작성하여 입주자대표회의와 관리주체에게 제출하고 인터넷 홈페이지 및 동별 게시판 등에 공개하여야 한다.
② 동별 대표자가 임기 중에 동별 대표자의 결격사유에 해당하게 된 경우에는 당연히 퇴임한다.
③ 입주자대표회의는 의결사항을 의결할 때 입주자 등이 아닌 자로서 해당 공동주택의 관리에 이해관계를 가진 자의 권리를 침해해서는 안 된다.
④ 사용자인 동별 대표자는 회장이 될 수 없으나, 입주자인 동별 대표자 중에서 회장후보자가 없는 경우로서 선출 전에 전체 입주자 등의 과반수의 동의를 얻은 경우에는 회장이 될 수 있다.
⑤ 300세대 이상인 공동주택의 관리주체는 관리규약으로 정하는 범위·방법 및 절차 등에 따라 회의록을 입주자 등에게 공개하여야 하며, 300세대 미만인 공동주택의 관리주체는 관리규약으로 정하는 바에 따라 회의록을 공개할 수 있다. 이 경우 관리주체는 입주자 등이 회의록의 열람을 청구하거나 자기의 비용으로 복사를 요구하는 때에는 관리규약으로 정하는 바에 따라 이에 응하여야 한다.

해설 ④ 사용자인 동별 대표자는 회장이 될 수 없다. 다만, 입주자인 동별 대표자 중에서 회장후보자가 없는 경우로서 선출 전에 전체 입주자 과반수의 서면동의를 얻은 경우에는 그러하지 아니하다.

04 공동주택관리법령상 입주자대표회의의 구성 및 운영에 관한 설명으로 옳지 않은 것은? 제24회

① 입주자대표회의는 4명 이상으로 구성하되, 동별 세대수에 비례하여 관리규약으로 정한 선거구에 따라 선출된 대표자로 구성한다.

② 사용자는 입주자인 동별 대표자 후보자가 있는 선거구라도 해당 공동주택단지 안에서 주민등록을 마친 후 계속하여 3개월 이상 거주하고 있으면 동별 대표자로 선출될 수 있다.

③ 사용자인 동별 대표자는 입주자인 동별 대표자 중에서 회장 후보자가 없는 경우로서 선출 전에 전체 입주자 과반수의 서면동의를 얻은 경우에는 회장이 될 수 있다.

④ 공동체 생활의 활성화 및 질서유지에 관한 사항은 입주자대표회의 구성원 과반수의 찬성으로 의결한다.

⑤ 입주자대표회의는 주택관리업자가 공동주택을 관리하는 경우에는 주택관리업자의 직원인사 · 노무관리 등의 업무수행에 부당하게 간섭해서는 아니 된다.

해설 ② 사용자는 입주자인 동별 대표자의 후보자가 없는 선거구에서 이 법에 해당하는 요건을 모두 갖춘 경우에는 동별 대표자가 될 수 있다. 이 경우 입주자인 후보자가 있으면 사용자는 후보자의 자격을 상실한다.

05 공동주택관리법령상 동별 대표자 선출공고에서 정한 각종 서류제출 마감일을 기준으로 동별 대표자가 될 수 없는 자에 해당되지 않는 사람은? 제20회

① 해당 공동주택 관리주체의 소속 임직원

② 관리비를 최근 3개월 이상 연속하여 체납한 사람

③ 공동주택의 소유자가 서면으로 위임한 대리권이 없는 소유자의 배우자

④ 주택법을 위반한 범죄로 징역 6개월의 집행유예 1년의 선고를 받고 그 유예기간이 종료한 때로부터 2년이 지난 사람

⑤ 동별 대표자를 선출하기 위해 입주자 등에 의해 구성된 선거관리위원회 위원이었으나 1개월 전에 사퇴하였고 그 남은 임기 중에 있는 사람

해설 ④ 서류제출 마감일을 기준으로 금고 이상의 형의 집행유예선고를 받고 그 유예기간 중에 있는 사람은 동별 대표자가 될 수 없으며 그 자격을 상실한다.

Answer

02 ③   03 ④   04 ②   05 ④

06 공동주택관리법령상 동별 대표자를 선출하기 위한 선거관리위원회 위원이 될 수 있는 사람은? 　제21회

① 사용자
② 동별 대표자
③ 피한정후견인
④ 동별 대표자 후보자의 직계존비속
⑤ 동별 대표자에서 해임된 사람으로서 그 남은 임기 중에 있는 사람

해설 다음의 어느 하나에 해당하는 사람은 선거관리위원회 위원이 될 수 없으며 그 자격을 상실한다.
1. 동별 대표자 또는 그 후보자
2. 1.에 해당하는 사람의 배우자 또는 직계존비속
3. 미성년자, 피성년후견인 또는 피한정후견인
4. 동별 대표자를 사퇴하거나 그 지위에서 해임된 사람 또는 공동주택관리법 제14조 제5항에 따라 퇴임한 사람으로서 그 남은 임기 중에 있는 사람
5. 선거관리위원회 위원을 사퇴하거나 그 지위에서 해임 또는 해촉된 사람으로서 그 남은 임기 중에 있는 사람

07 공동주택관리법령상 관리규약에 관한 설명으로 옳지 않은 것은? 　제22회

① 공동체생활의 활성화에 필요한 경비의 일부를 공동주택을 관리하면서 부수적으로 발생하는 수입에서 지원하는 경우, 그 경비의 지원은 관리규약으로 정하거나 관리규약에 위배되지 아니하는 범위에서 입주자대표회의의 의결로 정한다.
② 공동생활의 질서를 문란하게 한 자에 대한 조치는 관리규약준칙에 포함되어야 한다.
③ 관리규약준칙에는 입주자 등이 아닌 자의 기본적인 권리를 침해하는 사항이 포함되어서는 아니 된다.
④ 관리규약의 개정은 전체 입주자 등의 10분의 1 이상이 제안하고 투표자의 과반수가 찬성하는 방법에 따른다.
⑤ 사업주체는 시장·군수·구청장에게 관리규약의 제정을 신고하는 경우 관리규약의 제정 제안서 및 그에 대한 입주자 등의 동의서를 첨부하여야 한다.

해설 공동주택의 관리규약 개정절차는 다음의 어느 하나에 해당하는 방법으로 한다.
⑴ 입주자대표회의의 의결로 제안하고 전체 입주자 등의 과반수가 찬성
⑵ 전체 입주자 등의 10분의 1 이상이 제안하고 전체 입주자 등의 과반수가 찬성

08 공동주택관리법상 공동주택의 입주자 등을 보호하고 주거생활의 질서를 유지하기 위하여 대통령령으로 정하는 바에 따라 공동주택의 관리 또는 사용에 관하여 준거가 되는 관리규약의 준칙을 정하여야 하는 주체로 옳지 않은 것은?　　　　　　　　　　　　　　　　제24회

① 서울특별시장　　　　　　　　　　　② 부산광역시장
③ 세종특별자치시장　　　　　　　　　④ 충청남도지사
⑤ 경상북도 경주시장

해설 특별시장·광역시장·특별자치시장·도지사 또는 특별자치도지사는 공동주택의 입주자 등을 보호하고 주거생활의 질서를 유지하기 위하여 대통령령으로 정하는 바에 따라 공동주택의 관리 또는 사용에 관하여 준거가 되는 관리규약의 준칙을 정하여야 한다.

09 공동주택 층간소음의 범위와 기준에 관한 규칙상 층간소음의 기준에 관한 것이다. (　　)에 들어갈 숫자를 쓰시오.　　　　　　　　　　　　　　　　　　　　　　제23회

층간소음의 구분		층간소음의 기준[단위 : dB(A)]	
		주간 (06:00~22:00)	야간 (22:00~06:00)
공기전달 소음 (텔레비전, 음향기기 등의 사용으로 인하여 발생하는 소음)	**5분간 등가소음도(Leq)**	(㉠)	(㉡)

해설 공기전달 소음의 5분간 등가소음도는 주간이 45dB(A), 야간이 40dB(A)이다.

10 공동주택관리법령상 지방 공동주택관리 분쟁조정위원회(지방분쟁조정위원회)에 관한 설명으로 옳지 않은 것은?

① 지방분쟁조정위원회의 구성에 필요한 사항은 대통령령으로 정하며, 지방분쟁조정위원회의 회의·운영 등에 필요한 사항은 해당 시·군·구의 조례로 정한다.

② 지방분쟁조정위원회는 위원장 1명을 포함하여 15명 이내의 위원으로 구성하되, 성별을 고려하여야 한다.

③ 공무원이 아닌 위원의 임기는 2년으로 한다. 다만, 보궐위원의 임기는 전임자의 남은 임기로 한다.

④ 지방분쟁조정위원회의 위원장은 위원 중에서 해당 지방자치단체의 장이 지명하는 사람이 된다.

⑤ 분쟁당사자가 지방분쟁조정위원회의 조정결과를 수락한 경우에는 당사자 간에 조정조서(調停調書)와 같은 내용의 합의가 성립된 것으로 본다.

해설 ② 지방분쟁조정위원회는 위원장 1명을 포함하여 10명 이내의 위원으로 구성한다.

11 공동주택관리법령상 공동주택관리 분쟁조정위원회에 관한 설명으로 옳은 것은? 제22회

① 중앙분쟁조정위원회를 구성할 때에는 성별을 고려하여야 한다.

② 공동주택의 층간소음에 관한 사항은 공동주택관리 분쟁조정위원회의 심의사항에 해당하지 않는다.

③ 국토교통부에 중앙분쟁조정위원회를 두고, 시·도에 지방분쟁조정위원회를 둔다.

④ 300세대인 공동주택단지에서 발생한 분쟁은 중앙분쟁조정위원회에서 관할한다.

⑤ 중앙분쟁조정위원회는 위원장 1명을 제외한 15명 이내의 위원으로 구성한다.

해설 ② 공동주택의 층간소음에 관한 사항은 공동주택관리 분쟁조정위원회의 심의사항에 해당된다.
③ 국토교통부에 중앙분쟁조정위원회를 두고, 시·군·구에 지방분쟁조정위원회를 둔다.
④ 500세대 이상인 공동주택단지에서 발생한 분쟁은 중앙분쟁조정위원회에서 관할한다.
⑤ 중앙분쟁조정위원회는 위원장 1명을 포함한 15명 이내의 위원으로 구성한다.

12 공동주택관리법령상 공동주택관리의 분쟁조정에 관한 설명으로 옳지 않은 것은? 제21회

① 관리비·사용료 및 장기수선충당금 등의 징수·사용 등에 관한 사항은 공동주택관리 분쟁조정위원회의 심의·조정사항에 해당된다.

② 분쟁당사자가 쌍방이 합의하여 중앙 공동주택관리 분쟁조정위원회에 조정을 신청하는 분쟁은 중앙 공동주택관리 분쟁조정위원회의 심의·조정사항에 해당된다.

③ 지방 공동주택관리 분쟁조정위원회는 해당 특별자치시·특별자치도·시·군·자치구의 관할 구역에서 발생한 분쟁 중 중앙 공동주택관리 분쟁조정위원회의 심의·조정 대상인 분쟁 외의 분쟁을 심의·조정한다.

④ 조정안을 제시받은 당사자는 그 제시를 받은 날부터 60일 이내에 그 수락 여부를 중앙 공동주택관리 분쟁조정위원회에 서면으로 통보하여야 하며, 60일 이내에 의사표시가 없는 때에는 수락한 것으로 본다.

⑤ 공동주택관리 분쟁(공동주택의 하자담보책임 및 하자보수 등과 관련한 분쟁을 제외한다)을 조정하기 위하여 국토교통부에 중앙 공동주택관리 분쟁조정위원회를 두고, 특별자치시·특별자치도·시·군·자치구에 지방 공동주택관리 분쟁조정위원회를 둔다. 다만, 공동주택 비율이 낮은 특별자치시·특별자치도·시·군·자치구로서 국토교통부장관이 인정하는 특별자치시·특별자치도·시·군·자치구의 경우에는 지방 공동주택관리 분쟁조정위원회를 두지 아니할 수 있다.

해설 ④ 조정안을 제시받은 당사자는 그 제시를 받은 날부터 30일 이내에 그 수락 여부를 중앙 공동주택관리 분쟁조정위원회에 서면으로 통보하여야 하며, 30일 이내에 의사표시가 없는 때에는 수락한 것으로 본다.

13 민간임대주택에 관한 특별법령상 임대주택분쟁조정위원회에 관한 설명으로 옳은 것은?
제20회

① 위원회는 위원장 1명을 포함하여 20명 이내로 구성한다.

② 분쟁조정은 임대사업자와 임차인대표회의의 신청 또는 위원회의 직권으로 개시한다.

③ 공공임대주택의 임차인대표회의는 공공주택사업자와 분양전환승인에 관하여 분쟁이 있는 경우 위원회에 조정을 신청할 수 있다.

④ 위원회의 위원장은 위원 중에서 호선한다.

⑤ 공무원이 아닌 위원의 임기는 2년으로 하며, 두 차례만 연임할 수 있다.

해설 ① 위원회는 위원장 1명을 포함하여 10명 이내로 구성한다.
   ② 분쟁조정은 임대사업자와 임차인대표회의의 신청으로 개시한다.
   ③ 분양전환승인에 관한 사항은 위원회에 조정을 신청할 수 있는 사항에서 제외된다.
   ④ 위원장은 해당 지방자치단체의 장이 된다.

Answer
10 ② 11 ① 12 ④ 13 ⑤

14 민간임대주택에 관한 특별법상 임대주택분쟁조정위원회(이하 "조정위원회"라 한다)에 관한 설명으로 옳은 것은?   제24회

① 임대료의 증액에 대한 분쟁에 관해서는 조정위원회가 직권으로 조정을 하여야 한다.

② 임차인대표회의는 이 법에 따른 민간임대주택의 관리에 대한 분쟁에 관하여 조정위원회에 조정을 신청할 수 없다.

③ 공무원이 아닌 위원의 임기는 1년으로 하며 연임할 수 있다.

④ 공공주택사업자 또는 임차인대표회의는 공공임대주택의 분양전환승인에 관한 사항의 분쟁에 관하여 조정위원회에 조정을 신청할 수 없다.

⑤ 임차인은 「공공주택 특별법」 제50조의3에 따른 우선 분양전환 자격에 대한 분쟁에 관하여 조정위원회에 조정을 신청할 수 없다.

해설 ① 임대사업자 또는 임차인대표회의는 임대료의 증액에 대한 분쟁에 관하여 조정위원회에 조정을 신청할 수 있다.
② 임차인대표회의는 민간임대주택에 관한 특별법에 따른 민간임대주택의 관리에 대한 분쟁에 관하여 조정위원회에 조정을 신청할 수 있다.
③ 공무원이 아닌 위원의 임기는 2년으로 하며 두 차례만 연임할 수 있다.
⑤ 임차인은 「공공주택 특별법」 제50조의3에 따른 우선 분양전환 자격에 대한 분쟁에 관하여 조정위원회에 조정을 신청할 수 있다.

15 민간임대주택에 관한 특별법령상 임대주택분쟁조정위원회의 구성에 관한 내용이다. (   ) 안에 들어갈 용어와 숫자를 순서대로 나열한 것은?   제19회

> • 임대주택분쟁조정위원회의 구성은 (   )가(이) 한다.
> • 임대주택분쟁조정위원회는 위원장 1명을 포함하여 (   )명 이내로 구성한다.

① 시 · 도지사, 7   ② 지방자치단체의 장, 7
③ 국토교통부장관, 10   ④ 임차인대표회장, 10
⑤ 시장 · 군수 · 구청장, 10

해설 입주자대임대주택분쟁조정위원회의 구성은 시장 · 군수 · 구청장이 하고 위원장 1명을 포함하여 10명 이내로 구성한다.

16 민간임대주택에 관한 특별법령상 주택임대관리업의 결격사유에 해당하지 않는 것은? 제21회

① 피성년후견인

② 파산선고를 받고 복권되지 아니한 자

③ 민간임대주택에 관한 특별법을 위반하여 형의 집행유예를 선고받고 그 유예기간 중에 있는 사람

④ 민간임대주택에 관한 특별법 제10조에 따라 주택임대관리업의 등록이 말소된 후 2년이 지나지 아니한 자. 이 경우 등록이 말소된 자가 법인인 경우에는 말소 당시의 원인이 된 행위를 한 사람과 대표자를 포함한다.

⑤ 민간임대주택에 관한 특별법을 위반하여 금고 이상의 실형을 선고받고 집행이 종료(집행이 종료된 것으로 보는 경우를 포함한다)되거나 그 집행이 면제된 날부터 3년이 지난 사람

해설 ⑤ 민간임대주택에 관한 특별법을 위반하여 금고 이상의 실형을 선고받고 집행이 종료(집행이 종료된 것으로 보는 경우를 포함한다)되거나 그 집행이 면제된 날부터 3년이 지나지 아니한 사람이 주택임대관리업의 결격사유에 해당된다.

17 공동주거관리의 의의와 내용에 관한 설명으로 옳지 않은 것은? 제21회

① 지속적인 커뮤니티로부터의 주거문화 계승 측면에서 공동주거관리 행위가 바람직하게 지속적으로 이루어져야 된다.

② 자연재해로부터의 안전성 확보 측면에서 주민들이 생활변화에 대응하면서 쾌적하게 오랫동안 살 수 있는 주택 스톡(stock) 대책으로 공동주택이 적절히 유지관리되어야 한다.

③ 공동주거관리 시스템은 물리적 지원 시스템의 구축, 주민의 자율적 참여유도를 위한 인프라의 구축, 관리주체의 전문성 체계의 구축 측면으로 전개되어야 한다.

④ 자원낭비로부터의 환경 보호 측면에서 지속가능한 주거환경을 정착시키기 위해서는 재건축으로 인한 단절보다는 주택의 수명을 연장시키고 오랫동안 이용하고 거주할 수 있는 관리의 모색이 요구되고 있다.

⑤ 공동주거관리는 주민들의 다양한 삶을 담고 있는 공동체를 위하여 휴먼웨어 관리, 하드웨어 관리, 소프트웨어 관리라는 메커니즘 안에서 거주자가 중심이 되어 관리주체와의 상호 신뢰와 협조를 바탕으로 관리해 나가는 능동적 관리이다.

해설 ② 주택 스톡(stock) 대책은 공동주거관리의 필요성 중 자연재해로부터의 안전성 확보가 아닌 양질의 사회적 자산 형성과 관련된 규정으로 주택은 양적으로나 질적으로 공동 사회적 자산가치를 가지므로 생활환경에 대응하면서 쾌적하게 오랫동안 살 수 있는 공동주택의 적절한 유지관리는 필수적이다.

Answer
14 ④ 15 ⑤ 16 ⑤ 17 ②

18 관리사무소장이 관리업무종사자에 대하여 갖추어야 할 바람직한 리더십에 대한 설명 중 옳은 것은 몇 개인가?

제11회

> • 대화나 면담을 통하여 관리업무종사자의 의견을 경청하고 참여와 위임을 통해 반발의 여지를 해소시켜 사기를 높여야 한다.
> • 관리업무종사자에게 권한을 넘기지 않고 세세한 모든 일에 간섭한다.
> • 관리업무종사자들의 관점을 이해하며 그들에게 전망을 제시하는 감정이입능력을 갖추어야 한다.
> • 관리업무종사자에게 보다 더 큰 목적을 추구하도록 책무를 상기시키고 의욕을 고취한다.
> • 상세하게 설명하기를 꺼리고 고압적인 자세를 유지한다.

① 1개   ② 2개
③ 3개   ④ 4개
⑤ 5개

해설 관리업무종사자의 참여와 위임을 통하여 의욕을 고취시키고 고압적인 자세는 피하여야 한다.

19 공동주거관리에 대한 설명 중 옳지 않은 것은?

제15회

① 주거관리의 다양한 목적 중의 하나는 주택의 물리적 노후화에 대비한 관리행위를 통해 주택이 적절한 기능을 유지할 수 있도록 관리하여 안전하고 쾌적한 주거생활을 유지하도록 하는 것이다.
② 입주자 간에 분쟁이 발생했을 경우에는 무엇보다도 관리규약에 의거한 충분한 의사소통과 합의의 노력을 최우선으로 해야 한다.
③ 공동주거자산관리에 있어 입주자관리는 공동주택시설을 운영하여 유지하는 것으로서 그 업무는 설비운전 및 보수, 외주관리, 에너지관리, 환경안전관리 등이다.
④ 공동주거관리는 주민들의 삶에 대한 사고의 전환을 기반으로 관리주체, 민간기업, 지자체, 정부와의 네트워크를 체계적으로 활용하는 관리개념이다.
⑤ 공동주택은 높은 재건축 비율로 인한 자원낭비와 환경파괴 등의 문제가 발생할 수 있기 때문에 수명연장을 위해 적절한 유지관리가 필요하다.

해설 ③ 공동주거관리에 있어 시설관리에 관한 설명이다.

Answer
18 ③   19 ③

Memo

사무관리

단·원·열·기 노무관리와 사회보험에 관한 부분이 6~7문제로 꾸준히 출제 문항수가 늘어나고 있으며 노무관리 규정 중에서는 「근로기준법」, 「최저임금법」, 「남녀고용평등과 일·가정 양립 지원에 관한 법률」, 「근로자퇴직급여 보장법」, 사회보험에서는 「산업재해보상보험법」과 「고용보험법」에 대한 철저한 대비가 필요하다.

문서관리

01 문서관리의 정의

02 작성·보존하는 문서의 종류

03 문서의 보존

01 문서관리

1 문서관리의 정의

관리기구의 내부 또는 대외적으로 업무상 작성·시행되는 문서·도면과 관리기구가 접수한 모든 문서를 작성·접수하고 일정한 원칙에 따라 분류·보존하는 관리행위를 말한다. 문서관리는 회계업무의 근거자료제공·관리업무의 지속성과 일관성 및 개선가능성 보장, 감사 및 감독의 근거자료 제공·관리업무의 전문성과 효율성을 보장한다.

2 보존하는 문서의 종류

(1) **설계도서의 보관 등**

의무관리대상 공동주택의 관리주체는 다음의 서류를 기록·보관·유지하여야 한다.

① 사업주체로부터 인계받은 설계도서 및 장비의 명세

② 안전점검 결과보고서

③ 「주택법」에 따른 감리보고서

④ 공용부분 시설물의 교체, 유지보수 및 하자보수 등의 이력관리 관련 서류·도면 및 사진

(2) 관리업무 인계 · 인수시 서류

사업주체 또는 의무관리대상 전환 공동주택의 관리인은 공동주택의 관리업무를 해당 관리주체에 인계할 때에는 입주자대표회의의 회장 및 1명 이상의 감사의 참관하에 인계자와 인수자가 인계 · 인수서에 각각 서명 · 날인하여 다음의 서류를 인계해야 한다. 기존 관리주체가 새로운 관리주체에게 공동주택의 관리업무를 인계하는 경우에도 또한 같다.

① 설계도서, 장비의 명세, 장기수선계획 및 안전관리계획
② 관리비 · 사용료 · 이용료의 부과 · 징수현황 및 이에 관한 회계서류
③ 장기수선충당금의 적립현황
④ 관리비예치금의 명세
⑤ 세대 전유부분을 입주자에게 인도한 날의 현황
⑥ 관리규약과 그 밖에 공동주택의 관리업무에 필요한 사항

(3) 관리비 등의 장부와 증빙서류

① 의무관리대상 공동주택의 관리주체는 관리비 등의 징수 · 보관 · 예치 · 집행 등 모든 거래 행위에 관하여 장부를 월별로 작성하여 그 증빙서류와 함께 해당 회계연도 종료일부터 5년간 보관하여야 한다. 이 경우 관리주체는 「전자문서 및 전자거래 기본법」에 따른 정보처리시스템을 통하여 장부 및 증빙서류를 작성하거나 보관할 수 있다.

② ①에 따른 관리주체는 입주자 등이 관리비 등의 장부나 증빙서류, 관리비 등의 사업계획, 예산안, 사업실적서 및 결산서의 열람을 요구하거나 자기의 비용으로 복사를 요구하는 때에는 관리규약으로 정하는 바에 따라 이에 응하여야 한다. 다만, 다음의 정보는 제외하고 요구에 응하여야 한다.

　㉠ 「개인정보 보호법」에 따른 고유식별정보 등 개인의 사생활의 비밀 또는 자유를 침해할 우려가 있는 정보
　㉡ 의사결정과정 또는 내부검토과정에 있는 사항 등으로서 공개될 경우 업무의 공정한 수행에 현저한 지장을 초래할 우려가 있는 정보

(4) 입주자대표회의 회의록

300세대 이상인 공동주택의 관리주체는 관리규약으로 정하는 범위 · 방법 및 절차 등에 따라 회의록을 입주자 등에게 공개하여야 하며, 300세대 미만인 공동주택의 관리주체는 관리규약으로 정하는 바에 따라 회의록을 공개할 수 있다. 이 경우 관리주체는 입주자 등이 회의록의 열람을 청구하거나 자기의 비용으로 복사를 요구하는 때에는 관리규약으로 정하는 바에 따라 이에 응하여야 한다.

(5) 임차인대표회의 회의록

임차인대표회의는 회의를 개최하였을 때에는 회의록을 작성하여 보관하고, 임차인이 회의록의 열람을 청구하거나 자기의 비용으로 복사를 요구할 경우에는 그에 따라야 한다.

(6) 관리규약

공동주택의 관리주체는 관리규약을 보관하여 입주자 등이 열람을 청구하거나 자기의 비용으로 복사를 요구하면 응하여야 한다.

3 문서의 보존기간

(1) 10년 보관

공동주택관리법 : 관리주체가 사업주체에게 하자보수를 청구한 날부터 10년간 보관해야 한다.
① 하자보수청구 내용이 적힌 서류
② 사업주체의 하자보수 내용이 적힌 서류
③ 하자보수보증금 청구 및 사용 내용이 적힌 서류
④ 하자분쟁조정위원회에 제출하거나 하자분쟁조정위원회로부터 받은 서류
⑤ 그 밖에 입주자 또는 입주자대표회의의 하자보수청구 대행을 위하여 관리주체가 입주자 또는 입주자대표회의로부터 제출받은 서류

(2) 5년 보존

① **공동주택관리법** : 의무관리대상 공동주택의 관리주체는 다음 각 호의 구분에 따른 기간 동안 해당 장부 및 증빙서류를 보관하여야 한다. 이 경우 관리주체는 「전자문서 및 전자거래 기본법」에 따른 정보처리시스템을 통하여 장부 및 증빙서류를 작성하거나 보관할 수 있다
　㉠ 관리비 등의 징수·보관·예치·집행 등 모든 거래 행위에 관하여 월별로 작성한 장부 및 그 증빙서류 : 해당 회계연도 종료일부터 5년간
　㉡ 주택관리업자 및 사업자 선정 관련 증빙서류 : 해당 계약 체결일부터 5년간
② **근로자퇴직급여 보장법** : 퇴직금의 중간정산지급 관련 증명서류

(3) **3년 보존**

① **근로기준법**

ㄱ 근로계약서

ㄴ 임금대장

ㄷ 임금의 결정·지급방법과 임금계산의 기초에 관한 서류

ㄹ 고용·해고·퇴직에 관한 서류

ㅁ 승급·감급에 관한 서류

ㅂ 휴가에 관한 서류

ㅅ 연소자의 증명에 관한 서류

② **하수도법**: 개인하수처리시설(오수처리시설·정화조)의 방류수 수질측정기록

③ **어린이놀이시설 안전관리법**: 안전점검실시대장 및 안전진단실시대장기록 - 최종 기재일부터

④ **남녀고용평등과 일·가정 양립 지원에 관한 법률**

ㄱ 모집과 채용, 임금, 임금 외의 금품 등, 교육·배치 및 승진, 정년·퇴직 및 해고에 관한 서류

ㄴ 직장 내 성희롱 예방 교육을 하였음을 확인할 수 있는 서류

ㄷ 직장 내 성희롱 행위자에 대한 징계 등 조치에 관한 서류

ㄹ 배우자 출산휴가의 청구 및 허용에 관한 서류

ㅁ 육아휴직의 신청 및 허용에 관한 서류

ㅂ 육아기 근로시간 단축의 신청 및 허용에 관한 서류, 허용하지 아니한 경우 그 사유의 통보 및 협의 서류, 육아기 근로시간 단축 중의 근로조건에 관한 서류

⑤ **노동조합 및 노동관계조정법**: 노동조합의 회의록, 재정에 관한 장부와 서류

⑥ **수도법**: 급수관 세척·갱생·교체 등의 조치 기록

(4) **2년 보존**

① **수도법**: 저수조 위생상태, 저수조 청소, 저수조 수질검사 및 수질기준 위반 시 조치 결과기록

② **소방시설 설치 및 관리에 관한 법률**: 소방시설 등 자체점검 실시결과 보고서

③ **화재의 예방 및 안전관리에 관한 법률**: 소방훈련·교육실시결과기록

④ **감염병의 예방 및 관리에 관한 법률**: 소독실시대장

(5) **1개월(30일) 보존**

① **주차장법**: 주차장법에 따라 설치된 폐쇄회로 텔레비전의 촬영자료(1개월)

② **공동주택관리법**: 공동주택에 설치된 영상정보처리기기의 촬영된 자료(30일)

💡 사용자는 재해보상에 관한 중요한 서류를 재해보상이 끝나지 아니하거나 재해보상 청구권이 시효로 소멸되기 전에 폐기하여서는 아니 된다.

노무관리

01 근로기준법

02 최저임금법

03 남녀고용평등과 일·가정 양립 지원에 관한 법률

04 근로자퇴직급여 보장법

05 노동조합 및 노동관계조정법

02 노무관리

1 근로기준법

(1) 적용범위

① 이 법은 상시 5명 이상의 근로자를 사용하는 모든 사업 또는 사업장에 적용한다. 다만, 동거하는 친족만을 사용하는 사업 또는 사업장과 가사(家事) 사용인에 대하여는 적용하지 아니한다.

② 상시 4명 이하의 근로자를 사용하는 사업 또는 사업장에 대하여는 대통령령으로 정하는 바에 따라 이 법의 일부 규정을 적용할 수 있다.

(2) 용어정의 등

① **근로자**: 직업의 종류와 관계없이 임금을 목적으로 사업이나 사업장에 근로를 제공하는 사람을 말한다.

② **사용자**: 사용자는 사업주 또는 사업 경영 담당자, 그 밖에 근로자에 관한 사항에 대하여 사업주를 위하여 행위하는 자를 말한다.

③ **근로**: 근로는 정신노동과 육체노동을 말한다.

④ **소정(所定)근로시간**: 소정근로시간은 근로시간의 범위에서 근로자와 사용자 사이에 정한 근로시간을 말한다.

⑤ **단시간근로자**: 단시간근로자는 1주 동안의 소정근로시간이 그 사업장에서 같은 종류의 업무에 종사하는 통상 근로자의 1주 동안의 소정근로시간에 비하여 짧은 근로자를 말한다.

⑥ **1주**: 휴일을 포함한 7일을 말한다.

⑦ **임금**: 사용자가 근로의 대가로 근로자에게 임금, 봉급 그 밖에 어떠한 명칭으로든지 지급하는 모든 금품을 말한다.

⑧ **평균임금**: 평균임금은 이를 산정하여야 할 사유가 발생한 날 이전 3개월 동안에 그 근로자에게 지급된 임금의 총액을 그 기간의 총일수로 나눈 금액을 말한다. 근로자가 취업한 후 3개월 미만인 경우도 이에 준한다.

⑨ 평균임금 산정기간 중에 다음의 어느 하나에 해당하는 기간이 있는 경우에는 그 기간과 그 기간 중에 지급된 임금은 평균임금 산정기준이 되는 기간과 임금의 총액에서 각각 뺀다.

　㉠ 근로계약을 체결하고 수습 중에 있는 근로자가 수습을 시작한 날부터 3개월 이내의 기간

　㉡ 사용자의 귀책사유로 휴업한 기간

ⓒ 출산전후휴가 기간

ⓔ 업무상 부상 또는 질병으로 요양하기 위하여 휴업한 기간

ⓜ 육아휴직 기간

ⓗ 쟁의행위기간

ⓢ 「병역법」, 「예비군법」 또는 「민방위기본법」에 따른 의무를 이행하기 위하여 휴직하거나 근로하지 못한 기간. 다만, 그 기간 중 임금을 지급받은 경우에는 그러하지 아니하다.

ⓞ 업무 외 부상이나 질병, 그 밖의 사유로 사용자의 승인을 받아 휴업한 기간

⑩ ⑧에 따라 산출된 금액이 그 근로자의 통상임금보다 적으면 그 통상임금액을 평균임금으로 한다.

⑪ **통상임금**: 통상임금은 근로자에게 정기적이고 일률적으로 소정(所定)근로 또는 총 근로에 대하여 지급하기로 정한 시간급 금액, 일급 금액, 주급 금액, 월급 금액 또는 도급 금액을 말한다.

⑫ **근로계약**: 근로계약은 근로자가 사용자에게 근로를 제공하고 사용자는 이에 대하여 임금을 지급하는 것을 목적으로 체결된 계약을 말한다.

(3) 단시간근로자의 근로조건

① 단시간근로자의 근로조건은 그 사업장의 같은 종류의 업무에 종사하는 통상 근로자의 근로시간을 기준으로 산정한 비율에 따라 결정되어야 한다.

② ①에 따라 근로조건을 결정할 때에 기준이 되는 사항이나 그 밖에 필요한 사항은 대통령령으로 정한다.

③ 4주 동안(4주 미만으로 근로하는 경우에는 그 기간)을 평균하여 1주 동안의 소정근로시간이 15시간 미만인 근로자에 대하여는 휴일과 연차 유급휴가를 적용하지 아니한다.

(4) 근로조건의 위반

① 명시된 근로조건이 사실과 다를 경우에 근로자는 근로조건 위반을 이유로 손해의 배상을 청구할 수 있으며 즉시 근로계약을 해제할 수 있다.

② ①에 따라 근로자가 손해배상을 청구할 경우에는 노동위원회에 신청할 수 있으며, 근로계약이 해제되었을 경우에는 사용자는 취업을 목적으로 거주를 변경하는 근로자에게 귀향 여비를 지급하여야 한다.

(5) 취업규칙

① 상시 10명 이상의 근로자를 사용하는 사용자는 다음의 사항에 관한 취업규칙을 작성하여 고용노동부장관에게 신고하여야 한다. 이를 변경하는 경우에도 또한 같다.

   ㉠ 업무의 시작과 종료 시각, 휴게시간, 휴일, 휴가 및 교대 근로에 관한 사항

   ㉡ 임금의 결정·계산·지급 방법, 임금의 산정기간·지급시기 및 승급(昇給)에 관한 사항

   ㉢ 가족수당의 계산·지급 방법에 관한 사항

   ㉣ 퇴직에 관한 사항

   ㉤ 「근로자퇴직급여 보장법」 제4조에 따라 설정된 퇴직급여, 상여 및 최저임금에 관한 사항

   ㉥ 근로자의 식비, 작업 용품 등의 부담에 관한 사항

   ㉦ 근로자를 위한 교육시설에 관한 사항

   ㉧ 출산전후휴가·육아휴직 등 근로자의 모성 보호 및 일·가정 양립 지원에 관한 사항

   ㉨ 안전과 보건에 관한 사항

   ㉩ 근로자의 성별·연령 또는 신체적 조건 등의 특성에 따른 사업장 환경의 개선에 관한 사항

   ㉪ 업무상과 업무 외의 재해부조(災害扶助)에 관한 사항

   ㉫ 직장 내 괴롭힘의 예방 및 발생시 조치 등에 관한 사항

   ㉬ 표창과 제재에 관한 사항

   ㉭ 그 밖에 해당 사업 또는 사업장의 근로자 전체에 적용될 사항

② 사용자는 취업규칙의 작성 또는 변경에 관하여 해당 사업 또는 사업장에 근로자의 과반수로 조직된 노동조합이 있는 경우에는 그 노동조합, 근로자의 과반수로 조직된 노동조합이 없는 경우에는 근로자의 과반수의 의견을 들어야 한다. 다만, 취업규칙을 근로자에게 불리하게 변경하는 경우에는 그 동의를 받아야 한다.

③ 사용자는 취업규칙을 신고할 때에는 ②의 의견을 적은 서면을 첨부하여야 한다.

④ 취업규칙에서 근로자에 대하여 감급(減給)의 제재를 정할 경우에 그 감액은 1회의 금액이 평균임금의 1일분의 2분의 1을, 총액이 1임금지급기의 임금 총액의 10분의 1을 초과하지 못한다.

⑤ **취업규칙의 게시**

　㉠ 사용자는 취업규칙을 근로자가 자유롭게 열람할 수 있는 장소에 항상 게시하거나 갖추어 두어 근로자에게 널리 알려야 한다.

　㉡ 취업규칙의 게시 비치 의무를 위반한 자는 500만원 이하의 과태료를 부과한다.

(6) 근로계약의 효력

① 근로기준법에서 정하는 기준에 미치지 못하는 근로조건을 정한 근로계약은 그 부분에 한정하여 무효로 한다.

② ①에 따라 무효로 된 부분은 근로기준법에서 정한 기준에 따른다.

③ 취업규칙에서 정한 기준에 미달하는 근로조건을 정한 근로계약은 그 부분에 관하여는 무효로 한다. 이 경우 무효로 된 부분은 취업규칙에 정한 기준에 따른다.

④ 취업규칙은 법령이나 해당 사업 또는 사업장에 대하여 적용되는 단체협약과 어긋나서는 아니 된다.

⑤ 고용노동부장관은 법령이나 단체협약에 어긋나는 취업규칙의 변경을 명할 수 있다.

(7) 계약 서류의 보존

① 사용자는 근로자 명부와 근로계약에 관한 중요한 서류를 3년간 보존하여야 한다.

② 근로계약에 관한 중요한 서류란 다음의 서류를 말한다.

　㉠ 근로계약서

　㉡ 임금대장

　㉢ 임금의 결정·지급방법과 임금계산의 기초에 관한 서류

　㉣ 고용·해고·퇴직에 관한 서류

　㉤ 승급·감급에 관한 서류

　㉥ 휴가에 관한 서류

　㉦ 서면 합의 서류

　㉧ 연소자의 증명에 관한 서류

③ **사용증명서 등**

　㉠ 사용자는 근로자가 퇴직한 후라도 사용 기간, 업무 종류, 지위와 임금, 그 밖에 필요한 사항에 관한 증명서를 청구하면 사실대로 적은 증명서를 즉시 내주어야 한다.

💡 사용기간이 30일 미만인 일용근로자에 대하여는 근로자 명부를 작성하지 아니할 수 있다.

ⓒ ㉠의 증명서에는 근로자가 요구한 사항만을 적어야 한다.

ⓒ 사용증명서를 청구할 수 있는 자는 계속하여 30일 이상 근무한 근로자로 하되, 청구할 수 있는 기한은 퇴직 후 3년 이내로 한다.

⑻ **임금 등**

① 임금은 통화(通貨)로 직접 근로자에게 그 전액을 지급하여야 한다. 다만, 법령 또는 단체협약에 특별한 규정이 있는 경우에는 임금의 일부를 공제하거나 통화 이외의 것으로 지급할 수 있다.

② 임금은 매월 1회 이상 일정한 날짜를 정하여 지급하여야 한다. 다만, 임시로 지급하는 임금, 수당, 그 밖에 이에 준하는 것 또는 아래에 해당하는 임금에 대하여는 그러하지 아니하다.

㉠ 1개월을 초과하는 기간의 출근 성적에 따라 지급하는 정근수당

㉡ 1개월을 초과하는 일정 기간을 계속하여 근무한 경우에 지급되는 근속수당

㉢ 1개월을 초과하는 기간에 걸친 사유에 따라 산정되는 장려금, 능률수당 또는 상여금

㉣ 그 밖에 부정기적으로 지급되는 모든 수당

③ 사용자는 근로자가 출산, 질병, 재해, 그 밖에 대통령령으로 정하는 비상(非常)한 경우의 비용에 충당하기 위하여 임금 지급을 청구하면 지급기일 전이라도 이미 제공한 근로에 대한 임금을 지급하여야 한다.

④ ③에 따른 그 밖에 대통령령으로 정한 비상(非常)한 경우란 근로자나 그의 수입으로 생계를 유지하는 자가 다음의 어느 하나에 해당하게 되는 경우를 말한다.

㉠ 출산하거나 질병에 걸리거나 재해를 당한 경우

㉡ 혼인 또는 사망한 경우

㉢ 부득이한 사유로 1주 이상 귀향하게 되는 경우

⑤ 사용자의 귀책사유로 휴업하는 경우에 사용자는 휴업기간 동안 그 근로자에게 평균임금의 100분의 70 이상의 수당을 지급하여야 한다. 다만, 평균임금의 100분의 70에 해당하는 금액이 통상임금을 초과하는 경우에는 통상임금을 휴업수당으로 지급할 수 있다.

⑥ ⑤에도 불구하고 부득이한 사유로 사업을 계속하는 것이 불가능하여 노동위원회의 승인을 받은 경우에는 ⑤의 기준에 못 미치는 휴업수당을 지급할 수 있다.

⑦ 임금채권은 3년간 행사하지 아니하면 시효로 소멸한다.

⑧ 임금대장 및 임금명세서

    ㉠ 사용자는 각 사업장별로 임금대장을 작성하고 임금과 가족수당 계산의 기초가 되는 사항, 임금액, 그 밖에 대통령령으로 정하는 사항을 임금을 지급할 때마다 적어야 한다.

    ㉡ 사용자는 임금을 지급하는 때에는 근로자에게 임금의 구성항목·계산방법, 임금의 일부를 공제한 경우의 내역 등 대통령령으로 정하는 사항을 적은 임금명세서를 서면(「전자문서 및 전자거래 기본법」에 따른 전자문서를 포함한다)으로 교부하여야 한다.

⑨ 임금, 재해보상금 그 밖에 근로관계로 인한 채권은 사용자의 총재산에 대하여 질권(質權)·저당권 또는 동산·채권 등의 담보에 관한 법률에 따른 담보권에 따라 담보된 채권 외에는 조세·공과금 및 다른 채권에 우선하여 변제되어야 한다. 다만, 질권·저당권 또는 동산·채권 등의 담보에 관한 법률에 따른 담보권에 우선하는 조세·공과금에 대하여는 그러하지 아니하다.

⑩ ⑨에도 불구하고 다음의 어느 하나에 해당하는 채권은 사용자의 총재산에 대하여 질권·저당권 또는 동산·채권 등의 담보에 관한 법률에 따른 담보권에 따라 담보된 채권, 조세·공과금 및 다른 채권에 우선하여 변제되어야 한다.

    ㉠ 최종 3개월분의 임금

    ㉡ 재해보상금

⑪ 사용자는 근로자가 사망 또는 퇴직한 경우에는 그 지급사유가 발생한 때부터 14일 이내에 임금, 보상금 그 밖의 모든 금품을 지급하여야 한다. 다만, 특별한 사정이 있을 경우에는 당사자 사이의 합의에 의하여 기일을 연장할 수 있다.

(9) 체불사업주 명단 공개

① 고용노동부장관은 임금, 보상금, 수당, 「근로자퇴직급여 보장법」 제12조 제1항에 따른 퇴직급여 등, 그 밖의 모든 금품(이하 '임금 등'이라 한다)을 지급하지 아니한 사업주(법인인 경우에는 그 대표자를 포함한다. 이하 '체불사업주'라 한다)가 명단공개 기준일 이전 3년 이내 임금 등을 체불하여 2회 이상 유죄가 확정된 자로서 명단공개 기준일 이전 1년 이내 임금 등의 체불 총액이 3천만원 이상인 경우에는 그 인적사항 등을 공개할 수 있다. 다만, 체불사업주의 사망·폐업으로 명단공개의 실효성이 없는 경우 등 대통령령으로 정하는 사유가 있는 경우에는 그러하지 아니하다.

② 고용노동부장관은 명단 공개를 할 경우에 체불사업주에게 3개월 이상의 기간을 정하여 소명 기회를 주어야 한다.

③ 체불사업주의 인적사항 등에 대한 공개 여부를 심의하기 위하여 고용노동부에 임금체불정보심의위원회를 둔다. 이 경우 위원회의 구성·운영 등 필요한 사항은 고용노동부령으로 정한다.

④ 명단 공개의 구체적인 내용, 기간 및 방법 등 명단 공개에 필요한 사항은 대통령령으로 정한다.

(10) 명단공개 내용·기간 등

① 고용노동부장관은 다음의 내용을 공개한다.

㉠ 체불사업주의 성명·나이·상호·주소(체불사업주가 법인인 경우에는 그 대표자의 성명·나이·주소 및 법인의 명칭·주소를 말한다)

㉡ 명단 공개 기준일 이전 3년간의 임금 등 체불액

② 공개는 관보에 싣거나 인터넷 홈페이지, 관할 지방고용노동관서 게시판 또는 그 밖에 열람이 가능한 공공장소에 3년간 게시하는 방법으로 한다.

(11) 직장 내 괴롭힘 금지

① **직장 내 괴롭힘의 금지**: 사용자 또는 근로자는 직장에서의 지위 또는 관계 등의 우위를 이용하여 업무상 적정범위를 넘어 다른 근로자에게 신체적·정신적 고통을 주거나 근무환경을 악화시키는 행위(이하 '직장 내 괴롭힘'이라 한다)를 하여서는 아니 된다.

② **직장 내 괴롭힘 발생 시 조치**

㉠ 누구든지 직장 내 괴롭힘 발생 사실을 알게 된 경우 그 사실을 사용자에게 신고할 수 있다.

㉡ 사용자는 ㉠에 따른 신고를 접수하거나 직장 내 괴롭힘 발생 사실을 인지한 경우에는 지체 없이 당사자 등을 대상으로 그 사실 확인을 위하여 객관적으로 조사를 실시하여야 한다.

㉢ 사용자는 ㉡에 따른 조사 기간 동안 직장 내 괴롭힘과 관련하여 피해를 입은 근로자 또는 피해를 입었다고 주장하는 근로자(이하 "피해근로자 등"이라 한다)를 보호하기 위하여 필요한 경우 해당 피해근로자 등에 대하여 근무장소의 변경, 유급휴가 명령 등 적절한 조치를 하여야 한다. 이 경우 사용자는 피해근로자 등의 의사에 반하는 조치를 하여서는 아니 된다.

㉣ 사용자는 ㉡에 따른 조사 결과 직장 내 괴롭힘 발생 사실이 확인된 때에는 피해근로자가 요청하면 근무장소의 변경, 배치전환, 유급휴가 명령 등 적절한 조치를 하여야 한다.

ⓜ 사용자는 ⓛ에 따른 조사 결과 직장 내 괴롭힘 발생 사실이 확인된 때에는 지체 없이 행위자에 대하여 징계, 근무장소의 변경 등 필요한 조치를 하여야 한다. 이 경우 사용자는 징계 등의 조치를 하기 전에 그 조치에 대하여 피해근로자의 의견을 들어야 한다.

ⓗ 사용자는 직장 내 괴롭힘 발생 사실을 신고한 근로자 및 피해근로자 등에게 해고나 그 밖의 불리한 처우를 하여서는 아니 된다.

ⓢ ⓛ에 따라 직장 내 괴롭힘 발생 사실을 조사한 사람, 조사 내용을 보고받은 사람 및 그 밖에 조사 과정에 참여한 사람은 해당 조사 과정에서 알게 된 비밀을 피해근로자 등의 의사에 반하여 다른 사람에게 누설하여서는 아니 된다. 다만, 조사와 관련된 내용을 사용자에게 보고하거나 관계 기관의 요청에 따라 필요한 정보를 제공하는 경우는 제외한다.

⑿ 근로시간과 휴식 등

① 1주간의 근로시간은 휴게시간을 제외하고 40시간을 초과할 수 없다.

② 1일의 근로시간은 휴게시간을 제외하고 8시간을 초과할 수 없다.

③ ① 및 ②에 따라 근로시간을 산정하는 경우 작업을 위하여 근로자가 사용자의 지휘·감독 아래에 있는 대기시간 등은 근로시간으로 본다.

④ 사용자는 근로시간이 4시간인 경우에는 30분 이상, 8시간인 경우에는 1시간 이상의 휴게시간을 근로시간 도중에 주어야 하고, 휴게시간은 근로자가 자유롭게 이용할 수 있다.

⑤ 15세 이상 18세 미만인 자의 근로시간은 1일에 7시간, 1주에 35시간을 초과하지 못한다. 다만, 당사자 사이의 합의에 따라 1일에 1시간, 1주에 5시간을 한도로 연장할 수 있다.

⑥ **시간 외 근로**: 사용자는 산후 1년이 지나지 아니한 여성에 대하여는 단체협약이 있는 경우라도 1일에 2시간, 1주에 6시간, 1년에 150시간을 초과하는 시간외근로를 시키지 못한다.

⑦ **휴 일**

㉠ 사용자는 근로자에게 1주에 평균 1회 이상의 유급휴일을 보장하여야 한다.

㉡ 사용자는 근로자에게 대통령령으로 정하는 휴일을 유급으로 보장하여야 한다. 다만, 근로자대표와 서면으로 합의한 경우 특정한 근로일로 대체할 수 있다.

⑧ **연장·야간 및 휴일근로**

    ㉠ 사용자는 연장근로에 대하여는 통상임금의 100분의 50 이상을 가산하여 근로자에게 지급하여야 한다.

    ㉡ ㉠에도 불구하고 사용자는 휴일근로에 대하여는 다음의 기준에 따른 금액 이상을 가산하여 근로자에게 지급하여야 한다.

        ⓐ 8시간 이내의 휴일근로: 통상임금의 100분의 50

        ⓑ 8시간을 초과한 휴일근로: 통상임금의 100분의 100

    ㉢ 사용자는 야간근로에 대하여는 통상임금의 100분의 50 이상을 가산하여 근로자에게 지급하여야 한다.

⑨ 사용자는 근로자대표와의 서면 합의에 따라 연장근로·야간근로 및 휴일근로에 대하여 임금을 지급하는 것을 갈음하여 휴가를 줄 수 있다.

⑩ **연장근로의 제한**

    ㉠ 당사자 간에 합의하면 1주간에 12시간을 한도로 근로시간을 연장할 수 있다.

    ㉡ 당사자 간에 합의하면 1주간에 12시간을 한도로 3개월 이내의 탄력적 근로시간제 및 3개월을 초과하는 탄력적 근로시간제의 근로시간을 연장할 수 있고, 선택적 근로시간제의 정산기간을 평균하여 1주간에 12시간을 초과하지 아니하는 범위에서 선택적 근로시간제의 근로시간을 연장할 수 있다.

    ㉢ 상시 30명 미만의 근로자를 사용하는 사용자는 다음에 대하여 근로자대표와 서면으로 합의한 경우 ㉠ 또는 ㉡에 따라 연장된 근로시간에 더하여 1주간에 8시간을 초과하지 아니하는 범위에서 근로시간을 연장할 수 있다.

        ⓐ ㉠ 또는 ㉡에 따라 연장된 근로시간을 초과할 필요가 있는 사유 및 그 기간

        ⓑ 대상 근로자의 범위

    ㉣ 사용자는 특별한 사정이 있으면 고용노동부장관의 인가와 근로자의 동의를 받아 ㉠과 ㉡의 근로시간을 연장할 수 있다. 다만, 사태가 급박하여 고용노동부장관의 인가를 받을 시간이 없는 경우에는 사후에 지체 없이 승인을 받아야 한다.

    ㉤ 고용노동부장관은 ㉣에 따른 근로시간의 연장이 부적당하다고 인정하면 그 후 연장시간에 상당하는 휴게시간이나 휴일을 줄 것을 명할 수 있다.

    ㉥ ㉢은 15세 이상 18세 미만의 근로자에 대하여는 적용하지 아니한다.

⑪ 사용자는 각 사업장별로 근로자 명부를 작성하고 근로자의 성명, 생년월일, 이력, 그 밖에 대통령령으로 정하는 사항을 적어야 한다.

💡 야간근로는 오후 10시부터 다음 날 오전 6시까지 사이의 근로를 말한다.

⑫ 근로자 명부에 적을 사항이 변경된 경우에는 지체 없이 정정하여야 한다.

⑬ **야간근로와 휴일근로의 제한**

　　㉠ 사용자는 18세 이상의 여성을 오후 10시부터 오전 6시까지의 시간 및 휴일에 근로시키려면 그 근로자의 동의를 받아야 한다.

　　㉡ 사용자는 임산부와 18세 미만자를 오후 10시부터 오전 6시까지의 시간 및 휴일에 근로시키지 못한다. 다만, 다음의 어느 하나에 해당하는 경우로서 고용노동부장관의 인가를 받으면 그러하지 아니하다.

　　　　ⓐ 18세 미만자의 동의가 있는 경우

　　　　ⓑ 산후 1년이 지나지 아니한 여성의 동의가 있는 경우

　　　　ⓒ 임신 중의 여성이 명시적으로 청구하는 경우

　　㉢ 사용자는 고용노동부장관의 인가를 받기 전에 근로자의 건강 및 모성 보호를 위하여 그 시행 여부와 방법 등에 관하여 그 사업 또는 사업장의 근로자대표와 성실하게 협의하여야 한다.

⒀ **적용제외**

① 근로시간, 휴게와 휴일에 관한 규정은 다음의 어느 하나에 해당하는 근로자에 대하여는 적용하지 아니한다.

　　㉠ 토지의 경작·개간, 식물의 재식(栽植)·재배·채취 사업, 그 밖의 농림 사업

　　㉡ 동물의 사육, 수산 동식물의 채포(採捕)·양식 사업, 그 밖의 축산, 양잠, 수산 사업

　　㉢ 감시(監視) 또는 단속적(斷續的)으로 근로에 종사하는 사람으로서 사용자가 고용노동부장관의 승인을 받은 사람

　　㉣ 사업의 종류에 관계없이 관리·감독 업무 또는 기밀을 취급하는 업무에 종사하는 자

② 사용자는 감시 또는 단속적으로 근로에 종사하는 자에 대한 근로시간 등의 적용 제외 승인을 받으려면 감시적 또는 단속적 근로종사자에 대한 적용 제외 승인 신청서를 관할 지방고용노동관서의 장에게 제출하여야 한다.

　　㉠ 감시적 근로에 종사하는 자 : 감시업무를 주 업무로 하며 상태적으로 정신적·육체적 피로가 적은 업무에 종사하는 자로 한다.

　　㉡ 단속적으로 근로에 종사하는 자 : 근로가 간헐적·단속적으로 이루어져 휴게시간이나 대기시간이 많은 업무에 종사하는 자로 한다.

③ 관할 지방고용노동관서의 장은 ②에 따른 신청에 대하여 승인을 할 경우에는 감시적 또는 단속적 근로종사자에 대한 적용 제외 승인서를 내주어야 한다.

⒁ **3개월 이내의 탄력적 근로시간제**

① **2주 단위 탄력적 근로시간제**: 사용자는 취업규칙(취업규칙에 준하는 것을 포함한다)에서 정하는 바에 따라 2주 이내의 일정한 단위기간을 평균하여 1주 간의 근로시간이 40시간을 초과하지 아니하는 범위에서 특정한 주에 40시간을, 특정한 날에 8시간을 초과하여 근로하게 할 수 있다. 다만, 특정한 주의 근로시간은 48시간을 초과할 수 없다.

② **3개월 단위 탄력적 근로시간제**: 사용자는 근로자대표와의 서면 합의에 따라 다음의 사항을 정하면 3개월 이내의 단위기간을 평균하여 1주간의 근로시간이 40시간을 초과하지 아니하는 범위에서 특정한 주에 40시간을, 특정한 날에 8시간을 초과하여 근로하게 할 수 있다. 다만, 특정한 주의 근로시간은 52시간을, 특정한 날의 근로시간은 12시간을 초과할 수 없다.

ㄱ 대상 근로자의 범위

ㄴ 단위기간(3개월 이내의 일정한 기간으로 정하여야 한다)

ㄷ 단위기간의 근로일과 그 근로일별 근로시간

ㄹ 서면 합의의 유효기간

③ ①과 ②는 15세 이상 18세 미만의 근로자와 임신 중인 여성 근로자에 대하여는 적용하지 아니한다.

④ 사용자는 근로자를 근로시킬 경우에는 기존의 임금 수준이 낮아지지 아니하도록 임금보전방안(賃金補塡方案)을 강구하여야 한다.

⒂ **3개월을 초과하는 탄력적 근로시간제**

① 사용자는 근로자대표와의 서면 합의에 따라 다음의 사항을 정하면 3개월을 초과하고 6개월 이내의 단위기간을 평균하여 1주간의 근로시간이 40시간을 초과하지 아니하는 범위에서 특정한 주에 40시간을, 특정한 날에 8시간을 초과하여 근로하게 할 수 있다. 다만, 특정한 주의 근로시간은 52시간을, 특정한 날의 근로시간은 12시간을 초과할 수 없다.

ㄱ 대상 근로자의 범위

ㄴ 단위기간(3개월을 초과하고 6개월 이내의 일정한 기간으로 정하여야 한다)

ㄷ 단위기간의 주별 근로시간

ㄹ 그 밖에 대통령령으로 정하는 사항

② 사용자는 ①에 따라 근로자를 근로시킬 경우에는 근로일 종료 후 다음 근로일 개시 전까지 근로자에게 연속하여 11시간 이상의 휴식 시간을 주어야 한다. 다만, 천재지변 등 대통령령으로 정하는 불가피한 경우에는 근로자대표와의 서면 합의가 있으면 이에 따른다.

③ 사용자는 ①의 ㉢에 따른 각 주의 근로일이 시작되기 2주 전까지 근로자에게 해당 주의 근로일별 근로시간을 통보하여야 한다.

④ 사용자는 ①에 따른 근로자대표와의 서면 합의 당시에는 예측하지 못한 천재지변, 기계 고장, 업무량 급증 등 불가피한 사유가 발생한 때에는 ①의 ㉡에 따른 단위기간 내에서 평균하여 1주간의 근로시간이 유지되는 범위에서 근로자대표와의 협의를 거쳐 ①의 ㉢의 사항을 변경할 수 있다. 이 경우 해당 근로자에게 변경된 근로일이 개시되기 전에 변경된 근로일별 근로시간을 통보하여야 한다.

⑤ 사용자는 ①에 따라 근로자를 근로시킬 경우에는 기존의 임금 수준이 낮아지지 아니하도록 임금항목을 조정 또는 신설하거나 가산임금 지급 등의 임금보전방안(賃金補塡方案)을 마련하여 고용노동부장관에게 신고하여야 한다. 다만, 근로자대표와의 서면합의로 임금보전방안을 마련한 경우에는 그러하지 아니하다.

⑥ ①부터 ⑤까지의 규정은 15세 이상 18세 미만의 근로자와 임신 중인 여성 근로자에 대해서는 적용하지 아니한다.

⒃ 근로한 기간이 단위기간보다 짧은 경우의 임금 정산

사용자는 3개월 이내의 탄력적 근로시간제 및 3개월을 초과하는 탄력적 근로시간제의 근로시간제에 따른 단위기간 중 근로자가 근로한 기간이 그 단위기간보다 짧은 경우에는 그 단위기간 중 해당 근로자가 근로한 기간을 평균하여 1주간에 40시간을 초과하여 근로한 시간 전부에 대하여 제56조 제1항(사용자는 연장근로에 대하여는 통상임금의 100분의 50 이상을 가산하여 근로자에게 지급하여야 한다)에 따른 가산임금을 지급하여야 한다.

⒄ 선택적 근로시간제

① 사용자는 취업규칙(취업규칙에 준하는 것을 포함한다)에 따라 업무의 시작 및 종료 시각을 근로자의 결정에 맡기기로 한 근로자에 대하여 근로자대표와의 서면 합의에 따라 다음의 사항을 정하면 1개월(신상품 또는 신기술의 연구개발 업무의 경우에는 3개월로 한다) 이내의 정산기간을 평균하여 1주간의 근로시간이 40시간을 초과하지 아니하는 범위에서 1주간에 40시간을, 1일에 8시간의 근로시간을 초과하여 근로하게 할 수 있다.

㉠ 대상 근로자의 범위(15세 이상 18세 미만의 근로자는 제외한다)
㉡ 정산기간
㉢ 정산기간의 총 근로시간
㉣ 반드시 근로하여야 할 시간대를 정하는 경우에는 그 시작 및 종료 시각

　　　ⓜ 근로자가 그의 결정에 따라 근로할 수 있는 시간대를 정하는 경우에는 그 시작 및 종료 시각

　　　ⓗ 그 밖에 대통령령으로 정하는 사항

　② 사용자는 ①에 따라 1개월을 초과하는 정산기간을 정하는 경우에는 다음의 조치를 하여야 한다.

　　　㉠ 근로일 종료 후 다음 근로일 시작 전까지 근로자에게 연속하여 11시간 이상의 휴식 시간을 줄 것. 다만, 천재지변 등 대통령령으로 정하는 불가피한 경우에는 근로자대표와의 서면 합의가 있으면 이에 따른다.

　　　㉡ 매 1개월마다 평균하여 1주간의 근로시간이 40시간을 초과한 시간에 대해서는 통상임금의 100분의 50 이상을 가산하여 근로자에게 지급할 것. 이 경우 제56조 제1항(사용자는 연장근로에 대하여는 통상임금의 100분의 50 이상을 가산하여 근로자에게 지급하여야 한다)은 적용하지 아니한다.

⒅ **재해보상**

　① 재해보상의 종류는 아래와 같다.

　　　㉠ 요양보상: 근로자가 업무상 부상 또는 질병에 걸리면 사용자는 그 비용으로 필요한 요양을 행하거나 필요한 요양비를 부담하여야 한다.

　　　㉡ 휴업보상

　　　　ⓐ 사용자는 요양 중에 있는 근로자에게 그 근로자의 요양 중 평균임금의 100분의 60의 휴업보상을 하여야 한다.

　　　　ⓑ ⓐ에 따른 휴업보상을 받을 기간에 그 보상을 받을 사람이 임금의 일부를 지급받은 경우에는 사용자는 평균임금에서 그 지급받은 금액을 뺀 금액의 100분의 60의 휴업보상을 하여야 한다.

　　　㉢ 장해보상: 근로자가 업무상 부상 또는 질병에 걸리고, 완치된 후 신체에 장해가 있으면 사용자는 그 장해 정도에 따라 평균임금에 별표에서 정한 일수를 곱한 금액의 장해보상을 하여야 한다.

　　　㉣ 유족보상: 근로자가 업무상 사망한 경우에는 사용자는 근로자가 사망한 후 지체 없이 그 유족에게 평균임금 1,000일분의 유족보상을 하여야 한다.

　　　㉤ 장례비: 근로자가 업무상 사망한 경우에는 사용자는 근로자가 사망한 후 지체 없이 평균임금 90일분의 장례비를 지급하여야 한다.

　　　㉥ 일시보상: 요양보상을 받는 근로자가 요양을 시작한 지 2년이 지나도 부상 또는 질병이 완치되지 아니하는 경우에는 사용자는 그 근로자에게 평균임금 1,340일분의 일시보상을 하여 그 후의 이 법에 따른 모든 보상 책임을 면할 수 있다.

② **보상시기**

　㉠ 장해보상은 근로자의 부상 또는 질병이 완치된 후 지체 없이 하여야 한다.

　㉡ 유족보상 및 장례비의 지급은 근로자가 사망한 후 지체 없이 하여야 한다.

③ **재해보상 시의 평균임금 산정 사유 발생일**: 재해보상을 하는 경우에는 사망 또는 부상의 원인이 되는 사고가 발생한 날 또는 진단에 따라 질병이 발생되었다고 확정된 날을 평균임금의 산정 사유가 발생한 날로 한다.

④ **분할보상**: 사용자는 지급능력이 있는 것을 증명하고 보상을 받는 사람의 동의를 받으면 장해보상, 유족보상, 일시보상에 따른 보상금을 1년에 걸쳐 분할보상을 할 수 있다.

⑤ **휴업보상과 장해보상의 예외**: 근로자가 중대한 과실로 업무상 부상 또는 질병에 걸리고 또한 사용자가 그 과실에 대하여 노동위원회의 인정을 받으면 휴업보상이나 장해보상을 하지 아니하여도 된다.

⑥ **보상청구권**: 보상을 받을 권리는 퇴직으로 인하여 변경되지 아니하고, 양도나 압류하지 못한다.

⑦ **다른 손해배상과의 관계**: 보상을 받게 될 사람이 동일한 사유에 대하여 민법이나 그 밖의 법령에 따라 이 법의 재해보상에 상당한 금품을 받으면 그 가액(價額)의 한도에서 사용자는 보상의 책임을 면한다.

⑧ **고용노동부장관의 심사와 중재**

　㉠ 업무상의 부상, 질병 또는 사망의 인정, 요양의 방법, 보상금액의 결정, 그 밖에 보상의 실시에 관하여 이의가 있는 자는 고용노동부장관에게 심사나 사건의 중재를 청구할 수 있다.

　㉡ ㉠의 청구가 있으면 고용노동부장관은 1개월 이내에 심사나 중재를 하여야 한다.

　㉢ 고용노동부장관은 필요에 따라 직권으로 심사나 사건의 중재를 할 수 있다.

⑨ **노동위원회의 심사와 중재**

　㉠ 고용노동부장관이 ⑧의 ㉡의 기간에 심사 또는 중재를 하지 아니하거나 심사와 중재의 결과에 불복하는 자는 노동위원회에 심사나 중재를 청구할 수 있다.

　㉡ ㉠의 청구가 있으면 노동위원회는 1개월 이내에 심사나 중재를 하여야 한다.

⑩ **서류의 보존**: 사용자는 재해보상에 관한 중요한 서류를 재해보상이 끝나지 아니하거나 재해보상 청구권이 시효로 소멸되기 전에 폐기하여서는 아니 된다.

⑲ **연차유급휴가**

① 사용자는 1년간 80% 이상 출근한 근로자에게 15일의 유급휴가를 주어야 한다.

② 사용자는 계속하여 근로한 기간이 1년 미만인 근로자 또는 1년간 80% 미만 출근한 근로자에게 1개월 개근시 1일의 유급휴가를 주어야 한다.

③ 사용자는 3년 이상 계속하여 근로한 근로자에게는 15일의 유급휴가에 최초 1년을 초과하는 계속 근로 연수 매 2년에 대하여 1일을 가산한 유급휴가를 주어야 한다. 이 경우 가산휴가를 포함한 총 휴가 일수는 25일을 한도로 한다.

④ 사용자는 연차유급휴가를 근로자가 청구한 시기에 주어야 하고, 그 기간에 대하여는 취업규칙 등에서 정하는 통상임금 또는 평균임금을 지급하여야 한다. 다만, 근로자가 청구한 시기에 휴가를 주는 것이 사업 운영에 막대한 지장이 있는 경우에는 그 시기를 변경할 수 있다.

⑤ 연차유급휴가를 적용하는 경우 다음의 어느 하나에 해당하는 기간은 출근한 것으로 본다.

　㉠ 근로자가 업무상의 부상 또는 질병으로 휴업한 기간

　㉡ 임신 중의 여성이 출산전후휴가와 유산·사산휴가로 휴업한 기간

　㉢ 「남녀고용평등과 일·가정 양립 지원에 관한 법률」에 따른 육아휴직으로 휴업한 기간

　㉣ 「남녀고용평등과 일·가정 양립 지원에 관한 법률」에 따른 육아기 근로시간 단축을 사용하여 단축된 근로시간

　㉤ 임신기 근로시간 단축을 사용하여 단축된 근로시간

⑥ 연차유급휴가는 휴가는 1년간(계속하여 근로한 기간이 1년 미만인 근로자의 유급휴가는 최초 1년의 근로가 끝날 때까지의 기간을 말한다) 행사하지 아니하면 소멸된다. 다만, 사용자의 귀책사유로 사용하지 못한 경우에는 그러하지 아니하다.

⑦ **연차유급휴가의 사용촉진**

　㉠ 사용자가 유급휴가(계속하여 근로한 기간이 1년 미만인 근로자의 유급휴가는 제외한다)의 사용을 촉진하기 위하여 다음의 조치를 하였음에도 불구하고 근로자가 휴가를 사용하지 아니하여 소멸된 경우에는 사용자는 그 사용하지 아니한 휴가에 대하여 보상할 의무가 없고, 사용자의 귀책사유에 해당하지 아니하는 것으로 본다.

　　ⓐ 1년의 기간이 끝나기 6개월 전을 기준으로 10일 이내에 사용자가 근로자별로 사용하지 아니한 휴가 일수를 알려주고, 근로자가 그 사용 시기를 정하여 사용자에게 통보하도록 서면으로 촉구할 것

     ⓑ ⓐ에 따른 촉구에도 불구하고 근로자가 촉구를 받은 때부터 10일 이내에 사용하지 아니한 휴가의 전부 또는 일부의 사용 시기를 정하여 사용자에게 통보하지 아니하면 1년의 기간이 끝나기 2개월 전까지 사용자가 사용하지 아니한 휴가의 사용 시기를 정하여 근로자에게 서면으로 통보할 것

   ⓛ 사용자가 계속하여 근로한 기간이 1년 미만인 근로자의 유급휴가의 사용을 촉진하기 위하여 다음의 조치를 하였음에도 불구하고 근로자가 휴가를 사용하지 아니하여 소멸된 경우에는 사용자는 그 사용하지 아니한 휴가에 대하여 보상할 의무가 없고, 사용자의 귀책사유에 해당하지 아니하는 것으로 본다.

     ⓐ 최초 1년의 근로기간이 끝나기 3개월 전을 기준으로 10일 이내에 사용자가 근로자별로 사용하지 아니한 휴가 일수를 알려주고, 근로자가 그 사용 시기를 정하여 사용자에게 통보하도록 서면으로 촉구할 것. 다만, 사용자가 서면 촉구한 후 발생한 휴가에 대해서는 최초 1년의 근로기간이 끝나기 1개월 전을 기준으로 5일 이내에 촉구하여야 한다.

     ⓑ ⓐ에 따른 촉구에도 불구하고 근로자가 촉구를 받은 때부터 10일 이내에 사용하지 아니한 휴가의 전부 또는 일부의 사용 시기를 정하여 사용자에게 통보하지 아니하면 최초 1년의 근로기간이 끝나기 1개월 전까지 사용자가 사용하지 아니한 휴가의 사용 시기를 정하여 근로자에게 서면으로 통보할 것. 다만, ⓐ 단서에 따라 촉구한 휴가에 대해서는 최초 1년의 근로기간이 끝나기 10일 전까지 서면으로 통보하여야 한다.

⑧ 사용자는 근로자대표와의 서면 합의에 따라 연차 유급휴가일을 갈음하여 특정한 근로일에 근로자를 휴무시킬 수 있다.

(20) 임산부의 보호

① 사용자는 임신 중의 여성에게 출산 전과 출산 후를 통하여 90일(미숙아를 출산한 경우에는 100일, 한 번에 둘 이상 자녀를 임신한 경우에는 120일)의 출산전후휴가를 주어야 한다. 이 경우 휴가 기간의 배정은 출산 후에 45일 (한 번에 둘 이상 자녀를 임신한 경우에는 60일) 이상이 되어야 하고, 미숙아의 범위, 휴가 부여 절차 등에 필요한 사항은 고용노동부령으로 정한다.

② 사용자는 임신 중인 여성 근로자가 유산의 경험 등 대통령령으로 정하는 사유(아래 ㉠부터 ㉢로) ①의 휴가를 청구하는 경우 출산 전 어느 때라도 휴가를 나누어 사용할 수 있도록 하여야 한다. 이 경우 출산 후의 휴가 기간은 연속하여 45일(한 번에 둘 이상 자녀를 임신한 경우에는 60일) 이상이 되어야 한다.

　㉠ 임신한 근로자에게 유산·사산의 경험이 있는 경우

　㉡ 임신한 근로자가 출산전후휴가를 청구할 당시 연령이 만 40세 이상인 경우

　㉢ 임신한 근로자가 유산·사산의 위험이 있다는 의료기관의 진단서를 제출한 경우

③ 사용자는 임신 중인 여성이 유산 또는 사산한 경우로서 그 근로자가 청구하면 다음 각 호의 기준에 따라 유산·사산 휴가를 주어야 한다. 다만, 인공임신중절 수술(「모자보건법」 제14조 제1항(아래 박스 참조)에 따른 경우는 제외한다)에 따른 유산의 경우는 그러하지 아니하다.

　㉠ 유산 또는 사산한 근로자의 임신기간이 15주 이내인 경우 : 유산 또는 사산한 날부터 10일까지

　㉡ 임신기간이 16주 이상 21주 이내인 경우 : 유산 또는 사산한 날부터 30일까지

　㉢ 임신기간이 22주 이상 27주 이내인 경우 : 유산 또는 사산한 날부터 60일까지

　㉣ 임신기간이 28주 이상인 경우 : 유산 또는 사산한 날부터 90일까지

> **제14조【인공임신중절수술의 허용한계】** ① 의사는 다음 각 호의 어느 하나에 해당되는 경우에만 본인과 배우자(사실상의 혼인관계에 있는 사람을 포함한다)의 동의를 받아 인공임신중절수술을 할 수 있다.
> 1. 본인이나 배우자가 대통령령으로 정하는 우생학적(優生學的) 또는 유전학적 정신장애나 신체질환이 있는 경우
> 2. 본인이나 배우자가 대통령령으로 정하는 전염성 질환이 있는 경우
> 3. 강간 또는 준강간(準强姦)에 의하여 임신된 경우
> 4. 법률상 혼인할 수 없는 혈족 또는 인척 간에 임신된 경우
> 5. 임신의 지속이 보건의학적 이유로 모체의 건강을 심각하게 해치고 있거나 해칠 우려가 있는 경우

④ 유산 또는 사산한 근로자가 유산·사산휴가를 청구하는 경우에는 휴가 청구 사유, 유산·사산 발생일 및 임신기간 등을 적은 유산·사산휴가 신청서에 의료기관의 진단서를 첨부하여 사업주에게 제출하여야 한다.

⑤ 사업주는 유산·사산휴가를 청구한 근로자에게 유산·사산휴가를 주어야 한다.

⑥ ①부터 ③까지의 규정에 따른 휴가 중 최초 60일(한 번에 둘 이상 자녀를 임신한 경우에는 75일)은 유급으로 한다. 다만, 「남녀고용평등과 일·가정 양립 지원에 관한 법률」 제18조에 따라 출산전후휴가급여 등이 지급된 경우에는 그 금액의 한도에서 지급의 책임을 면한다.

⑦ 사용자는 임신 중의 여성 근로자에게 시간외근로를 하게 하여서는 아니 되며, 그 근로자의 요구가 있는 경우에는 쉬운 종류의 근로로 전환하여야 한다.

⑧ 사업주는 출산전후휴가 종료 후에는 휴가 전과 동일한 업무 또는 동등한 수준의 임금을 지급하는 직무에 복귀시켜야 한다.

⑨ 사용자는 임신 후 12주 이내 또는 32주 이후에 있는 여성 근로자(고용노동부령으로 정하는 유산, 조산 등 위험이 있는 여성 근로자의 경우 임신 전 기간)가 1일 2시간의 근로시간 단축을 신청하는 경우 이를 허용하여야 한다. 다만, 1일 근로시간이 8시간 미만인 근로자에 대하여는 1일 근로시간이 6시간이 되도록 근로시간 단축을 허용할 수 있다.

⑩ 사용자는 근로시간 단축을 이유로 해당 근로자의 임금을 삭감하여서는 아니 된다.

⑪ 근로시간 단축을 신청하려는 여성 근로자는 근로시간 단축 개시 예정일의 3일 전까지 임신기간, 근로시간 단축 개시 예정일 및 종료 예정일, 근무 개시 시각 및 종료 시각 등을 적은 문서(전자문서를 포함한다)에 의사의 진단서(같은 임신에 대하여 근로시간 단축을 다시 신청하는 경우는 제외한다)를 첨부하여 사용자에게 제출하여야 한다.

⑫ 사용자는 임신 중인 여성 근로자가 1일 소정근로시간을 유지하면서 업무의 시작 및 종료 시각의 변경을 신청하는 경우 이를 허용하여야 한다. 다만, 정상적인 사업 운영에 중대한 지장을 초래하는 경우 등 대통령령으로 정하는 경우에는 그러하지 아니하다.

⑬ 근로시간 단축의 신청방법 및 절차, 업무의 시작 및 종료 시각 변경의 신청방법 및 절차 등에 관하여 필요한 사항은 대통령령으로 정한다.

⑵⑴ **태아검진 시간의 허용 등**

① 사용자는 임신한 여성근로자가 「모자보건법」 제10조에 따른 임산부 정기 건강진단을 받는데 필요한 시간을 청구하는 경우 이를 허용하여 주어야 한다.

② 사용자는 건강진단 시간을 이유로 그 근로자의 임금을 삭감하여서는 아니 된다.

③ 생후 1년 미만의 유아(乳兒)를 가진 여성 근로자가 청구하면 1일 2회 각각 30분 이상의 유급 수유 시간을 주어야 한다.

⑳ **해고제도**

① **해고 등의 제한**

　㉠ 사용자는 근로자에게 정당한 이유 없이 해고, 휴직, 정직, 전직, 감봉, 그 밖의 징벌(懲罰)(부당해고 등)을 하지 못한다.

　㉡ 사용자는 근로자가 업무상 부상 또는 질병의 요양을 위하여 휴업한 기간과 그 후 30일 동안 또는 산전(産前)·산후(産後)의 여성이 이 법에 따라 휴업한 기간과 그 후 30일 동안은 해고하지 못한다.

💡 사용자가 일시보상을 하였을 경우 또는 사업을 계속할 수 없게 된 경우에는 그러하지 아니하다.

② **경영상 이유에 의한 해고의 제한**

　㉠ 사용자가 경영상 이유에 의하여 근로자를 해고하려면 긴박한 경영상의 필요가 있어야 한다. 이 경우 경영 악화를 방지하기 위한 사업의 양도·인수·합병은 긴박한 경영상의 필요가 있는 것으로 본다.

　㉡ 사용자는 해고를 피하기 위한 노력을 다하여야 하며, 합리적이고 공정한 해고의 기준을 정하고 이에 따라 그 대상자를 선정하여야 한다. 이 경우 남녀의 성을 이유로 차별하여서는 아니 된다.

　㉢ 사용자는 해고를 피하기 위한 방법과 해고의 기준 등에 관하여 그 사업 또는 사업장에 근로자의 과반수로 조직된 노동조합이 있는 경우에는 그 노동조합(근로자의 과반수로 조직된 노동조합이 없는 경우에는 근로자의 과반수를 대표하는 자를 말한다)에 해고를 하려는 날의 50일 전까지 통보하고 성실하게 협의하여야 한다.

　㉣ 근로자를 해고한 사용자는 근로자를 해고한 날부터 3년 이내에 해고된 근로자가 해고 당시 담당하였던 업무와 같은 업무를 할 근로자를 채용하려고 할 경우 해고된 근로자가 원하면 그 근로자를 우선적으로 고용하여야 한다.

　㉤ 정부는 해고된 근로자에 대하여 생계안정, 재취업, 직업훈련 등 필요한 조치를 우선적으로 취하여야 한다.

③ **해고의 예고**

사용자는 근로자를 해고(경영상 이유에 의한 해고를 포함한다)하려면 적어도 30일 전에 예고를 하여야 하고, 30일 전에 예고를 하지 아니하였을 때에는 30일분 이상의 통상임금을 지급하여야 한다. 다만, 다음의 어느 하나에 해당하는 경우에는 그러하지 아니하다.

　㉠ 근로자가 계속 근로한 기간이 3개월 미만인 경우

　㉡ 천재·사변, 그 밖의 부득이한 사유로 사업을 계속하는 것이 불가능한 경우

　㉢ 근로자가 고의로 사업에 막대한 지장을 초래하거나 재산상 손해를 끼친 경우로서 고용노동부령으로 정하는 사유에 해당하는 경우

④ 해고사유 등의 서면통지
　㉠ 사용자는 근로자를 해고하려면 해고사유와 해고시기를 서면으로 통지하여야 한다.
　㉡ 근로자에 대한 해고는 서면으로 통지하여야 효력이 있다.
　㉢ 사용자가 해고의 예고를 해고사유와 해고시기를 명시하여 서면으로 한 경우에는 ㉠에 따른 통지를 한 것으로 본다.
⑤ 부당해고 등의 구제신청 등
　㉠ 구제신청
　　ⓐ 사용자가 근로자에게 부당해고 등을 하면 근로자는 노동위원회에 구제를 신청할 수 있다.
　　ⓑ 구제신청은 부당해고 등이 있었던 날부터 3개월 이내에 하여야 한다.
　㉡ 조사 등
　　ⓐ 노동위원회는 구제신청을 받으면 지체 없이 필요한 조사를 하여야 하며 관계 당사자를 심문하여야 한다.
　　ⓑ 노동위원회는 심문을 할 때에는 관계 당사자의 신청이나 직권으로 증인을 출석하게 하여 필요한 사항을 질문할 수 있다.
　　ⓒ 노동위원회는 심문을 할 때에는 관계 당사자에게 증거 제출과 증인에 대한 반대심문을 할 수 있는 충분한 기회를 주어야 한다.
　㉢ 구제명령 등
　　ⓐ 노동위원회는 심문을 끝내고 부당해고 등이 성립한다고 판정하면 사용자에게 구제명령을 하여야 하며, 부당해고 등이 성립하지 아니한다고 판정하면 구제신청을 기각하는 결정을 하여야 한다.
　　ⓑ 노동위원회는 사용자에게 구제명령을 하는 때에는 이행기한을 정하여야 한다. 이 경우 이행기한은 사용자가 구제명령을 서면으로 통지받은 날부터 30일 이내로 한다.
　　ⓒ ⓐ에 따른 판정, 구제명령 및 기각결정은 사용자와 근로자에게 각각 서면으로 통지하여야 한다.
　　ⓓ 노동위원회는 구제명령(해고에 대한 구제명령만을 말한다)을 할 때에 근로자가 원직복직(原職復職)을 원하지 아니하면 원직복직을 명하는 대신 근로자가 해고기간 동안 근로를 제공하였더라면 받을 수 있었던 임금 상당액 이상의 금품을 근로자에게 지급하도록 명할 수 있다.

ⓔ 노동위원회는 근로계약기간의 만료, 정년의 도래 등으로 근로자가 원직복직(해고 이외의 경우는 원상회복을 말한다)이 불가능한 경우에도 ⓐ에 따른 구제명령이나 기각결정을 하여야 한다. 이 경우 노동위원회는 부당해고 등이 성립한다고 판정하면 근로자가 해고기간 동안 근로를 제공하였더라면 받을 수 있었던 임금 상당액에 해당하는 금품(해고 이외의 경우에는 원상회복에 준하는 금품을 말한다)을 사업주가 근로자에게 지급하도록 명할 수 있다.

ⓔ 구제명령 등의 확정

  ⓐ 지방노동위원회의 구제명령이나 기각결정에 불복하는 사용자나 근로자는 구제명령서나 기각결정서를 통지받은 날부터 10일 이내에 중앙노동위원회에 재심을 신청할 수 있다.

  ⓑ 중앙노동위원회의 재심판정에 대하여 사용자나 근로자는 재심판정서를 송달받은 날부터 15일 이내에 「행정소송법」의 규정에 따라 소(訴)를 제기할 수 있다.

  ⓒ ⓐ와 ⓑ에 따른 기간 이내에 재심을 신청하지 아니하거나 행정소송을 제기하지 아니하면 그 구제명령, 기각결정 또는 재심판정은 확정된다.

ⓜ 구제명령 등의 효력 : 노동위원회의 구제명령, 기각결정 또는 재심판정은 중앙노동위원회에 대한 재심 신청이나 행정소송 제기에 의하여 그 효력이 정지되지 아니한다.

ⓗ 확정되거나 행정소송을 제기하여 확정된 구제명령 또는 구제명령을 내용으로 하는 재심판정을 이행하지 아니한 자는 1년 이하의 징역 또는 1천만원 이하의 벌금에 처한다.

ⓢ 이행강제금

  ⓐ 노동위원회는 구제명령(구제명령을 내용으로 하는 재심판정을 포함한다)을 받은 후 이행기한까지 구제명령을 이행하지 아니한 사용자에게 3천만원 이하의 이행강제금을 부과한다.

    💡 근로자는 구제명령을 받은 사용자가 이행기한까지 구제명령을 이행하지 아니하면 이행기한이 지난 때부터 15일 이내에 그 사실을 노동위원회에 알려줄 수 있다.

  ⓑ 노동위원회는 이행강제금을 부과하기 30일 전까지 이행강제금을 부과·징수한다는 뜻을 사용자에게 미리 문서로써 알려 주어야 한다.

  ⓒ 이행강제금을 부과할 때에는 이행강제금의 액수, 부과사유, 납부기한, 수납기관, 이의제기방법 및 이의제기기관 등을 명시한 문서로써 하여야 한다.

    ⓓ 노동위원회는 최초의 구제명령을 한 날을 기준으로 매년 2회의 범위에서 구제명령이 이행될 때까지 반복하여 ⓐ에 따른 이행강제금을 부과·징수할 수 있다. 이 경우 이행강제금은 2년을 초과하여 부과·징수하지 못한다.

    ⓔ 노동위원회는 구제명령을 받은 자가 구제명령을 이행하면 새로운 이행강제금을 부과하지 아니하되, 구제명령을 이행하기 전에 이미 부과된 이행강제금은 징수하여야 한다.

    ⓕ 노동위원회는 이행강제금 납부의무자가 납부기한까지 이행강제금을 내지 아니하면 기간을 정하여 독촉을 하고 지정된 기간에 이행강제금을 내지 아니하면 국세 체납처분의 예에 따라 징수할 수 있다.

⑥ **이행강제금의 납부기한 등**

    ㉠ 노동위원회는 이행강제금을 부과하는 때에는 이행강제금의 부과통지를 받은 날부터 15일 이내의 납부기한을 정하여야 한다.

    ㉡ 노동위원회는 천재·사변, 그 밖의 부득이한 사유가 발생하여 ㉠에 따른 납부기한 내에 이행강제금을 납부하기 어려운 경우에는 그 사유가 없어진 날부터 15일 이내의 기간을 납부기한으로 할 수 있다.

    ㉢ 이행강제금을 부과·징수한다는 뜻을 사용자에게 미리 문서로써 알려 줄 때에는 10일 이상의 기간을 정하여 구술 또는 서면(전자문서를 포함한다)으로 의견을 진술할 수 있는 기회를 주어야 한다. 이 경우 지정된 기일까지 의견진술이 없는 때에는 의견이 없는 것으로 본다.

    ㉣ 이행강제금의 반환

        ⓐ 노동위원회는 중앙노동위원회의 재심판정이나 법원의 확정판결에 따라 노동위원회의 구제명령이 취소되면 직권 또는 사용자의 신청에 따라 이행강제금의 부과·징수를 즉시 중지하고 이미 징수한 이행강제금을 반환하여야 한다.

        ⓑ 이행강제금을 반환하는 때에는 이행강제금을 납부한 날부터 반환하는 날까지의 기간에 대하여 고용노동부령으로 정하는 이율을 곱한 금액을 가산하여 반환하여야 한다.

⑦ **이행강제금의 부과유예**

노동위원회는 다음의 어느 하나에 해당하는 사유가 있는 경우에는 직권 또는 사용자의 신청에 따라 그 사유가 없어진 뒤에 이행강제금을 부과할 수 있다.

    ㉠ 구제명령을 이행하기 위하여 사용자가 객관적으로 노력하였으나 근로자의 소재불명 등으로 구제명령을 이행하기 어려운 것이 명백한 경우

    ㉡ 천재·사변, 그 밖의 부득이한 사유로 구제명령을 이행하기 어려운 경우

2 최저임금법

(1) 적용범위 등

① 최저임금법은 근로자를 사용하는 모든 사업 또는 사업장에 적용한다. 다만, 동거하는 친족만을 사용하는 사업과 가사사용인에게는 적용하지 아니한다.

② 최저임금법은 「선원법」의 적용을 받는 선원과 선원을 사용하는 선박의 소유자에게는 적용하지 아니한다.

③ 2026년(1.1.~12.31.)도의 최저임금은 시간급 10,320원이다.

(2) 최저임금액 등

① 최저임금액(최저임금으로 정한 금액을 말한다)은 시간·일(日)·주(週) 또는 월(月)을 단위로 하여 정한다. 이 경우 일·주 또는 월을 단위로 하여 최저임금액을 정할 때에는 시간급(時間給)으로도 표시하여야 한다.

② 최저임금의 결정기준과 구분

　㉠ 최저임금은 근로자의 생계비, 유사 근로자의 임금, 노동생산성 및 소득분배율 등을 고려하여 정한다. 이 경우 사업의 종류별로 구분하여 정할 수 있다.

　㉡ ㉠에 따른 사업의 종류별 구분은 최저임금위원회의 심의를 거쳐 고용노동부장관이 정한다.

③ 1년 이상의 기간을 정하여 근로계약을 체결하고 수습 중에 있는 근로자로서 수습을 시작한 날부터 3개월 이내인 사람에 대하여는 시간급 최저임금액에서 100분의 10을 뺀 금액을 그 근로자의 시간급 최저임금액으로 한다. 다만, 단순노무업무로 고용노동부장관이 정하여 고시한 직종에 종사하는 근로자는 제외한다.

④ 임금이 통상적으로 도급제나 그 밖에 이와 비슷한 형태로 정하여져 있는 경우로서 최저임금액을 정하는 것이 적당하지 아니하다고 인정되면 ⑤에 따라 최저임금액을 따로 정할 수 있다.

⑤ 임금이 도급제나 그 밖에 이와 비슷한 형태로 정해진 경우에 근로시간을 파악하기 어렵거나 그 밖에 최저임금액을 정하는 것이 적합하지 않다고 인정되면 해당 근로자의 생산고(生産高) 또는 업적의 일정단위에 의하여 최저임금액을 정한다.

⑥ 다음의 어느 하나에 해당하는 사유로 근로하지 아니한 시간 또는 일에 대하여 사용자가 임금을 지급할 것을 강제하는 것은 아니다.

　㉠ 근로자가 자기의 사정으로 소정근로시간 또는 소정의 근로일의 근로를 하지 아니한 경우

    ⓛ 사용자가 정당한 이유로 근로자에게 소정근로시간 또는 소정의 근로일의 근로를 시키지 아니한 경우

⑦ 도급으로 사업을 행하는 경우 도급인이 책임져야 할 사유로 수급인이 근로자에게 최저임금액에 미치지 못하는 임금을 지급한 경우 도급인은 해당 수급인과 연대(連帶)하여 책임을 진다.

⑧ ⑦에 따른 도급인이 책임져야 할 사유의 범위는 다음과 같다.

    ㉠ 도급인이 도급계약 체결 당시 인건비 단가를 최저임금액에 미치지 못하는 금액으로 결정하는 행위

    ㉡ 도급인이 도급계약 기간 중 인건비 단가를 최저임금액에 미치지 못하는 금액으로 낮춘 행위

⑨ **최저임금의 효력**

    ㉠ 사용자는 최저임금의 적용을 받는 근로자에게 최저임금액 이상의 임금을 지급하여야 한다.

    ㉡ 사용자는 최저임금법에 따른 최저임금을 이유로 종전의 임금수준을 낮춰서는 안 된다.

    ㉢ 최저임금의 적용을 받는 근로자와 사용자 사이의 근로계약 중 최저임금액에 미치지 못하는 금액을 임금으로 정한 부분은 무효로 하며, 이 경우 무효로 된 부분은 최저임금법으로 정한 최저임금액과 동일한 임금을 지급하기로 한 것으로 본다.

    ㉣ ㉠과 ㉡에 따른 임금에는 매월 1회 이상 정기적으로 지급하는 임금을 산입(算入)한다. 다만, 다음의 어느 하나에 해당하는 임금은 산입하지 아니한다.

        ⓐ 근로기준법에 따른 소정(所定)근로시간 또는 소정의 근로일에 대하여 지급하는 임금 외의 임금으로서 고용노동부령으로 정하는 임금

        ⓑ 상여금, 그 밖에 이에 준하는 것으로서 고용노동부령으로 정하는 임금의 월 지급액 중 해당 연도 시간급 최저임금액을 기준으로 산정된 월 환산액의 100분의 25에 해당하는 부분

        ⓒ 식비, 숙박비, 교통비 등 근로자의 생활보조 또는 복리후생을 위한 성질의 임금으로서 다음의 어느 하나에 해당하는 것

            ㉮ 통화 이외의 것으로 지급하는 임금

            ㉯ 통화로 지급하는 임금의 월 지급액 중 해당 연도 시간급 최저임금액을 기준으로 산정된 월 환산액의 100분의 7에 해당하는 부분

⑩ **최저임금의 적용 제외** : 다음의 어느 하나에 해당하는 사람으로서 사용자가 ⑪에 따라 고용노동부장관의 인가를 받은 사람에 대하여는 ⑥부터 ⑨의 규정을 적용하지 아니한다.

　㉠ 정신장애나 신체장애로 근로능력이 현저히 낮은 사람

　㉡ 그 밖에 최저임금을 적용하는 것이 적당하지 아니하다고 인정되는 사람

⑪ 사용자가 고용노동부장관의 인가를 받아 최저임금의 적용을 제외할 수 있는 자는 정신 또는 신체의 장애가 업무 수행에 직접적으로 현저한 지장을 주는 것이 명백하다고 인정되는 사람으로 한다.

(3) 최저임금의 결정 등

① 최저임금에 관한 심의와 그 밖에 최저임금에 관한 중요 사항을 심의하기 위하여 고용노동부에 최저임금위원회를 둔다.

② **최저임금의 결정**

　㉠ 고용노동부장관은 매년 8월 5일까지 최저임금을 결정하여야 한다. 이 경우 고용노동부장관은 매년 3월 31일까지 최저임금위원회(이하 "위원회"라 한다)에 최저임금에 관한 심의를 요청하여야 하고, 위원회가 심의하여 의결한 최저임금안에 따라 최저임금을 결정하여야 한다.

　㉡ 위원회는 ㉠의 후단에 따라 고용노동부장관으로부터 최저임금에 관한 심의 요청을 받은 경우 이를 심의하여 최저임금안을 의결하고 심의 요청을 받은 날부터 90일 이내에 고용노동부장관에게 제출하여야 한다.

　㉢ 고용노동부장관은 위원회로부터 최저임금안을 제출받았을 때에는 지체 없이 사업 또는 사업장(이하 "사업"이라 한다)의 종류별 최저임금안 및 적용 사업의 범위를 고시하여야 한다.

　㉣ 고용노동부장관은 위원회가 심의하여 제출한 최저임금안에 따라 최저임금을 결정하기가 어렵다고 인정되면 20일 이내에 그 이유를 밝혀 위원회에 10일 이상의 기간을 정하여 재심의를 요청할 수 있다.

　㉤ 위원회는 재심의 요청을 받은 때에는 그 기간 내에 재심의하여 그 결과를 고용노동부장관에게 제출하여야 한다.

　㉥ 고용노동부장관은 위원회가 재심의에서 재적위원 과반수의 출석과 출석위원 3분의 2 이상의 찬성으로 당초의 최저임금안을 재의결한 경우에는 그에 따라 최저임금을 결정하여야 한다.

③ **최저임금안에 대한 이의제기**

　㉠ 고용노동부장관은 위원회로부터 최저임금안을 제출받은 때에는 지체 없이 최저임금안을 고시하여야 한다.

ⓒ 근로자를 대표하는 자나 사용자를 대표하는 자는 고시된 최저임금안에 대하여 이의가 있으면 고시된 날부터 10일 이내에 고용노동부장관에게 이의를 제기할 수 있다.

ⓒ 최저임금안에 대하여 이의를 제기할 때에는 다음의 사항을 분명하게 적은 이의제기서를 고용노동부장관에게 제출하여야 한다.

ⓐ 이의 제기자의 성명, 주소, 소속 및 직위

ⓑ 이의 제기 대상 업종의 최저임금안의 요지

ⓒ 이의 제기의 사유와 내용

ⓔ 이의 제기를 할 수 있는 노ㆍ사 대표자의 범위 : 근로자를 대표하는 자는 총연합단체인 노동조합의 대표자 및 산업별 연합단체인 노동조합의 대표자로 하고, 사용자를 대표하는 자는 전국적 규모의 사용자단체로서 고용노동부장관이 지정하는 단체의 대표자로 한다.

ⓜ 고용노동부장관은 이의가 이유 있다고 인정되면 그 내용을 밝혀 위원회에 최저임금안의 재심의를 요청하여야 한다.

ⓗ 고용노동부장관은 재심의를 요청한 최저임금안에 대하여 위원회가 재심의하여 의결한 최저임금안이 제출될 때까지는 최저임금을 결정하여서는 아니 된다.

④ **최저임금의 고시와 효력발생**

㉠ 고용노동부장관은 최저임금을 결정한 때에는 지체 없이 그 내용을 고시하여야 한다.

㉡ 고시된 최저임금은 다음 연도 1월 1일부터 효력이 발생한다. 다만, 고용노동부장관은 사업의 종류별로 임금교섭시기 등을 고려하여 필요하다고 인정하면 효력발생 시기를 따로 정할 수 있다.

⑤ **주지의무**

㉠ 최저임금의 적용을 받는 사용자는 대통령령으로 정하는 바에 따라 해당 최저임금을 그 사업의 근로자가 쉽게 볼 수 있는 장소에 게시하거나 그 외의 적당한 방법으로 근로자에게 널리 알려야 한다.

㉡ 사용자가 근로자에게 주지시켜야 할 최저임금의 내용은 다음과 같다.

ⓐ 적용을 받는 근로자의 최저임금액

ⓑ 최저임금에 산입하지 아니하는 임금

ⓒ 해당 사업에서 최저임금의 적용을 제외할 근로자의 범위

ⓓ 최저임금의 효력발생 연월일

㉢ 사용자는 최저임금의 내용을 최저임금의 효력발생일 전날까지 근로자에게 주지시켜야 한다.

(4) 벌칙 및 과태료

① 최저임금액보다 적은 임금을 지급하거나 최저임금을 이유로 종전의 임금을 낮춘 자는 3년 이하의 징역 또는 2천만원 이하의 벌금에 처한다. 이 경우 징역과 벌금은 병과할 수 있다.

② 도급인에게 연대책임이 발생하여 근로감독관이 그 연대책임을 이행하도록 시정지시하였음에도 불구하고 도급인이 시정기한 내에 이를 이행하지 아니한 경우 2년 이하의 징역 또는 1천만원 이하의 벌금에 처한다.

③ 최저임금의 적용을 받는 사용자는 해당 최저임금을 그 사업의 근로자가 쉽게 볼 수 있는 장소에 게시하거나 그 외의 적당한 방법으로 근로자에게 널리 알려야 하는 규정을 위반하여 널리 알리지 아니한 자에게는 100만원 이하의 과태료를 부과한다.

3 남녀고용평등과 일·가정 양립 지원에 관한 법률

(1) 적용범위

① 근로자를 사용하는 모든 사업 또는 사업장에 적용한다.

② 동거하는 친족만으로 이루어지는 사업 또는 사업장과 가사사용인에 대하여는 법의 전부를 적용하지 아니한다.

(2) 고용에서 남녀의 평등한 기회보장 및 대우 등

① 사업주는 근로자를 모집하거나 채용할 때 남녀를 차별하여서는 아니 된다.

② 사업주는 근로자를 모집·채용할 때 그 직무의 수행에 필요하지 아니한 용모·키·체중 등의 신체적 조건, 미혼조건 그 밖에 고용노동부령으로 정하는 조건을 제시하거나 요구하여서는 아니 된다.

③ 사업주는 동일한 사업 내의 동일 가치 노동에 대하여는 동일한 임금을 지급하여야 한다.

④ 동일 가치 노동의 기준은 직무 수행에서 요구되는 기술, 노력, 책임 및 작업조건 등으로 하고, 사업주가 그 기준을 정할 때에는 노사협의회의 근로자를 대표하는 위원의 의견을 들어야 한다.

⑤ 사업주가 임금차별을 목적으로 설립한 별개의 사업은 동일한 사업으로 본다.

⑥ 사업주는 임금 외에 근로자의 생활을 보조하기 위한 금품의 지급 또는 자금의 융자 등 복리후생에서 남녀를 차별하여서는 아니 된다.

⑦ 사업주는 근로자의 교육·배치 및 승진에서 남녀를 차별하여서는 아니 된다.

⑧ 사업주는 근로자의 정년·퇴직 및 해고에서 남녀를 차별하여서는 아니 된다.

⑨ 사업주는 여성 근로자의 혼인, 임신 또는 출산을 퇴직 사유로 예정하는 근로계약을 체결하여서는 아니 된다.

(3) 배우자의 출산휴가

① 사업주는 근로자가 배우자의 출산을 이유로 휴가(이하 "배우자 출산휴가"라 한다)를 고지하는 경우에 20일의 휴가를 주어야 한다. 이 경우 사용한 휴가기간은 유급으로 한다.

② 배우자 출산휴가는 근로자의 배우자가 출산한 날부터 120일이 지나면 사용할 수 없다.

③ 배우자 출산휴가는 3회에 한정하여 나누어 사용할 수 있다.

④ 사업주는 배우자 출산휴가를 이유로 근로자를 해고하거나 그 밖의 불리한 처우를 하여서는 아니 된다.

(4) 육아휴직

① 사업주는 임신 중인 여성 근로자가 모성을 보호하거나 근로자가 만 8세 이하 또는 초등학교 2학년 이하의 자녀(입양한 자녀를 포함한다)를 양육하기 위하여 휴직(이하 "육아휴직"이라 한다)을 신청하는 경우에 이를 허용하여야 한다. 다만, 육아휴직을 시작하려는 날(이하 "휴직개시예정일"이라 한다)의 전날까지 해당 사업에서 계속 근로한 기간이 6개월 미만인 근로자가 신청한 경우에는 그러하지 아니하다.

② 육아휴직의 기간은 1년 이내로 한다. 다만, 다음의 어느 하나에 해당하는 근로자의 경우 6개월 이내에서 추가로 육아휴직을 사용할 수 있다.

  ㉠ 같은 자녀를 대상으로 부모가 모두 육아휴직을 각각 3개월 이상 사용한 경우의 부 또는 모

  ㉡ 「한부모가족지원법」의 부 또는 모

  ㉢ 고용노동부령으로 정하는 장애아동의 부 또는 모

③ 사업주는 육아휴직을 이유로 해고나 그 밖의 불리한 처우를 하여서는 아니 되며, 육아휴직 기간에는 그 근로자를 해고하지 못한다. 다만, 사업을 계속할 수 없는 경우에는 그러하지 아니하다.

④ 사업주는 육아휴직을 마친 후에는 휴직 전과 같은 업무 또는 같은 수준의 임금을 지급하는 직무에 복귀시켜야 한다. 육아휴직 기간은 근속기간에 포함한다.

⑤ 기간제근로자 또는 파견근로자의 육아휴직기간은 「기간제 및 단시간근로자 보호 등에 관한 법률」 제4조에 따른 사용기간 또는 「파견근로자보호 등에 관한 법률」 제6조에 따른 근로자파견기간에서 제외한다.

⑸ **육아휴직의 신청 등**

① 육아휴직을 신청하려는 근로자는 휴직개시예정일의 30일 전까지 신청서에 다음 각 호의 사항을 적어 사업주에게 제출해야 한다. 이 경우 ⓑ의 사항에 대해서는 신청서에 해당 사실을 증명하는 서류를 첨부해야 한다.

  ㉠ 신청인의 성명, 생년월일 등 인적사항

  ㉡ 육아휴직 대상인 영유아의 성명·생년월일(임신 중인 여성근로자가 육아휴직을 신청하는 경우에는 영유아의 성명을 적지 않으며, 생년월일 대신 출산 예정일을 적어야 한다)

  ㉢ 휴직개시예정일

  ㉣ 육아휴직을 종료하려는 날(이하 "휴직종료예정일"이라 한다)

  ㉤ 육아휴직 신청 연월일

  ㉥ 법 제19조 제2항 각 호의 어느 하나에 해당하는 경우에는 그에 해당한다는 사실

> **제19조 【육아휴직】** ② 육아휴직의 기간은 1년 이내로 한다. 다만, 다음 각 호의 어느 하나에 해당하는 근로자의 경우 6개월 이내에서 추가로 육아휴직을 사용할 수 있다.
> 1. 같은 자녀를 대상으로 부모가 모두 육아휴직을 각각 3개월 이상 사용한 경우의 부 또는 모
> 2. 「한부모가족지원법」 제4조 제1호의 부 또는 모
> 3. 고용노동부령으로 정하는 장애아동의 부 또는 모

② 근로자는 자녀 출생 후 18개월 이내에 육아휴직을 시작하려는 경우에는 「근로기준법」에 따른 출산전후휴가를 청구하거나 배우자 출산휴가를 고지할 때 육아휴직을 함께 신청할 수 있다. 이 경우 근로자는 육아휴직 신청서에 출산전후휴가 또는 배우자 출산휴가의 개시·종료예정일을 적어 사업주에게 제출해야 하며, 육아휴직의 신청은 육아휴직개시예정일 30일 전까지 해야 한다.

③ ① 및 ②의 후단에도 불구하고 다음 각 호의 어느 하나에 해당하는 경우에는 휴직개시예정일 7일 전까지 육아휴직을 신청할 수 있다.

  ㉠ 임신 중인 여성 근로자에게 유산 또는 사산의 위험이 있는 경우

  ㉡ 출산 예정일 이전에 자녀가 출생한 경우

  ㉢ 배우자의 사망, 부상, 질병 또는 신체적·정신적 장애나 배우자와의 이혼 등으로 해당 영유아를 양육하기 곤란한 경우

④ 사업주는 근로자가 ①부터 ③까지의 규정에 따라 육아휴직을 신청하는 경
우에는 육아휴직을 허용해야 한다. 이 경우 ① 및 ②에 따라 육아휴직을 신
청하는 근로자에게는 그 신청일부터 14일 이내에, ③에 따라 육아휴직을 신
청하는 근로자에게는 그 신청일부터 3일 이내에 육아휴직을 허용한 사실을
서면 또는 전자적 방식으로 알려야 한다.

⑤ 사업주가 ④의 후단에 따른 기간 이내에 근로자에게 육아휴직을 허용한다
는 사실을 알리지 않은 경우에는 근로자가 육아휴직을 신청한 대로 육아휴
직을 허용한 것으로 본다.

⑥ 사업주는 근로자가 ① 또는 ②의 후단에 따른 기한이 지난 뒤에 육아휴직
을 신청한 경우에는 그 신청일부터 30일 이내에, ③에 따른 기한이 지난 뒤
에 육아휴직을 신청한 경우에는 그 신청일부터 7일 이내에 육아휴직 개시
일을 지정하여 육아휴직을 허용해야 하고, 그 사실을 서면 또는 전자적 방
식으로 알려야 한다.

⑦ 사업주는 ①부터 ③까지의 규정에 따라 육아휴직을 신청한 근로자에게 본
인 또는 배우자가 임신 중인 사실을 증명할 수 있는 서류나 해당 자녀의
출생 등을 증명할 수 있는 서류의 제출을 요구할 수 있다.

⑹ 육아기 근로시간 단축

① 사업주는 근로자가 만 12세 이하 또는 초등학교 6학년 이하의 자녀를 양육
하기 위하여 근로시간의 단축을 신청하는 경우에 이를 허용하여야 한다. 다
만, 다음의 경우에는 이를 허용하지 않을 수 있다.

㉠ 단축개시예정일의 전날까지 해당 사업에서 계속 근로한 기간이 6개월
미만인 근로자가 신청한 경우

㉡ 사업주가 「직업안정법」에 따른 직업안정기관에 구인신청을 하고 14일
이상 대체인력을 채용하기 위하여 노력하였으나 대체인력을 채용하지
못한 경우. 다만, 직업안정기관의 장의 직업소개에도 불구하고 정당한
이유 없이 2회 이상 채용을 거부한 경우는 제외한다.

㉢ 육아기 근로시간 단축을 신청한 근로자의 업무 성격상 근로시간을 분할하
여 수행하기 곤란하거나 그 밖에 육아기 근로시간 단축이 정상적인 사업
운영에 중대한 지장을 초래하는 경우로서 사업주가 이를 증명하는 경우

② 사업주가 육아기 근로시간 단축을 허용하지 아니하는 경우에는 해당 근로
자에게 그 사유를 서면으로 통보하고 육아휴직을 사용하게 하거나 출근 및
퇴근 시간 조정 등 다른 조치를 통하여 지원할 수 있는지를 해당 근로자와
협의하여야 한다.

③ 사업주가 해당 근로자에게 육아기 근로시간 단축을 허용하는 경우 단축 후 근로시간은 주당 15시간 이상이어야 하고 35시간을 넘어서는 아니 된다.

④ 육아기 근로시간 단축의 기간은 1년 이내로 한다. 다만, (4)의 ①에 따라 육아휴직을 신청할 수 있는 근로자가 (4)의 ②에 따른 육아휴직 기간 중 사용하지 아니한 기간이 있으면 그 기간의 두 배를 가산한 기간 이내로 한다.

⑤ 사업주는 육아기 근로시간 단축을 이유로 해당 근로자에게 해고나 그 밖의 불리한 처우를 하여서는 아니 된다.

⑥ 사업주는 근로자의 육아기 근로시간 단축기간이 끝난 후에 그 근로자를 육아기 근로시간 단축 전과 같은 업무 또는 같은 수준의 임금을 지급하는 직무에 복귀시켜야 한다.

(7) 육아기 근로시간 단축의 신청 등

① 육아기 근로시간 단축을 신청하려는 근로자는 육아기 근로시간 단축을 시작하려는 날의 30일 전까지 육아기 근로시간 단축기간 중 양육하는 대상인 자녀의 성명, 생년월일, 단축개시예정일, 육아기 근로시간 단축을 종료하려는 날, 육아기 근로시간 단축 중 근무개시시각 및 근무종료시각, 육아기 근로시간 단축 신청 연월일, 신청인 등에 대한 사항을 적은 문서(전자문서를 포함한다)를 사업주에게 제출하여야 한다.

② 사업주는 근로자가 ①에 따른 기한이 지난 뒤에 육아기 근로시간 단축을 신청한 경우에는 그 신청일부터 30일 이내로 육아기 근로시간 단축 개시일을 지정하여 육아기 근로시간 단축을 허용하여야 한다.

③ 사업주는 육아기 근로시간 단축을 신청한 근로자에게 해당 자녀의 출생 등을 증명할 수 있는 서류의 제출을 요구할 수 있다.

(8) 육아기 근로시간 단축 중 근로조건

① 사업주는 육아기 근로시간 단축을 하고 있는 근로자에 대하여 근로시간에 비례하여 적용하는 경우 외에는 육아기 근로시간 단축을 이유로 그 근로조건을 불리하게 하여서는 아니 된다.

② 육아기 근로시간 단축을 한 근로자의 근로조건(육아기 근로시간 단축 후 근로시간을 포함한다)은 사업주와 그 근로자 간에 서면으로 정한다.

③ 사업주는 육아기 근로시간 단축을 하고 있는 근로자에게 단축된 근로시간 외에 연장근로를 요구할 수 없다. 다만, 그 근로자가 명시적으로 청구하는 경우에는 사업주는 주 12시간 이내에서 연장근로를 시킬 수 있다.

④ 육아기 근로시간 단축을 한 근로자에 대하여 「근로기준법」에 따른 평균임금을 산정하는 경우에는 그 근로자의 육아기 근로시간 단축 기간을 평균임금 산정기간에서 제외한다.

(9) 육아휴직과 육아기 근로시간 단축의 형태

① 근로자는 육아휴직을 3회에 한정하여 나누어 사용할 수 있다. 이 경우 임신 중인 여성 근로자가 모성보호를 위하여 육아휴직을 사용한 횟수는 육아휴직을 나누어 사용한 횟수에 포함하지 아니한다.

② 근로자는 육아기 근로시간 단축을 나누어 사용할 수 있다. 이 경우 나누어 사용하는 1회의 기간은 1개월(근로계약기간의 만료로 1개월 이상 근로시간 단축을 사용할 수 없는 기간제근로자에 대해서는 남은 근로계약기간을 말한다) 이상이 되어야 한다.

(10) 직장 내 성희롱의 금지 및 예방 등

① 사업주, 상급자 또는 근로자는 직장 내 성희롱을 하여서는 아니 된다.

② 직장 내 성희롱 예방 교육 등

  ㉠ 사업주는 직장 내 성희롱을 예방하고 근로자가 안전한 근로환경에서 일할 수 있는 여건을 조성하기 위하여 직장 내 성희롱의 예방을 위한 교육 (이하 "성희롱 예방 교육"이라 한다)을 매년 실시하여야 한다.

  ㉡ 사업주는 ㉠에 따라 직장 내 성희롱 예방을 위한 교육을 연 1회 이상 하여야 한다.

  ㉢ 사업주 및 근로자는 ㉠에 따른 성희롱 예방 교육을 받아야 한다.

  ㉣ 예방 교육에는 다음 각 호의 내용이 포함되어야 한다.

    ⓐ 직장 내 성희롱에 관한 법령

    ⓑ 해당 사업장의 직장 내 성희롱 발생시의 처리 절차와 조치 기준

    ⓒ 해당 사업장의 직장 내 성희롱 피해 근로자의 고충상담 및 구제 절차

    ⓓ 그 밖에 직장 내 성희롱 예방에 필요한 사항

③ 예방 교육은 사업의 규모나 특성 등을 고려하여 직원연수·조회·회의, 인터넷 등 정보통신망을 이용한 사이버 교육 등을 통하여 실시할 수 있다. 다만, 단순히 교육자료 등을 배포·게시하거나 전자우편을 보내거나 게시판에 공지하는 데 그치는 등 근로자에게 교육 내용이 제대로 전달되었는지 확인하기 곤란한 경우에는 예방 교육을 한 것으로 보지 아니한다.

④ 다음의 어느 하나에 해당하는 사업의 사업주는 ②의 ㉣ ⓐ부터 ⓓ까지의 내용을 근로자가 알 수 있도록 교육자료 또는 홍보물을 게시하거나 배포하는 방법으로 직장 내 성희롱 예방 교육을 할 수 있다.

　　㉠ 상시 10명 미만의 근로자를 고용하는 사업

　　㉡ 사업주 및 근로자 모두가 남성 또는 여성 중 어느 한 성(性)으로 구성된 사업

⑤ 사업주가 소속 근로자에게 「근로자직업능력 개발법」에 따라 인정받은 훈련과정 중 ②의 ㉣ 각 호의 내용이 포함되어 있는 훈련과정을 수료하게 한 경우에는 그 훈련과정을 마친 근로자에게는 ②의 ㉡에 따른 예방 교육을 한 것으로 본다.

⑥ 사업주는 ⑦에서 정하는 기준에 따라 직장 내 성희롱 예방 및 금지를 위한 조치를 하여야 한다.

⑦ **성희롱 예방 및 금지를 위한 조치**

　　㉠ 사업주는 직장 내 성희롱 예방 및 금지를 위하여 성희롱 예방지침을 마련하고 사업장 내 근로자가 자유롭게 열람할 수 있는 장소에 항상 게시하거나 갖추어 두어야 한다.

　　㉡ ㉠에 따른 성희롱 예방지침에는 다음의 사항이 포함되어야 한다.

　　　　ⓐ 직장 내 성희롱 관련 상담 및 고충 처리에 필요한 사항

　　　　ⓑ 직장 내 성희롱 조사절차

　　　　ⓒ 직장 내 성희롱 발생시 피해자 보호절차

　　　　ⓓ 직장 내 성희롱 행위자 징계 절차 및 징계 수준

　　　　ⓔ 그 밖에 직장 내 성희롱 예방 및 금지를 위하여 필요한 사항

⑾ **성희롱 예방 교육의 위탁**

① 사업주는 성희롱 예방 교육을 고용노동부장관이 지정하는 기관(이하 "성희롱 예방 교육기관"이라 한다)에 위탁하여 실시할 수 있다.

② 성희롱 예방 교육기관은 고용노동부령으로 정하는 기관 중에서 지정하되, 고용노동부령으로 정하는 강사를 1명 이상 두어야 한다.

③ 성희롱 예방 교육기관은 고용노동부령으로 정하는 바에 따라 교육을 실시하고 교육이수증이나 이수자 명단 등 교육 실시 관련 자료를 보관하며 사업주나 교육대상자에게 그 자료를 내주어야 한다.

④ 고용노동부장관은 성희롱 예방 교육기관이 다음의 어느 하나에 해당하면 그 지정을 취소할 수 있다.

　　㉠ 거짓이나 그 밖의 부정한 방법으로 지정을 받은 경우

ⓒ 정당한 사유 없이 강사를 3개월 이상 계속하여 두지 아니한 경우

ⓒ 2년 동안 직장 내 성희롱 예방 교육 실적이 없는 경우

⑿ **직장 내 성희롱 발생시 조치**

① 누구든지 직장 내 성희롱 발생 사실을 알게 된 경우 그 사실을 해당 사업주에게 신고할 수 있다.

② 사업주는 신고를 받거나 직장 내 성희롱 발생 사실을 알게 된 경우에는 지체 없이 그 사실 확인을 위한 조사를 하여야 한다. 이 경우 사업주는 직장 내 성희롱과 관련하여 피해를 입은 근로자 또는 피해를 입었다고 주장하는 근로자(이하 "피해근로자 등"이라 한다)가 조사 과정에서 성적 수치심 등을 느끼지 아니하도록 하여야 한다.

③ 사업주는 조사 기간 동안 피해근로자 등을 보호하기 위하여 필요한 경우 해당 피해근로자 등에 대하여 근무장소의 변경, 유급휴가 명령 등 적절한 조치를 하여야 한다. 이 경우 사업주는 피해근로자 등의 의사에 반하는 조치를 하여서는 아니 된다.

④ 사업주는 조사 결과 직장 내 성희롱 발생 사실이 확인된 때에는 피해근로자가 요청하면 근무장소의 변경, 배치전환, 유급휴가 명령 등 적절한 조치를 하여야 한다.

⑤ 사업주는 조사 결과 직장 내 성희롱 발생 사실이 확인된 때에는 지체 없이 직장 내 성희롱 행위를 한 사람에 대하여 징계, 근무장소의 변경 등 필요한 조치를 하여야 한다. 이 경우 사업주는 징계 등의 조치를 하기 전에 그 조치에 대하여 직장 내 성희롱 피해를 입은 근로자의 의견을 들어야 한다.

⑥ 사업주는 성희롱 발생 사실을 신고한 근로자 및 피해근로자 등에게 다음의 어느 하나에 해당하는 불리한 처우를 하여서는 아니 된다.

ⓐ 파면, 해임, 해고, 그 밖에 신분상실에 해당하는 불이익 조치

ⓑ 징계, 정직, 감봉, 강등, 승진 제한 등 부당한 인사조치

ⓒ 직무 미부여, 직무 재배치, 그 밖에 본인의 의사에 반하는 인사조치

ⓓ 성과평가 또는 동료평가 등에서 차별이나 그에 따른 임금 또는 상여금 등의 차별 지급

ⓔ 직업능력 개발 및 향상을 위한 교육훈련 기회의 제한

ⓕ 집단 따돌림, 폭행 또는 폭언 등 정신적·신체적 손상을 가져오는 행위를 하거나 그 행위의 발생을 방치하는 행위

ⓖ 그 밖에 신고를 한 근로자 및 피해근로자 등의 의사에 반하는 불리한 처우

⑦ 직장 내 성희롱 발생 사실을 조사한 사람, 조사 내용을 보고 받은 사람 또는 그 밖에 조사 과정에 참여한 사람은 해당 조사 과정에서 알게 된 비밀을 피해근로자 등의 의사에 반하여 다른 사람에게 누설하여서는 아니 된다. 다만, 조사와 관련된 내용을 사업주에게 보고하거나 관계 기관의 요청에 따라 필요한 정보를 제공하는 경우는 제외한다.

⒀ **고객 등에 의한 성희롱 방지**

① 사업주는 고객 등 업무와 밀접한 관련이 있는 사람이 업무수행 과정에서 성적인 언동 등을 통하여 근로자에게 성적 굴욕감 또는 혐오감 등을 느끼게 하여 해당 근로자가 그로 인한 고충 해소를 요청할 경우 근무 장소 변경, 배치전환, 유급휴가의 명령 등 적절한 조치를 하여야 한다.

② 사업주는 근로자가 피해를 주장하거나 고객 등으로부터의 성적 요구 등에 따르지 아니하였다는 것을 이유로 해고나 그 밖의 불이익한 조치를 하여서는 아니 된다.

⒁ **근로자의 가족 돌봄 등을 위한 지원**

① 사업주는 근로자가 조부모, 부모, 배우자, 배우자의 부모, 자녀 또는 손자녀(이하 '가족'이라 한다)의 질병, 사고, 노령으로 인하여 그 가족을 돌보기 위한 휴직(이하 '가족돌봄휴직'이라 한다)을 신청하는 경우 이를 허용하여야 한다. 다만, 다음의 경우에는 그러하지 아니하다.

㉠ 돌봄휴직개시예정일의 전날까지 해당 사업에서 계속 근로한 기간이 6개월 미만인 근로자가 신청한 경우

㉡ 부모, 배우자, 자녀 또는 배우자의 부모를 돌보기 위하여 가족돌봄휴직을 신청한 근로자 외에도 돌봄이 필요한 가족의 부모, 자녀, 배우자 등이 돌봄이 필요한 가족을 돌볼 수 있는 경우

㉢ 조부모 또는 손자녀를 돌보기 위하여 가족돌봄휴직을 신청한 근로자 외에도 조부모의 직계비속 또는 손자녀의 직계존속이 있는 경우. 다만, 조부모의 직계비속 또는 손자녀의 직계존속에게 질병, 노령, 장애 또는 미성년 등의 사유가 있어 신청한 근로자가 돌봐야 하는 경우는 제외한다.

㉣ 사업주가 직업안정기관에 구인신청을 하고 14일 이상 대체인력을 채용하기 위하여 노력하였으나 대체인력을 채용하지 못한 경우. 다만, 직업안정기관의 장의 직업소개에도 불구하고 정당한 이유 없이 2회 이상 채용을 거부한 경우는 제외한다.

㉤ 근로자의 가족돌봄휴직으로 인하여 정상적인 사업 운영에 중대한 지장이 초래되는 경우로서 사업주가 이를 증명하는 경우

② 사업주는 근로자가 가족(조부모 또는 손자녀의 경우 근로자 본인 외에도 직계비속 또는 직계존속이 있는 등 대통령령으로 정하는 경우는 제외한다)의 질병, 사고, 노령 또는 자녀의 양육으로 인하여 긴급하게 그 가족을 돌보기 위한 휴가(이하 "가족돌봄휴가"라 한다)를 신청하는 경우 이를 허용하여야 한다. 다만, 근로자가 청구한 시기에 가족돌봄휴가를 주는 것이 정상적인 사업 운영에 중대한 지장을 초래하는 경우에는 근로자와 협의하여 그 시기를 변경할 수 있다.

③ ①의 단서에 따라 사업주가 가족돌봄휴직을 허용하지 아니하는 경우에는 해당 근로자에게 그 사유를 서면으로 통보하고, 다음의 어느 하나에 해당하는 조치를 하도록 노력하여야 한다.

  ㉠ 업무를 시작하고 마치는 시간 조정

  ㉡ 연장근로의 제한

  ㉢ 근로시간의 단축, 탄력적 운영 등 근로시간의 조정

  ㉣ 그 밖에 사업장 사정에 맞는 지원조치

④ 가족돌봄휴직 및 가족돌봄휴가의 사용기간과 분할횟수 등은 다음에 따른다.

  ㉠ 가족돌봄휴직 기간은 연간 최장 90일로 하며, 이를 나누어 사용할 수 있을 것. 이 경우 나누어 사용하는 1회의 기간은 30일 이상이 되어야 한다.

  ㉡ 가족돌봄휴가 기간은 연간 최장 10일[㉢에 따라 가족돌봄휴가 기간이 연장되는 경우 20일(「한부모가족지원법」의 모 또는 부에 해당하는 근로자의 경우 25일) 이내]로 하며, 일단위로 사용할 수 있을 것. 다만, 가족돌봄휴가 기간은 가족돌봄휴직 기간에 포함된다.

  ㉢ 고용노동부장관은 감염병의 확산 등을 원인으로 「재난 및 안전관리 기본법」에 따른 심각단계의 위기경보가 발령되거나 이에 준하는 대규모 재난이 발생한 경우로서 근로자에게 가족을 돌보기 위한 특별한 조치가 필요하다고 인정되는 경우 「고용정책 기본법」에 따른 고용정책심의회의 심의를 거쳐 가족돌봄휴가 기간을 연간 10일(「한부모가족지원법」에 따른 모 또는 부에 해당하는 근로자의 경우 15일)의 범위에서 연장할 수 있을 것. 이 경우 고용노동부장관은 지체 없이 기간 및 사유 등을 고시하여야 한다.

⑤ ④의 ㉢에 따라 연장된 가족돌봄휴가는 다음의 어느 하나에 해당하는 경우에만 사용할 수 있다.

  ㉠ 감염병 확산을 사유로 「재난 및 안전관리 기본법」에 따른 심각단계의 위기경보가 발령된 경우로서 가족이 위기경보가 발령된 원인이 되는 감염병의 「감염병의 예방 및 관리에 관한 법률」의 감염병환자, 감염병의사환자, 병원체보유자인 경우 또는 감염병의심자 중 유증상자 등으로 분류되어 돌봄이 필요한 경우

      ○ 자녀가 소속된 「초·중등교육법」의 학교, 「유아교육법」의 유치원 또는 「영유아보육법」의 어린이집(이하 "학교 등"이라 한다)에 대한 「초·중등교육법」에 따른 휴업명령 또는 휴교처분, 「유아교육법」에 따른 휴업 또는 휴원 명령이나 「영유아보육법」에 따른 휴원명령으로 자녀의 돌봄이 필요한 경우

      ○ 자녀가 ○에 따른 감염병으로 인하여 「감염병의 예방 및 관리에 관한 법률」에 따른 자가(自家) 격리 대상이 되거나 학교 등에서 등교 또는 등원 중지 조치를 받아 돌봄이 필요한 경우

      ○ 그 밖에 근로자의 가족돌봄에 관하여 고용노동부장관이 정하는 사유에 해당하는 경우

  ⑥ 사업주는 가족돌봄휴직 또는 가족돌봄휴가를 이유로 해당 근로자를 해고하거나 근로조건을 악화시키는 등 불리한 처우를 하여서는 아니 된다.

  ⑦ 가족돌봄휴직 및 가족돌봄휴가 기간은 근속기간에 포함한다. 다만, 「근로기준법」에 따른 평균임금 산정기간에서는 제외한다.

  ⑧ 사업주는 소속 근로자가 건전하게 직장과 가정을 유지하는 데에 도움이 될 수 있도록 필요한 심리상담 서비스를 제공하도록 노력하여야 한다.

  ⑨ 고용노동부장관은 사업주가 ① 또는 ②에 따른 조치를 하는 경우에는 고용효과 등을 고려하여 필요한 지원을 할 수 있다.

  ⑩ 가족돌봄휴직 및 가족돌봄휴가의 신청방법 및 절차 등에 관하여 필요한 사항은 대통령령으로 정한다.

⒂ 가족돌봄 등을 위한 근로시간 단축

  ① 사업주는 근로자가 다음의 어느 하나에 해당하는 사유로 근로시간의 단축을 신청하는 경우에 이를 허용하여야 한다. 다만, 대체인력 채용이 불가능한 경우, 정상적인 사업운영에 중대한 지장을 초래하는 경우 등 대통령령(아래 ②)으로 정하는 경우에는 그러하지 아니하다.

      ○ 근로자가 가족의 질병, 사고, 노령으로 인하여 그 가족을 돌보기 위한 경우

      ○ 근로자 자신의 질병이나 사고로 인한 부상 등의 사유로 자신의 건강을 돌보기 위한 경우

      ○ 55세 이상의 근로자가 은퇴를 준비하기 위한 경우

      ○ 근로자의 학업을 위한 경우

② 대체인력 채용이 불가능한 경우, 정상적인 사업 운영에 중대한 지장을 초래
하는 경우 등 대통령령으로 정하는 경우란 다음의 어느 하나에 해당하는
경우를 말한다.

　㉠ 가족돌봄 등 단축개시예정일의 전날까지 해당 사업에서 계속 근로한 기
간이 6개월 미만의 근로자가 신청한 경우

　㉡ 사업주가 직업안정기관에 구인신청을 하고 14일 이상 대체인력을 채용
하기 위하여 노력했으나 대체인력을 채용하지 못한 경우. 다만, 직업안
정기관의 장의 직업소개에도 불구하고 정당한 이유 없이 2회 이상 채용
을 거부한 경우는 제외한다.

　㉢ 가족돌봄 등 근로시간 단축을 신청한 근로자의 업무 성격상 근로시간을
분할하여 수행하기 곤란하거나 그 밖에 가족돌봄 등 근로시간 단축이
정상적인 사업 운영에 중대한 지장을 초래하는 경우로서 사업주가 이를
증명하는 경우

　㉣ 가족돌봄 등 근로시간 단축 종료일부터 2년이 지나지 않은 근로자가 신
청한 경우

③ 사업주가 ①에 따라 해당 근로자에게 근로시간 단축을 허용하는 경우 단축
후 근로시간은 주당 15시간 이상이어야 하고 30시간을 넘어서는 아니 된다.

④ 근로시간 단축의 기간은 1년 이내로 한다. 다만, ①의 ㉠부터 ㉢까지의 어
느 하나에 해당하는 근로자는 합리적 이유가 있는 경우에 추가로 2년의 범
위 안에서 근로시간 단축의 기간을 연장할 수 있다.

⑤ 사업주는 근로시간 단축을 이유로 해당 근로자에게 해고나 그 밖의 불리한
처우를 하여서는 아니 된다.

⑥ 사업주는 근로자의 근로시간 단축기간이 끝난 후에 그 근로자를 근로시간 단축
전과 같은 업무 또는 같은 수준의 임금을 지급하는 직무에 복귀시켜야 한다.

⒃ 가족돌봄 등을 위한 근로시간 단축 중 근로조건 등

① 사업주는 근로시간 단축을 하고 있는 근로자에게 근로시간에 비례하여 적
용하는 경우 외에는 가족돌봄 등을 위한 근로시간 단축을 이유로 그 근로
조건을 불리하게 하여서는 아니 된다.

② 근로시간 단축을 한 근로자의 근로조건(근로시간 단축 후 근로시간을 포함
한다)은 사업주와 그 근로자 간에 서면으로 정한다.

③ 사업주는 근로시간 단축을 하고 있는 근로자에게 단축된 근로시간 외에 연
장근로를 요구할 수 없다. 다만, 그 근로자가 명시적으로 청구하는 경우에
는 사업주는 주 12시간 이내에서 연장근로를 시킬 수 있다.

④ 근로시간 단축을 한 근로자에 대하여 「근로기준법」에 따른 평균임금을 산정하는 경우에는 그 근로자의 근로시간 단축 기간을 평균임금 산정기간에서 제외한다.

(17) 명예고용평등감독관

① 고용노동부장관은 사업장의 남녀고용평등 이행을 촉진하기 위하여 그 사업장 소속 근로자 중 노사가 추천하는 사람을 명예고용평등감독관(이하 "명예감독관"이라 한다)으로 위촉할 수 있다.

② 명예감독관은 다음의 업무를 수행한다.
  ㉠ 해당 사업장의 차별 및 직장 내 성희롱 발생시 피해 근로자에 대한 상담·조언
  ㉡ 해당 사업장의 고용평등 이행상태 자율점검 및 지도시 참여
  ㉢ 법령위반 사실이 있는 사항에 대하여 사업주에 대한 개선 건의 및 감독기관에 대한 신고
  ㉣ 남녀고용평등 제도에 대한 홍보·계몽
  ㉤ 그 밖에 남녀고용평등의 실현을 위하여 고용노동부장관이 정하는 업무

③ 사업주는 명예감독관으로서 정당한 임무 수행을 한 것을 이유로 해당 근로자에게 인사상 불이익 등의 불리한 조치를 하여서는 아니 된다.

④ 명예감독관의 위촉과 해촉 등에 필요한 사항은 고용노동부령으로 정한다.

(18) 난임치료휴가

① 사업주는 근로자가 인공수정 또는 체외수정 등 난임치료를 받기 위하여 휴가(이하 "난임치료휴가"라 한다)를 청구하는 경우에 연간 6일 이내의 휴가를 주어야 하며, 이 경우 최초 2일은 유급으로 한다. 다만, 근로자가 청구한 시기에 휴가를 주는 것이 정상적인 사업 운영에 중대한 지장을 초래하는 경우에는 근로자와 협의하여 그 시기를 변경할 수 있다.

② 사업주는 난임치료휴가를 이유로 해고, 징계 등 불리한 처우를 하여서는 아니 된다.

③ 사업주는 난임치료휴가의 청구 업무를 처리하는 과정에서 알게 된 사실을 난임치료휴가를 신청한 근로자의 의사에 반하여 다른 사람에게 누설하여서는 아니 된다.

④ 난임치료를 받기 위한 휴가를 신청하려는 근로자는 난임치료휴가를 사용하려는 날, 난임치료휴가 신청 연월일 등에 대한 사항을 적은 문서(전자문서를 포함한다)를 사업주에게 제출해야 한다.

⑤ 사업주는 난임치료휴가를 신청한 근로자에게 난임치료를 받을 사실을 증명할 수 있는 서류의 제출을 요구할 수 있다.

4 근로자퇴직급여 보장법

(1) 적용범위

이 법은 근로자를 사용하는 모든 사업 또는 사업장에 적용한다. 다만, 동거하는 친족만을 사용하는 사업 및 가구 내 고용활동에는 적용하지 아니한다.

(2) 용어정의

① **급여**: 퇴직급여제도나 개인형퇴직연금제도에 의하여 근로자에게 지급되는 연금 또는 일시금을 말한다.

② **퇴직급여제도**: 확정급여형퇴직연금제도, 확정기여형퇴직연금제도, 중소기업퇴직연금기금제도 퇴직금제도를 말한다.

③ **퇴직연금제도**: 확정급여형퇴직연금제도, 확정기여형퇴직연금제도 및 개인형퇴직연금제도를 말한다.

④ **확정급여형퇴직연금제도**: 근로자가 받을 급여의 수준이 사전에 결정되어 있는 퇴직연금제도를 말한다.

⑤ **확정기여형퇴직연금제도**: 급여의 지급을 위하여 사용자가 부담하여야 할 부담금의 수준이 사전에 결정되어 있는 퇴직연금제도를 말한다.

⑥ **개인형퇴직연금제도**: 가입자의 선택에 따라 가입자가 납입한 일시금이나 사용자 또는 가입자가 납입한 부담금을 적립·운용하기 위하여 설정한 퇴직연금제도로서 급여의 수준이나 부담금의 수준이 확정되지 아니한 퇴직연금제도를 말한다.

⑦ **가입자**: 퇴직연금제도 또는 중소기업퇴직연금기금제도에 가입한 사람을 말한다.

⑧ **적립금**: 가입자의 퇴직 등 지급사유가 발생할 때에 급여를 지급하기 위하여 사용자 또는 가입자가 납입한 부담금으로 적립된 자금을 말한다.

⑨ **퇴직연금사업자**: 퇴직연금제도의 운용관리업무 및 자산관리업무를 수행하기 위하여 등록한 자를 말한다.

⑩ **중소기업퇴직연금기금제도**: 중소기업(상시 30명 이하의 근로자를 사용하는 사업에 한정한다) 근로자의 안정적인 노후생활 보장을 지원하기 위하여 둘 이상의 중소기업 사용자 및 근로자가 납입한 부담금 등으로 공동의 기금을 조성·운영하여 근로자에게 급여를 지급하는 제도를 말한다.

⑶ **퇴직급여제도의 설정**

① 사용자는 퇴직하는 근로자에게 급여를 지급하기 위하여 퇴직급여제도 중 하나 이상의 제도를 설정하여야 한다. 다만, 계속근로기간이 1년 미만인 근로자, 4주간을 평균하여 1주간의 소정근로시간이 15시간 미만인 근로자에 대하여는 그러하지 아니하다.

② 퇴직급여제도를 설정하는 경우에 하나의 사업에서 급여 및 부담금 산정방법의 적용 등에 관하여 차등을 두어서는 아니 된다.

③ 사용자가 퇴직급여제도를 설정하거나 설정된 퇴직급여제도를 다른 종류의 퇴직급여제도로 변경하려는 경우에는 근로자의 과반수가 가입한 노동조합이 있는 경우에는 그 노동조합, 근로자의 과반수가 가입한 노동조합이 없는 경우에는 근로자의 과반수(이하 "근로자대표"라 한다)의 동의를 받아야 한다.

④ 사용자가 ③의 규정에 따라 설정되거나 변경된 퇴직급여제도의 내용을 변경하려는 경우에는 근로자대표의 의견을 들어야 한다. 다만, 근로자에게 불리하게 변경하려는 경우에는 근로자대표의 동의를 받아야 한다.

⑤ 사용자가 퇴직급여제도나 개인형퇴직연금제도를 설정하지 아니한 경우에는 퇴직금제도를 설정한 것으로 본다.

⑥ 확정급여형퇴직연금제도 또는 퇴직금제도를 설정한 사용자는 다음의 어느 하나에 해당하는 사유가 있는 경우 근로자에게 퇴직급여가 감소할 수 있음을 미리 알리고 근로자대표와의 협의를 통하여 확정기여형퇴직연금제도로의 전환, 퇴직급여 산정기준의 개선 등 근로자의 퇴직급여 감소를 예방하기 위하여 필요한 조치를 하여야 한다.

　⊙ 사용자가 단체협약 및 취업규칙 등을 통하여 일정한 연령, 근속시점 또는 임금액을 기준으로 근로자의 임금을 조정하고 근로자의 정년을 연장하거나 보장하는 제도를 시행하려는 경우

　⊙ 사용자가 근로자와 합의하여 소정근로시간을 1일 1시간 이상 또는 1주 5시간 이상 단축함으로써 단축된 소정근로시간에 따라 근로자가 3개월 이상 계속 근로하기로 한 경우

　⊙ 근로기준법 일부개정법률 시행에 따라 근로시간이 단축되어 근로자의 임금이 감소하는 경우

　⊙ 그 밖에 임금이 감소되는 경우로서 고용노동부령으로 정하는 경우

(4) 퇴직급여 등의 우선 변제

① 사용자에게 지급의무가 있는 퇴직금, 확정급여형퇴직연금제도의 급여, 확정기여형퇴직연금제도의 부담금 중 미납입 부담금 및 미납입 부담금에 대한 지연이자, 중소기업퇴직연금기금제도의 부담금 중 미납입 부담금 및 미납입 부담금에 대한 지연이자, 개인형퇴직연금제도의 부담금 중 미납입 부담금 및 미납입 부담금에 대한 지연이자(이하 "퇴직급여 등"이라한다)는 사용자의 총재산에 대하여 질권 또는 저당권에 의하여 담보된 채권을 제외하고는 조세·공과금 및 다른 채권에 우선하여 변제되어야 한다. 다만, 질권 또는 저당권에 우선하는 조세·공과금에 대하여는 그러하지 아니하다.

② ①에도 불구하고 최종 3년간의 퇴직급여 등은 사용자의 총재산에 대하여 질권 또는 저당권에 의하여 담보된 채권, 조세·공과금 및 다른 채권에 우선하여 변제되어야 한다.

③ 퇴직급여 등 중 퇴직금, 확정급여형퇴직연금제도의 급여는 계속근로기간 1년에 대하여 30일분의 평균임금으로 계산한 금액으로 한다.

④ 퇴직급여 등 중 확정기여형퇴직연금제도의 부담금, 중소기업퇴직연금기금제도의 부담금 및 개인형퇴직연금제도의 부담금은 가입자의 연간 임금총액의 12분의 1에 해당하는 금액으로 계산한 금액으로 한다.

(5) 가입자에 대한 둘 이상의 퇴직연금제도 설정

① 사용자가 가입자에 대하여 확정급여형퇴직연금제도 및 확정기여형퇴직연금제도를 함께 설정하는 경우 확정급여형퇴직연금제도의 급여 및 확정기여형퇴직연금제도의 부담금 수준은 다음에 따른다.

 ㉠ 확정급여형퇴직연금제도의 급여 : 급여수준에 확정급여형퇴직연금규약으로 정하는 설정 비율을 곱한 금액

 ㉡ 확정기여형퇴직연금제도의 부담금 : 부담금의 부담 수준에 확정기여형퇴직연금규약으로 정하는 설정 비율을 곱한 금액

② 사용자는 ①의 ㉠ 및 ㉡에 따른 각각의 설정 비율의 합이 1 이상이 되도록 퇴직연금규약을 정하여 퇴직연금제도를 설정하여야 한다.

(6) **수급권의 보호**

① 퇴직연금제도(중소기업퇴직연금기금제도를 포함한다)의 급여를 받을 권리는 양도 또는 압류하거나 담보로 제공할 수 없다.

② ①에도 불구하고 가입자는 주택구입 등 대통령령으로 정하는 사유와 요건을 갖춘 경우에는 대통령령으로 정하는 한도에서 퇴직연금제도의 급여를 받을 권리를 담보로 제공할 수 있다. 이 경우 등록한 퇴직연금사업자[중소기업퇴직연금기금제도의 경우 「산업재해보상보험법」에 따른 근로복지공단을 말한다]는 제공된 급여를 담보로 한 대출이 이루어지도록 협조하여야 한다.

---

1. **퇴직연금제도의 담보제공사유**
   ① 무주택자인 가입자가 본인 명의로 주택을 구입하는 경우
   ② 무주택자인 가입자가 주거를 목적으로 「민법」에 따른 전세금 또는 「주택임대차보호법」에 따른 보증금을 부담하는 경우. 이 경우 가입자가 하나의 사업 또는 사업장에 근로하는 동안 1회로 한정한다.
   ③ 가입자가 6개월 이상 요양을 필요로 하는 다음의 어느 하나에 해당하는 사람의 질병이나 부상에 대한 의료비(「소득세법 시행령」에 따른 의료비를 말한다)를 부담하는 경우
     ㉠ 가입자 본인
     ㉡ 가입자의 배우자
     ㉢ 가입자 또는 그 배우자의 부양가족(「소득세법」에 따른 부양가족을 말한다)
   ④ 담보를 제공하는 날부터 거꾸로 계산하여 5년 이내에 가입자가 「채무자 회생 및 파산에 관한 법률」에 따라 파산선고를 받은 경우
   ⑤ 담보를 제공하는 날부터 거꾸로 계산하여 5년 이내에 가입자가 「채무자 회생 및 파산에 관한 법률」에 따라 개인회생절차개시 결정을 받은 경우
   ⑥ 다음의 어느 하나에 해당하는 사람의 대학등록금, 혼례비 또는 장례비를 가입자가 부담하는 경우
     ㉠ 가입자 본인
     ㉡ 가입자의 배우자
     ㉢ 가입자 또는 그 배우자의 부양가족
   ⑦ 사업주의 휴업 실시로 근로자의 임금이 감소하거나 재난(재난 및 안전관리 기본법에 따른 재난을 말한다)으로 피해를 입은 경우로서 고용노동부장관이 정하여 고시하는 사유와 요건에 해당하는 경우

2. **담보제공한도**
   ① 1.의 ①부터 ⑥의 경우: 가입자별 적립금의 100분의 50
   ② 1.의 ⑦의 경우: 천재지변 등으로 입은 가입자의 피해 정도를 고려하여 고용노동부장관이 정하여 고시하는 한도

(7) 확정급여형퇴직연금제도

① 확정급여형퇴직연금제도를 설정하려는 사용자는 근로자대표의 동의를 얻거나 의견을 들어 다음의 사항을 포함한 확정급여형퇴직연금규약을 작성하여 고용노동부장관에게 신고하여야 한다.

　㉠ 퇴직연금사업자 선정에 관한 사항

　㉡ 가입자에 관한 사항

　㉢ 가입기간에 관한 사항

　㉣ 급여수준에 관한 사항

　㉤ 급여 지급능력 확보에 관한 사항

　㉥ 급여의 종류 및 수급요건 등에 관한 사항

　㉦ 운용관리업무 및 자산관리업무의 수행을 내용으로 하는 계약의 체결 및 해지와 해지에 따른 계약의 이전(移轉)에 관한 사항

　㉧ 운용현황의 통지에 관한 사항

　㉨ 가입자의 퇴직 등 급여 지급사유 발생과 급여의 지급절차에 관한 사항

　㉩ 퇴직연금제도의 폐지·중단 사유 및 절차 등에 관한 사항

　㉪ 그 밖에 확정급여형퇴직연금제도의 운영을 위하여 대통령령으로 정하는 사항

② **가입기간**

　㉠ 가입기간은 퇴직연금제도의 설정 이후 해당 사업에서 근로를 제공하는 기간으로 한다.

　㉡ 해당 퇴직연금제도의 설정 전에 해당 사업에서 제공한 근로기간에 대하여도 가입기간으로 할 수 있다. 이 경우 퇴직금을 미리 정산한 기간은 제외한다.

③ **급여수준**: 가입자의 퇴직일을 기준으로 산정한 일시금이 계속근로기간 1년에 대하여 30일분 이상의 평균임금에 상당하는 금액 이상이 되도록 하여야 한다.

④ **급여 지급능력 확보 등**

　㉠ 확정급여형퇴직연금제도를 설정한 사용자는 급여 지급능력을 확보하기 위하여 매 사업연도 말 다음에 해당하는 금액 중 더 큰 금액(이하 "기준책임준비금"이라 한다)에 100분의 60 이상으로 대통령령으로 정하는 비율을 곱하여 산출한 금액(이하 "최소적립금"이라 한다) 이상을 적립금으로 적립하여야 한다. 다만, 해당 퇴직연금제도 설정 이전에 해당 사업에서 근로한 기간을 가입기간에 포함시키는 경우 대통령령으로 정하는 비율에 따른다.

ⓐ 매 사업연도 말일 현재를 기준으로 산정한 가입자의 예상 퇴직시점까지의 가입기간에 대한 급여에 드는 비용 예상액의 현재가치에서 장래 근무기간분에 대하여 발생하는 부담금 수입 예상액의 현재가치를 뺀 금액으로서 고용노동부령으로 정하는 방법에 따라 산정한 금액

ⓑ 가입자와 가입자였던 사람의 해당 사업연도 말일까지의 가입기간에 대한 급여에 드는 비용 예상액을 고용노동부령으로 정하는 방법에 따라 산정한 금액

ⓛ 확정급여형퇴직연금제도의 운용관리업무를 수행하는 퇴직연금사업자는 매 사업연도 종료 후 6개월 이내에 고용노동부령으로 정하는 바에 따라 산정된 적립금이 최소적립금을 넘고 있는지 여부를 확인하여 그 결과를 대통령령으로 정하는 바에 따라 사용자에게 알려야 한다. 다만, 최소적립금보다 적은 경우에는 그 확인 결과를 근로자대표에게도 알려야 한다.

ⓒ 사용자는 확인 결과 적립금이 대통령령으로 정하는 수준에 미치지 못하는 경우에는 대통령령으로 정하는 바에 따라 적립금 부족을 해소하여야 한다.

ⓜ 확인 결과 매 사업연도 말 적립금이 기준책임준비금을 초과한 경우 사용자는 그 초과분을 향후 납입할 부담금에서 상계(相計)할 수 있으며, 매 사업연도 말 적립금이 기준책임준비금의 100분의 150을 초과하고 사용자가 반환을 요구하는 경우 퇴직연금사업자는 그 초과분을 사용자에게 반환할 수 있다.

⑤ **급여 종류 및 수급요건 등**

ⓐ 확정급여형퇴직연금제도의 급여 종류는 연금 또는 일시금으로 하되, 수급요건은 다음과 같다.

ⓐ 연금은 55세 이상으로서 가입기간이 10년 이상인 가입자에게 지급할 것. 이 경우 연금의 지급기간은 5년 이상이어야 한다.

ⓑ 일시금은 연금수급 요건을 갖추지 못하거나 일시금 수급을 원하는 가입자에게 지급할 것

ⓛ 사용자는 가입자의 퇴직 등에 따른 급여를 지급할 사유가 발생한 날부터 14일 이내에 퇴직연금사업자로 하여금 적립금의 범위에서 지급의무가 있는 급여 전액을 지급하도록 하여야 한다. 다만, 퇴직연금제도 적립금으로 투자된 운용자산 매각이 단기간에 이루어지지 아니하는 등 특별한 사정이 있는 경우에는 사용자, 가입자 및 퇴직연금사업자 간의 합의에 따라 지급기일을 연장할 수 있다.

ⓒ 사용자는 퇴직연금사업자가 지급한 급여수준이 (7)의 ③에 따른 급여수준에 미치지 못할 때에는 급여를 지급할 사유가 발생한 날부터 14일 이내에 그 부족한 금액을 해당 근로자에게 지급하여야 한다. 이 경우 특별한 사정이 있는 경우에는 당사자 간의 합의에 따라 지급기일을 연장할 수 있다.

ⓔ ⓒ 및 ⓒ에 따른 급여의 지급은 가입자가 지정한 개인형퇴직연금제도의 계정 등으로 이전하는 방법으로 한다. 다만, 가입자가 55세 이후에 퇴직하여 급여를 받는 경우 등 대통령령으로 정하는 사유가 있는 경우에는 그러하지 아니하다.

ⓜ 가입자가 ⓔ에 따라 개인형퇴직연금제도의 계정 등을 지정하지 아니하는 경우에는 가입자 명의의 개인형퇴직연금제도의 계정으로 이전한다. 이 경우 가입자가 해당 퇴직연금사업자에게 개인형퇴직연금제도를 설정한 것으로 본다.

⑥ **운용현황의 통지** : 퇴직연금사업자는 매년 1회 이상 적립금액 및 운용수익률 등을 고용노동부령으로 정하는 바에 따라 가입자에게 알려야 한다.

⑦ **적립금운용위원회 구성 등**

㉠ 상시 300명 이상의 근로자를 사용하는 사업의 사용자는 퇴직연금제도 적립금의 합리적인 운용을 위하여 대통령령으로 정하는 바에 따라 적립금운용위원회를 구성하여야 한다.

㉡ ㉠의 사용자는 적립금운용위원회의 심의를 거친 적립금운용계획서에 따라 적립금을 운용하여야 한다. 이 경우 적립금운용계획서는 적립금 운용 목적 및 방법, 목표수익률, 운용성과 평가 등 대통령령으로 정하는 내용을 포함하여 매년 1회 이상 작성하여야 한다.

⑻ 확정기여형퇴직연금제도

① **설 정**

㉠ 확정기여형퇴직연금제도를 설정하려는 사용자는 근로자대표의 동의를 얻거나 의견을 들어 다음의 사항을 포함한 확정기여형퇴직연금규약을 작성하여 고용노동부장관에게 신고하여야 한다.

ⓐ 부담금의 부담에 관한 사항

ⓑ 부담금의 산정 및 납입에 관한 사항

ⓒ 적립금의 운용에 관한 사항

ⓓ 적립금의 운용방법 및 정보의 제공 등에 관한 사항

ⓔ 적립금의 중도인출에 관한 사항

ⓕ 퇴직연금사업자 선정에 관한 사항

ⓖ 가입자에 관한 사항

ⓗ 가입기간에 관한 사항

ⓘ 급여의 종류 및 수급요건 등에 관한 사항

ⓙ 운용관리업무 및 자산관리업무의 수행을 내용으로 하는 계약의 체결 및 해지와 해지에 따른 계약의 이전(移轉)에 관한 사항

ⓚ 운용현황의 통지에 관한 사항

ⓛ 가입자의 퇴직 등 급여 지급사유 발생과 급여의 지급절차에 관한 사항

ⓜ 퇴직연금제도의 폐지·중단 사유 및 절차 등에 관한 사항

ⓝ 그 밖에 확정기여형퇴직연금제도의 운영에 필요한 사항으로서 대통령령으로 정하는 사항

㉡ ㉠에 따라 확정기여형퇴직연금제도를 설정하는 경우 가입기간에 관하여는 ⑺의 ②를 급여의 종류, 수급요건과 급여 지급의 절차·방법에 관하여는 ⑺의 ⑤의 ㉠, ㉣, ㉤을, 운용현황의 통지에 관하여는 ⑺의 ⑥을 준용한다.

② **부담금의 부담수준 및 납입 등**

㉠ 확정기여형퇴직연금제도를 설정한 사용자는 가입자의 연간 임금총액의 12분의 1 이상에 해당하는 부담금을 현금으로 가입자의 확정기여형퇴직연금제도 계정에 납입하여야 한다.

㉡ 가입자는 사용자가 부담하는 부담금 외에 스스로 부담하는 추가 부담금을 가입자의 확정기여형퇴직연금 계정에 납입할 수 있다.

㉢ 사용자는 매년 1회 이상 정기적으로 부담금을 가입자의 확정기여형퇴직연금제도 계정에 납입하여야 한다.

③ **적립금 운용방법 및 정보제공**

㉠ 확정기여형퇴직연금제도의 가입자는 적립금의 운용방법을 스스로 선정할 수 있고, 반기마다 1회 이상 적립금의 운용방법을 변경할 수 있다.

㉡ 퇴직연금사업자는 반기마다 1회 이상 위험과 수익구조가 서로 다른 세 가지 이상의 적립금 운용방법을 제시하여야 한다.

㉢ 퇴직연금사업자는 운용방법별 이익 및 손실의 가능성에 관한 정보 등 가입자가 적립금의 운용방법을 선정하는 데 필요한 정보를 제공하여야 한다.

④ **적립금의 중도인출**: 확정기여형퇴직연금제도에 가입한 근로자는 주택구입 등 대통령령으로 정하는 사유가 발생하면 적립금을 중도인출할 수 있다.

⑤ **둘 이상의 사용자가 참여하는 확정기여형퇴직연금제도 설정**: 퇴직연금사 업자가 둘 이상의 사용자를 대상으로 하나의 확정기여형퇴직연금제도 설 정을 제안하려는 경우에는 고용노동부장관의 승인을 받아야 한다.

확정기여형퇴직연금제도의 적립금 중도인출 사유

1. 무주택자인 가입자가 본인 명의로 주택을 구입하는 경우
2. 무주택자인 가입자가 주거를 목적으로 「민법」에 따른 전세금 또는 「주택임대 차보호법」에 따른 보증금을 부담하는 경우. 이 경우 가입자가 하나의 사업 또 는 사업장에 근로하는 동안 1회로 한정한다.
3. 가입자가 6개월 이상 요양을 필요로 하는 다음의 어느 하나에 해당하는 사람 의 질병이나 부상에 대한 의료비를 부담하는 경우로서 가입자가 본인 연간 임 금총액의 1천분의 125를 초과하여 의료비를 부담하는 경우
   ① 가입자 본인
   ② 가입자의 배우자
   ③ 가입자 또는 그 배우자의 부양가족(「소득세법」에 따른 부양가족을 말한다)
4. 중도인출을 신청한 날부터 거꾸로 계산하여 5년 이내에 가입자가 「채무자 회 생 및 파산에 관한 법률」에 따라 파산선고를 받은 경우
5. 중도인출을 신청한 날부터 거꾸로 계산하여 5년 이내에 가입자가 「채무자 회 생 및 파산에 관한 법률」에 따라 개인회생절차개시 결정을 받은 경우
6. 재난으로 피해를 입은 경우로서 고용노동부장관이 정하여 고시하는 사유에 해당하는 경우

---

(9) 개인형퇴직연금제도

① **개인형퇴직연금제도의 설정 및 운영 등**

㉠ 퇴직연금사업자는 개인형퇴직연금제도를 운영할 수 있다.

㉡ 다음의 어느 하나에 해당하는 사람은 개인형퇴직연금제도를 설정할 수 있다.

ⓐ 퇴직급여제도의 일시금을 수령한 사람

ⓑ 확정급여형퇴직연금제도, 확정기여형퇴직연금제도 또는 중소기업퇴 직연금기금제도의 가입자로서 자기의 부담으로 개인형퇴직연금제도 를 추가로 설정하려는 사람

ⓒ 자영업자 등 안정적인 노후소득 확보가 필요한 사람으로서 대통령령 으로 정하는 사람

㉢ 개인형퇴직연금제도를 설정한 사람은 자기의 부담으로 개인형퇴직연금 제도의 부담금을 납입한다. 다만, 이전 사업에서 받은 퇴직급여제도의 일시금 등을 제외한 금액으로 연간 1천800만원을 초과하여 부담금을 납 입할 수 없다.

ㄹ 개인형퇴직연금제도 적립금의 운용방법 및 운용에 관한 정보제공에 관하여는 (8)의 ③을 준용한다. 이 경우 "확정기여형퇴직연금제도"는 "개인형퇴직연금제도"로 본다.

ㅁ 개인형퇴직연금제도의 급여의 종류별 수급요건 및 중도인출에 관하여는 대통령령으로 정한다.

② **10명 미만을 사용하는 사업에 대한 특례**

ㄱ 상시 10명 미만의 근로자를 사용하는 사업의 경우 사용자가 개별 근로자의 동의를 받거나 근로자의 요구에 따라 개인형퇴직연금제도를 설정하는 경우에는 해당 근로자에 대하여 퇴직급여제도를 설정한 것으로 본다.

ㄴ 개인형퇴직연금제도를 설정하는 경우에는 다음의 사항은 준수되어야 한다.

ⓐ 사용자가 퇴직연금사업자를 선정하는 경우에 개별 근로자의 동의를 받을 것. 다만, 근로자가 요구하는 경우에는 스스로 퇴직연금사업자를 선정할 수 있다.

ⓑ 사용자는 가입자별로 연간 임금총액의 12분의 1 이상에 해당하는 부담금을 현금으로 가입자의 개인형퇴직연금제도 계정에 납입할 것

ⓒ 사용자가 부담하는 부담금 외에 가입자의 부담으로 추가 부담금을 납입할 수 있을 것

ⓓ 사용자는 매년 1회 이상 정기적으로 부담금을 가입자의 개인형퇴직연금제도 계정에 납입할 것

ⓔ 그 밖에 근로자의 급여 수급권의 안정적인 보호를 위하여 대통령령으로 정하는 사항

ㄷ 사용자는 개인형퇴직연금제도 가입자의 퇴직 등 대통령령으로 정하는 사유가 발생한 때에 해당 가입자에 대한 부담금을 납입하지 아니한 경우에는 그 사유가 발생한 날부터 14일 이내에 그 부담금과 지연이자를 해당 가입자의 개인형퇴직연금제도의 계정에 납입하여야 한다. 다만, 특별한 사정이 있는 경우에는 당사자 간의 합의에 따라 납입 기일을 연장할 수 있다.

⑽ **퇴직금제도의 설정 등**

① 퇴직금제도를 설정하려는 사용자는 계속근로기간 1년에 대하여 30일분 이상의 평균임금을 퇴직금으로 퇴직 근로자에게 지급할 수 있는 제도를 설정하여야 한다.

② 사용자는 아래의 주택구입 등의 사유로 근로자가 요구하는 경우에는 근로자가 퇴직하기 전에 해당 근로자의 계속근로기간에 대한 퇴직금을 미리 정산하여 지급할 수 있다. 이 경우 미리 정산하여 지급한 후의 퇴직금 산정을 위한 계속근로기간은 정산시점부터 새로 계산한다.

　㉠ 무주택자인 근로자가 본인 명의로 주택을 구입하는 경우

　㉡ 무주택자인 근로자가 주거를 목적으로 「민법」 제303조에 따른 전세금 또는 「주택임대차보호법」에 따른 보증금을 부담하는 경우. 이 경우 근로자가 하나의 사업에 근로하는 동안 1회로 한정한다.

　㉢ 근로자가 6개월 이상 요양을 필요로 하는 다음의 어느 하나에 해당하는 사람의 질병이나 부상에 대한 의료비를 해당 근로자가 본인 연간 임금 총액의 1천분의 125를 초과하여 부담하는 경우

　　ⓐ 근로자 본인

　　ⓑ 근로자의 배우자

　　ⓒ 근로자 또는 그 배우자의 부양가족

　㉣ 퇴직금 중간정산을 신청하는 날부터 거꾸로 계산하여 5년 이내에 근로자가 「채무자 회생 및 파산에 관한 법률」에 따라 파산선고를 받은 경우

　㉤ 퇴직금 중간정산을 신청하는 날부터 거꾸로 계산하여 5년 이내에 근로자가 「채무자 회생 및 파산에 관한 법률」에 따라 개인회생절차개시 결정을 받은 경우

　㉥ 사용자가 기존의 정년을 연장하거나 보장하는 조건으로 단체협약 및 취업규칙 등을 통하여 일정나이, 근속시점 또는 임금액을 기준으로 임금을 줄이는 제도를 시행하는 경우

　㉦ 사용자가 근로자와의 합의에 따라 소정근로시간을 1일 1시간 또는 1주 5시간 이상 변경하여 그 변경된 소정근로시간에 따라 근로자가 3개월 이상 계속 근로하기로 한 경우

　㉧ 근로시간의 단축으로 근로자의 퇴직금이 감소되는 경우

　㉨ 재난으로 피해를 입은 경우로서 고용노동부장관이 정하여 고시하는 사유에 해당하는 경우

③ 사용자는 퇴직금을 미리 정산하여 지급한 경우 근로자가 퇴직한 후 5년이 되는 날까지 관련 증명 서류를 보존하여야 한다.

♀ 특별한 사정이 있는 경우에는 당사자 간의 합의에 따라 지급기일을 연장할 수 있다.

④ 퇴직금을 받을 권리는 3년간 행사하지 아니하면 시효로 인하여 소멸한다.

⑤ 사용자가 퇴직급여제도나 개인형퇴직연금제도를 설정하지 아니한 경우에는 퇴직금제도를 설정한 것으로 본다.

⑥ 사용자는 근로자가 퇴직한 경우에는 그 지급사유가 발생한 날부터 14일 이내에 퇴직금을 지급하여야 한다.

⑦ 퇴직금의 지급 등

ㄱ 사용자는 근로자가 퇴직한 경우에는 그 지급사유가 발생한 날부터 14일 이내에 퇴직금을 지급하여야 한다. 다만, 특별한 사정이 있는 경우에는 당사자 간의 합의에 따라 지급기일을 연장할 수 있다.

ㄴ ㄱ에 따른 퇴직금은 근로자가 지정한 개인형퇴직연금제도의 계정 또는 중소기업퇴직연금기금제도 가입자부담금 계정(이하 "개인형퇴직연금제도의 계정 등"이라 한다)으로 이전하는 방법으로 지급하여야 한다. 다만, 근로자가 55세 이후에 퇴직하여 급여를 받는 경우 등 대통령령으로 정하는 사유가 있는 경우에는 그러하지 아니하다.

③ 근로자가 ㄴ에 따라 개인형퇴직연금제도의 계정 등을 지정하지 아니한 경우에는 근로자 명의의 개인형퇴직연금제도의 계정으로 이전한다.

5 노동조합 및 노동관계조정법

(1) 용어정의

① 근로자라 함은 직업의 종류를 불문하고 임금·급료 기타 이에 준하는 수입에 의하여 생활하는 자를 말한다.

② 사용자라 함은 사업주, 사업의 경영담당자 또는 그 사업의 근로자에 관한 사항에 대하여 사업주를 위하여 행동하는 자를 말한다.

③ 사용자단체라 함은 노동관계에 관하여 그 구성원인 사용자에 대하여 조정 또는 규제할 수 있는 권한을 가진 사용자의 단체를 말한다.

④ 노동조합이라 함은 근로자가 주체가 되어 자주적으로 단결하여 근로조건의 유지·개선 기타 근로자의 경제적·사회적 지위의 향상을 도모함을 목적으로 조직하는 단체 또는 그 연합단체를 말한다. 다만, 다음의 하나에 해당하는 경우에는 노동조합으로 보지 아니한다.

ㄱ 사용자 또는 항상 그의 이익을 대표하여 행동하는 자의 참가를 허용하는 경우

ㄴ 경비의 주된 부분을 사용자로부터 원조받는 경우

ⓒ 공제·수양 기타 복리사업만을 목적으로 하는 경우

ⓔ 근로자가 아닌 자의 가입을 허용하는 경우

ⓜ 주로 정치운동을 목적으로 하는 경우

⑤ 노동쟁의라 함은 노동조합과 사용자 또는 사용자단체 간에 임금·근로시간·복지·해고 기타 대우 등 근로조건의 결정에 관한 주장의 불일치로 인하여 발생한 분쟁상태를 말한다. 이 경우 주장의 불일치라 함은 당사자 간에 합의를 위한 노력을 계속하여도 더 이상 자주적 교섭에 의한 합의의 여지가 없는 경우를 말한다.

⑥ 쟁의행위라 함은 파업·태업·직장폐쇄 기타 노동관계 당사자가 그 주장을 관철할 목적으로 행하는 행위와 이에 대항하는 행위로서 업무의 정상적인 운영을 저해하는 행위를 말한다.

(2) 노동조합의 조직·가입·활동

① 근로자는 자유로이 노동조합을 조직하거나 이에 가입할 수 있다. 다만, 공무원과 교원에 대하여는 따로 법률로 정한다.

② 사업 또는 사업장에 종사하는 근로자(이하 "종사근로자"라 한다)가 아닌 노동조합의 조합원은 사용자의 효율적인 사업 운영에 지장을 주지 아니하는 범위에서 사업 또는 사업장 내에서 노동조합 활동을 할 수 있다.

③ 종사근로자인 조합원이 해고되어 노동위원회에 부당노동행위의 구제신청을 한 경우에는 중앙노동위원회의 재심판정이 있을 때까지는 종사근로자로 본다.

(3) 설립 신고 등

① 노동조합을 설립하고자 하는 자는 다음의 사항을 기재한 신고서에 규약을 첨부하여 연합단체인 노동조합과 2 이상의 특별시·광역시·특별자치시·도·특별자치도에 걸치는 단위노동조합은 고용노동부장관에게, 2 이상의 시·군·구(자치구를 말한다)에 걸치는 단위노동조합은 특별시장·광역시장·도지사에게, 그 외의 노동조합은 특별자치시장·특별자치도지사·시장·군수·구청장(자치구의 구청장을 말한다)에게 제출하여야 한다.

ⓐ 명 칭

ⓑ 주된 사무소의 소재지

ⓒ 조합원수

ⓔ 임원의 성명과 주소

ⓜ 소속된 연합단체가 있는 경우에는 그 명칭

ⓗ 연합단체인 노동조합에 있어서는 그 구성노동단체의 명칭, 조합원수, 주된 사무소의 소재지 및 임원의 성명·주소

② 노동조합은 ①의 규정에 의하여 설립신고된 사항 중 다음 각 호의 어느 하나에 해당하는 사항에 변경이 있는 때에는 그 날부터 30일 이내에 행정관청에게 변경신고를 하여야 한다.

㉠ 명칭

㉡ 주된 사무소의 소재지

㉢ 대표자의 성명

㉣ 소속된 연합단체의 명칭

③ 연합단체인 노동조합은 동종산업의 단위노동조합을 구성원으로 하는 산업별 연합단체와 산업별 연합단체 또는 전국규모의 산업별 단위노동조합을 구성원으로 하는 총연합단체를 말한다.

④ **신고증의 교부**

㉠ 고용노동부장관, 특별시장 · 광역시장 · 특별자치시장 · 도지사 · 특별자치도지사 또는 시장 · 군수 · 구청장(이하 '행정관청'이라 한다)은 설립신고서를 접수한 때에는 ㉡의 전단 및 ㉢의 경우를 제외하고는 3일 이내에 신고증을 교부하여야 한다.

㉡ 행정관청은 설립신고서 또는 규약이 기재사항의 누락 등으로 보완이 필요한 경우에는 대통령령(아래 ㉢)이 정하는 바에 따라 20일 이내의 기간을 정하여 보완을 요구하여야 한다. 이 경우 보완된 설립신고서 또는 규약을 접수한 때에는 3일 이내에 신고증을 교부하여야 한다.

㉢ 설립신고서의 보완요구 등 : 행정관청은 노동조합의 설립신고가 다음의 어느 하나에 해당하는 경우에는 보완을 요구하여야 한다.

ⓐ 설립신고서에 규약이 첨부되어 있지 아니하거나 설립신고서 또는 규약의 기재사항 중 누락 또는 허위사실이 있는 경우

ⓑ 임원의 선거 또는 규약의 제정절차가 법령에 위반되는 경우

㉣ 행정관청은 설립하고자 하는 노동조합이 아래에 해당하는 경우에는 설립신고서를 반려하여야 한다.

ⓐ (1)의 ④(노동조합으로 인정되지 않는 5가지 경우)에 해당하는 경우

ⓑ ㉡의 규정에 의하여 보완을 요구하였음에도 불구하고 그 기간 내에 보완을 하지 아니하는 경우

㉤ 노동조합이 설립신고증을 교부받은 후 ㉣의 ⓐ에 해당하는 설립신고서의 반려사유가 발생한 경우에는 행정관청은 30일의 기간을 정하여 시정을 요구하고 그 기간 내에 이를 이행하지 아니하는 경우에는 당해 노동조합에 대하여 노동조합 및 노동관계조정법에 의한 노동조합으로 보지 아니함을 통보하여야 한다.

ⓑ 행정관청은 노동조합에 설립신고증을 교부하거나 ⓜ의 규정에 의한 통보를 한 때에는 지체 없이 그 사실을 관할 노동위원회와 당해 사업 또는 사업장의 사용자나 사용자단체에 통보하여야 한다.

ⓢ 노동조합이 신고증을 교부받은 경우에는 설립신고서가 접수된 때에 설립된 것으로 본다.

(4) 노동조합의 관리

① 노동조합은 조합설립일로부터 30일 이내에 다음의 서류를 작성하여 그 주된 사무소에 비치하여야 한다.

ㄱ 조합원 명부(연합단체인 노동조합에 있어서는 그 구성단체의 명칭)

ㄴ 규 약

ㄷ 임원의 성명·주소록

ㄹ 회의록

ㅁ 재정에 관한 장부와 서류

② 노동조합의 회의록과 재정에 관한 장부와 서류는 3년간 보존하여야 한다.

③ 노동조합은 매년 1회 이상 총회를 개최하여야 한다.

④ 노동조합의 대표자는 회계감사원으로 하여금 6월에 1회 이상 당해 노동조합의 모든 재원 및 용도, 주요한 기부자의 성명, 현재의 경리 상황 등에 대한 회계감사를 실시하게 하고 그 내용과 감사결과를 전체 조합원에게 공개하여야 한다.

⑤ 노동조합의 회계감사원은 필요하다고 인정할 경우에는 당해 노동조합의 회계감사를 실시하고 그 결과를 공개할 수 있다.

⑥ 노동조합의 조합원은 균등하게 그 노동조합의 모든 문제에 참여할 권리와 의무를 가진다. 다만, 노동조합은 그 규약으로 조합비를 납부하지 아니하는 조합원의 권리를 제한할 수 있다.

⑦ 노동조합이 다음에 해당하는 경우에는 해산한다.

ㄱ 규약에서 정한 해산사유가 발생한 경우

ㄴ 합병 또는 분할로 소멸한 경우

ㄷ 총회 또는 대의원회의 해산결의가 있는 경우

ㄹ 노동조합의 임원이 없고 노동조합으로서의 활동을 1년 이상 하지 아니한 것으로 인정되는 경우로서 행정관청이 노동위원회의 의결을 얻은 경우

⑧ ⑦의 ㄱ부터 ㄷ의 사유로 노동조합이 해산한 때에는 그 대표자는 해산한 날부터 15일 이내에 행정관청에게 이를 신고하여야 한다.

⑸ 근로시간 면제 등

① 근로자는 단체협약으로 정하거나 사용자의 동의가 있는 경우에는 사용자 또는 노동조합으로부터 급여를 지급받으면서 근로계약 소정의 근로를 제공하지 아니하고 노동조합의 업무에 종사할 수 있다.

② ①에 따라 사용자로부터 급여를 지급받는 근로자(이하 "근로시간면제자"라 한다)는 사업 또는 사업장별로 종사근로자인 조합원 수 등을 고려하여 결정된 근로시간 면제 한도(이하 "근로시간 면제 한도"라 한다)를 초과하지 아니하는 범위에서 임금의 손실 없이 사용자와의 협의·교섭, 고충처리, 산업안전 활동 등 이 법 또는 다른 법률에서 정하는 업무와 건전한 노사관계 발전을 위한 노동조합의 유지·관리업무를 할 수 있다.

③ 사용자는 ①에 따라 노동조합의 업무에 종사하는 근로자의 정당한 노동조합 활동을 제한해서는 아니 된다.

④ ②를 위반하여 근로시간 면제 한도를 초과하는 내용을 정한 단체협약 또는 사용자의 동의는 그 부분에 한정하여 무효로 한다.

⑹ 근로시간면제심의위원회

① 근로시간면제자에 대한 근로시간 면제 한도를 정하기 위하여 근로시간면제심의위원회(이하 이 조에서 "위원회"라 한다)를 「경제사회노동위원회법」에 따른 경제사회노동위원회(이하 "경제사회노동위원회"라 한다)에 둔다.

② 위원회는 근로시간 면제 한도를 심의·의결하고, 3년마다 그 적정성 여부를 재심의하여 의결할 수 있다.

③ 경제사회노동위원회 위원장은 ②에 따라 위원회가 의결한 사항을 고용노동부장관에게 즉시 통보하여야 한다.

④ 고용노동부장관은 ③에 따라 경제사회노동위원회 위원장이 통보한 근로시간 면제 한도를 고시하여야 한다.

⑤ 위원회는 다음의 구분에 따라 근로자를 대표하는 위원과 사용자를 대표하는 위원 및 공익을 대표하는 위원 각 5명씩 성별을 고려하여 구성한다.
　㉠ 근로자를 대표하는 위원 : 전국적 규모의 노동단체가 추천하는 사람
　㉡ 사용자를 대표하는 위원 : 전국적 규모의 경영자단체가 추천하는 사람
　㉢ 공익을 대표하는 위원 : 경제사회노동위원회 위원장이 추천한 15명 중에서 ㉠에 따른 노동단체와 ㉡에 따른 경영자단체가 순차적으로 배제하고 남은 사람

⑥ 위원회의 위원장은 ⑤의 ㉢에 따른 위원 중에서 위원회가 선출한다.

⑦ 위원회는 재적위원 과반수의 출석과 출석위원 과반수의 찬성으로 의결한다.

(7) 단체협약

① **단체협약의 작성**

ㄱ 단체협약은 서면으로 작성하여 당사자 쌍방이 서명 또는 날인하여야 한다.

ㄴ 단체협약의 당사자는 단체협약의 체결일부터 15일 이내에 이를 행정관청에게 신고하여야 한다.

ㄷ 행정관청은 단체협약중 위법한 내용이 있는 경우에는 노동위원회의 의결을 얻어 그 시정을 명할 수 있다.

② **단체협약 유효기간의 상한**

ㄱ 단체협약의 유효기간은 3년을 초과하지 않는 범위에서 노사가 합의하여 정할 수 있다.

ㄴ 단체협약에 그 유효기간을 정하지 아니한 경우 또는 ㄱ의 기간을 초과하는 유효기간을 정한 경우에 그 유효기간은 3년으로 한다.

ㄷ 단체협약의 유효기간이 만료되는 때를 전후하여 당사자 쌍방이 새로운 단체협약을 체결하고자 단체교섭을 계속하였음에도 불구하고 새로운 단체협약이 체결되지 아니한 경우에는 별도의 약정이 있는 경우를 제외하고는 종전의 단체협약은 그 효력만료일부터 3월까지 계속 효력을 갖는다. 다만, 단체협약에 그 유효기간이 경과한 후에도 새로운 단체협약이 체결되지 아니한 때에는 새로운 단체협약이 체결될 때까지 종전 단체협약의 효력을 존속시킨다는 취지의 별도의 약정이 있는 경우에는 그에 따르되, 당사자 일방은 해지하고자 하는 날의 6월전까지 상대방에게 통고함으로써 종전의 단체협약을 해지할 수 있다.

③ **기준의 효력**

ㄱ 단체협약에 정한 근로조건 기타 근로자의 대우에 관한 기준에 위반하는 취업규칙 또는 근로계약의 부분은 무효로 한다.

ㄴ 근로계약에 규정되지 아니한 사항 또는 ㄱ의 규정에 의하여 무효로 된 부분은 단체협약에 정한 기준에 의한다.

④ **단체협약의 해석**

ㄱ 단체협약의 해석 또는 이행방법에 관하여 관계 당사자간에 의견의 불일치가 있는 때에는 당사자 쌍방 또는 단체협약에 정하는 바에 의하여 어느 일방이 노동위원회에 그 해석 또는 이행방법에 관한 견해의 제시를 요청할 수 있다.

ㄴ 노동위원회는 ㄱ의 규정에 의한 요청을 받은 때에는 그 날부터 30일 이내에 명확한 견해를 제시하여야 한다.

ㄷ ㄴ의 규정에 의하여 노동위원회가 제시한 해석 또는 이행방법에 관한 견해는 중재재정과 동일한 효력을 가진다.

⑤ **일반적 구속력**: 하나의 사업 또는 사업장에 상시 사용되는 동종의 근로자 반수 이상이 하나의 단체협약의 적용을 받게 된 때에는 당해 사업 또는 사업장에 사용되는 다른 동종의 근로자에 대하여도 당해 단체협약이 적용된다.

⑥ **지역적 구속력**

　㉠ 하나의 지역에 있어서 종업하는 동종의 근로자 3분의 2 이상이 하나의 단체협약의 적용을 받게 된 때에는 행정관청은 당해 단체협약의 당사자의 쌍방 또는 일방의 신청에 의하거나 그 직권으로 노동위원회의 의결을 얻어 당해 지역에서 종업하는 다른 동종의 근로자와 그 사용자에 대하여도 당해 단체협약을 적용한다는 결정을 할 수 있다.

　㉡ 행정관청이 ㉠의 규정에 의한 결정을 한 때에는 지체없이 이를 공고하여야 한다.

(8) **부당노동행위**

① **부당노동행위**: 사용자가 아래의 어느 하나에 해당하는 행위를 할 수 없고 위반시에는 2년 이하의 징역 또는 2천만원 이하의 벌금에 처한다.

> **→ 보충학습**
>
> **┃ 부당노동행위 5가지 유형**
>
> ① 사용자는 다음의 어느 하나에 해당하는 행위(이하 "不當勞動行爲"라 한다)를 할 수 없다.
>
> 　㉠ 근로자가 노동조합에 가입 또는 가입하려고 하였거나 노동조합을 조직하려고 하였거나 기타 노동조합의 업무를 위한 정당한 행위를 한 것을 이유로 그 근로자를 해고하거나 그 근로자에게 불이익을 주는 행위
>
> 　㉡ 근로자가 어느 노동조합에 가입하지 아니할 것 또는 탈퇴할 것을 고용조건으로 하거나 특정한 노동조합의 조합원이 될 것을 고용조건으로 하는 행위. 다만, 노동조합이 당해 사업장에 종사하는 근로자의 3분의 2 이상을 대표하고 있을 때에는 근로자가 그 노동조합의 조합원이 될 것을 고용조건으로 하는 단체협약의 체결은 예외로 하며, 이 경우 사용자는 근로자가 그 노동조합에서 제명된 것 또는 그 노동조합을 탈퇴하여 새로 노동조합을 조직하거나 다른 노동조합에 가입한 것을 이유로 근로자에게 신분상 불이익한 행위를 할 수 없다.
>
> 　㉢ 노동조합의 대표자 또는 노동조합으로부터 위임을 받은 자와의 단체협약체결 기타의 단체교섭을 정당한 이유없이 거부하거나 해태하는 행위
>
> 　㉣ 근로자가 노동조합을 조직 또는 운영하는 것을 지배하거나 이에 개입하는 행위와 노동조합의 운영비를 원조하는 행위. 다만, 근로자가 근로시간 중에 제24조 제2항에 따른 활동을 하는 것을 사용자가 허용함은 무방하며, 또한 근로자의 후생자금 또는 경제상의 불행 그 밖에 재해의 방지와 구제 등을 위한 기금의 기부와 최소한의 규모의 노동조합사무소의 제공 및 그 밖에 이에 준하여 노동조합의 자주적인 운영 또는 활동을 침해할 위험이 없는 범위에서의 운영비 원조행위는 예외로 한다.

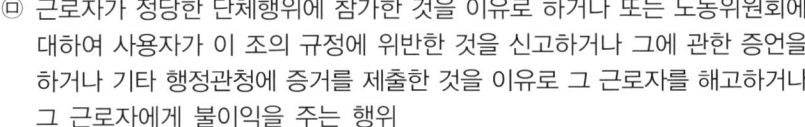

　　ⓜ 근로자가 정당한 단체행위에 참가한 것을 이유로 하거나 또는 노동위원회에
　　　대하여 사용자가 이 조의 규정에 위반한 것을 신고하거나 그에 관한 증언을
　　　하거나 기타 행정관청에 증거를 제출한 것을 이유로 그 근로자를 해고하거나
　　　그 근로자에게 불이익을 주는 행위
　② ①의 ㉣에 따른 "노동조합의 자주적 운영 또는 활동을 침해할 위험" 여부를 판단
　　할 때에는 다음의 사항을 고려하여야 한다.
　　　㉠ 운영비 원조의 목적과 경위
　　　㉡ 원조된 운영비 횟수와 기간
　　　㉢ 원조된 운영비 금액과 원조방법
　　　㉣ 원조된 운영비가 노동조합의 총수입에서 차지하는 비율
　　　㉤ 원조된 운영비의 관리방법 및 사용처 등

노동조합 및 노동관계조정법 제24조 제2항
용자로부터 급여를 지급받는 근로자(이하 "근로시간면제자"라 한다)는 사업 또는 사업
장별로 종사근로자인 조합원 수 등을 고려하여 제24조의2에 따라 결정된 근로시간 면
제 한도를 초과하지 아니하는 범위에서 임금의 손실 없이 사용자와의 협의·교섭, 고
충처리, 산업안전 활동 등 이 법 또는 다른 법률에서 정하는 업무와 건전한 노사관계
발전을 위한 노동조합의 유지·관리업무를 할 수 있다.

---

② **구제신청**
　㉠ 사용자의 부당노동행위로 인하여 그 권리를 침해당한 근로자 또는 노동
　　조합은 노동위원회에 그 구제를 신청할 수 있다.
　㉡ 구제의 신청은 부당노동행위가 있은 날(계속하는 행위는 그 종료일)부
　　터 3월 이내에 이를 행하여야 한다.

③ **조사 등**
　㉠ 노동위원회는 구제신청을 받은 때에는 지체 없이 필요한 조사와 관계
　　당사자의 심문을 하여야 한다.
　㉡ 노동위원회는 심문을 할 때에는 관계 당사자의 신청에 의하거나 그 직
　　권으로 증인을 출석하게 하여 필요한 사항을 질문할 수 있다.
　㉢ 노동위원회는 심문을 함에 있어서는 관계 당사자에 대하여 증거의 제출
　　과 증인에 대한 반대심문을 할 수 있는 충분한 기회를 주어야 한다.

④ **구제명령**
　㉠ 노동위원회는 규정에 의한 심문을 종료하고 부당노동행위가 성립한다
　　고 판정한 때에는 사용자에게 구제명령을 발하여야 하며, 부당노동행위
　　가 성립되지 아니한다고 판정한 때에는 그 구제신청을 기각하는 결정을
　　하여야 한다.

ⓛ 판정·명령 및 결정은 서면으로 하되, 이를 당해 사용자와 신청인에게 각각 교부하여야 한다.

ⓒ 관계 당사자는 ⓘ의 규정에 의한 명령이 있을 때에는 이에 따라야 한다.

⑤ **구제명령의 확정**

ⓘ 지방노동위원회 또는 특별노동위원회의 구제명령 또는 기각결정에 불복이 있는 관계 당사자는 그 명령서 또는 결정서의 송달을 받은 날부터 10일 이내에 중앙노동위원회에 그 재심을 신청할 수 있다.

ⓛ 중앙노동위원회의 재심판정에 대하여 관계 당사자는 그 재심판정서의 송달을 받은 날부터 15일 이내에 행정소송법이 정하는 바에 의하여 소를 제기할 수 있다.

ⓒ ⑤의 ⓘ과 ⓛ에 따른 기간 내에 재심을 신청하지 아니하거나 행정소송을 제기하지 아니한 때에는 그 구제명령·기각결정 또는 재심판정은 확정된다.

ⓔ 기각결정 또는 재심판정이 확정된 때에는 관계 당사자는 이에 따라야 한다.

ⓜ 사용자가 행정소송을 제기한 경우에 관할법원은 중앙노동위원회의 신청에 의하여 결정으로써, 판결이 확정될 때까지 중앙노동위원회의 구제명령의 전부 또는 일부를 이행하도록 명할 수 있으며, 당사자의 신청에 의하여 또는 직권으로 그 결정을 취소할 수 있다.

⑥ **구제명령 등의 효력**: 노동위원회의 구제명령·기각결정 또는 재심판정은 중앙노동위원회에의 재심신청이나 행정소송의 제기에 의하여 그 효력이 정지되지 아니한다.

⑦ 확정되거나 행정소송을 제기하여 확정된 구제명령에 위반한 자는 3년 이하의 징역 또는 3천만원 이하의 벌금에 처한다.

(9) **노동쟁의의 조정 및 중재**

① **조 정**

ⓘ 조정의 개시

ⓐ 노동위원회는 관계 당사자의 일방이 노동쟁의의 조정을 신청한 때에는 지체없이 조정을 개시하여야 하며 관계 당사자 쌍방은 이에 성실히 임하여야 한다.

ⓑ 노동위원회는 조정신청 전이라도 원활한 조정을 위하여 교섭을 주선하는 등 관계 당사자의 자주적인 분쟁 해결을 지원할 수 있다.

💡 조정: 대립되는 둘 사이의 분쟁을 중간에서 조절하여 타협할 수 있도록 화해시킴

ⓛ 조정기간
  ⓐ 조정은 조정의 신청이 있는 날부터 일반사업에 있어서는 10일, 공익 사업에 있어서는 15일 이내에 종료하여야 한다.
  ⓑ 조정기간은 관계 당사자 간의 합의로 일반사업에 있어서는 10일, 공 익사업에 있어서는 15일 이내에서 연장할 수 있다.

ⓒ 조정의 효력
  ⓐ 조정안이 관계 당사자에 의하여 수락된 때에는 조정위원 전원 또는 단독조정인은 조정서를 작성하고 관계 당사자와 함께 서명 또는 날 인하여야 한다.
  ⓑ 조정서의 내용은 단체협약과 동일한 효력을 가진다.

② 중 재
  ㉠ 중재의 개시 : 노동위원회는 다음의 어느 하나에 해당하는 때에는 중재 를 행한다.
    ⓐ 관계 당사자의 쌍방이 함께 중재를 신청한 때
    ⓑ 관계 당사자의 일방이 단체협약에 의하여 중재를 신청한 때

  ㉡ 중재시의 쟁의행위의 금지 : 노동쟁의가 중재에 회부된 때에는 그 날부 터 15일간은 쟁의행위를 할 수 없다.

  ㉢ 중재재정
    ⓐ 중재재정은 서면으로 작성하여 이를 행하며 그 서면에는 효력발생 기일을 명시하여야 한다.
    ⓑ 중재재정의 해석 또는 이행방법에 관하여 관계 당사자 간에 의견의 불일치가 있는 때에는 당해 중재위원회의 해석에 따르며 그 해석은 중재재정과 동일한 효력을 가진다.

  ㉣ 중재재정 등의 확정
    ⓐ 관계 당사자는 지방노동위원회 또는 특별노동위원회의 중재재정이 위법이거나 월권에 의한 것이라고 인정하는 경우에는 그 중재재정서 의 송달을 받은 날부터 10일 이내에 중앙노동위원회에 그 재심을 신 청할 수 있다.
    ⓑ 관계 당사자는 중앙노동위원회의 중재재정이나 ⓐ의 규정에 의한 재 심결정이 위법이거나 월권에 의한 것이라고 인정하는 경우에는 그 중재재정서 또는 재심결정서의 송달을 받은 날부터 15일 이내에 행 정소송을 제기할 수 있다.

💡 중재 : 제삼자가 분쟁 당사자 사이에 들어 분쟁을 조정하고 해 결하는 일. 제삼자의 결정은 구 속력을 가진다.

ⓒ ㉣의 ⓐ와 ⓑ에 따른 기간 내에 재심을 신청하지 아니하거나 행정소송을 제기하지 아니한 때에는 그 중재재정 또는 재심결정은 확정된다.

ⓓ 중재재정이나 재심결정이 확정된 때에는 관계 당사자는 이에 따라야 한다.

㉤ 중재재정 등의 효력

ⓐ 중재재정의 내용은 단체협약과 동일한 효력을 가진다.

ⓑ 노동위원회의 중재재정 또는 재심결정은 중앙노동위원회에의 재심 신청 또는 행정소송의 제기에 의하여 그 효력이 정지되지 아니한다.

사회보험

01 고용보험 및 산업재해보상 보험의 보험료징수 등에 관한 법률

02 산업재해보상보험법

03 고용보험법

04 국민연금법

05 국민건강보험법

03 사회보험

1 고용보험 및 산업재해보상보험의 보험료징수 등에 관한 법률

(1) 목 적

이 법은 고용보험과 산업재해보상보험의 보험관계의 성립·소멸, 보험료의 납부·징수 등에 필요한 사항을 규정함으로써 보험사무의 효율성을 높이는 것을 목적으로 한다.

(2) 용어정의

① "보험"이란 「고용보험법」에 따른 고용보험 또는 「산업재해보상보험법」에 따른 산업재해보상보험을 말한다.

② "근로자"란 「근로기준법」에 따른 근로자를 말한다.

③ "보수"란 「소득세법」에 따른 근로소득에서 대통령령으로 정하는 금품을 뺀 금액을 말한다. 다만, 고용보험료를 징수하는 경우에는 근로자가 휴직이나 그 밖에 이와 비슷한 상태에 있는 기간 중에 사업주 외의 자로부터 지급받는 금품 중 고용노동부장관이 정하여 고시하는 금품은 보수로 본다.

④ "원수급인"이란 사업이 여러 차례의 도급에 의하여 행하여지는 경우에 최초로 사업을 도급받아 행하는 자를 말한다. 다만, 발주자가 사업의 전부 또는 일부를 직접 하는 경우에는 발주자가 직접 하는 부분(발주자가 직접 하다가 사업의 진행경과에 따라 도급하는 경우에는 발주자가 직접 하는 것으로 본다)에 대하여 발주자를 원수급인으로 본다.

⑤ "하수급인"이란 원수급인으로부터 그 사업의 전부 또는 일부를 도급받아 하는 자와 그 자로부터 그 사업의 전부 또는 일부를 도급받아 하는 자를 말한다.

⑥ "정보통신망"이란 「정보통신망 이용촉진 및 정보보호 등에 관한 법률」에 따른 정보통신망을 말한다.

⑦ "보험료 등"이란 보험료, 이 법에 따른 가산금·연체금·체납처분비 및 징수금을 말한다.

(3) 보험가입자

① 「고용보험법」을 적용받는 사업의 사업주와 근로자(「고용보험법」에 따른 적용제외 근로자는 제외한다)는 당연히 「고용보험법」에 따른 고용보험의 보험가입자가 된다.

② 「고용보험법」 적용제외 사업의 사업주가 근로자의 과반수의 동의를 받아 근로복지공단(이하 '공단'이라 한다)의 승인을 받으면 그 사업의 사업주와 근로자는 고용보험에 가입할 수 있다.

③ 「산업재해보상보험법」을 적용받는 사업의 사업주는 당연히 「산업재해보상보험법」에 따른 산업재해보상보험의 보험가입자가 된다.

④ 「산업재해보상보험법」의 적용제외 사업의 사업주는 공단의 승인을 받아 산재보험에 가입할 수 있다.

⑤ 고용보험 또는 산재보험에 가입한 사업주가 보험계약을 해지할 때에는 미리 공단의 승인을 받아야 한다. 이 경우 보험계약의 해지는 그 보험계약이 성립한 보험연도가 끝난 후에 하여야 한다.

⑥ 사업주가 고용보험계약을 해지할 때에는 근로자 과반수의 동의를 받아야 한다.

⑦ 공단은 사업 실체가 없는 등의 사유로 계속하여 보험관계를 유지할 수 없다고 인정하는 경우에는 그 보험관계를 소멸시킬 수 있다.

(4) 보험관계의 성립 및 소멸

① **보험관계의 성립일**: 보험관계는 다음의 어느 하나에 해당하는 날에 성립한다.

  ㉠ 사업주 및 근로자가 고용보험의 당연가입자가 되는 사업의 경우에는 그 사업이 시작된 날(「고용보험법」에 따른 사업이 사업주 및 근로자가 고용보험의 당연가입자가 되는 사업에 해당하게 된 경우에는 그 해당하게 된 날)

  ㉡ 사업주가 산재보험의 당연가입자가 되는 사업의 경우에는 그 사업이 시작된 날(「산업재해보상보험법」에 따른 사업이 사업주가 산재보험의 당연가입자가 되는 사업에 해당하게 된 경우에는 그 해당하게 된 날)

ⓒ 고용보험법을 적용하지 아니하는 사업의 사업주가 근로자(적용 제외 근로자는 제외한다)의 과반수의 동의를 받아 공단의 승인을 받아 보험에 가입한 사업의 경우에는 공단이 그 사업의 사업주로부터 보험가입승인 신청서를 접수한 날의 다음 날

ⓔ 「산업재해보상보험법」을 적용하지 아니하는 사업의 경우에는 공단이 그 사업의 사업주로부터 보험가입승인신청서를 접수한 날의 다음 날

---

1. **고용보험법 적용제외 사업**
   ① 다음의 어느 하나에 해당하는 공사. 다만, 「건설산업기본법」에 따른 건설업자, 「주택법」에 따른 주택건설사업자, 「전기공사업법」에 따른 공사업자, 「정보통신공사업법」에 따른 정보통신공사업자, 「소방시설공사업법」에 따른 소방시설업자, 「문화재수리 등에 관한 법률」에 따른 문화재수리업자가 시공하는 공사는 제외한다.
   　　㉠ 「고용보험 및 산업재해보상보험의 보험료징수 등에 관한 법률 시행령」에 따른 총공사금액이 2천만원 미만인 공사
   　　㉡ 연면적이 100제곱미터 이하인 건축물의 건축 또는 연면적이 200제곱미터 이하인 건축물의 대수선에 관한 공사
   ② 가구 내 고용활동 및 달리 분류되지 아니한 자가소비 생산활동

2. **산업재해보상보험법의 적용제외 사업**
   ① 공무원 재해보상법 또는 군인 재해보상법에 따라 재해보상이 되는 사업. 다만, 공무원 재해보상법에 따라 순직유족급여 또는 위험직무 순직 유족급여에 관한 규정을 적용받는 경우는 제외한다.
   ② 선원법, 어선원 및 어선재해보상보험법 또는 사립학교 교직원 연금법에 따라 재해보상이 되는 사업
   ③ 가구 내 고용활동
   ④ 농업, 임업(벌목업은 제외한다), 어업 및 수렵업 중 법인이 아닌 자의 사업으로서 상시근로자 수가 5명 미만인 사업

---

② **보험관계의 소멸일**: 보험관계는 다음에 해당하는 날에 소멸한다.
　㉠ 사업이 폐업되거나 끝난 날의 다음 날
　㉡ 보험계약을 해지하는 경우에는 그 해지에 관하여 공단의 승인을 받은 날의 다음 날
　㉢ 공단이 보험관계를 소멸시키는 경우에는 그 소멸을 결정·통지한 날의 다음 날
　㉣ 1년의 범위에서 의제가입이 되는 사업주의 경우에는 근로자(고용보험의 경우에는 고용보험법에 따른 적용제외 근로자는 제외한다)를 사용하지 아니한 첫날부터 1년이 되는 날의 다음 날

(5) 보험관계의 신고 등

① 사업주는 그 보험관계가 성립한 날부터 14일 이내에, 사업의 폐업·종료 등으로 인하여 보험관계가 소멸한 경우에는 그 보험관계가 소멸한 날부터 14일 이내에 공단에 보험관계의 성립 또는 소멸의 신고를 하여야 한다. 보험관계가 성립한 날부터 14일 이내에 종료되는 사업은 사업이 종료되는 날의 전날까지 보험관계 성립신고를 하여야 한다.

② 보험에 가입한 사업주는 그 이름, 사업의 소재지 등 대통령령으로 정하는 사항이 변경된 경우에는 그 날부터 14일 이내에 그 변경사항을 공단에 신고하여야 한다.

(6) 보험료

① 보험사업에 드는 비용에 충당하기 위하여 보험가입자로부터 다음의 보험료를 징수한다.

㉠ 고용안정·직업능력개발사업 및 실업급여의 보험료

㉡ 산재보험의 보험료

② 보험료는 근로복지공단이 매월 부과하고, 국민건강보험공단이 이를 징수한다.

③ 고용보험 가입자인 근로자가 부담하여야 하는 고용보험료는 자기의 보수총액에 실업급여의 보험료율의 2분의 1을 곱한 금액으로 한다. 다만, 사업주로부터 보수를 지급받지 아니하는 근로자는 보수로 보는 금품의 총액에 실업급여의 보험료율을 곱한 금액을 부담하여야 하고, 휴직이나 그 밖에 이와 비슷한 상태에 있는 기간 중에 사업주로부터 보수를 지급받는 근로자로서 고용노동부장관이 정하여 고시하는 사유에 해당하는 근로자는 그 기간에 지급받는 보수의 총액에 실업급여의 보험료율을 곱한 금액을 부담하여야 한다.

④ 65세 이후에 고용(65세 전부터 피보험자격을 유지하던 사람이 65세 이후에 계속하여 고용된 경우는 제외한다)되거나 자영업을 개시한 자에 대하여는 고용보험료 중 실업급여의 보험료를 징수하지 아니한다.

⑤ 사업주가 부담하여야 하는 고용보험료는 그 사업에 종사하는 고용보험 가입자인 근로자의 개인별 보수총액에 다음을 각각 곱하여 산출한 각각의 금액을 합한 금액으로 한다.

㉠ 고용안정·직업능력개발사업의 보험료율

㉡ 실업급여의 보험료율의 2분의 1

⑥ 사업주가 부담하여야 하는 산재보험료는 그 사업주가 경영하는 사업에 종사하는 근로자의 개인별 보수총액에 다음에 따른 산재보험료율을 곱한 금액을 합한 금액으로 한다. 다만, 「산업재해보상보험법」 제37조 제4항에 해당하는 경우에는 ㉠에 따른 산재보험료율만을 곱하여 산정한다.

　　㉠ (7)의 ③부터 ⑤까지에 따라 같은 종류의 사업에 적용되는 산재보험료율
　　㉡ (7)의 ⑥에 따른 산재보험료율

⑦ 보수총액의 추정액 또는 보수총액을 결정하기 곤란한 경우에는 대통령령으로 정하는 바에 따라 고용노동부장관이 정하여 고시하는 노무비율을 사용하여 보수총액의 추정액 또는 보수총액을 결정할 수 있다.

⑺ 보험료율의 결정

① 고용보험료율은 보험수지의 동향과 경제상황 등을 고려하여 1000분의 30의 범위에서 고용안정·직업능력개발사업의 보험료율 및 실업급여의 보험료율로 구분하여 대통령령으로 정한다.

② 고용보험료율을 결정하거나 변경하려면 「고용보험법」에 따른 고용보험위원회의 심의를 거쳐야 한다.

③ 산재보험률은 매년 6월 30일 현재 과거 3년 동안의 보수총액에 대한 산재보험급여총액의 비율을 기초로 하여, 「산업재해보상보험법」에 따른 연금 등 산재보험급여에 드는 금액, 재해예방 및 재해근로자의 복지증진에 드는 비용 등을 고려하여 사업의 종류별로 구분하여 고용노동부령으로 정한다. 이 경우 「산업재해보상보험법」 제37조 제1항 제3호 나목(통상적인 경로와 방법으로 출퇴근하는 중 발생한 사고)에 따른 업무상의 재해를 이유로 지급된 보험급여액은 산재보험급여총액에 포함시키지 아니한다.

④ 고용노동부장관은 산재보험료율을 정하는 경우에는 특정 사업 종류의 산재보험료율이 전체 사업의 평균 산재보험료율의 20배를 초과하지 아니하도록 하여야 한다.

⑤ 고용노동부장관은 ③에 따라 정한 특정 사업 종류의 산재보험료율이 인상되거나 인하되는 경우에는 직전 보험연도 산재보험료율의 100분의 30의 범위에서 조정하여야 한다.

⑥ 업무상의 재해에 관한 산재보험료율은 사업의 종류를 구분하지 아니하고 그 재해로 인하여 연금 등 산재보험급여에 드는 금액, 재해예방 및 재해근로자의 복지증진에 드는 비용 등을 고려하여 고용노동부령으로 정한다.

⑻ 고용보험료의 원천공제

① 사업주는 고용보험 가입자인 근로자가 부담하는 고용보험료에 상당하는 금액을 대통령령으로 정하는 바에 따라 그 근로자의 보수에서 원천공제할 수 있다.

② 사업주는 고용보험료에 상당하는 금액을 원천공제하였으면 공제계산서를 그 근로자에게 발급하여야 한다.

③ 사업주가 되는 원수급인 또는 하수급인은 고용노동부령으로 정하는 바에 따라 자기가 고용하는 고용보험 가입자 외의 근로자를 고용하는 하수급인에게 위임하여 그 근로자가 부담하는 보험료에 상당하는 금액을 근로자의 보수에서 원천공제하게 할 수 있다.

④ 근로자가 그 실업급여의 보험료를 부담하는 경우에는 사업주가 해당 보험료를 신고·납부하고, 근로자는 그 보험료 해당액을 사업주에게 지급한다.

⑼ 월별보험료의 납부기한

사업주는 그 달의 월별보험료를 다음 달 10일까지 납부하여야 한다.

⑽ 월별보험료의 고지

① 국민건강보험공단은 사업주에게 다음의 사항을 적은 문서로써 납부기한 10일 전까지 월별보험료의 납입을 고지하여야 한다.
　㉠ 징수하고자 하는 보험료 등의 종류
　㉡ 납부하여야 할 보험료 등의 금액
　㉢ 납부기한 및 장소

② 국민건강보험공단은 납입의 고지를 하는 경우에는 사업주가 신청한 때에는 전자문서교환방식 등에 의하여 전자문서로 고지할 수 있다.

③ 전자문서로 고지한 경우 고용노동부령으로 정하는 정보통신망에 저장하거나 납부의무자가 지정한 전자우편주소에 입력된 때에 그 사업주에게 도달된 것으로 본다.

④ 연대납부의무자 중 1명에게 한 고지는 다른 연대납부의무자에게도 효력이 있는 것으로 본다.

⑾ 시 효

① 보험료, 고용보험 및 산업재해보상보험의 보험료징수 등에 관한 법률에 따른 그 밖의 징수금을 징수하거나 그 반환받을 수 있는 권리는 3년간 행사하지 아니하면 시효로 인하여 소멸한다.

② 소멸시효에 관하여는 고용보험 및 산업재해보상보험의 보험료징수 등에 관한 법률에 규정된 것을 제외하고는 「민법」에 따른다.

2 산업재해보상보험법

(1) 목 적

산업재해보상보험법은 산업재해보상보험 사업을 시행하여 근로자의 업무상의 재해를 신속하고 공정하게 보상하며, 재해근로자의 재활 및 사회 복귀를 촉진하기 위하여 이에 필요한 보험시설을 설치·운영하고, 재해 예방과 그 밖에 근로자의 복지 증진을 위한 사업을 시행하여 근로자 보호에 이바지하는 것을 목적으로 한다.

(2) 적용범위

산업재해보상보험법은 근로자를 사용하는 모든 사업 또는 사업장에 적용한다. 그러나 다음의 사업은 임의적용사업장으로서 당연적용사업장에서 제외된다.

① 「공무원 재해보상법」 또는 「군인 재해보상법」에 따라 재해보상이 되는 사업. 다만, 「공무원 재해보상법」 제60조에 따라 순직유족급여 또는 위험직무 순직 유족급여에 관한 규정을 적용받는 경우는 제외한다.

② 「선원법」, 「어선원 및 어선 재해보상보험법」 또는 「사립학교교직원 연금법」에 따라 재해보상이 되는 사업

③ 가구내 고용활동

④ 농업, 임업(벌목업은 제외한다), 어업 및 수렵업 중 법인이 아닌 자의 사업으로서 상시근로자 수가 5명 미만인 사업

(3) 보험의 관장 및 위탁

① 산업재해보상보험법에 따른 산업재해보상보험 사업은 고용노동부장관이 관장한다.

② 고용노동부장관의 위탁을 받아 사업을 효율적으로 수행하기 위하여 근로복지공단(이하 '공단'이라 한다)을 설립한다.

(4) 용어정의

① "업무상의 재해"란 업무상의 사유에 따른 근로자의 부상·질병·장해 또는 사망을 말한다.

② "근로자"·"임금"·"평균임금"·"통상임금"이란 각각 「근로기준법」에 따른 "근로자"·"임금"·"평균임금"·"통상임금"을 말한다. 다만, 「근로기준법」에 따라 "임금" 또는 "평균임금"을 결정하기 어렵다고 인정되면 고용노동부장관이 정하여 고시하는 금액을 해당 "임금" 또는 "평균임금"으로 한다.

③ "유족"이란 사망한 자의 배우자·자녀·부모·손자녀·조부모 또는 형제자매를 말한다.

💡 배우자에 사실상 혼인관계에 있는 자를 포함한다.

④ "치유"란 부상 또는 질병이 완치되거나 치료의 효과를 더 이상 기대할 수 없고 그 증상이 고정된 상태에 이르게 된 것을 말한다.

⑤ "장해"란 부상 또는 질병이 치유되었으나 정신적 또는 육체적 훼손으로 인하여 노동능력이 상실되거나 감소된 상태를 말한다.

⑥ "중증요양상태"란 업무상의 부상 또는 질병에 따른 정신적 또는 육체적 훼손으로 노동능력이 상실되거나 감소된 상태로서 그 부상 또는 질병이 치유되지 아니한 상태를 말한다.

⑦ "진폐"란 분진을 흡입하여 폐에 생기는 섬유증식성 변화를 주된 증상으로 하는 질병을 말한다.

⑧ "출퇴근"이란 취업과 관련하여 주거와 취업장소 사이의 이동 또는 한 취업장소에서 다른 취업장소로의 이동을 말한다.

(5) 업무상의 재해의 인정 기준

근로자가 다음의 어느 하나에 해당하는 사유로 부상·질병 또는 장해가 발생하거나 사망하면 업무상의 재해로 본다. 다만, 업무와 재해 사이에 상당인과관계(相當因果關係)가 없는 경우에는 그러하지 아니하다.

① 업무상 사고

　㉠ 근로자가 근로계약에 따른 업무나 그에 따르는 행위를 하던 중 발생한 사고

　㉡ 사업주가 제공한 시설물 등을 이용하던 중 그 시설물 등의 결함이나 관리소홀로 발생한 사고

　㉢ 사업주가 주관하거나 사업주의 지시에 따라 참여한 행사나 행사준비 중에 발생한 사고

　㉣ 휴게시간 중 사업주의 지배관리하에 있다고 볼 수 있는 행위로 발생한 사고

　㉤ 그 밖에 업무와 관련하여 발생한 사고

② 업무상 질병

　㉠ 업무수행 과정에서 물리적 인자(因子), 화학물질, 분진, 병원체, 신체에 부담을 주는 업무 등 근로자의 건강에 장해를 일으킬 수 있는 요인을 취급하거나 그에 노출되어 발생한 질병

　㉡ 업무상 부상이 원인이 되어 발생한 질병

　㉢ 근로기준법에 따른 직장 내 괴롭힘, 고객의 폭언 등으로 인한 업무상 정신적 스트레스가 원인이 되어 발생한 질병

　㉣ 그 밖에 업무와 관련하여 발생한 질병

③ 출퇴근 재해

　　㉠ 사업주가 제공한 교통수단이나 그에 준하는 교통수단을 이용하는 등 사업주의 지배관리하에서 출퇴근하는 중 발생한 사고

　　㉡ 그 밖에 통상적인 경로와 방법으로 출퇴근하는 중 발생한 사고

④ 근로자의 고의·자해행위나 범죄행위 또는 그것이 원인이 되어 발생한 부상·질병·장해 또는 사망은 업무상의 재해로 보지 아니한다. 다만, 그 부상·질병·장해 또는 사망이 정상적인 인식능력 등이 뚜렷하게 저하된 상태에서 한 행위로 발생한 경우로서 아래에 해당하는 사유가 있으면 업무상의 재해로 본다.

　　㉠ 업무상의 사유로 발생한 정신질환으로 치료를 받았거나 받고 있는 사람이 정신적 이상 상태에서 자해행위를 한 경우

　　㉡ 업무상의 재해로 요양 중인 사람이 그 업무상의 재해로 인한 정신적 이상 상태에서 자해행위를 한 경우

　　㉢ 그 밖에 업무상의 사유로 인한 정신적 이상 상태에서 자해행위를 하였다는 상당인과관계가 인정되는 경우

⑤ ③의 ㉡의 사고 중에서 출퇴근 경로 일탈 또는 중단이 있는 경우에는 해당 일탈 또는 중단 중의 사고 및 그 후의 이동 중의 사고에 대하여는 출퇴근 재해로 보지 아니한다. 다만, 일탈 또는 중단이 일상생활에 필요한 행위로서 아래에 해당하는 사유가 있는 경우에는 출퇴근 재해로 본다.

　　㉠ 사업주가 출퇴근용으로 제공한 교통수단이나 사업주가 제공한 것으로 볼 수 있는 교통수단을 이용하던 중에 사고가 발생하였을 것

　　㉡ 출퇴근용으로 이용한 교통수단의 관리 또는 이용권이 근로자측의 전속적 권한에 속하지 아니하였을 것

⑹ **보험급여의 종류와 산정 기준 등**

① **보험급여의 종류**

　　㉠ 요양급여

　　㉡ 휴업급여

　　㉢ 장해급여

　　㉣ 간병급여

　　㉤ 유족급여

　　㉥ 상병(傷病)보상연금

　　㉦ 장례비

　　㉧ 직업재활급여

② 보험급여는 보험급여를 받을 수 있는 자(이하 "수급권자"라 한다)의 청구에 따라 지급한다.

③ 보험급여를 산정하는 경우 해당 근로자의 평균임금을 산정하여야 할 사유
가 발생한 날부터 1년이 지난 이후에는 매년 전체 근로자의 임금 평균액의
증감률에 따라 평균임금을 증감하되, 그 근로자의 연령이 60세에 도달한 이
후에는 소비자물가변동률에 따라 평균임금을 증감한다.

④ 전체 근로자의 임금 평균액의 증감률 및 소비자물가변동률의 산정 기준과
방법은 대통령령으로 정한다. 이 경우 산정된 증감률 및 변동률은 매년 고
용노동부장관이 고시한다.

⑤ 보험급여(진폐보상연금 및 진폐유족연금은 제외한다)를 산정할 때 해당 근
로자의 근로 형태가 특이하여 평균임금을 적용하는 것이 적당하지 아니하
다고 인정되는 경우로서 대통령령으로 정하는 경우에는 대통령령으로 정
하는 산정 방법에 따라 산정한 금액을 평균임금으로 한다.

⑺ 급여의 종류

① 요양급여

ⓐ 요양급여는 근로자가 업무상의 사유로 부상을 당하거나 질병에 걸린 경
우에 그 근로자에게 지급한다.

ⓑ 요양급여는 산재보험 의료기관에서 요양을 하게 한다. 다만, 부득이한
경우에는 요양을 갈음하여 요양비를 지급할 수 있다.

ⓒ 부상 또는 질병이 3일 이내의 요양으로 치유될 수 있으면 요양급여를
지급하지 아니한다.

ⓓ 요양급여의 범위는 다음과 같다.
  ⓐ 진찰 및 검사
  ⓑ 약제 또는 진료재료와 의지(義肢) 그 밖의 보조기의 지급
  ⓒ 처치, 수술, 그 밖의 치료
  ⓓ 재활치료
  ⓔ 입 원
  ⓕ 간호 및 간병
  ⓖ 이 송
  ⓗ 그 밖에 고용노동부령으로 정하는 사항

ⓔ 요양급여의 범위나 비용 등 요양급여의 산정 기준은 고용노동부령으로
정한다.

ⓕ 업무상의 재해를 입은 근로자가 요양할 산재보험 의료기관이 상급종합
병원인 경우에는 「응급의료에 관한 법률」 제2조 제1호에 따른 응급환자
이거나 그 밖에 부득이한 사유가 있는 경우를 제외하고는 그 근로자가
상급종합병원에서 요양할 필요가 있다는 의학적 소견이 있어야 한다.

② **휴업급여** : 휴업급여는 업무상 사유로 부상을 당하거나 질병에 걸린 근로자에게 요양으로 취업하지 못한 기간에 대하여 지급하되, 1일당 지급액은 평균임금의 100분의 70에 상당하는 금액으로 한다. 다만, 취업하지 못한 기간이 3일 이내이면 지급하지 아니한다.

③ **장해급여**

　㉠ 지급사유 및 지급방법

　　ⓐ 장해급여는 근로자가 업무상의 사유로 부상을 당하거나 질병에 걸려 치유된 후 신체 등에 장해가 있는 경우에 그 근로자에게 지급한다.

　　ⓑ 장해급여는 장해등급에 따라 산업재해보상보험법 별표 2에 따른 장해보상연금 또는 장해보상일시금으로 하되, 그 장해등급의 기준은 대통령령으로 정한다.

　　ⓒ 장해보상연금 또는 장해보상일시금은 수급권자의 선택에 따라 지급한다. 다만, 대통령령으로 정하는 노동력을 완전히 상실한 장해등급의 근로자에게는 장해보상연금을 지급하고, 장해급여 청구사유 발생 당시 대한민국 국민이 아닌 사람으로서 외국에서 거주하고 있는 근로자에게는 장해보상일시금을 지급한다.

　㉡ 장해보상연금 등의 수급권의 소멸 : 장해보상연금 또는 진폐보상연금의 수급권자가 다음의 어느 하나에 해당하면 그 수급권이 소멸한다.

　　ⓐ 사망한 경우

　　ⓑ 대한민국 국민이었던 수급권자가 국적을 상실하고 외국에서 거주하고 있거나 외국에서 거주하기 위하여 출국하는 경우

　　ⓒ 대한민국 국민이 아닌 수급권자가 외국에서 거주하기 위하여 출국하는 경우

　　ⓓ 장해등급 또는 진폐장해등급이 변경되어 장해보상연금 또는 진폐보상연금의 지급 대상에서 제외되는 경우

④ **상병보상연금**

　㉠ 요양급여를 받는 근로자가 요양을 시작한 지 2년이 지난 날 이후에 다음의 요건 모두에 해당하는 상태가 계속되면 휴업급여 대신 상병보상연금을 그 근로자에게 지급한다.

　　ⓐ 그 부상이나 질병이 치유되지 아니한 상태일 것

　　ⓑ 그 부상이나 질병에 따른 중증요양상태의 정도가 대통령령으로 정하는 중증요양상태등급 기준에 해당할 것

　　ⓒ 요양으로 인하여 취업하지 못하였을 것

ⓒ 상병보상연금은 아래에 따른 중증요양상태등급에 따라 지급한다.

중증요양상태등급	상병보상연금
제1급	평균임금의 329일분
제2급	평균임금의 291일분
제3급	평균임금의 257일분

⑤ **간병급여**: 요양급여를 받은 사람 중 치유 후 의학적으로 상시 또는 수시로 간병이 필요하여 실제로 간병을 받는 사람에게 지급한다.

⑥ **유족급여**

    ㉠ 유족급여는 근로자가 업무상의 사유로 사망한 경우에 유족에게 지급한다.

    ㉡ 유족급여는 유족보상연금이나 유족보상일시금으로 하되, 유족보상일시금은 근로자가 사망할 당시 유족보상연금을 받을 수 있는 자격이 있는 사람이 없는 경우에 지급한다.

    ㉢ 유족보상연금 수급자격자의 범위

        ⓐ 유족보상연금을 받을 수 있는 자격이 있는 사람(이하 "유족보상연금 수급자격자"라 한다)은 근로자가 사망할 당시 그 근로자와 생계를 같이 하고 있던 유족(그 근로자가 사망할 당시 대한민국 국민이 아닌 사람으로서 외국에서 거주하고 있던 유족은 제외한다) 중 배우자(사실상 혼인관계에 있는 사람을 포함한다)와 다음의 어느 하나에 해당하는 사람으로 한다. 이 경우 근로자와 생계를 같이 하고 있던 유족의 판단기준은 대통령령으로 정한다.

           ㉮ 부모 또는 조부모로서 각각 60세 이상인 사람

           ㉯ 자녀로서 25세 미만인 사람

           ㉰ 손자녀로서 25세 미만인 사람

           ㉱ 형제자매로서 19세 미만이거나 60세 이상인 사람

           ㉲ ㉮부터 ㉱까지의 규정 중 어느 하나에 해당하지 아니하는 자녀·부모·손자녀·조부모 또는 형제자매로서 「장애인복지법」에 따른 장애인 중 고용노동부령으로 정한 장애 정도에 해당하는 사람

        ⓑ ⓐ를 적용할 때 근로자가 사망할 당시 태아(胎兒)였던 자녀가 출생한 경우에는 출생한 때부터 장래에 향하여 근로자가 사망할 당시 그 근로자와 생계를 같이 하고 있던 유족으로 본다.

        ⓒ 유족보상연금 수급자격자 중 유족보상연금을 받을 권리의 순위는 배우자·자녀·부모·손자녀·조부모 및 형제자매의 순서로 한다.

ⓒ 유족보상연금 수급자격자의 자격 상실과 지급 정지 등

  ⓐ 유족보상연금 수급자격자인 유족이 다음의 어느 하나에 해당하면 그 자격을 잃는다.

    ㉮ 사망한 경우

    ㉯ 재혼한 때

    ㉰ 사망한 근로자와의 친족관계가 끝난 경우

    ㉱ 자녀가 25세가 된 때

    ㉲ 손자녀가 25세가 된 때

    ㉳ 형제자매가 19세가 된 때

    ㉴ ⓒ의 ⓐ의 ㉲에 따른 장애인이었던 사람으로서 그 장애상태가 해소된 경우

    ㉵ 근로자가 사망할 당시 대한민국 국민이었던 유족보상연금 수급자격자가 국적을 상실하고 외국에서 거주하고 있거나 외국에서 거주하기 위하여 출국하는 경우

    ㉶ 대한민국 국민이 아닌 유족보상연금 수급자격자가 외국에서 거주하기 위하여 출국하는 경우

  ⓑ 유족보상연금을 받을 권리가 있는 유족보상연금 수급자격자가 그 자격을 잃은 경우에 유족보상연금을 받을 권리는 같은 순위자가 있으면 같은 순위자에게, 같은 순위자가 없으면 다음 순위자에게 이전된다.

  ⓒ 유족보상연금 수급권자가 3개월 이상 행방불명이면 대통령령으로 정하는 바에 따라 연금 지급을 정지하고, 같은 순위자가 있으면 같은 순위자에게, 같은 순위자가 없으면 다음 순위자에게 유족보상연금을 지급한다.

⑦ **장례비**

㉠ 장례비는 근로자가 업무상의 사유로 사망한 경우에 지급하되, 평균임금의 120일분에 상당하는 금액을 그 장례를 지낸 유족에게 지급한다. 다만, 장례를 지낼 유족이 없거나 그 밖에 부득이한 사유로 유족이 아닌 사람이 장례를 지낸 경우에는 평균임금의 120일분에 상당하는 금액의 범위에서 실제 드는 비용을 그 장례를 지낸 사람에게 지급한다.

㉡ 장례비가 대통령령으로 정하는 바에 따라 고용노동부장관이 고시하는 최고 금액을 초과하거나 최저 금액에 미달하면 그 최고 금액 또는 최저 금액을 각각 장례비로 한다.

ⓒ ㉠에도 불구하고 대통령령으로 정하는 바에 따라 근로자가 업무상의 사유로 사망하였다고 추정되는 경우에는 장례를 지내기 전이라도 유족의 청구에 따라 ㉡에 따른 최저 금액을 장례비로 미리 지급할 수 있다.

㉣ ㉢에 따라 장례비를 지급한 경우 ㉠ 및 ㉡에 따른 장례비는 ㉢에 따라 지급한 금액을 공제한 나머지 금액으로 한다.

⑧ **직업재활급여**: 직업재활급여의 종류는 다음 각 호와 같다.

㉠ 장해급여 또는 진폐보상연금을 받은 사람이나 장해급여를 받을 것이 명백한 사람으로서 대통령령으로 정하는 사람(이하 "장해급여자"라 한다) 중 취업을 위하여 직업훈련이 필요한 사람(이하 "훈련대상자"라 한다)에 대하여 실시하는 직업훈련에 드는 비용 및 직업훈련수당

㉡ 업무상의 재해가 발생할 당시의 사업에 복귀한 장해급여자에 대하여 사업주가 고용을 유지하거나 직장적응훈련 또는 재활운동을 실시하는 경우(직장적응훈련의 경우에는 직장 복귀 전에 실시한 경우도 포함한다)에 각각 지급하는 직장복귀지원금, 직장적응훈련비 및 재활운동비

(8) 연금의 지급기간 및 지급시기

① 장해보상연금, 유족보상연금, 진폐보상연금 또는 진폐유족연금의 지급은 그 지급사유가 발생한 달의 다음 달 첫날부터 시작되며, 그 지급받을 권리가 소멸한 달의 말일에 끝난다.

② 장해보상연금, 유족보상연금, 진폐보상연금 또는 진폐유족연금은 그 지급을 정지할 사유가 발생한 때에는 그 사유가 발생한 달의 다음 달 첫날부터 그 사유가 소멸한 달의 말일까지 지급하지 아니한다.

③ 장해보상연금, 유족보상연금, 진폐보상연금 또는 진폐유족연금은 매년 이를 12등분하여 매달 25일에 그 달 치의 금액을 지급하되, 지급일이 토요일이거나 공휴일이면 그 전날에 지급한다.

④ 장해보상연금, 유족보상연금, 진폐보상연금 또는 진폐유족연금을 받을 권리가 소멸한 경우에는 ③에 따른 지급일 전이라도 지급할 수 있다.

(9) 다른 보상이나 배상과의 관계

① 수급권자가 산업재해보상보험법에 따라 보험급여를 받았거나 받을 수 있으면 보험가입자는 동일한 사유에 대하여 「근로기준법」에 따른 재해보상 책임이 면제된다.

② 수급권자가 동일한 사유에 대하여 산업재해보상보험법에 따른 보험급여를 받으면 보험가입자는 그 금액의 한도 안에서 「민법」이나 그 밖의 법령에 따른 손해배상의 책임이 면제된다. 이 경우 장해보상연금 또는 유족보상연금을 받고 있는 사람은 장해보상일시금 또는 유족보상일시금을 받은 것으로 본다.

③ 요양급여를 받는 근로자가 요양을 시작한 후 3년이 지난 날 이후에 상병보상연금을 지급받고 있으면 「근로기준법」 제23조 제2항 단서를 적용할 때 그 사용자는 그 3년이 지난 날 이후에는 일시보상을 지급한 것으로 본다.

⑽ **보험급여의 지급**

보험급여는 지급 결정일부터 14일 이내에 지급하여야 한다.

⑾ **부당이득의 징수**

① 공단은 보험급여를 받은 사람이 다음의 어느 하나에 해당하면 그 급여액에 해당하는 금액(㉠의 경우에는 그 급여액의 2배에 해당하는 금액)을 징수하여야 한다. 이 경우 공단이 국민건강보험공단 등에 청구하여 받은 금액은 징수할 금액에서 제외한다.

  ㉠ 거짓이나 그 밖의 부정한 방법으로 보험급여를 받은 경우

  ㉡ 수급권자 또는 수급권이 있었던 사람이 신고의무를 이행하지 아니하여 부당하게 보험급여를 지급받은 경우

  ㉢ 그 밖에 잘못 지급된 보험급여가 있는 경우

② ①의 ㉠의 경우 보험급여의 지급이 보험가입자·산재보험 의료기관 또는 직업훈련기관의 거짓된 신고, 진단 또는 증명으로 인한 것이면 그 보험가입자·산재보험 의료기관 또는 직업훈련기관도 연대하여 책임을 진다.

③ ①의 단서에도 불구하고 공단은 거짓이나 그 밖의 부정한 방법으로 보험급여, 진료비 또는 약제비를 받은 자(②에 따라 연대책임을 지는 자를 포함한다)가 부정수급에 대한 조사가 시작되기 전에 부정수급 사실을 자진 신고한 경우에는 그 보험급여액, 진료비 또는 약제비에 해당하는 금액을 초과하는 부분은 징수를 면제할 수 있다.

⑿ **수급권의 보호**

① 근로자의 보험급여를 받을 권리는 퇴직하여도 소멸되지 아니한다.

② 보험급여를 받을 권리는 양도 또는 압류하거나 담보로 제공할 수 없다.

③ 지정된 보험급여수급계좌의 예금 중 대통령령으로 정하는 액수 이하의 금액에 관한 채권은 압류할 수 없다.

(13) 심사 및 재심사의 청구

① 심사 청구는 그 보험급여 결정 등을 한 공단의 소속 기관을 거쳐 공단에 제기하여야 한다.

② 심사 청구는 보험급여 결정 등이 있음을 안 날부터 90일 이내에 하여야 한다.

③ 심사 청구서를 받은 공단의 소속 기관은 5일 이내에 의견서를 첨부하여 공단에 보내야 한다.

④ 보험급여 결정 등에 대하여는 「행정심판법」에 따른 행정심판을 제기할 수 없다.

⑤ 심사 청구를 심의하기 위하여 공단에 관계 전문가 등으로 구성되는 산업재해보상보험심사위원회(이하 "심사위원회"라 한다)를 둔다.

⑥ 공단은 심사 청구서를 받은 날부터 60일 이내에 심사위원회의 심의를 거쳐 심사 청구에 대한 결정을 하여야 한다. 다만, 부득이한 사유로 그 기간 이내에 결정을 할 수 없으면 한 차례만 20일을 넘지 아니하는 범위에서 그 기간을 연장할 수 있다.

⑦ 결정기간을 연장할 때에는 최초의 결정기간이 끝나기 7일 전까지 심사 청구인 및 보험급여 결정 등을 한 공단의 소속 기관에 알려야 한다.

⑧ 심사 청구에 대한 결정에 불복하는 자는 산업재해보상보험재심사위원회에 재심사 청구를 할 수 있다. 다만, 업무상질병판정위원회의 심의를 거친 보험급여에 관한 결정에 불복하는 자는 심사 청구를 하지 아니하고 재심사 청구를 할 수 있다.

⑨ 재심사 청구는 그 보험급여 결정 등을 한 공단의 소속 기관을 거쳐 산업재해보상보험재심사위원회에 제기하여야 한다.

⑩ 재심사 청구는 심사 청구에 대한 결정이 있음을 안 날부터 90일 이내에 제기하여야 한다. 다만, ⑧의 단서에 따라 심사 청구를 거치지 아니하고 재심사 청구를 하는 경우에는 보험급여에 관한 결정이 있음을 안 날부터 90일 이내에 제기하여야 한다.

(14) 산업재해보상보험재심사위원회

① 재심사 청구를 심리·재결하기 위하여 고용노동부에 산업재해보상보험재심사위원회(이하 "재심사위원회"라 한다)를 둔다.

② 재심사위원회는 위원장 1명을 포함한 90명 이내의 위원으로 구성하되, 위원 중 2명은 상임위원으로, 1명은 당연직위원으로 한다.

(15) **시 효**

① 다음의 권리는 3년간 행사하지 아니하면 시효로 말미암아 소멸한다. 다만,
보험급여 중 장해급여, 유족급여, 장례비, 진폐보상연금 및 진폐유족연금을
받을 권리는 5년간 행사하지 아니하면 시효의 완성으로 소멸한다.

  ㉠ 보험급여를 받을 권리

  ㉡ 산재보험 의료기관의 권리

  ㉢ 약국의 권리

  ㉣ 보험가입자의 권리

  ㉤ 국민건강보험공단 등의 권리

② 소멸시효에 관하여는 산업재해보상보험법에 규정된 것 외에는 「민법」에
따른다.

<h2>3 고용보험법</h2>

(1) **목 적**

고용보험법은 고용보험의 시행을 통하여 실업의 예방, 고용의 촉진 및 근로자
의 직업능력의 개발과 향상을 꾀하고, 국가의 직업지도와 직업소개 기능을 강
화하며, 근로자가 실업한 경우에 생활에 필요한 급여를 실시하여 근로자의 생
활안정과 구직 활동을 촉진함으로써 경제 · 사회 발전에 이바지하는 것을 목적
으로 한다.

(2) **적용범위**

고용보험법은 근로자를 사용하는 모든 사업 또는 사업장에 적용한다. 다만, 다
음의 사업에 대하여는 적용하지 아니한다.

① 다음의 어느 하나에 해당하는 공사. 「주택법」에 따른 주택건설사업자, 「건
설산업기본법」에 따른 건설업자, 「전기공사업법」에 따른 공사업자, 「정보
통신공사업법」에 따른 정보통신공사업자, 「소방시설공사업법」에 따른 소
방시설업자, 「문화재수리 등에 관한 법률」에 따른 문화재수리업자가 시공
하는 공사는 제외한다.

  ㉠ 「고용보험 및 산업재해보상보험의 보험료징수 등에 관한 법률」 시행령
에 따른 총공사금액이 2천만원 미만인 공사

  ㉡ 연면적이 $100m^2$ 이하인 건축물의 건축 또는 연면적이 $200m^2$ 이하인 건
축물의 대수선에 관한 공사

② 가구 내 고용활동 및 달리 분류되지 아니한 자가소비 생산활동

(3) 관 장

고용보험은 고용노동부장관이 관장한다.

(4) 용어정의

① 피보험자란 다음에 해당하는 사람을 말한다.
  ㉠ 「고용보험 및 산업재해보상보험의 보험료징수 등에 관한 법률」에 따라 보험에 가입되거나 가입된 것으로 보는 근로자
  ㉡ 「고용보험 및 산업재해보상보험의 보험료징수 등에 관한 법률」에 따라 고용보험에 가입하거나 가입된 것으로 보는 자영업자

② 이직이란 피보험자와 사업주 사이의 고용관계가 끝나게 되는 것을 말한다.

③ 실업이란 근로의 의사와 능력이 있음에도 불구하고 취업하지 못한 상태에 있는 것을 말한다.

④ 실업의 인정이란 직업안정기관의 장이 수급자격자가 실업한 상태에서 적극적으로 직업을 구하기 위하여 노력하고 있다고 인정하는 것을 말한다.

⑤ 보수란 「소득세법」에 따른 근로소득에서 대통령령으로 정하는 금품을 뺀 금액을 말한다. 다만, 휴직이나 그 밖에 이와 비슷한 상태에 있는 기간 중에 사업주 외의 자로부터 지급받는 금품 중 고용노동부장관이 정하여 고시하는 금품은 보수로 본다.

⑥ 일용근로자란 1개월 미만 동안 고용되는 사람을 말한다.

(5) 적용제외 대상자

① 다음의 어느 하나에 해당하는 사람에게는 고용보험법을 적용하지 아니한다.
  ㉠ 해당 사업에서 1개월간 소정근로시간이 60시간 미만이거나 1주간의 소정근로시간이 15시간 미만인 근로자
  ㉡ 국가공무원법과 지방공무원법에 의한 공무원. 다만, 별정직공무원 및 임기제공무원의 경우는 본인의 의사에 따라 고용보험(실업급여에 한정한다)에 가입할 수 있다.
  ㉢ 사립학교교직원 연금법의 적용을 받는 사람
  ㉣ 별정우체국법에 의한 별정우체국 직원
  ㉤ 농업·임업 및 어업 중 법인이 아닌 자가 상시 4명 이하의 근로자를 사용하는 사업에 종사하는 근로자. 다만, 본인의 의사로 고용노동부령으로 정하는 바에 따라 고용보험에 가입을 신청하는 사람은 고용보험에 가입할 수 있다.

② ①의 ⊙에도 불구하고 다음 각 호의 어느 하나에 해당하는 근로자는 법 적용 대상으로 한다.
  ⊙ 해당 사업에서 3개월 이상 계속하여 근로를 제공하는 근로자
  ⓛ 일용근로자
③ 65세 이후에 고용(65세 전부터 피보험자격을 유지하던 사람이 65세 이후에 계속하여 고용된 경우는 제외한다)되거나 자영업을 개시한 사람에게는 실업급여 및 육아휴직급여와 출산전후휴가급여 등을 적용하지 아니한다.

(6) 피보험자격의 취득 또는 상실신고 등

① 사업주나 하수급인(下受給人)은 고용노동부장관에게 그 사업에 고용된 근로자의 피보험자격 취득 및 상실에 관한 사항을 신고하려는 경우에는 그 사유가 발생한 날이 속하는 달의 다음 달 15일까지(근로자가 그 기일 이전에 신고할 것을 요구하는 경우에는 지체 없이) 신고해야 한다. 이 경우 사업주나 하수급인이 해당하는 달에 고용한 일용근로자의 근로일수, 임금 등이 적힌 근로내용 확인신고서를 그 사유가 발생한 날의 다음 달 15일까지 고용노동부장관에게 제출한 경우에는 피보험자격의 취득 및 상실을 신고한 것으로 본다.
② 보험료징수법에 따라 사업의 개시 또는 종료 신고를 한 사업주는 ①에 따른 신고기간 내에 고용노동부장관에게 피보험자격의 취득 또는 상실 신고를 하여야 한다.
③ 이직확인서를 받은 고용노동부장관은 피보험 단위기간, 이직 사유 및 임금 지급명세 등을 확인하여야 한다.

(7) 피보험자의 전근 신고

사업주는 피보험자를 자신의 하나의 사업에서 다른 사업으로 전보시켰을 때에는 전보일부터 14일 이내에 고용노동부장관에게 신고하여야 한다.

(8) 피보험자 이름 등의 변경 신고

① 사업주는 피보험자의 이름이나 주민등록번호가 변경되거나 정정되었을 때에는 변경일이나 정정일부터 14일 이내에 고용노동부장관에게 신고하여야 한다.
② 보장기관 또는 위탁기관은 수급자가 수급권자인 수급자에서 그 밖의 수급자로 변경되거나 그 밖의 수급자에서 수급권자인 수급자로 변경된 경우에는 그 변경일부터 14일 이내에 고용노동부장관에게 신고하여야 한다.

(9) 피보험자격의 취득일 및 상실일

① **피보험자격의 취득일**

㉠ 근로자인 피보험자는 이 법이 적용되는 사업에 고용된 날에 피보험자격을 취득한다. 다만, 다음의 경우에는 각각 그 해당되는 날에 피보험자격을 취득한 것으로 본다.

ⓐ 적용제외 근로자였던 사람이 이 법의 적용을 받게 된 경우에는 그 적용을 받게 된 날

ⓑ 고용보험 및 산업재해보상보험의 보험료징수 등에 관한 법률에 따른 보험관계 성립일 전에 고용된 근로자의 경우에는 그 보험관계가 성립한 날

㉡ 자영업자인 피보험자는 고용보험 및 산업재해보상보험의 보험료징수 등에 관한 법률에 따라 보험관계가 성립한 날에 피보험자격을 취득한다.

② **피보험자격의 상실일**

㉠ 근로자인 피보험자는 다음의 어느 하나에 해당하는 날에 각각 그 피보험자격을 상실한다.

ⓐ 근로자인 피보험자가 적용제외 근로자에 해당하게 된 경우에는 그 적용제외 대상자가 된 날

ⓑ 「고용보험 및 산업재해보상보험의 보험료징수 등에 관한 법률」에 따라 보험관계가 소멸한 경우에는 그 보험관계가 소멸한 날

ⓒ 근로자인 피보험자가 이직한 경우에는 이직한 날의 다음 날

ⓓ 근로자인 피보험자가 사망한 경우에는 사망한 날의 다음 날

㉡ 자영업자인 피보험자는 「고용보험 및 산업재해보상보험의 보험료징수 등에 관한 법률」에 따라 보험관계가 소멸한 날에 피보험자격을 상실한다.

③ **피보험자격의 취득기준**

㉠ 제2조 제1호 가목에 따른 근로자가 보험관계가 성립되어 있는 둘 이상의 사업에 동시에 고용되어 있는 경우에는 대통령령으로 정하는 바에 따라 그 중 한 사업의 피보험자격을 취득한다.

㉡ 제2조 제1호 가목 및 나목에 동시에 해당하는 사람은 같은 호 가목에 따른 근로자, 예술인 또는 노무제공자로서의 피보험자격을 취득한다. 다만, 제2조 제1호 가목에 따른 피보험자가 다음 각 호의 어느 하나에 해당하는 사람인 경우에는 같은 호 가목 및 나목의 피보험자격 중 하나를 선택하여 피보험자격을 취득하거나 유지한다.

ⓐ 일용근로자

ⓑ 단기예술인

ⓒ 단기노무제공자

ⓒ ⓛ에도 불구하고 제2조 제1호 가목 및 나목에 동시에 해당하는 사람은 본인 의사에 따라 같은 호 가목 및 나목에 따른 피보험자격 모두를 취득하거나 유지할 수 있다.

> 제2조 【정의】 이 법에서 사용하는 용어의 뜻은 다음과 같다.
> 1. "피보험자"란 다음 각 목에 해당하는 사람을 말한다.
>   가. 「고용보험 및 산업재해보상보험의 보험료징수 등에 관한 법률」(이하 "고용산재보험료징수법"이라 한다)에 따라 보험에 가입되거나 가입된 것으로 보는 근로자, 예술인 또는 노무제공자
>   나. 고용산재보험료징수법에 따라 고용보험에 가입하거나 가입된 것으로 보는 자영업자(이하 "자영업자인 피보험자"라 한다)

⑽ **고용보험사업의 종류**

① **고용안정·직업능력개발 사업**: 고용노동부장관은 피보험자 및 피보험자였던 사람, 그 밖에 취업할 의사를 가진 사람(이하 "피보험자 등")에 대한 실업의 예방, 취업의 촉진, 고용기회의 확대, 직업능력개발·향상의 기회 제공 및 지원, 그 밖에 고용안정과 사업주에 대한 인력 확보를 지원하기 위하여 고용안정·직업능력개발 사업을 실시한다.

② **실업급여**: 실업급여는 구직급여와 취업촉진수당으로 구분하고, 실업급여를 받을 권리는 양도 또는 압류되거나 담보로 제공할 수 없다.

ㄱ 구직급여 수급요건: 구직급여는 이직한 근로자인 피보험자가 다음의 요건을 모두 갖춘 경우에 지급한다. 다만, ⓔ와 ⓕ는 최종 이직 당시 일용근로자였던 사람만 해당한다.

ⓐ ⓛ에 따른 기준기간 동안의 피보험 단위기간(피보험 단위기간을 말한다)이 합산하여 180일 이상일 것

ⓑ 근로의 의사와 능력이 있음에도 불구하고 취업(영리를 목적으로 사업을 영위하는 경우를 포함한다)하지 못한 상태에 있을 것

ⓒ 이직사유가 수급자격의 제한 사유에 해당하지 아니할 것

ⓓ 재취업을 위한 노력을 적극적으로 할 것

ⓔ 다음의 어느 하나에 해당할 것

㉮ 수급자격 인정신청일 이전 1개월 동안의 근로일수가 10일 미만일 것

㉯ 건설일용근로자(일용근로자로서 이직 당시에 「통계법」에 따라 통계청장이 고시하는 한국표준산업분류의 대분류상 건설업에 종사한 사람을 말한다)로서 수급자격 인정신청일 이전 14일간 연속하여 근로내역이 없을 것

ⓕ 최종 이직 당시의 기준기간 동안의 피보험 단위기간 중 다른 사업에서 수급자격의 제한 사유에 해당하는 사유로 이직한 사실이 있는 경우에는 그 피보험 단위기간 중 90일 이상을 일용근로자로 근로하였을 것

ⓛ 기준기간 : 기준기간은 이직일 이전 18개월로 하되, 근로자인 피보험자가 다음의 어느 하나에 해당하는 경우에는 다음의 구분에 따른 기간을 기준기간으로 한다.

  ⓐ 이직일 이전 18개월 동안에 질병·부상, 그 밖에 대통령령으로 정하는 사유로 계속하여 30일 이상 보수의 지급을 받을 수 없었던 경우 : 18개월에 그 사유로 보수를 지급 받을 수 없었던 일수를 가산한 기간(3년을 초과할 때에는 3년으로 한다)

  ⓑ 다음의 요건에 모두 해당하는 경우 : 이직일 이전 24개월

    ㉮ 이직 당시 1주 소정근로시간이 15시간 미만이고, 1주 소정근로일수가 2일 이하인 근로자로 근로하였을 것

    ㉯ 이직일 이전 24개월 동안의 피보험 단위기간 중 90일 이상을 ㉮의 요건에 해당하는 근로자로 근로하였을 것

ⓒ 실업의 인정 등

  ⓐ 구직급여를 지급받으려는 사람은 이직 후 지체 없이 직업안정기관에 출석하여 실업을 신고하여야 한다. 다만, 「재난 및 안전관리 기본법」의 재난으로 출석하기 어려운 경우 등 고용노동부령으로 정하는 사유가 있는 경우에는 「고용정책 기본법」에 따른 고용정보시스템을 통하여 신고할 수 있다.

  ⓑ 실업의 신고일부터 계산하기 시작하여 7일간은 대기기간으로 보아 구직급여를 지급하지 아니한다. 다만, 최종 이직 당시 건설일용근로자였던 사람에 대해서는 실업의 신고일부터 계산하여 구직급여를 지급한다.

  ⓒ ⓑ항 본문에도 불구하고 수급자격의 인정신청을 한 경우로서 가장 나중에 상실한 피보험자격과 관련된 이직사유가 고용보험법 제43조의2 제2항 단서에 해당하는 경우에는 실업의 신고일부터 계산하기 시작하여 4주의 범위에서 대통령령으로 정하는 기간을 대기기간으로 보아 구직급여를 지급하지 아니한다.

> **제43조의2 【둘 이상의 피보험자격 취득 시 수급자격의 인정】** ② 제1항에 따라 수급자격을 인정받으려는 사람이 선택한 피보험자격이 가장 나중에 상실한 피보험자격(피보험자격을 동시에 상실한 경우에는 동시에 상실된 피보험자격 모두를 말한다)이 아닌 경우에는 가장 나중에 상실한 피보험자격과 관련된 이직사유가 제58조 또는 제69조의7에 따른 수급자격의 제한 사유에 해당하지 아니하는 경우에만 수급자격을 인정한다. 다만, 직업안정기관의 장이 대통령령으로 정하는 바에 따른 소득감소로 이직하였다고 인정하는 경우에는 수급자격의 제한 사유에 해당하지 아니하는 것으로 본다.

　　ⓓ ⓒ에서 대통령령으로 정하는 기간이란 2주를 말한다.
　　ⓔ 소정급여일수는 다음과 같다.

📎 구직급여의 소정급여일수

구 분		피보험기간				
		1년 미만	1년 이상 3년 미만	3년 이상 5년 미만	5년 이상 10년 미만	10년 이상
이직일 현재 연령	50세 미만	120일	150일	180일	210일	240일
	50세 이상	120일	180일	210일	240일	270일

💡 비 고
「장애인고용촉진 및 직업재활법」에 따른 장애인은 50세 이상인 것으로 보아 위 표를 적용한다.

　　ⓕ 실업의 인정을 받으려는 수급자격자는 실업의 신고를 한 날부터 계산하기 시작하여 1주부터 4주의 범위에서 직업안정기관의 장이 지정한 날(실업인정일이라 한다)에 출석하여 재취업을 위한 노력을 하였음을 신고하여야 하고, 직업안정기관의 장은 직전 실업인정일의 다음 날부터 그 실업인정일까지의 각각의 날에 대하여 실업의 인정을 한다.

ⓔ 급여의 기초가 되는 임금일액
　　ⓐ 구직급여의 산정 기초가 되는 임금일액(이하 "기초일액"이라 한다)은 수급자격의 인정과 관련된 마지막 이직 당시 「근로기준법」에 따라 산정된 평균임금으로 한다.
　　ⓑ ⓐ에 따라 산정된 금액이 「근로기준법」에 따른 그 근로자의 통상임금보다 적을 경우에는 그 통상임금액을 기초일액으로 한다.
　　ⓒ 구직급여의 산정 기초가 되는 임금일액이 11만원을 초과하는 경우에는 11만원을 해당 임금일액으로 한다.

ⓜ 구직급여일액
　　ⓐ 구직급여일액은 수급자격자의 기초일액에 100분의 60을 곱한 금액
　　ⓑ 최저구직급여일액은 그 수급자격자의 기초일액에 100분의 80을 곱한 금액

ⓒ ⓐ에 따라 산정된 구직급여일액이 최저구직급여일액보다 낮은 경우에는 최저구직급여일액을 그 수급자격자의 구직급여일액으로 한다.

ⓑ 취업촉진 수당

    ⓐ 조기(早期)재취업 수당 : 조기재취업 수당은 수급자격자가 안정된 직업에 재취직하거나 스스로 영리를 목적으로 하는 사업을 영위하는 경우로서 대통령령으로 정하는 기준에 해당하면 지급한다.

    ⓑ 직업능력개발 수당 : 수급자격자가 직업안정기관의 장이 지시한 직업능력개발훈련 등을 받는 경우에 그 직업능력개발훈련 등을 받는 기간에 대하여 지급한다.

    ⓒ 광역 구직활동비 : 수급자격자가 직업안정기관의 소개에 따라 광범위한 지역에 걸쳐 구직 활동을 하는 경우로서 대통령령으로 정하는 기준에 따라 직업안정기관의 장이 필요하다고 인정하면 지급할 수 있다.

    ⓓ 이주비 : 수급자격자가 취업하거나 직업안정기관의 장이 지시한 직업능력개발훈련 등을 받기 위하여 그 주거를 이전하는 경우로서 대통령령으로 정하는 기준에 따라 직업안정기관의 장이 필요하다고 인정하면 지급할 수 있다.

③ **육아휴직 급여**

㉠ 고용노동부장관은 「남녀고용평등과 일·가정 양립 지원에 관한 법률」에 따른 육아휴직을 30일(「근로기준법」 제74조에 따른 출산전후휴가기간과 중복되는 기간은 제외한다) 이상 부여받은 피보험자 중 육아휴직을 시작한 날 이전에 피보험 단위기간이 합산하여 180일 이상인 피보험자에게 육아휴직 급여를 지급한다.

㉡ ㉠에 따른 육아휴직 급여를 지급받으려는 사람은 육아휴직을 시작한 날 이후 1개월부터 육아휴직이 끝난 날 이후 12개월 이내에 신청하여야 한다. 다만, 해당 기간에 대통령령으로 정하는 사유로 육아휴직 급여를 신청할 수 없었던 사람은 그 사유가 끝난 후 30일 이내에 신청하여야 한다.

㉢ ㉡ 단서에서 "대통령령으로 정하는 사유"란 다음의 어느 하나에 해당하는 사유를 말한다.

    ⓐ 천재지변

    ⓑ 본인이나 배우자의 질병·부상

    ⓒ 본인이나 배우자의 직계존속 및 직계비속의 질병·부상

    ⓓ 「병역법」에 따른 의무복무

    ⓔ 범죄혐의로 인한 구속이나 형의 집행

ⓔ 육아휴직 급여는 다음의 구분에 따른 금액을 월별 지급액으로 한다.
ⓐ 육아휴직 시작일부터 3개월까지: 육아휴직 시작일을 기준으로 한 월 통상임금에 해당하는 금액. 다만, 해당 금액이 250만원을 넘는 경우에는 250만원으로 하고, 해당 금액이 70만원보다 적은 경우에는 70만원으로 한다.
ⓑ 육아휴직 4개월째부터 6개월째까지: 육아휴직 시작일을 기준으로 한 월 통상임금에 해당하는 금액. 다만, 해당 금액이 200만원을 넘는 경우에는 200만원으로 하고, 해당 금액이 70만원보다 적은 경우에는 70만원으로 한다.
ⓒ 육아휴직 7개월째부터 종료일까지: 육아휴직 시작일을 기준으로 한 월 통상임금의 100분의 80에 해당하는 금액. 다만, 해당 금액이 160만원을 넘는 경우에는 160만원으로 하고, 해당 금액이 70만원보다 적은 경우에는 70만원으로 한다.

④ **육아기 근로시간 단축 급여**
㉠ 고용노동부장관은 「남녀고용평등과 일・가정 양립 지원에 관한 법률」에 따른 육아기 근로시간 단축을 30일(「근로기준법」에 따른 출산전후휴가기간과 중복되는 기간은 제외한다) 이상 실시한 피보험자 중 육아기 근로시간 단축을 시작한 날 이전에 피보험 단위기간이 합산하여 180일 이상인 피보험자에게 육아기 근로시간 단축 급여를 지급한다.
㉡ ㉠에 따른 육아기 근로시간 단축 급여를 지급받으려는 사람은 육아기 근로시간 단축을 시작한 날 이후 1개월부터 끝난 날 이후 12개월 이내에 신청하여야 한다. 다만, 해당 기간에 아래에서 정하는 사유로 육아기 근로시간 단축 급여를 신청할 수 없었던 사람은 그 사유가 끝난 후 30일 이내에 신청하여야 한다.
ⓐ 천재지변
ⓑ 본인이나 배우자의 질병・부상
ⓒ 본인이나 배우자의 직계존속 및 직계비속의 질병・부상
ⓓ 「병역법」에 따른 의무복무
ⓔ 범죄혐의로 인한 구속이나 형의 집행
㉢ 육아기 근로시간 단축 급여액은 다음의 계산식에 따라 산정한다. 다만, 육아기 근로시간 단축 급여의 지급대상 기간이 1개월을 채우지 못하는 경우에는 다음의 계산식에 따라 산출된 금액을 그 달의 일수로 나누어 산출한 금액에 그 달에 육아기 근로시간 단축을 사용한 일수를 곱하여 산정한다.

제104조의2【육아기 근로시간 단축 급여】 육아기 근로시간 단축 급여액은 다음의 계산식에 따라 산정한다. 다만, 육아기 근로시간 단축 급여의 지급대상 기간이 1개월을 채우지 못하는 경우에는 다음의 계산식에 따라 산출된 금액을 그 달의 일수로 나누어 산출한 금액에 그 달에 육아기 근로시간 단축을 사용한 일수를 곱하여 산정한다.

$$\text{(매주 최초 10시간 단축분) 육아기 근로시간 단축개시일을 기준으로 「근로기준법」에 따라 산정한 월 통상임금에 해당하는 금액(200만원을 상한액으로 하고, 50만원을 하한액으로 한다)} \times \frac{10 \text{(주당 단축 근무시간이 10시간 미만인 경우 실제 단축한 시간)}}{\text{단축 전 소정근로시간}}$$

$$\text{(나머지 근로시간 단축분) 육아기 근로시간 단축개시일을 기준으로 「근로기준법」에 따라 산정한 월 통상임금에 100분의 80에 해당하는 금액(150만원을 상한액으로 하고, 50만원을 하한액으로 한다)} \times \frac{\text{단축 전 소정근로시간} - \text{단축 후 소정근로시간} - 10}{\text{단축 전 소정근로시간}}$$

⑤ **출산전후휴가 급여 등**

㉠ 고용노동부장관은 피보험자가 「근로기준법」에 따른 출산전후휴가 또는 유산·사산 휴가를 받은 경우와 「남녀고용평등과 일·가정 양립 지원에 관한 법률」에 따른 배우자 출산휴가 또는 난임치료휴가를 받은 경우로서 다음의 요건을 모두 갖춘 경우에 출산전후휴가 급여 등을 지급한다.

ⓐ 휴가가 끝난 날 이전에 고용보험법에 따른 피보험 단위기간이 합산하여 180일 이상일 것

ⓑ 휴가를 시작한 날 이후 1개월부터 휴가가 끝난 날 이후 12개월 이내에 신청할 것. 다만, 그 기간에 아래에서 정하는 사유로 출산전후휴가 급여 등을 신청할 수 없었던 자는 그 사유가 끝난 후 30일 이내에 신청하여야 한다.

㉮ 천재지변

㉯ 본인이나 배우자의 질병·부상

㉰ 본인이나 배우자의 직계존속 및 직계비속의 질병·부상

㉱ 「병역법」에 따른 의무복무

㉲ 범죄혐의로 인한 구속이나 형의 집행

㉡ 출산전후휴가 급여 등은 「근로기준법」의 통상임금(휴가를 시작한 날을 기준으로 산정한다)에 해당하는 금액을 지급한다.

(11) 심사와 재심사 청구

① **심사와 재심사**

㉠ 피보험자격의 취득·상실에 대한 확인, 실업급여 및 육아휴직 급여와 출산전후휴가 급여 등에 관한 처분[이하 "원처분(原處分)등"이라 한다]에 이의가 있는 자는 고용보험심사관에게 심사를 청구할 수 있고, 그 결정에 이의가 있는 자는 고용보험심사위원회에 재심사를 청구할 수 있다.

㉡ ㉠에 따른 심사의 청구는 확인 또는 처분이 있음을 안 날부터 90일 이내에, 재심사의 청구는 심사청구에 대한 결정이 있음을 안 날부터 90일 이내에 각각 제기하여야 한다.

㉢ ㉠에 따른 심사 및 재심사의 청구는 시효중단에 관하여 재판상의 청구로 본다.

② **대리인의 선임**

심사청구인 또는 재심사청구인은 법정대리인 외에 다음의 어느 하나에 해당하는 자를 대리인으로 선임할 수 있다.

㉠ 청구인의 배우자, 직계존속·비속 또는 형제자매

㉡ 청구인인 법인의 임원 또는 직원

㉢ 변호사나 공인노무사

㉣ 고용보험심사위원회의 허가를 받은 자

③ **고용보험심사관**

㉠ ①에 따른 심사를 행하게 하기 위하여 고용보험심사관(이하 "심사관"이라 한다)을 둔다.

㉡ 심사관은 심사청구를 받으면 30일 이내에 그 심사청구에 대한 결정을 하여야 한다. 다만, 부득이한 사정으로 그 기간에 결정할 수 없을 때에는 한 차례만 10일을 넘지 아니하는 범위에서 그 기간을 연장할 수 있다.

㉢ 당사자는 심사관에게 심리·결정의 공정을 기대하기 어려운 사정이 있으면 그 심사관에 대한 기피신청을 고용노동부장관에게 할 수 있다.

④ **심사의 청구 등**

㉠ 심사를 청구하는 경우 피보험자격의 취득·상실 확인에 대한 심사의 청구는 「산업재해보상보험법」에 따른 근로복지공단을, 실업급여 및 육아휴직 급여와 출산전후휴가 급여 등에 관한 처분에 대한 심사의 청구는 직업안정기관의 장을 거쳐 심사관에게 하여야 한다.

㉡ 직업안정기관 또는 근로복지공단은 심사청구서를 받은 날부터 5일 이내에 의견서를 첨부하여 심사청구서를 심사관에게 보내야 한다.

⑤ **고용보험심사위원회**
  ㉠ ①에 따른 재심사를 하게 하기 위하여 고용노동부에 고용보험심사위원회(이하 "심사위원회"라 한다)를 둔다.
  ㉡ 심사위원회는 근로자를 대표하는 사람 및 사용자를 대표하는 사람 각 1명 이상을 포함한 15명 이내의 위원으로 구성한다.
  ㉢ ㉡의 위원 중 2명은 상임위원으로 한다.

⑿ **소멸시효**

다음의 어느 하나에 해당하는 권리는 3년간 행사하지 아니하면 시효로 소멸한다.
① 지원금을 지급받거나 반환받을 권리
② 취업촉진 수당을 지급받거나 반환받을 권리
③ 구직급여를 반환받을 권리
④ 육아휴직 급여, 육아기 근로시간 단축 급여 및 출산전후휴가 급여등을 반환받을 권리

4 국민연금법

⑴ **목 적**

국민연금법은 국민의 노령, 장애 또는 사망에 대하여 연금급여를 실시함으로써 국민의 생활 안정과 복지 증진에 이바지하는 것을 목적으로 한다.

⑵ **관장 및 위탁**

① 국민연금사업은 보건복지부장관이 맡아 주관한다.
② 보건복지부장관의 위탁을 받아 사업을 효율적으로 수행하기 위하여 국민연금공단(이하 "공단"이라 한다)을 설립한다.
③ 보건복지부장관은 국민연금사업 중 연금보험료의 징수에 관하여 국민연금법에서 정하는 사항을 국민건강보험공단에 위탁한다.
④ 공단은 국민연금사업에 드는 비용에 충당하기 위하여 가입자와 사용자에게 가입기간 동안 매월 연금보험료를 부과하고, 국민건강보험공단이 이를 징수한다.

⑶ **국민연금가입자**

① 국내에 거주하는 국민으로서 18세 이상 60세 미만인 자는 국민연금 가입 대상이 된다. 다만, 「공무원연금법」, 「군인연금법」, 「사립학교교직원 연금법」 및 「별정우체국법」을 적용받는 공무원, 군인, 교직원 및 별정우체국 직원, 그 밖에 대통령령으로 정하는 자는 제외한다.

② **당연적용사업장**: 당연적용사업장은 다음의 어느 하나에 해당하는 사업장으로 한다.
  ㉠ 1명 이상의 근로자를 사용하는 사업장
  ㉡ 주한 외국 기관으로서 1명 이상의 대한민국 국민인 근로자를 사용하는 사업장

⑷ **정의 등**

① 국민연금법에서 사용하는 용어의 뜻은 다음과 같다.
  ㉠ "근로자"란 직업의 종류가 무엇이든 사업장에서 노무를 제공하고 그 대가로 임금을 받아 생활하는 자(법인의 이사와 그 밖의 임원을 포함한다)를 말한다. 다만, 대통령령으로 정하는 자는 제외한다.

→보충학습

┃근로자에서 제외되는 사람

1. 일용근로자나 1개월 미만의 기한을 정하여 근로를 제공하는 사람. 다만, 1개월 이상 계속하여 근로를 제공하는 사람으로서 다음의 어느 하나에 해당하는 사람은 근로자에 포함된다.
   ① 「건설산업기본법」에 따른 건설공사의 사업장 등 보건복지부장관이 정하여 고시하는 사업장에서 근로를 제공하는 경우: 1개월 동안의 근로일수가 8일 이상이거나 1개월 동안의 소득이 보건복지부장관이 정하여 고시하는 금액 이상인 사람
   ② ①외의 사업장에서 근로를 제공하는 경우: 1개월 동안의 근로일수가 8일 이상 또는 1개월 동안의 근로시간이 60시간 이상이거나 1개월 동안의 소득이 보건복지부장관이 정하여 고시하는 금액 이상인 사람
2. 소재지가 일정하지 아니한 사업장에 종사하는 근로자
3. 법인의 이사 중 소득이 없는 사람
4. 1개월 동안의 소정근로시간이 60시간 미만인 단시간근로자. 다만, 해당 단시간근로자 중 다음의 어느 하나에 해당하는 사람은 근로자에 포함된다.
   ① 3개월 이상 계속하여 근로를 제공하는 사람으로서 「고등교육법」에 따른 강사
   ② 3개월 이상 계속하여 근로를 제공하는 사람으로서 사용자의 동의를 받아 근로자로 적용되기를 희망하는 사람
   ③ 둘 이상 사업장에 근로를 제공하면서 각 사업장의 1개월 소정근로시간의 합이 60시간 이상인 사람으로서 1개월 소정근로시간이 60시간 미만인 사업장에서 근로자로 적용되기를 희망하는 사람
   ④ 1개월 이상 계속하여 근로를 제공하는 사람으로서 1개월 동안의 소득이 보건복지부장관이 정하여 고시하는 금액 이상인 사람

ⓛ "사용자(使用者)"란 해당 근로자가 소속되어 있는 사업장의 사업주를 말한다.

ⓒ "소득"이란 일정한 기간 근로를 제공하여 얻은 수입에서 대통령령으로 정하는 비과세소득을 제외한 금액 또는 사업 및 자산을 운영하여 얻는 수입에서 필요경비를 제외한 금액을 말한다.

ⓔ "평균소득월액"이란 매년 사업장가입자 및 지역가입자 전원(全員)의 기준소득월액을 평균한 금액을 말한다.

ⓜ "기준소득월액"이란 연금보험료와 급여를 산정하기 위하여 국민연금가입자(이하 "가입자"라 한다)의 소득월액을 기준으로 하여 정하는 금액을 말한다.

ⓗ "사업장가입자"란 사업장에 고용된 근로자 및 사용자로서 국민연금법에 따라 국민연금에 가입된 자를 말한다.

ⓢ "지역가입자"란 사업장가입자가 아닌 자로서 국민연금법에 따라 국민연금에 가입된 자를 말한다.

ⓞ "임의가입자"란 사업장가입자 및 지역가입자 외의 자로서 국민연금법에 따라 국민연금에 가입된 자를 말한다.

ⓩ "임의계속가입자"란 국민연금 가입자 또는 가입자였던 자가 국민연금법에 따라 가입자로 된 자를 말한다.

ⓒ "연금보험료"란 국민연금사업에 필요한 비용으로서 사업장가입자의 경우에는 부담금 및 기여금의 합계액을, 지역가입자·임의가입자 및 임의계속가입자의 경우에는 본인이 내는 금액을 말한다.

ⓚ "부담금"이란 사업장가입자의 사용자가 부담하는 금액을 말한다.

ⓣ "기여금"이란 사업장가입자가 부담하는 금액을 말한다.

ⓟ "사업장"이란 근로자를 사용하는 사업소 및 사무소를 말한다.

ⓗ "수급권"이란 국민연금법에 따른 급여를 받을 권리를 말한다.

㉮ "수급권자"란 수급권을 가진 자를 말한다.

㉯ "수급자"란 국민연금법에 따른 급여를 받고 있는 자를 말한다.

② 국민연금법을 적용할 때 배우자, 남편 또는 아내에는 사실상의 혼인관계에 있는 자를 포함한다.

③ 수급권을 취득할 당시 가입자 또는 가입자였던 자의 태아가 출생하면 그 자녀는 가입자 또는 가입자였던 자에 의하여 생계를 유지하고 있던 자녀로 본다.

⑸ 사업장 가입자의 자격 취득 및 상실시기

① 사업장가입자는 다음의 어느 하나에 해당하게 된 날에 그 자격을 취득한다.

㉠ 사업장에 고용된 때 또는 그 사업장의 사용자가 된 때

㉡ 당연적용사업장으로 된 때

② 사업장가입자는 다음의 어느 하나에 해당하게 된 날의 다음 날에 자격을 상실한다. 다만, ㉤의 경우에는 그에 해당하게 된 날에 자격을 상실한다.

㉠ 사망한 때

㉡ 국적을 상실하거나 국외로 이주한 때

㉢ 사용관계가 끝난 때

㉣ 60세가 된 때

㉤ 국민연금 가입 대상 제외자(공무원, 군인, 사립학교교직원, 별정우체국 등)에 해당하게 된 때

⑹ 임의계속가입자

① 다음의 어느 하나에 해당하는 자는 65세가 될 때까지 보건복지부령으로 정하는 바에 따라 국민연금공단에 가입을 신청하면 임의계속가입자가 될 수 있다. 이 경우 가입 신청이 수리된 날에 그 자격을 취득한다.

㉠ 국민연금 가입자 또는 가입자였던 자로서 60세가 된 자. 다만, 다음의 어느 하나에 해당하는 자는 제외한다.

ⓐ 연금보험료를 납부한 사실이 없는 자

ⓑ 노령연금 수급권자로서 급여를 지급받고 있는 자

ⓒ 반환일시금을 지급받은 자

㉡ 전체 국민연금 가입기간의 5분의 3 이상을 대통령령으로 정하는 직종의 근로자로 국민연금에 가입하거나 가입하였던 사람(이하 "특수직종근로자"라 한다)으로서 다음의 어느 하나에 해당하는 사람 중 노령연금 급여를 지급받지 않는 사람

ⓐ 노령연금 수급권을 취득한 사람

ⓑ 특례노령연금 수급권을 취득한 사람

② 임의계속가입자는 보건복지부령으로 정하는 바에 따라 국민연금공단에 신청하면 탈퇴할 수 있다.

③ 임의계속가입자는 다음의 어느 하나에 해당하게 된 날의 다음 날에 그 자격을 상실한다. 다만, ⓒ의 경우 임의계속가입자가 납부한 마지막 연금보험료에 해당하는 달의 말일이 탈퇴 신청이 수리된 날보다 같거나 빠르고 임의계속가입자가 희망하는 경우에는 임의계속가입자가 납부한 마지막 연금보험료에 해당하는 달의 말일에 그 자격을 상실한다.

ⓐ 사망한 때

ⓑ 국적을 상실하거나 국외로 이주한 때

ⓒ ②에 따른 탈퇴 신청이 수리된 때

ⓓ 6개월 이상 계속하여 연금보험료를 체납한 때

⑺ 자격 취득·상실의 신고 등

① 사용자는 해당 사업장의 근로자나 사용자 본인이 사업장가입자의 자격을 취득하거나 사업장가입자의 자격을 상실하면 그 사유가 발생한 날이 속하는 달의 다음 달 15일까지 서류를 공단에 제출하여야 한다.

② 임의계속가입자로 가입하거나 임의계속가입자에서 탈퇴하려면 국민연금법 시행규칙 별지 제5호 서식의 신청서를 공단에 제출하여야 한다.

⑻ 연금보험료 부담 및 납부 등

① 연금보험료 납부

ⓐ 국민연금공단은 국민연금사업에 드는 비용에 충당하기 위하여 가입자와 사용자에게 가입기간 동안 매월 연금보험료를 부과하고, 국민건강보험공단이 이를 징수한다.

ⓑ 사업장가입자의 연금보험료 중 기여금은 사업장가입자 본인이, 부담금은 사용자가 각각 부담하되, 그 금액은 각각 기준소득월액의 1천분의 45에 해당하는 금액으로 한다.

② 연금보험료는 납부 의무자가 다음 달 10일까지 내야 한다.

③ 연금보험료의 원천공제 납부

ⓐ 사용자는 사업장가입자가 부담할 기여금을 그에게 지급할 매달의 임금에서 공제하여 내야 한다.

ⓑ 사용자는 임금에서 기여금을 공제하면 공제계산서를 작성하여 사업장가입자에게 내주어야 한다. 이 경우 기여금 공제 내용을 알 수 있는 급여명세서 등은 공제계산서로 본다.

ⓒ 해당 사업장의 사용자는 법인이 아닌 사업장의 사용자가 2명 이상인 때에는 그 사업장가입자의 연금보험료와 그에 따른 징수금을 연대하여 납부할 의무를 진다.

④ 납입의 고지 등

㉠ 국민건강보험공단은 공단이 연금보험료를 부과한 때에는 그 납부 의무자에게 연금보험료의 금액, 납부 기한, 납부 장소 등을 적은 문서로써 납입의 고지를 하여야 한다. 다만, 연금보험료를 자동 계좌이체의 방법으로 내는 기간 동안에는 이를 생략할 수 있다.

㉡ 국민건강보험공단은 납부 의무자의 신청이 있는 경우에는 납입의 고지를 전자문서교환방식 등에 의하여 전자문서로 할 수 있다. 이 경우 전자문서 고지에 대한 신청 방법·절차, 그 밖에 필요한 사항은 보건복지부령으로 정한다.

㉢ 국민건강보험공단은 전자문서로 고지한 경우 보건복지부령으로 정하는 정보통신망에 저장하거나 납부 의무자가 지정한 전자우편주소에 입력된 때에 그 납부 의무자에게 도달된 것으로 본다.

㉣ 연금보험료를 연대하여 납부하여야 하는 자 중 1명에게 한 고지는 다른 연대 납부 의무자에게도 효력이 있다.

⑼ **급여의 종류**

① **노령연금**

㉠ 가입기간이 10년 이상인 가입자 또는 가입자였던 자에 대하여는 60세(특수직종근로자는 55세)가 된 때부터 그가 생존하는 동안 노령연금을 지급한다.

㉡ 가입기간이 10년 이상인 가입자 또는 가입자였던 자로서 55세 이상인 자가 대통령령으로 정하는 소득이 있는 업무에 종사하지 아니하는 경우 본인이 희망하면 ㉠에도 불구하고 60세가 되기 전이라도 본인이 청구한 때부터 그가 생존하는 동안 일정한 금액의 연금(이하 "조기노령연금"이라 한다)을 받을 수 있다.

② **장애연금**

㉠ 가입자 또는 가입자였던 자가 질병이나 부상으로 신체상 또는 정신상의 장애가 있고 다음의 요건을 모두 충족하는 경우에는 장애 정도를 결정하는 기준이 되는 날(이하 "장애결정 기준일"이라 한다)부터 그 장애가 계속되는 기간 동안 장애 정도에 따라 장애연금을 지급한다.

ⓐ 해당 질병 또는 부상의 초진일 당시 연령이 18세(다만, 18세 전에 가입한 경우에는 가입자가 된 날을 말한다) 이상이고 노령연금의 지급연령 미만일 것

ⓑ 다음의 어느 하나에 해당할 것

㉮ 해당 질병 또는 부상의 초진일 당시 연금보험료를 낸 기간이 가입대상기간의 3분의 1 이상일 것

㉯ 해당 질병 또는 부상의 초진일 5년 전부터 초진일까지의 기간 중 연금보험료를 낸 기간이 3년 이상일 것. 다만, 가입대상기간 중 체납기간이 3년 이상인 경우는 제외한다.

㉰ 해당 질병 또는 부상의 초진일 당시 가입기간이 10년 이상일 것

ⓛ 장애결정 기준일은 다음에서 정하는 날로 한다.

ⓐ 초진일부터 1년 6개월이 지나기 전에 완치일이 있는 경우: 완치일

ⓑ 초진일부터 1년 6개월이 지날 때까지 완치일이 없는 경우: 초진일부터 1년 6개월이 되는 날의 다음 날

ⓒ ⓑ에 따른 초진일부터 1년 6개월이 되는 날의 다음 날에 장애연금의 지급 대상이 되지 아니하였으나, 그 후 그 질병이나 부상이 악화된 경우: 장애연금의 지급을 청구한 날(국민연금법 제61조에 따른 노령연금 지급연령 전에 청구한 경우만 해당한다. 이하 "청구일"이라 한다)과 완치일 중 빠른 날

ⓓ 국민연금법 제70조 제1항에 따라 장애연금의 수급권이 소멸된 사람이 장애연금 수급권을 취득할 당시의 질병이나 부상이 악화된 경우: 청구일과 완치일 중 빠른 날

ⓒ 장애연금의 지급 대상이 되는 경우에도 불구하고 다음의 어느 하나에 해당되는 경우에는 장애연금을 지급하지 아니한다.

ⓐ 초진일이 가입 대상에서 제외된 기간 중에 있는 경우

ⓑ 초진일이 국외이주·국적상실 기간 중에 있는 경우

ⓒ 반환일시금을 지급받은 경우

ⓛ 장애 정도에 관한 장애등급은 1급, 2급, 3급 및 4급으로 구분하되, 등급 구분의 기준과 장애 정도의 심사에 관한 사항은 대통령령으로 정한다.

③ **유족연금**

㉠ 다음의 어느 하나에 해당하는 사람이 사망하면 그 유족에게 유족연금을 지급한다.

ⓐ 노령연금 수급권자

ⓑ 가입기간이 10년 이상인 가입자 또는 가입자였던 자

ⓒ 연금보험료를 낸 기간이 가입대상기간의 3분의 1 이상인 가입자 또는 가입자였던 자

ⓓ 사망일 5년 전부터 사망일까지의 기간 중 연금보험료를 낸 기간이 3년 이상인 가입자 또는 가입자였던 자. 다만, 가입대상기간 중 체납기간이 3년 이상인 사람은 제외한다.

ⓔ 장애등급이 2급 이상인 장애연금 수급권자

ⓛ ㉠에도 불구하고 ㉠의 ⓒ 또는 ⓓ에 해당하는 사람이 다음의 기간 중 사망하는 경우에는 유족연금을 지급하지 아니한다.

ⓐ 가입 대상에서 제외되는 기간

ⓑ 국외이주·국적상실 기간

→ 보충학습

유족의 범위 등

1. 유족연금을 지급받을 수 있는 유족은 위 ③ 유족연금의 ㉠에 해당하는 사람이 사망할 당시 그에 의하여 생계를 유지하고 있던 다음의 자로 한다. 이 경우 가입자 또는 가입자였던 자에 의하여 생계를 유지하고 있던 자에 관한 인정 기준은 대통령령으로 정한다.
   ① 배우자
   ② 자녀. 다만, 25세 미만이거나 장애상태에 있는 사람만 해당한다.
   ③ 부모(배우자의 부모를 포함한다). 다만, 60세 이상이거나 장애상태에 있는 사람만 해당한다.
   ④ 손자녀. 다만, 19세 미만이거나 장애상태에 있는 사람만 해당한다.
   ⑤ 조부모(배우자의 조부모를 포함한다). 다만, 60세 이상이거나 장애상태에 있는 사람만 해당한다.
2. 유족연금은 1.의 각 호의 순위에 따라 최우선 순위자에게만 지급한다. 다만, 1.의 ① 에 따른 유족의 수급권이 소멸되거나 정지되면 1.의 ②에 따른 유족에게 지급한다.
3. 2.의 경우 같은 순위의 유족이 2명 이상이면 그 유족연금액을 똑같이 나누어 지급하되, 지급방법은 대통령령으로 정한다.

ⓒ 유족연금 수급권의 소멸

ⓐ 유족연금 수급권자가 다음의 어느 하나에 해당하게 되면 그 수급권은 소멸한다.

㉮ 수급권자가 사망한 때

㉯ 배우자인 수급권자가 재혼한 때

㉰ 자녀나 손자녀인 수급권자가 파양된 때

㉱ 장애상태에 해당하지 아니한 자녀인 수급권자가 25세가 된 때 또는 장애상태에 해당하지 아니한 손자녀인 수급권자가 19세가 된 때

ⓑ 부모, 손자녀 또는 조부모인 유족의 유족연금 수급권은 가입자 또는 가입자였던 사람이 사망할 당시에 그 가입자 또는 가입자였던 사람의 태아가 출생하여 수급권을 갖게 되면 소멸한다.

■ **사망일시금**

다음의 어느 하나에 해당하는 사람이 사망한 때에 유족이 없으면 그 배우자·자녀·부모·손자녀·조부모·형제자매 또는 4촌 이내 방계혈족(傍系血族)에게 사망일시금을 지급한다. 다만, 가출·실종 등 대통령령으로 정하는 경우에 해당하는 사람에게는 지급하지 아니하며, 4촌 이내 방계혈족의 경우에는 대통령령으로 정하는 바에 따라 다음 각 호의 어느 하나에 해당하는 사람의 사망 당시(「민법」제27조 제1항에 따른 실종선고를 받은 경우에는 실종기간의 개시 당시를, 실종선고를 받은 경우에는 사망의 원인이 된 위난 발생 당시를 말한다) 그 사람에 의하여 생계를 유지하고 있던 사람에게만 지급한다.

① 가입자 또는 가입자였던 사람
② 노령연금 수급권자
③ 장애등급이 3급 이상인 장애연금 수급권자

④ **반환일시금**

㉠ 가입자 또는 가입자였던 자가 다음의 어느 하나에 해당하게 되면 본인이나 그 유족의 청구에 의하여 반환일시금을 지급받을 수 있다.

ⓐ 가입기간이 10년 미만인 자가 60세가 된 때

ⓑ 가입자 또는 가입자였던 자가 사망한 때. 다만, 유족연금이 지급되는 경우에는 그러하지 아니하다.

ⓒ 국적을 상실하거나 국외로 이주한 때

㉡ 반환일시금의 액수는 가입자 또는 가입자였던 자가 납부한 연금보험료(사업장가입자 또는 사업장가입자였던 자의 경우에는 사용자의 부담금을 포함한다)에 대통령령으로 정하는 이자를 더한 금액으로 한다.

㉢ 반납금 납부와 가입기간

ⓐ 반환일시금을 받은 자로서 다시 가입자의 자격을 취득한 자는 지급받은 반환일시금에 대통령령으로 정하는 이자를 더한 금액(이하 "반납금"이라 한다)을 공단에 낼 수 있다.

ⓑ 반납금은 분할하여 납부하게 할 수 있다. 이 경우 대통령령으로 정하는 이자를 더하여야 한다.

ⓒ ⓐ와 ⓑ에 따라 반납금을 낸 경우에는 그에 상응하는 기간은 가입기간에 넣어 계산한다.

㉣ 반환일시금 수급권의 소멸: 반환일시금의 수급권은 다음의 어느 하나에 해당하면 소멸한다.

ⓐ 수급권자가 다시 가입자로 된 때

ⓑ 수급권자가 노령연금의 수급권을 취득한 때

ⓒ 수급권자가 장애연금의 수급권을 취득한 때

ⓓ 수급권자의 유족이 유족연금의 수급권을 취득한 때

(10) **급여의 제한**

① 가입자 또는 가입자였던 자가 고의로 질병·부상 또는 그 원인이 되는 사고를 일으켜 그로 인하여 장애를 입은 경우에는 그 장애를 지급 사유로 하는 장애연금을 지급하지 아니할 수 있다.

② 가입자 또는 가입자였던 자가 고의나 중대한 과실로 요양 지시에 따르지 아니하거나 정당한 사유 없이 요양 지시에 따르지 아니하여 다음의 어느 하나에 해당하게 되면 대통령령으로 정하는 바에 따라 이를 원인으로 하는 급여의 전부 또는 일부를 지급하지 아니할 수 있다.

ㄱ 장애를 입거나 사망한 경우

ㄴ 장애나 사망의 원인이 되는 사고를 일으킨 경우

ㄷ 장애를 악화시키거나 회복을 방해한 경우

③ 다음의 어느 하나에 해당하는 사람에게는 사망에 따라 발생되는 유족연금, 미지급급여, 반환일시금 및 사망일시금(이하 "유족연금 등"이라 한다)을 지급하지 아니한다.

ㄱ 가입자 또는 가입자였던 자를 고의로 사망하게 한 유족

ㄴ 유족연금 등의 수급권자가 될 수 있는 자를 고의로 사망하게 한 유족

ㄷ 다른 유족연금 등의 수급권자를 고의로 사망하게 한 유족연금 등의 수급권자

(11) **지급의 정지 등**

① 수급권자가 다음의 어느 하나에 해당하면 급여의 전부 또는 일부의 지급을 정지할 수 있다.

ㄱ 수급권자가 정당한 사유 없이 공단의 서류, 그 밖의 자료 제출 요구에 응하지 아니한 때

ㄴ 장애연금 또는 유족연금의 수급권자가 정당한 사유 없이 공단의 진단 요구 또는 확인에 응하지 아니한 때

ㄷ 장애연금 수급권자가 고의나 중대한 과실로 요양 지시에 따르지 아니하거나 정당한 사유 없이 요양 지시에 따르지 아니하여 회복을 방해한 때

ㄹ 수급권자가 정당한 사유 없이 법 제121조 제1항(수급권자 및 수급자는 수급권의 발생·변경·소멸·정지 및 급여액의 산정·지급 등에 관련된 사항을 보건복지부령으로 정하는 바에 따라 공단에 신고하여야 한다)에 따른 신고를 하지 아니한 때

② ①에 따라 급여의 지급을 정지하려는 경우에는 지급을 정지하기 전에 대통령령으로 정하는 바에 따라 급여의 지급을 일시 중지할 수 있다.

⑿ 연금 지급 기간 및 지급 시기

① 연금은 지급하여야 할 사유가 생긴 날이 속하는 달의 다음 달부터 수급권이 소멸한 날이 속하는 달까지 지급한다.

② 연금은 매월 25일에 그 달의 금액을 지급하되, 지급일이 토요일이나 공휴일이면 그 전날에 지급한다. 다만, 수급권이 소멸하거나 연금 지급이 정지된 경우에는 그 지급일 전에 지급할 수 있다.

③ 연금은 지급을 정지하여야 할 사유가 생기면 그 사유가 생긴 날이 속하는 달의 다음 달부터 그 사유가 소멸한 날이 속하는 달까지는 지급하지 아니한다.

⒀ 급여의 환수

① 공단은 급여를 받은 사람이 다음의 어느 하나에 해당하는 경우에는 대통령령으로 정하는 바에 따라 그 금액(이하 "환수금"이라 한다)을 환수하여야 한다. 다만, 공단은 환수금이 대통령령으로 정하는 금액 미만인 경우에는 환수하지 아니한다.

  ㉠ 거짓이나 그 밖의 부정한 방법으로 급여를 받은 경우

  ㉡ 신고 의무자가 신고 사항을 공단에 신고하지 아니하거나 늦게 신고하여 급여를 잘못 지급 받은 경우

  ㉢ 가입자 또는 가입자였던 자가 사망한 것으로 추정되어 유족연금 등의 급여가 지급된 후 해당 가입자 또는 가입자였던 자의 생존이 확인된 경우

  ㉣ 그 밖의 사유로 급여가 잘못 지급된 경우

② 공단은 ①의 ㉠ 및 ㉡의 경우에는 대통령령으로 정하는 이자를 가산하여 환수한다. 다만, 납부 의무자의 귀책사유가 없는 경우에는 이자를 가산하지 아니한다.

⒁ 수급권의 보호

① 수급권은 양도·압류하거나 담보로 제공할 수 없다.

② 수급권자에게 지급된 급여로서 대통령령으로 정하는 금액 이하의 급여는 압류할 수 없다.

⒂ 연금의 중복급여의 조정

장애연금 또는 유족연금의 수급권자가 국민연금법에 따른 장애연금 또는 유족연금의 지급 사유와 같은 사유로 다음의 어느 하나에 해당하는 급여를 받을 수 있는 경우에는 장애연금액이나 유족연금액은 그 2분의 1에 해당하는 금액을 지급한다.

① 「근로기준법」에 따른 장해보상, 유족보상 또는 일시보상

② 「산업재해보상보험법」에 따른 장해급여, 유족급여, 진폐보상연금 또는 진폐유족연금

③ 「선원법」에 따른 장해보상, 일시보상 또는 유족보상

④ 「어선원 및 어선 재해보상보험법」에 따른 장해급여, 일시보상급여 또는 유족급여

⒃ **심사와 재심사의 청구**

① 가입자의 자격, 기준소득월액, 연금보험료, 그 밖의 국민연금법에 따른 징수금과 급여에 관한 국민연금공단 또는 국민건강보험공단의 처분에 이의가 있는 자는 그 처분을 한 국민연금공단 또는 국민건강보험공단에 심사청구를 할 수 있다.

② 심사청구는 그 처분이 있음을 안 날부터 90일 이내에 문서로 하여야 하며, 처분이 있은 날부터 180일을 경과하면 이를 제기하지 못한다. 다만, 정당한 사유로 그 기간에 심사청구를 할 수 없었음을 증명하면 그 기간이 지난 후에도 심사 청구를 할 수 있다.

③ 심사청구 사항을 심사하기 위하여 국민연금공단에 국민연금심사위원회를 두고, 국민건강보험공단에 징수심사위원회를 둔다.

④ 심사청구에 대한 결정에 불복하는 자는 그 결정통지를 받은 날부터 90일 이내에 대통령령으로 정하는 사항을 적은 재심사청구서에 따라 국민연금 재심사위원회에 재심사를 청구할 수 있다.

⒄ **시 효**

① 연금보험료, 환수금 그 밖의 국민연금법에 따른 징수금을 징수하거나 환수할 권리는 3년간, 급여(가입기간이 10년 미만인 자가 60세가 된 때에 따른 반환일시금은 제외)를 받거나 과오납금을 반환받을 수급권자 또는 가입자 등의 권리는 5년간, 가입기간이 10년 미만인 자가 60세가 된 때에 따른 반환일시금은 10년간 행사하지 아니하면 각각 소멸시효가 완성된다.

② 급여를 지급받을 권리는 그 급여 전액에 대하여 지급이 정지되어 있는 동안은 시효가 진행되지 아니한다.

③ 연금보험료나 그 밖의 국민연금법에 따른 징수금 등의 납입 고지, 독촉과 급여의 지급 또는 과오납금 등의 반환청구는 소멸시효 중단의 효력을 가진다.

④ 중단된 소멸시효는 납입 고지나 독촉에 따른 납입 기간이 지난 때부터 새로 진행된다.

⑤ 급여의 지급이나 과오납금 등의 반환청구에 관한 기간을 계산할 때 그 서류의 송달에 들어간 일수는 그 기간에 산입하지 아니한다.

5 국민건강보험법

(1) 목 적

국민건강보험법은 국민의 질병·부상에 대한 예방·진단·치료·재활과 출산·사망 및 건강증진에 대하여 보험급여를 실시함으로써 국민보건 향상과 사회보장 증진에 이바지함을 목적으로 한다.

(2) 관 장

① 국민건강보험법에 따른 건강보험사업은 보건복지부장관이 맡아 주관한다.
② 건강보험의 보험자는 국민건강보험공단(이하 "공단"이라 한다)으로 한다.

(3) 정 의

① "근로자"란 직업의 종류와 관계없이 근로의 대가로 보수를 받아 생활하는 사람(법인의 이사와 그 밖의 임원을 포함한다)으로서 공무원 및 교직원을 제외한 사람을 말한다.
② "사용자"란 다음의 어느 하나에 해당하는 자를 말한다.
  ㉠ 근로자가 소속되어 있는 사업장의 사업주
  ㉡ 공무원이 소속되어 있는 기관의 장으로서 대통령령으로 정하는 사람
  ㉢ 교직원이 소속되어 있는 사립학교(「사립학교교직원 연금법」 제3조에 규정된 사립학교를 말한다)를 설립·운영하는 자
③ "사업장"이란 사업소나 사무소를 말한다.
④ "공무원"이란 국가나 지방자치단체에서 상시 공무에 종사하는 사람을 말한다.
⑤ "교직원"이란 사립학교나 사립학교의 경영기관에서 근무하는 교원과 직원을 말한다.

(4) 적용대상 등

① 국내에 거주하는 국민으로서 아래에 해당하는 자 외의 자는 국민건강보험법에 의한 건강보험의 가입자 또는 피부양자가 된다.
  ㉠ 「의료급여법」에 따라 의료급여를 받는 사람(이하 "수급권자"라 한다)
  ㉡ 「독립유공자예우에 관한 법률」 및 「국가유공자 등 예우 및 지원에 관한 법률」에 의하여 의료보호를 받는 사람. 다만, 다음의 어느 하나에 해당하는 사람은 가입자 또는 피부양자가 된다.
    ⓐ 유공자 등 의료보호대상자 중 건강보험의 적용을 보험자에게 신청한 사람
    ⓑ 건강보험의 적용을 받고 있던 자가 유공자 등 의료보호대상자로 되었으나 건강보험의 적용배제신청을 보험자에게 하지 아니한 사람

② 피부양자는 다음의 어느 하나에 해당하는 사람 중 직장가입자에게 주로 생계를 의존하는 사람으로서 소득 및 재산이 보건복지부령으로 정하는 기준 이하에 해당하는 사람을 말한다.

  ㉠ 직장가입자의 배우자

  ㉡ 직장가입자의 직계존속(배우자의 직계존속 포함)

  ㉢ 직장가입자의 직계비속(배우자의 직계비속 포함)과 그 배우자

  ㉣ 직장가입자의 형제·자매

③ 모든 사업장의 근로자 및 사용자와 공무원 및 교직원은 직장가입자가 된다. 다만, 다음의 어느 하나에 해당하는 사람은 제외한다.

  ㉠ 고용기간이 1개월 미만인 일용근로자

  ㉡ 「병역법」에 따른 현역병(지원에 의하지 아니하고 임용된 하사를 포함한다), 전환복무된 사람 및 군간부후보생

  ㉢ 선거에 당선되어 취임하는 공무원으로서 매월 보수 또는 보수에 준하는 급료를 받지 아니하는 사람

  ㉣ 비상근 근로자 또는 1개월 동안의 소정(所定)근로시간이 60시간 미만인 단시간근로자

  ㉤ 비상근 교직원 또는 1개월 동안의 소정근로시간이 60시간 미만인 시간제공무원 및 교직원

  ㉥ 소재지가 일정하지 아니한 사업장의 근로자 및 사용자

  ㉦ 근로자가 없거나 ㉣에 해당하는 근로자만을 고용하고 있는 사업장의 사업주

⑸ 자격취득 및 상실의 시기 등

① 자격취득의 시기

  ㉠ 가입자는 국내에 거주하게 된 날에 직장가입자의 자격을 얻는다. 다만, 다음에 해당하는 자는 그 해당되는 날에 각각 자격을 얻는다.

  ⓐ 수급권자이었던 자는 그 대상자에서 제외된 날

  ⓑ 직장가입자의 피부양자이었던 자가 그 자격을 잃은 날

  ⓒ 유공자 등 의료보호대상자이었던 자는 그 대상자에서 제외된 날

  ⓓ 유공자 등 의료보호대상자로서 건강보험의 적용을 보험자에 신청한 자는 그 신청한 날

  ㉡ 자격을 얻은 경우 당해 직장가입자의 사용자 및 지역가입자의 세대주는 그 명세를 보건복지부령으로 정하는 바에 따라 자격취득일부터 14일 이내에 보험자에게 신고하여야 한다.

② **자격상실의 시기**

　　㉠ 가입자는 아래에 해당하게 된 날에 그 자격을 잃는다.

　　　ⓐ 사망한 날의 다음 날

　　　ⓑ 국적을 잃은 날의 다음 날

　　　ⓒ 국내에 거주하지 아니하게 된 날의 다음 날

　　　ⓓ 직장가입자의 피부양자가 된 날

　　　ⓔ 수급권자가 된 날

　　　ⓕ 건강보험의 적용을 받고 있던 자로서 유공자 등 의료보호대상자가
　　　　되어 건강보험의 적용배제신청을 한 날

　　㉡ 자격을 잃은 경우 당해 직장가입자의 사용자와 지역가입자의 세대주는
　　　그 명세를 보건복지부령으로 정하는 바에 따라 자격을 잃은 날부터 14
　　　일 이내에 보험자에게 신고하여야 한다.

③ 가입자 자격의 취득·변동 및 상실은 자격의 취득·변동 및 상실의 시기로
　소급하여 효력을 발생한다. 이 경우 보험자는 그 사실을 확인할 수 있다.

④ 가입자나 가입자이었던 사람 또는 피부양자나 피부양자이었던 사람은 ③
　에 따른 확인을 청구할 수 있다.

⑤ 사용자는 사업장이 휴업·폐업하는 경우에는 그 사유 발생일부터 14일 이
　내에 보건복지부령으로 정하는 바에 따라 보험자에게 신고하여야 한다.

(6) 보험료 징수 및 납부 등

① 공단은 건강보험사업에 소요되는 비용에 충당하기 위하여 보험료의 납부
　의무자로부터 보험료를 징수한다.

② 보험료는 가입자의 자격을 취득한 날이 속하는 달의 다음 달부터 가입자의
　자격을 잃은 날의 전날이 속하는 달까지 징수한다. 다만, 가입자의 자격을
　매월 1일에 취득한 경우 또는 유공자 등 의료보호대상자 중 건강보험의 적
　용을 보험자에게 신청한 사람이 건강보험 적용 신청으로 가입자의 자격을
　취득하는 경우에는 그 달부터 징수한다.

③ 가입자의 자격이 변동된 경우에는 변동된 날이 속하는 달의 보험료는 변동
　되기 전의 자격을 기준으로 징수한다. 다만, 가입자의 자격이 매월 1일에
　변동된 경우에는 변동된 자격을 기준으로 징수한다.

④ 직장가입자의 보험료율은 1천분의 80의 범위 안에서 심의위원회의 의결을
　거쳐 대통령령으로 정한다.

⑤ 직장가입자의 보험료는 직장가입자와 당해 근로자가 소속되어 있는 사업
　장의 사업주가 각각 보험료액의 100분의 50씩 부담한다.

⑥ 직장가입자의 보험료는 다음의 구분에 따라 정한 자가 납부한다.
　　㉠ 보수월액보험료: 사용자. 이 경우 사업장의 사용자가 2명 이상인 때에는 그 사업장의 사용자는 해당 직장가입자의 보험료를 연대하여 납부한다.
　　㉡ 소득월액보험료: 직장가입자
⑦ 사용자는 보수월액보험료 중 직장가입자가 부담하여야 하는 그 달의 보험료액을 그 보수에서 공제하여 납부하여야 한다. 이 경우 직장가입자에게 공제액을 알려야 한다.
⑧ **체납보험료의 분할납부**
　　㉠ 공단은 보험료를 3회 이상 체납한 자가 신청하는 경우 보건복지부령으로 정하는 바에 따라 분할납부를 승인할 수 있다.
　　㉡ 공단은 보험료를 3회 이상 체납한 자에 대하여 체납처분을 하기 전에 ㉠에 따른 분할납부를 신청할 수 있음을 알리고, 보건복지부령으로 정하는 바에 따라 분할납부 신청의 절차·방법 등에 관한 사항을 안내하여야 한다.
　　㉢ 공단은 ㉠에 따라 분할납부 승인을 받은 자가 정당한 사유 없이 5회(㉠에 따라 승인받은 분할납부 횟수가 5회 미만인 경우에는 해당 분할납부 횟수를 말한다) 이상 그 승인된 보험료를 납부하지 아니하면 그 분할납부의 승인을 취소한다.

⑺ **급여사업의 종류**
① **요양급여**: 가입자와 피부양자의 질병, 부상, 출산 등에 대하여 다음의 요양급여를 실시한다.
　　㉠ 진찰·검사
　　㉡ 약제·치료재료의 지급
　　㉢ 처치·수술 및 그밖의 치료
　　㉣ 예방·재활
　　㉤ 입 원
　　㉥ 간 호
　　㉦ 이 송

② **요양비**

　㉠ 공단은 가입자나 피부양자가 보건복지부령으로 정하는 긴급하거나 그 밖의 부득이한 사유로 요양기관과 비슷한 기능을 하는 기관으로서 보건복지부령으로 정하는 기관에서 질병·부상·출산 등에 대하여 요양을 받거나 요양기관이 아닌 장소에서 출산한 경우에는 그 요양급여에 상당하는 금액을 보건복지부령으로 정하는 바에 따라 가입자나 피부양자에게 요양비로 지급한다.

　㉡ ㉠에 따라 요양을 실시한 기관은 보건복지부장관이 정하는 요양비 명세서나 요양 명세를 적은 영수증을 요양을 받은 사람에게 내주어야 하며, 요양을 받은 사람은 그 명세서나 영수증을 공단에 제출하여야 한다.

③ **부가급여**: 공단은 이 법에서 정한 요양급여 외에 대통령령으로 정하는 바에 따라 임신·출산 진료비, 장제비, 상병수당, 그 밖의 급여를 실시할 수 있다.

④ **장애인에 대한 특례**: 「장애인복지법」에 의하여 등록한 장애인인 가입자 및 피부양자에게는 보조기기에 대하여 보험급여를 실시할 수 있다.

⑤ **건강검진**

　㉠ 공단은 가입자와 피부양자에 대하여 질병의 조기 발견과 그에 따른 요양급여를 하기 위하여 건강검진을 실시한다.

　㉡ ㉠에 따른 건강검진의 종류 및 대상은 다음과 같다.

　　ⓐ 일반건강검진: 직장가입자, 세대주인 지역가입자, 20세 이상인 지역가입자 및 20세 이상인 피부양자

　　ⓑ 암검진: 「암관리법」 제11조 제2항에 따른 암의 종류별 검진주기와 연령 기준 등에 해당하는 사람

　　ⓒ 영유아건강검진: 6세 미만의 가입자 및 피부양자

　㉢ ㉠에 따른 건강검진의 검진항목은 성별, 연령 등의 특성 및 생애 주기에 맞게 설계되어야 한다.

　㉣ ㉠에 따른 건강검진의 횟수·절차와 그 밖에 필요한 사항은 대통령령으로 정한다.

⑻ **급여의 정지**

보험급여를 받을 수 있는 사람이 다음의 어느 하나에 해당하면 그 기간에는 보험급여를 하지 아니한다. 다만, ② 및 ③의 경우에는 요양급여를 실시한다.

① 국외에 체류하는 경우

② 「병역법」에 따른 현역병(지원에 의하지 아니하고 임용된 하사를 포함한다), 전환복무된 사람 및 군간부후보생

③ 교도소, 그 밖에 이에 준하는 시설에 수용되어 있는 경우

⑼ **보험료의 면제**

① 공단은 직장가입자가 아래의 어느 하나에 해당하는 경우(아래 ㉠에 해당하는 경우에는 1개월 이상의 기간으로서 대통령령으로 정하는 기간 이상 국외에 체류하는 경우에 한정한다) 그 가입자의 보험료를 면제한다. 다만, ㉠에 해당하는 직장가입자의 경우에는 국내에 거주하는 피부양자가 없을 때에만 보험료를 면제한다.

㉠ 국외에 체류하는 경우

㉡ 「병역법」에 따른 현역병(지원에 의하지 아니하고 임용된 하사를 포함한다), 전환복무된 사람 및 군간부후보생

㉢ 교도소, 그 밖에 이에 준하는 시설에 수용되어 있는 경우

② ①의 본문에서 대통령령으로 정하는 기간이란 3개월을 말한다. 다만, 업무에 종사하기 위해 국외에 체류하는 경우라고 공단이 인정하는 경우에는 1개월을 말한다.

⑽ **부당이득의 징수**

① 공단은 속임수나 그 밖의 부당한 방법으로 보험급여를 받은 사람이나 보험급여 비용을 받은 요양기관에 대하여 그 보험급여나 보험급여 비용에 상당하는 금액을 징수한다.

② 사용자나 가입자의 거짓 보고나 거짓 증명 또는 요양기관의 거짓 진단에 따라 보험급여가 실시된 경우 공단은 이들에게 보험급여를 받은 사람과 연대하여 징수금을 내게 할 수 있다.

③ 공단은 속임수나 그 밖의 부당한 방법으로 보험급여를 받은 사람과 같은 세대에 속한 가입자에게 속임수나 그 밖의 부당한 방법으로 보험급여를 받은 사람과 연대하여 징수금을 내게 할 수 있다.

④ 요양기관이 가입자나 피부양자로부터 속임수나 그 밖의 부당한 방법으로 요양급여비용을 받은 경우 공단은 해당 요양기관으로부터 이를 징수하여 가입자나 피부양자에게 지체 없이 지급하여야 한다. 이 경우 공단은 가입자나 피부양자에게 지급하여야 하는 금액을 그 가입자 및 피부양자가 내야 하는 보험료 등과 상계할 수 있다.

💡 가입자에는 속임수나 그 밖의 부당한 방법으로 보험급여를 받은 사람이 피부양자인 경우에는 그 직장가입자를 말한다.

(11) 구상권

① 공단은 제3자의 행위로 보험급여사유가 생겨 가입자 또는 피부양자에게 보험급여를 한 경우에는 그 급여에 들어간 비용 한도에서 그 제3자에게 손해배상을 청구할 권리를 얻는다.

② 보험급여를 받은 사람이 제3자로부터 이미 손해배상을 받은 경우에는 공단은 그 배상액 한도에서 보험급여를 하지 아니한다.

(12) 수급권 보호

① 보험급여를 받을 권리는 양도하거나 압류할 수 없다.

② 요양비 등 수급계좌에 입금된 요양비 등은 압류할 수 없다.

(13) 급여의 제한

① 공단은 보험급여를 받을 수 있는 사람이 다음의 어느 하나에 해당하면 보험급여를 하지 아니한다.

  ㉠ 고의 또는 중대한 과실로 인한 범죄행위에 그 원인이 있거나 고의로 사고를 일으킨 경우

  ㉡ 고의 또는 중대한 과실로 공단이나 요양기관의 요양에 관한 지시에 따르지 아니한 경우

  ㉢ 고의 또는 중대한 과실로 문서와 그 밖의 물건의 제출을 거부하거나 질문 또는 진단을 기피한 경우

  ㉣ 업무 또는 공무로 생긴 질병·부상·재해로 다른 법령에 따른 보험급여나 보상(報償) 또는 보상(補償)을 받게 되는 경우

② 공단은 보험급여를 받을 수 있는 사람이 다른 법령에 따라 국가나 지방자치단체로부터 보험급여에 상당하는 급여를 받거나 보험급여에 상당하는 비용을 지급받게 되는 경우에는 그 한도에서 보험급여를 하지 아니한다.

(14) 이의신청

① 가입자 및 피부양자의 자격, 보험료등, 보험급여, 보험급여 비용에 관한 공단의 처분에 이의가 있는 자는 공단에 이의신청을 할 수 있다.

② 요양급여비용 및 요양급여의 적정성 평가 등에 관한 심사평가원의 처분에 이의가 있는 공단, 요양기관 또는 그 밖의 자는 심사평가원에 이의신청을 할 수 있다.

③ 이의신청은 처분이 있음을 안 날부터 90일 이내에 문서(전자문서를 포함한다)로 하여야 하며 처분이 있은 날부터 180일을 지나면 제기하지 못한다. 다만, 정당한 사유로 그 기간에 이의신청을 할 수 없었음을 소명한 경우에는 그러하지 아니하다.

(15) **심판청구**

① 이의신청에 대한 결정에 불복하는 자는 건강보험분쟁조정위원회에 심판청구를 할 수 있다.

② 이의신청에 대한 결정에 불복하는 자는 처분이 있음을 안 날부터 90일 이내에 문서(전자문서를 포함한다)로 하여야 하며 처분이 있은 날부터 180일을 지나면 제기하지 못한다. 다만, 정당한 사유로 그 기간에 심판청구를 할 수 없었음을 소명한 경우에는 그러하지 아니하다.

(16) **행정소송**

국민건강보험공단 또는 심사평가원의 처분에 이의가 있는 자와 이의신청 또는 심판청구에 대한 결정에 불복하는 자는 「행정소송법」에서 정하는 바에 따라 행정소송을 제기할 수 있다.

(17) **시 효**

① 다음의 권리는 3년 동안 행사하지 아니하면 소멸시효가 완성된다.
  ㉠ 보험료·연체금 및 가산금을 징수할 권리
  ㉡ 보험료·연체금 및 가산금으로 과오납부한 금액을 환급받을 권리
  ㉢ 보험급여를 받을 권리
  ㉣ 보험급여 비용을 받을 권리
  ㉤ 과다납부된 본인일부부담금을 돌려받을 권리
  ㉥ 근로복지공단의 권리

② 시효는 다음의 어느 하나의 사유로 중단된다.
  ㉠ 보험료의 고지 또는 독촉
  ㉡ 보험급여 또는 보험급여 비용의 청구

③ 휴직자 등의 보수월액보험료를 징수할 권리의 소멸시효는 고지가 유예된 경우 휴직 등의 사유가 끝날 때까지 진행하지 아니한다.

④ 소멸시효기간, 시효 중단 및 시효 정지에 관하여 국민건강보험법에서 정한 사항 외에는 「민법」에 따른다.

실전예상문제

01
공동주택관리법령상 공동주택관리를 위하여 관리주체가 반드시 보관해야 하는 문서가 아닌 것은?　　제11회

① 관리비・사용료의 징수・사용・보관 및 예치 등에 관한 장부와 증빙자료

② 입주자대표회의의 회의록

③ 장기수선충당금의 징수・사용・보관 및 예치 등에 관한 장부와 증빙자료

④ 관리사무소 직원의 업무분장 및 조직 구성에 관한 문서

⑤ 공동주택의 관리규약

해설 ④ 관리사무소 직원의 업무분장 및 조직에 관한 문서는 공동주택관리법령상 보관문서에 해당하지 않는다.

02
보존대상 문서와 그 법정보존기간이 잘못 짝지어진 것은?　　제16회

① 수도법령상 저수조의 수질검사결과기록 − 2년

② 노동조합 및 노동관계조정법령상 노동조합의 회의록 − 3년

③ 어린이놀이시설 안전관리법령상 어린이놀이시설의 안전점검실시대장 − 최종 기재일부터 3년

④ 남녀고용평등과 일・가정 양립 지원에 관한 법령상 직장 내 성희롱 예방교육을 하였음을 확인할 수 있는 서류 − 2년

⑤ 근로기준법령상 근로계약서 − 근로관계가 끝난 날부터 3년

해설 ④ 남녀고용평등과 일・가정 양립 지원에 관한 법령상 직장 내 성희롱 예방교육을 하였음을 확인할 수 있는 서류 − 3년

Answer

01 ④　　02 ④

03 공동주택관리와 관련한 문서나 서류 또는 자료의 보존(보관)기간에 관한 설명으로 옳은 것을 모두 고른 것은? 제20회

> ㉠ 공동주택관리법에 의하면 의무관리대상 공동주택의 관리주체는 관리비 등의 징수·보관·예치·집행 등 모든 거래 행위에 관하여 장부를 월별로 작성하여 그 증빙서류와 함께 해당 회계연도 종료일부터 5년간 보관하여야 한다.
> ㉡ 남녀고용평등과 일·가정 양립 지원에 관한 법률에 의하면 직장 내 성희롱 예방 교육을 실시해야 하는 사업주는 직장 내 성희롱 예방 교육을 실시하였음을 확인할 수 있는 서류를 1년간 보관하여야 한다.
> ㉢ 근로기준법에 의하면 동법의 적용을 받는 사용자는 근로자 명부와 근로계약서의 경우 3년간 보존하여야 한다.
> ㉣ 공동주택관리법 시행규칙에 의하면 공동주택단지에 설치된 영상정보처리기기의 촬영된 자료는 20일 이상 보관하여야 한다.

① ㉠, ㉢
② ㉠, ㉣
③ ㉡, ㉢
④ ㉡, ㉣
⑤ ㉢, ㉣

해설 남녀고용평등과 일·가정 양립 지원에 관한 법률에 의하면 직장 내 성희롱 예방 교육을 실시해야 하는 사업주는 직장 내 성희롱 예방 교육을 실시하였음을 확인할 수 있는 서류는 3년, 공동주택관리법 시행규칙에 의하면 공동주택단지에 설치된 영상정보처리기기의 촬영된 자료는 30일 이상 보관하여야 한다.

04 국민연금법령상 사업장가입자가 가입자격을 상실하는 시기가 다른 하나는? 제14회

① 국적을 상실하거나 국외로 이주한 때
② 사용관계가 끝난 때
③ 60세가 된 때
④ 공무원이 된 때
⑤ 사망한 때

해설 사업장가입자는 다음에 해당하게 된 날의 다음 날에 자격을 상실한다. 다만, 5.의 경우에는 그에 해당하게 된 날에 자격을 상실한다.
1. 사망한 때
2. 국적을 상실하거나 국외로 이주한 때
3. 사용관계가 끝난 때
4. 60세가 된 때
5. 국민연금 가입대상 제외자(「공무원연금법」, 「군인연금법」 및 「사립학교교직원 연금법」 및 「별정우체국법」을 적용받는 공무원, 군인, 사립학교 교직원 및 별정우체국 직원, 그 밖에 대통령령으로 정하는 자)에 해당하게 된 때

05 국민건강보험법령상 피부양자의 요건과 자격인정 기준을 충족하는 사람을 모두 고른 것은?

제23회

> ㉠ 직장가입자의 직계존속과 직계비속
> ㉡ 직장가입자의 배우자의 직계존속과 직계비속
> ㉢ 직장가입자의 형제·자매
> ㉣ 직장가입자의 형제·자매의 직계비속

① ㉠, ㉡
② ㉠, ㉢
③ ㉠, ㉡, ㉢
④ ㉠, ㉡, ㉣
⑤ ㉡, ㉢, ㉣

해설 피부양자는 다음의 어느 하나에 해당하는 사람 중 직장가입자에게 주로 생계를 의존하는 사람으로서 소득 및 재산이 보건복지부령으로 정하는 기준 이하에 해당하는 사람을 말한다.
1. 직장가입자의 배우자
2. 직장가입자의 직계존속(배우자의 직계존속을 포함한다)
3. 직장가입자의 직계비속(배우자의 직계비속을 포함한다)과 그 배우자
4. 직장가입자의 형제·자매

06 산업재해보상보험법상 요양급여와 휴업급여에 관한 내용이다. (   )에 들어갈 숫자를 순서대로 쓰시오.

제20회

> • 요양급여의 경우 업무상의 사유로 인한 근로자의 부상 또는 질병이 (   )일 이내의 요양으로 치유될 수 있으면 지급하지 아니한다.
> • 휴업급여의 경우 1일당 지급액은 평균임금의 100분의 (   )에 상당하는 금액으로 한다. 다만, 취업하지 못한 기간이 3일 이내이면 지급하지 아니한다.

해설 • 요양급여의 경우 업무상의 사유로 인한 근로자의 부상 또는 질병이 3일 이내의 요양으로 치유될 수 있으면 지급하지 아니한다.
• 휴업급여의 경우 1일당 지급액은 평균임금의 100분의 70에 상당하는 금액으로 한다. 다만, 취업하지 못한 기간이 3일 이내이면 지급하지 아니한다.

Answer
03 ①   04 ④   05 ③   06 3, 70

07 산업재해보상보험법령에 관한 설명으로 옳지 <u>않은</u> 것은?　　　　　　　제15회 일부수정

① 요양급여를 받은 자가 치유 후 요양의 대상이 되었던 업무상의 부상 또는 질병이 재발하거나 치유 당시보다 상태가 악화되어 이를 치유하기 위한 적극적인 치료가 필요하다는 의학적 소견이 있으면 다시 요양급여를 받을 수 있다.

② 휴업급여는 업무상 사유로 부상을 당하거나 질병에 걸린 근로자에게 요양으로 취업하지 못한 기간에 대하여 지급하되, 1일당 지급액은 평균임금의 100분의 70에 상당하는 금액으로 한다. 다만, 취업하지 못한 기간이 3일 이내이면 지급하지 아니한다.

③ 장해보상연금, 유족보상연금, 진폐보상연금 또는 진폐유족연금의 지급은 그 지급사유가 발생한 달의 다음 달 초일부터 시작되며, 그 지급받을 권리가 소멸한 달의 말일에 끝난다.

④ 장해급여는 이 법에서 정한 장해등급에 따라 장해보상연금 또는 장해보상일시금으로 한다.

⑤ 장례비는 근로자가 업무상의 사유로 사망한 경우에 지급하되, 평균임금의 90일분에 상당하는 금액을 그 장제(葬祭)를 지낸 유족에게 지급한다.

> **해설** ⑤ 장례비는 평균임금의 120일분에 상당하는 금액을 그 장제(葬祭)를 지낸 유족에게 지급한다.

08 산업재해보상보험법상 장례비에 관한 내용이다. (　　)에 들어갈 아라비아 숫자를 쓰시오.　　　제24회

> 장례비는 근로자가 업무상의 사유로 사망한 경우에 지급하되, 평균임금의 (㉠) 일분에 상당하는 금액을 그 장례를 지낸 유족에게 지급한다. 다만, 장례를 지낼 유족이 없거나 그 밖에 부득이한 사유로 유족이 아닌 사람이 장례를 지낸 경우에는 평균임금의 (㉡) 일분에 상당하는 금액의 범위에서 실제 드는 비용을 그 장례를 지낸 사람에게 지급한다.

> **해설** 장례비는 근로자가 업무상의 사유로 사망한 경우에 지급하되, 평균임금의 150일분에 상당하는 금액을 그 장례를 지낸 유족에게 지급한다. 다만, 장례를 지낼 유족이 없거나 그 밖에 부득이한 사유로 유족이 아닌 사람이 장례를 지낸 경우에는 평균임금의 120일분에 상당하는 금액의 범위에서 실제 드는 비용을 그 장례를 지낸 사람에게 지급한다.

09 고용보험법령상의 내용으로 옳지 않은 것은?   제17회

① 「고용보험 및 산업재해보상보험의 보험료징수 등에 관한 법률」에 따라 보험에 가입되거나 가입된 것으로 보는 근로자는 피보험자에 해당된다.

② 근로자인 피보험자가 이직하거나 사망한 경우 그 다음 날부터 피보험자격을 상실한다.

③ 근로자인 피보험자가 「고용보험 및 산업재해보상보험의 보험료징수 등에 관한 법률」에 따라 보험관계가 소멸한 경우에는 그 보험관계가 소멸한 날에 피보험자격을 상실한다.

④ 이직으로 피보험자격을 상실한 자는 실업급여의 수급자격의 인정신청을 위하여 종전의 사업주에게 이직확인서의 교부를 청구할 수 있다.

⑤ 근로자가 보험관계가 성립되어 있는 둘 이상의 사업에 동시에 고용되어 있는 경우에는 각 사업의 근로자로서의 피보험자격을 모두 취득한다.

> 해설 ⑤ 근로자가 보험관계가 성립되어 있는 둘 이상의 사업에 동시에 고용되어 있는 경우에는 고용노동부령으로 정하는 바에 따라 그중 한 사업의 근로자로서의 피보험자격을 취득한다.

10 고용보험법령상 정해진 기간에 대통령령으로 정하는 사유로 육아휴직 급여를 신청할 수 없었던 사람은 그 사유가 끝난 후 30일 이내에 신청하여야 한다. 대통령령으로 정하는 사유가 아닌 것은?   제23회

① 천재지변

② 「병역법」에 따른 의무복무

③ 본인이나 배우자의 질병·부상

④ 본인이나 배우자의 직계존속 및 직계비속의 사망

⑤ 범죄혐의로 인한 구속이나 형의 집행

> 해설 해당 기간에 아래에서 정하는 사유로 육아휴직 급여를 신청할 수 없었던 사람은 그 사유가 끝난 후 30일 이내에 신청하여야 한다.
> 1. 천재지변
> 2. 본인이나 배우자의 질병·부상
> 3. 본인이나 배우자의 직계존속 및 직계비속의 질병·부상
> 4. 「병역법」에 따른 의무복무
> 5. 범죄혐의로 인한 구속이나 형의 집행

Answer
07 ⑤   08 ㉠ 150 ㉡ 120   09 ⑤   10 ④

11 고용보험법상 용어 정의 및 피보험자의 관리에 관한 설명으로 옳지 않은 것은? (권한의 위임 · 위탁은 고려하지 않음)

제24회

① 일용근로자란 3개월 미만 동안 고용되는 사람을 말한다.

② 실업의 인정이란 직업안정기관의 장이 이 법에 따른 수급자격자가 실업한 상태에서 적극적으로 직업을 구하기 위하여 노력하고 있다고 인정하는 것을 말한다.

③ 근로자인 피보험자가 이 법에 따른 적용 제외 근로자에 해당하게 된 경우에는 그 적용 제외 대상자가 된 날에 그 피보험자격을 상실한다.

④ 이 법에 따른 적용 제외 근로자였던 사람이 이 법의 적용을 받게 된 경우에는 그 적용을 받게 된 날에 피보험자격을 취득한 것으로 본다.

⑤ 사업주는 그 사업에 고용된 근로자의 피보험자격의 취득 및 상실 등에 관한 사항을 대통령령으로 정하는 바에 따라 고용노동부장관에게 신고하여야 한다.

해설 ① 일용근로자란 1개월 미만 동안 고용되는 사람을 말한다.

12 고용보험법상 실업급여의 기초가 되는 입금일액에 관한 내용이다. (   )에 들어갈 용어를 쓰시오.

제24회

> 구직급여의 산정 기초가 되는 임금일액은 고용보험법 제43조 제1항에 따른 수급자격의 인정과 관련된 마지막 이직 당시 「근로기준법」 제2조 제1항 제6호에 따라 산정된 (㉠)(으)로 한다. 다만, 마지막 이직일 이전 3개월 이내에 피보험자격을 취득한 사실이 2회 이상인 경우에는 마지막 이직일 이전 3개월간 (일용근로자의 경우에는 마지막 이직일 이전 4개월 중 최종 1개월을 제외한 기간)에 그 근로자에게 지급된 임금 총액을 그 산정의 기준이 되는 3개월의 총 일수로 나눈 금액을 기초일액으로 한다.

해설 구직급여의 산정 기초가 되는 임금일액은 고용보험법 제43조 제1항에 따른 수급자격의 인정과 관련된 마지막 이직 당시 「근로기준법」 제2조 제1항 제6호에 따라 산정된 평균임금(으)로 한다. 다만, 마지막 이직일 이전 3개월 이내에 피보험자격을 취득한 사실이 2회 이상인 경우에는 마지막 이직일 이전 3개월간 (일용근로자의 경우에는 마지막 이직일 이전 4개월 중 최종 1개월을 제외한 기간)에 그 근로자에게 지급된 임금 총액을 그 산정의 기준이 되는 3개월의 총 일수로 나눈 금액을 기초일액으로 한다.

13 국민건강보험법령에 관한 설명으로 옳은 것은?　　　　　　　　　　　　　제21회

① 고용기간이 3개월 미만인 일용근로자나 병역법에 따른 현역병(지원에 의하지 아니하고 임용된 하사를 포함한다), 전환복무된 사람 및 군간부후보생은 직장가입자에서 제외된다.

② 가입자는 국적을 잃은 날, 직장가입자의 피부양자가 된 날, 수급권자가 된 날 건강보험 자격을 상실한다.

③ 국내에 거주하는 피부양자가 있는 직장가입자가 국외에서 업무에 종사하고 있는 경우에는 보험료를 면제한다.

④ 국민건강보험료는 가입자의 자격을 취득한 날이 속하는 달의 다음 달부터 가입자의 자격을 잃은 날의 전날이 속하는 달까지 징수하며, 가입자의 자격을 매월 1일에 취득한 경우 또는 유공자 등 의료보호대상자 중 건강보험의 적용을 보험자에게 신청한 사람이 가입자의 자격을 취득하는 경우에는 그 달부터 징수한다.

⑤ 과다납부된 본인일부부담금을 돌려받을 권리는 5년 동안 행사하지 아니하면 시효로 소멸한다.

해설 ① 고용기간이 1개월 미만인 일용근로자나 병역법에 따른 현역병(지원에 의하지 아니하고 임용된 하사를 포함한다), 전환복무된 사람 및 군간부후보생은 직장가입자에서 제외된다.
② 가입자는 국적을 잃은 날의 다음 날에, 직장가입자의 피부양자가 된 날에, 수급권자가 된 날에 건강보험자격을 상실한다.
③ 국내에 거주하는 피부양자가 없는 직장가입자가 국외에서 업무에 종사하고 있는 경우에는 보험료를 면제한다.
⑤ 과다납부된 본인일부부담금을 돌려받을 권리는 3년 동안 행사하지 아니하면 시효로 소멸한다.

14 국민건강보험법상 국민건강보험가입자격에 관한 내용이다. (　　)에 들어갈 아라비아 숫자를 쓰시오.　　　　　　　　　　　　　　제24회

- 가입자의 자격이 변동된 경우 직장가입자의 사용자와 지역가입자의 세대주는 그 명세를 보건복지부령으로 정하는 바에 따라 자격이 변동된 날부터 (㉠)일 이내에 보험자에게 신고하여야 한다.
- 가입자의 자격을 잃은 경우 직장가입자의 사용자와 지역가입자의 세대주는 그 명세를 보건복지부령으로 정하는 바에 따라 자격을 잃은 날부터 (㉡)일 이내에 보험자에게 신고하여야 한다.

해설 • 가입자의 자격이 변동된 경우 직장가입자의 사용자와 지역가입자의 세대주는 그 명세를 보건복지부령으로 정하는 바에 따라 자격이 변동된 날부터 14일 이내에 보험자에게 신고하여야 한다.
• 가입자의 자격을 잃은 경우 직장가입자의 사용자와 지역가입자의 세대주는 그 명세를 보건복지부령으로 정하는 바에 따라 자격을 잃은 날부터 14일 이내에 보험자에게 신고하여야 한다.

Answer

11 ①　　12 ㉠ 평균임금　　13 ④　　14 ㉠ 14 ㉡ 14

15 사회보험에 관한 설명으로 옳지 않은 것은?

① 국민연금보험료를 내지 아니한 기간은 가입기간에 산입하지 아니한다.

② 「국민연금법」상 급여(가입기간이 10년 미만인 자가 60세가 된 때에 따른 반환일시금은 제외)를 받거나 과오납금을 반환받을 수급권자 또는 가입자 등의 권리는 5년간 행사하지 아니하면 시효로 소멸한다.

③ 1개월간의 소정근로시간이 60시간 미만인 단시간근로자에 대해서 국민건강보험이 적용된다.

④ 「선원법」·「어선원 및 어선 재해보상보험법」 또는 「사립학교교직원 연금법」에 의하여 재해보상이 되는 사업에 산업재해보상보험이 적용되지 않는다.

⑤ 피보험자 또는 피보험자였던 자는 언제든지 고용노동부장관에게 피보험자격의 취득 또는 상실에 관한 확인을 청구할 수 있다.

해설 ③ 1개월간의 소정근로시간이 60시간 미만인 단시간근로자는 국민건강보험이 적용되지 않는다.

16 산업재해보상보험법령상 요양급여에 관한 설명으로 옳지 않은 것은? 제15회

① 근로자가 업무상의 사유로 부상을 당하거나 질병에 걸린 경우에는 현금으로 요양비를 지급하여야 한다. 다만, 부득이한 경우에는 요양비에 갈음하여 법령에서 정하는 산재보험 의료기관에서 요양을 하게 할 수 있다.

② 근로자가 업무상의 사유로 부상을 당하거나 질병에 걸린 경우 그 부상 또는 질병이 3일 이내의 요양으로 치유될 수 있으면 요양급여를 지급하지 아니한다.

③ 요양급여의 신청을 한 자는 근로복지공단이 요양급여에 관한 결정을 하기 전에는 국민건강보험법에 따른 요양급여 또는 의료급여법에 따른 의료급여를 받을 수 있다.

④ 간호 및 간병, 재활치료도 요양급여의 범위에 포함된다.

⑤ 근로자를 진료한 산재보험 의료기관은 그 근로자의 재해가 업무상의 재해로 판단되면 그 근로자의 동의를 받아 요양급여의 신청을 대행할 수 있다.

해설 ① 요양급여는 근로자가 업무상의 사유로 부상을 당하거나 질병에 걸린 경우에 그 근로자에게 지급한다. 요양급여는 산재보험 의료기관에서 요양을 하게 한다. 다만, 부득이한 경우에는 요양을 갈음하여 요양비를 지급할 수 있다.

17 국민연금법상 연금급여에 관한 설명으로 옳은 것은? 제22회

① 국민연금법상 급여의 종류는 노령연금, 장애연금, 유족연금의 3가지로 구분된다.
② 유족연금 등의 수급권자가 될 수 있는 자를 고의로 사망하게 한 유족에게는 사망에 따라 발생되는 유족연금 등의 일부를 지급하지 아니할 수 있다.
③ 수급권자의 청구가 없더라도 급여원인이 발생하면 공단은 급여를 지급한다.
④ 연금액은 지급사유에 따라 기본연금액과 부양가족연금액을 기초로 산정한다.
⑤ 장애연금의 수급권자가 정당한 사유 없이 국민연금법에 따른 공단의 진단요구에 응하지 아니한 때에는 급여의 전부의 지급을 정지한다.

해설 ① 국민연금법상 급여의 종류는 노령연금, 장애연금, 유족연금, 반환일시금의 4가지로 구분된다.
② 다음의 어느 하나에 해당하는 사람에게는 사망에 따라 발생되는 유족연금, 미지급급여, 반환일시금 및 사망일시금(이하 "유족연금 등"이라 한다)을 지급하지 아니한다.
　㉠ 가입자 또는 가입자였던 자를 고의로 사망하게 한 유족
　㉡ 유족연금 등의 수급권자가 될 수 있는 자를 고의로 사망하게 한 유족
　㉢ 다른 유족연금 등의 수급권자를 고의로 사망하게 한 유족연금 등의 수급권자
③ 급여는 수급권자의 청구에 따라 공단이 지급한다.
⑤ 장애연금의 수급권자가 정당한 사유 없이 국민연금법에 따른 공단의 진단요구에 응하지 아니한 때에는 급여의 전부 또는 일부의 지급을 정지한다.

18 산업재해보상보험법령상 보험급여 결정 등에 대한 심사 청구 및 재심사 청구에 관한 설명으로 옳지 않은 것은? 제21회

① 근로복지공단의 보험급여 결정 등에 불복하는 자는 그 보험급여 결정 등을 한 근로복지공단의 소속 기관을 거쳐 산업재해보상보험 심사위원회에 심사 청구를 할 수 있다.
② 근로복지공단이 심사 청구에 대한 결정을 연장할 때에는 최초의 결정기간이 끝나기 7일 전까지 심사 청구인 및 보험급여 결정 등을 한 근로복지공단의 소속 기관에 알려야 한다.
③ 근로복지공단의 보험급여 결정에 대하여 심사 청구기간이 지난 후에 제기된 심사 청구는 산업재해보상보험 심사위원회의 심의를 거치지 아니할 수 있다.
④ 산업재해보상보험 심사위원회는 위원장 1명을 포함하여 150명 이내의 위원으로 구성하되, 위원 중 2명은 상임으로 한다.
⑤ 업무상 질병판정위원회의 심의를 거친 보험급여에 관한 결정에 불복하는 자는 심사 청구를 하지 아니하고 재심사 청구를 할 수 있다.

해설 ① 근로복지공단의 보험급여 결정 등에 불복하는 자는 그 보험급여 결정 등을 한 근로복지공단의 소속 기관을 거쳐 근로복지공단에 심사 청구를 할 수 있다.

Answer
15 ③　16 ①　17 ④　18 ①

19 산업재해보상보험법상 휴업급여에 관한 내용이다. (   )에 들어갈 숫자를 순서대로 쓰시오.

제22회

> 휴업급여는 업무상 사유로 부상을 당하거나 질병에 걸린 근로자에게 요양으로 취업하지
> 못한 기간에 대하여 지급하되, 1일당 지급액은 평균임금의 100분의 (   )에 상당하는 금액
> 으로 한다. 다만, 취업하지 못한 기간이 (   )일 이내이면 지급하지 아니한다.

해설 휴업급여는 업무상 사유로 부상을 당하거나 질병에 걸린 근로자에게 요양으로 취업하지 못한 기간에
대하여 지급하되, 1일당 지급액은 평균임금의 100분의 70에 상당하는 금액으로 한다. 다만, 취업하지
못한 기간이 3일 이내이면 지급하지 아니한다.

20 국민연금법령상 심사청구에 관한 설명이다. (   )에 들어갈 용어를 순서대로 쓰시오.   제21회

> 가입자의 자격, 기준소득월액, 연금보험료, 그 밖의 국민연금법에 따른 징수금과 급여에 관
> 한 국민연금공단 또는 국민건강보험공단의 처분에 이의가 있는 자는 그 처분을 한 국민연
> 금공단 또는 국민건강보험공단에 심사청구를 할 수 있으며, 심사청구 사항을 심사하기 위
> 하여 국민연금공단에 (   )을(를) 두고, 국민건강보험공단에 (   )을(를) 둔다.

해설 가입자의 자격, 기준소득월액, 연금보험료, 그 밖의 국민연금법에 따른 징수금과 급여에 관한 국민연금
공단 또는 국민건강보험공단의 처분에 이의가 있는 자는 그 처분을 한 국민연금공단 또는 국민건강보험
공단에 심사청구를 할 수 있으며, 심사청구 사항을 심사하기 위하여 국민연금공단에 국민연금심사위원
회를 두고, 국민건강보험공단에 징수심사위원회를 둔다.

PART
01

21 노동조합 및 노동관계조정법령상 단체협약에 관한 내용으로 옳지 않은 것은? 제18회

① 행정관청은 단체협약 중 위법한 내용이 있는 경우에는 노동위원회의 의결을 얻어 그 시정을 명할 수 있다.

② 단체협약의 당사자는 단체협약의 체결일부터 30일 이내에 이를 행정관청에게 신고하여야 한다.

③ 단체협약에는 3년을 초과하는 유효기간을 정할 수 없다.

④ 단체협약에 정한 근로조건 기타 근로자의 대우에 관한 기준에 위반하는 근로계약의 부분은 무효로 한다.

⑤ 하나의 사업 또는 사업장에 상시 사용되는 동종의 근로자 반수 이상이 하나의 단체협약의 적용을 받게 된 때에는 당해 사업 또는 사업장에 사용되는 다른 동종의 근로자에 대하여도 당해 단체협약이 적용된다.

해설 ② 단체협약의 당사자는 단체협약의 체결일부터 15일 이내에 이를 행정관청에게 신고하여야 한다.

22 노동조합 및 노동관계조정법령상 단체협약의 유효기간에 관한 설명이다. ( )에 들어갈 숫자를 순서대로 쓰시오. 제21회

> • 단체협약의 유효기간이 만료되는 때를 전후하여 당사자 쌍방이 새로운 단체협약을 체결하고자 단체교섭을 계속하였음에도 불구하고 새로운 단체협약이 체결되지 아니한 경우에는 별도의 약정이 있는 경우를 제외하고는 종전의 단체협약은 그 효력만료일부터 ( )월까지 계속 효력을 갖는다.
>
> • 단체협약에 그 유효기간이 경과한 후에도 새로운 단체협약이 체결되지 아니한 때에는 새로운 단체협약이 체결될 때까지 종전 단체협약의 효력을 존속시킨다는 취지의 별도의 약정이 있는 경우에는 그에 따르되, 당사자 일방은 해지하고자 하는 날의 ( )월 전까지 상대방에게 통고함으로써 종전의 단체협약을 해지할 수 있다.

해설 • 단체협약의 유효기간이 만료되는 때를 전후하여 당사자 쌍방이 새로운 단체협약을 체결하고자 단체교섭을 계속하였음에도 불구하고 새로운 단체협약이 체결되지 아니한 경우에는 별도의 약정이 있는 경우를 제외하고는 종전의 단체협약은 그 효력만료일부터 3월까지 계속 효력을 갖는다.
• 단체협약에 그 유효기간이 경과한 후에도 새로운 단체협약이 체결되지 아니한 때에는 새로운 단체협약이 체결될 때까지 종전 단체협약의 효력을 존속시킨다는 취지의 별도의 약정이 있는 경우에는 그에 따르되, 당사자 일방은 해지하고자 하는 날의 6월 전까지 상대방에게 통고함으로써 종전의 단체협약을 해지할 수 있다.

Answer

19 70, 3 **20** 국민연금심사위원회, 징수심사위원회 **21** ② **22** 3, 6

23 근로자퇴직급여 보장법령상 퇴직급여제도에 관한 설명으로 옳은 것은? 제21회

① 사용자는 근로자가 퇴직한 경우에는 그 지급사유가 발생한 날부터 14일 이내에 퇴직금을 지급하여야 하며, 특별한 사정이 있는 경우에도 당사자간의 합의로 그 지급기일을 연장할 수 없다.

② 확정급여형 퇴직연금제도의 설정 전에 해당 사업에서 제공한 근로기간에 대하여도 퇴직금을 미리 정산한 기간을 포함하여 가입기간으로 할 수 있다.

③ 확정급여형 퇴직연금제도의 가입자는 적립금의 운용방법을 스스로 선정할 수 있고, 반기마다 1회 이상 적립금의 운용방법을 변경할 수 있다.

④ 확정기여형 퇴직연금제도에 가입한 근로자는 중도인출을 신청한 날부터 거꾸로 계산하여 5년 이내에 채무자 회생 및 파산에 관한 법률에 따라 파산선고를 받은 경우 적립금을 중도인출할 수 있다.

⑤ 퇴직급여제도의 일시금을 수령한 사람은 개인형 퇴직연금제도를 설정할 수 없다.

해설 ① 사용자는 근로자가 퇴직한 경우에는 그 지급사유가 발생한 날부터 14일 이내에 퇴직금을 지급하여야 한다. 다만, 특별한 사정이 있는 경우에는 당사자 간의 합의에 따라 지급기일을 연장할 수 있다.
② 확정급여형 퇴직연금제도의 설정 전에 해당 사업에서 제공한 근로기간에 대하여도 가입기간으로 할 수 있다. 이 경우 퇴직금을 미리 정산한 기간은 제외한다.
③ 확정기여형 퇴직연금제도의 가입자는 적립금의 운용방법을 스스로 선정할 수 있고, 반기마다 1회 이상 적립금의 운용방법을 변경할 수 있다.
⑤ 퇴직급여제도의 일시금을 수령한 사람은 개인형 퇴직연금제도를 설정할 수 있다.

24 근로자퇴직급여 보장법상 퇴직급여에 관한 내용이다. (   )에 들어갈 숫자를 쓰시오. 제23회

> 사용자에게 지급의무가 있는 "퇴직급여 등"은 사용자의 총재산에 대하여 질권 또는 저당권에 의하여 담보된 채권을 제외하고는 조세·공과금 및 다른 채권에 우선하여 변제되어야 한다. 다만, 질권 또는 저당권에 우선하는 조세·공과금에 대하여는 그러하지 아니하다. 그럼에도 불구하고 최종 (㉠)년간의 퇴직급여 등은 사용자의 총재산에 대하여 질권 또는 저당권에 의하여 담보된 채권, 조세·공과금 및 다른 채권에 우선하여 변제되어야 한다.

해설 사용자에게 지급의무가 있는 "퇴직급여 등"은 사용자의 총재산에 대하여 질권 또는 저당권에 의하여 담보된 채권을 제외하고는 조세·공과금 및 다른 채권에 우선하여 변제되어야 한다. 다만, 질권 또는 저당권에 우선하는 조세·공과금에 대하여는 그러하지 아니하다. 그럼에도 불구하고 최종 3년간의 퇴직급여 등은 사용자의 총재산에 대하여 질권 또는 저당권에 의하여 담보된 채권, 조세·공과금 및 다른 채권에 우선하여 변제되어야 한다.

25 최저임금에 관한 설명으로 옳은 것은?

① 최저임금액을 일 · 주 또는 월을 단위로 하여 최저임금액을 정할 때에는 시간급(時間給)으로도 표시하여야 한다.

② 사용자는 최저임금법에 따른 최저임금을 이유로 종전의 임금수준을 낮출 수 있다.

③ 최저임금의 사업 종류별 구분은 최저임금위원회가 정한다.

④ 사용자를 대표하는 자는 고시된 최저임금안에 대하여 이의를 제기할 수 없다.

⑤ 고시된 최저임금은 다음 연도 3월 1일부터 효력이 발생하나, 고용노동부장관은 사업의 종류별로 임금교섭시기 등을 고려하여 필요하다고 인정하면 효력발생시기를 따로 정할 수 있다.

> **해설** ② 사용자는 최저임금법에 따른 최저임금을 이유로 종전의 임금수준을 낮출 수 없다.
> ③ 최저임금의 사업의 종류별 구분은 최저임금위원회의 심의를 거쳐 고용노동부장관이 정한다.
> ④ 근로자를 대표하는 자나 사용자를 대표하는 자는 고시된 최저임금안에 대하여 이의가 있으면 고시된 날부터 10일 이내에 대통령령으로 정하는 바에 따라 고용노동부장관에게 이의를 제기할 수 있다.
> ⑤ 고시된 최저임금은 다음 연도 1월 1일부터 효력이 발생한다. 다만, 고용노동부장관은 사업의 종류별로 임금교섭시기 등을 고려하여 필요하다고 인정하면 효력발생시기를 따로 정할 수 있다.

26 최저임금법령상 벌금이나 과태료 부과사유가 아닌 것은?

① 사용자가 최저임금에 매월 1회 이상 정기적으로 지급하는 임금을 포함시키기 위하여 1개월을 초과하는 주기로 지급하는 임금을 총액의 변동 없이 매월 지급하는 것으로 취업규칙을 변경하면서 해당 사업 또는 사업장에 근로자의 과반수로 조직된 노동조합의 의견을 듣지 아니한 경우

② 최저임금의 적용을 받는 사용자가 최저임금의 효력발생 연월일을 법령이 정하는 방법으로 근로자에게 널리 알리지 아니한 경우

③ 고용노동부장관이 임금에 관한 사항의 보고를 하게 하였으나 보고를 하지 아니하거나 거짓으로 보고한 경우

④ 근로감독관의 장부제출 요구 또는 물건에 대한 검사를 거부 · 방해 또는 기피하거나 질문에 대하여 거짓 진술을 하는 경우

⑤ 고용노동부장관이 고시하는 최저임금안이 근로자의 생활안정에 미치지 못함에도 불구하고 사용자가 고시된 날부터 10일 이내에 이의를 제기하지 아니한 경우

> **해설** ① 500만원 이하의 벌금, ②③④ 100만원 이하의 과태료 부과사유에 해당된다.

Answer

23 ④   24 ㉠ 3   25 ①   26 ⑤

27 최저임금법상 최저임금액에 관한 내용이다. ( )에 들어갈 용어를 쓰시오.　　제24회

최저임금액은 시간·일(日)·주(週), 또는 월(月)을 단위로 하여 정한다. 이 경우 일·주 또는 월을 단위로 하여 최저임금액을 정할 때에는 (㉠)(으)로도 표시하여야 한다.

해설 최저임금액은 시간·일(日)·주(週), 또는 월(月)을 단위로 하여 정한다. 이 경우 일·주 또는 월을 단위로 하여 최저임금액을 정할 때에는 시간급(으)로도 표시하여야 한다.

28 남녀고용평등과 일·가정 양립 지원에 관한 법령상 직장 내 성희롱의 예방 및 벌칙에 관한 설명으로 옳지 않은 것은?　　제20회 일부수정

① 직장 내 성희롱 예방 교육을 실시해야 하는 사업주는 그 교육을 연 1회 이상 하여야 한다.
② 성희롱 예방 교육기관은 고용노동부령으로 정하는 기관 중에서 지정하되, 고용노동부령으로 정하는 강사를 1명 이상 두어야 한다.
③ 고용노동부장관은 성희롱 예방 교육기관이 정당한 사유 없이 고용노동부령으로 정하는 강사를 6개월 이상 계속하여 두지 아니한 경우 그 지정을 취소할 수 있다.
④ 직장 내 성희롱 발생 사실을 신고한 근로자 및 피해근로자 등에게 불리한 처우를 한 경우에는 3년 이하의 징역 또는 3천만원 이하의 벌금에 처한다.
⑤ 직장 내 성희롱 발생 사실 확인을 위한 조사를 하지 아니한 경우에는 500만원 이하의 과태료를 부과한다.

해설 ③ 고용노동부장관은 성희롱 예방 교육기관이 정당한 사유 없이 고용노동부령으로 정하는 강사를 3개월 이상 계속하여 두지 아니한 경우 그 지정을 취소할 수 있다.

29 남녀고용평등과 일·가정 양립 지원에 관한 법률상 모성보호에 관한 내용이다. (   )에 들어갈 용어 또는 숫자를 쓰시오.
제23회 수정

> 사업주는 근로자가 인공수정 또는 체외수정 등 (㉠)(을)를 받기 위하여 휴가를 청구하는 경우에 연간 (㉡)일 이내의 휴가를 주어야 하며, 이 경우 최초 2일은 유급으로 한다. 다만, 근로자가 청구한 시기에 휴가를 주는 것이 정상적인 사업운영에 중대한 지장을 초래하는 경우에는 근로자와 협의하여 그 시기를 변경할 수 있다.

해설 사업주는 근로자가 인공수정 또는 체외수정 등 난임치료를 받기 위하여 휴가를 청구하는 경우에 연간 6일 이내의 휴가를 주어야 하며, 이 경우 최초 2일은 유급으로 한다. 다만, 근로자가 청구한 시기에 휴가를 주는 것이 정상적인 사업 운영에 중대한 지장을 초래하는 경우에는 근로자와 협의하여 그 시기를 변경할 수 있다.

30 남녀고용평등과 일·가정 양립 지원에 관한 법령상 직장 내 성희롱의 금지 및 예방에 관한 설명으로 옳지 않은 것은?
제24회

① 사업주는 직장 내 성희롱 예방을 위한 교육을 연 1회 이상 하여야 한다.
② 사업주는 성희롱 예방 교육의 내용을 근로자가 자유롭게 열람할 수 있는 장소에 항상 게시하거나 갖추어 두어 근로자에게 널리 알려야 한다.
③ 사업주가 마련해야 하는 성희롱 예방지침에는 직장 내 성희롱 조사절차가 포함되어야 한다.
④ 직장 내 성희롱 발생 사실을 조사한 사람은 해당 조사와 관련된 내용을 사업주에게 보고해서는 아니 된다.
⑤ 사업주가 해야 하는 직장 내 성희롱 예방을 위한 교육에는 직장 내 성희롱에 관한 법령이 포함되어야 한다.

해설 ④ 직장 내 성희롱 발생 사실을 조사한 사람은 해당 조사와 관련된 내용을 사업주에게 보고하여야 한다.

Answer
27 ㉠ 시간급 28 ③ 29 ㉠ 난임치료 ㉡ 6 30 ④

31 근로기준법령상 부당해고 등의 구제신청에 관한 설명으로 옳지 않은 것은? 제19회

① 사용자가 근로자에게 부당해고 등을 하면 근로자는 노동위원회에 구제를 신청할 수 있다.

② 노동위원회는 부당해고 등이 성립한다고 판정하면 사용자에게 구제명령을 하여야 하며, 부당해고 등이 성립하지 아니한다고 판정하면 구제신청을 기각하는 결정을 하여야 한다.

③ 지방노동위원회의 구제명령이나 기각결정에 불복하는 사용자나 근로자는 구제명령서나 기각결정서를 통지받은 날부터 10일 이내에 중앙노동위원회에 재심을 신청할 수 있다.

④ 노동위원회의 구제명령, 기각결정 또는 재심판정은 중앙노동위원회에 대한 재심 신청이나 행정소송 제기에 의하여 그 효력이 정지된다.

⑤ 행정소송을 제기하여 확정된 구제명령 또는 구제명령을 내용으로 하는 재심판정을 이행하지 아니한 자는 1년 이하의 징역 또는 1천만원 이하의 벌금에 처한다.

> **해설** ④ 노동위원회의 구제명령, 기각결정 또는 재심판정은 중앙노동위원회에 대한 재심 신청이나 행정소송 제기에 의하여 그 효력이 정지되지 아니한다.

32 근로기준법상 해고에 관한 설명으로 옳지 않은 것은? 제22회

① 사용자가 경영상 이유에 의하여 근로자를 해고하려면 긴박한 경영상의 필요가 있어야 한다.

② 정부는 경영상 이유에 의해 해고된 근로자에 대하여 생계안정, 재취업, 직업훈련 등 필요한 조치를 우선적으로 취하여야 한다.

③ 사용자는 근로자를 해고하려면 해고사유와 해고시기를 서면으로 통지하여야 한다.

④ 사용자는 계속 근로한 기간이 3개월 미만인 근로자를 경영상의 이유에 의해 해고하려면 적어도 15일 전에 예고를 하여야 한다.

⑤ 부당해고의 구제신청은 부당해고가 있었던 날부터 3개월 이내에 하여야 한다.

> **해설** 사용자는 근로자를 해고(경영상 이유에 의한 해고를 포함한다)하려면 적어도 30일 전에 예고를 하여야 하고, 30일 전에 예고를 하지 아니하였을 때에는 30일분 이상의 통상임금을 지급하여야 한다. 다만, 다음의 어느 하나에 해당하는 경우에는 그러하지 아니하다.
> 1. 근로자가 계속 근로한 기간이 3개월 미만인 경우
> 2. 천재·사변, 그 밖의 부득이한 사유로 사업을 계속하는 것이 불가능한 경우
> 3. 근로자가 고의로 사업에 막대한 지장을 초래하거나 재산상 손해를 끼친 경우로서 고용노동부령으로 정하는 사유에 해당하는 경우

33 근로기준법령상 부당해고 등의 구제절차에 관한 설명으로 옳은 것은? 제21회

① 사용자가 근로자에게 부당해고 등을 하면 근로자 및 노동조합은 노동위원회에 구제를 신청할 수 있다.

② 부당해고 등에 대한 구제신청은 부당해고 등이 있었던 날부터 6개월 이내에 하여야 한다.

③ 노동위원회의 구제명령, 기각결정 또는 재심판정은 중앙노동위원회에 대한 재심신청이나 행정소송 제기에 의하여 그 효력이 정지되지 아니한다.

④ 노동위원회는 이행강제금을 부과하기 40일 전까지 이행강제금을 부과·징수한다는 뜻을 사용자에게 미리 문서로써 알려주어야 한다.

⑤ 노동위원회는 구제명령을 받은 자가 구제명령을 이행하면 새로운 이행강제금을 부과하지 아니하되, 구제명령을 이행하기 전에 이미 부과된 이행강제금은 징수하지 아니한다.

> **해설** ① 사용자가 근로자에게 부당해고 등을 하면 근로자가 노동위원회에 구제를 신청할 수 있다.
> ② 부당해고 등에 대한 구제신청은 부당해고 등이 있었던 날부터 3개월 이내에 하여야 한다.
> ④ 노동위원회는 이행강제금을 부과하기 30일 전까지 이행강제금을 부과·징수한다는 뜻을 사용자에게 미리 문서로써 알려주어야 한다.
> ⑤ 노동위원회는 구제명령을 받은 자가 구제명령을 이행하면 새로운 이행강제금을 부과하지 아니하되, 구제명령을 이행하기 전에 이미 부과된 이행강제금은 징수하여야 한다.

34 근로기준법상 직장 내 괴롭힘 발생시 조치에 관한 내용이다. (   )에 들어갈 용어를 쓰시오. 제23회

> 사용자는 직장 내 괴롭힘 발생 사실을 인지한 경우에는 지체 없이 그 사실 확인을 위한 조사를 실시하여야 한다. 사용자는 조사기간 동안 직장 내 괴롭힘과 관련하여 피해근로자 등을 보호하기 위하여 필요한 경우 해당 피해근로자 등에 대하여 근무장소의 변경, (㉠) 명령 등 적절한 조치를 하여야 한다.

> **해설** 사용자는 직장 내 괴롭힘 발생 사실을 인지한 경우에는 지체 없이 그 사실 확인을 위한 조사를 실시하여야 한다. 사용자는 조사기간 동안 직장 내 괴롭힘과 관련하여 피해근로자 등을 보호하기 위하여 필요한 경우 해당 피해근로자 등에 대하여 근무장소의 변경, 유급휴가 명령 등 적절한 조치를 하여야 한다.

Answer

31 ④   32 ④   33 ③   34 ㉠ 유급휴가

35 근로기준법상 해고에 관한 설명으로 옳은 것은?   제24회

① 사용자는 근로자를 해고 하려면 적어도 20일 전에 예고를 하여야 한다.

② 근로자에 대한 해고는 해고사유와 해고시기를 밝히면 서면이 아닌 유선으로 통지하여도 효력이 있다.

③ 노동위원회는 부당해고 구제신청에 대한 심문을 할 때에 직권으로 증인을 출석하게 하여 필요한 사항을 질문할 수는 없다.

④ 지방노동위원회의 해고에 대한 구제명령은 행정소송 제기가 있으면 그 효력이 정지된다.

⑤ 노동위원회는 이행강제금을 부과하기 30일 전까지 이행강제금을 부과·징수한다는 뜻을 사용자에게 미리 문서로써 알려 주어야 한다.

해설 ① 사용자는 근로자를 해고 하려면 적어도 30일 전에 예고를 하여야 한다.

② 사용자는 근로자를 해고하려면 해고사유와 해고시기를 서면으로 통지하여야 효력이 있다.

③ 노동위원회는 부당해고 구제신청에 대한 심문을 할 때에 직권으로 증인을 출석하게 하여 필요한 사항을 질문할 수는 있다.

④ 지방노동위원회의 해고에 대한 구제명령은 행정소송 제기에 의하여 그 효력이 정지되지 아니한다.

Answer

35 ⑤

Memo

대외업무 및 리모델링

단·원·열·기

공동주택과 부대시설 및 복리시설에 대한 행위허가와 신고에 관한 문제가 출제되고 있으나 정리가 잘되지 않아 수험생들이 시험 직전까지 힘들어 하는 부분이기도 하다. 따라서 기출문제를 토대로 출제유형을 습득해야 하며 리모델링은 개정부분이 많기 때문에 특히 주의하여 정리해야 한다.

행위허가 등

01 용어의 정의

02 행위변경에 대한 허가·신고

03 공동주택의 행위허가 또는 신고의 기준

04 국토교통부령이 정하는 경미한 사항

01 행위허가 등

1 용어의 정의

(1) 신축이란 건축물이 없는 대지(기존 건축물이 철거되거나 멸실된 대지를 포함한다)에 새로 건축물을 축조(築造)하는 것(부속건축물만 있는 대지에 새로 주된 건축물을 축조하는 것을 포함하되, 개축 또는 재축하는 것은 제외한다)을 말한다.

(2) 증축이란 기존 건축물이 있는 대지에서 건축물의 건축면적, 연면적, 층수 또는 높이를 늘리는 것을 말한다.

(3) 개축이란 기존 건축물의 전부 또는 일부(내력벽·기둥·보·지붕틀 중 셋 이상이 포함되는 경우를 말한다)를 철거하고 그 대지에 종전과 같은 규모의 범위에서 건축물을 다시 축조하는 것을 말한다.

(4) 재축이란 건축물이 천재지변이나 그 밖의 재해(災害)로 멸실된 경우 그 대지에 다음의 요건을 모두 갖추어 다시 축조하는 것을 말한다.
  ① 연면적 합계는 종전 규모 이하로 할 것
  ② 동(棟)수, 층수 및 높이는 다음의 어느 하나에 해당할 것
    ㉠ 동수, 층수 및 높이가 모두 종전 규모 이하일 것
    ㉡ 동수, 층수 또는 높이의 어느 하나가 종전 규모를 초과하는 경우에는 해당 동수, 층수 및 높이가 「건축법」(이하 "법"이라 한다), 이 영 또는 건축조례(이하 "법령 등"이라 한다)에 모두 적합할 것

(5) 대수선이란 건축물의 기둥, 보, 내력벽, 주계단 등의 구조나 외부 형태를 수선·변경하거나 증설하는 것을 말한다.

2 행위변경에 대한 허가·신고

(1) 공동주택(일반인에게 분양되는 복리시설을 포함한다)의 입주자 등 또는 관리
주체가 다음의 어느 하나에 해당하는 행위를 하려는 경우에는 허가 또는 신고
와 관련된 면적, 세대수 또는 입주자나 입주자 등의 동의 비율에 관하여 대통
령령으로 정하는 기준 및 절차 등에 따라 시장·군수·구청장의 허가를 받거
나 시장·군수·구청장에게 신고를 하여야 한다.

① 공동주택을 사업계획에 따른 용도 외의 용도에 사용하는 행위

② 공동주택을 증축·개축·대수선하는 행위(「주택법」에 따른 리모델링은 제
외한다)

③ 공동주택을 파손 또는 훼손하거나 해당 시설의 전부 또는 일부를 철거하는
행위(국토교통부령으로 정하는 경미한 행위는 제외한다)

④ 「주택법」에 따른 세대구분형 공동주택을 설치하는 행위

⑤ 공동주택의 용도폐지

⑥ 공동주택의 증설·재축 및 비내력벽의 철거(입주자 공유가 아닌 복리시설
의 비내력벽 철거는 제외한다)

(2) (1)에 따른 행위에 관하여 시장·군수·구청장이 관계 행정기관의 장과 협의하
여 허가하거나 신고받은 사항에 관하여는 「주택법」 제19조를 준용하며, 「건축
법」 제19조에 따른 신고를 받은 것으로 본다.

(3) 공동주택의 시공 또는 감리 업무를 수행하는 자는 공동주택의 입주자 등 또는
관리주체가 허가를 받거나 신고를 하지 아니하고 (1)의 어느 하나에 해당하는
행위를 하는 경우 그 행위에 협조하여 공동주택의 시공 또는 감리 업무를 수행
하여서는 아니 된다. 이 경우 공동주택의 시공 또는 감리 업무를 수행하는 자
는 입주자 등 또는 관리주체가 허가를 받거나 신고를 하였는지를 사전에 확인
하여야 한다.

(4) 공동주택의 입주자 등 또는 관리주체가 (1)에 따른 행위에 관하여 시장·군
수·구청장의 허가를 받거나 신고를 한 후 그 공사를 완료하였을 때에는 시
장·군수·구청장의 사용검사를 받아야 하며, 사용검사에 관하여는 「주택법」
제49조를 준용한다.

(5) 시장·군수·구청장은 (1)에 해당하는 자가 거짓이나 그 밖의 부정한 방법으로
(1) 및 (2)에 따른 허가를 받거나 신고를 한 경우에는 그 허가나 신고의 수리를
취소할 수 있다.

(6) (1)의 ③에 따른 국토교통부령으로 정하는 경미한 행위는 다음과 같다.

① 창문·문틀의 교체

② 세대 내 천장·벽·바닥의 마감재 교체

③ 급·배수관 등 배관설비의 교체

④ 세대 내 난방설비의 교체(시설물의 파손·철거를 제외한다)

⑤ 구내통신선로설비, 경비실과 통화가 가능한 구내전화, 지능형 홈네트워크 설비, 방송수신을 위한 공동수신설비 또는 영상정보처리기기의 교체(폐쇄회로 텔레비전과 네트워크 카메라 간의 교체를 포함한다)

⑥ 보안등, 자전거보관소, 안내표지판, 담장(축대는 제외한다) 또는 보도블록의 교체

⑦ 폐기물보관시설(재활용품 분류보관시설을 포함한다), 택배보관함 또는 우편함의 교체

⑧ 조경시설 중 수목(樹木)의 일부 제거 및 교체

⑨ 주민운동시설의 교체(다른 운동종목을 위한 시설로 변경하는 것을 말하며, 면적이 변경되는 경우는 제외한다)

⑩ 부대시설 중 각종 설비나 장비의 수선·유지·보수를 위한 부품의 일부 교체

⑪ 그 밖에 ①부터 ⑩까지의 규정에서 정한 사항과 유사한 행위로서 시장·군수·구청장이 인정하는 행위

(7) (1)에 따라 허가를 받거나 신고를 하려는 자는 허가신청서 또는 신고서에 국토교통부령으로 정하는 서류를 첨부하여 시장·군수·구청장에게 제출하여야 한다.

(8) (7)의 국토교통부령으로 정하는 서류란 다음의 구분에 따른 서류를 말한다. 이 경우 허가신청 또는 신고 대상인 행위가 다음의 구분에 따라 입주자의 동의를 얻어야 하는 행위로서 소음을 유발하는 행위일 때에는 공사기간 및 공사방법 등을 동의서에 적어야 한다.

① **용도변경의 경우**

㉠ 용도를 변경하려는 층의 변경 전과 변경 후의 평면도

㉡ 공동주택단지의 배치도

㉢ 입주자의 동의를 받아야 하는 경우에는 그 동의서

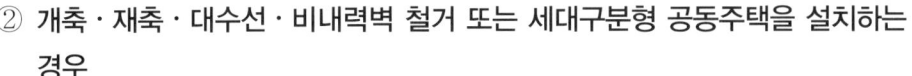

② **개축 · 재축 · 대수선 · 비내력벽 철거 또는 세대구분형 공동주택을 설치하는 경우**

　㉠ 개축 · 재축 · 대수선을 하거나 세대구분형 공동주택을 설치하려는 건축물의 종별에 따른 「건축법 시행규칙」 제6조 제1항 각 호의 서류 및 도서. 이 경우 「건축법 시행규칙」 제6조 제1항 제1호의2 나목의 서류는 입주자 공유가 아닌 복리시설만 해당한다.

　㉡ 입주자의 동의를 받아야 하는 경우에는 그 동의서

③ **파손 · 철거 또는 용도폐지의 경우**

　㉠ 공동주택단지의 배치도

　㉡ 입주자의 동의를 받아야 하는 경우에는 그 동의서

④ **증축의 경우**

　㉠ 건축물의 종별에 따른 「건축법 시행규칙」 제6조 제1항 각 호의 서류 및 도서. 이 경우 「건축법 시행규칙」 제6조 제1항 제1호의2 나목의 서류는 입주자 공유가 아닌 복리시설만 해당한다.

　㉡ 입주자의 동의를 받아야 하는 경우에는 그 동의서

⑤ **증설의 경우**

　㉠ 건축물의 종별에 따른 「건축법 시행규칙」 제6조 제1항 제1호 및 제1호의2의 서류. 이 경우 「건축법 시행규칙」 제6조 제1항 제1호의2 나목의 서류는 입주자 공유가 아닌 복리시설만 해당한다.

　㉡ 입주자의 동의를 받아야 하는 경우에는 그 동의서

⑼ 시장 · 군수 · 구청장은 허가신청 또는 신고가 기준에 적합한 경우에는 행위허가증명서 또는 행위신고증명서를 발급하여야 한다.

⑽ 시장 · 군수 · 구청장은 세대구분형 공동주택의 허가증명서를 발급한 경우에는 세대구분형 공동주택 관리대장에 그 내용을 적고 관리해야 한다.

⑾ 입주자 등 또는 관리주체는 사용검사를 받으려는 경우에는 신청서에 다음의 서류를 첨부하여 시장 · 군수 · 구청장에게 제출하여야 한다.

① 감리자의 감리의견서(「건축법」에 따른 감리대상인 경우만 해당한다)

② 시공자의 공사확인서

⑿ 시장 · 군수 · 구청장은 ⑾에 따른 신청서를 받은 경우에는 사용검사의 대상이 허가 또는 신고된 내용에 적합한지를 확인한 후 사용검사필증을 발급하여야 한다.

(13) **위반시 벌칙**

① 시장·군수·구청장의 허가를 받지 않고 행위를 한 자는 1년 이하의 징역 또는 1천만원 이하의 벌금에 처한다.

② 시장·군수·구청장에게 신고를 하지 않고 행위를 한 자에게는 5백만원 이하의 과태료를 부과한다.

3 공동주택의 행위허가 또는 신고의 기준

🔗 **공동주택의 행위허가 또는 신고의 기준**

구 분		허가기준	신고기준
1. 용도변경	가. 공동주택	법령의 개정이나 여건 변동 등으로 인하여 「주택건설기준 등에 관한 규정」에 따른 주택의 건설기준에 부적합하게 된 공동주택의 전유부분을 같은 영에 적합한 시설로 용도를 변경하는 경우로서 전체 입주자 3분의 2 이상의 동의를 받은 경우	
	나. 입주자 공유가 아닌 복리시설		「주택건설기준 등에 관한 규정」에 따른 설치기준에 적합한 범위에서 부대시설이나 입주자 공유가 아닌 복리시설로 용도를 변경하는 경우. 다만, 다음의 어느 하나에 해당하는 경우는 「건축법」 등 관계 법령에 따른다. 1) 「주택법 시행령」 제7조 제1호 또는 제2호에 해당하는 시설 간에 용도를 변경하는 경우 2) 시·군·구 건축위원회의 심의를 거쳐 용도를 변경하는 경우

		전체 입주자 3분의 2 이상의 동의를 얻어 주민운동시설, 주택단지 안의 도로 및 어린이놀이터를 각각 전체 면적의 4분의 3 범위에서 주차장 용도로 변경하는 경우[2013년 12월 17일 이전에 종전의 「주택건설촉진법」(법률 제6916호 주택건설촉진법개정법률로 개정되기 전의 것을 말한다) 제33조 및 종전의 「주택법」(법률 제13805호 주택법 전부개정법률로 개정되기 전의 것을 말한다) 제16조에 따른 사업계획승인을 신청하거나 「건축법」 제11조에 따른 건축허가를 받아 건축한 20세대 이상의 공동주택으로 한정한다]로서 그 용도변경의 필요성을 시장·군수·구청장이 인정하는 경우	1) 「주택건설기준 등에 관한 규정」에 따른 설치기준에 적합한 범위에서 다음의 구분에 따른 동의요건을 충족하여 부대시설이나 주민공동시설로 용도변경을 하는 경우(영리를 목적으로 하지 않는 경우로 한정한다). 이 경우 필수시설(경로당은 제외하며, 어린이집은 「주택법」 제49조에 따른 사용검사일 또는 「건축법」 제22조에 따른 사용승인일부터 1년 동안 「영유아보육법」 제13조에 따른 인가신청이 없는 경우이거나 「영유아보육법」 제43조에 따른 폐지신고일부터 6개월이 지난 경우만 해당한다)은 시·군·구 건축위원회 심의를 거쳐 그 전부를 다른 용도로 변경할 수 있다.
다. 부대시설 및 입주자 공유인 복리시설			가) 필수시설이나 경비원 등 근로자 휴게시설로 용도변경을 하는 경우: 전체 입주자 등 2분의 1 이상의 동의
			나) 그 밖의 경우: 전체 입주자 등 3분의 2 이상의 동의

다. 부대시설 및
입주자 공유인
복리시설

2) 2013년 12월 17일 이전에
종전의 「주택법」(법률 제
13805호 주택법 전부개정
법률로 개정되기 전의 것
을 말한다) 제16조에 따
른 사업계획승인을 신청
하여 설치한 주민공동시
설의 설치면적이 「주택건
설기준 등에 관한 규정」
제55조의2 제1항 각 호에
따라 산정한 면적기준에
적합하지 않은 경우로서
다음의 구분에 따른 동의
요건을 충족하여 주민공
동시설을 다른 용도의 주
민공동시설로 용도변경을
하는 경우. 이 경우 필수
시설(경로당은 제외하며,
어린이집은 「주택법」 제
49조에 따른 사용검사일
또는 「건축법」 제22조에
따른 사용승인일부터 1년
동안 「영유아보육법」 제
13조에 따른 인가신청이
없는 경우이거나 「영유아
보육법」 제43조에 따른 폐
지신고일부터 6개월이 지
난 경우만 해당한다)은 시·
군·구 건축위원회 심의를
거쳐 그 전부를 다른 용도
로 변경할 수 있다.

가) 필수시설로 용도변경
을 하는 경우: 전체
입주자 등 2분의 1 이
상의 동의

나) 그 밖의 경우: 전체
입주자 등 3분의 2 이
상의 동의

2. 개축·재축· 대수선	가. 공동주택	해당 동(棟) 입주자 3분의 2 이상의 동의를 받은 경우. 다만, 내력벽에 배관설비를 설치하는 경우에는 해당 동에 거주하는 입주자 등 2분의 1 이상의 동의를 받아야 한다.	
	나. 부대시설 및 입주자 공유인 복리시설	전체 입주자 3분의 2 이상의 동의를 받은 경우. 다만, 내력벽에 배관설비를 설치하는 경우에는 전체 입주자 등 2분의 1 이상의 동의를 받아야 한다.	
3. 파손·철거	가. 공동주택	1) 시설물 또는 설비의 철거로 구조안전에 이상이 없다고 시장·군수·구청장이 인정하는 경우로서 다음의 구분에 따른 동의요건을 충족하는 경우 가) 전유부분의 경우: 해당 동에 거주하는 입주자 등 2분의 1 이상의 동의 나) 공용부분의 경우: 해당 동 입주자등 3분의 2 이상의 동의. 다만, 비내력벽 또는 태양광설비를 철거하는 경우에는 해당 동에 거주하는 입주자 등 2분의 1 이상의 동의를 받아야 한다. 2) 위해의 방지를 위하여 시장·군수·구청장이 부득이하다고 인정하는 경우로서 해당 동에 거주하는 입주자 등 2분의 1 이상의 동의를 받은 경우	1) 노약자나 장애인의 편리를 위한 계단의 단층 철거 등 경미한 행위로서 입주자대표회의의 동의를 받은 경우 2) 「방송통신설비의 기술기준에 관한 규정」 제3조 제1항 제15호의 이동통신구내중계설비(이하 "이동통신구내중계설비"라 한다)를 철거하는 경우로서 입주자대표회의 동의를 받은 경우 3) 물막이설비를 철거하는 경우로서 입주자대표회의의 동의를 받은 경우

		1) 건축물인 부대시설 또는 복리시설을 전부 철거하는 경우로서 전체 입주자 3분의 2 이상의 동의를 받은 경우 2) 시설물 또는 설비의 철거로 구조안전에 이상이 없다고 시장·군수·구청장이 인정하는 경우로서 다음의 구분에 따른 동의요건을 충족하는 경우 　가) 건축물 내부인 경우: 전체 입주자 등 2분의 1 이상의 동의 　나) 그 밖의 경우: 전체 입주자 등 3분의 2 이상의 동의. 다만, 태양광 설비를 철거하는 경우에는 전체 입주자 등 2분의 1 이상의 동의를 받아야 한다. 3) 위해의 방지를 위하여 시설물 또는 설비를 철거하는 경우에는 시장·군수·구청장이 부득이하다고 인정하는 경우로서 전체 입주자 등 2분의 1 이상의 동의를 받은 경우	1) 노약자나 장애인의 편리를 위한 계단의 단층 철거 등 경미한 행위로서 입주자대표회의의 동의를 받은 경우 2) 이동통신구내중계설비를 철거하는 경우로서 입주자대표회의 동의를 받은 경우 3) 물막이설비를 철거하는 경우로서 입주자대표회의의 동의를 받은 경우 4) 국토교통부령으로 정하는 경미한 사항으로서 입주자대표회의 동의를 받은 경우
나. 부대시설 및 　입주자 공유 　인 복리시설		
4. 세대구분형 공동주택의 설치		「주택법 시행령」 제9조 제1항 제2호의 요건을 충족하는 경우로서 다음 각 목의 구분에 따른 요건을 충족하는 경우 가. 대수선이 포함된 경우 　1) 내력벽에 배관설비를 설치하는 경우: 해당 동에 거주하는 입주자 등 2분의 1 이상의 동의를 받은 경우 　2) 그 밖의 경우: 해당 동 입주자 3분의 2 이상의 동의를 받은 경우

		나. 그 밖의 경우: 시장·군수·구청장이 구조안전에 이상이 없다고 인정하는 경우로서 해당 동에 거주하는 입주자 등 2분의 1 이상의 동의를 받은 경우	
5. 용도폐지	가. 공동주택	1) 위해의 방지를 위하여 시장·군수·구청장이 부득이하다고 인정하는 경우로서 해당 동 입주자 3분의 2 이상의 동의를 받은 경우 2) 「주택법」 제54조에 따라 공급했으나 전체 세대가 분양되지 않은 경우로서 시장·군수·구청장이 인정하는 경우	
	나. 입주자 공유가 아닌 복리시설	위해의 방지를 위하여 시장·군수·구청장이 부득이하다고 인정하는 경우	
	다. 부대시설 및 입주자 공유인 복리시설	위해의 방지를 위하여 시장·군수·구청장이 부득이하다고 인정하는 경우로서 전체 입주자 3분의 2 이상의 동의를 받은 경우	
6. 증축·증설	가. 공동주택 및 입주자 공유가 아닌 복리시설	1) 다음의 어느 하나에 해당하는 증축의 경우 가) 증축하려는 건축물의 위치·규모 및 용도가 「주택법」 제15조에 따른 사업계획승인을 받은 범위에 해당하는 경우 나) 시·군·구 건축위원회의 심의를 거쳐 건축물을 증축하는 경우	1) 「주택법」 제49조에 따른 사용검사를 받은 면적의 10퍼센트의 범위에서 유치원을 증축(「주택건설기준 등에 관한 규정」에 따른 설치기준에 적합한 경우로 한정한다)하거나 「장애인·노인·임산부 등의 편의증진 보장에 관한 법률」 제2조 제2호의 편의시설을 설치하려는 경우

가. 공동주택 및 입주자 공유가 아닌 복리시설	다) 공동주택의 필로티 부분을 전체 입주자 3분의 2 이상 및 해당 동 입주자 3분의 2 이상의 동의를 받아 국토교통부령으로 정하는 범위에서 주민공동시설 또는 「주택건설기준 등에 관한 규정」의 경비원 등 공동주택 관리 업무에 종사하는 근로자를 위한 휴게시설로 증축하는 경우로서 통행, 안전 및 소음 등에 지장이 없다고 시장·군수·구청장이 인정하는 경우 2) 구조안전에 이상이 없다고 시장·군수·구청장이 인정하는 증설로서 다음의 구분에 따른 동의요건을 충족하는 경우 가) 공동주택의 전유부분인 경우: 해당 동에 거주하는 입주자 등 2분의 1 이상의 동의 나) 공동주택의 공용부분인 경우: 해당 동 입주자 등 3분의 2 이상의 동의. 다만, 태양광 설비를 설치하는 경우에는 해당 동 입주자등 2분의 1 이상의 동의를 받아야 한다.	2) 이동통신구내중계설비를 설치하는 경우로서 입주자대표회의 동의를 받은 경우 3) 물막이설비를 설치하는 경우로서 입주자대표회의의 동의를 받은 경우

		1) 전체 입주자 3분의 2 이상의 동의를 받아 증축하는 경우 2) 구조안전에 이상이 없다고 시장·군수·구청장이 인정하는 증설로서 다음의 구분에 따른 동의요건을 충족하는 경우 가) 건축물 내부의 경우: 전체 입주자 등 2분의 1 이상의 동의 나) 그 밖의 경우: 전체 입주자 등 3분의 2 이상의 동의. 다만, 태양광 설비를 설치하는 경우에는 전체 입주자 등 2분의 1 이상의 동의를 받아야 한다.	1) 국토교통부령으로 정하는 경미한 사항으로서 입주자대표회의의 동의를 받은 경우 2) 주차장에 「환경친화적 자동차의 개발 및 보급 촉진에 관한 법률」 제2조 제3호의 전기자동차의 고정형 충전기 및 충전 전용 주차구획을 설치하는 행위(충전기를 교체하는 행위를 포함한다)로서 입주자대표회의의 동의를 받은 경우 3) 이동통신구내중계설비를 설치하는 경우로서 입주자대표회의의 동의를 받은 경우 4) 물막이설비를 설치하는 경우로서 입주자대표회의의 동의를 받은 경우
	나. 부대시설 및 입주자 공유인 복리시설	

💡 비 고

1. "공동주택"이란 법 제2조 제1항 제1호 가목의 공동주택을 말한다.
2. "시·군·구 건축위원회"란 「건축법 시행령」 제5조의5 제1항에 따라 시·군·자치구에 두는 건축위원회를 말한다.
3. "필수시설"이란 「주택건설기준 등에 관한 규정」 제55조의2 제3항 각 호 구분에 따라 설치해야 하는 주민공동시설을 말한다.
4. 「건축법」 제11조에 따른 건축허가를 받아 분양을 목적으로 건축한 공동주택 및 같은 조에 따른 건축허가를 받아 주택 외의 시설과 주택을 동일 건축물로 건축한 건축물에 대해서는 위 표 제1호 다목의 허가기준만 적용하고, 그 외의 개축·재축·대수선 등은 「건축법」 등 관계 법령에 따른다.
5. "시설물"이란 다음 각 목의 어느 하나에 해당하는 것을 말한다.
    가. 비내력벽 등 건축물의 주요구조부가 아닌 구성요소
    나. 건축물 내·외부에 설치되는 건축물이 아닌 공작물(工作物)
6. "증설"이란 증축에 해당하지 않는 것으로서 시설물 또는 설비를 늘리는 것을 말한다.
7. 입주자 공유가 아닌 복리시설의 개축·재축·대수선, 파손·철거 및 증설은 「건축법」 등 관계 법령에 따른다.
8. 시장·군수·구청장은 위 표에 따른 행위가 「건축법」 제48조 제2항에 따라 구조의 안전을 확인해야 하는 사항인 경우 같은 항에 따라 구조의 안전을 확인했는지 여부를 확인해야 한다.
9. 시장·군수·구청장은 위 표에 따른 행위가 「건축물관리법」 제2조 제7호의 해체에 해당하는 경우 같은 법 제30조를 준수했는지 여부를 확인해야 한다.

4 국토교통부령이 정하는 경미한 사항

(1) 증축·증설의 공동주택 및 입주자 공유가 아닌 복리시설의 허가기준란 1)의 다)에서 "국토교통부령으로 정하는 범위"란 다음의 기준을 모두 갖춘 경우를 말한다.

① 도서실, 주민교육시설, 주민휴게시설, 독서실, 입주자집회소에 해당하는 주민공동시설 또는 경비원 등 공동주택 관리 업무에 종사하는 근로자를 위한 휴게시설일 것

② ①에 시설로 증축하려는 필로티 부분의 면적 합계가 해당 주택단지 안의 필로티 부분 총면적의 100분의 30 이내일 것

③ ②에 시설의 증축 면적을 해당 공동주택의 바닥면적에 산입하는 경우 용적률이 관계 법령에 따른 건축 기준에 위반되지 않을 것

(2) 파손·철거의 부대시설 및 입주자 공유인 복리시설의 신고기준란 4)와 증축·증설의 부대시설 및 입주자 공유인 복리시설의 신고기준란 1)에서 "국토교통부령이 정하는 경미한 사항"이라 함은 「주택건설기준 등에 관한 규정」에 적합한 범위에서 다음의 시설을 사용검사를 받은 면적 또는 규모의 10%의 범위에서 파손·철거 또는 증축·증설하는 경우를 말한다.

① 주차장, 조경시설, 어린이놀이터, 관리사무소, 경비원 등 근로자 휴게시설, 경비실, 경로당 또는 입주자집회소

② 대문·담장 또는 공중화장실

③ 경비실과 통화가 가능한 구내전화 또는 영상정보처리기기

④ 보안등, 자전거보관소 또는 안내표지판

⑤ 옹벽, 축대[문주(門柱)를 포함한다] 또는 주택단지 안의 도로

⑥ 폐기물보관시설(재활용품 분류보관시설을 포함한다), 택배보관함 또는 우편함

⑦ 주민운동시설(실외에 설치된 시설로 한정한다)

02 리모델링

리모델링

01 용어정의

02 리모델링 주택조합

03 공동주택 리모델링 허가 기준

04 공동주택 리모델링 기준과 절차

1 용어정의

리모델링이란 건축물의 노후화 억제 또는 기능 향상 등을 위한 다음의 어느 하나에 해당하는 행위를 말한다.

(1) 대수선(大修繕)

(2) 사용검사일(주택단지 안의 공동주택 전부에 대하여 임시사용승인을 받은 경우에는 그 임시사용승인일을 말한다) 또는 「건축법」 제22조에 따른 사용승인일부터 15년[15년 이상 20년 미만의 연수 중 특별시·광역시·특별자치시·도 또는 특별자치도(이하 "시·도"라 한다)의 조례로 정하는 경우에는 그 연수로 한다]이 경과된 공동주택을 각 세대의 주거전용면적(「건축법」 제38조에 따른 건축물대장 중 집합건축물대장의 전유부분의 면적을 말한다)의 30퍼센트 이내(세대의 주거전용면적이 $85m^2$ 미만인 경우에는 40퍼센트 이내)에서 증축하는 행위. 이 경우 공동주택의 기능 향상 등을 위하여 공용부분에 대하여도 별도로 증축할 수 있다.

(3) 각 세대의 증축 가능 면적을 합산한 면적의 범위에서 기존 세대수의 15퍼센트 이내에서 세대수를 증가하는 증축 행위(세대수 증가형 리모델링). 다만, 수직으로 증축하는 행위(이하 "수직증축형 리모델링"이라 한다)는 ①과 ②의 요건을 모두 충족하는 경우로 한정한다.
   ① 최대 3개층 이하로서 아래에서 정하는 범위에서 증축할 것
      ㉠ 수직으로 증축하는 행위의 대상이 되는 기존 건축물의 층수가 15층 이상인 경우 : 3개층
      ㉡ 수직증축형 리모델링의 대상이 되는 기존 건축물의 층수가 14층 이하인 경우 : 2개층
   ② 수직증축형 리모델링의 대상이 되는 기존 건축물의 신축 당시 구조도를 보유하고 있을 것

2 리모델링 주택조합

(1) 정 의

리모델링주택조합은 공동주택의 소유자가 그 주택을 리모델링하기 위하여 설립한 조합을 말한다.

💡 건축법령상 리모델링이란 건축물의 노후화를 억제하거나 기능 향상 등을 위하여 대수선하거나 건축물의 일부를 증축 또는 개축하는 행위를 말한다.

(2) 리모델링주택조합의 설립

주택을 리모델링하기 위하여 주택조합을 설립하려는 경우에는 다음의 구분에 따른 구분소유자(「집합건물의 소유 및 관리에 관한 법률」 제2조 제2호에 따른 구분소유자를 말한다)와 의결권(「집합건물의 소유 및 관리에 관한 법률」에 따른 의결권을 말한다)의 결의를 증명하는 서류를 첨부하여 관할 시장·군수·구청장의 인가를 받아야 한다.

① 주택단지 전체를 리모델링하고자 하는 경우에는 주택단지 전체의 구분소유자와 의결권의 각 3분의 2 이상의 결의 및 각 동의 구분소유자와 의결권의 각 과반수의 결의

② 동을 리모델링하고자 하는 경우에는 그 동의 구분소유자 및 의결권의 각 3분의 2 이상의 결의

(3) 리모델링주택조합의 설립인가 등

① 리모델링주택조합의 설립·변경 또는 해산의 인가를 받으려는 자는 신청서에 다음의 구분에 따른 서류를 첨부하여 해당 주택의 소재지를 관할하는 시장, 군수 또는 구청장에게 제출하여야 한다.

  ㉠ 창립총회 회의록

  ㉡ 조합장선출동의서

  ㉢ 조합원 전원이 자필로 연명(連名)한 조합규약

  ㉣ 조합원 명부

  ㉤ 사업계획서

  ㉥ (2)의 결의를 증명하는 서류. 이 경우 결의서에는 리모델링 설계의 개요, 공사비, 조합원의 비용분담 명세를 기재하여야 한다.

  ㉦ 「건축법」에 따라 건축기준의 완화 적용이 결정된 경우에는 그 증명서류

  ㉧ 해당 주택이 사용검사일(주택단지 안의 공동주택 전부에 대하여 같은 조에 따라 임시 사용승인을 받은 경우에는 그 임시 사용승인일을 말한다) 또는 「건축법」에 따른 사용승인일부터 다음의 구분에 따른 기간이 지났음을 증명하는 서류

    ⓐ 대수선인 리모델링 : 10년

    ⓑ 증축인 리모델링 : 15년(15년 이상 20년 미만의 연수 중 특별시·광역시·특별자치시·도 또는 특별자치도의 조례로 정하는 경우에는 그 연수로 한다)

② **변경인가신청** : 변경의 내용을 증명하는 서류

③ **해산인가신청** : 조합원의 동의를 받은 정산서

⑷ 매도청구

리모델링의 허가를 신청하기 위한 동의율을 확보한 경우 리모델링 결의를 한 리모델링주택조합은 그 리모델링 결의에 찬성하지 아니하는 자의 주택 및 토지에 대하여 매도청구를 할 수 있다.

③ 공동주택 리모델링 허가기준

구 분	세부기준
1. 동의비율	⑴ 입주자·사용자 또는 관리주체의 경우 : 공사기간, 공사방법 등이 적혀 있는 동의서에 입주자 전체의 동의를 받아야 한다. ⑵ 리모델링주택조합의 경우 : 다음의 사항이 적혀 있는 결의서에 주택단지 전체를 리모델링하는 경우에는 주택단지 전체 구분소유자 및 의결권의 각 75퍼센트 이상의 동의와 각 동별 구분소유자 및 의결권의 각 50퍼센트 이상의 동의를 받아야 하며(리모델링을 하지 않는 별동의 건축물로 입주자 공유가 아닌 복리시설 등의 소유자는 권리변동이 없는 경우에 한정하여 동의비율 산정에서 제외한다), 동을 리모델링하는 경우에는 그 동의 구분소유자 및 의결권의 각 75퍼센트 이상의 동의를 받아야 한다. ① 리모델링 설계의 개요　　　② 공사비 ③ 조합원의 비용분담 명세 ⑶ 입주자대표회의 경우 : 다음의 사항이 적혀 있는 결의서에 주택단지의 소유자 전원의 동의를 받아야 한다. ① 리모델링 설계의 개요　　　② 공사비 ③ 소유자의 비용분담 명세
2. 허용행위	⑴ 공동주택 ① 리모델링은 주택단지별 또는 동별로 한다. ② 복리시설을 분양하기 위한 것이 아니어야 한다. 다만, 1층을 필로티 구조로 전용하여 세대의 일부 또는 전부를 부대시설 및 복리시설 등으로 이용하는 경우에는 그렇지 않다. ③ ②에 따라 1층을 필로티 구조로 전용하는 경우 수직증축 허용범위를 초과하여 증축하는 것이 아니어야 한다. ④ 내력벽의 철거에 의하여 세대를 합치는 행위가 아니어야 한다. ⑵ 입주자 공유가 아닌 복리시설 등 ① 사용검사를 받은 후 10년 이상 지난 복리시설로서 공동주택과 동시에 리모델링하는 경우로서 시장·군수·구청장이 구조안전에 지장이 없다고 인정하는 경우로 한정한다. ② 증축은 기존건축물 연면적 합계의 10분의 1 이내여야 하고, 증축 범위는 「건축법 시행령」에 따른다. 다만, 주택과 주택 외의 시설이 동일 건축물로 건축된 경우는 주택의 증축 면적비율의 범위 안에서 증축할 수 있다.

4 공동주택 리모델링 기준과 절차

(1) 리모델링 허가 등

공동주택에는 부대시설과 복리시설을 포함한다.

① 공동주택의 입주자·사용자 또는 관리주체가 공동주택을 리모델링하려고 하는 경우에는 허가와 관련된 면적, 세대수 또는 입주자 등의 동의 비율에 관하여 대통령령으로 정하는 기준 및 절차 등에 따라 시장·군수·구청장의 허가를 받아야 한다.

② 기준 및 절차 등에 따라 리모델링 결의를 한 리모델링주택조합이나 소유자 전원의 동의를 받은 입주자대표회의가 시장·군수·구청장의 허가를 받아 리모델링을 할 수 있다.

③ 리모델링을 하는 경우 설립인가를 받은 리모델링주택조합의 총회 또는 소유자 전원의 동의를 받은 입주자대표회의에서 건설사업자 또는 건설사업자로 보는 등록사업자를 시공자로 선정하여야 한다.

④ 시공자를 선정하는 경우에는 국토교통부장관이 정하는 경쟁입찰의 방법으로 하여야 한다. 다만, 시공자 선정을 위하여 국토교통부장관이 정하는 경쟁입찰의 방법으로 2회 이상 경쟁입찰을 하였으나 입찰자의 수가 해당 경쟁입찰의 방법에서 정하는 최저 입찰자 수에 미달하여 경쟁입찰의 방법으로 시공자를 선정할 수 없게 된 경우에는 그러하지 아니하다.

⑤ 시장·군수·구청장이 세대수 증가형 리모델링(50세대 이상으로 세대수가 증가하는 경우로 한정한다)을 허가하려는 경우에는 기반시설에의 영향이나 도시·군관리계획과의 부합 여부 등에 대하여 「국토의 계획 및 이용에 관한 법률」에 따라 설치된 시·군·구도시계획위원회의 심의를 거쳐야 한다.

⑥ 공동주택의 입주자·사용자·관리주체·입주자대표회의 또는 리모델링주택조합이 리모델링에 관하여 시장·군수·구청장의 허가를 받은 후 그 공사를 완료하였을 때에는 시장·군수·구청장의 사용검사를 받아야 한다.

⑦ 리모델링 기본계획 수립 대상지역에서 세대수 증가형 리모델링을 허가하려는 시장·군수·구청장은 해당 리모델링 기본계획에 부합하는 범위에서 허가하여야 한다.

(2) 권리변동계획의 수립

① 세대수가 증가되는 리모델링을 하는 경우에는 기존 주택의 권리변동, 비용분담 등 ②에서 정하는 사항에 대한 계획(이하 "권리변동계획"이라 한다)을 수립하여 사업계획승인 또는 행위허가를 받아야 한다.

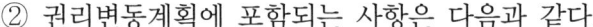

② 권리변동계획에 포함되는 사항은 다음과 같다.
  ㉠ 리모델링 전후의 대지 및 건축물의 권리변동 명세
  ㉡ 조합원의 비용분담
  ㉢ 사업비
  ㉣ 조합원 외의 자에 대한 분양계획
  ㉤ 그 밖에 리모델링과 관련된 권리 등에 대하여 해당 시·도 또는 시·군의 조례로 정하는 사항

(3) 증축형 리모델링의 안전진단

① 증축하는 리모델링(이하 "증축형 리모델링"이라 한다)을 하려는 자는 시장·군수·구청장에게 안전진단을 요청하여야 하며, 안전진단을 요청받은 시장·군수·구청장은 해당 건축물의 증축 가능 여부의 확인 등을 위하여 안전진단을 실시하여야 한다.

② 시장·군수·구청장은 ①에 따라 안전진단을 실시하는 경우에는 대통령령으로 정하는 기관에 안전진단을 의뢰하여야 하며, 안전진단을 의뢰받은 기관은 리모델링을 하려는 자가 추천한 건축구조기술사(구조설계를 담당할 자를 말한다)와 함께 안전진단을 실시하여야 한다.

③ ②에서 "대통령령으로 정하는 기관"이란 다음의 어느 하나에 해당하는 기관을 말한다.
  ㉠ 「시설물의 안전 및 유지관리에 관한 특별법」에 따라 등록한 안전진단전문기관
  ㉡ 국토안전관리원
  ㉢ 한국건설기술연구원

④ 시장·군수·구청장이 ①에 따른 안전진단으로 건축물 구조의 안전에 위험이 있다고 평가하여 「도시 및 주거환경정비법」에 따른 재건축사업 및 「빈집 및 소규모주택 정비에 관한 특례법」에 따른 소규모재건축사업의 시행이 필요하다고 결정한 건축물은 증축형 리모델링을 하여서는 아니 된다.

⑤ 시장·군수·구청장은 수직증축형 리모델링을 허가한 후에 해당 건축물의 구조안전성 등에 대한 상세 확인을 위하여 안전진단을 실시하여야 한다. 이 경우 안전진단을 의뢰받은 기관은 ②에 따른 건축구조기술사와 함께 안전진단을 실시하여야 하며, 리모델링을 하려는 자는 안전진단 후 구조설계의 변경 등이 필요한 경우에는 건축구조기술사로 하여금 이를 보완하도록 하여야 한다.

💡 건축구조기술사는 구조설계를 담당할 자를 말한다.

⑥ 시장·군수·구청장은 ②에 따른 안전진단을 실시한 기관에 ⑤에 따른 안전진단을 의뢰해서는 아니 된다. 다만, 다음의 어느 하나에 해당하는 경우에는 그러하지 아니하다.

　㉠ 안전진단을 실시한 기관이 국토안전관리원 또는 한국건설기술연구원인 경우

　㉡ 안전진단 의뢰(2회 이상 「지방자치단체를 당사자로 하는 계약에 관한 법률」에 따라 입찰에 부치거나 수의계약을 시도하는 경우로 한정한다)에 응하는 기관이 없는 경우

⑦ ② 및 ⑤에 따라 안전진단을 의뢰받은 기관은 국토교통부장관이 정하여 고시하는 기준에 따라 안전진단을 실시하고, 국토교통부령으로 정하는 방법 및 절차에 따라 안전진단 결과보고서를 작성하여 안전진단을 요청한 자와 시장·군수·구청장에게 제출하여야 한다.

⑧ ⑦에 따른 안전진단 결과보고서에는 다음의 사항이 포함되어야 한다.

　㉠ 리모델링 대상 건축물의 증축 가능 여부 및 「도시 및 주거환경정비법」에 따른 재건축사업의 시행 여부에 관한 의견

　㉡ 건축물의 구조안전성에 관한 상세 확인 결과 및 구조설계의 변경 필요성(⑤에 따른 안전진단으로 한정한다)

⑨ ⑦에 따라 안전진단전문기관으로부터 안전진단 결과보고서를 제출받은 시장·군수·구청장은 필요하다고 인정하는 경우에는 제출받은 날부터 7일 이내에 국토안전관리원 또는 한국건설기술연구원에 안전진단 결과보고서의 적정성에 대한 검토를 의뢰할 수 있다.

⑩ 시장·군수·구청장은 ①에 따른 안전진단을 한 경우에는 ⑦에 따라 제출받은 안전진단 결과보고서, ⑨에 따른 적정성 검토 결과 및 리모델링 기본계획을 고려하여 안전진단을 요청한 자에게 증축 가능 여부를 통보하여야 한다.

⑪ 시장·군수·구청장은 ① 및 ⑤에 따라 안전진단을 실시하는 비용의 전부 또는 일부를 리모델링을 하려는 자에게 부담하게 할 수 있다.

(4) 전문기관의 안전성 검토 등

① 시장·군수·구청장은 수직증축형 리모델링을 하려는 자가 「건축법」에 따른 건축위원회의 심의를 요청하는 경우 구조계획상 증축범위의 적정성 등에 대하여 대통령령으로 정하는 전문기관에 안전성 검토를 의뢰하여야 한다.

② ①에서 "대통령령으로 정하는 전문기관"이란 국토안전관리원 또는 한국건설기술연구원을 말한다.

③ 시장·군수·구청장은 수직증축형 리모델링을 하려는 자의 허가 신청이 있거나 (3)의 ⑤에 따른 안전진단 결과 국토교통부장관이 정하여 고시하는 설계도서의 변경이 있는 경우 제출된 설계도서상 구조안전의 적정성 여부 등에 대하여 ①에 따라 검토를 수행한 전문기관에 안전성 검토를 의뢰하여야 한다.

④ ① 및 ③에 따라 검토의뢰를 받은 전문기관은 국토교통부장관이 정하여 고시하는 검토기준에 따라 검토한 결과를 대통령령으로 정하는 기간 이내에 시장·군수·구청장에게 제출하여야 하며, 시장·군수·구청장은 특별한 사유가 없는 경우 주택법 및 관계 법률에 따른 위원회의 심의 또는 허가 시 제출받은 안전성 검토결과를 반영하여야 한다.

⑤ ④에서 "대통령령으로 정하는 기간"이란 ① 및 ③에 따라 안전성 검토(이하 "검토"라 한다)를 의뢰받은 날부터 30일을 말한다. 다만, 검토 의뢰를 받은 전문기관이 부득이하게 검토기간의 연장이 필요하다고 인정하여 20일의 범위에서 그 기간을 연장(한 차례로 한정한다)한 경우에는 그 연장된 기간을 포함한 기간을 말한다.

⑥ 검토 의뢰를 받은 전문기관은 검토 의뢰 서류에 보완이 필요한 경우에는 일정한 기간을 정하여 보완하게 할 수 있다.

⑦ ⑤에 따른 기간을 산정할 때 ⑥에 따른 보완기간, 공휴일 및 토요일은 산정 대상에서 제외한다.

⑧ 시장·군수·구청장은 ① 및 ③에 따른 전문기관의 안전성 검토비용의 전부 또는 일부를 리모델링을 하려는 자에게 부담하게 할 수 있다.

⑨ 국토교통부장관은 시장·군수·구청장에게 ④에 따라 제출받은 자료의 제출을 요청할 수 있으며, 필요한 경우 시장·군수·구청장으로 하여금 안전성 검토결과의 적정성에 대하여 「건축법」에 따른 중앙건축위원회의 심의를 받도록 요청할 수 있다.

⑩ 시장·군수·구청장은 특별한 사유가 없으면 ⑨에 따른 심의결과를 반영하여야 한다.

(5) 리모델링 기본계획의 수립권자 및 대상지역 등

① 특별시장·광역시장 및 대도시의 시장은 관할구역에 대하여 다음의 사항을 포함한 리모델링 기본계획을 10년 단위로 수립하여야 한다.
  ㉠ 계획의 목표 및 기본방향
  ㉡ 도시기본계획 등 관련 계획 검토
  ㉢ 리모델링 대상 공동주택 현황 및 세대수 증가형 리모델링 수요 예측
  ㉣ 세대수 증가에 따른 기반시설의 영향 검토

       ㉤ 일시집중 방지 등을 위한 단계별 리모델링 시행방안

       ㉥ 도시과밀 방지 등을 위한 계획적 관리와 리모델링의 원활한 추진을 지원하기 위한 사항으로서 특별시·광역시 또는 대도시의 조례로 정하는 사항

② 대도시가 아닌 시의 시장은 세대수 증가형 리모델링에 따른 도시과밀이나 일시집중 등이 우려되어 도지사가 리모델링 기본계획의 수립이 필요하다고 인정한 경우 리모델링 기본계획을 수립하여야 한다.

⑥ 리모델링 기본계획 수립절차

① 리모델링 기본계획이란 세대수 증가형 리모델링으로 인한 도시과밀, 이주 수요 집중 등을 체계적으로 관리하기 위하여 수립하는 계획을 말한다.

② 특별시장·광역시장 및 대도시의 시장(대도시가 아닌 시의 시장을 포함한다)은 리모델링 기본계획을 수립하거나 변경하려면 14일 이상 주민에게 공람하고, 지방의회의 의견을 들어야 한다. 이 경우 지방의회는 의견제시를 요청받은 날부터 30일 이내에 의견을 제시하여야 하며, 30일 이내에 의견을 제시하지 아니하는 경우에는 이의가 없는 것으로 본다. 다만, 대통령령으로 정하는 경미한 변경인 경우에는 주민공람 및 지방의회 의견청취 절차를 거치지 아니할 수 있다.

③ 특별시장·광역시장 및 대도시의 시장(대도시가 아닌 시의 시장을 포함한다)은 주민공람을 실시할 때에는 미리 공람의 요지 및 장소를 해당 지방자치단체의 공보 및 인터넷 홈페이지에 공고하고, 공람 장소에 관계 서류를 갖추어 두어야 한다.

④ ②에서 "대통령령으로 정하는 경미한 변경인 경우"란 다음의 어느 하나에 해당하는 경우를 말한다.

       ㉠ 세대수 증가형 리모델링 수요 예측 결과에 따른 세대수 증가형 리모델링 수요(세대수 증가형 리모델링을 하려는 주택의 총 세대수를 말한다)가 감소하거나 10퍼센트 범위에서 증가하는 경우

       ㉡ 세대수 증가형 리모델링 수요의 변동으로 기반시설의 영향 검토나 단계별 리모델링 시행 방안이 변경되는 경우

       ㉢ 「국토의 계획 및 이용에 관한 법률」에 따른 도시·군기본계획 등 관련 계획의 변경에 따라 리모델링 기본계획이 변경되는 경우

⑤ 특별시장·광역시장 및 대도시의 시장은 리모델링 기본계획을 수립하거나 변경하려면 관계 행정기관의 장과 협의한 후 「국토의 계획 및 이용에 관한 법률」에 따라 설치된 시·도도시계획위원회 또는 시·군·구도시계획위원회의 심의를 거쳐야 한다.

⑥ ⑤에 따라 협의를 요청받은 관계 행정기관의 장은 특별한 사유가 없으면 그 요청을 받은 날부터 30일 이내에 의견을 제시하여야 한다.

⑦ 대도시의 시장은 리모델링 기본계획을 수립하거나 변경하려면 도지사의 승인을 받아야 하며, 도지사는 리모델링 기본계획을 승인하려면 시·도도 시계획위원회의 심의를 거쳐야 한다.

(7) 세대수 증가형 리모델링의 시기 조정

① 국토교통부장관은 세대수 증가형 리모델링의 시행으로 주변 지역에 현저한 주택부족이나 주택시장의 불안정 등이 발생될 우려가 있는 때에는 주거정책심의위원회의 심의를 거쳐 특별시장, 광역시장, 대도시의 시장에게 리모델링 기본계획을 변경하도록 요청하거나, 시장·군수·구청장에게 세대수 증가형 리모델링의 사업계획 승인 또는 허가의 시기를 조정하도록 요청할 수 있으며, 요청을 받은 특별시장, 광역시장, 대도시의 시장 또는 시장·군수·구청장은 특별한 사유가 없으면 그 요청에 따라야 한다.

② ①에 따라 국토교통부장관의 요청을 받은 특별시장, 광역시장, 대도시(「지방자치법」 제175조에 따른 대도시를 말한다)의 시장 또는 시장·군수·구청장은 그 요청을 받은 날부터 30일 이내에 리모델링 기본계획의 변경 또는 세대수 증가형 리모델링의 사업계획 승인·허가의 시기 조정에 관한 조치계획을 국토교통부장관에게 보고하여야 한다. 이 경우 그 요청에 따를 수 없는 특별한 사유가 있는 경우에는 그 사유를 통보하여야 한다.

③ 시·도지사는 세대수 증가형 리모델링의 시행으로 주변 지역에 현저한 주택부족이나 주택시장의 불안정 등이 발생될 우려가 있는 때에는 「주거기본법」 제9조에 따른 시·도 주거정책심의위원회의 심의를 거쳐 대도시의 시장에게 리모델링 기본계획을 변경하도록 요청하거나, 시장·군수·구청장에게 세대수 증가형 리모델링의 사업계획 승인 또는 허가의 시기를 조정하도록 요청할 수 있으며, 요청을 받은 대도시의 시장 또는 시장·군수·구청장은 특별한 사유가 없으면 그 요청에 따라야 한다.

④ ① 및 ③에 따른 시기조정에 관한 방법 및 절차 등에 관하여 필요한 사항은 국토교통부령 또는 시·도의 조례로 정한다.

⑻ 리모델링 기본계획의 고시 등

① 특별시장·광역시장 및 대도시의 시장은 리모델링 기본계획을 수립하거나 변경한 때에는 이를 지체 없이 해당 지방자치단체의 공보에 고시하여야 한다.

② 특별시장·광역시장 및 대도시의 시장은 5년마다 리모델링 기본계획의 타당성을 검토하여 그 결과를 리모델링 기본계획에 반영하여야 한다.

③ 그 밖에 주민공람 절차 등 리모델링 기본계획 수립에 필요한 사항은 대통령령으로 정한다.

⑼ 리모델링 지원센터의 설치·운영

① 시장·군수·구청장은 리모델링의 원활한 추진을 지원하기 위하여 리모델링 지원센터를 설치하여 운영할 수 있다.

② 리모델링 지원센터는 다음의 업무를 수행할 수 있다.
  ㉠ 리모델링주택조합 설립을 위한 업무 지원
  ㉡ 설계자 및 시공자 선정 등에 대한 지원
  ㉢ 권리변동계획 수립에 관한 지원
  ㉣ 그 밖에 지방자치단체의 조례로 정하는 사항

③ 리모델링 지원센터의 조직, 인원 등 리모델링 지원센터의 설치·운영에 필요한 사항은 지방자치단체의 조례로 정한다.

⑽ 공동주택 리모델링에 따른 특례

① 공동주택의 소유자가 리모델링에 의하여 전유부분(「집합건물의 소유 및 관리에 관한 법률」 제2조 제3호에 따른 전유부분을 말한다)의 면적이 늘거나 줄어드는 경우에는 「집합건물의 소유 및 관리에 관한 법률」 제12조 및 제20조 제1항에도 불구하고 대지사용권은 변하지 아니하는 것으로 본다. 다만, 세대수 증가를 수반하는 리모델링의 경우에는 권리변동계획에 따른다.

② 공동주택의 소유자가 리모델링에 의하여 일부 공용부분(「집합건물의 소유 및 관리에 관한 법률」 제2조 제4호에 따른 공용부분을 말한다)의 면적을 전유부분의 면적으로 변경한 경우에는 「집합건물의 소유 및 관리에 관한 법률」 제12조에도 불구하고 그 소유자의 나머지 공용부분의 면적은 변하지 아니하는 것으로 본다.

③ 대지사용권 및 공용부분의 면적에 관하여는 ①과 ②에도 불구하고 소유자가 「집합건물의 소유 및 관리에 관한 법률」 제28조에 따른 규약으로 달리 정한 경우에는 그 규약에 따른다.

④ 임대차계약 당시 다음의 어느 하나에 해당하여 그 사실을 임차인에게 고지한 경우로서 리모델링 허가를 받은 경우에는 해당 리모델링 건축물에 관한 임대차계약에 대하여 주택임대차보호법 제4조 제1항(기간을 정하지 아니하거나 2년 미만으로 정한 임대차는 그 기간을 2년으로 본다. 다만, 임차인은 2년 미만으로 정한 기간이 유효함을 주장할 수 있다) 및 상가건물 임대차보호법 제9조 제1항(기간을 정하지 아니하거나 기간을 1년 미만으로 정한 임대차는 그 기간을 1년으로 본다. 다만, 임차인은 1년 미만으로 정한 기간이 유효함을 주장할 수 있다)을 적용하지 아니한다.

ⓐ 임대차계약 당시 해당 건축물의 소유자들(입주자대표회의를 포함한다)이 주택법 제11조 제1항에 따른 리모델링주택조합 설립인가를 받은 경우

ⓑ 임대차계약 당시 해당 건축물의 입주자대표회의가 직접 리모델링을 실시하기 위하여 주택법 제68조 제1항에 따라 관할 시장·군수·구청장에게 안전진단을 요청한 경우

(11) 건축법령상 리모델링에 대비한 특례 등

① 리모델링이 쉬운 구조의 공동주택의 건축을 촉진하기 위하여 공동주택을 대통령령으로 정하는 구조로 하여 건축허가를 신청하면 건축물의 용적률, 건축물의 높이제한, 일조 등의 확보를 위한 건축물의 높이제한에 따른 기준을 100분의 120의 범위에서 대통령령으로 정하는 비율로 완화하여 적용할 수 있다.

② ①에서 대통령령으로 정하는 구조란 다음의 요건에 적합한 구조를 말한다. 이 경우 다음의 요건에 적합한지에 관한 세부적인 판단 기준은 국토교통부장관이 정하여 고시한다.

ⓐ 각 세대는 인접한 세대와 수직 또는 수평 방향으로 통합하거나 분할할 수 있을 것

ⓑ 구조체에서 건축설비, 내부 마감재료 및 외부 마감재료를 분리할 수 있을 것

ⓒ 개별 세대 안에서 구획된 실(室)의 크기, 개수 또는 위치 등을 변경할 수 있을 것

③ ①에서 대통령령으로 정하는 비율이란 100분의 120을 말한다. 다만, 건축조례에서 지역별 특성 등을 고려하여 그 비율을 강화한 경우에는 건축조례로 정하는 기준에 따른다.

⑿ **부정행위의 금지**

공동주택의 리모델링과 관련하여 다음 각 호의 어느 하나에 해당하는 자는 부정하게 재물 또는 재산상의 이익을 취득하거나 제공하여서는 아니 된다.

① 입주자

② 사용자

③ 관리주체

④ 입주자대표회의 또는 그 구성원

⑤ 리모델링주택조합 또는 그 구성원

실전예상문제

01 공동주택관리법령상 공동주택 관리주체가 시장·군수·구청장의 허가를 받거나 신고를 하여야 하는 행위는?

제14회 일부수정

① 공동주택의 창틀·문틀의 교체
② 공동주택의 세대 내 천장·벽·바닥의 마감재 교체
③ 공동주택의 급·배수관 등 배관설비의 교체
④ 공동주택의 용도폐지
⑤ 세대 내 난방설비의 교체(시설물의 파손·철거는 제외한다)

> **해설** ④ 공동주택의 용도폐지는 시장·군수·구청장의 허가를 받아야 한다.

02 공동주택관리법령상 부대시설 및 입주자 공유인 복리시설의 증축에 관한 기준 중 「주택건설기준 등에 관한 규정」에 적합한 범위 내에서 입주자대표회의의 동의를 받아 신고만으로 사용검사를 받은 면적 또는 규모의 10%의 범위에서 증축할 수 없는 시설은?

① 주택단지 안의 도로
② 어린이놀이터
③ 경비실
④ 유치원
⑤ 경비실과 통화가 가능한 구내전화

> **해설** 「주택건설기준 등에 관한 규정」에 적합한 범위 내에서 입주자대표회의의 동의를 받아 신고만으로 사용검사를 받은 면적 또는 규모의 10%의 범위에서 증축 또는 증설할 수 있는 시설은 다음과 같다.
> (1) 주차장, 조경시설, 어린이놀이터, 관리사무소, 경비원 등 근로자 휴게시설, 경비실, 경로당 또는 입주자집회소
> (2) 대문·담장 또는 공중화장실
> (3) 경비실과 통화가 가능한 구내전화 또는 영상정보처리기기
> (4) 보안등, 자전거보관소 또는 안내표지판
> (5) 옹벽, 축대[문주(門柱)를 포함한다] 또는 주택단지 안의 도로
> (6) 폐기물보관시설(재활용품 분류보관시설을 포함한다), 택배보관함 또는 우편함
> (7) 주민운동시설(실외에 설치된 시설로 한정한다)

Answer

01 ④ 02 ④

03 공동주택관리법령상 공동주택의 행위허가 또는 신고의 기준 중 허가기준을 정하고 있지 않는 것은? 제19회

① 입주자 공유가 아닌 복리시설의 용도변경
② 입주자 공유가 아닌 복리시설의 철거
③ 입주자 공유가 아닌 복리시설의 대수선
④ 부대시설 및 입주자 공유인 복리시설의 대수선
⑤ 공동주택의 대수선

[해설] ① 입주자 공유가 아닌 복리시설의 용도변경은 신고기준만을 정하고 있다.

04 공동주택관리법령상 공동주택의 입주자 등 또는 관리주체가 시장·군수·구청장의 허가를 받 거나 시장·군수·구청장에게 신고하여야 하는 행위가 아닌 것은? 제23회

① 공동주택의 용도변경
② 입주자 공유가 아닌 복리시설의 비내력벽 철거
③ 세대구분형 공동주택의 설치
④ 부대시설의 대수선
⑤ 입주자 공유인 복리시설의 증설

[해설] ② 입주자 공유가 아닌 복리시설의 비내력벽 철거는 시장·군수·구청장의 허가 또는 신고 규정이 없다.

05 공동주택관리법령상 공동주택 등의 용도 외 사용 등을 위해서 시장·군수·구청장에게 허가 신청을 하여야 하는 사항 중 전체 입주자 3분의 2 이상의 동의를 얻어 신청하는 것이 아닌 것은?

① 공동주택의 용도변경
② 부대시설의 개축
③ 부대시설의 재축
④ 입주자 공유인 복리시설의 개축
⑤ 입주자 공유가 아닌 복리시설의 용도변경

[해설] ⑤ 입주자 공유가 아닌 복리시설의 용도변경은 허가가 아닌 신고를 필요로 하며 「주택건설기준 등에 관한 규정」에 따른 부대시설·복리시설의 설치기준에 적합한 범위에서 용도를 변경하는 경우가 해당된 다. 다만, 「건축법 시행령」 제5조의5에 따른 시·군·구 건축위원회의 심의를 거쳐 용도를 변경하는 경우, 「주택법 시행령」 제7조 1호에 따른 「건축법 시행령」에 따른 제1종 근린생활시설, 「건축법 시행령」에 따른 제2종 근린생활시설(총포판매소, 장의사, 다중생활시설, 단란주점 및 안마시술소는 제외한다) 간 에 용도를 변경하는 경우에는 그러하지 아니하다.

06 공동주택관리법령상 공동주택의 관리주체가 관할 특별자치시장·특별자치도지사·시장·군수·구청장(자치구의 구청장을 말한다)의 허가를 받거나 신고를 하여야 하는 행위를 모두 고른 것은?

제20회

> ㉠ 급·배수관 등 배관설비의 교체
> ㉡ 지능형 홈네트워크설비의 교체
> ㉢ 공동주택을 사업계획에 따른 용도 외의 용도에 사용하는 행위
> ㉣ 공동주택의 효율적 관리에 지장을 주는 공동주택의 용도폐지

① ㉠, ㉢   ② ㉢, ㉣
③ ㉠, ㉡, ㉣   ④ ㉠, ㉢, ㉣
⑤ ㉡, ㉢, ㉣

해설 공동주택을 사업계획에 따른 용도 외의 용도에 사용하는 행위와 공동주택의 효율적 관리에 지장을 주는 공동주택의 용도폐지는 특별자치시장·특별자치도지사·시장·군수·구청장(자치구의 구청장을 말한다)의 허가를 받거나 신고를 하여야 한다.

07 공동주택관리법령상의 요건을 갖추어 A공동주택의 필로티 부분을 주민공동시설인 입주자집회소로 증축하는 경우의 행위허가 기준에 관한 내용이다. (   )에 들어갈 용어 또는 숫자를 쓰시오.

제23회

> (1) 입주자집회소로 증축하려는 필로티 부분의 면적 합계가 해당 주택단지 안의 필로티 부분 총면적의 100분의 (㉠) 이내일 것
> (2) (1)에 따른 입주자집회소의 증축 면적을 A공동주택의 바닥면적에 산입하는 경우 (㉡)(이)가 관계 법령에 따른 건축기준에 위반되지 아니할 것

해설 (1) 입주자집회소로 증축하려는 필로티 부분의 면적 합계가 해당 주택단지 안의 필로티 부분 총면적의 100분의 30 이내일 것
(2) (1)에 따른 입주자집회소의 증축 면적을 A공동주택의 바닥면적에 산입하는 경우 용적률이 관계 법령에 따른 건축기준에 위반되지 아니할 것

Answer

03 ①   **04** ②   **05** ⑤   **06** ②   **07** ㉠ 30 ㉡ 용적률

08 주택법령상 수직증축형 리모델링의 허용요건에 관한 내용이다. (   ) 안에 들어갈 숫자를 순서대로 각각 쓰시오. 제19회 일부수정

> 법 제2조 제25호 다목 1)에서 "대통령령으로 정하는 범위"란 다음의 구분에 따른 범위를 말한다.
> 1. 수직증축형 리모델링의 대상이 되는 기존 건축물의 층수가 15층 이상인 경우 : (   )개층
> 2. 수직증축형 리모델링의 대상이 되는 기존 건축물의 층수가 14층 이하인 경우 : (   )개층

해설 법 제2조 제25호 다목 1)에서 "대통령령으로 정하는 범위"란 다음의 구분에 따른 범위를 말한다.
　　　1. 수직증축형 리모델링의 대상이 되는 기존 건축물의 층수가 15층 이상인 경우 : 3개층
　　　2. 수직증축형 리모델링의 대상이 되는 기존 건축물의 층수가 14층 이하인 경우 : 2개층

09 주택법령상 증축형 리모델링의 안전진단에 관한 설명으로 옳지 않은 것은?

① 증축형 리모델링을 하려는 자는 시장·군수·구청장에게 안전진단을 요청하여야 하며, 안전진단을 요청받은 시장·군수·구청장은 해당 건축물의 증축 가능 여부의 확인 등을 위하여 안전진단을 실시하여야 한다.

② 시장·군수·구청장은 안전진단을 실시하는 경우에는 안전진단전문기관, 국토안전관리원, 대한건축사협회에 안전진단을 의뢰하여야 하며, 안전진단을 의뢰받은 기관은 리모델링을 하려는 자가 추천한 건축구조기술사(구조설계를 담당할 자를 말한다)와 함께 안전진단을 실시하여야 한다.

③ 시장·군수·구청장이 안전진단으로 건축물 구조의 안전에 위험이 있다고 평가하여 「도시 및 주거환경정비법」에 따른 재건축사업 및 「빈집 및 소규모주택 정비에 관한 특례법」에 따른 소규모재건축사업의 시행이 필요하다고 결정한 건축물은 증축형 리모델링을 하여서는 아니 된다.

④ 시장·군수·구청장은 수직증축형 리모델링을 허가한 후에 해당 건축물의 구조안전성 등에 대한 상세 확인을 위하여 안전진단을 실시하여야 한다.

⑤ 시장·군수·구청장은 안전진단을 실시하는 비용의 전부 또는 일부를 리모델링을 하려는 자에게 부담하게 할 수 있다.

해설 ② 시장·군수·구청장은 안전진단전문기관, 국토안전관리원, 한국건설기술연구원에 안전진단을 의뢰하여야 한다.

10 주택법령상 리모델링 기본계획 수립 등에 관한 설명으로 옳지 않은 것은?

① 리모델링 기본계획이란 세대수 증가형 리모델링으로 인한 도시과밀, 이주수요 집중 등을 체계적으로 관리하기 위하여 수립하는 계획을 말한다.

② 특별시장·광역시장 및 대도시의 시장은 관할구역에 대하여 리모델링 기본계획을 10년 단위로 수립하여야 한다.

③ 특별시장·광역시장 및 대도시의 시장은 리모델링 기본계획을 수립하거나 변경하려면 14일 이상 주민에게 공람하고, 지방의회의 의견을 들어야 한다. 이 경우 지방의회는 의견제시를 요청받은 날부터 30일 이내에 의견을 제시하여야 하며, 30일 이내에 의견을 제시하지 아니하는 경우에는 이의가 없는 것으로 본다.

④ 특별시장·광역시장 및 대도시의 시장은 리모델링 기본계획을 수립하거나 변경하려면 관계 행정기관의 장과 협의한 후 「국토의 계획 및 이용에 관한 법률」에 따라 설치된 시·도도시계획위원회 또는 시·군·구도시계획위원회의 심의를 거쳐야 한다.

⑤ 특별시장·광역시장 및 대도시의 시장은 10년마다 리모델링 기본계획의 타당성 여부를 검토하여 그 결과를 리모델링 기본계획에 반영하여야 한다.

해설 ⑤ 특별시장·광역시장 및 대도시의 시장은 5년마다 리모델링 기본계획의 타당성 여부를 검토하여 그 결과를 리모델링 기본계획에 반영하여야 한다.

Answer
08 3, 2   09 ②   10 ⑤

공동주택 회계관리에서는 관리비의 비목별 구성명세와 사용료 항목을 구분하는 출제유형이 많으며 난이도 조절을 위해 주관식 기입형의 출제가 예상되므로 이에 대한 대비가 필요하다.

공동주택 회계관리

01 관리비 등

02 관리비의 비목별 세부명세

03 관리비 산정방법

04 관리비예치금

05 관리비 등의 미납자에 대한 조치

06 민간임대주택에 관한 특별 법령에 의한 회계관리

1 관리비 등

(1) 관리비

① 의무관리대상 공동주택의 입주자 등은 그 공동주택의 유지관리를 위하여 필요한 관리비를 관리주체에게 납부하여야 한다.

② 관리주체는 입주자 등이 납부하는 사용료 등을 입주자 등을 대행하여 그 사용료 등을 받을 자에게 납부할 수 있다.

③ 관리주체는 다음 비목의 월별 금액 합계액으로 하며, 비목별 세부명세는 공동주택관리법 시행령 별표 2와 같다.

    ㉠ 일반관리비

    ㉡ 청소비

    ㉢ 경비비

    ㉣ 소독비

    ㉤ 승강기유지비

    ㉥ 난방비(「주택건설기준 등에 관한 규정」 제37조에 따라 난방열량을 계량하는 계량기 등이 설치된 공동주택의 경우에는 그 계량에 따라 산정한 난방비를 말한다)

    ㉦ 급탕비

    ㉧ 수선유지비

    ㉨ 지능형 홈네트워크 설비 유지비

    ㉩ 위탁관리수수료

💡 수선유지비에는 냉·난방시설의 청소비를 포함한다.

(2) 관리비와 구분 징수

관리주체는 다음의 비용에 대하여는 이를 (1)의 ③에 따른 관리비와 구분하여 징수하여야 한다.

① 장기수선충당금

② 안전진단 실시비용

(3) 사용료 등의 내용

관리주체는 입주자 등이 납부하는 다음의 사용료 등을 입주자 등을 대행하여 그 사용료 등을 받을 자에게 납부할 수 있다.

① 전기료(공동으로 사용되는 시설의 전기료를 포함한다)

② 수도료(공동으로 사용하는 수도료를 포함한다)

③ 가스사용료

④ 지역난방 방식인 공동주택의 난방비와 급탕비

⑤ 정화조 오물 수수료

⑥ 생활폐기물 수수료

⑦ 공동주택단지 안의 건물 전체를 대상으로 하는 보험료

⑧ 입주자대표회의 운영경비

⑨ 선거관리위원회 운영경비

⑩ 텔레비전방송수신료

(4) 따로 부과

① 관리주체는 주민공동시설, 인양기 등 공용시설물의 이용료를 해당 시설의 이용자에게 따로 부과할 수 있다. 이 경우 주민공동시설의 운영을 위탁한 경우의 주민공동시설 이용료는 주민공동시설의 위탁에 따른 수수료 및 주민공동시설 관리비용 등의 범위에서 정하여 부과·징수하여야 한다.

② 관리주체는 보수가 필요한 시설[누수(漏水)되는 시설을 포함한다]이 2세대 이상의 공동사용에 제공되는 것인 경우에는 직접 보수하고 해당 입주자 등에게 그 비용을 따로 부과할 수 있다.

(5) 관리비 등 내역의 공개 등

① 의무관리대상 공동주택의 관리주체는 다음의 내역(항목별 산출내역을 말하며, 세대별 부과내역은 제외한다)을 대통령령으로 정하는 바에 따라 해당 공동주택단지의 인터넷 홈페이지(인터넷 홈페이지가 없는 경우에는 인터넷 포털을 통하여 관리주체가 운영·통제하는 유사한 기능의 웹사이트

또는 관리사무소의 게시판을 말한다) 및 동별 게시판(통로별 게시판이 설치된 경우에는 이를 포함한다)과 국토교통부장관이 구축·운영하는 공동주택관리정보시스템에 공개하여야 한다. 다만, 공동주택관리정보시스템에 공개하기 곤란한 경우로서 대통령령으로 정하는 경우에는 해당 공동주택단지의 인터넷 홈페이지 및 동별 게시판에만 공개할 수 있다.

    ㉠ 관리비

    ㉡ 사용료 등

    ㉢ 장기수선충당금과 그 적립금액

    ㉣ 그 밖에 대통령령으로 정하는 사항

② 의무관리대상이 아닌 공동주택으로서 50세대(주택 외의 시설과 주택을 동일 건축물로 건축한 건축물의 경우 주택을 기준으로 한다) 이상인 공동주택의 관리인은 관리비 등의 내역을 ①의 공개방법에 따라 공개하여야 한다. 이 경우 공동주택관리정보시스템 공개는 생략할 수 있으며, 구체적인 공개내역·기한 등은 아래 ③에서 정하는 바에 따른다.

③ ②의 전단에 따른 공동주택의 관리인은 다음의 관리비 등을 ⑤의 방법에 따라 다음 달 말일까지 공개해야 한다. 다만, 100세대(주택 외의 시설과 주택을 동일 건축물로 건축한 건축물의 경우 주택을 기준으로 한다) 미만인 공동주택의 관리인은 공동주택관리정보시스템 공개를 생략할 수 있다.

    ㉠ (I)의 ③의 ㉠부터 ㉻까지의 비목별 월별 합계액

    ㉡ 장기수선충당금

    ㉢ (3)의 ①부터 ⑩까지의 각각의 사용료(세대 수가 50세대 이상 100세대 미만인 공동주택의 경우에는 각각의 사용료의 합계액을 말한다)

    ㉣ 잡수입

④ 관리주체는 관리비 등을 다음의 금융기관 중 입주자대표회의가 지정하는 금융기관에 예치하여 관리하되, 장기수선충당금은 별도의 계좌로 예치·관리하여야 한다. 이 경우 계좌는 관리사무소장의 직인 외에 입주자대표회의의 회장 인감을 복수로 등록할 수 있다.

    ㉠ 「은행법」에 따른 은행

    ㉡ 「중소기업은행법」에 따른 중소기업은행

    ㉢ 「상호저축은행법」에 따른 상호저축은행

    ㉣ 「보험업법」에 따른 보험회사

    ㉤ 그 밖의 법률에 따라 금융업무를 하는 기관으로서 아래에 해당하는 기관

        ⓐ 「농업협동조합법」에 따른 조합, 농업협동조합중앙회 및 농협은행

        ⓑ 「수산업협동조합법」에 따른 수산업협동조합 및 수산업협동조합중앙회

ⓒ 「신용협동조합법」에 따른 신용협동조합 및 신용협동조합중앙회

ⓓ 「새마을금고법」에 따른 새마을금고 및 새마을금고중앙회

ⓔ 「산림조합법」에 따른 산림조합 및 산림조합중앙회

ⓕ 「한국주택금융공사법」에 따른 한국주택금융공사

ⓖ 「우체국예금·보험에 관한 법률」에 따른 체신관서

⑤ (1)부터 (4)까지의 규정에 따른 관리비 등을 입주자 등에게 부과한 관리주체는 그 명세[관리비 비목 중 난방비, 급탕비 및 사용료 중 전기료(공동으로 사용하는 시설의 전기료를 포함한다), 수도료(공동으로 사용하는 수도료를 포함한다), 가스사용료, 지역난방 방식인 공동주택의 난방비와 급탕비는 사용량을, 장기수선충당금은 그 적립요율 및 사용한 금액을 각각 포함한다]를 다음 달 말일까지 해당 공동주택단지의 인터넷 홈페이지 및 동별 게시판(통로별 게시판이 설치된 경우에는 이를 포함한다)과 공동주택관리정보시스템에 공개해야 한다. 잡수입(재활용품의 매각 수입, 복리시설의 이용료 등 공동주택을 관리하면서 부수적으로 발생하는 수입을 말한다)의 경우에도 동일한 방법으로 공개해야 한다.

⑥ 지방자치단체의 장은 ①에 따라 공동주택관리정보시스템에 공개된 관리비 등의 적정성을 확인하기 위하여 필요한 경우 관리비 등의 내역에 대한 점검을 대통령령으로 정하는 기관 또는 법인으로 하여금 수행하게 할 수 있다.

⑦ ⑥에서 "대통령령으로 정하는 기관 또는 법인"이란 다음의 어느 하나에 해당하는 기관 또는 법인을 말한다.

㉠ 공동주택관리 지원기구

㉡ 지역공동주택관리지원센터

㉢ 공동주택관리정보시스템의 구축·운영 업무를 위탁받은 「한국부동산원법」에 따른 한국부동산원

㉣ 그 밖에 관리비 등 내역의 점검을 수행하는 데 필요한 전문인력과 전담조직을 갖추었다고 지방자치단체의 장이 인정하는 기관 또는 법인

⑧ 지방자치단체의 장은 ⑥에 따른 점검 결과에 따라 관리비 등의 내역이 부적정하다고 판단되는 경우 공동주택의 입주자대표회의 및 관리주체에게 개선을 권고할 수 있다.

⑨ ⑥에 따른 점검의 내용·방법·절차 및 ⑦에 따른 개선 권고 등에 필요한 사항은 국토교통부령으로 정한다.

2 관리비의 비목별 세부명세

관리비 항목	구성명세
일반관리비	① 인건비 : 급여·제수당·상여금·퇴직금·산재보험료·고용보험료·국민연금·국민건강보험료 및 식대 등 복리후생비 ② 제사무비 : 일반사무용품비·도서인쇄비·교통통신비 등 관리사무에 직접 소요되는 비용 ③ 제세공과금 : 관리기구가 사용한 전기료·통신료·우편료 및 관리기구에 부과되는 세금 등 ④ 피복비 ⑤ 교육훈련비 ⑥ 차량유지비 : 연료비·수리비 및 보험료 등 차량유지에 직접 소요되는 비용 ⑦ 그 밖의 부대비용 : 관리용품구입비·회계감사비 그 밖에 관리업무에 소요되는 비용
청소비	용역시에는 용역금액, 직영시에는 청소원인건비·피복비 및 청소용품비 등 청소에 직접 소요된 비용
경비비	용역시에는 용역금액, 직영시에는 경비원인건비·피복비 등 경비에 직접 소요된 비용
소독비	용역시에는 용역금액, 직영시에는 소독용품비 등 소독에 직접 소요된 비용
승강기 유지비	용역시에는 용역금액, 직영시에는 제부대비·자재비 등. 다만, 전기료는 공동으로 사용되는 시설의 전기료에 포함한다.
지능형 홈네트워크 설비유지비	용역시에는 용역금액, 직영시에는 지능형 홈네트워크 설비 관련 인건비, 자재비 등 지능형 홈네트워크 설비의 유지 및 관리에 직접 소요되는 비용. 다만, 전기료는 공동으로 사용되는 시설의 전기료에 포함한다.
난방비	난방 및 급탕에 소요된 원가(유류대·난방비 및 급탕용수비)에서 급탕비를 뺀 금액
급탕비	급탕용 유류대 및 급탕용수비
수선유지비	① 장기수선계획에서 제외되는 공동주택의 공용부분의 수선·보수에 소요되는 비용으로 보수용역시에는 용역금액, 직영시에는 자재 및 인건비 ② 냉·난방시설의 청소비, 소화기충약비 등 공동으로 이용하는 시설의 보수유지비 및 제반 검사비 ③ 건축물의 안전점검비용 ④ 재난 및 재해 등의 예방에 따른 비용
위탁관리 수수료	주택관리업자에게 위탁하여 관리하는 경우로서 입주자대표회의와 주택관리업자 간의 계약으로 정한 월간 비용

3 관리비 산정방법

비교항목	연간 예산제	월별 정산제
산정방식	연간예산액을 전유면적에 비례하여 매월 정액을 징수	전월 발생비용을 당월에 부과
장 점	① 회계처리 간편 ② 가계부담의 균형 ③ 잔액발생시 긴급비용 사용 ④ 정산사무 간편 ⑤ 인건비 절약 가능	① 매월 정산으로 회계처리에 대한 민원 배제 ② 사용자부담원칙에 부합 ③ 물가변동에 적응 용이
단 점	① 연말결산시 회계처리에 대한 민원 발생 가능 ② 사용자부담원칙에 위배 ③ 물가변동에 대한 적용의 어려움	① 회계처리 복잡 ② 가계부담의 불균형 ③ 긴급비용 발생시 별도 징수 ④ 정산사무 번잡

4 관리비예치금

(1) 징수 및 인계

① 사업주체는 입주예정자의 과반수가 입주할 때까지 공동주택을 직접 관리하는 경우에는 입주예정자와 관리계약을 체결하여야 하며, 그 관리계약에 의하여 당해 공동주택의 공용부분의 관리 및 운영 등에 필요한 경비(이하 "관리비예치금"이라 한다)를 징수할 수 있다.

② 관리비예치금의 명세는 관리업무 인수 · 인계시 인계하여야 한다.

(2) 관 리

① 관리주체는 관리비예치금을 공동주택의 소유자로부터 징수할 수 있다.

② 관리주체는 소유자가 공동주택의 소유권을 상실한 경우에는 징수한 관리비예치금을 반환하여야 한다. 다만, 소유자가 관리비 · 사용료 및 장기수선충당금 등을 미납한 때에는 관리비예치금에서 정산한 후 그 잔액을 반환할 수 있다.

5 관리비 등의 미납자에 대한 조치

(1) 관리비 등의 미납자에 대한 조치 및 가산금의 부과사항은 공동주택관리규약의 규정에 의한다.

(2) 국가 또는 지방자치단체가 관리주체인 경우에는 장기수선충당금 및 관리비의 징수에 관하여 체납이 있을 때에는 국가 또는 지방자치단체가 국세체납처분 또는 지방세 체납처분의 예에 의하여 이를 강제 징수할 수 있다.

6 민간임대주택에 관한 특별법령에 의한 회계관리

(1) 관리비와 사용료의 징수 등

① 임대사업자는 국토교통부령으로 정하는 바에 따라 임차인으로부터 민간임대주택을 관리하는 데에 필요한 경비를 받을 수 있다.

② 임대사업자는 민간임대주택을 관리하는 데 필요한 경비를 임차인이 최초로 납부하기 전까지 해당 민간임대주택의 유지관리 및 운영에 필요한 경비(이하 "선수관리비"라 한다)를 대통령령으로 정하는 바에 따라 부담할 수 있다.

  ㉠ 임대사업자는 민간임대주택을 관리하는 데 필요한 경비를 임차인이 최초로 납부하기 전까지 선수관리비를 부담하는 경우에는 해당 임차인의 입주가능일 전까지 「공동주택관리법」에 따른 관리주체에게 선수관리비를 지급해야 한다.

  ㉡ 관리주체는 해당 임차인의 임대기간이 종료되는 경우 지급받은 선수관리비를 임대사업자에게 반환해야 한다. 다만, 다른 임차인이 해당 주택에 입주할 예정인 경우 등 임대사업자와 관리주체가 협의하여 정하는 경우에는 선수관리비를 반환하지 않을 수 있다.

  ㉢ 관리주체에게 지급하는 선수관리비의 금액은 해당 민간임대주택의 유형 및 세대수 등을 고려하여 임대사업자와 관리주체가 협의하여 정한다.

③ 임대사업자가 임차인으로부터 받을 수 있는 관리에 필요한 경비(이하 "관리비"라 한다)는 다음의 항목에 대한 월별 비용의 합계액으로 하며, 다음의 항목별 구성 명세는 아래와 같다.

  ㉠ 일반관리비
  ㉡ 청소비
  ㉢ 경비비

     ㄹ 소독비

     ㅁ 승강기 유지비

     ㅂ 난방비

     ㅅ 급탕비

     ㅇ 수선유지비

     ㅈ 지능형 홈네트워크 설비가 설치된 민간임대주택의 경우에는 지능형 홈
        네트워크 설비 유지비

④ 비용의 세대별 부담액 산정방법은 사용자 부담과 공평한 부담의 원칙에 따
  라야 한다.

⑤ 임대사업자는 관리비 외에 어떠한 명목으로도 관리비를 징수할 수 없다.

⑥ 임대사업자는 임차인이 내야 하는 다음의 사용료 등을 임차인을 대행하여
  징수권자에게 낼 수 있다.

     ㄱ 전기료(공동으로 사용하는 시설의 전기료를 포함한다)

     ㄴ 수도료(공동으로 사용하는 수도료를 포함한다)

     ㄷ 가스 사용료

     ㄹ 지역난방방식인 공동주택의 난방비와 급탕비

     ㅁ 정화조 오물 수수료

     ㅂ 생활 폐기물 수수료

     ㅅ 임차인대표회의 운영비

⑦ 임대사업자는 인양기 등의 사용료를 해당 시설의 사용자에게 따로 부과할
  수 있다.

⑧ 임대사업자는 산정·징수한 관리비와 사용료 등의 징수 및 그 사용명세에
  관한 장부를 따로 작성하고 증명자료와 함께 보관하여 임차인 또는 임차인
  대표회의가 열람할 수 있게 하여야 한다.

⑨ 산정·징수한 관리비와 사용료 등의 징수 및 그 사용명세에 대하여 임대사
  업자와 임차인 간의 다툼이 있을 때에는 임차인(임차인 과반수 이상의 결
  의가 있는 경우만 해당한다) 또는 임차인대표회의는 임대사업자로 하여금
  「공인회계사법」에 따라 등록한 공인회계사 또는 설립된 회계법인(이하 "공
  인회계사 등"이라 한다)으로부터 회계감사를 받고 그 감사결과와 감사보고
  서를 열람할 수 있도록 갖춰 둘 것을 요구할 수 있다.

⑩ 임차인 또는 임차인대표회의는 시장·군수·구청장에게 공인회계사 등의
  선정을 의뢰할 수 있다.

⑪ 회계감사 비용은 임차인 또는 임차인대표회의가 부담한다.

(2) 관리비 항목의 구성 명세

관리비 항목	구성 내역
1. 일반관리비	① 인건비 : 급여, 제수당, 상여금, 퇴직금, 산재보험료, 고용보험료, 국민연금, 국민건강보험료 및 식대 등 복리후생비 ② 제사무비 : 일반사무용품비, 도서인쇄비, 교통통신비 등 관리사무에 직접 드는 비용 ③ 제세공과금 : 관리기구가 사용한 전기료, 통신료, 우편료 및 관리기구에 부과되는 세금 등 ④ 피복비 ⑤ 교육훈련비 ⑥ 차량유지비 : 연료비, 수리비 및 보험료 등 차량유지에 직접 드는 비용 ⑦ 그 밖의 부대비용 : 관리용품구입비 및 그 밖에 관리업무에 드는 비용
2. 청소비	① 용역인 경우 : 용역금액 ② 직영인 경우 : 청소원인건비, 피복비 및 청소용품비 등 청소에 직접 드는 비용
3. 경비비	① 용역인 경우 : 용역금액 ② 직영인 경우 : 경비원인건비, 피복비 등 경비에 직접 드는 비용
4. 소독비	① 용역인 경우 : 용역금액 ② 직영인 경우 : 소독용품비 등 소독에 직접 드는 비용
5. 승강기유지비	① 용역인 경우 : 용역금액 ② 직영인 경우 : 제부대비, 자재비 등. 다만, 전기료는 공공용으로 사용되는 시설의 전기료에 포함한다.
6. 난방비	난방 및 급탕에 소요된 원가(유류대, 난방 및 급탕용수비)에서 급탕비를 뺀 금액
7. 급탕비	급탕용 유류대 및 급탕용수비
8. 수선유지비	① 보수용역인 경우 : 용역금액 ② 직영인 경우 : 자재 및 인건비 ③ 냉난방시설의 청소비, 소화기충약비 등 임차인의 주거생활의 편익을 위하여 제공되는 비용으로서 소모적 지출에 해당하는 비용
9. 지능형 홈네트워크 설비 유지비	① 용역인 경우 : 용역금액 ② 직영인 경우 : 지능형 홈네트워크 설비 관련 인건비, 자재비 등 지능형 홈네트워크 설비의 유지 및 관리에 직접 드는 비용. 다만, 전기료는 공동으로 사용되는 시설의 전기료에 포함한다.

실전예상문제

01 공동주택관리법령에 의할 경우 '관리비 등'에 관한 설명으로 옳지 않은 것은?　제10회

① 소화기충약비는 일반관리비로 부과한다.
② 관리기구가 사용한 전기료·통신료 등은 일반관리비로 부과한다.
③ 급탕용 유류대는 급탕비로 부과한다.
④ 승강기 유지관리업무를 직영으로 운영할 때 승강기 전기료는 공동시설의 전기료로 부과한다.
⑤ 냉난방시설의 청소비는 수선유지비로 부과한다.

해설 ① 소화기충약비는 수선유지비로 부과한다.

02 공동주택관리법령상 의무관리대상 공동주택의 관리비 등에 관한 설명으로 옳지 않은 것은?
제19회 일부수정

① 관리주체는 장기수선충당금에 대하여 관리비와 구분하여 징수하여야 한다.
② 관리주체는 주민공동시설, 인양기 등 공용시설물의 사용료를 해당 시설의 사용자에게 따로 부과할 수 있다.
③ 관리주체는 보수를 요하는 시설이 2세대 이상의 공동사용에 제공되는 것인 경우에는 이를 직접 보수하고, 당해 입주자 등에게 그 비용을 따로 부과할 수 있다.
④ 관리주체는 입주자 및 사용자가 납부하는 가스사용료 등을 입주자 및 사용자를 대행하여 그 사용료 등을 받을 자에게 납부할 수 있다.
⑤ 관리주체는 모든 거래 행위에 관하여 장부를 월별로 작성하여 그 증빙서류와 함께 해당 회계연도 종료일부터 3년간 보관하여야 한다.

해설 ⑤ 관리주체는 모든 거래 행위에 관하여 장부를 월별로 작성하여 그 증빙서류와 함께 해당 회계연도 종료일부터 5년간 보관하여야 한다.

Answer
01 ①　02 ⑤

03 관리비 산정방법 중 월별 정산제와 비교하여 연간 예산제의 특징을 모두 고른 것은? 제14회

> ㉠ 가계부담의 균형　　　　　　　㉡ 사용자부담원칙에 부합
> ㉢ 물가변동에 적응 용이　　　　　㉣ 회계처리 간편
> ㉤ 매월 관리비 변동　　　　　　　㉥ 정산사무 번잡
> ㉦ 인건비 절약 가능

① ㉠, ㉢, ㉥　　　　　　　　　　② ㉠, ㉣, ㉦
③ ㉡, ㉢, ㉥　　　　　　　　　　④ ㉡, ㉣, ㉤
⑤ ㉢, ㉣, ㉦

해설 ㉠, ㉣, ㉦이 연간 예산제의 특징에 해당한다.

04 공동주택관리법령상 관리비 등에 관한 설명으로 옳지 않은 것은?

① 건축물의 안전점검비용은 관리비 중 수선유지비로 부과한다.
② 위탁관리수수료는 관리비와 구분징수하여야 한다.
③ 관리주체는 관리비 등을 입주자대표회의가 지정하는 금융기관에 예치하여 관리하되, 장기수선충당금은 별도의 계좌로 예치·관리하여야 한다.
④ 관리용품 구입비는 일반관리비 중 그 밖의 부대비용으로 부과한다.
⑤ 관리주체는 보수가 필요한 시설[누수(漏水)되는 시설을 포함한다]이 2세대 이상의 공동사용에 제공되는 것인 경우에는 직접 보수하고 해당 입주자 등에게 그 비용을 따로 부과할 수 있다.

해설 ② 위탁관리수수료는 관리비로 부과한다.

05 공동주택관리법령에 의하여 관리주체가 입주자 등이 납부하는 사용료 등을 납부받아 징수권자에게 납부를 대행할 수 있는 것이 아닌 것은?

① 공동으로 사용하는 수도료
② 지역난방방식인 공동주택의 난방비와 급탕비
③ 공동주택단지 내 각 세대의 개별보험료
④ 공동으로 사용하는 전기료
⑤ 입주자대표회의 운영경비

해설 ③ 공동주택단지 안의 건물 전체를 대상으로 하는 보험료에 대해서 납부대행을 하므로 개별보험료는 해당되지 않는다.

06 중앙집중식 난방방식 아파트의 가구별 난방비는 얼마인가? (단, 난방비는 m²당 단가를 구해서 각 가구별로 부과하며 난방열량계가 설치되어 있지 않음)   제12회

> - 총가구수 : 200가구(가구별 공급면적 100m²)
> - 총연면적 : 20,000m²
> - 난방 및 급탕에 소요된 총원가 : 유류대·난방비 및 급탕용수비를 포함하여 총 25,000,000원
> - 급탕비총액 : 5,000,000원

① 100,000원   ② 120,000원
③ 150,000원   ④ 180,000원
⑤ 200,000원

해설 난방비 = 난방 및 급탕에 소요된 원가(유류대·난방비 및 급탕용수비)에서 급탕비를 뺀 금액

$$\therefore \frac{25,000,000원 - 5,000,000원}{20,000m^2} \times 100m^2 = 100,000원$$

07 공동주택관리법령상 공동주택의 관리비 등에 관한 설명으로 옳지 않은 것은?
① 관리비의 구성내역 중 관리용품구입비·회계감사비 등은 일반관리비에 포함되어 있다.
② 소화기충약비는 관리비 중 수선유지비로 부과한다.
③ 승강기유지비는 용역시에는 용역금액, 직영시에는 제부대비·자제비 등으로 하며, 전기료는 공동으로 사용되는 시설의 전기료에 포함한다.
④ 해고된 관리소장을 복직시키고 해고기간 동안의 임금상당액을 지급할 경우 그 임금을 장기수선충당금으로 지급하여서는 안 된다.
⑤ 아파트 내에서 발생한 광고비 수입의 관리는 관리규약으로 정하지 않더라도 입주자대표회의에서의 의결로 사용이 가능하다.

해설 ⑤ 관리 등으로 인하여 발생한 수입의 용도 및 사용절차는 공동주택관리규약준칙의 포함사항이다.

Answer
03 ②   04 ②   05 ③   06 ①   07 ⑤

08 공동주택관리법령상 공동주택의 관리주체는 입주자 및 사용자가 납부하는 사용료 등을 대행하여 납부할 수 있다. 그 대상이 되는 사용료 등으로 옳은 것으로만 짝지어진 것은?

제15회

> ㉠ 장기수선충당금
> ㉡ 입주자대표회의의 운영경비
> ㉢ 선거관리위원회의 운영경비
> ㉣ 공동주택단지 안의 건물 전체를 대상으로 하는 보험료
> ㉤ 하자의 원인이 사업주체 외의 자에게 있는 경우의 안전진단실시비용

① ㉠, ㉡, ㉢ ② ㉠, ㉡, ㉤ ③ ㉠, ㉣, ㉤
④ ㉡, ㉢, ㉣ ⑤ ㉢, ㉣, ㉤

해설 ㉠, ㉤은 관리비와 구분하여 징수하는 항목에 해당하는 사항이다.

09 공동주택관리법령상 관리비에 포함하여 징수할 수 있는 항목 및 구성내역으로 옳은 것을 모두 고른 것은?

> ㉠ 관리기구에 부과되는 세금
> ㉡ 안전진단 실시비용
> ㉢ 지능형 홈네트워크 설비의 유지 및 관리에 직접 소요되는 비용
> ㉣ 냉난방시설의 청소비
> ㉤ 장기수선충당금

① ㉠, ㉡, ㉢ ② ㉠, ㉢, ㉣ ③ ㉡, ㉢, ㉤
④ ㉡, ㉢, ㉣ ⑤ ㉡, ㉣, ㉤

해설 ㉡ 안전진단 실시비용과 ㉤ 장기수선충당금은 관리비와 구분하여 징수한다.

10 공동주택관리법령상 관리비에 포함하여 징수할 수 없는 것은?
① 일반관리비 ② 수선유지비 ③ 경비비
④ 승강기유지비 ⑤ 장기수선충당금

해설 관리주체는 다음의 비용에 대하여는 이를 관리비와 구분하여 징수하여야 한다.
　(1) 장기수선충당금
　(2) 안전진단 실시비용

11 공동주택관리법령상 관리주체가 관리비와 구분하여 징수하여야 하는 것을 모두 고른 것은?

제24회

> ㉠ 경비비 ㉡ 장기수선충당금
> ㉢ 위탁관리수수료 ㉣ 급탕비
> ㉤ 안전진단 실시비용(하자 원인이 사업주체 외의 자에게 있는 경우)

① ㉠, ㉡ ② ㉡, ㉢
③ ㉡, ㉤ ④ ㉠, ㉢, ㉣
⑤ ㉡, ㉢, ㉤

해설 관리주체는 다음의 비용에 대해서는 관리비와 구분하여 징수하여야 한다.
1. 장기수선충당금
2. 안전진단 실시비용(하자 원인이 사업주체 외의 자에게 있는 경우)

12 공동주택관리법령상 공동주택의 관리비 및 회계운영 등에 관한 설명으로 옳지 않은 것은?

제24회 일부수정

① 의무관리대상이 아닌 공동주택으로서 50세대 이상인 공동주택의 관리인이 관리비 등의 내역을 공개하는 경우, 공동주택관리정보시스템 공개는 생략할 수 있다.
② 관리주체는 해당 공동주택의 공용부분의 관리 및 운영 등에 필요한 경비(관리비 예치금)를 공동주택의 사용자로부터 징수한다.
③ 관리주체는 보수가 필요한 시설이 2세대 이상의 공동사용에 제공되는 것인 경우, 직접 보수하고 해당 입주자 등에게 그 비용을 따로 부과할 수 있다.
④ 관리주체는 주민공동시설, 인양기 등 공용시설물의 이용료를 해당 시설의 이용자에게 따로 부과할 수 있다.
⑤ 지방자치단체인 관리주체가 관리하는 공동주택의 관리비가 체납된 경우 지방자치단체는 지방세 체납처분의 예에 따라 강제징수할 수 있다.

해설 ② 관리주체는 해당 공동주택의 공용부분의 관리 및 운영 등에 필요한 경비(관리비 예치금)를 공동주택의 소유자로부터 징수한다.

Answer
08 ④ 09 ② 10 ⑤ 11 ③ 12 ②

13 민간임대주택에 관한 특별법령상 임대주택의 관리에 관한 설명으로 옳지 않은 것은?

제15회 일부수정

① 임차인 또는 임차인대표회의는 시장·군수·구청장에게 공인회계사 등의 선정을 의뢰할 수 있고, 회계감사비용도 시장·군수·구청장이 부담한다.
② 임대사업자는 임차인이 내야 하는 전기료·수도료를 임차인을 대행하여 징수권자에게 낼 수 있다.
③ 임대사업자는 인양기 등의 사용료를 해당 시설의 사용자에게 따로 부과할 수 있다.
④ 임대사업자는 산정·징수한 관리비와 사용료의 징수 및 그 사용명세에 관한 장부를 따로 작성하고 증명자료와 함께 보관하여, 임차인 또는 임차인대표회의가 열람할 수 있게 하여야 한다.
⑤ 임대사업자는 임차인으로부터 임대주택의 관리에 필요한 경비를 받을 수 있다.

해설 ① 회계감사비용은 임차인 또는 임차인대표회의가 부담한다.

14 공동주택관리법령상 다음과 같은 관리비 세부구성내역이 포함되어야 할 관리비 항목에 해당하는 것은?

냉난방시설의 청소비·소화기충약비 등 공동으로 이용하는 시설의 보수유지비 및 제반 검사비

① 수선유지비   ② 난방비
③ 청소비   ④ 일반관리비
⑤ 위탁관리수수료

해설 ① 냉난방시설의 청소비·소화기충약비 등 공동으로 이용하는 시설의 보수유지비 및 제반 검사비는 관리비 비목 중 수선유지비로 부과한다.

15 공동주택관리법령상 관리비 등에 관한 설명이다. 옳은 것으로만 짝지어진 것은?

제15회 일부수정

> ㉠ 관리비 등을 입주자 등에게 부과한 의무관리대상 공동주택의 관리주체는 그 관리비 등의 명세를 즉시 해당 공동주택단지의 인터넷 홈페이지 및 동별 게시판(통로별 게시판이 설치된 경우에는 이를 포함한다)과 공동주택관리정보시스템에 공개해야 하지만 잡수입의 경우에는 공개하지 않아도 된다.
> ㉡ 관리주체는 보수를 요하는 시설(누수되는 시설을 포함한다)이 2세대 이상의 공동사용에 제공되는 것인 경우에는 이를 직접 보수하고, 당해 입주자 등에게 그 비용을 따로 부과할 수 있다.
> ㉢ 관리주체는 관리비 등을 입주자대표회의가 지정하는 금융기관에 예치하여 관리하되, 장기수선충당금도 관리비 등을 예치한 계좌에 같이 예치하여 관리하여야 한다.
> ㉣ 난방비는 난방 및 급탕에 소요된 원가(유류대·난방비 및 급탕용수비)에서 급탕비를 뺀 금액이며, 급탕비는 급탕용 유류대 및 급탕 용수비로 구성된다.
> ㉤ 수선유지비에는 냉난방시설의 청소비·소화기 충약비 등 공동으로 이용하는 시설의 보수유지비 및 제반 검사비가 포함된다.

① ㉠, ㉡
② ㉠, ㉣
③ ㉡, ㉢
④ ㉡, ㉤
⑤ ㉢, ㉣

해설 ㉠ 관리비 등을 입주자 등에게 부과한 의무관리대상 공동주택의 관리주체는 그 관리비 등을 다음 달 말일까지 해당 공동주택단지의 인터넷 홈페이지와 공동주택관리정보시스템에 공개하여야 한다. 잡수입의 경우에도 동일한 방법으로 공개하여야 한다.
㉢ 관리주체는 관리비 등을 입주자대표회의가 지정하는 금융기관에 예치하여 관리하되, 장기수선충당금은 별도의 계좌로 예치·관리하여야 한다.

Answer
13 ①　14 ①　15 ④

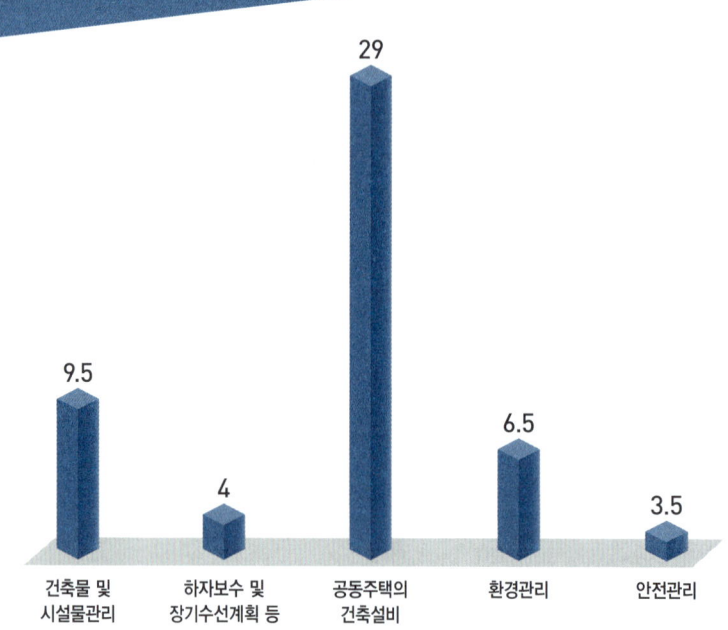

29

9.5

4

6.5

3.5

건축물 및
시설물관리

하자보수 및
장기수선계획 등

공동주택의
건축설비

환경관리

안전관리

제28회 기출문제 분석

공동주택 건축설비에서 객관식과 주관식 문제가 기존 출제 난이도보다는 낮게 출제되었고 까다로운 계산문제 1문제를 포함하여 총 13 문제가 출제되었습니다. 건축물 및 시설관리에서 3문제, 하자보수 및 장기수선계획 등에서는 하자담보책임기간과 민간임대주택의 관리업무 내용에서 2문제가 출제되었고, 환경관리에서는 건축물의 에너지절약설계기준, 먹는 물 수질기준 및 검사 등에 관한 규칙, 신재생에너지법, 실내공기질 관리법에서 각각 1문제씩 총 4문항이 출제되었습니다. 안전관리에서는 1문제가 출제되었습니다.

제1장 건축물 및 시설물관리

제2장 하자보수 및 장기수선계획 등

제3장 공동주택의 건축설비

제4장 환경관리

제5장 안전관리

건축물 및 시설물관리

단·원·열·기

결로의 원인과 대책, 아스팔트 방수와 시멘트액체 방수의 비교규정을 잘 정리하여야 한다. 진입도로의 폭에 관한 규정과 공동주택성능등급에 관한 규정을 포함하여 부대시설과 복리시설의 세부설치기준에 관해 객관식 문제와 주관식 기입형 문제까지 대비하여 꼼꼼하게 정리하여야 한다.

건축물의 노후화·열화현상

01 시설물 유지·관리의 내용
02 구조체의 보존관리
03 방수 및 단열

01 건축물의 노후화·열화현상

1 시설물 유지·관리의 내용

시설물의 유지·관리행위는 공동주택 공용부분의 하자발생을 사전에 예방하거나 하자발생시 그 원인을 규명하여 적기에 보수 내지 수선하는 것을 그 내용으로 한다. 시설물의 유지·관리의 내용은 점검·보수·진단·수선·청소 및 유지관리로 구분한다.

(1) 점 검

공동주택 공용부분의 기능과 훼손정도를 조사하여 하자의 발생을 사전에 차단하려는 관리행위를 말한다.

(2) 보 수

시설에 대한 점검시에 낡은 부품이나 재료 등을 교체하거나 발견된 하자를 손질하여 하자로 인한 피해를 미연에 방지하려는 관리행위를 말한다. 보수는 점검과 병행하여 실시하는 것이 보통이다.

(3) 진 단

진단은 공동주택의 주요구조부와 내력구조부 등과 같이 그 하자 여부가 중요한 결과를 초래하거나 그 기능 및 상태를 파악하는 데 전문적인 기술이 요구되는 경우에 실시되는 조사행위를 말한다.

(4) 수 선

시설물의 열화와 마모가 일정한도를 넘어 기능이 손상되었을 때 그 시설물의 마모된 부위를 원래의 기능으로 회복시키는 관리행위를 말한다.

(5) 청 소

공동주택의 내·외부를 청결히 하여 시설물의 훼손을 방지하고 입주자 등에게 쾌적하고 건강한 주거환경을 유지하는 관리행위를 말한다.

(6) 유지관리

완공된 시설물의 기능을 보전하고 시설물 이용자의 편의와 안전을 높이기 위하여 시설물을 일상으로 점검·정비하고 손상된 부분을 원상복구하며 경과시간에 따라 요구되는 시설물의 개량·보수보강에 필요한 활동을 하는 것을 말한다.

2 구조체의 보존관리

(1) 균 열

① **철근 콘크리트 균열원인**

ㄱ 재료상 원인

ⓐ 시멘트의 이상응결로 인한 균열

ⓑ 콘크리트의 침하 및 블리딩(Bleeding)으로 인한 균열

ⓒ 철근부식에 의한 팽창으로 인한 균열

ⓓ 시멘트의 수화열로 인한 균열

ⓔ 큰 물시멘트비로 인한 건조수축 균열

ㄴ 시공상 원인

ⓐ 혼화재의 불균일한 분산으로 인한 균열

ⓑ 펌프 압송시 수량(水量)의 증가로 인한 균열

ⓒ 불균일한 타설 및 다짐으로 인한 균열

ⓓ 경화 전의 진동 및 재하로 인한 균열

ⓔ 콜드 조인트로 인한 균열

ⓕ 경화 전의 급격한 건조로 인한 균열

ⓖ 거푸집 조기제거 및 변형으로 인한 균열

ⓗ 동바리의 침하로 인한 균열

ⓘ 철근의 휨 및 피복두께의 감소로 인한 균열

ㄷ 외부환경적 원인

ⓐ 콘크리트 중성화로 인한 균열

ⓑ 동결융해 및 화학작용으로 인한 균열

💡 **블리딩**
아직 굳지 않은 시멘트액(시멘트풀, 시멘트 페이스트), 모르타르 및 콘크리트에 있어서 물이 윗면에 솟아오르는 현상

💡 **콜드 조인트**
신·구 타설 콘크리트의 경계면에 발생되기 쉬운 이어치기의 불량 부위

💡 **동바리**
타설된 콘크리트가 소정의 강도를 얻기까지 고정하중 및 시공하중 등을 지지하기 위하여 설치하는 가설 부재

　　　　ⓔ 설계상의 원인
　　　　　　ⓐ 철근의 정착(철근이 힘을 받을 때 뽑힘, 미끄러짐 변형이 생기지 않
　　　　　　　도록 응력을 발휘할 수 있게 하는 최소한의 묻힘 깊이)길이 부족으
　　　　　　　로 인한 균열
　　　　　　ⓑ 과도한 적재하중으로 인한 균열
　　　　　　ⓒ 기초의 부동침하로 인한 균열
　　② 균열보수 공법
　　　　ⓐ 표면처리공법: 균열 폭이 작은 경우 균열부위에 따라 방수성이 높은 피
　　　　　막을 만들어 보수하는 공법
　　　　ⓑ 충전공법: 균열의 부위에 따라 콘크리트 표면을 U자 또는 V자형으로
　　　　　파낸 다음 그곳에 실링재를 충전하는 공법
　　　　ⓒ 주입공법: 균열부위에 점성이 낮은 에폭시계통의 수지를 주입하여 보
　　　　　수하는 공법
　　　　ⓓ 철물보강공법: 균열이 심각한 경우 건물 주요구조부에 철물을 보강하
　　　　　여 균열의 진행을 멈추거나 내력을 회복하는 공법
　　　　　　ⓐ 강재앵커 공법: 보강을 목적으로 사용되며, 꺾쇠형 앵커로 균열을
　　　　　　　가로질러 설치한다.
　　　　　　ⓑ 강판압착 공법: 콘크리트부재 인장 측에 강판을 에폭시수지로 접착
　　　　　　　시키는 공법이다.

(2) 결 로

　① 의 의: 실내의 수증기가 온도가 낮은 벽면이나 창유리에 접촉되었을 때 온
　　도가 낮은 면의 포화수증기에 포함되지 않고 물방울이 되어 부착되는 현상
　　이다.
　② 원 인
　　ⓐ 구조체 표면온도가 노점온도 이하일 때
　　ⓑ 실내·외의 온도차이가 클 때
　　ⓒ 실내 절대습도가 높을 때
　　ⓓ 환기가 잘 안될 때
　　ⓔ 열관류율이 클 때(열저항이 작을 때)
　③ 결로의 종류
　　ⓐ 표면결로: 벽체, 천장, 유리창 등이 열관류율이 높아 표면온도가 낮아
　　　노점온도 이하로 내려갈 때 벽체 등 구조체 표면에 발생하는 결로이다.

💡 **노점온도**: 습한 공기를 냉각시켜 가면 공기 중의 수증기는 어느 온도에서 응결하기 시작하여 이슬을 맺는데, 이때의 온도를 말한다.

💡 **절대습도**: 실제 공기 중에 섞여 있는 사실적인 수증기량으로 1m³ 중에 포함된 수증기 양을 g으로 나타낸 것을 말한다(g/m³).

💡 **열관류율**: 열관류율(열통과율)은 단위 표면적을 통해 단위 시간에 고체벽의 양쪽 유체가 단위 온도차일 때 한쪽 유체에서 다른쪽 유체로 전해지는 열량을 말한다. 열관류율이 낮을수록 단열성능이 좋은 단열재이다.

ⓛ 내부결로: 구조체 내부에서 발생하는 결로로서 벽체 내의 어느 점에서의 온도가 그 부분에 있는 습공기의 노점온도보다 낮으면 그 부분에 결로가 발생한다.

④ **결로의 방지대책**

㉠ 표면결로

ⓐ 단열재를 사용하여 벽체의 열관류율을 낮게 유지한다.

ⓑ 벽 표면온도를 실내공기의 노점온도보다 높게 유지한다.

ⓒ 환기를 자주하고 비난방실도 환기한다.

ⓓ 유리의 경우 2중 유리를 사용한다.

ⓔ 실내공기의 절대습도를 작게 한다.

㉡ 내부결로

ⓐ 실내측 표면(단열재의 고온쪽)에 방습층을 설치한다.

ⓑ 외측단열을 하여 벽체 내부온도를 노점온도보다 높게 유지한다.

ⓒ 이중벽을 설치한다.

(3) **백 화**

① **의의**: 시멘트의 가용성 성분이 용해되어 건물의 표면에 올라와 공기 중에 탄산가스 또는 유황성분과 결합하여 생긴다.

② **백화의 발생조건과 방지대책**

㉠ 발생조건

ⓐ 기온이 낮은 겨울철에 많이 발생한다.

ⓑ 비온 뒤 습도가 비교적 높을 때 발생한다.

ⓒ 적당한 바람과 건조속도에 따라 많이 발생한다.

ⓓ 그늘진 북쪽 측면에서 많이 발생한다.

ⓔ 시멘트의 재령이 짧을 때 많이 발생한다.

ⓕ 시멘트 분말도가 작은 경우에 발생한다.

㉡ 방지대책

ⓐ 질이 좋은 벽돌, 잘 소성된 벽돌을 사용한다.

ⓑ 모르타르에 방수제를 혼합한다.

ⓒ 줄눈사춤을 빈틈없이 다져 넣는다.

ⓓ 파라핀도료, 명반용액을 발라 염류가 표출되는 것을 막는다.

ⓔ 차양, 돌림띠 등으로 벽면에 직접 빗물이 흘러내리지 않도록 한다.

ⓕ 분말도가 큰 시멘트를 사용한다.

♀ 2중 유리를 복층유리라고도 한다.

♀ **콘크리트 재령**
콘크리트를 타설한 뒤로부터의 경과 일수

♀ **분말도**
시멘트 입자가 얼마나 미세한지를 나타내는 시멘트의 특성값

③ 제거방법

　㉠ 마른솔질로 제거한다.

　㉡ 마른솔질로 제거되지 아니하면 벽체에 물을 충분히 살수한 후 묽은염산으로 제거하고 염산성분이 남아있지 않도록 물로 충분하게 씻어낸다.

(4) 열 교

① 정의 등

　㉠ 벽이나 바닥, 지붕 등의 건축물 부위에 단열이 연속되지 않은 부분이 있을 때 이 부분이 열적 취약부가 되어 이 부위를 통한 열의 이동이 많아진다. 지며, 이것을 열교(heat bridge) 또는 열의 손실이란 측면에서 냉교(cold bridge)라고 한다.

　㉡ 열교현상이 발생하는 부위는 열관류율 값이 높기 때문에 전체 단열성능을 저하시킨다.

　㉢ 열교현상이 발생하는 부위는 표면온도가 낮아져 결로의 발생 가능성이 크다.

　㉣ 열교현상이 발생하는 부위는 열저항 값을 증가시키는 설계 및 시공이 필요하다.

　㉤ 열교현상을 방지하기 위해서는 접합부위의 단열설계 및 단열재가 불연속됨이 없도록 철저한 단열시공이 이루어져야 한다.

　㉥ 콘크리트 라멘조나 조적조 건축물에서는 근본적으로 단열이 연속되기 어려운 점이 있으나 가능한 한 외단열과 같은 방법으로 취약부위를 감소시키는 설계 및 시공이 필요하다.

② 발생부위

　㉠ 단열구조의 지지 부재틀

　㉡ 중공벽의 연결철물이 통과하는 구조체

　㉢ 벽체와 지붕 또는 바닥과의 접합부

　㉣ 창 틀

3 방수 및 단열

(1) 지붕의 방수

① **아스팔트방수의 재료**

　㉠ 아스팔트 프라이머: 블로운 아스팔트를 휘발성용제로 녹여 만든 액체로서 구조체 표면에 도포하면 아스팔트 피막을 형성하여 접착력을 높인다.

　㉡ 스트레이트 아스팔트: 신도가 크고 교착력이 우수하나 연화점이 낮고 내구성이 낮기 때문에 지하층 공사에 사용된다.

　㉢ 블로운 아스팔트: 연화점이 높기 때문에 옥상 및 지붕방수에 사용되고 아스팔트 컴파운드와 프라이머의 재료가 된다.

　㉣ 컴파운드 아스팔트: 블로운 아스팔트에 동·식물성 유지 및 광물질을 혼합하여 만든 것으로 블로운 아스팔트의 유동성 및 강도를 향상시켜서 건축공사의 방수재료로 많이 사용된다.

　㉤ 방수지

　　ⓐ 아스팔트 펠트: 펠트원지에 스트레이트 아스팔트를 침투시켜 만든 것이다.

　　ⓑ 아스팔트 루핑: 펠트원지에 스트레이트 아스팔트를 침투시키고 양면에 컴파운드 피복을 하고 광물질 분말을 살포하여 만든 것이다.

② **아스팔트 방수층 시공 및 유의사항**

　㉠ 시공방법: 아스팔트 방수층의 시공은 아스팔트프라이머 도포 ⇨ 아스팔트 도포 ⇨ 아스팔트 펠트(루핑) 도포 ⇨ 아스팔트 도포 ⇨ 아스팔트 펠트(루핑) 도포 ⇨ 아스팔트 도포의 과정을 반복하는데, 그 도포횟수에 따라 10층·8층·6층 방수로 분류한다.

　㉡ 유의사항

　　ⓐ 바탕면은 1/100 내지 1/200 정도의 물흘림 경사

　　ⓑ 구석이나 면모서리는 방수지가 꺾이지 않도록 둥근면으로 3cm 이상 면접기

　　ⓒ 방수층 치켜올림 높이는 30cm 이상

　　ⓓ 방수지의 이음은 엇갈리게 하고 겹침은 9cm 이상

　　ⓔ 아스팔트 가열온도는 180~200℃ 정도

(2) 시멘트액체 방수

① 콘크리트면에 방수제를 혼합하여 수회 반복하여 도포하는 방법을 말한다.
② 방수층 자체의 수축에 의한 균열의 발생으로 외기에 대한 영향을 많이 받는다.
③ 지하실 방수 등에 사용되며 외기에 대한 영향을 받는 옥상방수에는 부적당하다.

(3) 아스팔트 방수와 시멘트액체 방수의 비교

P: 아스팔트 프라이머
A: 아스팔트
F: 아스팔트 펠트

내 용	아스팔트 방수	시멘트액체 방수
시공순서	P ⇨ A ⇨ F ⇨ A ⇨ F ⇨ A ⇨ F ⇨ A (8층 방수, 3겹 방수)	• 1공정(방수액 침투 ⇨ 시멘트풀 ⇨ 방수액침투 ⇨ 시멘트모르타르) • 2공정(1공정을 반복한다)
방수 수명	길다(신뢰도가 높다).	짧다(신뢰도가 낮다).
외기 영향	작다(둔감적).	크다(직감적).
방수층의 신축성	크다.	거의 없다.
균열발생	신축성이 커서 균열발생이 적다.	신축성이 작아서 균열발생이 많다.
공사기간	길다.	짧다.
공사비 · 보수비	비싸다.	싸다.
보호누름	절대로 필요	안해도 무방
방수층의 중량	무겁다.	가볍다.
모체의 영향	모체가 나빠도 시공이 가능하다.	모체가 나쁘면 방수성능에 영향이 크다.
결함부 발견	용이하지 않다.	용이하다.
보수범위	광범위하고 보호누름도 재시공	국부적으로 보수가 가능
시공용이도	번잡	간단
바탕처리	완전건조	보통건조
규 모	대규모	소규모

(4) 도막방수

구 분	내 용
장 점	① 누수부분의 발견이나 보수가 용이하다. ② 모서리부분, 돌출부분 등에 이음매 없이 시공이 가능하다. ③ 고무에 의한 탄력성으로 균열이 적다. ④ 방수층의 두께를 조절할 수 있다.
단 점	① 균일한 두께로 시공하기 어렵다. ② 바탕 콘크리트가 완전 건조되지 않으면 방수층의 접착력이 떨어지고 핀홀이 발생할 수 있다. ③ 단열이 요구되는 옥상방수는 불리하다. ④ 방수의 신뢰성이 떨어진다.

(5) 시트방수

① 방수 기능을 가진 천이나 판을 접착하는 방수 방식을 말한다.
② 시트 접착방법에는 온통 접착방법(전면 접착법), 줄접착방법, 점접착방법, 갓접착방법 등이 있다.

(6) 복합방수

① 복합방수는 방수성능 향상을 위하여 2가지 이상의 방수재료를 사용하여 방수층을 형성하는 방수 방식을 말한다.
② 시트방수와 도막방수의 취약점을 상호 보완하기 위한 공법이다.
③ 하부는 시트방수 공법으로 하고 시트상부는 도막방수로 시공한다.

(7) 단열공사

① **단열재의 구비조건**
　㉠ 단열재는 열전도율이 낮은 것일수록 단열성이 높다.
　㉡ 섬유질계 단열재는 밀도가 큰 것일수록 단열성이 높다.
　㉢ 단열재의 열저항은 재료의 두께가 두꺼울수록 커진다.
　㉣ 다공질계 단열재는 기포가 미세하고 균일한 것일수록 열전도율이 낮다.
　㉤ 단열재는 함수율이 증가할수록 열전도율이 높아진다.

② **단열공법에 따른 분류**
　㉠ 내측단열
　　ⓐ 실내측에 단열재를 설치하는 방법으로 시공하기 편리하다.
　　ⓑ 내부결로가 발생할 수 있다.
　　ⓒ 간헐난방인 경우에 적합하다.

ⓛ 외측단열
　ⓐ 실외측에 단열재를 설치하는 방법으로 결로현상이 발생할 염려가 적다.
　ⓑ 시공이 어렵고 복잡하다.
　ⓒ 지속난방에 유리하다.
ⓒ 중간단열
　ⓐ 벽 등의 중간에 단열재를 설치하는 방법으로 결로현상이 발생할 우려가 없다.
　ⓑ 시공비는 비싸다.

③ **물리적 구조에 따른 분류**
　㉠ 저항형 단열: 스티로폼과 같은 단열재를 이용하여 단열하는 공법이다.
　㉡ 반사형 단열: 알루미늄 호일과 같은 재료를 가지고 복사열 에너지를 반사해서 단열하는 공법이다.
　㉢ 단열원리상 벽체에는 저항형 단열이 반사형 단열보다 유리하다.

④ **단열의 하자보수방법**: 건물의 단열상 하자가 발생한 경우 이를 보수하는 방법으로 아래의 3가지 방법이 있다.
　㉠ 단열재 첨가방법: 건물에 기 시공된 단열시설에 새로운 단열재를 첨가·보수하는 방법으로 시공이 간편하나 건물의 외벽·천장·바닥 등이 서로 다른 구조로 되어 있으므로 각 구조에 적합한 시공방법을 택하여 보수한다.
　㉡ 전면보수방법: 기 시공된 단열시설을 전부 들어내고 새로운 단열재를 설치·마감하는 방식이다.
　㉢ 단열재의 충전·주입방법: 건물의 벽체나 천장 등의 중간이 비어 있는 경우 이 빈 공간에 단열재를 충전·주입하여 단열효과를 얻으려는 방법이다.

02 부대시설 및 복리시설의 관리

부대시설 및
복리시설의 관리

01 부대시설의 관리

02 복리시설의 관리

1 부대시설의 관리

(1) 부대시설의 범위

① 주차장, 관리사무소, 담장 및 주택단지 안의 도로

② 건축법에 따른 건축설비

③ ① 및 ②의 시설·설비에 준하는 것으로서 아래에 정하는 시설 또는 설비

    ㉠ 보안등·대문·경비실·자전거보관소

    ㉡ 조경시설·옹벽·축대

    ㉢ 안내표지판·공중화장실

    ㉣ 저수시설·지하양수시설·대피시설

    ㉤ 쓰레기수거 및 처리시설·오수처리시설·정화조

    ㉥ 소방시설·냉난방공급시설(지역난방공급시설은 제외한다) 및 방범설비

    ㉦ 환경친화적 자동차의 개발 및 보급 촉진에 관한 법률에 따른 전기자동차에 전기를 충전하여 공급하는 시설

    ㉧ 전기통신사업법 등 다른 법령에 따라 거주자의 편익을 위해 주택단지에 의무적으로 설치해야 하는 시설로서 사업주체 또는 입주자의 설치 및 관리 의무가 없는 시설

    ㉨ 그 밖에 ㉠부터 ㉧까지의 시설 또는 설비와 비슷한 것으로서 사업계획승인권자가 주택의 사용 및 관리를 위해 필요하다고 인정하는 시설 또는 설비

(2) 도로관리

① 진입도로

    ㉠ 공동주택을 건설하는 주택단지는 기간도로와 접하거나 기간도로로부터 당해 단지에 이르는 진입도로가 있어야 한다. 이 경우 기간도로와 접하는 폭 및 진입도로의 폭은 다음 표와 같다.

(단위: m)

주택단지의 총 세대수	기간도로와 접하는 폭 또는 진입도로의 폭
300세대 미만	6 이상
300세대 이상 500세대 미만	8 이상
500세대 이상 1천세대 미만	12 이상
1천세대 이상 2천세대 미만	15 이상
2천세대 이상	20 이상

ⓛ 주택단지가 2 이상이면서 당해 주택단지의 진입도로가 하나인 경우 그 진입도로의 폭은 당해 진입도로를 이용하는 모든 주택단지의 세대수를 합한 총 세대수를 기준으로 하여 산정한다.

ⓒ 공동주택을 건설하는 주택단지의 진입도로가 2 이상으로서 다음 표의 기준에 적합한 경우에는 ⓐ의 규정을 적용하지 아니할 수 있다. 이 경우 폭 4m 이상 6m 미만인 도로는 기간도로와 통행거리 200m 이내인 때에 한하여 이를 진입도로로 본다.

주택단지의 총 세대수	폭 4m 이상의 진입도로 중 2개의 진입도로의 폭의 합계
300세대 미만	10m 이상
300세대 이상 500세대 미만	12m 이상
500세대 이상 1천세대 미만	16m 이상
1천세대 이상 2천세대 미만	20m 이상
2천세대 이상	25m 이상

ⓔ 도시지역 외에서 공동주택을 건설하는 경우 그 주택단지와 접하는 기간도로의 폭 또는 그 주택단지의 진입도로와 연결되는 기간도로의 폭은 ⓐ의 규정에 의한 기간도로와 접하는 폭 또는 진입도로의 폭의 기준 이상이어야 하며, 주택단지의 진입도로가 2 이상이 있는 경우에는 그 기간도로의 폭은 ⓒ의 기준에 의한 각각의 진입도로의 폭의 기준 이상이어야 한다.

② **주택단지 안의 도로**

ⓐ 공동주택을 건설하는 주택단지에는 폭 1.5m 이상의 보도를 포함한 폭 7m 이상의 도로를 설치하여야 한다.

ⓛ 다음의 어느 하나에 해당하는 경우에는 도로의 폭을 4m 이상으로 할 수 있다. 이 경우 해당 도로에는 보도를 설치하지 아니할 수 있다.

　　ⓐ 해당 도로를 이용하는 공동주택의 세대수가 100세대 미만이고 해당 도로가 막다른 도로로서 그 길이가 35m 미만인 경우

　　ⓑ 그 밖에 주택단지 내의 막다른 도로 등 사업계획승인권자가 부득이하다고 인정하는 경우

ⓒ 주택단지 안의 도로는 유선형(流線型) 도로로 설계하거나 도로 노면의 요철(凹凸) 포장 또는 과속방지턱의 설치 등을 통하여 도로의 설계속도 (도로설계의 기초가 되는 속도를 말한다)가 시속 20km 이하가 되도록 하여야 한다.

💡 도로에는 보행자전용도로, 자전거도로는 제외한다.

ㄹ 500세대 이상의 공동주택을 건설하는 주택단지 안의 도로에는 어린이 통학버스의 정차가 가능하도록 국토교통부령으로 정하는 기준에 적합한 어린이 안전보호구역을 1개소 이상 설치하여야 한다.

ㅁ 어린이 안전보호구역은 차량의 진출입이 쉬운 곳에 승합자동차의 주차가 가능한 면적 이상의 공간으로 설치하여야 하며, 그 주변의 도로면 또는 교통안전표지판 등에 차량속도 제한 표시를 하는 등 어린이 안전 확보에 필요한 조치를 하여야 한다.

③ **주택단지 안에 설치하는 도로의 설치기준**

ㄱ 주택단지 안의 도로 중 차도는 아스팔트·콘크리트·석재, 그 밖에 이와 유사한 재료로 포장하고, 빗물 등의 배수에 지장이 없도록 설치할 것

ㄴ 주택단지 안의 도로 중 보도는 다음의 기준에 적합할 것

ⓐ 보도블록·석재, 그 밖에 이와 유사한 재료로 포장하고, 빗물 등의 배수에 지장이 없도록 설치할 것

ⓑ 보도는 보행자의 안전을 위하여 차도면보다 10cm 이상 높게 하거나 도로에 화단, 짧은 기둥, 그 밖에 이와 유사한 시설을 설치하여 차도와 구분되도록 설치할 것

ⓒ 보도에 가로수 등 노상시설(路上施設)을 설치하는 경우 보행자의 통행을 방해하지 않도록 설치할 것

ㄷ 주택단지 안의 보도와 횡단보도의 경계부분, 건축물의 출입구 앞에 있는 보도와 차도의 경계부분은 지체장애인의 통행에 편리한 구조로 설치할 것

④ **주택단지 안에 설치하는 교통안전시설의 설치기준**

ㄱ 진입도로, 주택단지 안의 교차로, 근린생활시설 및 어린이놀이터 주변의 도로 등 보행자의 안전 확보가 필요한 차도에는 횡단보도를 설치할 것

ㄴ 지하주차장의 출입구, 경사형·유선형 차도 등 차량의 속도를 제한할 필요가 있는 곳에는 높이 7.5cm 이상 10cm 이하, 너비 1m 이상인 과속방지턱을 설치하고, 운전자에게 그 시설의 위치를 알릴 수 있도록 반사성 도료(塗料)로 도색한 노면표지를 설치할 것

ㄷ 도로통행의 안전을 위하여 필요하다고 인정되는 곳에는 도로반사경, 교통안전표지판, 방호울타리, 속도측정표시판, 조명시설, 그 밖에 필요한 교통안전시설을 설치할 것. 이 경우 교통안전표지판의 설치기준은 「도로교통법 시행규칙」 제8조 제2항 및 별표 6을 준용한다.

② 보도와 횡단보도의 경계부분, 건축물의 출입구 앞에 있는 보도 및 주택단지의 출입구 부근의 보도와 차도의 경계부분 등 차량의 불법 주청차를 방지할 필요가 있는 곳에는 설치 또는 해체가 쉬운 짧은 기둥 등을 보도에 설치할 것. 이 경우 지체장애인의 통행에 지장이 없도록 하여야 한다.

(3) 수해방지 등

① 옹벽 또는 축대의 설치기준

㉠ 주택단지에 높이 2m 이상의 옹벽 또는 축대(이하 "옹벽 등"이라 한다)가 있거나 이를 설치하는 경우에는 그 옹벽 등으로부터 건축물의 외곽부분까지를 당해 옹벽 등의 높이만큼 띄워야 한다. 다만, 다음의 경우에는 그러하지 아니하다.

ⓐ 옹벽 등의 기초보다 그 기초가 낮은 건축물의 경우 옹벽 등으로부터 건축물외곽 부분까지 5m(3층 이하인 건축물은 3m) 이상 띄워야 한다.

ⓑ 옹벽 등보다 낮은 쪽에 위치한 건축물의 지하부분 및 땅으로부터 높이 1m 이하인 건축물 부분

㉡ 주택단지에 비탈면이 있는 경우에는 다음에 정하는 바에 따라 수해방지 등을 위한 조치를 하여야 한다.

ⓐ 석재·합성수지재 또는 콘크리트를 사용한 배수로를 설치하여 토양의 유실을 막을 수 있게 할 것

ⓑ 비탈면의 높이가 3m를 넘는 경우에는 높이 3m 이내마다 그 비탈면 면적의 5분의 1 이상에 해당하는 면적의 단을 만들 것. 다만, 사업계획의 승인권자가 그 비탈면의 토질·경사도 등으로 보아 건축물의 안전상 지장이 없다고 인정하는 경우에는 그러하지 아니하다.

ⓒ 비탈면에는 나무심기와 잔디붙이기를 할 것. 다만, 비탈면의 안전을 위하여 필요한 경우에는 돌붙이기를 하거나 콘크리트 격자블록, 기타 비탈면 보호용구조물을 설치하여야 한다.

㉢ 비탈면과 건축물 등과의 위치관계는 다음에 적합하여야 한다.

ⓐ 건축물은 그 외곽부분을 비탈면의 윗가장자리 또는 아랫가장자리로부터 당해 비탈면의 높이만큼 띄울 것. 다만 사업계획승인권자가 그 비탈면의 토질·경사도 등으로 보아 건축물의 안전상 지장이 없다고 인정하는 경우에는 그러하지 아니하다.

ⓑ 비탈면 아랫부분에 옹벽 등이 있는 경우에는 그 옹벽 등과 비탈면 사이에 너비 1m 이상의 단을 만들 것

💡 주택단지에 단지경계선 주변 외곽부분을 포함한다.

ⓒ 비탈면 윗부분에 옹벽 등이 있는 경우에는 그 옹벽 등과 비탈면 사이에 너비 1.5m 이상으로서 당해 옹벽 등의 높이의 2분의 1 이상에 해당하는 너비 이상의 단을 만들 것

② **물막이설비 설치**

㉠ 물막이설비란 침수를 지연시키거나 방지하기 위하여 사용하는 물막이판, 모래주머니, 방지턱, 계단 등을 말한다.

㉡ 다음의 어느 하나에 해당하는 지역에서 건축물을 건축하려는 자는 빗물 등의 유입으로 건축물이 침수되지 않도록 해당 건축물의 지하층 및 1층의 출입구(주차장의 출입구를 포함한다)에 물막이판 등 해당 건축물의 침수를 방지할 수 있는 설비(이하 "물막이설비"라 한다)를 설치해야 한다. 다만, 해당 건축물의 지하층 및 1층의 출입구를 국토교통부장관이 정하여 고시하는 예상 침수 높이 이상으로 설치한 경우에는 물막이설비를 설치한 것으로 본다.

ⓐ 「국토의 계획 및 이용에 관한 법률」에 따른 방재지구

ⓑ 「자연재해대책법 시행령」에 따른 행정안전부장관이 고시하는 지역

⑷ **관리사무소 등의 설치기준**

① 50세대 이상의 공동주택을 건설하는 주택단지에는 다음의 시설을 모두 설치하되 그 면적의 합계가 10제곱미터에 50세대를 넘는 매 세대마다 500제곱센티미터를 더한 면적 이상이 되도록 설치해야 한다. 다만, 그 면적의 합계가 100제곱미터를 초과하는 경우에는 설치면적을 100제곱미터로 할 수 있다.

㉠ 관리사무소

㉡ 경비원 등 공동주택 관리 업무에 종사하는 근로자를 위한 휴게시설

② 관리사무소는 관리업무의 효율성과 입주민의 접근성 등을 고려하여 배치하여야 한다.

③ ①의 ㉡에 따른 휴게시설은 「산업안전보건법」에 따라 설치해야 한다.

⑸ **안내표지판 등**

① **안내표지판의 설치**: 300세대 이상의 주택을 건설하는 주택단지와 그 주변에는 다음의 기준에 따른 규격의 안내표지판을 설치하여야 한다.

㉠ 단지의 진입도로변에 단지의 명칭을 표시한 단지입구표지판을 설치하여야 한다.

㉡ 단지의 주요 출입구마다 단지 안의 건축물·도로 기타 주요시설의 배치를 표시한 단지종합안내판을 설치하여야 한다.

② 주택단지에 2동 이상의 공동주택이 있는 경우에는 각동 외벽의 보기 쉬운 곳에 동 번호를 표시하여야 한다.

③ 관리사무소 또는 그 부근에는 거주자에게 공지사항을 알리기 위한 게시판을 설치하여야 한다.

⑥ **주차장**(주택건설기준 등에 관한 규정과 주택건설기준 등에 관한 규칙)

① 주택단지에는 다음의 기준(소수점 이하의 끝수는 이를 한 대로 본다)에 따라 주차장을 설치하여야 한다.

㉠ 주택단지에는 주택의 전용면적의 합계를 기준으로 하여 다음 표에서 정하는 면적당 대수의 비율로 산정한 주차대수 이상의 주차장을 설치하되, 세대당 주차대수가 1대(세대당 전용면적이 60제곱미터 이하인 경우에는 0.7대)이상이 되도록 해야 한다. 다만, 지역별 차량보유율 등을 고려하여 설치기준의 5분의 1(세대당 전용면적이 60제곱미터 이하인 경우에는 2분의 1)의 범위에서 특별시·광역시·특별자치시·특별자치도(관할 구역에 지방자치단체인 시·군이 없는 특별자치도를 말한다)·시·군 또는 자치구의 조례로 강화하여 정할 수 있다.

주택규모별 (전용면적 : 제곱미터)	주차장 설치기준(대/제곱미터)			
	가. 특별시	나. 광역시· 특별자치시 및 수도권 내의 시지역	다. 가목 및 나목 외의 시지역과 수도권 내의 군지역	라. 그 밖의 지역
85 이하	1/75	1/85	1/95	1/110
85 초과	1/65	1/70	1/75	1/85

㉡ 도시형 생활주택(단지형 연립주택 또는 단지형 다세대주택 중 「주택법 시행령」에 따라 주택으로 쓰는 층수를 5개층까지 건축하는 경우는 제외한다)은 ㉠에도 불구하고 세대당 주차대수가 1대(세대당 전용면적이 30제곱미터 이상 60제곱미터 이하인 경우에는 0.6대, 세대당 전용면적이 30제곱미터 미만인 경우에는 0.5대) 이상이 되도록 주차장을 설치해야 한다. 다만, 지역별 차량보유율 등을 고려하여 다음의 구분에 따라 특별시·광역시·특별자치시·특별자치도(관할 구역 안에 지방자치단체인 시·군이 없는 특별자치도를 말한다)·시·군 또는 자치구의 조례로 강화하거나 완화하여 정할 수 있다.

ⓐ 「민간임대주택에 관한 특별법」 제2조 제13호 가목((철도의 건설 및 철도시설 유지관리에 관한 법률, 철도산업발전기본법 및 도시철도법에 따라 건설 및 운영되는 철도역) 및 나목(간선급행버스체계의 건설 및 운영에 관한 특별법 제2조 제3호 다목에 따른 환승시설)에 해당하는 시설로부터 통행거리 500미터 이내에 건설하는 도시형 생활주택으로서 다음의 요건을 모두 갖춘 경우: 설치기준의 10분의 7 범위에서 완화

㉮ 「공공주택 특별법」의 공공임대주택일 것

㉯ 임대기간 동안 자동차를 소유하지 않을 것을 임차인 자격요건으로 하여 임대할 것. 다만, 「장애인복지법」 제2조 제2항에 따른 장애인 등에 대해서는 특별시·광역시·특별자치시·도·특별자치도의 조례로 자동차 소유 요건을 달리 정할 수 있다.

㉰ 세대당 전용면적이 60제곱미터 이하일 것

ⓑ 그 밖의 경우: 설치기준의 5분의 1(세대당 전용면적이 60제곱미터 이하인 경우에는 2분의 1) 범위에서 강화 또는 완화

② ①에 따라 설치해야 하는 주차장의 주차단위구획(「주차장법」에 따른 주차단위구획을 말한다) 총수를 산정할 때 도시형 생활주택에 설치하는 주차장의 일부를 「도시교통정비 촉진법」에 따른 승용차공동이용 지원(승용차공동이용을 위한 전용주차구획을 설치하고 공동이용을 위한 승용자동차를 상시 배치하는 것을 말한다)을 위해 사용하는 경우에는 승용차공동이용 지원을 위해 설치한 주차단위구획 수의 3.5배수(소수점 이하는 버린다)에 해당하는 주차단위구획을 설치한 것으로 본다. 다만, ①에 따라 설치해야 하는 주차단위구획 총수 중 승용차공동이용 지원을 위한 용도가 아닌 주차단위구획을 일정 비율 이상 확보할 필요가 있는 경우에는 다음의 구분에 따른 비율의 범위에서 지역별 차량보유율 등을 고려하여 특별시·광역시·특별자치시·특별자치도(관할 구역 안에 지방자치단체인 시·군이 없는 특별자치도를 말한다)·시·군 또는 자치구의 조례로 해당 주차단위구획의 필수 설치 비율을 정할 수 있다.

㉠ 준주거지역 또는 상업지역인 경우: 주차단위구획 총수의 100분의 40 이내

㉡ ㉠ 외의 도시지역인 경우: 주차단위구획 총수의 100분의 70 이내

③ ①의 각 호 및 ②에 따른 주차장은 지역의 특성, 전기자동차(「환경친화적 자동차의 개발 및 보급 촉진에 관한 법률」에 따른 전기자동차를 말한다) 보급정도 및 주택의 규모 등을 고려하여 그 일부를 전기자동차의 전용주차구획으로 구분 설치하도록 특별시·광역시·특별자치시·특별자치도(관할 구역 안에 지방자치단체인 시·군이 없는 특별자치도를 말한다)·시 또는 군의 조례로 정할 수 있다.

④ 주택단지에 건설하는 주택(부대시설 및 주민공동시설을 포함한다)외의 시설에 대하여는 「주차장법」이 정하는 바에 따라 산정한 부설주차장을 설치하여야 한다.

⑤ 도시형 생활주택이 다음의 요건을 모두 갖춘 경우에는 ①의 ⓒ 및 ②에도 불구하고 임대주택으로 사용하는 기간 동안 용도변경하기 전의 용도를 기준으로 「주차장법」의 부설주차장 설치기준을 적용할 수 있다.

　ⓐ 다음의 요건을 갖출 것

　　ⓐ 「건축법 시행령」 별표의 제1종 근린생활시설·제2종 근린생활시설·노유자시설·수련시설·업무시설 또는 숙박시설을 「주택법 시행령」에 따른 도시형 생활주택(세대당 전용면적이 60제곱미터 이하인 경우로 한정한다)으로 용도변경할 것

　　ⓑ 다음의 어느 하나에 해당하는 임대주택으로 사용할 것

　　　㉮ 「장기공공임대주택 입주자 삶의 질 향상 지원법」의 장기공공임대주택

　　　㉯ 「민간임대주택에 관한 특별법」의 공공지원민간임대주택

　ⓒ ①의 ⓒ 및 ②에 따라 주차장을 추가로 설치해야 할 것

　ⓒ 세대별 전용면적이 30제곱미터 미만일 것

　ⓐ 임대기간 동안 자동차(「장애인복지법」에 따른 장애인사용자동차등표지를 발급받은 자동차는 제외한다)를 소유하지 않을 것을 임차인 자격요건으로 하여 임대할 것

⑥ 「노인복지법」에 의하여 노인복지주택을 건설하는 경우 당해 주택단지에는 ①의 규정에 불구하고 세대당 주차대수가 0.3대(세대당 전용면적이 60제곱미터 이하인 경우에는 0.2대)이상이 되도록 하여야 한다.

⑦ 주차대수 30대를 초과하는 규모의 자주식 주차장으로서 지하식 또는 건축물식에 의한 노외주차장에는 관리사무소에서 주차장 내부 전체를 볼 수 있는 폐쇄회로 텔레비전(녹화장치를 포함한다) 또는 네트워크 카메라를 포함하는 방범설비를 설치·관리하여야 하되, 다음의 사항을 준수하여야 한다.

　ⓐ 방범설비는 주차장의 바닥면으로부터 170cm의 높이에 있는 사물을 식별할 수 있도록 설치하여야 한다.

　ⓒ 폐쇄회로 텔레비전 또는 네트워크 카메라와 녹화장치의 모니터 수가 일치하여야 한다.

　ⓒ 선명한 화질이 유지될 수 있도록 관리하여야 한다.

　ⓐ 촬영된 자료는 컴퓨터보안시스템을 설치하여 1개월 이상 보관하여야 한다.

⑧ **전기자동차의 이동형 충전기**

    ㉠ 환경친화적 자동차의 개발 및 보급 촉진에 관한 법률에 따른 전기자동차의 이동형 충전기를 이용할 수 있는 콘센트(각 콘센트별 이동형 충전기의 동시 이용이 가능하며, 사용자에게 요금을 부과하도록 설치된 것을 말한다)를 「주차장법」의 주차단위구획 총 수에 10%의 5분의 1의 범위에서 특별자치시·특별자치도·시·군 또는 자치구의 조례로 설치기준을 강화하거나 완화할 수 있다.

    ㉡ ㉠에 따라 이동형 충전기를 이용할 수 있는 콘센트를 설치하는 경우로서 주차장에 「환경친화적 자동차의 개발 및 보급 촉진에 관한 법률 시행령」에 따른 급속충전시설 또는 완속충전시설이 설치된 경우에는 같은 수의 콘센트가 설치된 것으로 본다.

---

1. 환경친화적 자동차의 개발 및 보급 촉진에 관한 법률에 따라 환경친화적 자동차 충전시설 및 전용주차구역을 설치해야 하는 시설은 「건축법 시행령」의 공동주택 중 다음의 시설
    ① 100세대 이상의 아파트
    ② 기숙사

2. **전용주차구역의 설치기준**
    ① 환경친화적 자동차 전용주차구역의 수는 해당 시설의 총주차대수의 100분의 5 이상의 범위에서 시·도의 조례로 정한다. 다만, 2022년 1월 28일 전에 건축허가를 받은 시설(이하 "기축시설"이라 한다)의 경우에는 해당 시설의 총주차대수의 100분의 2 이상의 범위에서 시·도의 조례로 정한다.
    ② 전용주차구역의 설치 수를 산정할 때 소수점 이하는 반올림하여 계산한다.

3. **충전시설의 종류 및 수량**
    ① 환경친화적 자동차 충전시설은 충전기에 연결된 케이블로 전류를 공급하여 전기자동차 또는 외부충전식하이브리드자동차(외부 전기 공급원으로부터 충전되는 전기에너지로 구동 가능한 하이브리드자동차를 말한다)의 구동축전지를 충전하는 시설로서 구조 및 성능이 산업통상자원부장관이 정하여 고시하는 기준에 적합한 시설이어야 하며, 그 종류는 다음과 같다.
        ㉠ 급속충전시설: 충전기의 최대 출력값이 40킬로와트 이상인 시설
        ㉡ 완속충전시설: 충전기의 최대 출력값이 40킬로와트 미만인 시설
    ② 환경친화적 자동차 충전시설의 수는 해당 시설의 총주차대수의 100분의 5 이상의 범위에서 시·도의 조례로 정한다. 다만, 기축시설의 경우에는 해당 시설의 총주차대수의 100분의 2 이상의 범위에서 시·도의 조례로 정한다.
    ③ 환경친화적 자동차 충전시설의 설치 수를 산정할 때 소수점 이하는 반올림하여 계산한다.

(7) **주차장**(주차장법)

① 노외주차장(도로 위나 교통광장에 설치된 주차지역 이외의 장소에 마련한 주차장을 말한다)의 출입구 너비는 3.5m 이상으로 하여야 하며, 주차대수 규모가 50대 이상인 .경우에는 출구와 입구를 분리하거나 너비 5.5m 이상의 출입구를 설치하여 소통이 원활하도록 하여야 한다.

② 자주식주차장으로서 지하식 또는 건축물식 노외주차장에는 벽면에서부터 50센티미터 이내를 제외한 바닥면의 최소 조도(照度)와 최대 조도를 다음 각 목과 같이 한다.

  ㉠ 주차구획 및 차로 : 최소 조도는 10럭스 이상, 최대 조도는 최소 조도의 10배 이내

  ㉡ 주차장 출구 및 입구 : 최소 조도는 300럭스 이상, 최대 조도는 없음

  ㉢ 사람이 출입하는 통로 : 최소 조도는 50럭스 이상, 최대 조도는 없음

③ 노외주차장의 내부공간의 일산화탄소 농도는 주차장을 이용하는 차량이 가장 빈번한 시각의 앞뒤 8시간의 평균치가 50ppm 이하(「실내공기질 관리법」 제3조 제1항 제19호에 따른 실내주차장은 25ppm 이하)로 유지되어야 한다.

④ 주차대수 30대를 초과하는 규모의 자주식 주차장(자동차를 입고하거나 출고할 때 기계를 쓰지 않고 운전자가 직접 이동하여 주차하는 방식의 주차시설을 말한다)으로서 지하식 또는 건축물식 노외주차장에는 관리사무소에서 주차장 내부 전체를 볼 수 있는 폐쇄회로 텔레비전(녹화장치를 포함한다) 또는 네트워크 카메라를 포함하는 방범설비를 설치·관리하여야 하되, 다음의 각 사항을 준수하여야 한다.

  ㉠ 방범설비는 주차장의 바닥면으로부터 170cm의 높이에 있는 사물을 알아볼 수 있도록 설치하여야 한다.

  ㉡ 폐쇄회로 텔레비전 또는 네트워크 카메라와 녹화장치의 모니터 수가 같아야 한다.

  ㉢ 선명한 화질이 유지될 수 있도록 관리하여야 한다.

  ㉣ 촬영된 자료는 컴퓨터보안시스템을 설치하여 1개월 이상 보관하여야 한다.

(8) **영상정보처리기기의 설치기준**

① 「공동주택관리법」 제2조 제1항 제2호 가목부터 라목까지의 공동주택을 건설하는 주택단지에는 다음의 기준에 따라 보안 및 방범 목적을 위한 영상정보처리기기를 설치하여야 한다.

  ㉠ 승강기, 어린이놀이터 및 공동주택 각 동의 출입구마다 「개인정보 보호법 시행령」에 따른 영상정보처리기기의 카메라를 설치할 것

> **「공동주택관리법」 제2조 제1항 제2호 가목부터 라목**
> 가. 300세대 이상의 공동주택
> 나. 150세대 이상으로서 승강기가 설치된 공동주택
> 다. 150세대 이상으로서 중앙집중식 난방방식(지역난방방식을 포함한다)의 공동주택
> 라. 「건축법」 제11조에 따른 건축허가를 받아 주택 외의 시설과 주택을 동일 건축물로 건축한 건축물로서 주택이 150세대 이상인 건축물
> 마. 가목부터 라목까지에 해당하지 아니하는 공동주택 중 입주자 등이 대통령령으로 정하는 기준(전체 입주자 등의 3분의 2 이상이 서면으로 동의)에 따라 동의하여 정하는 공동주택

ⓛ 영상정보처리기기의 카메라는 전체 또는 주요 부분이 조망되고 잘 식별될 수 있도록 설치하되, 카메라의 해상도는 130만 화소 이상일 것

ⓒ 영상정보처리기기의 카메라 수와 녹화장치의 모니터 수가 같도록 설치할 것. 다만, 모니터 화면이 다채널로 분할 가능하고 다음의 요건을 모두 충족하는 경우에는 그렇지 않다.

   ⓐ 다채널의 카메라 신호를 1대의 녹화장치에 연결하여 감시할 경우에 연결된 카메라 신호가 전부 모니터 화면에 표시돼야 하며 1채널의 감시화면의 대각선방향 크기는 최소한 4인치 이상이어야 한다.

   ⓑ 다채널 신호를 표시한 모니터 화면은 채널별로 확대감시기능이 있어야 한다.

   ⓒ 녹화된 화면의 재생이 가능하며 재생할 경우에 화면의 크기조절기능이 있어야 한다.

ⓔ 「개인정보 보호법 시행령」에 따른 네트워크 카메라를 설치하는 경우에는 다음의 요건을 모두 충족할 것

   ⓐ 인터넷 장애가 발생하더라도 영상정보가 끊어지지 않고 지속적으로 저장될 수 있도록 필요한 기술적 조치를 할 것

   ⓑ 서버 및 저장장치 등 주요 설비는 국내에 설치할 것

   ⓒ 「공동주택관리법 시행규칙」 별표 1의 장기수선계획의 수립기준에 따른 수선주기 이상으로 운영될 수 있도록 설치할 것

② 공동주택단지에 「개인정보 보호법 시행령」에 따른 영상정보처리기기를 설치하거나 설치된 영상정보처리기기를 보수 또는 교체하려는 경우에는 장기수선계획에 반영하여야 한다.

③ 공동주택단지에 설치하는 영상정보처리기기는 다음의 기준에 적합하게 설치 및 관리해야 한다.

㉠ 영상정보처리기기를 설치 또는 교체하는 경우에는 「주택건설기준 등에 관한 규칙」에 따른 설치 기준을 따를 것

㉡ 선명한 화질이 유지될 수 있도록 관리할 것

㉢ 촬영된 자료는 컴퓨터보안시스템을 설치하여 30일 이상 보관할 것

㉣ 영상정보처리기기가 고장 난 경우에는 지체 없이 수리할 것

㉤ 영상정보처리기기의 안전관리자를 지정하여 관리할 것

④ 관리주체는 영상정보처리기기의 촬영자료를 보안 및 방범 목적 외의 용도로 활용하거나 타인에게 열람하게 하거나 제공하여서는 아니 된다. 다만, 다음의 어느 하나에 해당하는 경우에는 촬영자료를 열람하게 하거나 제공할 수 있다.

㉠ 정보주체에게 열람 또는 제공하는 경우

㉡ 정보주체의 동의가 있는 경우

㉢ 범죄의 수사와 공소의 제기 및 유지에 필요한 경우

㉣ 범죄에 대한 재판업무수행을 위하여 필요한 경우

㉤ 다른 법률에 특별한 규정이 있는 경우

(9) 보안등

💡 **보안등**
어두운 곳에서 범죄나 사고가 일어나지 않도록 안전을 위하여 설치하는 등

① 주택단지안의 어린이놀이터 및 도로(폭 15미터 이상인 도로의 경우에는 도로의 양측)에는 보안등을 설치하여야 한다. 이 경우 당해 도로에 설치하는 보안등의 간격은 50미터 이내로 하여야 한다.

② 보안등에는 외부의 밝기에 따라 자동으로 켜지고 꺼지는 장치 또는 시간을 조절하는 장치를 부착하여야 한다.

(10) 통신시설

① 주택에는 세대마다 전화설치장소(거실 또는 침실을 말한다)까지 구내통신선로설비를 설치하여야 하되, 구내통신선로설비의 설치에 필요한 사항은 따로 대통령령으로 정한다.

② 경비실을 설치하는 공동주택의 각 세대에는 경비실과 통화가 가능한 구내전화를 설치하여야 한다.

③ 주택에는 세대마다 초고속 정보통신을 할 수 있는 구내통신선로설비를 설치하여야 한다.

(11) 지능형 홈네트워크 설비

주택에 지능형 홈네트워크 설비를 설치하는 경우에는 국토교통부장관, 산업통상자원부장관 및 과학기술정보통신부장관이 협의하여 공동으로 고시하는 지능형 홈네트워크 설비 설치 및 기술기준에 적합하여야 한다.

(12) 폐기물보관시설

주택단지에는 생활폐기물보관시설 또는 용기를 설치하여야 하며, 그 설치장소는 차량의 출입이 가능하고 주민의 이용에 편리한 곳이어야 한다.

> 💡 지능형 홈네트워크 설비란 주택의 성능과 주거의 질 향상을 위하여 세대 또는 주택단지 내 지능형 정보통신 및 가전기기 등의 상호 연계를 통하여 통합된 주거서비스를 제공하는 설비를 말한다.

2 복리시설의 관리

(1) 복리시설의 범위

① 어린이놀이터, 근린생활시설, 유치원, 주민운동시설 및 경로당
② 그 밖에 입주자 등의 생활복리를 위하여 아래에 정하는 공동시설을 말한다.
　㉠ 「건축법 시행령」 별표 1 제3호에 따른 제1종 근린생활시설
　㉡ 「건축법 시행령」 별표 1 제4호에 따른 제2종 근린생활시설(총포판매소, 장의사, 다중생활시설, 단란주점 및 안마시술소는 제외한다)
　㉢ 「건축법 시행령」 별표 1 제6호에 따른 종교시설
　㉣ 「건축법 시행령」 별표 1 제7호에 따른 판매시설 중 소매시장 및 상점
　㉤ 「건축법 시행령」 별표 1 제10호에 따른 교육연구시설
　㉥ 「건축법 시행령」 별표 1 제11호에 따른 노유자시설
　㉦ 「건축법 시행령」 별표 1 제12호에 따른 수련시설
　㉧ 「건축법 시행령」 별표 1 제14호에 따른 업무시설 중 금융업소
　㉨ 「산업집적활성화 및 공장설립에 관한 법률」 제2조 제13호에 따른 지식산업센터
　㉩ 「사회복지사업법」 제2조 제5호에 따른 사회복지관
　㉪ 공동작업장
　㉫ 주민공동시설
　㉬ 도시·군계획시설인 시장
　㉭ 그 밖에 ㉠부터 ㉬까지의 시설과 비슷한 시설로서 국토교통부령으로 정하는 공동시설 또는 사업계획승인권자가 거주자의 생활복리 또는 편익을 위하여 필요하다고 인정하는 시설

⑵ **주민공동시설**

① 100세대 이상의 주택을 건설하는 주택단지에는 다음에 따라 산정한 면적 이상의 주민공동시설을 설치하여야 한다. 다만, 지역 특성, 주택 유형 등을 고려하여 특별시·광역시·특별자치시·특별자치도·시 또는 군의 조례로 주민공동시설의 설치면적을 그 기준의 4분의 1 범위에서 강화하거나 완화하여 정할 수 있다.

　㉠ 100세대 이상 1,000세대 미만: 세대당 2.5제곱미터를 더한 면적
　㉡ 1,000세대 이상: 500제곱미터에 세대당 2제곱미터를 더한 면적

② ①에 따른 면적은 각 시설별로 전용으로 사용되는 면적을 합한 면적으로 산정한다. 다만, 실외에 설치되는 시설의 경우에는 그 시설이 설치되는 부지 면적으로 한다.

③ ①에 따른 주민공동시설을 설치하는 경우 해당 주택단지에는 다음의 구분에 따른 시설이 포함되어야 한다. 다만, 해당 주택단지의 특성, 인근 지역의 시설설치 현황 등을 고려할 때 사업계획승인권자가 설치할 필요가 없다고 인정하는 시설이거나 입주예정자의 과반수가 서면으로 반대하는 다함께돌봄센터는 설치하지 않을 수 있다.

　㉠ 150세대 이상: 경로당, 어린이놀이터
　㉡ 300세대 이상: 경로당, 어린이놀이터, 어린이집
　㉢ 500세대 이상: 경로당, 어린이놀이터, 어린이집, 주민운동시설, 작은 도서관, 다함께돌봄센터

④ ③에서 규정한 시설 외에 필수적으로 설치해야 하는 세대수별 주민공동시설의 종류에 대해서는 특별시·광역시·특별자치시·특별자치도·시 또는 군의 지역별 여건 등을 고려하여 조례로 따로 정할 수 있다.

⑤ 국토교통부장관은 문화체육관광부장관, 보건복지부장관과 협의하여 ③에 따른 주민공동시설별 세부 면적에 대한 사항을 정하여 특별시·광역시·특별자치시·특별자치도·시 또는 군에 이를 활용하도록 제공할 수 있다.

⑥ ③ 및 ④에 따라 필수적으로 설치해야 하는 주민공동시설별 세부 면적 기준은 특별시·광역시·특별자치시·특별자치도·시 또는 군의 지역별 여건 등을 고려하여 조례로 정할 수 있다.

⑦ 주민공동시설은 다음의 기준에 적합하게 설치하여야 한다.

　㉠ 경로당
　　ⓐ 일조 및 채광이 양호한 위치에 설치할 것

ⓑ 오락·취미활동·작업 등을 위한 공용의 다목적실과 남녀가 따로 사용할 수 있는 공간을 확보할 것

ⓒ 급수시설·취사시설·화장실 및 부속정원을 설치할 것

ⓛ 어린이놀이터

ⓐ 놀이기구 및 그 밖에 필요한 기구를 일조 및 채광이 양호한 곳에 설치하거나 주택단지의 녹지 안에 어우러지도록 설치할 것

ⓑ 실내에 설치하는 경우 놀이기구 등에 사용되는 마감재 및 접착제, 그 밖의 내장재는 「환경기술 및 환경산업 지원법」 제17조에 따른 환경표지의 인증을 받거나 그에 준하는 기준에 적합한 친환경 자재를 사용할 것

ⓒ 실외에 설치하는 경우 인접대지경계선과 주택단지 안의 도로 및 주차장으로부터 3m 이상의 거리를 두고 설치할 것

ⓒ 어린이집

ⓐ 「영유아보육법」의 기준에 적합하게 설치할 것

ⓑ 해당 주택의 사용검사시까지 설치할 것

ⓒ 주민운동시설

ⓐ 시설물은 안전사고를 방지할 수 있도록 설치할 것

ⓑ 「체육시설의 설치·이용에 관한 법률 시행령」 별표 1에서 정한 체육시설을 설치하는 경우 해당 종목별 경기규칙의 시설기준에 적합할 것

ⓜ 작은도서관은 다음의 기준에 적합하게 설치하여야 한다.

시 설		도서관 자료
건물면적	열람석	
33m² 이상	6석 이상	1,000권 이상

💡 건물면적에 현관·휴게실·복도·화장실 및 식당 등의 면적은 포함되지 아니한다.

ⓗ 다함께돌봄센터는 「아동복지법」의 기준에 적합하게 설치할 것

(3) 근린생활시설 등

하나의 건축물에 설치하는 근린생활시설 및 소매시장·상점을 합한 면적(전용으로 사용되는 면적을 말하며, 같은 용도의 시설이 2개소 이상 있는 경우에는 각 시설의 바닥면적을 합한 면적으로 한다)이 1천제곱미터를 넘는 경우에는 주차 또는 물품의 하역 등에 필요한 공터를 설치하여야 하고, 그 주변에는 소음·악취의 차단과 조경을 위한 식재 그 밖에 필요한 조치를 취하여야 한다.

⑷ 유치원

① 2천세대 이상의 주택을 건설하는 주택단지에는 유치원을 설치할 수 있는 대지를 확보하여 그 시설의 설치희망자에게 분양하여 건축하게 하거나 유치원을 건축하여 이를 운영하고자 하는 자에게 공급해야 한다. 다만, 다음의 어느 하나에 해당하는 경우에는 그렇지 않다.

   ⊙ 당해 주택단지로부터 통행거리 300m 이내에 유치원이 있는 경우

   ⓒ 당해 주택단지로부터 통행거리 200m 이내에 「교육환경 보호에 관한 법률」 제9조 각 호의 시설이 있는 경우

   ⓒ 당해 주택단지가 노인주택단지·외국인주택단지 등으로서 유치원의 설치가 불필요하다고 사업계획 승인권자가 인정하는 경우

   ⓔ 관할 교육감이 해당 주택단지 내 유치원의 설치가 「유아교육법」에 따른 유아배치계획에 적합하지 않다고 인정하는 경우

② 유치원을 유치원 외의 용도의 시설과 복합으로 건축하는 경우에는 의료시설·주민운동시설·어린이집·종교집회장 및 근린생활시설(「교육환경 보호에 관한 법률」 제8조에 따른 교육환경보호구역에 설치할 수 있는 시설에 한한다)에 한하여 이를 함께 설치할 수 있다. 이 경우 유치원 용도의 바닥면적의 합계는 당해 건축물 연면적의 2분의 1 이상이어야 한다.

③ ②의 규정에 의한 복합건축물은 유아교육·보육의 환경이 보호될 수 있도록 유치원의 출입구·계단·복도 및 화장실 등을 다른 용도의 시설(어린이집 및 사회복지관을 제외한다)과 분리된 구조로 하여야 한다.

03 주요시설의 설치기준

주요시설의 설치기준

01 계 단

02 난 간

03 바닥충격음 성능등급 및 기준 등

04 출입문

05 에너지절약형 친환경 주택의 건설기준 등

06 공동주택성능등급의 표시

07 장수명 주택 건설기준 및 인증제도 등

08 건강친환형 주택의 건설기준

09 공동주택의 배치

1 계 단

(1) 주택단지 안의 건축물 또는 옥외에 설치하는 계단의 각 부위의 치수는 다음 표의 기준에 적합하여야 한다.

(단위: cm)

계단의 종류	유효폭	단높이	단너비
공동으로 사용하는 계단	120 이상	18 이하	26 이상
건축물의 옥외계단	90 이상	20 이하	24 이상

(2) (1)에 따른 계단은 다음에서 정하는 바에 따라 적합하게 설치하여야 한다.

① 높이 2m를 넘는 계단(세대 내 계단을 제외한다)에는 2m(기계실 또는 물탱크실의 계단의 경우에는 3m) 이내마다 해당 계단의 유효폭 이상의 폭으로 너비 120cm 이상인 계단참을 설치할 것. 다만, 각 동 출입구에 설치하는 계단은 1층에 한정하여 높이 2.5m 이내마다 계단참을 설치할 수 있다.

② 계단의 바닥은 미끄럼을 방지할 수 있는 구조로 하여야 한다.

2 난 간

(1) 주택단지 안의 건축물 또는 옥외에 설치하는 난간의 재료는 철근콘크리트, 파손되는 경우에도 비산(飛散)되지 아니하는 안전유리 또는 강도 및 내구성이 있는 재료(금속제인 경우에는 부식되지 아니하거나 도금 또는 녹막이 등으로 부식방지처리를 한 것만 해당한다)를 사용하여 난간이 안전한 구조로 설치될 수 있게 하여야 한다. 다만, 실내에 설치하는 난간의 재료는 목재로 할 수 있다.

(2) 난간의 각 부위의 치수는 다음의 기준에 적합하여야 한다.

① **난간의 높이**: 바닥의 마감면으로부터 120cm 이상. 다만, 건축물내부계단에 설치하는 난간, 계단중간에 설치하는 난간 기타 이와 유사한 것으로 위험이 적은 장소에 설치하는 난간의 경우에는 90cm 이상으로 할 수 있다.

② **난간의 간살의 간격**: 안목치수 10cm 이하

(3) 3층 이상인 주택의 창(바닥의 마감면으로부터 창대 윗면까지의 높이가 110cm 이상이거나 창의 바로 아래에 발코니 기타 이와 유사한 것이 있는 경우를 제외한다)에는 (1) 및 (2)의 규정에 적합한 난간을 설치하여야 한다.

⑷ 난간을 외부 공기가 직접 닿는 곳에 설치하는 주택의 경우에는 각 세대마다 국기봉을 꽂을 수 있는 장치를 해당 난간에 하나 이상 설치해야 한다. 다만, 사업계획승인권자가 난간의 재료 등을 고려할 때 해당 장치를 설치하기 어렵다고 인정하는 경우에는 국토교통부령으로 정하는 바에 따라 각 동 지상 출입구에 설치할 수 있다.

⑸ **바닥구조**

공동주택의 세대 내의 층간바닥(화장실의 바닥을 제외한다)은 다음의 기준을 모두 충족하여야 한다.

① 콘크리트 슬래브 두께는 210mm[라멘구조(보와 기둥을 통해서 내력이 전달되는 구조를 말한다)의 공동주택은 150mm] 이상으로 하여야 한다. 다만, 다음의 어느 하나에 해당하는 주택의 층간바닥은 예외로 한다.

㉠ 공업화주택

㉡ 목구조(주요 구조부를 「목재의 지속가능한 이용에 관한 법률」에 따른 목재 또는 목재제품으로 구성하는 구조를 말한다) 공동주택

② 각 층간 바닥은 바닥충격음 차단성능[바닥의 경량충격음(비교적 가볍고 딱딱한 충격에 의한 바닥충격음을 말한다) 및 중량충격음(무겁고 부드러운 충격에 의한 바닥충격음을 말한다)이 각각 49데시벨 이하인 성능을 말한다]을 갖춘 구조일 것. 다만, 다음의 층간바닥은 그렇지 않다.

㉠ 라멘구조의 공동주택(주택법 따라 인정받은 공업화주택은 제외한다)의 층간바닥

㉡ ㉠의 공동주택 외의 공동주택 중 발코니, 현관 등 국토교통부령으로 정하는 부분의 층간바닥

③ ②의 ㉡에서 발코니, 현관 등 국토교통부령으로 정하는 부분이란 다음의 어느 하나에 해당하는 부분을 말한다.

㉠ 발코니

㉡ 현관

㉢ 세탁실

㉣ 대피공간

㉤ 벽으로 구획된 창고

㉥ ㉠부터 ㉤까지에서 규정한 사항 외에 「주택법」에 따른 사업계획의 승인권자가 층간소음으로 인한 피해가능성이 적어 바닥충격음 성능기준 적용이 불필요하다고 인정하는 공간

(6) 벽체 및 창호 등

① 500세대 이상의 공동주택을 건설하는 경우 벽체의 접합부위나 난방설비가 설치되는 공간의 창호는 국토교통부장관이 정하여 고시하는 기준에 적합한 결로(結露)방지 성능을 갖추어야 한다.

② ①에 해당하는 공동주택을 건설하려는 자는 세대 내의 거실·침실의 벽체와 천장의 접합부위(침실에 옷방 또는 붙박이 가구를 설치하는 경우에는 옷방 또는 붙박이 가구의 벽체와 천장의 접합부위를 포함한다), 최상층 세대의 천장부위, 지하주차장·승강기홀의 벽체부위 등 결로 취약부위에 대한 결로방지 상세도를 설계도서에 포함하여야 한다.

③ 국토교통부장관은 결로방지 상세도의 작성내용 등에 관한 구체적인 사항을 정하여 고시할 수 있다.

(7) 대피공간의 설치

① 공동주택 중 아파트로서 4층 이상인 층의 각 세대가 2개 이상의 직통계단을 사용할 수 없는 경우에는 발코니에 인접 세대와 공동으로 또는 각 세대별로 다음의 요건을 모두 갖춘 대피공간을 하나 이상 설치하여야 한다. 이 경우 인접 세대와 공동으로 설치하는 대피공간은 인접 세대를 통하여 2개 이상의 직통계단을 쓸 수 있는 위치에 우선 설치되어야 한다.

㉠ 대피공간은 바깥의 공기와 접할 것
㉡ 대피공간은 실내의 다른 부분과 방화구획으로 구획될 것
㉢ 대피공간의 바닥면적은 인접 세대와 공동으로 설치하는 경우에는 $3m^2$ 이상, 각 세대별로 설치하는 경우에는 $2m^2$ 이상일 것
㉣ 대피공간으로 통하는 출입문은 60분 + 방화문으로 설치할 것
㉤ 국토교통부장관이 정하는 기준에 적합할 것

> 1. **60분 + 방화문**: 연기 및 불꽃을 차단할 수 있는 시간이 60분 이상이고, 열을 차단할 수 있는 시간이 30분 이상인 방화문
> 2. **60분 방화문**: 연기 및 불꽃을 차단할 수 있는 시간이 60분 이상인 방화문
> 3. **30분 방화문**: 연기 및 불꽃을 차단할 수 있는 시간이 30분 이상 60분 미만인 방화문

② 아파트의 4층 이상인 층에서 발코니에 다음의 어느 하나에 해당하는 구조 또는 시설을 설치한 경우에는 대피공간을 설치하지 아니할 수 있다.

㉠ 인접 세대와의 경계벽이 파괴하기 쉬운 경량구조 등인 경우
㉡ 경계벽에 피난구를 설치한 경우

ⓒ 발코니의 바닥에 국토교통부령으로 정하는 하향식 피난구를 설치한 경우
ⓔ 국토교통부장관이 중앙건축위원회의 심의를 거쳐 ①에 따른 대피공간과 동일하거나 그 이상의 성능이 있다고 인정하여 고시하는 구조 또는 시설을 설치한 경우. 이 경우 대체시설 성능의 판단기준 및 중앙건축위원회의 심의 절차 등에 관한 사항은 국토교통부장관이 정하여 고시할 수 있다.

→보충학습

ㅣ하향식피난구 설치기준

1. 피난구의 덮개는 비차열 1시간 이상의 내화성능을 가져야 하며, 피난구의 유효 개구부 규격은 직경 60센티미터 이상일 것
2. 상층·하층 간 피난구의 설치위치는 수평방향 간격을 15cm 이상 띄워서 설치할 것
3. 아래층에서는 바로 위층의 피난구를 열 수 없는 구조일 것
4. 사다리는 바로 아래층의 바닥면으로부터 50cm 이하까지 내려오는 길이로 할 것
5. 덮개가 개방될 경우에는 건축물관리시스템 등을 통하여 경보음이 울리는 구조일 것
6. 피난구가 있는 곳에는 예비전원에 의한 조명설비를 설치할 것

3 바닥충격음 성능등급 및 기준 등

(1) 국토교통부장관은 주택건설기준 중 공동주택 바닥충격음 차단구조의 성능등급을 대통령령으로 정하는 기준에 따라 인정하는 기관(바닥충격음 성능등급 인정기관)을 지정할 수 있다.

(2) **공동주택 바닥충격음 차단구조의 성능등급 인정의 유효기간 등**

① 공동주택 바닥충격음 차단구조의 성능등급 인정의 유효기간은 그 성능등급 인정을 받은 날부터 5년으로 한다.
② 공동주택 바닥충격음 차단구조의 성능등급 인정을 받은 자는 ①에 따른 유효기간이 끝나기 전에 유효기간을 연장할 수 있다. 이 경우 연장되는 유효기간은 연장될 때마다 3년을 초과할 수 없다.
③ 공동주택 바닥충격음 차단구조의 성능등급 인정에 드는 수수료는 인정 업무와 시험에 사용되는 비용으로 하되, 인정 업무와 시험에 필수적으로 수반되는 비용을 추가할 수 있다.
④ ①부터 ③까지에서 규정한 사항 외에 공동주택 바닥충격음 차단구조의 성능등급 인정의 유효기간 연장, 성능등급 인정에 드는 수수료 등에 관하여 필요한 세부적인 사항은 국토교통부장관이 정하여 고시한다.

4 출입문

(1) 주택단지 안의 각 동 출입문에 설치하는 유리는 안전유리를 사용하여야 한다.

(2) 주택단지 안의 각 동 지상 출입문, 지하주차장과 각 동의 지하 출입구를 연결하는 출입문에는 전자출입시스템(비밀번호나 출입카드 등으로 출입문을 여닫을 수 있는 시스템 등을 말한다)을 갖추어야 한다.

(3) 주택단지 안의 각 동 옥상 출입문에는 「소방시설 설치 및 관리에 관한 법률」에 따른 성능인증 및 제품검사를 받은 비상문자동개폐장치를 설치하여야 한다. 다만, 대피공간이 없는 옥상의 출입문은 제외한다.

(4) 전자출입시스템 및 비상문자동개폐장치는 화재 등 비상시에 소방시스템과 연동(連動)되어 잠김 상태가 자동으로 풀려야 한다.

> 💡 안전유리는 45kg의 추가 75cm 높이에서 낙하하는 충격량에 관통되지 아니하는 유리를 말한다.

5 에너지절약형 친환경 주택의 건설기준 등

(1) 사업계획승인대상 공동주택을 건설하는 경우에는 다음의 어느 하나 이상의 기술을 이용하여 주택의 총 에너지사용량 또는 총 이산화탄소배출량을 절감할 수 있는 에너지절약형 친환경 주택(이하 "친환경 주택"이라 한다)으로 건설하여야 한다.
① 고단열·고기능 외피구조, 기밀설계, 일조확보 및 친환경자재 사용 등 저에너지 건물 조성기술
② 고효율 열원설비, 제어설비 및 고효율 환기설비 등 에너지 고효율 설비기술
③ 태양열, 태양광, 지열 및 풍력 등 신·재생에너지 이용기술
④ 자연지반의 보존, 생태면적율의 확보 및 빗물의 순환 등 생태적 순환기능 확보를 위한 외부환경 조성기술
⑤ 건물에너지 정보화 기술, 자동제어장치 및 「지능형전력망의 구축 및 이용촉진에 관한 법률」에 따른 지능형전력망 등 에너지 이용효율을 극대화하는 기술

(2) (1)에 해당하는 주택을 건설하려는 자가 사업계획승인을 신청하는 경우에는 친환경 주택 에너지 절약계획을 제출하여야 한다.

(3) 친환경 주택의 건설기준 및 에너지 절약계획에 관하여 필요한 세부적인 사항은 국토교통부장관이 정하여 고시한다.

6 공동주택성능등급의 표시

사업주체가 500세대 이상의 공동주택을 공급할 때에는 주택의 성능 및 품질을 입주자가 알 수 있도록 「녹색건축물 조성 지원법」에 따라 다음의 공동주택성능에 대한 등급을 발급받아 국토교통부령으로 정하는 방법으로 입주자 모집공고에 표시하여야 한다.

(1) 경량충격음·중량충격음·화장실소음·경계소음 등 소음 관련 등급

(2) 리모델링 등에 대비한 가변성 및 수리 용이성 등 구조 관련 등급

(3) 조경·일조확보율·실내공기질·에너지절약 등 환경 관련 등급

(4) 커뮤니티시설, 사회적 약자 배려, 홈네트워크, 방범안전 등 생활환경 관련 등급

(5) 화재·소방·피난안전 등 화재·소방 관련 등급

7 장수명 주택 건설기준 및 인증제도 등

(1) 국토교통부장관은 구조적으로 오래 유지관리될 수 있는 내구성을 갖추고, 입주자의 필요에 따라 내부 구조를 쉽게 변경할 수 있는 가변성과 수리 용이성 등이 우수한 주택(장수명 주택)의 건설기준을 정하여 고시할 수 있다.

(2) 국토교통부장관은 장수명 주택의 공급 활성화를 유도하기 위하여 (1)의 건설기준에 따라 장수명 주택 인증제도를 시행할 수 있다. 장수명 주택에 대하여 부여하는 등급은 다음과 같이 구분한다.
  ① 최우수 등급
  ② 우수 등급
  ③ 양호 등급
  ④ 일반 등급

(3) 사업주체가 1,000세대 이상의 주택을 공급하고자 하는 때에는 (2)의 인증제도에 따라 일반 등급 이상의 등급을 인정받아야 한다.

(4) 장수명 주택의 건폐율·용적률은 다음의 구분에 따라 조례로 그 제한을 완화할 수 있다.

　① **건폐율**: 「국토의 계획 및 이용에 관한 법률」에 따라 조례로 정한 건폐율의 100분의 115를 초과하지 아니하는 범위에서 완화. 다만, 「국토의 계획 및 이용에 관한 법률」에 따른 건폐율의 최대한도를 초과할 수 없다.

　② **용적률**: 「국토의 계획 및 이용에 관한 법률」에 따라 조례로 정한 용적률의 100분의 115를 초과하지 아니하는 범위에서 완화. 다만, 「국토의 계획 및 이용에 관한 법률」에 따른 용적률의 최대한도를 초과할 수 없다.

(5) 국가, 지방자치단체 및 공공기관의 장은 장수명 주택을 공급하는 사업주체 및 장수명 주택 취득자에게 법률 등에서 정하는 바에 따라 행정상·세제상의 지원을 할 수 있다.

(6) 국토교통부장관은 인증제도를 시행하기 위하여 인증기관을 지정하고 관련 업무를 위탁할 수 있다.

8 건강친화형 주택의 건설기준

(1) 500세대 이상의 공동주택을 건설하는 경우에는 다음 각 호의 사항을 고려하여 세대 내의 실내공기 오염물질 등을 최소화할 수 있는 건강친화형 주택으로 건설하여야 한다.

　① 오염물질을 적게 방출하거나 오염물질의 발생을 억제 또는 저감시키는 건축자재(붙박이 가구 및 붙박이 가전제품을 포함한다)의 사용에 관한 사항

　② 청정한 실내환경 확보를 위한 마감공사의 시공관리에 관한 사항

　③ 실내공기의 원활한 환기를 위한 환기설비의 설치, 성능검증 및 유지관리에 관한 사항

　④ 환기설비 등을 이용하여 신선한 바깥의 공기를 실내에 공급하는 환기의 시행에 관한 사항

(2) 건강친화형 주택의 건설기준 등에 관하여 필요한 세부적인 사항은 국토교통부장관이 정하여 고시한다.

9 공동주택의 배치

(1) 도로(주택단지 안의 도로를 포함하되, 필로티에 설치되어 보도로만 사용되는 도로는 제외한다) 및 주차장(지하, 필로티, 그 밖에 이와 비슷한 구조에 설치하는 주차장 및 그 진출입로는 제외한다)의 경계선으로부터 공동주택의 외벽(발코니나 그 밖에 이와 비슷한 것을 포함한다)까지의 거리는 2미터 이상 띄어야 하며, 그 띄운 부분에는 식재 등 조경에 필요한 조치를 하여야 한다. 다만, 다음의 어느 하나에 해당하는 도로로서 보도와 차도로 구분되어 있는 경우에는 그러하지 아니하다.

① 공동주택의 1층이 필로티 구조인 경우 필로티에 설치하는 도로(사업계획승인권자가 인정하는 보행자 안전시설이 설치된 것에 한정한다)

② 주택과 주택 외의 시설을 동일 건축물로 건축하고, 1층이 주택 외의 시설인 경우 해당 주택 외의 시설에 접하여 설치하는 도로(사업계획승인권자가 인정하는 보행자 안전시설이 설치된 것에 한정한다)

③ 공동주택의 외벽이 개구부(開口部)가 없는 측벽인 경우 해당 측벽에 접하여 설치하는 도로

(2) 주택단지는 화재 등 재난발생시 소방활동에 지장이 없도록 다음의 요건을 갖추어 배치하여야 한다.

① 공동주택의 각 세대로 소방자동차의 접근이 가능하도록 통로를 설치할 것

② 주택단지 출입구의 문주(門柱) 또는 차단기는 소방자동차의 통행이 가능하도록 설치할 것

(3) 주택단지의 각 동의 높이와 형태 등은 주변의 경관과 어우러지고 해당 지역의 미관을 증진시킬 수 있도록 배치되어야 하며, 국토교통부장관은 공동주택의 디자인 향상을 위하여 주택단지의 배치 등에 필요한 사항을 정하여 고시할 수 있다.

실전예상문제

01 철근콘크리트 구조물에서 시공상 하자에 의한 균열의 원인과 관계가 가장 먼 것은? 제16회

① 혼화제의 불균일한 분산
② 이음처리의 부정확
③ 거푸집의 변형
④ 경화 전의 진동과 재하
⑤ 콘크리트의 침하 및 블리딩(Bleeding)

해설 ⑤ 콘크리트의 침하 및 블리딩은 재료상 균열의 발생원인에 해당된다.

02 철근콘크리트의 균열원인 중 시공으로 인한 원인과 관련이 없는 것은? 제13회

① 경화 전의 진동 및 재하
② 불균일한 타설
③ 펌프 압송시 수량(水量)의 증가
④ 철근의 휨 및 피복두께의 감소
⑤ 과도한 적재하중

해설 ⑤ 과도한 적재하중은 설계상 미비에 의한 균열원인이다.

03 콘크리트 균열의 보수방법에 해당하지 않는 것은?

① 전동주입공법
② 충전공법
③ 철물보강공법
④ 표면처리공법
⑤ 생석회공법

해설 ⑤ 생석회공법: 연약한 지반을 강화할 때 사용하는 공법이다.
① 전동주입공법: 균열 속에 점성이 낮은 에폭시 수지를 전동펌프를 이용하여 주입하는 공법이다.
② 충전공법: 균열에 따라 표면을 V형 또는 U형으로 파내고 그곳에 실링재를 충전하는 공법으로 균열폭이 변동(유동)할 우려가 있는 균열의 보수에 알맞다.
③ 철물보강공법: 균열의 진행성·유동성 및 건물의 구조내력의 회복과 향상을 위한 보수공법을 겸한 보강공법이다.
④ 표면처리공법: 균열 폭이 0.2mm 이하의 작은 균열로 충전공법 및 주입공법이 어렵거나, 균열 폭이 적은 균열이 많이 발생하여 개별적인 보수가 어려울 때 많이 사용하는 보수공법이다.

Answer
01 ⑤ 02 ⑤ 03 ⑤

04 건축물의 외관을 해치는 백화에 대한 설명으로 옳지 않은 것은?   제7회

① 백화는 주로 시멘트의 가용성 성분이 용해되어 건물의 표면에 올라와 공기 중에 탄산가스 또는 유황성분과 결합하여 생긴다.

② 백화는 주로 여름철에 많이 발생되며, 기온이 높고 습도가 낮을 때 많이 발생한다.

③ 백화를 예방하기 위해서는 질이 좋고 잘 소성된 벽돌을 사용한다.

④ 묽은 염산으로 백화를 제거했을 때에는 반드시 물로 씻어내야 한다.

⑤ 세척제를 사용하기 전에 벽체 일부분에 바른 후 2주일 정도 경과한 후 그 효과를 보고 선택하여 백화를 제거한다.

> **해설** 백화현상의 발생 조건은 다음과 같다.
> ⑴ 기온이 낮은 겨울철
> ⑵ 습도가 높을 때
> ⑶ 적당한 바람과 건조속도에 따라 많이 발생
> ⑷ 시멘트의 재령이 짧을 때 많이 발생
> ⑸ 그늘진 면에 많이 발생

05 건축물의 외벽 백화현상에 관한 설명으로 옳지 않은 것은?   제13회

① 기온이 낮은 겨울철에 많이 생긴다.

② 습도가 비교적 낮을 때 발생한다.

③ 벽돌의 흡수율이 높거나 소성 불량시 발생한다.

④ 그늘진 면, 북쪽 면에서 많이 발생한다.

⑤ 시멘트 제품의 재령이 짧을 때 발생한다.

> **해설** ② 습도가 비교적 높을 때 발생한다.

06 아스팔트방수와 시멘트액체방수의 비교에 관한 설명으로 옳지 않은 것은?

① 아스팔트방수는 시멘트액체방수에 비하여 수명이 길다.

② 아스팔트방수는 시멘트액체방수에 비하여 결함부 발견이 어렵다.

③ 아스팔트방수는 시멘트액체방수에 비하여 보수범위가 좁다.

④ 아스팔트방수는 시멘트액체방수에 비하여 가격이 고가이고 공사기간이 길다.

⑤ 아스팔트방수는 시멘트액체방수에 비하여 균열발생이 거의 생기지 않는다.

> **해설** ③ 아스팔트방수는 시멘트액체방수에 비하여 보수범위가 넓다.

07 방수에 관한 설명 중 틀린 것은?

① 멤브레인 방수는 여러 층의 피막을 부착시켜 결합을 통해 침입하는 수분을 차단하는 공법이다.
② 아스팔트방수는 침입도가 크며 연화점이 높은 것이 좋고 누수시 우수유입의 위치확인이 곤란하다.
③ 합성고분자 시트방수는 신장성이 우수하고 상온시공이 가능하다.
④ 도막방수는 균일시공이 우수하고 결함부 발견이 어렵다.
⑤ 벤토나이트 방수재는 물과 접촉하면 팽창하고 건조하면 수축하는 성질이 있다.

해설 ④ 도막방수는 균일하게 시공하기 어렵다.

08 아스팔트방수에 관한 설명으로 옳지 않은 것은?

① 스트레이트 아스팔트는 아스팔트 컴파운드 및 아스팔트 프라이머의 원료가 된다.
② 컴파운드 아스팔트는 블로운 아스팔트에 동·식물성 기름을 첨가하고 광물질 가루를 혼합화여 만든 것으로 블로운 아스팔트의 유동성 및 강도를 향상시켰다.
③ 아스팔트를 가열하여 액체 상태의 점도에 도달하였을 때의 온도를 연화점이라 한다.
④ 감온성이란 온도에 따른 견고성의 변화 정도를 나타낸 것을 말한다.
⑤ 침입도란 모체에 아스팔트가 침입해 들어가는 비율로서 표준조건 25℃에서 100g 추를 5초 동안 누를 때 0.1mm 들어간 것을 침입도 1이라 한다.

해설 ① 블로운 아스팔트가 아스팔트 컴파운드 및 아스팔트 프라이머의 원료가 된다.

09 방수공사에 관한 설명으로 옳지 않은 것은?

① 보행용 시트방수는 상부 보호층이 필요하다.
② 벤토나이트방수는 지하외벽방수 등에 사용된다.
③ 아스팔트방수는 결함부 발견이 어렵고, 작업시 악취가 발생한다.
④ 시멘트액체방수는 모재 콘크리트의 균열 발생시에도 방수성능이 우수하다.
⑤ 도막방수는 도료상의 방수재를 바탕면에 여러 번 칠해 방수막을 만드는 공법이다.

해설 ④ 시멘트액체방수는 모재에 균열 발생시에 방수성능이 낮아진다.

Answer

04 ②   05 ②   06 ③   07 ④   08 ①   09 ④

10 방수에 관한 설명으로 옳지 않은 것은?   제13회

① 아스팔트방수는 시멘트액체방수에 비해 광범위한 보수가 가능하고 보수비용이 비싸다.
② 아스팔트방수는 열공법으로 시공하는 경우 화기에 대한 위험방지대책이 필요하다.
③ 아스팔트방수는 누수시 결함부위 발견이 어렵다.
④ 도막방수는 균일한 방수층 시공이 어려우나 복잡한 형상의 시공에는 유리하다.
⑤ 도막방수는 단열을 필요로 하는 옥상층에 유리하고 핀홀이 생길 우려가 없다.

해설 ⑤ 도막방수는 단열을 필요로 하는 옥상층에 불리하고 핀홀이 생길 우려가 있다.

11 옥상방수에 관한 설명으로 옳지 않은 것은?   제14회 시설개론

① 옥상방수에 사용되는 아스팔트 재료는 지하방수보다 연화점이 높고 · 침입도가 큰 것을 사용한다.
② 옥상방수의 바탕은 물의 고임방지를 위해 물흘림경사를 둔다.
③ 옥상방수층 누름 콘크리트 부위에는 온도에 의한 콘크리트의 수축 및 팽창에 대비하여 신축줄눈을 설치한다.
④ 아스팔트 방수층의 부분적 보수를 위해서는 일반적으로 시멘트 모르타르가 사용된다.
⑤ 시트방수의 결함 발생시에는 부분적 교체 및 보수가 가능하다.

해설 ④ 아스팔트방수는 부분적 보수를 할 수 없으며 광범위하고 보호누름도 재시공하여야 한다.

12 건축물의 방수공법에 관한 설명으로 옳지 않은 것은?   제19회 시설개론

① 시멘트 모르타르 방수는 가격이 저렴하고 습윤바탕에 시공이 가능하다.
② 아스팔트 방수는 여러 층의 방수재를 적층 시공하여 하자를 감소시킬 수 있다.
③ 시트방수는 바탕의 균열에 대한 저항성이 약하다.
④ 도막방수는 복잡한 형상에서 시공이 용이하다.
⑤ 복합방수는 시트재와 도막재를 복합적으로 사용하여 단일방수재의 단점을 보완한 공법이다.

해설 ③ 시트방수는 신축성이 있어 바탕의 균열에 대한 저항성이 크다.

13 단열재에 관한 설명으로 옳지 않은 것은? 제14회

① 단열재는 열전도율이 낮은 것일수록 단열성이 높다.

② 섬유질계 단열재는 밀도가 큰 것일수록 단열성이 높다.

③ 단열재의 열저항은 재료의 두께가 두꺼울수록 커진다.

④ 다공질계 단열재는 기포가 미세하고 균일한 것일수록 열전도율이 높다.

⑤ 단열재는 함수율이 증가할수록 열전도율이 높아진다.

해설 ④ 다공질계 단열재는 기포가 미세하고 균일한 것일수록 열전도율이 낮다.

14 단열공법의 종류와 하자의 보수방식에 관한 설명으로 옳지 않은 것은? 제12회

① 단열재 주입·충전방법은 벽체나 천장 등의 중간이 비어있는 경우 사용하며, 단열재를 균등하게 채워넣기가 어렵다.

② 단열재 첨가방법은 건물에 기 시공된 단열시설에 새로운 단열재를 첨가하여 보수하는 방법으로 시공이 간편하다.

③ 외측단열은 벽 등에 시공할 경우 실외에 가까운 부분에 단열재를 장착하는 방법으로 결로현상이 발생할 염려가 적다.

④ 중간단열은 단열재를 벽 등의 중간에 시공하는 것으로 시공비가 싸다.

⑤ 내측단열은 실내에 가까운 부분에 단열재를 장착하는 방법으로, 실내에서 시공하기 때문에 편리하다.

해설 ④ 중간단열은 단열재를 벽 등의 중간에 시공하는 것으로 시공비가 비싸다.

15 건물 벽체로부터의 에너지를 절약하기 위한 방법으로 옳지 않은 것은?

① 단열재를 보강한다.

② 열관류율이 낮은 재료를 사용한다.

③ 동일한 재료인 경우 두께가 두꺼운 것을 사용한다.

④ 열전도율이 낮은 재료를 사용한다.

⑤ 흡수성이 높은 재료를 사용한다.

해설 ⑤ 흡수성이 낮은 재료를 사용한다.

Answer

10 ⑤ 11 ④ 12 ③ 13 ④ 14 ④ 15 ⑤

16 습공기가 냉각될 때 어느 정도의 온도에 다다르면 공기 중에 포함되어 있던 수증기가 작은 물 방울로 변화하는 데 이때의 온도를 무엇이라 하는가?

① 노점온도　　　　　　② 상태온도　　　　　　③ 엔탈피
④ 유효온도　　　　　　⑤ 건구온도

해설　① 수증기를 함유한 공기의 냉각으로 수증기가 응축되어 이슬이 생기기 시작하는 온도를 노점온도라 한다.

17 열교(熱橋)현상에 관한 설명으로 옳지 않은 것은? 　　　　　　제13회

① 열교현상은 벽체와 지붕 또는 바닥과의 접합부위 등에서 발생하기 쉽다.
② 열교현상이 발생하는 부위는 열관류율 값이 높기 때문에 구조체의 전체 단열성능을 저하시킨다.
③ 겨울철에 열교현상이 발생하는 부위는 결로의 발생 가능성이 크다.
④ 열교현상을 방지하기 위해서는 일반적으로 외단열이 내단열보다 유리하다.
⑤ 열교현상이 발생하는 부위에는 열저항 값을 감소시키는 설계 및 시공이 요구된다.

해설　⑤ 열교현상이 발생하는 부위에는 열저항 값을 증가시키는 설계 및 시공이 요구된다.

18 결로에 관한 설명으로 옳지 않은 것은? 　　　　　　제14회

① 내부결로는 벽체 내부의 온도가 노점온도보다 높을 때 발생한다.
② 겨울철 내부결로를 방지하기 위해 방습층은 단열재의 실내측에 설치하는 것이 좋다.
③ 실내 수증기 발생을 억제할 경우 표면결로 방지에 효과가 있다.
④ 겨울철 외벽의 내부결로 방지를 위해서는 내단열보다 외단열이 유리하다.
⑤ 겨울철 외벽의 열관류율이 높은 경우 결로가 발생하기 쉽다.

해설　① 내부결로는 벽체 내부의 온도가 노점온도보다 낮을 때 발생한다.

19 실내 표면결로 현상에 관한 설명으로 옳지 않은 것은? 　　　　　　제17회

① 벽체 열저항이 작을수록 심해진다.
② 실내외 온도차가 클수록 심해진다.
③ 열교현상이 발생할수록 심해진다.
④ 실내의 공기온도가 높을수록 심해진다.
⑤ 실내의 절대습도가 높을수록 심해진다.

해설　④ 실내의 공기온도가 낮을수록 심해진다.

20 건축물의 표면결로 방지대책에 관한 설명으로 옳지 않은 것은? 제24회

① 실내의 수증기 발생을 억제한다.

② 환기를 통해 실내 절대습도를 낮춘다.

③ 외벽의 단열강화를 통해 실내 측 표면온도가 낮아지는 것을 방지한다.

④ 벽체의 실내 측 표면온도를 실내공기의 노점온도보다 낮게 유지한다.

⑤ 외기에 접한 창의 경우 일반유리보다 로이(Low-E) 복층유리를 사용하면 표면결로 발생을 줄일 수 있다.

해설 ④ 표면결로를 방지하기 위해서는 벽체의 실내 측 표면온도를 실내공기의 노점온도보다 높게 유지한다.

21 주택건설기준 등에 관한 규정상 수해방지 등에 대한 설명으로 옳지 않은 것은?

① 주택단지에 높이 2m 이상의 옹벽 또는 축대가 있거나 이를 설치하는 경우에는 그 옹벽 등으로부터 건축물의 외곽부분까지를 당해 옹벽 등의 높이만큼 띄워야 한다.

② ①의 규정에도 불구하고 옹벽 등의 기초보다 그 기초가 낮은 건축물인 경우 옹벽 등으로부터 건축물 외곽부분까지를 5m(3층 이하인 건축물은 3m) 이상 띄워야 한다.

③ 주택단지에는 배수구·집수구 및 집수정 등 우수의 배수에 필요한 시설을 설치하여야 한다.

④ 비탈면의 높이가 3m를 넘는 경우에는 높이 3m 이내마다 그 비탈면의 면적의 3분의 1 이상에 해당하는 면적의 단을 만든다.

⑤ 비탈면 아랫부분에 옹벽 또는 축대가 있는 경우에는 그 옹벽 등과 비탈면 사이에 너비 1m 이상의 단을 만든다.

해설 ④ 비탈면의 높이가 3m를 넘는 경우에는 높이 3m 이내마다 그 비탈면의 면적의 5분의 1 이상에 해당하는 면적의 단을 만든다.

Answer

16 ① 17 ⑤ 18 ① 19 ④ 20 ④ 21 ④

22 주택건설기준 등에 관한 규정상 공동주택 바닥충격음 차단구조의 성능등급 인정 등에 관한 설명으로 옳지 않은 것은?

① 바닥충격음 성능등급 인정기관으로 지정받으려는 자는 국토교통부령으로 정하는 신청서에 서류를 첨부하여 국토교통부장관에게 제출하여야 한다.

② 성능등급 인정기관은 신제품에 대한 성능등급 인정의 신청을 받은 날부터 15일 이내에 전문위원회에 심의를 요청하여야 한다.

③ 공동주택 바닥충격음 차단구조의 성능등급 인정의 유효기간은 그 성능등급 인정을 받은 날부터 3년으로 한다.

④ 공동주택 바닥충격음 차단구조의 성능등급 인정을 받은 자는 유효기간이 끝나기 전에 유효기간을 연장할 수 있다. 이 경우 연장되는 유효기간은 연장될 때마다 3년을 초과할 수 없다.

⑤ 공동주택 바닥충격음 차단구조의 성능등급 인정에 드는 수수료는 인정 업무와 시험에 사용되는 비용으로 하되, 인정 업무와 시험에 필수적으로 수반되는 비용을 추가할 수 있다.

해설 ③ 공동주택 바닥충격음 차단구조의 성능등급 인정의 유효기간은 그 성능등급 인정을 받은 날부터 5년으로 한다.

23 다음의 설명 중 옳지 않은 것은?

① 공동주택을 건설하는 주택단지에는 폭 1.5m 이상의 보도를 포함한 폭 5m 이상의 도로(보행자전용도로, 자전거도로는 제외한다)를 설치하여야 한다.

② 50세대 이상의 공동주택을 건설하는 공동주택단지에는 관리사무소와 경비원 등 공동주택 관리 업무에 종사하는 근로자를 위한 휴게시설을 모두 설치하되, 그 면적의 합계가 $10m^2$에 50세대를 넘는 매 세대마다 $500cm^2$를 더한 면적 이상의 관리사무소 등을 설치해야 한다. 다만, 그 면적의 합계가 $100m^2$를 초과하는 경우에는 설치면적을 $100m^2$로 할 수 있다.

③ 사업계획승인대상 공동주택을 건설하는 경우에는 주택의 총에너지사용량 또는 총이산화탄소배출량을 절감할 수 있는 에너지절약형 친환경 주택으로 건설하여야 한다.

④ 주택단지 안의 각 동 지상 출입문, 지하주차장과 각 동의 지하 출입구를 연결하는 출입문에는 전자출입시스템(비밀번호나 출입카드 등으로 출입문을 여닫을 수 있는 시스템 등을 말한다)을 갖추어야 한다.

⑤ 지하주차장의 출입구, 경사형·유선형 차도 등 차량의 속도를 제한할 필요가 있는 곳에는 높이 7.5cm 이상 10cm 이하, 너비 1m 이상인 과속방지턱을 설치한다.

해설 ① 공동주택을 건설하는 주택단지에는 폭 1.5m 이상의 보도를 포함한 폭 7m 이상의 도로(보행자전용도로, 자전거도로는 제외한다)를 설치하여야 한다.

24 다음은 관리사무소 등의 면적 등에 대한 내용이다. 다음 각 경우 관리사무소 및 경비원 등의 공동주택관리 업무에 종사하는 근로자를 위한 휴게시설의 법정면적은 얼마인가?

> (A) 관리대상 세대가 150세대인 A아파트
> (B) 관리대상 세대가 648세대인 B아파트

① $10m^2$, 약 $20m^2$
② $10m^2$, 약 $25m^2$
③ $15m^2$, 약 $25m^2$
④ $15m^2$, 약 $40m^2$
⑤ $20m^2$, 약 $50m^2$

해설 50세대 이상의 공동주택을 건설하는 주택단지에는 다음 각 호의 시설을 모두 설치하되, 그 면적의 합계가 10제곱미터에 50세대를 넘는 매 세대마다 500제곱센티미터를 더한 면적 이상이 되도록 설치해야 한다. 다만, 그 면적의 합계가 100제곱미터를 초과하는 경우에는 설치면적을 100제곱미터로 할 수 있다.
1. 관리사무소
2. 경비원 등 공동주택 관리 업무에 종사하는 근로자를 위한 휴게시설
　산정식 : $10m^2$ + (총세대수 - 50) × $0.05m^2$
　⑴ A아파트 : $10m^2$ + (150 - 50) × $0.05m^2$ = $15m^2$
　⑵ B아파트 : $10m^2$ + (648 - 50) × $0.05m^2$ = $39.9m^2$

25 주택건설기준 등에 관한 규정상 난간에 관한 내용이다. (　) 안에 들어갈 숫자를 쓰시오.

제18회

> 난간의 높이는 바닥의 마감면으로부터 (　)센티미터 이상이어야 한다. 다만, 건축물 내부 계단에 설치하는 난간, 계단중간에 설치하는 난간 기타 이와 유사한 것으로 위험이 적은 장소에 설치하는 난간의 경우에는 90센티미터 이상으로 할 수 있다.

해설 난간의 높이는 바닥의 마감면으로부터 120센티미터 이상이어야 한다. 다만, 건축물 내부계단에 설치하는 난간, 계단중간에 설치하는 난간 기타 이와 유사한 것으로 위험이 적은 장소에 설치하는 난간의 경우에는 90센티미터 이상으로 할 수 있다.

Answer
22 ③　23 ①　24 ④　25 120

26 주택건설기준 등에 관한 규정에서 정하고 있는 '에너지절약형 친환경 주택의 건설기준'에 적용
되는 기술을 모두 고른 것은? 제21회

> ㉠ 고에너지 건물 조성기술 ㉡ 에너지 고효율 설비기술
> ㉢ 에너지 이용효율 극대화 기술 ㉣ 신·재생에너지 이용기술

① ㉠, ㉢ ② ㉡, ㉣ ③ ㉠, ㉢, ㉣
④ ㉡, ㉢, ㉣ ⑤ ㉠, ㉡, ㉢, ㉣

해설 사업계획승인을 받은 공동주택을 건설하는 경우에는 다음의 어느 하나 이상의 기술을 이용하여 에너지
절약형 친환경 주택으로 건설하여야 한다.
1. 저에너지 건물 조성기술
2. 에너지 고효율 설비기술
3. 신·재생에너지 이용기술
4. 생태적 순환기능 확보를 위한 외부환경 조성기술
5. 에너지 이용효율을 극대화하는 기술

27 공동주택관리법령상 관리주체가 영상정보처리기기의 촬영자료를 타인에게 열람하게 하거나
제공할 수 있는 예외적인 규정으로 옳지 않은 것은? 제15회 일부수정

① 정보주체에게 열람 또는 제공하는 경우
② 입주자대표회의에서 의결하여 결정한 경우
③ 범죄의 수사와 공소의 제기 및 유지에 필요한 경우
④ 범죄에 대한 재판업무수행을 위하여 필요한 경우
⑤ 다른 법률에 특별한 규정이 있는 경우

해설 관리주체는 영상정보처리기기의 촬영자료를 보안 및 방범 목적 외의 용도로 활용하거나 타인에게 열람
하게 하거나 제공하여서는 아니 된다. 다만, 다음의 어느 하나에 해당하는 경우에는 촬영자료를 열람하
게 하거나 제공할 수 있다.
1. 정보주체에게 열람 또는 제공하는 경우
2. 정보주체의 동의가 있는 경우
3. 범죄의 수사와 공소의 제기 및 유지에 필요한 경우
4. 범죄에 대한 재판업무수행을 위하여 필요한 경우
5. 다른 법률에 특별한 규정이 있는 경우

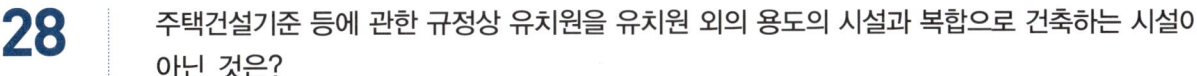

28 주택건설기준 등에 관한 규정상 유치원을 유치원 외의 용도의 시설과 복합으로 건축하는 시설이 아닌 것은?

① 의료시설　　　　　② 주민운동시설　　　　　③ 어린이집

④ 근린생활시설　　　　⑤ 경로당

> **해설** 의료시설·주민운동시설·어린이집·종교집회장 및 근린생활시설에 한하여 이를 함께 설치할 수 있다.

29 주택건설기준 등에 관한 규정 및 주택건설기준 등에 관한 규칙상 공동주택을 건설하는 주택단지 안의 도로에 관한 설명으로 옳지 않은 것은?　　　　　제14회 일부수정

① 공동주택을 건설하는 주택단지에는 폭 1.5미터 이상의 보도를 포함한 폭 7미터 이상의 도로(보행자전용도로, 자전거도로는 제외한다)를 설치하여야 한다.

② 지하주차장의 출입구, 경사형·유선형 차도 등 차량의 속도를 제한할 필요가 있는 곳에는 높이 7.5센티미터 이상 10센티미터 이하, 너비 1미터 이상인 과속방지턱을 설치한다.

③ 주택단지의 출입구, 기타 차량의 속도를 제한할 필요가 있는 곳에 설치하는 과속방지턱에는 운전자에게 그 시설의 위치를 알릴 수 있도록 반사성 도료로 도색한 노면표지를 하여야 한다.

④ 주택단지 안의 도로통행의 안전을 위하여 필요하다고 인정되는 곳에는 도로반사경·교통안전표지판·방호울타리·조명시설 기타 필요한 교통안전시설을 설치하여야 한다.

⑤ 공동주택을 건설하는 주택단지에 설치하는 도로는 해당 도로를 이용하는 공동주택의 세대수가 100세대 미만이고 막다른 도로인 경우로서 그 길이가 50미터 미만인 경우에는 그 폭을 4미터 이상으로 할 수 있다.

> **해설** ⑤ 공동주택을 건설하는 주택단지에 설치하는 도로는 해당 도로를 이용하는 공동주택의 세대수가 100세대 미만이고 막다른 도로인 경우로서 그 길이가 35미터 미만인 경우에는 그 폭을 4미터 이상으로 할 수 있다.

Answer

26 ④　　27 ②　　28 ⑤　　29 ⑤

30

공동주택의 대피공간에 대한 설명 중 (   ) 안에 들어갈 숫자를 쓰시오.   제10회

> 공동주택 중 아파트로서 4층 이상의 층의 각 세대가 2개 이상의 직통계단을 사용할 수 없는
> 경우에는 발코니에 인접세대와 공동으로 또는 각 세대별로 다음의 요건을 모두 갖춘 대피
> 공간을 하나 이상 설치하여야 한다.
> • 대피공간은 바깥의 공기와 접할 것
> • 대피공간의 바닥면적은 인접세대와 공동으로 설치하는 경우에는 (   )m² 이상일 것

해설 공동주택 중 아파트로서 4층 이상의 층의 각 세대가 2개 이상의 직통계단을 사용할 수 없는 경우에는 발코니에
인접세대와 공동으로 또는 각 세대별로 다음의 요건을 모두 갖춘 대피공간을 하나 이상 설치하여야 한다.
  1. 대피공간은 바깥의 공기와 접할 것
  2. 대피공간은 실내의 다른 부분과 방화구획으로 구획될 것
  3. 대피공간의 바닥면적은 인접 세대와 공동으로 설치하는 경우에는 3제곱미터 이상, 각 세대별로 설치
     하는 경우에는 2제곱미터 이상일 것
  4. 대피공간으로 통하는 출입문은 60분+방화문으로 설치할 것

31

주택법령과 주택건설기준 등에 관한 규정상 사업주체가 500세대 이상의 공동주택을 공급할
때 주택의 성능 및 품질을 입주자가 알 수 있도록 「녹색건축물 조성 지원법」에 따라 공동주택
성능에 대한 등급을 발급받아 입주자 모집공고에 표시하여야 할 사항으로 옳지 않은 것은?

① 경량충격음·중량충격음·화장실소음·경계소음 등 소음 관련 등급
② 리모델링 등에 대비한 가변성 및 수리 용이성 등 교체 관련 등급
③ 조경·일조확보율·실내공기질·에너지절약 등 환경 관련 등급
④ 커뮤니티시설, 사회적 약자 배려, 홈네트워크, 방범안전 등 생활환경 관련 등급
⑤ 화재·소방·피난안전 등 화재·소방 관련 등급

해설 ② 리모델링 등에 대비한 가변성 및 수리 용이성 등 구조 관련 등급이 옳은 지문이 된다.

32

주택건설기준 등에 관한 규정상 주민운동시설과 작은도서관을 설치하여야 하는 세대규모로
옳은 것은?

① 100세대 이상   ② 200세대 이상   ③ 300세대 이상
④ 450세대 이상   ⑤ 500세대 이상

해설 ⑤ 500세대 이상의 주택단지가 해당된다.

33 주택건설기준 등에 관한 규정에 관한 설명으로 옳지 않은 것은?

① 공동주택의 난방설비를 중앙집중난방방식으로 하는 경우에는 난방열이 각 세대에 균등하게 공급될 수 있도록 4층 이상 10층 이하의 건축물인 경우에는 2개소 이상, 10층을 넘는 건축물인 경우에는 10층을 넘는 5개층마다 1개소를 더한 수 이상의 난방구획으로 구분하여 각 난방구획마다 따로 난방용배관을 하여야 한다.

② 주택단지에는 생활폐기물보관시설 또는 용기를 설치하여야 한다.

③ 세대당 전용면적이 $60m^2$ 이하인 주택의 경우에는 텔레비전방송 및 에프엠(FM)라디오방송 공동수신안테나와 연결된 단자를 2개소로 할 수 있다.

④ 주택단지 안의 각 동 옥상 출입문에는 「소방시설 설치 및 관리에 관한 법률」에 따른 성능인증 및 제품검사를 받은 비상문자동개폐장치를 설치하여야 한다. 다만, 대피공간이 없는 옥상의 출입문은 제외한다.

⑤ 전자출입시스템 및 비상문자동개폐장치는 화재 등 비상시에 소방시스템과 연동(連動)되어 잠김 상태가 자동으로 풀려야 한다.

해설 ③ 세대당 전용면적이 $60m^2$ 이하인 주택의 경우에는 텔레비전방송 및 에프엠(FM)라디오방송 공동수신안테나와 연결된 단자를 1개소로 할 수 있다.

34 주택건설기준 등에 관한 규칙상 영상정보처리기기의 설치 기준에 관한 규정의 일부이다. ( ) 안에 들어갈 숫자는?
제17회 일부수정

> 제9조【영상정보처리기기의 설치 기준】① 영 제39조에서 '국토교통부령으로 정하는 기준'이란 다음 각 호의 기준을 말한다.
> 1. 승강기, 어린이놀이터 및 공동주택 각 동의 출입구마다 「개인정보 보호법 시행령」에 따른 영상정보처리기기의 카메라를 설치할 것
> 2. 영상정보처리기기의 카메라는 전체 또는 주요 부분이 조망되고 잘 식별될 수 있도록 설치하되, 카메라의 해상도는 ( )만 화소 이상일 것

① 100 ② 110 ③ 120
④ 130 ⑤ 140

해설 ④ 카메라의 해상도는 130만 화소 이상이어야 한다.

Answer
30 ③ 31 ② 32 ⑤ 33 ③ 34 ④

35 주택건설기준 등에 관한 규칙상 '주택의 부엌·욕실 및 화장실에 설치하는 배기설비' 기준이다. ( )에 들어갈 용어를 쓰시오.

> 배기통은 연기나 냄새 등이 실내로 역류하는 것을 방지할 수 있도록 다음에 해당하는 구조로 할 것
> 가. 세대 안의 배기통에 ( ) 또는 이와 동일한 기능의 배기설비 장치를 설치할 것

해설 배기통은 연기나 냄새 등이 실내로 역류하는 것을 방지할 수 있도록 다음에 해당하는 구조로 할 것
가. 세대 안의 배기통에 자동역류방지댐퍼 또는 이와 동일한 기능의 배기설비 장치를 설치할 것

36 주택건설기준 등에 관한 규정상 필수적으로 설치해야 하는 세대수별 주민공동시설의 종류에 관한 설명이다. ( ) 안에 들어갈 용어를 쓰시오.

> 300세대 이상 공동주택은 경로당, 어린이놀이터, ( )을(를) 설치하여야 한다.

해설 300세대 이상 공동주택은 경로당, 어린이놀이터, 어린이집을 설치하여야 한다.

37 주택건설기준 등에 관한 규정상 바닥구조에 관한 내용이다. ( )에 들어갈 아라비아 숫자를 쓰시오.

> 제14조의2 【바닥구조】 공동주택의 세대 내의 층간바닥(화장실의 바닥은 제외한다. 이하 이 조에서 같다)은 다음의 기준을 모두 충족하여야 한다.
> 1. 콘크리트 슬래브 두께는 (㉠)밀리미터[라멘구조(보와 기둥을 통해서 내력이 전달되는 구조를 말한다. 이하 이 조에서 같다)의 공동주택은 (㉡) 밀리미터] 이상으로 할 것. 다만, 법 제51조 제1항에 따라 인정받은 공업화주택의 층간바닥은 예외로 한다.

해설 콘크리트 슬래브 두께는 210밀리미터[라멘구조(보와 기둥을 통해서 내력이 전달되는 구조를 말한다. 이하 이 조에서 같다)의 공동주택은 150 밀리미터] 이상으로 할 것. 다만, 법 제51조 제1항에 따라 인정받은 공업화주택의 층간바닥은 예외로 한다.

Answer
35 자동역류방지댐퍼 36 어린이집 37 ㉠ 210 ㉡ 150

Memo

하자보수 및 장기수선계획 등

하자보수 및 장기수선계획 등의 부분에서는 매년 2~3문제가 꾸준하게 출제되고 있는 장이므로 특정한 부분에 한정하지 않고 전체적으로 자세하게 정리를 하여야 한다.

하자보수제도

01 하자담보책임 및 하자보수

02 하자보수보증금

03 하자심사 및 분쟁조정

01 하자보수제도

1 하자담보책임 및 하자보수

(1) 하자담보책임

① 다음의 사업주체(이하 "사업주체"라 한다)는 공동주택의 하자에 대하여 분양에 따른 담보책임(ⓒ 및 ② 의 시공자는 수급인의 담보책임을 말한다)을 진다.

ⓐ 주택건설사업계획 또는 대지조성사업계획의 승인을 받아 그 사업을 시행하는 다음의 자

ⓐ 국가·지방자치단체

ⓑ 한국토지주택공사 또는 지방공사

ⓒ 등록한 주택건설사업자 또는 대지조성사업자

ⓓ 그 밖에 주택법에 따라 주택건설사업 또는 대지조성사업을 시행하는 자

ⓒ 「건축법」에 따른 건축허가를 받아 분양을 목적으로 하는 공동주택을 건축한 건축주

ⓒ 공동주택을 증축·개축·대수선하는 행위(「주택법」에 따른 리모델링은 제외한다)를 한 시공자

② 「주택법」에 따른 리모델링을 수행한 시공자

② 공공주택 특별법에 따라 임대한 후 분양전환을 할 목적으로 공급하는 공동주택(이하 '공공임대주택'이라 한다)을 공급한 ① ⓐ의 사업주체는 분양전환이 되기 전까지는 임차인에 대하여 하자보수에 대한 담보책임(손해배상책임은 제외한다)을 진다.

③ ① 및 ②에 따른 담보책임의 기간은 하자의 중대성, 시설물의 사용 가능 햇수 및 교체 가능성 등을 고려하여 공동주택의 내력구조부별 및 시설공사별로 10년의 범위에서 대통령령으로 정한다. 이 경우 담보책임기간은 다음 각호의 날부터 기산한다.

㉠ 전유부분 : 입주자(②에 따른 담보책임의 경우에는 임차인)에게 인도한 날

㉡ 공용부분 : 「주택법」에 따른 사용검사일(공동주택의 전부에 대하여 임시 사용승인을 받은 경우에는 그 임시 사용승인일을 말하고, 분할 사용검사나 동별 사용검사를 받은 경우에는 그 분할 사용검사일 또는 동별 사용검사일을 말한다) 또는 「건축법」에 따른 공동주택의 사용승인일

④ 하자의 범위는 다음의 구분에 따른다.

㉠ 내력구조부별 하자 : 다음의 어느 하나에 해당하는 경우

ⓐ 공동주택 구조체의 일부 또는 전부가 붕괴된 경우

ⓑ 공동주택의 구조안전상 위험을 초래하거나 그 위험을 초래할 우려가 있는 정도의 균열·침하(沈下) 등의 결함이 발생한 경우

㉡ 시설공사별 하자 : 공사상의 잘못으로 인한 균열·처짐·비틀림·들뜸·침하·파손·붕괴·누수·누출·탈락, 작동 또는 기능불량, 부착·접지 또는 결선(結線) 불량, 고사(枯死) 및 입상(立像) 불량 등이 발생하여 건축물 또는 시설물의 안전상·기능상 또는 미관상의 지장을 초래할 정도의 결함이 발생한 경우

⑤ 공동주택의 내력구조부별 및 시설공사별 담보책임기간(이하 "담보책임기간"이라 한다)은 다음과 같다.

㉠ 내력구조부별[건축법에 따른 건물의 주요구조부(내력벽·기둥·바닥·보·지붕틀 및 주계단)를 말한다] 하자에 대한 담보책임기간 : 10년

㉡ 시설공사별 하자에 대한 담보책임기간 : ⑥에 따른 기간

⑥ 시설공사별 담보책임기간

구 분		기 간
시설공사	세부공종	
1. 마감공사	가. 미장공사 나. 수장공사(건축물 내부 마무리 공사) 다. 도장공사 라. 도배공사 마. 타일공사 바. 석공사(건물내부 공사) 사. 옥내가구공사 아. 주방기구공사 자. 가전제품	2년
2. 옥외급수 · 위생 관련 공사	가. 공동구공사 나. 저수조(물탱크)공사 다. 옥외위생(정화조) 관련 공사 라. 옥외 급수 관련 공사	3년
3. 난방 · 냉방 · 환기, 공기조화 설비공사	가. 열원기기설비공사 나. 공기조화기기설비공사 다. 닥트설비공사 라. 배관설비공사 마. 보온공사 바. 자동제어설비공사 사. 온돌공사(세대매립배관 포함) 아. 냉방설비공사	
4. 급 · 배수 및 위생설비공사	가. 급수설비공사 나. 온수공급설비공사 다. 배수 · 통기설비공사 라. 위생기구설비공사 마. 철 및 보온공사 바. 특수설비공사	
5. 가스설비공사	가. 가스설비공사 나. 가스저장시설공사	
6. 목공사	가. 구조체 또는 바탕재공사 나. 수장목공사	

7. 창호공사	가. 창문틀 및 문짝공사 나. 창호철물공사 다. 창호유리공사 라. 커튼월공사	
8. 조경공사	가. 식재공사 나. 조경시설물공사 다. 관수 및 배수공사 라. 조경포장공사 마. 조경부대시설공사 바. 잔디심기공사 사. 조형물공사	
9. 전기 및 전력설비공사	가. 배관·배선공사 나. 피뢰침공사 다. 동력설비공사 라. 수·변전설비공사 마. 수·배전공사 바. 전기기기공사 사. 발전설비공사 아. 승강기설비공사 자. 인양기설비공사 차. 조명설비공사	3년
10. 신재생 에너지 설비공사	가. 태양열설비공사 나. 태양광설비공사 다. 지열설비공사 라. 풍력설비공사	
11. 정보통신공사	가. 통신·신호설비공사 나. TV공청설비공사 다. 감시제어설비공사 라. 가정자동화설비공사 마. 정보통신설비공사	
12. 지능형 홈네트워크 설비 공사	가. 홈네트워크망공사 나. 홈네트워크기기공사 다. 단지공용시스템공사	
13. 소방시설공사	가. 소화설비공사 나. 제연설비공사 다. 방재설비공사 라. 자동화재탐지설비공사	

14. 단열공사	벽체, 천장 및 바닥의 단열공사	3년
15. 잡공사	가. 옥내설비공사(우편함, 무인택배시스템 등) 나. 옥외설비공사(담장, 울타리, 안내시설물 등), 금속공사	
16. 대지조성공사	가. 토공사 나. 석축공사 다. 옹벽공사(토목옹벽) 라. 배수공사 마. 포장공사	5년
17. 철근콘크리트공사	가. 일반철근콘크리트공사 나. 특수콘크리트공사 다. 프리캐스트콘크리트공사 라. 옹벽공사(건축옹벽) 마. 콘크리트공사	
18. 철골공사	가. 일반철골공사 나. 철골부대공사 다. 경량철골공사	
19. 조적공사	가. 일반벽돌공사 나. 점토벽돌공사 다. 블록공사 라. 석공사(건물외부 공사)	
20. 지붕공사	가. 지붕공사 나. 홈통 및 우수관공사	
21. 방수공사	방수공사	

⑦ 사업주체는 해당 공동주택의 전유부분을 입주자에게 인도한 때에는 국토교통부령으로 정하는 바에 따라 주택인도증서를 작성하여 관리주체(의무관리대상 공동주택이 아닌 경우에는 「집합건물의 소유 및 관리에 관한 법률」에 따른 관리인을 말한다)에게 인계하여야 한다. 이 경우 관리주체는 30일 이내에 공동주택관리정보시스템에 전유부분의 인도일을 공개하여야 한다.

⑧ 사업주체가 해당 공동주택의 전유부분을 공공임대주택의 임차인에게 인도한 때에는 주택인도증서를 작성하여 분양전환하기 전까지 보관하여야 한다. 이 경우 사업주체는 주택인도증서를 작성한 날부터 30일 이내에 공동주택관리정보시스템에 전유부분의 인도일을 공개하여야 한다.

⑨ 사업주체는 주택의 미분양(未分讓) 등으로 인하여 인계·인수서에 인도일의 현황이 누락된 세대가 있는 경우에는 주택의 인도일부터 15일 이내에 인도일의 현황을 관리주체에게 인계하여야 한다.

(2) 하자보수 등

① 사업주체(「건설산업기본법」 제28조에 따라 하자담보책임이 있는 자로서 사업주체로부터 건설공사를 일괄 도급받아 건설공사를 수행한 자가 따로 있는 경우에는 그 자를 말한다)는 담보책임기간에 하자가 발생한 경우에는 ㉠부터 ㉣에 해당하는 자("입주자대표회의 등"이라 한다) 또는 ㉤에 해당하는 자의 청구에 따라 그 하자를 보수하여야 한다.

  ㉠ 입주자

  ㉡ 입주자대표회의

  ㉢ 관리주체(하자보수청구 등에 관하여 입주자 또는 입주자대표회의를 대행하는·관리주체를 말한다)

  ㉣ 「집합건물의 소유 및 관리에 관한 법률」에 따른 관리단

  ㉤ 공공임대주택의 임차인 또는 임차인대표회의(이하 "임차인 등"이라 한다)

② 입주자대표회의 등 또는 임차인 등은 공동주택에 하자가 발생한 경우에는 담보책임기간 내에 사업주체에게 하자보수를 청구하여야 한다.

③ 하자보수의 청구는 다음의 구분에 따른 자가 하여야 한다. 이 경우 입주자는 전유부분에 대한 청구를 ㉡의 ⓑ에 따른 관리주체가 대행하도록 할 수 있으며, 공용부분에 대한 하자보수의 청구를 ㉡의 어느 하나에 해당하는 자에게 요청할 수 있다.

  ㉠ 전유부분: 입주자 또는 공공임대주택의 임차인

  ㉡ 공용부분: 다음의 어느 하나에 해당하는 자

    ⓐ 입주자대표회의 또는 공공임대주택의 임차인대표회의

    ⓑ 관리주체

    ⓒ 「집합건물의 소유 및 관리에 관한 법률」에 따른 관리단

④ 시장·군수·구청장은 ①에 따라 입주자대표회의 등 및 임차인 등이 하자보수를 청구한 사항에 대하여 사업주체가 정당한 사유 없이 따르지 아니할 때에는 시정을 명할 수 있다.

⑤ 사업주체는 하자보수를 청구받은 날(하자진단결과를 통보받은 때에는 그 통보받은 날을 말한다)부터 15일 이내에 그 하자를 보수하거나 다음의 사항을 명시한 하자보수계획을 입주자대표회의 등 또는 임차인 등에 서면으로 통보하고 그 계획에 따라 하자를 보수하여야 한다. 다만, 하자가 아니라고 판단되는 사항에 대해서는 그 이유를 서면으로 통보하여야 한다.

  ㉠ 하자부위, 보수방법 및 보수에 필요한 상당한 기간(동일한 하자가 2세대 이상에서 발생한 경우 세대별 보수 일정을 포함한다)

💡 관리주체는 하자보수청구 등에 관하여 입주자 또는 입주자대표회의를 대행하는 관리주체를 말한다.

　　　ⓛ 담당자 성명 및 연락처

　　　ⓒ 그 밖에 보수에 필요한 사항

　⑥ 하자보수를 실시한 사업주체는 하자보수가 완료되면 즉시 그 보수결과를 하자보수를 청구한 입주자대표회의 등 또는 임차인 등에 통보하여야 한다.

　⑦ **하자보수청구 서류 등의 보관 등**

　　ⓛ 서류의 보관 등

　　　ⓐ 하자보수청구 등에 관하여 입주자 또는 입주자대표회의를 대행하는 관리주체는 하자보수 이력, 담보책임기간 준수 여부 등의 확인에 필요한 것으로서 하자보수청구 서류 등 대통령령으로 정하는 서류를 대통령령으로 정하는 바에 따라 보관하여야 한다.

　　　ⓑ ⓐ에서 "하자보수청구 서류 등 대통령령으로 정하는 서류"란 다음 각 호의 서류를 말한다.

　　　　㉮ 하자보수청구 내용이 적힌 서류

　　　　㉯ 사업주체의 하자보수 내용이 적힌 서류

　　　　㉰ 하자보수보증금 청구 및 사용 내용이 적힌 서류

　　　　㉱ 하자분쟁조정위원회에 제출하거나 하자분쟁조정위원회로부터 받은 서류

　　　　㉲ 그 밖에 입주자 또는 입주자대표회의의 하자보수청구 대행을 위하여 관리주체가 입주자 또는 입주자대표회의로부터 제출받은 서류

　　　ⓒ 입주자 또는 입주자대표회의를 대행하는 관리주체(자치관리기구의 대표자인 공동주택의 관리사무소장, 관리업무를 인계하기 전의 사업주체, 주택관리업자인 관리주체를 말한다)는 위 ⓑ의 각 호의 서류를 문서 또는 전자문서의 형태로 보관해야 하며, 그 내용을 하자관리정보시스템에 등록해야 한다.

　　　ⓓ ⓒ에 따른 문서 또는 전자문서와 하자관리정보시스템에 등록한 내용은 관리주체가 사업주체에게 하자보수를 청구한 날부터 10년간 보관해야 한다.

　　ⓛ 서류 등의 제공

　　　ⓐ 위 ⓛ의 ⓐ에 따라 하자보수청구 서류 등을 보관하는 관리주체는 입주자 또는 입주자대표회의가 해당 하자보수청구 서류 등의 제공을 요구하는 경우 대통령령으로 정하는 바에 따라 이를 제공하여야 한다.

　　　ⓑ 입주자 또는 입주자대표회의를 대행하는 관리주체는 위 ⓛ의 ⓑ의 서류의 제공을 요구받은 경우 지체 없이 이를 열람하게 하거나 그 사본·복제물을 내주어야 한다.

ⓒ 관리주체는 ⓑ에 따라 서류를 제공하는 경우 그 서류제공을 요구한 자가 입주자나 입주자대표회의의 구성원인지를 확인해야 한다.

ⓓ 관리주체는 서류의 제공을 요구한 자에게 서류의 제공에 드는 비용을 부담하게 할 수 있다.

ⓒ 공동주택의 관리주체가 변경되는 경우 기존 관리주체는 새로운 관리주체에게 해당 공동주택의 하자보수청구 서류 등을 인계하여야 한다.

⑧ 사업주체는 담보책임기간에 공동주택에 하자가 발생한 경우에 하자발생으로 인한 손해를 배상할 책임이 있다. 이 경우 손해배상책임에 관하여는 민법 제667조를 준용한다.

⑨ 시장·군수·구청장은 담보책임기간에 공동주택의 구조안전에 중대한 하자가 있다고 인정하는 경우에는 안전진단기관에 의뢰하여 안전진단을 할 수 있다.

(3) 담보책임의 종료

① 사업주체는 담보책임기간이 만료되기 30일 전까지 그 만료 예정일을 해당 공동주택의 입주자대표회의(의무관리대상 공동주택이 아닌 경우에는 「집합건물의 소유 및 관리에 관한 법률」에 따른 관리단을 말한다) 또는 해당 공공임대주택의 임차인대표회의에 서면으로 통보하여야 한다. 이 경우 사업주체는 다음의 사항을 함께 알려야 한다.

㉠ 입주자대표회의 등 또는 임차인 등이 하자보수를 청구한 경우에는 하자보수를 완료한 내용

㉡ 담보책임기간 내에 하자보수를 신청하지 아니하면 하자보수를 청구할 수 있는 권리가 없어진다는 사실

② 통보를 받은 입주자대표회의 또는 공공임대주택의 임차인대표회의는 다음의 구분에 따른 조치를 하여야 한다.

㉠ 전유부분에 대한 조치: 담보책임기간이 만료되는 날까지 하자보수를 청구하도록 입주자 또는 공공임대주택의 임차인에게 개별통지하고 공동주택단지 안의 잘 보이는 게시판에 20일 이상 게시

㉡ 공용부분에 대한 조치: 담보책임기간이 만료되는 날까지 하자보수 청구

③ 사업주체는 하자보수 청구를 받은 사항에 대하여 지체 없이 보수하고 그 보수결과를 서면으로 입주자대표회의 등 또는 임차인 등에 통보하여야 한다. 다만, 하자가 아니라고 판단한 사항에 대해서는 그 이유를 명확히 기재한 서면을 입주자대표회의 등에 통보하여야 한다.

④ 보수결과를 통보받은 입주자대표회의 등 또는 임차인 등은 통보받은 날부터 30일 이내에 이유를 명확히 기재한 서면으로 사업주체에게 이의를 제기할 수 있다. 이 경우 사업주체는 이의제기 내용이 타당하면 지체 없이 하자를 보수하여야 한다.

⑤ 사업주체와 다음의 구분에 따른 자는 하자보수가 끝난 때에는 공동으로 담보책임 종료확인서를 작성해야 한다. 이 경우 담보책임기간이 만료되기 전에 담보책임 종료확인서를 작성해서는 안 된다.

    ㉠ 전유부분: 입주자

    ㉡ 공용부분: 입주자대표회의의 회장(의무관리대상 공동주택이 아닌 경우에는 「집합건물의 소유 및 관리에 관한 법률」에 따른 관리인을 말한다) 또는 5분의 4 이상의 입주자(입주자대표회의의 구성원 중 사용자인 동별 대표자가 과반수인 경우만 해당한다)

⑥ 입주자대표회의의 회장은 공용부분의 담보책임 종료확인서를 작성하려면 다음의 절차를 차례대로 거쳐야 한다. 이 경우 전체 입주자의 5분의 1 이상이 서면으로 반대하면 입주자대표회의는 ㉡에 따른 의결을 할 수 없다.

    ㉠ 의견 청취를 위하여 입주자에게 다음의 사항을 서면으로 개별통지하고 공동주택단지 안의 게시판에 20일 이상 게시할 것

        ⓐ 담보책임기간이 만료된 사실

        ⓑ 완료된 하자보수의 내용

        ⓒ 담보책임 종료확인에 대하여 반대의견을 제출할 수 있다는 사실, 의견제출기간 및 의견제출서

    ㉡ 입주자대표회의 의결

⑦ 사업주체는 입주자와 공용부분의 담보책임 종료확인서를 작성하려면 입주자대표회의의 회장에게 위 ⑥의 ㉠의 통지 및 게시를 요청해야 하고, 전체 입주자의 5분의 4 이상과 담보책임 종료확인서를 작성한 경우에는 그 결과를 입주자대표회의 등에 통보해야 한다.

(4) 내력구조부 안전진단

① 시장·군수·구청장은 공동주택의 구조안전에 중대한 하자가 있다고 인정하는 경우에는 다음의 어느 하나에 해당하는 기관 또는 단체에 해당 공동주택의 안전진단을 의뢰할 수 있다.

    ㉠ 한국건설기술연구원

    ㉡ 국토안전관리원

    ㉢ 대한건축사협회

　　ⓔ 대학 및 산업대학의 부설연구기관(상설기관으로 한정한다)

　　ⓜ 건축 분야 안전진단전문기관

② 안전진단에 드는 비용은 사업주체가 부담한다. 다만, 하자의 원인이 사업주체 외의 자에게 있는 경우에는 그 자가 부담한다.

(5) 하자진단 및 감정

① 사업주체 등은 입주자대표회의 등 또는 임차인 등의 하자보수 청구에 이의가 있는 경우, 입주자대표회의 등 또는 임차인 등과 협의하여 아래의 ㉠부터 ㉣에 해당하는 안전진단기관에 보수책임이 있는 하자범위에 해당하는지 여부 등 하자진단을 의뢰할 수 있다. 이 경우 하자진단을 의뢰받은 안전진단기관은 지체 없이 하자진단을 실시하여 그 결과를 사업주체 등과 입주자대표회의 등 또는 임차인 등에게 통보하여야 한다.

　　㉠ 국토안전관리원

　　㉡ 한국건설기술연구원

　　㉢ 해당 분야의 엔지니어링사업자

　　㉣ 해당 분야의 기술사

　　㉤ 신고한 건축사

　　㉥ 건축 분야 안전진단전문기관

② 하자분쟁조정위원회는 ㉠부터 ㉣에 해당하는 사건의 경우에는 ③에 따른 안전진단기관에 그에 따른 감정을 요청할 수 있다. 다만, ①에 따른 안전진단기관은 같은 사건의 심사·조정대상시설에 대해서는 감정을 하는 안전진단기관이 될 수 없다.

　　㉠ 하자진단 결과에 대하여 다투는 사건

　　㉡ 당사자 쌍방 또는 일방이 하자감정을 요청하는 사건

　　㉢ 하자원인이 불분명한 사건

　　㉣ 그 밖에 하자분쟁조정위원회에서 하자감정이 필요하다고 결정하는 사건

③ 감정을 할 수 있는 안전진단기관

　　㉠ 국토안전관리원

　　㉡ 한국건설기술연구원

　　㉢ 국립 또는 공립의 주택 관련 시험·검사기관

　　㉣ 대학 및 산업대학의 주택 관련 부설 연구기관(상설기관으로 한정한다)

　　㉤ 해당 분야의 엔지니어링사업자, 해당 분야의 기술사, 신고한 건축사, 건축 분야 안전진단전문기관. 이 경우 분과위원회(소위원회에서 의결하는 사건은 소위원회를 말한다)에서 해당 하자감정을 위한 시설 및 장비를 갖추었다고 인정하고 당사자 쌍방이 합의한 자로 한정한다.

④ 하자진단을 의뢰받은 안전진단기관은 하자진단을 의뢰받은 날부터 20일 이내에 그 결과를 사업주체 등과 입주자대표회의 등에 제출하여야 한다. 다만, 당사자 사이에 달리 약정한 경우에는 그에 따른다.

⑤ 하자감정을 의뢰받은 안전진단기관은 하자감정을 의뢰받은 날부터 20일 이내에 그 결과를 하자분쟁조정위원회에 제출하여야 한다. 다만, 하자분쟁조정위원회가 인정하는 부득이한 사유가 있는 때에는 그 기간을 연장할 수 있다.

⑥ 하자진단 및 하자감정에 드는 비용은 다음의 구분에 따라 부담한다.

  ㉠ 하자진단에 드는 비용: 당사자가 합의한 바에 따라 부담

  ㉡ 하자감정에 드는 비용: 다음에 따라 부담. 이 경우 하자분쟁조정위원회에서 정한 기한 내에 안전진단기관에 납부하여야 한다.

    ⓐ 당사자가 합의한 바에 따라 부담

    ⓑ 당사자 간 합의가 이루어지지 아니할 경우에는 하자감정을 신청하는 당사자 일방 또는 쌍방이 미리 하자감정비용을 부담한 후 하자심사 또는 분쟁조정의 결과에 따라 하자분쟁조정위원회에서 정하는 비율에 따라 부담

🔗 안전진단기관 비교

하자진단	① 국토안전관리원 ② 한국건설기술연구원 ③ 신고한 해당 분야의 엔지니어링사업자 ④ 해당 분야의 기술사 ⑤ 신고한 건축사 ⑥ 건축 분야 안전진단전문기관
감 정	① 국토안전관리원 ② 한국건설기술연구원 ③ 국립 또는 공립의 주택 관련 시험·검사기관 ④ 대학 및 산업대학의 주택 관련 부설 연구기관(상설기관으로 한정한다) ⑤ 해당 분야의 엔지니어링사업자, 해당 분야의 기술사, 신고한 건축사, 건축 분야 안전진단전문기관(분과위원회에서 해당 하자감정을 위한 시설 및 장비를 갖추었다고 인정하고, 당사자 쌍방이 합의한 자로 한정한다)
안전진단	① 한국건설기술연구원 ② 국토안전관리원 ③ 대한건축사협회 ④ 대학 및 산업대학의 부설연구기관(상설기관으로 한정한다) ⑤ 건축 분야 안전진단전문기관

2 하자보수보증금

(1) 하자보수보증금의 예치 및 사용

① 사업주체는 대통령령으로 정하는 바에 따라 하자보수를 보장하기 위하여 하자보수보증금을 담보책임기간(보증기간은 공용부분을 기준으로 기산한다) 동안 예치하여야 한다. 다만, 국가·지방자치단체·한국토지주택공사 및 지방공사인 사업주체의 경우에는 그러하지 아니하다.

② 입주자대표회의 등은 하자보수보증금을 하자심사·분쟁조정위원회의 하자 여부 판정 등에 따른 하자보수비용 등 대통령령으로 정하는 용도로만 사용하여야 하며, 의무관리대상 공동주택의 경우에는 하자보수보증금의 사용 후 30일 이내에 그 사용내역을 국토교통부령으로 정하는 바에 따라 시장·군수·구청장에게 신고하여야 한다.

③ ①에 따른 하자보수보증금을 예치받은 자(이하 "하자보수보증금의 보증서 발급기관"이라 한다)는 하자보수보증금을 의무관리대상 공동주택의 입주자대표회의에 지급한 날부터 30일 이내에 지급 내역을 국토교통부령으로 정하는 바에 따라 관할 시장·군수·구청장에게 통보하여야 한다.

④ 시장·군수·구청장은 ②에 따른 하자보수보증금 사용내역과 ③에 따른 하자보수보증금 지급 내역을 매년 국토교통부령(아래 ⑦)으로 정하는 바에 따라 국토교통부장관에게 제공하여야 한다.

⑤ 하자보수보증금의 지급을 위하여 필요한 하자의 조사방법 및 기준, 하자 보수비용의 산정방법 등에 관하여는 하자판정에 관한 기준을 준용할 수 있다.

⑥ 하자보수보증금의 보증서 발급기관은 하자보수보증금 지급내역서(이하 "지급내역서"라 한다)에 하자보수보증금을 사용할 시설공사별 하자내역을 첨부하여 관할 시장·군수·구청장에게 제출하여야 한다.

⑦ 시장·군수·구청장은 해당 연도에 제출받은 하자보수보증금 사용내역 신고서(첨부서류는 제외한다)와 지급내역서(첨부서류를 포함한다)의 내용을 다음 해 1월 31일까지 국토교통부장관에게 제공해야 한다. 이 경우 제공 방법은 하자관리정보시스템에 입력하는 방법으로 한다.

⑧ 사업주체(건설임대주택을 분양전환하려는 경우에는 그 임대사업자를 말한다)는 하자보수보증금을 은행에 현금으로 예치하거나 다음의 어느 하나에 해당하는 자가 취급하는 보증으로서 하자보수보증금 지급을 보장하는 보증에 가입하여야 한다. 이 경우 그 예치명의 또는 가입명의는 사용검사권자(주택법에 따른 사용검사권자 또는 건축법에 따른 사용승인권자를 말한다)로 하여야 한다.
  ㉠ 주택도시보증공사
  ㉡ 건설 관련 공제조합

ⓒ 보증보험업을 영위하는 자

ⓐ 아래에 해당하는 금융기관

ⓐ 은행법에 따른 은행

ⓑ 중소기업은행법에 따른 중소기업은행

ⓒ 상호저축은행법에 따른 상호저축은행

ⓓ 보험업법에 따른 보험회사

ⓔ 그 밖의 법률에 따라 금융업무를 하는 기관으로서 국토교통부령으로 정하는 기관

⑨ 사업주체는 다음의 어느 하나에 해당하는 신청서를 사용검사권자에게 제출할 때에 현금 예치증서 또는 보증서를 함께 제출하여야 한다.

㉠ 주택법에 따른 사용검사신청서(공동주택단지 안의 공동주택 전부에 대하여 임시 사용승인을 신청하는 경우에는 임시사용승인신청서)

㉡ 건축법에 따른 사용승인신청서(공동주택단지 안의 공동주택 전부에 대하여 임시 사용승인을 신청하는 경우에는 임시사용승인신청서)

㉢ 민간임대주택에 관한 특별법에 따른 양도신고서, 양도 허가신청서 또는 공공주택 특별법에 따른 분양전환 승인신청서, 분양전환 허가신청서, 분양전환신고서

⑩ 사용검사권자는 입주자대표회의가 구성된 때에는 지체 없이 예치명의 또는 가입명의를 해당 입주자대표회의로 변경하고 입주자대표회의에 현금예치증서 또는 보증서를 인계하여야 한다.

⑪ 입주자대표회의는 인계받은 현금예치증서 또는 보증서를 해당 공동주택의 관리주체(의무관리대상 공동주택이 아닌 경우에는 집합건물의 소유 및 관리에 관한 법률에 따른 관리인을 말한다)로 하여금 보관하게 하여야 한다.

(2) 하자보수보증금의 범위

① 사업주체가 예치하여야 하는 하자보수보증금은 다음의 구분에 따른 금액으로 한다.

㉠ 「주택법」에 따른 대지조성사업계획과 주택사업계획승인을 함께 받아 대지조성과 함께 공동주택을 건설하는 경우 : ⓐ의 비용에서 ⓑ의 가격을 뺀 금액의 100분의 3

ⓐ 사업계획승인서에 기재된 해당 공동주택의 총사업비[간접비(설계비, 감리비, 분담금, 부담금, 보상비 및 일반분양시설경비를 말한다)는 제외한다]

ⓑ 해당 공동주택을 건설하는 대지의 조성 전 가격

ⓛ 「주택법」에 따른 주택사업계획승인만을 받아 대지조성 없이 공동주택을 건설하는 경우: 사업계획승인서에 기재된 해당 공동주택의 총사업비에서 대지가격을 뺀 금액의 100분의 3

ⓒ 공동주택을 증축·개축·대수선하는 경우 또는 「주택법」에 따른 리모델링을 하는 경우: 허가신청서 또는 신고서에 기재된 해당 공동주택 총사업비의 100분의 3

ⓔ 「건축법」에 따른 건축허가를 받아 분양을 목적으로 공동주택을 건설하는 경우: 사용승인을 신청할 당시의 「공공주택 특별법 시행령」에 따른 공공건설임대주택 분양전환가격의 산정기준에 따른 표준건축비를 적용하여 산출한 건축비의 100분의 3

② 건설임대주택이 분양전환되는 경우의 하자보수보증금은 ①의 ⓐ 또는 ⓑ에 따른 금액에 건설임대주택 세대 중 분양전환을 하는 세대의 비율을 곱한 금액으로 한다.

(3) 하자보수보증금의 용도

입주자대표회의가 직접 보수하거나 제3자에게 보수하게 하는 데 사용되는 경우로서 하자보수와 관련된 다음의 용도를 말한다.

① 송달된 하자 여부 판정서(재심의 결정서를 포함한다) 정본에 따라 하자로 판정된 시설공사 등에 대한 하자보수비용

② 하자분쟁조정위원회가 송달한 조정서 정본에 따른 하자보수비용

③ 법원의 재판 결과에 따른 하자보수비용

④ 하자진단의 결과에 따른 하자보수비용

⑤ 재판상 화해와 동일한 효력이 있는 재정에 따른 하자보수비용

(4) 하자보수보증금의 청구 및 관리

① 입주자대표회의는 사업주체가 하자보수를 이행하지 아니하는 경우에는 하자보수보증서 발급기관에 하자보수보증금의 지급을 청구할 수 있다. 이 경우 다음 각 호의 서류를 첨부하여야 한다.

ⓐ 위 (3)의 각 호의 어느 하나에 해당하는 서류(③의 경우에는 판결서를 말하며, ④의 경우에는 하자진단 결과통보서를 말한다)

ⓑ 산출한 하자보수비용 및 그 산출명세서(하자보수비용이 결정되지 아니한 경우만 해당한다)

② 지급청구를 받은 하자보수보증서 발급기관은 청구일부터 30일 이내에 하자보수보증금을 지급하여야 한다. 다만, 하자보수보증서 발급기관이 청구를 받은 금액에 이의가 있으면 하자분쟁조정위원회에 분쟁조정을 신청한 후 그 결과에 따라 지급하여야 한다.

③ 하자보수보증서 발급기관은 하자보수보증금을 지급할 때에는 다음의 구분에 따른 금융계좌로 이체하는 방법으로 지급하여야 하며, 입주자대표회의는 그 금융계좌로 해당 하자보수보증금을 관리하여야 한다.

　　㉠ 의무관리대상 공동주택 : 입주자대표회의의 회장의 인감과 관리사무소장의 직인을 복수로 등록한 금융계좌

　　㉡ 의무관리대상이 아닌 공동주택 : 「집합건물의 소유 및 관리에 관한 법률」에 따른 관리인의 인감을 등록한 금융계좌(관리위원회가 구성되어 있는 경우에는 그 위원회를 대표하는 자 1명과 관리인의 인감을 복수로 등록한 계좌)

④ 입주자대표회의는 하자보수보증금을 지급받기 전에 미리 하자보수를 하는 사업자를 선정해서는 아니 된다.

(5) 하자보수보증금의 반환

① 입주자대표회의는 사업주체가 예치한 하자보수보증금을 다음의 구분에 따라 순차적으로 사업주체에게 반환하여야 한다.

　　㉠ 다음의 구분에 따른 날(이하 "사용검사일"이라 한다)부터 2년이 경과된 때 : 하자보수보증금의 100분의 15

　　　ⓐ 「주택법」 제49조에 따른 사용검사(공동주택단지 안의 공동주택 전부에 대하여 같은 조에 따른 임시 사용승인을 받은 경우에는 임시 사용승인을 말한다)를 받은 날

　　　ⓑ 「건축법」 제22조에 따른 사용승인(공동주택단지 안의 공동주택 전부에 대하여 같은 조에 따른 임시 사용승인을 받은 경우에는 임시 사용승인을 말한다)을 받은 날

　　㉡ 사용검사일부터 3년이 경과된 때 : 하자보수보증금의 100분의 40

　　㉢ 사용검사일부터 5년이 경과된 때 : 하자보수보증금의 100분의 25

　　㉣ 사용검사일부터 10년이 경과된 때 : 하자보수보증금의 100분의 20

② 하자보수보증금을 반환할 경우 하자보수보증금을 사용한 경우에는 이를 포함하여 ①의 비율을 계산하되, 이미 사용한 하자보수보증금은 반환하지 아니한다.

3 하자심사 및 분쟁조정

(1) 하자심사·분쟁조정위원회 설치 등

① 담보책임 및 하자보수 등과 관련한 하자분쟁조정위원회의의 사무를 심사·조정 및 관장하기 위하여 국토교통부에 하자심사·분쟁조정위원회(이하 "하자분쟁조정위원회"라 한다)를 둔다.

② 하자분쟁조정위원회의 사무는 다음과 같다.
  ㉠ 하자 여부 판정
  ㉡ 하자담보책임 및 하자보수 등에 대한 사업주체·하자보수보증금의 보증서 발급기관(이하 "사업주체 등"이라 한다)과 입주자대표회의 등·임차인 등 간의 분쟁의 조정 및 재정
  ㉢ 하자의 책임범위 등에 대하여 사업주체 등·설계자 및 감리자 및 건설산업기본법에 따른 수급인·하수급인 간에 발생하는 분쟁의 조정 및 재정
  ㉣ 다른 법령에서 하자분쟁조정위원회의 사무로 규정된 사항

③ 하자분쟁조정위원회에 하자심사·분쟁조정 또는 분쟁재정(이하 "조정 등"이라 한다)을 신청하려는 자는 국토교통부령으로 정하는 바에 따라 신청서를 제출하여야 한다.

④ 조정 등을 신청하는 자와 그 상대방은 다음의 어느 하나에 해당하는 사람을 대리인으로 선임할 수 있다.
  ㉠ 변호사
  ㉡ 관리단의 관리인
  ㉢ 관리사무소장
  ㉣ 당사자의 배우자 또는 4촌 이내의 친족
  ㉤ 주택(전유부분에 한정한다)의 사용자
  ㉥ 당사자가 국가 또는 지방자치단체인 경우에는 그 소속 공무원
  ㉦ 당사자가 법인인 경우에는 그 법인의 임원 또는 직원

⑤ 다음의 행위에 대하여는 위임자가 특별히 위임하는 것임을 명확히 표현하여야 대리할 수 있다.
  ㉠ 신청의 취하
  ㉡ 조정안(調停案)의 수락
  ㉢ 복대리인(復代理人)의 선임

⑥ 대리인의 권한은 서면으로 소명(疏明)하여야 한다.

♀ 조 정
대립되는 둘 사이의 분쟁을 중간에서 조절하여 타협할 수 있도록 화해시킴

♀ 재 정
어떤 일의 옳고 그름을 판단하여 결정함

(2) 하자심사 또는 분쟁조정 신청

① 하자심사를 신청하려는 자는 하자심사신청서에 다음의 서류를 첨부하여 하자심사·분쟁조정위원회(이하 "하자분쟁조정위원회"라 한다)에 제출하여야 한다. 이 경우 피신청인 인원수에 해당하는 부본(副本)과 함께 제출하여야 한다.

   ㉠ 당사자 간 교섭경위서(하자보수를 최초로 청구한 때부터 해당 사건을 하자분쟁조정위원회에 신청할 때까지 당사자 간 일정별 청구·답변 내용 또는 협의한 내용과 그 입증자료를 말한다) 1부

   ㉡ 하자발생사실 증명자료(컬러 사진 및 설명자료 등) 1부

   ㉢ 하자보수보증금의 보증서 사본(하자보수보증금의 보증서 발급기관이 사건의 당사자인 경우만 해당한다) 1부

   ㉣ 신청인의 신분증 사본(법인은 인감증명서를 말하되, 「전자서명법」에 따른 공인전자서명을 한 전자문서는 신분증 사본으로 갈음한다). 다만, 대리인이 신청하는 경우에는 다음의 서류를 말한다.

      ⓐ 신청인의 위임장 및 신분증 사본

      ⓑ 대리인의 신분증(변호사는 변호사 신분증을 말한다) 사본

      ⓒ 대리인이 법인의 직원인 경우에는 재직증명서

   ㉤ 입주자대표회의 또는 공공임대주택의 임차인대표회의가 신청하는 경우에는 그 구성 신고를 증명하는 서류 1부

   ㉥ 관리사무소장이 신청하는 경우에는 관리사무소장 배치 및 직인 신고증명서 사본 1부

   ㉦ 「집합건물의 소유 및 관리에 관한 법률」에 따른 관리단이 신청하는 경우에는 그 관리단의 관리인을 선임한 증명서류 1부

② 분쟁조정을 신청하려는 자는 하자분쟁조정신청서에 다음의 서류를 첨부하여 하자분쟁조정위원회에 제출해야 한다. 이 경우 피신청인 인원수에 해당하는 부본과 함께 제출해야 한다.

   ㉠ ①의 각 호의 서류

   ㉡ 하자보수비용 산출명세서(하자보수비용을 청구하는 경우만 해당한다) 1부

   ㉢ 당사자 간 계약서 사본[사업주체 등(사업주체 및 하자보수보증서 발급기관을 말한다)·설계자·감리자·수급인 또는 하수급인 사이의 분쟁인 경우만 해당한다] 1부

   ㉣ 법인 등기사항증명서(사업주체 등·설계자·감리자·수급인 또는 하수급인 사이의 분쟁인 경우만 해당한다) 1부

③ 「집합건물의 소유 및 관리에 관한 법률」에 따라 집합건물분쟁조정위원회가 하자분쟁조정위원회에 하자판정을 요청하는 경우에는 신청서에 다음의 서류를 첨부하여야 한다. 이 경우 집합건물의 하자판정에 관하여는 공동주택관리법 하자심사 규정을 준용한다.

ㄱ 「집합건물의 소유 및 관리에 관한 법률」에 따른 당사자가 집합건물분쟁조정위원회에 제출한 서류

ㄴ 그 밖에 하자판정에 참고가 될 수 있는 객관적인 자료

(3) 선정대표자

① 신청한 하자심사·분쟁조정 또는 분쟁재정(이하 '조정 등'이라 한다) 사건 중에서 여러 사람이 공동으로 조정 등의 당사자가 되는 사건(이하 '단체사건'이라 한다)의 경우에는 그중에서 3명 이하의 사람을 대표자로 선정할 수 있다.

② 하자분쟁조정위원회는 단체사건의 당사자들에게 대표자를 선정하도록 권고할 수 있다.

③ 선정된 대표자는 신청한 조정 등에 관한 권한을 갖는다. 다만, 신청을 철회하거나 조정안을 수락하려는 경우에는 서면으로 다른 당사자의 동의를 받아야 한다.

④ 대표자가 선정되었을 때에는 다른 당사자들은 특별한 사유가 없는 한 그 선정대표자를 통하여 해당 사건에 관한 행위를 하여야 한다.

⑤ 하자심사 또는 분쟁조정(이하 "조정 등"이라 한다) 사건에 대하여 대표자를 선정, 해임 또는 변경한 당사자들은 선정대표자 선임(해임·변경)계를 하자분쟁조정위원회에 제출하여야 한다.

(4) 하자의 조사방법 및 판정기준 등

① 하자 여부의 조사는 현장실사 등을 통하여 하자가 주장되는 부위와 설계도서를 비교하여 측정하는 등의 방법으로 한다.

② 공동주택의 하자보수비용은 실제 하자보수에 소요되는 공사비용으로 산정하되, 하자보수에 필수적으로 수반되는 부대비용을 추가할 수 있다.

③ 하자의 조사 및 보수비용 산정, 하자의 판정기준 및 하자의 발생부분 판단기준(하자 발생부위가 전유부분인지 공용부분인지에 대한 판단기준을 말한다) 등에 필요한 세부적인 사항은 국토교통부장관이 정하여 고시한다.

(5) 하자분쟁조정위원회의 구성 등

① 하자분쟁조정위원회는 위원장 1명을 포함한 60명 이내의 위원으로 구성하며, 위원장은 상임으로 한다.

② 하자분쟁조정위원회의 위원은 공동주택 하자에 관한 학식과 경험이 풍부한 사람으로서 다음의 어느 하나에 해당하는 사람 중에서 국토교통부장관이 임명 또는 위촉한다. 이 경우 ⓒ에 해당하는 사람이 9명 이상 포함되어야 한다.

　　㉠ 1급부터 4급까지 상당의 공무원 또는 고위공무원단에 속하는 공무원이거나 이와 같은 직에 재직한 사람

　　㉡ 공인된 대학이나 연구기관에서 부교수 이상 또는 이에 상당하는 직에 재직한 사람

　　㉢ 판사·검사 또는 변호사의 직에 6년 이상 재직한 사람

　　㉣ 건설공사, 전기공사, 정보통신공사, 소방시설공사, 시설물 정밀안전진단 또는 감정평가에 관한 전문적 지식을 갖추고 그 업무에 10년 이상 종사한 사람

　　㉤ 주택관리사로서 공동주택의 관리사무소장으로 10년 이상 근무한 사람

　　㉥ 「건축사법」에 따라 신고한 건축사 또는 「기술사법」에 따라 등록한 기술사로서 그 업무에 10년 이상 종사한 사람

③ 하자분쟁조정위원회에 하자 여부 판정, 분쟁조정 및 분쟁재정을 전문적으로 다루는 분과위원회를 둔다.

④ 하자 여부 판정 또는 분쟁조정을 다루는 분과위원회는 하자분쟁조정위원회의 위원장(이하 "위원장"이라 한다)이 지명하는 9명 이상 15명 이하의 위원으로 구성한다.

⑤ 분쟁재정을 다루는 분과위원회는 위원장이 지명하는 5명의 위원으로 구성하되, ②의 ⓒ에 해당하는 사람이 1명 이상 포함되어야 한다.

⑥ 위원장 및 분과위원회의 위원장(이하 "분과위원장"이라 한다)은 국토교통부장관이 임명한다.

⑦ 위원장은 분과위원회별로 사건의 심리 등을 위하여 전문분야 등을 고려하여 3명 이상 5명 이하의 위원으로 소위원회를 구성할 수 있다. 이 경우 위원장이 해당 분과위원회 위원 중에서 소위원회의 위원장(이하 "소위원장"이라 한다)을 지명한다.

⑧ 위원장과 공무원이 아닌 위원의 임기는 2년으로 하되 연임할 수 있으며, 보궐위원의 임기는 전임자의 남은 임기로 한다.

⑨ 위원장은 하자분쟁조정위원회를 대표하고 그 직무를 총괄한다. 다만, 위원장이 부득이한 사유로 직무를 수행할 수 없는 경우에는 위원장이 미리 지명한 분과위원장 순으로 그 직무를 대행한다.

⑹ 위원의 제척 등

① 하자분쟁조정위원회의 위원이 다음의 어느 하나에 해당하는 경우에는 그 사건의 조정 등에서 제척된다.
  ㉠ 위원 또는 그 배우자나 배우자였던 사람이 해당 사건의 당사자가 되거나 해당 사건에 관하여 공동의 권리자 또는 의무자의 관계에 있는 경우
  ㉡ 위원이 해당 사건의 당사자와 친족관계에 있거나 있었던 경우
  ㉢ 위원이 해당 사건에 관하여 증언이나 공동주택관리법에 따른 하자진단 또는 하자감정을 한 경우
  ㉣ 위원이 해당 사건에 관하여 당사자의 대리인으로서 관여하였거나 관여한 경우
  ㉤ 위원이 해당 사건의 원인이 된 처분 또는 부작위에 관여한 경우
② 하자분쟁조정위원회는 제척의 원인이 있는 경우에는 직권 또는 당사자의 신청에 따라 제척 결정을 하여야 한다.
③ 당사자는 위원에게 공정한 조정 등을 기대하기 어려운 사정이 있는 경우에는 하자분쟁조정위원회에 기피신청을 할 수 있으며, 하자분쟁조정위원회는 기피신청이 타당하다고 인정하면 기피 결정을 하여야 한다.
④ 위원은 ① 또는 ③의 사유에 해당하는 경우에는 스스로 그 사건의 조정 등에서 회피(回避)하여야 한다.

⑺ 분과위원회의 구성 등

① 하자분쟁조정위원회에는 시설공사 등에 따른 하자 여부 판정 또는 분쟁의 조정을 위하여 다음의 분과위원회를 하나 이상씩 둔다.
② 하자분쟁조정위원회에는 시설공사 등에 따른 하자 여부 판정 또는 분쟁의 조정·재정을 위하여 다음의 분과위원회를 하나 이상씩 둔다.
  ㉠ 하자심사분과위원회: 하자 여부 판정
  ㉡ 분쟁조정분과위원회: 분쟁의 조정
  ㉢ 분쟁재정분과위원회: 분쟁의 재정
  ㉣ 하자재심분과위원회: 이의신청 사건에 대한 하자 여부 판정
  ㉤ 그 밖에 국토교통부장관이 필요하다고 인정하는 분과위원회

③ 하자분쟁조정위원회의 위원장은 위원의 전문성과 경력 등을 고려하여 각 분과위원회별 위원을 지명하여야 한다.

④ 분과위원회 위원장이 부득이한 사유로 직무를 수행할 수 없을 때에는 해당 분과위원회 위원장이 해당 분과위원 중에서 미리 지명한 위원이 그 직무를 대행한다.

⑻ 소위원회의 구성 등

① 분과위원회별로 시설공사의 종류 및 전문분야 등을 고려하여 5개 이내의 소위원회를 둘 수 있다.

② 소위원회 위원장이 부득이한 사유로 직무를 수행할 수 없을 때에는 해당 소위원회 위원장이 해당 소위원회 위원 중에서 미리 지명한 위원이 그 직무를 대행한다.

⑼ 하자분쟁조정위원회 회의 등

① 위원장은 전체위원회, 분과위원회 및 소위원회의 회의를 소집하며, 해당 회의의 의장은 다음의 구분에 따른다.

　㉠ 전체위원회 : 위원장

　㉡ 분과위원회 : 분과위원장. 다만, 재심의 등 아래에 해당하는 사항을 심의하는 경우에는 위원장이 의장이 된다.

　　ⓐ 재심의사건

　　ⓑ 청구금액이 10억원 이상인 분쟁조정사건

　　ⓒ 분과위원회의 안건으로서 하자분쟁조정위원회의 의사 및 운영 등에 관한 사항

　㉢ 소위원회 : 소위원장

② 전체위원회는 다음에 해당하는 사항을 심의·의결한다. 이 경우 회의는 재적위원 과반수의 출석으로 개의하고 그 출석위원 과반수의 찬성으로 의결한다.

　㉠ 하자분쟁조정위원회 의사에 관한 규칙의 제정·개정 및 폐지에 관한 사항

　㉡ 분과위원회에서 전체위원회의 심의·의결이 필요하다고 요구하는 사항

　㉢ 그 밖에 위원장이 필요하다고 인정하는 사항

③ 분과위원회는 하자 여부 판정, 분쟁조정 및 분쟁재정 사건을 심의·의결하며, 회의는 그 구성원 과반수(분쟁재정을 다루는 분과위원회의 회의의 경우에는 그 구성원 전원을 말한다)의 출석으로 개의하고 출석위원 과반수의 찬성으로 의결한다. 이 경우 분과위원회에서 의결한 사항은 하자분쟁조정위원회에서 의결한 것으로 본다.

④ 소위원회는 다음에 해당하는 사항을 심의·의결하거나, 소관 분과위원회의 사건에 대한 심리 등을 수행하며, 회의는 그 구성원 과반수의 출석으로 개의하고 출석위원 전원의 찬성으로 의결한다. 이 경우 소위원회에서 의결한 사항은 하자분쟁조정위원회에서 의결한 것으로 본다.

  ㉠ 1천만원 미만의 소액 사건
  ㉡ 전문분야 등을 고려하여 분과위원회에서 소위원회가 의결하도록 결정한 사건
  ㉢ 흠결보정에 따른 조정 등의 신청에 대한 각하
  ㉣ 당사자 쌍방이 소위원회의 조정안을 수락하기로 합의한 사건
  ㉤ 하자의 발견 또는 보수가 쉬운 전유부분에 관한 하자 중 마감공사 또는 하나의 시설공사에서 발생한 하자와 관련된 심사 및 조정 등의 사건

⑤ 하자분쟁조정위원회는 분쟁조정 신청을 받으면 조정절차 계속 중에도 당사자에게 하자보수 및 손해배상 등에 관한 합의를 권고할 수 있다. 이 경우 권고는 조정절차의 진행에 영향을 미치지 아니한다.

⑥ 하자분쟁조정위원회 위원장은 전체위원회, 분과위원회 또는 소위원회 회의를 소집하려면 특별한 사정이 있는 경우를 제외하고는 회의 개최 3일 전까지 회의의 일시·장소 및 안건을 각 위원에게 알려야 한다.

⑦ 하자분쟁조정위원회는 조정 등을 효율적으로 하기 위하여 필요하다고 인정하면 해당 사건들을 분리하거나 병합할 수 있다.

⑧ 하자분쟁조정위원회는 해당 사건들을 분리하거나 병합한 경우에는 조정 등의 당사자에게 지체 없이 그 결과를 알려야 한다.

⑨ 공동주택관리법 및 공동주택관리법 시행령에서 규정한 사항 외의 하자분쟁조정위원회의 운영 등에 필요한 사항은 국토교통부장관이 정한다.

⑩ 국토교통부장관은 조정 등의 사건을 전자적 방법으로 접수·통지 및 송달하거나, 민원상담 및 홍보 등을 인터넷을 이용하여 처리하기 위하여 하자관리정보시스템을 구축·운영할 수 있다.

⑪ 시장·군수·구청장은 하자관리정보시스템을 통해 관할 지역 내 조정 등 사건의 접수 현황을 확인할 수 있다.

⑫ 하자분쟁조정위원회 위원에 대해서는 예산의 범위에서 업무수행에 따른 수당, 여비 및 그 밖에 필요한 경비를 지급할 수 있다. 다만, 공무원인 위원이 소관업무와 직접 관련하여 회의에 출석하는 경우에는 그러하지 아니하다.

⑽ 하자심사

① 하자 여부 판정을 하는 분과위원회는 하자의 정도에 비하여 그 보수의 비용이 과다하게 소요되어 사건을 분쟁조정에 회부하는 것이 적합하다고 인정하는 경우에는 신청인의 의견을 들어 대통령령으로 정하는 바에 따라 분쟁조정을 하는 분과위원회에 송부하여 해당 사건을 조정하게 할 수 있다.

② 하자분쟁조정위원회는 하자 여부를 판정한 때에는 대통령령으로 정하는 사항을 기재하고 위원장이 기명날인한 하자 여부 판정서 정본(正本)을 각 당사자 또는 그 대리인에게 송달하여야 한다.

③ 사업주체는 ②에 따라 하자 여부 판정서 정본을 송달받은 경우로서 하자가 있는 것으로 판정된 경우(⑦에 따라 하자 여부 판정 결과가 변경된 경우는 제외한다)에는 하자 여부 판정서에 따라 하자를 보수하고, 그 결과를 지체 없이 대통령령으로 정하는 바에 따라 하자분쟁조정위원회에 통보하여야 한다.

④ ②의 하자 여부 판정 결과에 대하여 이의가 있는 자는 하자 여부 판정서를 송달받은 날부터 30일 이내에 안전진단전문기관 또는 변호사법에 따른 변호사가 작성한 의견서를 첨부하여 국토교통부령으로 정하는 바에 따라 이의신청을 할 수 있다.

⑤ 하자분쟁조정위원회는 ④의 이의신청이 있는 경우에는 ②의 하자 여부 판정을 의결한 분과위원회가 아닌 다른 분과위원회에서 해당 사건에 대하여 재심의를 하도록 하여야 한다. 이 경우 처리기간은 ⒁의 ① 및 ③을 준용한다.

⑥ 하자분쟁조정위원회는 이의신청 사건을 심리하기 위하여 필요한 경우에는 기일을 정하여 당사자 및 ④의 의견서를 작성한 안전진단전문기관 또는 변호사를 출석시켜 진술하게 하거나 입증자료 등을 제출하게 할 수 있다. 이 경우 안전진단전문기관 또는 변호사는 이에 따라야 한다.

⑦ ⑤에 따른 재심의를 하는 분과위원회가 당초의 하자 여부 판정을 변경하기 위하여는 재적위원 과반수의 출석으로 개의하고 출석위원 3분의 2 이상의 찬성으로 의결하여야 한다. 이 경우 출석위원 3분의 2 이상이 찬성하지 아니한 경우에는 당초의 판정을 하자분쟁조정위원회의 최종 판정으로 본다.

⑧ ⑦에 따라 재심의가 확정된 경우에는 하자분쟁조정위원회는 재심의 결정서 정본을 지체 없이 각 당사자 또는 그 대리인에게 송달하여야 한다.

⑨ 하자분쟁조정위원회는 다음의 사항을 시장·군수·구청장에게 통보할 수 있다.

　　㉠ 사업주체가 통보한 하자 보수 결과

　　㉡ 하자 보수 결과를 통보하지 아니한 사업주체의 현황

(11) 분쟁조정

① 하자분쟁조정위원회는 분쟁의 조정절차를 완료한 때에는 지체 없이 아래에 정하는 사항을 기재한 조정안(신청인이 조정신청을 한 후 조정절차 진행 중에 피신청인과 합의를 한 경우에는 합의한 내용을 반영하되, 합의한 내용이 명확하지 아니한 것은 제외한다)을 결정하고, 각 당사자 또는 그 대리인에게 이를 제시하여야 한다.

    ㉠ 사건번호와 사건명

    ㉡ 하자의 발생 위치

    ㉢ 당사자, 선정대표자, 대리인의 주소 및 성명(법인인 경우에는 본점의 소재지 및 명칭을 말한다)

    ㉣ 신청의 취지

    ㉤ 조정일자

    ㉥ 조정이유

    ㉦ 조정결과

② 조정안을 제시받은 당사자는 그 제시를 받은 날부터 30일 이내에 그 수락 여부를 하자분쟁조정위원회에 통보하여야 한다. 이 경우 수락 여부에 대한 답변이 없는 때에는 그 조정안을 수락한 것으로 본다.

③ 하자분쟁조정위원회는 각 당사자 또는 그 대리인이 조정안을 수락(서면 또는 전자적 방법으로 수락한 경우를 말한다)하거나 기한까지 답변이 없는 때에는 위원장이 기명날인한 조정서 정본을 지체 없이 각 당사자 또는 그 대리인에게 송달하여야 한다.

    💡 수락은 서면 또는 전자적 방법으로 수락한 경우를 말한다.

④ 조정서의 내용은 재판상 화해와 동일한 효력이 있다. 다만, 당사자가 임의로 처분할 수 없는 사항으로 대통령령으로 정하는 것은 그러하지 아니하다.

(12) 분쟁재정

① 하자분쟁조정위원회는 분쟁의 재정을 위하여 심문(審問)의 기일을 정하고 대통령령으로 정하는 바에 따라 당사자에게 의견을 진술하게 하여야 한다.

② ①에 따른 심문에 참여한 하자분쟁조정위원회의 위원과 하자분쟁조정위원회의 운영 및 사무처리를 위한 조직(이하 "하자분쟁조정위원회의 사무국"이라 한다)의 직원은 대통령령으로 정하는 사항을 기재한 심문조서를 작성하여야 한다.

③ 하자분쟁조정위원회는 재정 사건을 심리하기 위하여 필요한 경우에는 기일을 정하여 당사자, 참고인 또는 감정인을 출석시켜 대통령령으로 정하는 절차에 따라 진술 또는 감정하게 하거나, 당사자 또는 참고인에게 사건과 관계있는 문서 또는 물건의 제출을 요구할 수 있다.

④ 분쟁재정을 다루는 분과위원회는 재정신청된 사건을 분쟁조정에 회부하는 것이 적합하다고 인정하는 경우에는 대통령령으로 정하는 바에 따라 분쟁 조정을 다루는 분과위원회에 송부하여 조정하게 할 수 있다.

⑤ ④에 따라 분쟁조정에 회부된 사건에 관하여 당사자 간에 합의가 이루어지지 아니하였을 때에는 재정절차를 계속 진행하고, 합의가 이루어졌을 때에는 재정의 신청은 철회된 것으로 본다.

⑥ 하자분쟁조정위원회는 재정절차를 완료한 경우에는 대통령령으로 정하는 사항을 기재하고 재정에 참여한 위원이 기명날인한 재정문서의 정본을 각 당사자 또는 그 대리인에게 송달하여야 한다.

⑦ ⑥에 따른 재정문서는 그 정본이 당사자에게 송달된 날부터 60일 이내에 당사자 양쪽 또는 어느 한쪽이 그 재정의 대상인 공동주택의 하자담보책임을 원인으로 하는 소송을 제기하지 아니하거나 그 소송을 취하한 경우 재판상 화해와 동일한 효력이 있다. 다만, 당사자가 임의로 처분할 수 없는 사항으로서 대통령령으로 정하는 사항은 그러하지 아니하다.

⒀ **조정안의 수락 및 조정서**

① 하자분쟁조정위원회에서 제시한 조정안을 제시받은 각 당사자 또는 대리인은 그 조정안을 수락하거나 거부할 때에는 국토교통부령으로 정하는 바에 따라 각 당사자 또는 대리인이 서명 또는 날인한 서면(공인전자서명을 한 전자문서를 포함한다)을 하자분쟁조정위원회에 제출하여야 한다.

② ⒒의 ③에 따른 조정서의 기재사항은 다음과 같다.

ㄱ 사건번호와 사건명

ㄴ 하자의 발생 위치

ㄷ 당사자, 선정대표자, 대리인의 주소 및 성명(법인인 경우에는 본점의 소재지 및 명칭을 말한다)

ㄹ 조정서 교부일자

ㅁ 조정내용

ㅂ 신청의 표시(신청취지 및 신청원인)

③ 사업주체는 조정서에 따라 하자를 보수하고 그 결과를 지체 없이 하자관리 정보시스템에 등록하여야 한다.

(14) 조정처리기간 등

① 하자분쟁조정위원회는 조정 등의 신청을 받은 때에는 지체 없이 조정 등의 절차를 개시하여야 한다. 이 경우 하자분쟁조정위원회는 그 신청을 받은 날부터 다음 각 호의 구분에 따른 기간(②에 따른 흠결보정기간 및 하자감정 기간은 제외한다) 이내에 그 절차를 완료하여야 한다.

　㉠ 하자심사 및 분쟁조정 : 60일(공용부분의 경우 90일)

　㉡ 분쟁재정 : 150일(공용부분의 경우 180일)

② 하자분쟁조정위원회는 신청사건의 내용에 흠이 있는 경우에는 상당한 기간을 정하여 그 흠을 바로잡도록 명할 수 있다. 이 경우 신청인이 흠을 바로 잡지 아니하면 하자분쟁조정위원회의 결정으로 조정 등의 신청을 각하(却下)한다.

③ ①에 따른 기간 이내에 조정 등을 완료할 수 없는 경우에는 해당 사건을 담당하는 분과위원회 또는 소위원회의 의결로 그 기간을 한 차례만 연장할 수 있으나, 그 기간은 30일 이내로 한다. 이 경우 그 사유와 기한을 명시하여 각 당사자 또는 대리인에게 서면으로 통지하여야 한다.

④ 하자분쟁조정위원회는 조정 등의 절차 개시에 앞서 이해관계인이나 하자진단을 실시한 안전진단기관 등의 의견을 들을 수 있다.

⑤ 조정 등의 진행과정에서 조사·검사, 자료 분석 등에 별도의 비용이 발생하는 경우 비용 부담의 주체, 부담 방법 등에 필요한 사항은 국토교통부령으로 정한다.

⑥ 하자분쟁조정위원회에 조정 등을 신청하는 자는 국토교통부장관이 정하여 고시하는 바에 따라 수수료를 납부해야 한다.

(15) 조정 등의 신청의 통지 등

① 하자분쟁조정위원회는 당사자 일방으로부터 조정 등의 신청을 받은 때에는 그 신청내용을 상대방에게 통지하여야 한다.

② 하자분쟁조정위원회는 조정 등의 신청을 받은 때에는 지체 없이 통지서를 상대방에게 보내야 한다.

③ 통지를 받은 상대방은 신청내용에 대한 답변서를 특별한 사정이 없으면 10일 이내에 하자분쟁조정위원회에 제출하여야 한다.

④ 통지를 받은 상대방은 다음의 구분에 따른 답변서를 하자분쟁조정위원회에 제출해야 한다.

　㉠ 하자심사 사건 : 하자심사사건 답변서

　㉡ 하자심사 이의신청사건 : 하자심사 이의신청사건 답변서

      © 분쟁조정 사건 : 분쟁조정 사건 답변서

      © 분쟁재정 사건 : 분쟁재정 사건 답변서

⑤ 하자분쟁조정위원회로부터 조정 등의 신청에 관한 통지를 받은 사업주체 등, 설계자, 감리자, 입주자대표회의 등 및 임차인 등은 분쟁조정에 응하여야 한다. 다만, 조정 등의 신청에 관한 통지를 받은 입주자(공공임대주택의 경우에는 임차인을 말한다)가 조정기일에 출석하지 아니한 경우에는 하자분쟁조정위원회가 직권으로 조정안을 결정하고, 이를 각 당사자 또는 그 대리인에게 제시할 수 있다.

⑥ 하자분쟁조정위원회의 조정 등의 기일의 통지, 당사자·참고인·감정인 및 이해관계자의 출석, 선정대표자, 조정등의 이행결과 등록 등에 필요한 사항은 대통령령으로 정한다.

⑯ **조정기일 출석**

① 하자분쟁조정위원회는 조정 등 사건의 당사자(분쟁재정 사건인 경우에는 참고인 및 감정인을 포함한다)에게 조정 등 기일의 통지에 관한 출석요구서를 서면이나 전자적인 방법으로 송달할 수 있다.

② 하자분쟁조정위원회는 조정 등 사건의 당사자로부터 진술을 들으려는 경우에는 ①을 준용하여 출석을 요구할 수 있다.

③ 하자분쟁조정위원회는 조정 등의 사건에 대한 다음의 이해관계자에게 조정등 기일에 출석하도록 요구할 수 있다.

    ㉮ 전유부분에 관한 하자의 원인이 공용부분의 하자와 관련된 경우에는 입주자대표회의의 회장, 배치된 관리사무소장

    ㉯ 신청인 또는 피신청인이 사업주체인 경우로서 하자보수보증금으로 하자를 보수하는 것으로 조정안을 제시하는 경우에는 하자보수보증서 발급기관

    ㉰ 신청인 또는 피신청인이 하자보수보증서 발급기관인 경우에는 하자보수보증금의 주채무자인 사업주체

    ㉱ 당사자의 요청이 있는 경우에는 「건설산업기본법」에 따른 하수급인

⑰ **조정 등의 각하**

① 하자분쟁조정위원회는 분쟁의 성질상 하자분쟁조정위원회에서 조정 등을 하는 것이 맞지 아니하다고 인정하거나 부정한 목적으로 신청되었다고 인정되면 그 조정 등의 신청을 각하할 수 있다.

② 하자분쟁조정위원회는 조정 등의 사건의 처리 절차가 진행되는 도중에 한쪽 당사자가 법원에 소송(訴訟)을 제기한 경우에는 조정 등의 신청을 각하한다. 조정 등을 신청하기 전에 이미 소송을 제기한 사건으로 확인된 경우에도 또한 같다.

③ 하자분쟁조정위원회는 ①과 ②에 따라 각하를 한 때에는 그 사유를 당사자에게 알려야 한다.

⑱ 「**민사조정법」 등의 준용**

① 하자분쟁조정위원회는 분쟁의 조정 등의 절차에 관하여 「공동주택관리법」에서 규정하지 아니한 사항 및 소멸시효의 중단에 관하여는 「민사조정법」을 준용한다.

② 조정 등에 따른 서류송달에 관하여는 「민사소송법」 제174조부터 제197조까지의 규정을 준용한다.

⑲ **하자분쟁조정위원회의 운영 및 사무처리의 위탁**

① 국토교통부장관은 하자분쟁조정위원회의 운영 및 사무처리를 「국토안전관리원법」에 따른 국토안전관리원에 위탁할 수 있다. 이 경우 하자분쟁조정위원회의 운영 및 사무처리를 위한 조직(이하 "하자분쟁조정위원회의 사무국"이라 한다) 및 인력 등에 필요한 사항은 ③, ④, ⑤에 따른다.

② 국토교통부장관은 예산의 범위에서 하자분쟁조정위원회의 운영 및 사무처리에 필요한 경비를 국토안전관리원에 출연 또는 보조할 수 있다.

③ 하자분쟁조정위원회의 운영을 지원·보조하는 등 그 사무를 처리하기 위하여 국토안전관리원에 사무국을 둔다.

④ 사무국은 위원장의 명을 받아 그 사무를 처리한다.

⑤ 사무국의 조직·인력은 국토안전관리원의 이사장이 국토교통부장관의 승인을 받아 정한다.

⑳ **절차의 비공개 등**

① 하자분쟁조정위원회가 수행하는 조정 등의 절차 및 의사결정과정은 공개하지 아니한다. 다만, 분과위원회 및 소위원회에서 공개할 것을 의결한 경우에는 그러하지 아니하다.

② 하자분쟁조정위원회의 위원과 하자분쟁조정위원회의 사무국 직원으로서 그 업무를 수행하거나 수행하였던 사람은 조정 등의 절차에서 직무상 알게 된 비밀을 누설하여서는 아니 된다.

⑵ **사실 조사 · 검사 등**

① 하자분쟁조정위원회가 조정 등을 신청받은 때에는 위원장은 하자분쟁조정 위원회의 사무국 직원으로 하여금 심사 · 조정 대상물 및 관련 자료를 조사 · 검사 및 열람하게 하거나 참고인의 진술을 들을 수 있도록 할 수 있다. 이 경우 사업주체 등, 입주자대표회의 등 및 임차인 등은 이에 협조하여야 한다.

② 조사 · 검사 등을 하는 사람은 그 권한을 나타내는 증표를 지니고 이를 관계인에게 내보여야 한다.

**장기수선계획과
장기수선충당금**

01 장기수선계획 수립과 인계

02 장기수선계획의 수립기준

03 장기수선계획의 조정주기와
과태료

04 장기수선계획의 검토 전
교육

05 장기수선충당금

06 특별수선충당금(민간임대
주택에 관한 특별법)

07 특별수선충당금(공공주택
특별법)

02 장기수선계획과 장기수선충당금

1 장기수선계획 수립과 인계

⑴ **수 립**

장기수선계획을 수립하는 자는 국토교통부령으로 정하는 기준에 따라 장기수선계획을 수립하여야 한다. 이 경우 해당 공동주택의 건설비용을 고려하여야 한다.

⑵ **수립대상 및 인계절차**

다음의 어느 하나에 해당하는 공동주택을 건설 · 공급하는 사업주체(「건축법」 제11조에 따른 건축허가를 받아 주택 외의 시설과 주택을 동일 건축물로 건축하는 건축주를 포함한다) 또는 「주택법」에 따라 리모델링을 하는 자는 그 공동주택의 공용부분에 대한 장기수선계획을 수립하여 「주택법」에 따른 사용검사 (④의 경우에는 「건축법」에 따른 사용승인을 말한다)를 신청할 때에 사용검사권자에게 제출하고, 사용검사권자는 이를 그 공동주택의 관리주체에게 인계하여야 한다. 이 경우 사용검사권자는 사업주체 또는 리모델링을 하는 자에게 장기수선계획의 보완을 요구할 수 있다.

① 300세대 이상의 공동주택

② 승강기가 설치된 공동주택

③ 중앙집중식 난방방식 또는 지역난방방식의 공동주택

④ 「건축법」 제11조에 따른 건축허가를 받아 주택 외의 시설과 주택을 동일 건축물로 건축한 건축물

2 장기수선계획의 수립기준

(1) 건물외부

구 분	공사종별	수선방법	수선주기 (년)	수선율 (%)	비 고
가. 지붕	1) 방수	전면수리	15	100	
	2) 금속기와 잇기	부분수리	5	10	
		전면교체	20	100	
	3) 아스팔트 싱글 잇기	부분수리	5	10	
		전면교체	20	100	
나. 외부	1) 돌 붙이기	부분수리	25	5	
	2) 페인트칠	전면도장	8	100	
다. 외부 창·문	출입문(자동문)	전면교체	15	100	

(2) 건물내부

구 분	공사종별	수선방법	수선주기 (년)	수선율 (%)	비 고
가. 내부	페인트칠	전면도장	8	100	
나. 바닥	지하주차장 (바닥)	부분수리	5	10	
		전면교체	15	100	

(3) 전기·소화·승강기 및 지능형 홈네트워크 설비

구 분	공사종별	수선방법	수선주기 (년)	수선율 (%)	비 고
가. 예비전원(자가 발전) 설비	1) 발전기	부분수선	10	10	
		전면교체	30	100	
	2) 배전반	부분교체	10	10	
		전면교체	20	100	
나. 변전설비	1) 변압기	전면교체	25	100	고효율에너지기자재 적용
	2) 수전반	전면교체	20	100	
	3) 배전반	전면교체	20	100	

다. 자동화재감지 설비	1) 감지기	전면교체	20	100	
	2) 수신반	전면교체	20	100	
라. 소화설비	1) 소화펌프	전면교체	20	100	
	2) 스프링클러 헤드	전면교체	25	100	
	3) 소화수관(강관)	전면교체	25	100	
마. 승강기 및 인양기	1) 기계장치	전면교체	15	100	
	2) 와이어로프, 쉬브(도르레)	전면교체	5	100	
	3) 제어반	전면교체	15	100	
	4) 조속기(과속조절기)	전면교체	15	100	
	5) 도어개폐장치	전면교체	15	100	
바. 피뢰설비 및 옥외전등	1) 피뢰설비	부분수선	10	30	고휘도방전램프[휘도(광원의 단위 면적당 밝기의 정도)가 높은 방전램프 또는 엘이디(LED) 보안등 적용
	2) 보안등	전면교체	25	100	
사. 통신 및 방송 설비	1) 엠프 및 스피커	전면교체	15	100	
	2) 방송수신 공동설비	전면교체	15	100	
아. 보일러실 및 기계실	동력반	전면교체	20	100	
자. 보안·방범시설	1) 감시반(모니터형)	전면교체	5	100	
	2) 녹화장치	전면교체	5	100	
	3) 영상정보처리기기 및 침입탐지 시설	전면교체	5	100	
차. 지능형 홈네트 워크 설비	1) 홈네트워크기기	전면교체	10	100	
	2) 단지공용시스템 장비	전면교체	20	100	

(4) 급수·가스·배수 및 환기설비

구 분	공사종별	수선방법	수선주기 (년)	수선율 (%)	비 고
가. 급수설비	1) 급수펌프	전면교체	10	100	고효율에너지기자재 적용(전동기 포함)
	2) 저수조[스테인레스(STS), 합성수지]	전면교체	25	100	
	3) 급수관(강관)	전면교체	15	100	
나. 가스설비	1) 배관	부분수선	10	10	
	2) 밸브	부분수선	10	30	
다. 배수설비	1) 펌프	전면교체	10	100	
	2) 오배수관(주철)	부분수선	10	10	
	3) 오배수관[폴리염화비닐(PVC)]	부분수선	10	10	
라. 환기설비	환기팬	부분수선	10	10	사무소, 주민공동시설 또는 화장실 등에 설치되는 소형 환풍기는 제외

(5) 난방 및 급탕설비

구 분	공사종별	수선방법	수선주기 (년)	수선율 (%)	비 고
가. 난방설비	1) 보일러	전면교체	15	100	고효율에너지기자재 적용(전동기 포함)
	2) 급수탱크	전면교체	15	100	
	3) 순환펌프	전면교체	10	100	
	4) 난방관(강관)	전면교체	15	100	
	5) 자동제어 기기	전체교체	20	100	
	6) 열교환기	전면교체	15	100	
나. 급탕설비	1) 순환펌프	전면교체	10	100	고효율에너지기자재 적용(전동기 포함)
	2) 급탕탱크	전면교체	15	100	
	3) 급탕관(강관)	전면교체	10	100	

⑹ 옥외 부대시설 및 옥외 복리시설

구 분	공사종별	수선방법	수선주기 (년)	수선율 (%)	비 고
옥외 부대시설 및 옥외 복리시설	1) 아스팔트포장	부분수리	5	10	
		전면수리	15	100	
	2) 울타리	전면교체	20	100	
	3) 어린이놀이시설	부분수리	5	10	
		전면교체	15	100	
	4) 보도블록	부분수리	5	10	
		전면교체	15	100	
	5) 정화조	부분수리	5	15	
	6) 배수로 및 맨홀	부분수리	10	10	
	7) 현관입구·지하주차장 진입로 지붕	전면교체	15	100	
	8) 자전거보관소	전면교체	15	100	
	9) 주차차단기	전면교체	10	100	
	10) 조경시설물	부분수선	10	10	
	11) 안내표지판	부분수선	10	30	
	12) 전기자동차의 고정형 충전기	부분수선	5	10	공동주택에서 직접 설치하여 운영·관리 하는 경우만 해당
		전면교체	10	100	

⑺ 피난시설

구 분	공사종별	수선방법	수선주기 (년)	수선율 (%)	비 고
피난시설	1) 방화문	전면교체	15	100	공용부분에 설치되는 경우만 해당
	2) 옥상 비상문 자동개폐장치	부분수선	5	30	
		전면교체	15	100	

3 장기수선계획의 조정주기와 과태료

(1) 조정주기

① 입주자대표회의와 관리주체는 장기수선계획을 3년마다 검토하고, 필요한 경우 이를 국토교통부령으로 정하는 바에 따라 조정하여야 하며, 수립 또는 조정된 장기수선계획에 따라 주요시설을 교체하거나 보수하여야 한다. 이 경우 입주자대표회의와 관리주체는 장기수선계획에 대한 검토사항을 기록하고 보관하여야 한다.

② 장기수선계획 조정은 관리주체가 조정안을 작성하고, 입주자대표회의가 의결하는 방법으로 한다.

③ 입주자대표회의와 관리주체는 주요시설을 신설하는 등 관리여건상 필요하여 전체 입주자 과반수의 서면동의를 받은 경우에는 3년이 지나기 전에 장기수선계획을 조정할 수 있다.

④ 입주자대표회의와 관리주체는 장기수선계획을 조정하려는 경우에는 「에너지이용 합리화법」에 따라 산업통상자원부장관에게 등록한 에너지절약전문기업이 제시하는 에너지절약을 통한 주택의 온실가스 감소를 위한 시설 개선 방법을 반영할 수 있다.

(2) 과태료 규정

① **1천만원 이하의 과태료**: 수립되거나 조정된 장기수선계획에 따라 주요시설을 교체하거나 보수하지 아니한 자

② **500만원 이하의 과태료**: 장기수선계획을 수립하지 아니하거나 검토하지 아니한 자 또는 장기수선계획에 대한 검토사항을 기록하고 보관하지 아니한 자

4 장기수선계획의 검토 전 교육

(1) 조정교육

관리주체는 장기수선계획을 검토하기 전에 해당 공동주택의 관리사무소장으로 하여금 국토교통부령으로 정하는 바에 따라 시·도지사가 실시하는 장기수선계획의 비용산출 및 공사방법 등에 관한 교육을 받게 할 수 있다.

(2) 조정교육의 공고 등

① 장기수선계획의 조정교육에 관한 업무를 위탁받은 기관은 교육 실시 10일 전에 교육의 일시·장소·기간·내용·대상자 및 그 밖에 교육에 필요한 사항을 공고하거나 관리주체에게 통보하여야 한다.

② 특별시장·광역시장·특별자치시장·도지사 또는 특별자치도지사(이하 "시·도지사"라 한다)는 수탁기관으로 하여금 다음의 사항을 이행하도록 하여야 한다.

  ㉠ 매년 11월 30일까지 다음의 내용이 포함된 다음 연도의 교육계획서를 작성하여 시·도지사의 승인을 받을 것

    ⓐ 교육일시·장소 및 교육시간

    ⓑ 교육예정인원

    ⓒ 강사의 성명·주소 및 교육과목별 이수시간

    ⓓ 교육과목 및 내용

    ⓔ 그 밖에 교육시행과 관련하여 시·도지사가 요구하는 사항

  ㉡ 해당 연도의 교육 종료 후 1개월 이내에 다음의 내용이 포함된 교육결과보고서를 작성하여 시·도지사에게 보고할 것

    ⓐ 교육대상자 및 이수자명단

    ⓑ 교육계획의 주요내용이 변경된 경우에는 그 변경내용과 사유

    ⓒ 그 밖에 교육시행과 관련하여 시·도지사가 요구하는 사항

5 장기수선충당금

(1) 장기수선충당금의 부담 및 사용

① 관리주체는 장기수선계획에 따라 공동주택의 주요시설의 교체 및 보수에 필요한 장기수선충당금을 해당 주택의 소유자로부터 징수하여 적립하여야 한다.

② 공동주택 중 분양되지 아니한 세대의 장기수선충당금은 사업주체가 부담한다.

③ 공동주택의 소유자는 장기수선충당금을 사용자가 대신하여 납부한 경우에는 그 금액을 반환하여야 한다.

④ 관리주체는 공동주택의 사용자가 장기수선충당금의 납부 확인을 요구하는 경우에는 지체 없이 확인서를 발급해 주어야 한다.

⑤ 장기수선충당금의 사용은 장기수선계획에 따른다. 다만, 해당 공동주택의 입주자 과반수의 서면동의가 있는 경우에는 다음의 용도로 사용할 수 있다.

㉠ 하자분쟁조정위원회의 조정 등의 비용

㉡ 하자진단 및 감정에 드는 비용

㉢ ㉠ 또는 ㉡의 비용을 청구하는 데 드는 비용

(2) 장기수선충당금의 적립 등

① 장기수선충당금의 요율은 해당 공동주택의 공용부분의 내구연한 등을 감안하여 관리규약으로 정한다.

② 건설임대주택을 분양전환한 이후 관리업무를 인계하기 전까지의 장기수선충당금 요율은 「민간임대주택에 관한 특별법 시행령」 또는 「공공주택 특별법 시행령」에 따른 특별수선충당금 적립요율에 따른다.

③ 장기수선충당금의 적립금액은 장기수선계획으로 정한다. 이 경우 국토교통부장관이 주요시설의 계획적인 교체 및 보수를 위하여 최소 적립금액의 기준을 정하여 고시하는 경우에는 그에 맞아야 한다.

④ 장기수선충당금은 관리주체가 다음의 사항이 포함된 장기수선충당금 사용계획서를 장기수선계획에 따라 작성하고 입주자대표회의의 의결을 거쳐 사용한다.

㉠ 수선공사(공동주택 공용부분의 보수ㆍ교체 및 개량을 말한다)의 명칭과 공사내용

㉡ 수선공사 대상 시설의 위치 및 부위

㉢ 수선공사의 설계도면 등

㉣ 공사기간 및 공사방법

㉤ 수선공사의 범위 및 예정공사금액

㉥ 공사발주 방법 및 절차 등

⑤ 장기수선충당금은 해당 공동주택에 대한 다음의 구분에 따른 날부터 1년이 경과한 날이 속하는 달부터 매달 적립한다. 다만, 건설임대주택에서 분양전환된 공동주택의 경우에는 임대사업자가 관리주체에게 공동주택의 관리업무를 인계한 날이 속하는 달부터 적립한다.

㉠ 「주택법」 제49조에 따른 사용검사(공동주택단지 안의 공동주택 전부에 대하여 같은 조에 따른 임시 사용승인을 받은 경우에는 임시 사용승인을 말한다)를 받은 날

㉡ 「건축법」 제22조에 따른 사용승인(공동주택단지 안의 공동주택 전부에 대하여 같은 조에 따른 임시 사용승인을 받은 경우에는 임시 사용승인을 말한다)을 받은 날

(3) 장기수선충당금 계산식

월간 세대별 장기수선충당금 = [장기수선계획기간 중의 수선비총액 ÷ (총공급
면적 × 12 × 계획기간(년))] × 세대당 주택공급면적

6 특별수선충당금(민간임대주택에 관한 특별법)

(1) 적립 등

① 민간임대주택의 임대사업자는 아래에 해당하는 민간임대주택에 대하여 주
요 시설을 교체하고 보수하는 데에 필요한 특별수선충당금을 적립하여야
한다.
  ㉠ 300세대 이상의 공동주택
  ㉡ 150세대 이상의 공동주택으로서 승강기가 설치된 공동주택
  ㉢ 150세대 이상의 공동주택으로서 중앙집중식 난방방식 또는 지역난방방
    식인 공동주택
② 임대사업자가 민간임대주택을 양도하는 경우에는 특별수선충당금을 「공동
주택관리법」에 따라 최초로 구성되는 입주자대표회의에 넘겨주어야 한다.
③ ①의 규모에 해당하는 민간임대주택의 임대사업자는 해당 민간임대주택의
공용부분, 부대시설 및 복리시설(분양된 시설은 제외한다)에 대한 장기수
선계획(「공동주택관리법」에 따른 장기수선계획을 말한다)을 수립하여 「주
택법」에 따른 사용검사 신청시 함께 제출하여야 하며, 임대기간 중 해당 민
간임대주택단지에 있는 관리사무소에 장기수선계획을 갖춰 놓아야 한다.

(2) 요율 및 사용절차 등

① 장기수선계획을 수립하여야 하는 민간임대주택의 임대사업자는 특별수선
충당금을 사용검사일 또는 임시 사용승인일부터 1년이 지난 날이 속하는
달부터 「주택법」에 따른 사업계획 승인 당시 표준 건축비의 1만분의 1의
요율로 매달 적립하여야 한다.
② 특별수선충당금은 임대사업자와 해당 민간임대주택의 소재지를 관할하는
시장·군수·구청장의 공동 명의로 금융회사 등에 예치하여 따로 관리하
여야 한다.
③ 임대사업자는 특별수선충당금을 사용하려면 미리 해당 민간임대주택의 소
재지를 관할하는 시장·군수·구청장과 협의하여야 한다.

④ 시장·군수·구청장은 임대사업자의 특별수선충당금 적립 여부, 적립금액 등을 관할 시·도지사에게 보고하여야 하며, 시·도지사는 시장·군수·구청장의 보고를 종합하여 국토교통부장관에게 보고하여야 한다.

⑤ 시장·군수·구청장은 특별수선충당금 적립 현황 보고서를 매년 1월 31일과 7월 31일까지 관할 특별시장·광역시장·특별자치시장·도지사 또는 특별자치도지사(이하 "시·도지사"라 한다)에게 제출하여야 하며, 시·도지사는 이를 종합하여 매년 2월 15일과 8월 15일까지 국토교통부장관에게 보고하여야 한다.

7 특별수선충당금(공공주택 특별법)

(1) 적립 및 인계 등

① 대통령령으로 정하는 규모에 해당하는 공공임대주택의 공공주택사업자는 주요 시설을 교체하고 보수하는 데에 필요한 특별수선충당금을 적립하여야 한다.

② ①에서 대통령령으로 정하는 규모에 해당하는 공공임대주택이란 공공임대주택 단지별로 다음 각 호의 어느 하나 해당하는 공공임대주택을 말한다. 다만, 1997년 3월 1일 전에 주택건설사업계획의 승인을 받은 공공임대주택은 제외한다.
  ㉠ 300세대 이상의 공동주택
  ㉡ 승강기가 설치된 공동주택
  ㉢ 중앙집중식 난방방식의 공동주택

③ 공공주택사업자가 임대의무기간이 지난 공공건설임대주택을 분양전환하는 경우에는 특별수선충당금을 「공동주택관리법」에 따라 최초로 구성되는 입주자대표회의에 넘겨주어야 한다.

④ ②에 해당하는 공공임대주택을 건설한 공공주택사업자는 해당 공공임대주택의 공용부분, 부대시설 및 복리시설(분양된 시설은 제외한다)에 대하여 「공동주택관리법」에 따른 장기수선계획을 수립하여 「주택법」에 따른 사용검사를 신청할 때 사용검사신청서와 함께 제출하여야 하며, 임대기간 중 해당 임대주택단지에 있는 관리사무소에 장기수선계획을 갖춰 놓아야 한다.

⑤ 공공주택사업자는 장기수선계획을 수립한 후 이를 조정할 필요가 있는 경우에는 임차인대표회의의 구성원(임차인대표회의가 구성되지 않은 경우에는 전체 임차인) 과반수의 서면동의를 받아 장기수선계획을 조정할 수 있다.

⑵ 요율 및 사용절차 등

① 공공주택사업자는 특별수선충당을 사용검사일(임시 사용승인을 받은 경우에는 임시 사용승인일을 말한다)부터 1년이 지난날이 속하는 달부터 매달 적립하되, 적립요율은 다음의 비율에 따른다. 다만, 다음의 주택이 「공동주택관리법」에 따른 혼합주택단지 안에 있는 경우(공동주택관리법 시행령 제7조 제2항에 따라 혼합주택단지의 입주자대표회의와 공공주택사업자가 공동주택관리법 시행령 제1항 제4호에 따른 장기수선충당금 및 특별수선충당금을 사용하는 주요시설의 교체 및 보수에 관한 사항을 각자 결정하는 경우는 제외한다) 해당 주택에 대한 특별수선충당금의 적립요율에 관하여는 공동주택관리법 시행령 제31조 제1항에 따라 관리규약으로 정하는 장기수선충당금의 요율을 준용한다.

   ㉠ 영구임대주택, 국민임대주택, 행복주택, 통합공공임대주택, 장기전세주택: 국토교통부장관이 고시하는 표준건축비의 1만분의 4

   ㉡ ㉠에 해당하지 아니하는 공공임대주택: 「주택법」에 따른 사업계획승인 당시 표준건축비의 1만분의 1

② 공공주택사업자는 특별수선충당금을 금융회사 등에 예치하여 따로 관리하여야 한다.

③ 공공주택사업자는 특별수선충당금을 사용하려면 미리 해당 공공임대주택의 주소지를 관할하는 시장·군수 또는 구청장과 협의하여야 한다. 다만, 다음의 어느 하나에 해당하는 경우에는 그렇지 않다.

   ㉠ 「주택법 시행령」 제53조의2 제4항 각 호에 따른 중대한 하자가 발생한 경우

   ㉡ 천재지변이나 그 밖의 재해로 장기수선계획 수립 대상물이 파손되거나 멸실되어 긴급하게 교체·보수가 필요한 경우

「주택법 시행령」 제53조의2 제4항 각 호

④ 법 제48조의2 제3항 후단에서 "대통령령으로 정하는 중대한 하자"란 다음 각 호의 어느 하나에 해당하는 하자로서 사용검사권자가 중대한 하자라고 인정하는 하자를 말한다.

1. 내력구조부 하자: 다음 각 목의 어느 하나에 해당하는 결함이 있는 경우로서 공동주택의 구조안전상 심각한 위험을 초래하거나 초래할 우려가 있는 정도의 결함이 있는 경우

   가. 철근콘크리트 균열

   나. 「건축법」 제2조 제1항 제7호의 주요구조부의 철근 노출

---

2. 시설공사별 하자: 다음 각 목의 어느 하나에 해당하는 결함이 있는 경우로서 입
주예정자가 공동주택에서 생활하는 데 안전상·기능상 심각한 지장을 초래하
거나 초래할 우려가 있는 정도의 결함이 있는 경우

　　가. 토목 구조물 등의 균열

　　나. 옹벽·차도·보도 등의 침하(沈下)

　　다. 누수, 누전, 가스 누출

　　라. 가스배관 등의 부식, 배관류의 동파

　　마. 다음의 어느 하나에 해당하는 기구·설비 등의 기능이나 작동 불량 또는 파손

　　　　1) 급수·급탕·배수·위생·소방·난방·가스 설비 및 전기·조명 기구

　　　　2) 발코니 등의 안전 난간 및 승강기

④ 공공주택사업자는 특별수선충당금을 사용한 경우에는 그 사유를 사용일부
터 30일 이내에 관할 시장·군수 또는 구청장에게 통보해야 한다.

⑤ 시장·군수 또는 구청장은 국토교통부령으로 정하는 방법에 따라 공공주
택사업자의 특별수선충당금 적립 여부, 적립금액 등을 관할 시·도지사에
게 보고하여야 하며, 시·도지사는 시장·군수 또는 구청장의 보고를 받으
면 이를 국토교통부장관에게 보고하여야 한다.

(3) (1)과 (2)에서 규정한 사항 외에 특별수선충당금의 사용방법, 세부 사용절차, 그
밖에 필요한 사항은 장기수선계획으로 정한다.

01 공동주택관리법령상 입주자대표회의의 하자보수청구에 대한 이의가 있을 때, 사업주체가 보수책임이 있는 하자범위에 해당하는지 여부에 대해서 하자진단을 의뢰할 수 있는 안전진단기관이 아닌 것은?

① 기술사법에 따라 등록한 해당 분야의 기술사
② 건축사법에 따라 신고한 건축사
③ 국토안전관리원
④ 엔지니어링기술 진흥법에 따라 신고한 엔지니어링사업자
⑤ 건설산업기본법에 의한 건설분쟁조정위원회

해설 사업주체 등은 입주자대표회의 등 또는 임차인 등의 하자보수 청구에 이의가 있는 경우, 입주자대표회의 등 또는 임차인 등과 협의하여 아래에 해당하는 안전진단기관에 보수책임이 있는 하자범위에 해당하는지 여부 등 하자진단을 의뢰할 수 있다. 이 경우 하자진단을 의뢰받은 안전진단기관은 지체 없이 하자진단을 실시하여 그 결과를 사업주체 등과 입주자대표회의 등 또는 임차인 등에게 통보하여야 한다.
⑴ 국토안전관리원
⑵ 한국건설기술연구원
⑶ 해당 분야의 엔지니어링사업자
⑷ 해당 분야의 기술사
⑸ 신고한 건축사
⑹ 건축 분야 안전진단전문기관

02 공동주택관리법령상 사업주체가 예치한 하자보수보증금을 입주자대표회의가 사업주체에게 반환하여야 하는 비율에 관한 내용이다. (   )에 들어갈 숫자를 쓰시오. 제23회

- 사용검사일부터 3년이 경과된 때: 하자보수보증금의 100분의 (㉠)
- 사용검사일부터 5년이 경과된 때: 하자보수보증금의 100분의 (㉡)
- 사용검사일부터 10년이 경과된 때: 하자보수보증금의 100분의 (㉢)

해설 • 사용검사일부터 3년이 경과된 때: 하자보수보증금의 100분의 40
• 사용검사일부터 5년이 경과된 때: 하자보수보증금의 100분의 25
• 사용검사일부터 10년이 경과된 때: 하자보수보증금의 100분의 20

03 공동주택관리법령상 하자보수에 관한 설명으로 옳지 않은 것은?

① 사업주체는 하자보수의 청구를 받은 날부터 15일 이내에 그 하자를 보수하거나 하자보수계획을 통보하여야 한다.

② 사용검사권자는 입주자대표회의가 구성된 때에는 지체 없이 예치명의 또는 가입명의를 해당 입주자대표회의로 변경하고 입주자대표회의에 현금 예치증서 또는 보증서를 인계하여야 한다.

③ 입주자대표회의는 하자담보책임기간 내에 공동주택의 하자가 발생한 경우 사업주체에 대하여 그 하자의 보수를 요구할 수 있다.

④ 하자분쟁조정위원회는 분쟁재정의 신청을 받은 날부터 90일 이내에 그 절차를 완료하여야 한다.

⑤ 의무관리대상 공동주택의 경우에는 하자보수보증금의 사용 후 30일 이내에 그 사용내역을 국토교통부령으로 정하는 바에 따라 시장·군수·구청장에게 신고하여야 한다.

> **해설** 하자 하자분쟁조정위원회는 조정 등의 신청을 받은 때에는 지체 없이 조정 등의 절차를 개시하여야 한다. 이 경우 하자분쟁조정위원회는 그 신청을 받은 날부터 다음 각 호의 구분에 따른 기간(흠결보정기간 및 하자감정기간은 제외한다) 이내에 그 절차를 완료하여야 한다.
> 1. 하자심사 및 분쟁조정 : 60일(공용부분의 경우 90일)
> 2. 분쟁재정 : 150일(공용부분의 경우 180일)

04 공동주택관리법령상 공동주택의 하자담보책임기간으로 옳은 것을 모두 고른 것은?　제23회

> ㉠ 지능형 홈네트워크 설비 공사 : 3년
> ㉡ 우수관공사 : 3년
> ㉢ 저수조(물탱크)공사 : 3년
> ㉣ 지붕공사 : 5년

① ㉠, ㉡, ㉢　　　　　　　　　　② ㉠, ㉡, ㉣
③ ㉠, ㉢, ㉣　　　　　　　　　　④ ㉡, ㉢, ㉣
⑤ ㉠, ㉡, ㉢, ㉣

> **해설** ㉠㉢ 3년, ㉡ 5년, ㉣ 5년으로 ㉠㉢㉣이 옳다.

Answer
01 ⑤　　02 ㉠ 40, ㉡ 25, ㉢ 20　　03 ④　　04 ③

05 공동주택관리법령상 하자심사·분쟁조정위원회에 관한 설명으로 옳지 않은 것은?

제14회 일부수정

① 담보책임 및 하자보수 등과 관련한 심사·조정을 위하여 국토교통부에 하자심사·분쟁조정위원회를 둔다.

② 하자심사·분쟁조정위원 중에는 공동주택의 하자에 관한 학식과 경험이 풍부한 자로서 공인된 대학이나 연구기관에서 부교수 이상 또는 이에 상당하는 직에 재직한 자가 9명 이상이 포함되어야 한다.

③ 분과위원회별로 시설공사의 종류 및 전문분야 등을 고려하여 5개 이내의 소위원회를 둘 수 있다.

④ 위원회의 의사에 관한 규칙의 제정·개정 및 폐지에 관한 사항은 하자심사·분쟁조정위원회의 사무에 포함된다.

⑤ 하자심사·분쟁조정위원회는 분쟁의 조정절차에 관하여 공동주택관리법에서 규정하지 아니한 사항에 대하여는 민사조정법을 준용한다.

해설 ② 판사·검사 또는 변호사 자격을 취득한 후 6년 이상 종사한 사람이 9명 이상 포함되어야 한다.

06 공동주택관리법령상 장기수선계획에 관한 규정이다. (   )에 들어갈 용어와 숫자를 순서대로 쓰시오.

제20회

> (   )와(과) 관리주체는 장기수선계획을 (   )년마다 검토하고, 필요한 경우 이를 국토교통부령으로 정하는 바에 따라 조정하여야 하며, 수립 또는 조정된 장기수선계획에 따라 주요시설을 교체하거나 보수하여야 한다.

해설 입주자대표회의와 관리주체는 장기수선계획을 3년마다 검토하고, 필요한 경우 이를 국토교통부령으로 정하는 바에 따라 조정하여야 하며, 수립 또는 조정된 장기수선계획에 따라 주요시설을 교체하거나 보수하여야 한다.

07 공동주택관리법령상 장기수선계획의 조정기간으로 (   ) 안에 들어가는 숫자를 맞게 조합한 것은?

제10회 일부수정

입주자대표회의와 관리주체는 장기수선계획을 (㉠)년마다 검토하고 필요한 경우 이를 국토교통부령으로 정하는 바에 따라 조정하여야 하며, 수립 또는 조정된 장기수선계획에 따라 주요시설을 교체하거나 보수하여야 한다. 이 경우 입주자대표회의와 관리주체는 장기수선계획에 대한 검토사항을 기록하고 보관하여야 한다. 입주자대표회의와 관리주체는 주요시설을 신설하는 등 관리여건상 필요하여 전체 입주자 과반수의 서면동의를 받은 경우에는 (㉡)년이 지나기 전에 장기수선계획을 조정할 수 있다.

① ㉠ 2, ㉡ 2
② ㉠ 2, ㉡ 1
③ ㉠ 3, ㉡ 2
④ ㉠ 3, ㉡ 3
⑤ ㉠ 4, ㉡ 3

해설 입주자대표회의와 관리주체는 장기수선계획을 3년마다 검토하고 필요한 경우 이를 국토교통부령으로 정하는 바에 따라 조정하여야 하며, 수립 또는 조정된 장기수선계획에 따라 주요시설을 교체하거나 보수하여야 한다. 이 경우 입주자대표회의와 관리주체는 장기수선계획에 대한 검토사항을 기록하고 보관하여야 한다. 입주자대표회의와 관리주체는 주요시설을 신설하는 등 관리여건상 필요하여 전체 입주자 과반수의 서면동의를 받은 경우에는 3년이 지나기 전에 장기수선계획을 조정할 수 있다.

08 공동주택관리법 시행규칙 제7조(장기수선계획의 수립기준 등)에 관한 내용이다. (   )에 들어갈 용어를 쓰시오.

제23회

입주자대표회의와 관리주체는 「공동주택관리법」 제29조 제2항 및 제3항에 따라 장기수선계획을 조정하려는 경우에는 「에너지이용 합리화법」 제25조에 따라 산업통상자원부장관에게 등록한 에너지절약전문기업이 제시하는 에너지절약을 통한 주택의 (   ) 감소를 위한 시설 개선 방법을 반영할 수 있다.

해설 입주자대표회의와 관리주체는 「공동주택관리법」 제29조 제2항 및 제3항에 따라 장기수선계획을 조정하려는 경우에는 「에너지이용 합리화법」 제25조에 따라 산업통상자원부장관에게 등록한 에너지절약전문기업이 제시하는 에너지절약을 통한 주택의 온실가스 감소를 위한 시설 개선 방법을 반영할 수 있다.

Answer
05 ②   06 입주자대표회의, 3   07 ④   08 온실가스

09 공동주택관리법 시행규칙상 장기수선계획의 수립기준으로 전면교체 수선주기가 긴 것에서 짧은 것의 순서로 옳은 것은? 제25회 수정

① 발전기 - 소화펌프 - 변압기
② 발전기 - 변압기 - 소화펌프
③ 소화펌프 - 발전기 - 변압기
④ 변압기 - 소화펌프 - 발전기
⑤ 변압기 - 발전기 - 소화펌프

> **해설** ② 발전기 30년, 변압기 25년, 소화펌프 20년이다.

10 공동주택관리법령상 공동주택 공용부분의 장기수선계획에 관한 설명으로 옳지 않은 것은? 제12회 일부수정

① 장기수선계획 수립대상은 300세대 이상의 공동주택, 승강기가 설치된 공동주택, 중앙집중식 난방방식 또는 지역난방방식의 공동주택이다.
② 사업주체는 장기수선계획을 3년 단위로 조정하는 것이 원칙이나, 전체 입주자 과반수의 서면동의를 얻은 경우에는 3년이 지난 후에 조정할 수 있다.
③ 장기수선충당금의 부담주체는 주택의 소유자이며, 미분양된 세대가 있는 경우에는 사업주체가 부담한다.
④ 장기수선충당금의 적립은 사용검사일(또는 임시사용승인일)부터 1년이 경과한 날이 속하는 달부터 매월 적립한다.
⑤ 장기수선계획을 수립하는 자는 국토교통부령이 정하는 기준에 따라 장기수선계획을 수립하되, 당해 공동주택의 건설에 소요된 비용을 감안하여야 한다.

> **해설** ② 입주자대표회의와 관리주체는 장기수선계획을 3년마다 검토하고 필요한 경우 이를 국토교통부령으로 정하는 바에 따라 조정하여야 하며, 주요시설을 신설하는 등 관리여건상 필요하여 전체 입주자 과반수의 서면동의를 받은 경우에는 장기수선계획을 3년이 지나기 전에 장기수선계획을 조정할 수 있다.

11 공동주택관리법령상 공동주택의 장기수선충당금에 관한 설명으로 옳은 것을 모두 고른 것은?

제21회

┌───┐
│ ㉠ 관리주체는 장기수선계획에 따라 공동주택의 주요 시설의 교체 및 보수에 필요한 장기
│   수선충당금을 해당 주택의 소유자로부터 징수하여 적립하여야 한다.
│ ㉡ 해당 공동주택의 입주자 과반수의 서면동의가 있더라도 장기수선충당금을 하자진단
│   및 감정에 드는 비용으로 사용할 수 없다.
│ ㉢ 공동주택 중 분양되지 아니한 세대의 장기수선충당금은 사업주체가 부담하여야 한다.
│ ㉣ 장기수선충당금은 관리주체가 공동주택관리법 시행령 제31조 제4항 각 호의 사항이 포
│   함된 장기수선충당금 사용계획서를 장기수선계획에 따라 작성하고 입주자대표회의의
│   의결을 거쳐 사용한다.
│ ㉤ 장기수선충당금은 건설임대주택에서 분양전환된 공동주택의 경우에는 임대사업자가
│   관리주체에게 공동주택의 관리업무를 인계한 날부터 1년이 경과한 날이 속하는 달부터
│   매달 적립한다.
└───┘

① ㉠, ㉤
② ㉡, ㉣
③ ㉠, ㉢, ㉣
④ ㉡, ㉢, ㉤
⑤ ㉡, ㉣, ㉤

해설 ㉡ 해당 공동주택의 입주자 과반수의 서면동의가 있으면 장기수선충당금을 하자진단 및 감정에 드는
비용으로 사용할 수 있다.
㉤ 장기수선충당금은 건설임대주택에서 분양전환된 공동주택의 경우에는 임대사업자가 관리주체에게
공동주택의 관리업무를 인계한 날이 속하는 달부터 적립한다.

Answer
09 ② 10 ② 11 ③

12 공동주택관리법령상 공동주택의 장기수선충당금에 관한 설명으로 옳지 않은 것은?

제16회 일부수정

① 장기수선충당금은 입주자 과반수의 서면동의가 있는 경우에는 하자진단 및 감정에 드는 비용으로 사용할 수 있다.

② 장기수선충당금의 요율은 당해 공동주택의 공용부분의 내구연한 등을 감안하여 공동주택관리규약으로 정하고, 적립금액은 장기수선계획에서 정한다.

③ 건설임대주택을 분양전환한 이후 관리업무를 인계하기 전까지의 장기수선충당금 요율은 민간임대주택에 관한 특별법 시행령 및 공공주택 특별법 시행령에 따른 특별수선충당금 적립요율에 따라야 한다.

④ 장기수선충당금은 당해 공동주택의 사용검사일(단지 안의 공동주택의 전부에 대하여 임시사용승인을 얻은 경우에는 임시사용승인일을 말한다)이 속하는 달부터 매월 적립한다.

⑤ 관리주체는 장기수선계획에 따라 장기수선충당금 사용계획서를 작성하고, 입주자대표회의의 의결을 거쳐 장기수선충당금을 사용한다.

해설 ④ 장기수선충당금은 당해 공동주택의 사용검사일(단지 안의 공동주택의 전부에 대하여 임시사용승인을 얻은 경우에는 임시사용승인일을 말한다)부터 1년이 경과한 날이 속하는 달부터 매월 적립한다.

13 공동주택관리법령상 장기수선충당금에 관한 설명으로 옳지 않은 것은?

제13회 일부수정

① 장기수선충당금의 요율 및 적립금액은 당해 공동주택 공용부분의 내구연한을 감안하여 관리규약으로 정한다.

② 장기수선충당금은 관리주체가 수선공사의 명칭과 공사내용 등이 포함된 장기수선충당금 사용계획서를 장기수선계획에 따라 작성하고 입주자대표회의의 의결을 거쳐 사용한다.

③ 분양전환승인을 받은 건설임대주택의 경우에는 임대사업자가 관리주체에게 관리업무를 인수인계한 날이 속하는 달부터 장기수선충당금을 매월 적립한다.

④ 공동주택 중 분양되지 아니한 세대의 장기수선충당금은 사업주체가 이를 부담하여야 한다.

⑤ 관리주체가 장기수선충당금을 적립하지 아니한 경우에는 과태료를 부과 받는다.

해설 ① 장기수선충당금의 요율은 당해 공동주택의 공용부분의 내구연한 등을 감안하여 관리규약으로 정하고, 적립금액은 장기수선계획에서 정한다.

14 다음과 같은 조건에서 아파트 공급면적이 200m²인 세대의 월간 세대별 장기수선충당금을 구하시오.

제15회

> • 총 세대수 : 총 400세대(공급면적 100m² 200세대, 200m² 200세대)
> • 총 공급면적 : 60,000m²
> • 장기수선계획기간 중의 연간 수선비 : 72,000,000원
> • 계획기간 : 10년(단, 연간 수선비는 매년 일정하다고 가정함)

해설 월간 세대별 장기수선충당금 = [장기수선계획기간 중의 수선비총액 ÷ (총공급면적 × 12 × 계획기간(년))] × 세대당 주택공급면적

※ 연간 수선비는 매년 일정하다고 가정하기 때문에 계획기간은 계산식에 넣어서는 안 된다.

$$\therefore \ \frac{72,000,000원}{12개월 \times 60,000m^2} \times 200m^2 = 20,000원$$

공동주택의 건축설비

매년 14~15문제가 건축설비 이론과 관련 법령에서 출제되는 장으로 1차 공동주택시설개론과의 연계학습이 필요한 부분이기도 하다. 건축설비 관련 법령지문은 공동주택관리실무에서 출제되고 있기 때문에 체계적으로 정리되어야 하며, 특히 주관식 기입형 문제도 자주 출제되기 때문에 꼼꼼하게 학습하여야 한다.

급수설비

01 의 의

02 급수시설의 설치 등

03 급수방식

04 저수조 설치 및 관리기준 등

05 수도시설의 관리에 관한 교육

06 초고층 건물의 급수방식

07 배관 시공시 주의사항 등

08 배관이음의 종류

09 배관재료의 종류

10 밸브의 종류 등

11 펌 프

01 급수설비

1 의 의

인간이 생활을 위해 거주하는데 무엇보다도 건강에 적합하고 안전하면서도 청정한 물을 건축물 내의 배관 및 위생기구 등에 의하여 필요한 곳에 공급하는 설비를 말한다. 특히 급수설비에서 중요한 것은 음용수가 오수의 침입, 역류에 의해 오염되지 않도록 주의해야 한다.

2 급수시설의 설치 등

(1) 급·배수시설의 설치

① 주택에 설치하는 급수·배수용 배관은 콘크리트구조체 안에 매설하여서는 아니 된다. 다만, 다음의 어느 하나에 해당하는 경우에는 그러하지 아니하다.
  ㉠ 급수·배수용 배관이 주택의 바닥면 또는 벽면 등을 직각으로 관통하는 경우
  ㉡ 주택의 구조안전에 지장이 없는 범위에서 콘크리트구조체 안에 덧관을 미리 매설하여 배관을 설치하는 경우
  ㉢ 콘크리트구조체의 형태 등에 따라 배관의 매설이 부득이하다고 사업계획승인권자가 인정하는 경우로서 배관의 부식을 방지하고 그 수선 및 교체가 쉽도록 하여 배관을 설치하는 경우
② 주택의 화장실에 설치하는 급수·배수용 배관은 다음의 기준에 적합하여야 한다.
  ㉠ 급수용 배관에는 감압밸브 등 수압을 조절하는 장치를 설치하여 각 세대별 수압이 일정하게 유지되도록 할 것

ⓛ 배수용 배관은 층상배관공법(배관을 해당 층의 바닥 슬래브 위에 설치하는 공법을 말한다) 또는 층하배관공법(배관을 바닥 슬래브 아래에 설치하여 아래층 세대 천장으로 노출시키는 공법을 말한다)으로 설치할 수 있으며, 층하배관공법으로 설치하는 경우에는 일반용 경질(단단한 재질) 염화비닐관을 설치하는 경우보다 같은 측정조건에서 5데시벨 이상 소음 차단성능이 있는 저소음형 배관을 사용하여야 한다.

③ 공동주택에는 세대별 수도계량기 및 세대마다 2개소 이상의 급수전을 설치하여야 한다.

④ 주택의 부엌, 욕실, 화장실 및 다용도실 등 물을 사용하는 곳과 발코니의 바닥에는 배수설비를 하여야 한다. 다만, 급수설비를 설치하지 아니하는 발코니인 경우에는 그러하지 아니하다.

⑤ ④의 규정에 의한 배수설비에는 악취 및 배수의 역류를 막을 수 있는 시설을 하여야 한다.

⑥ 주택에 설치하는 음용수의 급수조 및 저수조는 다음의 기준에 적합하여야 한다.

　　㉠ 급수조 및 저수조의 재료는 수질을 오염시키지 아니하는 재료나 위생에 지장이 없는 것으로서 내구성이 있는 도금·녹막이 처리 또는 피막처리를 한 재료를 사용할 것

　　㉡ 급수조 및 저수조의 구조는 청소 등 관리가 쉬워야 하고, 음용수 외의 다른 물질이 들어갈 수 없도록 할 것

→ 보충학습

| 지하양수시설 및 지하저수조의 설치기준

1. 지하양수시설
① 1일에 당해 주택단지의 매 세대당 0.2t(시·군지역은 0.1t) 이상의 수량을 양수할 수 있어야 한다.
② 양수에 필요한 비상전원과 이에 의하여 가동될 수 있는 펌프를 설치하여야 한다.
③ 당해 양수시설에는 매 세대당 0.3t 이상을 저수할 수 있는 지하저수조를 함께 설치하여야 한다.

2. 지하저수조
① 고가수조저수량(매 세대당 0.25t까지 산입한다)을 포함하여 매 세대당 0.5t(독신자용 주택은 0.25t) 이상의 수량을 저수할 수 있어야 한다. 다만, 지역별 상수도 시설용량 및 세대당 수돗물 사용량 등을 고려하여 설치기준의 2분의 1의 범위에서 특별시·광역시·특별자치시·특별자치도·시 또는 군의 조례로 완화 또는 강화하여 정할 수 있다.

② 50세대(독신자용 주택은 100세대)당 1대 이상의 수동식펌프를 설치하거나 양수에 필요한 비상전원과 이에 의하여 가동될 수 있는 펌프를 설치하여야 한다.

③ 주택에 설치하는 음용수의 급수조 및 저수조는 다음의 기준에 적합하여야 한다.

　　㉠ 급수조 및 저수조의 재료는 수질을 오염시키지 아니하는 재료나 위생에 지장이 없는 것으로서 내구성이 있는 도금·녹막이 처리 또는 피막처리를 한 재료를 사용하여야 한다.

　　㉡ 급수조 및 저수조의 구조는 청소 등 관리가 쉬워야 하고, 음용수 외의 다른 물질이 들어갈 수 없도록 하여야 한다.

④ 먹는물을 당해 저수조를 거쳐 각 세대에 공급할 수 있도록 설치하여야 한다.

(2) 음용수용 배관설비의 설치

건축물에 설치하는 음용수용 배관설비의 설치 및 구조는 다음의 기준에 적합하여야 한다.

① 배관설비를 콘크리트에 묻는 경우 부식의 우려가 있는 재료는 부식방지조치를 할 것

② 건축물의 주요부분을 관통하여 배관하는 경우에는 건축물의 구조내력에 지장이 없도록 할 것

③ 승강기의 승강로 안에는 승강기의 운행에 필요한 배관설비 외의 배관설비를 설치하지 아니할 것

④ 압력탱크 및 급탕설비에는 폭발 등의 위험을 막을 수 있는 시설을 설치할 것

⑤ 음용수용 배관설비는 다른 용도의 배관설비와 직접 연결하지 아니할 것

⑥ 급수관 및 수도계량기는 얼어서 깨지지 아니하도록 「건축물의 설비기준 등에 관한 규칙」 별표 3의2의 규정에 의한 기준에 적합하게 설치할 것

⑦ ⑥에서 정한 기준 외에 급수관 및 수도계량기가 얼어서 깨지지 아니하도록 하기 위하여 지역실정에 따라 당해 지방자치단체의 조례로 기준을 정한 경우에는 동기준에 적합하게 설치할 것

⑧ 급수 및 저수탱크는 「수도시설의 청소 및 위생관리 등에 관한 규칙」 별표 1의 규정에 의한 저수조 설치기준에 적합한 구조로 할 것

⑨ 음용수용 급수관은 「수도법 시행규칙」 제10조 및 별표 4에 따른 위생안전기준에 적합한 수도용 자재 및 제품을 사용할 것

⑩ 음용수의 급수관 지름은 건축물의 용도 및 규모에 적정한 규격 이상으로 할 것. 다만, 주거용 건축물은 당해 배관에 의하여 급수되는 가구수 또는 바닥면적의 합계에 따라 다음의 기준에 적합한 지름의 관으로 배관하여야 한다.

🖉 **주거용 건축물 급수관의 지름**(건축물의 설비기준 등에 관한 규칙 제18조관련)

가구 또는 세대수	1	2·3	4·5	6~8	9~16	17 이상
급수관 지름의 최소기준 (밀리미터)	15	20	25	32	40	50

💡 **비 고**

1. 가구 또는 세대의 구분이 불분명한 건축물에 있어서는 주거에 쓰이는 바닥면적의 합계에 따라 다음과 같이 가구수를 산정한다.
   가. 바닥면적 85제곱미터 이하 : 1가구
   나. 바닥면적 85제곱미터 초과 150제곱미터 이하 : 3가구
   다. 바닥면적 150제곱미터 초과 300제곱미터 이하 : 5가구
   라. 바닥면적 300제곱미터 초과 500제곱미터 이하 : 16가구
   마. 바닥면적 500제곱미터 초과 : 17가구
2. 가압설비 등을 설치하여 급수되는 각 기구에서의 압력이 1센티미터당 0.7킬로그램 이상인 경우에는 위 표의 기준을 적용하지 아니할 수 있다.

(3) 상수도 급수과정

취수 ⇨ 도수 ⇨ 정수 ⇨ 송수 ⇨ 배수 ⇨ 주호(세대)

① **취수** : 상수도, 공업용수 등으로 이용하기 위하여 물을 끌어들이는 것
② **도수** : 물을 일정(一定)한 방향으로 흐르도록 인도(引導)함
③ **정수** : 물속의 부유물질 등을 제거하여 물을 깨끗하고 맑게 함
④ **송수** : 정수과정을 거친 물을 배수시설까지 보냄
⑤ **배수** : 급수관을 통하여 수돗물을 나누어 보냄

(4) 물의 경도

① **정의** : 물의 경도는 물 속에 녹아 있는 칼슘, 마그네슘 등의 염류의 양을 탄산칼슘의 농도로 환산하여 나타낸 것이다.
② **경도의 표시** : 도(度) 또는 ppm
③ **경도의 분류**
   ㉠ 극연수(0~10ppm) : 황동관이나 연관을 부식시킨다.
   ㉡ 연수(90ppm 이하) : 세탁용이나 보일러 급수용으로 적당하다.
   ㉢ 경수(110ppm 이상) : 세탁용이나 보일러 급수용으로 부적당하다.

(5) 정수과정

① **침전** : 수중의 불순물을 단순히 침전시키는 방법(중력 침전법, 약품 침전법)
② **폭기** : 물을 공기에 접촉시켜 산소와 반응하게 하여 물속에 암모니아, 탄산가스 등의 유독물질과 철성분을 제거하는 방법
③ **여과** : 모래층으로 물을 통과시켜 부유물 등을 제거하는 방법
④ **살균** : 염소, 차아염소산나트륨 등의 약품을 사용하여 살균하는 방법

3 급수방식

급수방식은 수도직결방식, 고가수조방식, 압력탱크방식, 펌프직송방식 등이 있다.

(1) 수도직결방식

도로에 매설된 상수도 본관에 수도관을 연결하여 본관의 압력으로 직접 건물 내로 급수하는 방식

상수도본관 ⇨ 수도관 ⇨ 각세대·개소

장 점	단 점
① 급수오염 가능성이 가장 낮다. ② 정전시에도 급수가 가능하다. ③ 설비비가 저렴하다.	① 단수시에는 급수가 불가능하다. ② 급수높이에 제한이 있다.

(2) 고가수조방식

상수도 물을 일단 지하저수조에 저장하였다가 다시 이를 양수펌프로 옥상에 설치된 탱크로 끌어올린 후 이를 급수관으로 각 층에 배분하는 방식으로 옥상 탱크방식이라고도 한다.

상수도본관 ⇨ 지하저수조 ⇨ 양수펌프 ⇨ 옥상탱크 ⇨ 각세대·개소

장 점	단 점
① 급수압이 일정하다. ② 배관 및 부속류의 파손이 적다. ③ 수도공사나 단수시에도 일정시간 급수가 가능하다. ④ 소화용수 저장이 가능하다. ⑤ 대규모설비에 적합하다.	① 급수오염 가능성이 가장 크다. ② 건축시 구조물 보강이 필요하다. ③ 설비비와 경상비가 비싸다.

(3) 압력탱크방식

저수조 내의 물을 압력탱크로 공급한 후 압축공기로 물에 압력을 가해 급수하는 방식

상수도본관 ⇨ 지하저수조 ⇨ 양수펌프 ⇨ 압력탱크 ⇨ 각세대·개소

장 점	단 점
① 옥상탱크가 필요 없어 구조상, 미관상 좋다. ② 건축시 구조물 보강이 필요 없다. ③ 국부적으로 고압을 필요로 할 때 적합하다. ④ 압력탱크 설치 위치에 제한을 받지 않는다.	① 최고, 최저의 압력차가 크므로 급수압 변동이 크다. ② 배관 및 부속류의 파손이 크다. ③ 탱크는 압력용기이므로 제작비가 비싸다. ④ 공기압축기를 따로 설치하여야 한다.

(4) 펌프직송방식(부스터방식)

저수조의 물을 급수펌프의 압력만으로 건물 내에 필요한 곳으로 직접 급수하는 방식

상수도본관 ⇨ 지하저수조 ⇨ 급수펌프 ⇨ 각세대·개소

장 점	단 점
① 급수펌프만으로 급수하여 수질오염이 작다. ② 급수관 내의 압력 또는 유량을 탐지하여 펌프의 대수를 제어하는 정속방식과 회전수를 제어하는 변속방식이 있으며, 이를 병용하기도 한다. ③ 최상층의 수압도 크게 할 수 있다. ④ 자동제어시스템에 의해 대규모 건축물이나 시설에 사용된다.	① 펌프의 가동과 정지시 급수압력의 변동이 있어, 압력을 일정하게 유지하기 위한 제어장치가 필요하다. ② 자동제어설비로 인한 비용이 많이 든다. ③ 비상전원 사용시를 제외하고, 정전이나 고장시 급수가 불가능하다. ④ 고장시 수리가 어렵다.

💡 **정속(대수제어)방식**: 여러 대의 급수펌프를 병렬로 설치하고, 사용량만큼 펌프가 차례대로 증가하면서 가동하는 방식

💡 **변속(회전수 제어)방식**: 정속변동기와 변속장치를 조합하거나 변속전동기를 이용하여 사용량만큼 펌프의 회전수를 변화시켜 양수하는 방식

4 저수조 설치 및 관리기준 등

(1) 설치기준

① 저수조의 맨홀부분은 건축물(천정 및 보 등)로부터 100cm 이상 떨어져야
하며, 그 밖의 부분은 60cm 이상의 간격을 띄울 것

② 물의 유출구는 유입구의 반대편 밑부분에 설치하되, 바닥의 침전물이 유출
되지 아니하도록 저수조의 바닥에서 띄워서 설치하고, 물칸막이 등을 설치
하여 저수조 안의 물이 고이지 아니하도록 할 것

③ 각 변의 길이가 90cm 이상인 사각형 맨홀 또는 지름이 90cm 이상인 원형
맨홀을 1개 이상 설치하여 청소를 위한 사람이나 장비의 출입이 원활하도
록 하여야 하고, 맨홀을 통하여 먼지 기타 이물질이 유입되지 아니하도록
할 것. 다만, 5m³ 이하의 소규모 저수조의 맨홀은 각 변 또는 지름을 60cm
이상으로 할 수 있다.

④ 침전찌꺼기의 배출구를 저수조의 맨 밑부분에 설치하고, 저수조의 바닥은
배출구를 향하여 100분의 1 이상의 경사를 두어 설치하는 등 배출이 쉬운
구조로 할 것

⑤ 5m³를 초과하는 저수조는 청소·위생점검 및 보수 등 유지관리를 위하여
1개의 저수조를 2 이상의 부분으로 구획하거나 저수조를 2개 이상 설치하
여야 하며, 1개의 저수조를 둘 이상의 부분으로 구획할 경우에는 한쪽의 물
을 비웠을 때 수압에 견딜 수 있는 구조일 것

⑥ 저수조의 물이 일정 수준 이상 넘거나 일정 수준 이하로 줄어들 때 울리는
경보장치를 설치하고, 그 수신기는 관리실에 설치할 것

⑦ 건축물 또는 시설 외부의 땅 밑에 저수조를 설치하는 경우에는 분뇨·쓰레
기 등의 유해물질로부터 5m 이상 띄워서 설치하여야 하며, 맨홀 주위에 다
른 사람이 함부로 접근하지 못하도록 장치할 것. 다만, 부득이하게 저수조
를 유해물질로부터 5m 이상 띄워서 설치하지 못하는 경우에는 저수조의
주위에 차단벽을 설치하여야 한다.

⑧ 저수조 및 저수조에 설치하는 사다리, 버팀대, 물과 접촉하는 접합부속 등
의 재질은 섬유보강플라스틱·스테인리스스틸·콘크리트 등의 내식성재
료를 사용하여야 하며, 콘크리트 저수조는 수질에 영향을 미치지 아니하는
재질로 마감할 것

⑨ 저수조의 공기정화를 위한 통기관과 물의 수위조절을 위한 월류관을 설치
하고, 관에는 벌레 등 오염물질이 들어가지 아니하도록 녹이 슬지 아니하는
재질의 세목스크린을 설치할 것

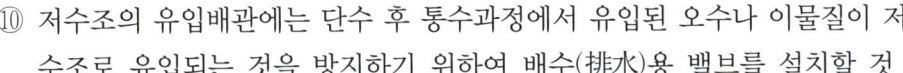

⑩ 저수조의 유입배관에는 단수 후 통수과정에서 유입된 오수나 이물질이 저수조로 유입되는 것을 방지하기 위하여 배수(排水)용 밸브를 설치할 것

⑪ 저수조를 설치하는 곳은 분진 등으로 인한 2차 오염을 방지하기 위하여 암·석면을 제외한 다른 적합한 자재를 사용할 것

⑫ 저수조 내부의 높이는 최소 1m 80cm 이상으로 할 것. 다만, 옥상에 설치한 저수조는 제외한다.

⑬ 저수조의 뚜껑은 잠금장치를 하여야 하고, 출입구 부분은 이물질이 들어가지 아니하는 구조이어야 하며, 측면에 출입구를 설치할 경우에는 점검 및 유지관리가 용이하도록 안전발판을 설치할 것

⑭ 소화용수가 저수조에 역류되는 것을 방지하기 위한 역류방지장치가 설치되어야 한다.

(2) 관리기준 등

① 건축물 또는 시설(이하 "대형건축물 등"이라 한다)의 소유자 또는 관리자(이하 "소유자 등"이라 한다)는 반기 1회 이상 저수조를 청소해야 하고, 월 1회 이상 저수조의 위생상태를 수도법 시행규칙 별표 6의2에 따라 점검해야 한다.

🔗 **저수조 위생점검 기준**(수도법 시행규칙 제22조의4 제1항 관련)

건축물의 명칭	
소유자(관리자)	
설치장소	
건축물의 용도	공동주택·사무실·상가·학교·공장·병원·여관·기타
위생점검실시일	

조사사항		점검기준	적부 (○·×)
1	저수조 주위의 상태	청결하며 쓰레기·오물 등이 놓여 있지 않을 것	
		저수조 주위에 고인물·용수 등이 없을 것	
2	저수조 본체의 상태	균열 또는 누수되는 부분이 없을 것	
		출입구나 접합부의 틈으로 빗물 등이 들어가지 아니할 것	
		유출관·배수관 등의 접합부분은 고정되고 방수·밀폐되어 있을 것	

3	저수조 윗부분의 상태	저수조의 윗부분에는 물을 오염시킬 우려가 있는 설비나 기기 등이 놓여 있지 아니할 것	
		저수조의 상부는 물이 고이지 아니하여야 하고 먼지 등 위생에 해로운 것이 쌓이지 아니할 것	
4	저수조 안의 상태	오물, 붉은 녹 등의 침식물, 저수조 내벽 및 내부 구조물의 오염 또는 도장의 떨어짐 등이 없을 것	
		수중 및 수면에 부유물질이 없을 것	
		외벽도장이 벗겨져 빛이 투과하는 상태로 되어 있지 아니할 것	
5	맨홀의 상태	뚜껑을 통하여 먼지나 그 밖에 위생에 해로운 부유물질이 들어갈 수 없는 구조일 것	
		점검을 하는 자 외의 자가 쉽게 열고 닫을 수 없도록 잠금장치가 안전할 것	
6	월류관 · 통기관의 상태	관의 끝부분으로부터 먼지나 그 밖에 위생에 해로운 물질이 들어갈 수 없을 것	
		관 끝부분의 방충망은 훼손되지 아니하고 망눈의 크기는 작은 동물 등의 침입을 막을 수 있을 것	
7	냄 새	물에 불쾌한 냄새가 나지 아니할 것	
8	맛	물이 이상한 맛이 나지 아니할 것	
9	색 도	물에 이상한 색이 나타나지 아니할 것	
10	탁 도	물이 이상한 탁함이 나타나지 아니할 것	

② 대형건축물 등의 소유자 등은 저수조가 신축되었거나 1개월 이상 사용이 중단된 경우에는 사용 전에 청소를 실시하여야 한다.

③ 청소를 하는 경우, 청소에 사용된 약품으로 인하여 「먹는물 수질기준 및 검사 등에 관한 규칙」 별표 1에 따른 먹는물의 수질기준이 초과되지 않도록 해야 하며, 청소 후에는 저수조에 물을 채운 다음의 기준을 충족하는지 여부를 점검해야 한다.

㉠ 잔류염소 : 리터당 0.1밀리그램 이상 4.0밀리그램 이하

㉡ 수소이온농도(pH) : 5.8 이상 8.5 이하

㉢ 탁도 : 0.5NTU(네펠로메트릭 탁도 단위, Nephelometric Turbidity Unit) 이하

④ 대형건축물 등의 소유자 등은 매년 마지막 검사일부터 1년이 되는 날이 속하는 달의 말일까지의 기간 중에 1회 이상 수돗물의 안전한 위생관리를 위하여 「먹는물관리법 시행규칙」 제35조에 따라 지정된 먹는물 수질검사기관에 의뢰하여 수질검사를 하여야 한다.

⑤ 수질검사의 시료 채취방법 및 검사항목은 다음과 같다.

   ㉠ 시료 채취방법 : 저수조나 해당 저수조로부터 가장 가까운 수도꼭지에서 채수

   ㉡ 수질검사항목 : 탁도, 수소이온농도, 잔류염소, 일반세균, 총대장균군, 분원성대장균군 또는 대장균

⑥ 대형건축물 등의 소유자 등은 수질검사 결과를 게시판에 게시하거나 전단을 배포하는 등의 방법으로 해당 건축물이나 시설의 이용자에게 ④에 따른 수질검사 결과를 공지하여야 한다.

⑦ 대형건축물 등의 소유자 등은 수질검사 결과가 수질기준(잔류염소의 경우에는 ③의 ㉠의 기준을 말한다)에 위반한 경우에는 지체 없이 그 원인을 규명하여 배수 또는 저수조 청소를 하는 등 필요한 조치를 신속하게 실시해야 한다.

⑧ 대형건축물 등의 소유자 등과 저수조청소업자는 저수조의 청소, 위생점검 또는 수질검사를 하거나 수질기준위반에 따른 조치를 하면 각각 그 결과를 기록하고, 2년간 보관하여야 한다. 이 경우 청소, 위생점검, 수질검사 및 수질기준위반에 따른 조치결과를 전산에 의한 방법으로 테이프·디스켓 등에 기록·보관할 수 있다.

⑨ **청소 및 위생점검의 대행**

   ㉠ 대형건축물 등의 소유자 등은 저수조의 청소와 위생상태의 점검을 저수조청소업자에게 대행하게 할 수 있다.

   ㉡ 저수조청소업자는 청소 등을 대행하는 경우에는 청소감독원을 현장에 배치하여야 한다.

⑶ 급수관의 세척 기준 등

① **세척 등 조치를 하여야 하는 공동주택** : 아파트로서 연면적 6만제곱미터 이상인 건축물 또는 시설

② **급수관의 상태검사 및 조치**

   ㉠ 건축물 또는 시설의 소유자 등은 일반검사를 다음의 구분에 따라 실시하여야 한다.

      ⓐ 최초 일반검사 : 해당 건축물 또는 시설의 준공검사(급수관의 갱생·교체 등의 조치를 한 경우를 포함한다)를 실시한 날부터 5년이 경과한 날을 기준으로 6개월 이내에 실시

      ⓑ 2회 이후의 일반검사 : 최근 일반검사를 받은 날부터 2년이 되는 날까지 매 2년마다 실시

ⓛ 소유자 등은 ㉠에 따라 일반검사를 실시한 결과 검사항목 중 탁도, 수소이온 농도, 색도 또는 철에 대한 검사기준을 초과하는 경우에는 급수관을 세척 (급수관 내부의 이물질이나 미생물막 등을 관에 손상을 주지 아니하면서 물이나 공기를 주입하는 방법 등으로 제거하는 것을 말한다)하여야 한다. 다만, 급수관이 아연도강관인 경우에는 검사항목 중 검사기준을 초과하는 항목이 한 개 이상 있으면 반드시 이를 갱생하거나 교체하여야 한다.

ⓒ 소유자 등은 ㉠에 따른 일반검사 결과가 다음의 어느 하나에 해당하면 전문검사를 하고, 급수관을 갱생하여야 한다. 다만, 전문검사 결과 갱생 만으로는 내구성을 유지하기 어려울 정도로 노후한 급수관은 새 급수관 으로 교체하여야 한다.

ⓐ 일반검사의 검사항목에 대한 검사기준을 2회 연속 초과하는 경우

ⓑ 일반검사의 검사항목 중 납·구리 또는 아연에 대한 검사기준을 초 과하는 경우

ⓡ 소유자 등은 ㉠에 따른 일반검사 또는 ㉢에 따른 전문검사를 실시한 경 우에는 그 결과를 일반수도사업자에게 통보하고, 해당 건축물 또는 시 설의 게시판에 게시하거나 전단을 배포하는 등의 방법으로 이용자에게 공지하여야 한다.

ⓜ 소유자 등은 ⓛ이나 ⓒ에 따른 세척·갱생·교체 등의 조치를 하였을 때에는 그 결과를 일반수도사업자에게 보고하고, 그와 관련된 자료를 3년 이상 보존하여야 한다.

③ **일반검사**

분 류	항 목	검사방법
기초조사	준공연도, 배관도면	관련 도면·서류·현지조사 등을 병행한다.
	관 종류, 관지름, 배관길이	관련 도면·서류·현지조사 등을 병행한다.
	문제점 조사	㉮ 출수불량, 녹물 등 수질불량 등을 조사한다. ㉯ 누수, 밸브 작동 상태 등 조사한다. ㉰ 이용 주민으로부터의 탐문조사 등을 활용한다.
급수관 수질검사	시료 채취 방법	건물 내 임의의 냉수 수도꼭지 하나 이상에서 물 1리터를 채취한다.
	검사 항목 및 기준	㉮ 탁도 : 1NTU 이하 ㉯ 수소이온농도 : 5.8 이상 8.5 이하 ㉰ 색도 : 5도 이하 ㉱ 철 : 0.3mg/ℓ 이하 ㉲ 납 : 0.01mg/ℓ 이하 ㉳ 구리 : 1mg/ℓ 이하 ㉴ 아연 : 3mg/ℓ 이하

④ 전문검사

분 류	항 목	검사방법
현장조사	수압 측정	가장 높은 층의 냉수 수도꼭지를 하나 이상 측정(화장실의 수도꼭지를 표본으로 측정한다)하되, 건물이 여러 동일 경우에는 각 동마다 측정한다.
	내시경 관찰	단수시킨 후 지하저수조 급수배관, 입상관(立上管), 건물 내 임의의 냉수 수도꼭지를 하나 이상 분리하여 내시경을 이용하여 진단한다.
	초음파 두께 측정	건물 안의 임의의 냉수 수도꼭지 하나 이상에서 스케일 두께를 측정한다.
	유 속	건물 안의 가장 높은 층의 냉수 수도꼭지 하나 이상에서 유속을 측정한다.
	유 량	건물 안의 가장 높은 층의 냉수 수도꼭지 하나 이상에서 유량을 측정한다.
	외부 부식 관찰	계량기 등에 연결된 급수 및 온수 배관, 밸브류 등의 외부 부식 상태를 관찰하여 검사한다.

💡 비 고
1. ③의 일반검사 중 급수관 수질검사는 「먹는물 수질기준 및 검사 등에 관한 규칙」별지 제1호서식의 수질검사신청서를 「먹는물관리법」제43조에 따라 지정된 수질검사기관에 제출하여 실시할 수 있다.
2. ③의 일반검사 중 급수관 수질검사는 건물이 여러 동(棟)으로 구성된 경우 각 동마다 실시하여야 한다. 다만, 일반수도사업자가 소유자 등의 신청을 받아 각 동별 급수관의 설치 시점 및 설치 제품이 동일함을 인정한 경우에는 하나의 동에서 측정한 결과를 건물 전체의 급수관 수질검사 결과로 볼 수 있다.
3. ④의 전문검사는 「건설산업기본법」제8조 제2항에 따라 기계설비공사업으로 등록된 업체 또는 환경부장관이 전문검사를 할 수 있다고 인정하는 업체에 의뢰하여 실시할 수 있다.

5 수도시설의 관리에 관한 교육

(1) 교육대상

아파트 및 그 복리시설의 소유자나 관리자는 환경부장관이 행하는 수도시설의 관리에 관한 교육을 받아야 한다.

💡 공동주택에 대하여는 관리사무소장을 건축물이나 시설의 관리자로 본다.

(2) 수도시설의 관리교육

① 「수도법」및 위생관련 법규
② 수도시설의 운영과 유지관리에 관한 사항
③ 먹는물의 수질기준과 검사에 관한 사항

④ 수질환경 개선에 관한 사항

⑤ 그 밖에 수도시설의 관리를 위하여 필요한 사항

(3) 교육시기 등

① 교육대상자는 다음의 구분에 따른 교육을 받아야 하며, 급수설비에 대한 소독 등 위생조치를 위반한 자와 저수조청소업의 영업정지를 받은 자는 위반행위가 있는 날부터 2년 이내에 재교육을 받아야 한다.

ㄱ 건축물 또는 시설의 소유자나 관리자 및 저수조청소업자, 저수조청소업에 직접 종사하는 종업원 및 현장에서 직접 지도하는 감독자 : 5년마다 8시간의 집합교육 또는 이에 상응하는 인터넷을 이용한 교육. 다만, 최초 교육은 교육대상자가 된 날부터 1년 이내에 받아야 한다.

ㄴ ㄱ 외의 교육대상자 : 3년마다 35시간의 집합교육 또는 이에 상응하는 인터넷을 이용한 교육. 다만, 최초 교육은 교육대상자가 된 날부터 1년 이내에 받아야 한다.

② 교육에 필요한 경비는 피교육자가 부담한다. 다만, 운영요원과 종업원의 교육에 필요한 경비는 그 운영요원과 종업원을 고용한 일반수도사업자나 저수조청소업자가 부담한다.

6 초고층 건물의 급수방식

(1) 개 요

초고층 건물은 최상층과 최하층 간의 수압차로 인하여 수격작용, 배관류 파손 등으로 급수압력을 일정하게 유지할 수 없어 균일한 급수압이 될 수 있도록 급수죠닝이 필요하다.

(2) 급수죠닝

① 목 적

ㄱ 저층부의 급수압력을 일정하게 유지

ㄴ 수격작용에 의한 소음이나 진동방지

ㄷ 배관 및 부속류의 파손방지

② 방 식

ㄱ 탱크에 의한 방식

ⓐ 층별식

ⓑ 중계식

© 감압밸브에 의한 방식
© 펌프직송방식에 의한 방식
© 압력탱크방식에 의한 방식

7 배관 시공시 주의사항 등

(1) 슬리브

급수배관이 벽이나 바닥을 관통하는 경우 콘크리트 타설 전에 미리 원통형 철관인 슬리브를 넣고 슬리브 속에 급수관을 통과시켜 배관을 하면, 배관의 수리·교체작업시 편리하다.

(2) 크로스커넥션

① 음용수 배관은 다른 용도의 어떠한 배관과 연결해서는 안 된다.
② 버큠브레이커(진공방지기)는 대변기 트랩이 막혀 오수의 급수관 내로의 역류를 방지하는 것으로 대변기에서는 세정밸브식에 사용된다.

(3) 지수밸브

① 급수계통의 수량 및 수압조정과 배관의 수리를 위해 설치하고, 밸브는 슬루스(게이트)밸브를 사용한다.
② 설치장소
ⓖ 각 층의 수평주관의 분기점
ⓛ 수평주관에서의 각 수직관의 분기점
ⓒ 급수관의 분기점
ⓔ 위생기구에 개별로 설치

> 💡 건물 내에는 각종 설비배관이 혼재하고 있어 시공시 착오로 서로 다른 계통의 배관을 접속하는 경우가 있다. 이중에 상수로부터의 급수계통과 그 외의 계통이 직접 접속되는 것을 크로스커넥션이라고 한다.

8 배관이음의 종류

직관의 접속	소켓, 유니온, 플랜지, 니플
분기관을 낼 때	티, 크로스, 와이(오수, 배수관)
이형관의 접속	리듀서, 부싱, 편심이경티, 이경소켓
배관의 굴곡부	엘보, 밴드
배관의 말단부	플러그, 캡

9 배관재료의 종류

구 분		내 용
주철관	특 징	① 내식성, 내구성, 내압성이 우수하다. ② 녹이 슬지 않아 수명이 길다. ③ 외부충격에 의해 균열 발생의 우려가 있다. ④ 인장강도에 약하다.
	접 합	소켓접합, 플랜지 접합, 기계적 접합, 빅토릭 접합, 타이톤 접합 등
강 관	특 징	① 인장강도가 크고 충격에 강하다. ② 관의 접합과 시공이 비교적 쉽다. ③ 가장 많이 이용되며 연관이나 주철관에 비해 가볍다. ④ 내식성이 작아 부식이 약하다. ⑤ 내구연수(수명)가 짧다.
	접 합	나사 접합, 플랜지 접합, 용접 접합 등
	관두께	① 두께는 스케줄 번호(Sch No)로 표시한다. ② SCH 10, 20, 30, 40, 60, 80 등으로 나타내며 번호가 클수록 관의 두께가 두껍다.
스테인리스강관	특 징	① 강관에 비해 기계적 강도가 우수하다. ② 내식성이 우수하며 수명이 길다. ③ 두께가 얇아 운반 및 시공이 쉽다.
	접 합	프레스식 접합, 압축식 접합, 클립식 접합, 신축가동식 접합, 드레셔형 스냅링식 접합, 확관식 접합 등
연 관	특 징	① 내식성이 우수하다. ② 연성이 풍부하여 가공이 쉽다. ③ 중량이 무겁고 가격이 비싸다. ④ 산에는 강하나 알카리에는 약하기 때문에 콘크리트 속에 매설할 때는 부식의 우려가 있으므로 방식피복을 해야 한다.
	접 합	플라스턴접합, 납땜접합, 용접접합 등
동 관	특 징	① 내구성이 우수하고 가공하기가 쉽다. ② 전기 및 열의 전도율이 좋다.
		황동관을 배수관으로 사용하면 부식이나 균열이 발생할 우려가 있다.
	접 합	납땜 접합, 경납땜 접합, 용접 접합, 플레어 접합, 플랜지 접합, 유니언 접합 등

동 관	관두께	① K, L, M type으로 구분한다. ② 표준규격에서는 K타입(가장 두껍다), L타입(두껍다), M 타입(보통)이 있다.
경질염화비닐관	특 징	① 전기절연성, 내산성, 내알카리성, 내식성이 우수하다. ② 배관의 가공이 용이하고, 경량으로 시공성이 우수하다. ③ 충격과 열에 약하다. ④ 선팽창계수(열팽창률)가 크므로 온도 변화에 따른 신축이 크다.
	접 합	냉간 접합(T, S식 접합), 열간 접합 등
콘크리트관(흄관)	특 징	① 내식성 및 내압성이 강하다. ② 가격이 저렴하다.
	접 합	모르타르접합 등

10 밸브의 종류 등

종 류	내 용
슬루스밸브 (게이트밸브)	유체의 흐름에 따른 관내 마찰손실이 적어 급수·급탕배관에 사용한다.
글로브 밸브 (스톱밸브)	유체는 밸브의 아래로부터 유입하여 밸브시트 사이를 통해 흐르므로 유체의 흐름방향이 갑자기 바뀌기 때문에 관내 마찰 저항이 크다.
앵글밸브	글로브 밸브의 일종으로서 유체의 흐름을 직각으로 바꾸는 경우에 사용된다.
콕	원추형의 유량조절장치를 0~90° 사이의 임의 각도만큼 회전시킴으로써 유체의 흐름을 급속히 개폐한다.
볼밸브	밸브 중간에 위치한 볼의 회전에 의해 유체의 흐름을 조절한다.
볼 탭	수위의 변화에 따른 부력에 의해 자동적으로 물을 급수하여 일정수위를 유지하고자 할 때 사용하는 밸브이다.
체크밸브	유체를 한방향으로만 흐르게 하여 역류를 방지하는 밸브로서 리프트형(수평배관), 스윙형(수직/수평배관)이 있다.
정수위 밸브	저수조의 자동수위조절밸브로서 수위가 일정수위에 도달하면 강제로 폐쇄되는 밸브이다.
스트레이너(여과기)	조절밸브, 유량계, 열교환기 등의 기기 앞에 설치하여 배관 속의 먼지, 흙, 모래, 쇠부스러기 기타 불순물 등을 여과한다.

플러쉬밸브(세정밸브)	한번 핸들을 누르면 급수압력으로 일정량의 물이 나온 후 자동으로 잠기게 되는 밸브이다.
공기빼기밸브	굴곡배관이 되어 공기가 찰 우려가 있는 배관의 상부에 설치하여 공기를 제거하는 밸브이다.
감압밸브	고압배관과 저압배관 사이에 설치하여 압력을 낮추어 일정하게 유지할 때 사용한다.
안전밸브	배관계통 및 압력용기에 있어 그 압력이 일정한도 이상 상승하였을 때 그 과잉 압력을 자동으로 외부로 배출하는 밸브이다.
버터플라이밸브	흐름방향에 직각으로 설치된 축을 중심으로 원판형의 밸브체가 회전함으로서 개폐를 하는 밸브로 나비형 밸브라고도 한다. 다른 형식의 밸브에 비하여 구조는 단순하므로 저압용의 유량조절용으로 널리 사용되고 있다.
차압조절밸브	공조설비의 냉온수 공급관과 환수관의 양측압력을 동시에 감지하여 압력 균형을 유지시키는 용도의 밸브이다.

11 펌 프

(1) 펌프의 흡입양정

① **정의**: 펌프의 흡입양정이란 펌프가 물을 아래에서 위로 흡입할 수 있는 높이를 말하며 펌프의 성능을 결정하는 요소이다.

② **특 징**

   ㉠ 펌프의 흡입양정은 수온이 높을수록 낮아진다.

   ㉡ 펌프의 흡입양정은 대기압이 낮을수록 낮아진다.

   ㉢ 펌프의 흡입양정은 해발고도가 높을수록 낮아진다.

   ㉣ 구경이 클수록 펌프의 효율은 높다.

③ **수온에 따른 흡입양정**

수 온	0℃	20℃	50℃	60℃	70℃	80℃	90℃	100℃
이론상의 흡입높이(m)	10.33	9.68	9.04	7.89	7.2	5.56	2.92	0
실제 흡입높이(m)	7.0	6.5	4.0	2.5	0.5	0	0	0

(2) 펌프의 전양정

① **흡입양정**: 흡입수면에서 펌프 중심까지의 높이

② **토출양정**: 펌프 중심에서 토출수면까지의 높이

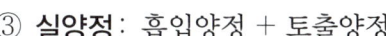
③ **실양정**: 흡입양정 + 토출양정

④ **전양정**: 실양정 + 관 내 마찰손실수두

(3) 펌프의 특징 및 종류

① **왕복동펌프**

    ㉠ 특 징

        ⓐ 송수압의 변동이 심하다.

        ⓑ 양수량이 적고 양정이 클 때 적합하다.

        ⓒ 양수량 조절이 어렵다.

    ㉡ 종 류

구 분	내 용
피스톤 펌프 (Piston Pump)	ⓐ 피스톤작용으로 물을 급수하는 펌프이다. ⓑ 수량이 많고 수압이 낮은 곳에서 사용된다.
플런저 펌프 (Plunger Pump)	ⓐ 구조가 간단하다. ⓑ 수량이 적고 수압이 높은 곳에 사용된다.
워싱턴 펌프 (Worthington Pump)	ⓐ 구조가 간단하고 고장이 적다. ⓑ 보일러 보급수용으로 사용된다.

② **원심펌프**(Centrifugal Pump, 와권, 회전펌프)

    ㉠ 특 징

        ⓐ 회전운동으로 작동한다.

        ⓑ 양수량 조절이 용이하고, 송수압의 변동이 적다.

        ⓒ 양수량이 많고 양정은 고저 모두에 이용된다.

        ⓓ 진동이 적어 고속운전에 적합하다.

    ㉡ 종 류

구 분	내 용
볼류트 펌프 (Volute Pump)	ⓐ 축에 날개차(impeller)가 달려 있어 원심력으로 양수한다. ⓑ 급탕, 냉온수, 냉각기기 등의 양정이 낮은 순환용 펌프로 사용된다. ⓒ 20m 이하의 저양정에 사용된다.
터빈 펌프 (Turbine Pump)	ⓐ 축과 날개차(impeller) 이외에 안내날개(Guide Vane)가 달려 있어 물의 흐름을 조절한다. ⓑ 날개차(impeller)의 수에 따라 단단 터빈펌프(20m 이하의 저양정에 사용), 다단 터빈펌프(20m 이상의 고양정에 사용)로 구분한다.

라인 펌프 (Line Pump)		ⓐ 흡입구와 배출구가 일직선상에 있는 원심 펌프로서, 배관 도중에 설치하여 사용한다. ⓑ 급탕, 난방설비의 배관 순환용으로 사용된다.
심정 펌프 (Deep Well Pump)	보어홀 펌프 (Deep Hole Pump)	ⓐ 날개차(impeller)와 스트레이너는 물 속에 있고 모터는 땅 위에 있어, 지상의 모터와 물속의 날개차(impeller)를 긴축으로 연결하여 작동시킨다. ⓑ 고장이 많고 수리가 어렵다. ⓒ 깊은 우물의 양수에 사용된다.
	수중모터 펌프 (Submerged Pump)	ⓐ 모터에 직결된 펌프를 수중에서 작동하도록 한 펌프이다. ⓑ 완전방수구조로 되어 있어 설치운반과 조작이 간편하다. ⓒ 풋밸브나 흡입호스가 없다.
논클로그 펌프 (Non-Clog Pump)		ⓐ 오수, 오물잔재의 고형물이나 천조각 등이 섞인 물을 배제하는 데 사용되는 펌프이다. ⓑ 오수, 배수펌프로 사용된다.

(4) 펌프의 축동력

💡 W: 물의 단위중량(1,000kg/m³)
Q: 양수량(m³/min)
H: 전양정(m)
E: 펌프의 효율(%)

$$\text{펌프의 축동력(kW)} = \frac{W \times Q \times H}{6,120 \times E}$$

(5) 배관의 마찰손실수두

💡 h: 마찰손실수두
f: 마찰(손실)계수
d: 관의 내(직)경(m)
l: 관의 길이(m)
g: 중력가속도(9.8m/sec²)
v: 유속(m/sec)

$$h = f\frac{l}{d} \cdot \frac{v^2}{2g}$$

① 마찰손실수두는 관의 마찰(손실)계수, 관의 길이, 유속의 제곱에 비례한다.
② 마찰손실수두는 관의 내경, 중력가속도에 반비례한다.

(6) 회전수 변화에 따른 유량, 양정, 축동력의 변화

① 펌프의 유량은 회전수 변화에 비례한다.
② 펌프의 양정은 회전수 변화의 제곱에 비례한다.
③ 펌프의 축동력은 회전수 변화의 세제곱에 비례한다.

(7) 펌프의 운전

① **직렬운전**: 토출량은 동일하고 양정이 2배가 된다.
② **병렬운전**: 토출량은 2배가 되고 양정은 동일하다.

(8) 펌프의 이상현상

① **공동현상**(Cavitation)

㉠ 유체 속에서 압력이 낮은 곳이 생기면 물속에 포함되어 있는 기체가 물에서 빠져나와 압력이 낮은 곳에 모이는데, 이로 인해 배관 내에 물이 없는 빈공간이 발생하는 현상을 말한다.

㉡ 발생요인

ⓐ 펌프의 흡입측 낙차(흡입양정이)가 클 경우
ⓑ 날개차(impeller) 속도가 지나치게 클 경우
ⓒ 펌프의 마찰손실이 클 경우
ⓓ 이송하는 유체가 고온일 경우

㉢ 방지대책

ⓐ 펌프의 흡입양정을 작게 한다.
ⓑ 펌프의 마찰손실을 적게 한다.
ⓒ 펌프의 날개차(impeller) 속도, 즉 회전수를 낮게 한다.
ⓓ 펌프유량을 줄이고 양흡입 펌프를 사용한다.
ⓔ 설계상의 펌프 운전범위 내에서 필요 NPSH가 유효 NPSH보다 작게 되도록 배관계획을 하여야 한다.

② **수격작용**

㉠ 밸브, 수전 등을 갑자기 폐쇄하거나 관내의 유속의 흐름을 순간적으로 폐쇄하면 관내에 압력이 상승하면서 발생하는 소음 및 진동을 말한다.

㉡ 원 인

ⓐ 밸브를 급히 폐쇄할 때
ⓑ 관내 수압이 과대하거나 유속이 빠를 때
ⓒ 배관에 굴곡개소가 많을 때
ⓓ 감압밸브를 사용할 때
ⓔ 배관의 관경이 작을 때
ⓕ 배관 내 상용압력이 높을 때

ⓒ 대 책
  ⓐ 밸브를 서서히 개방한다.
  ⓑ 관내 유속을 느리게 한다.
  ⓒ 관경을 크게 한다.
  ⓓ 직선배관을 설치한다.
  ⓔ 기구류 가까이에 공기실(Airchamber)을 설치한다.

③ **서징현상**(Surging, 맥동현상) : 펌프와 송풍기 등이 운전 중에 한숨을 쉬는 것과 같은 상태가 되어 펌프인 경우 입구와 출구의 진공계, 압력계의 침이 흔들리고 동시에 송출유량이 변화화는 현상, 즉 송출압력과 송출유량 사이에 주기적인 변동이 일어나는 현상을 말한다.

💡 산형특성의 양정곡선을 갖는 펌프의 산형 왼쪽 부분에서 유량과 양정이 주기적으로 변동하는 현상을 말한다(시설개론 기출 지문).

배수 · 통기설비

01 배수 · 통기설비관리의 개요
02 트랩(Trap)
03 통기관(Vent-pipe)
04 위생기구의 설치

02 배수 · 통기설비

1 배수 · 통기설비관리의 개요

(1) 의 의

① 배수설비란 건물 내 오수, 잡배수, 우수를 정체 · 역류 등의 현상을 일으키지 않고 신속히 위생적인 방법으로 하수시설에 유도하기 위한 설비를 말한다.

② 통기설비는 트랩의 봉수를 확실히 유지하고 배수관내 흐름을 원활히 하기 위한 설비로서, 통기의 목적으로 설치된 관을 통기관이라 한다.

(2) 배수시설 등의 설치규정

① **배수시설의 설치**

㉠ 주택의 부엌, 욕실, 화장실 및 다용도실 등 물을 사용하는 곳과 발코니의 바닥에는 배수설비를 하여야 한다. 다만, 급수설비를 설치하지 아니하는 발코니인 경우에는 그러하지 아니하다.

㉡ 배수설비에는 악취 및 배수의 역류를 막을 수 있는 시설을 하여야 한다.

㉢ 배수설비는 오수관로에 연결하여야 한다.

② **배수용 배관설비 설치**

㉠ 주택의 화장실에 설치하는 급수·배수용 배관은 다음의 기준에 적합하여야 한다.

ⓐ 급수용 배관에는 감압밸브 등 수압을 조절하는 장치를 설치하여 각 세대별 수압이 일정하게 유지되도록 할 것

ⓑ 배수용 배관은 층상배관공법(배관을 해당 층의 바닥 슬래브 위에 설치하는 공법을 말한다) 또는 층하배관공법(배관을 바닥 슬래브 아래에 설치하여 아래층 세대 천장으로 노출시키는 공법을 말한다)으로 설치할 수 있으며, 층하배관공법으로 설치하는 경우에는 일반용 경질(단단한 재질) 염화비닐관을 설치하는 경우보다 같은 측정조건에서 5데시벨 이상 소음 차단성능이 있는 저소음형 배관을 사용하여야 한다.

㉡ 배관설비의 설치 및 기준

ⓐ 배관설비를 콘크리트에 묻는 경우 부식의 우려가 있는 재료는 부식방지조치를 할 것

ⓑ 건축물의 주요부분을 관통하여 배관하는 경우에는 건축물의 구조내력에 지장이 없도록 할 것

ⓒ 승강기의 승강로 안에는 승강기의 운행에 필요한 배관설비 외의 배관설비를 설치하지 아니할 것

ⓓ 압력탱크 및 급탕설비에는 폭발 등의 위험을 막을 수 있는 시설을 설치할 것

ⓔ 배출시키는 빗물 또는 오수의 양 및 수질에 따라 그에 적당한 용량 및 경사를 지게 하거나 그에 적합한 재질을 사용할 것

ⓕ 배관설비에는 배수트랩·통기관을 설치하는 등 위생에 지장이 없도록 할 것

ⓖ 배관설비의 오수에 접하는 부분은 내수재료를 사용할 것

ⓗ 지하실 등 공공하수도로 자연배수를 할 수 없는 곳에는 배수용량에 맞는 강제배수시설을 설치할 것

ⓘ 우수관과 오수관은 분리하여 배관할 것

ⓙ 콘크리트구조체에 배관을 매설하거나 배관이 콘크리트구조체를 관통할 경우에는 구조체에 덧관을 미리 매설하는 등 배관의 부식을 방지하고 그 수선 및 교체가 용이하도록 할 것

⑶ **빗물이용시설의 시설기준·관리기준**

① 아파트, 연립주택, 다세대주택 및 기숙사로서 건축면적이 1만제곱미터 이상인 공동주택의 빗물이용시설에는 다음의 시설을 갖추어야 한다.

　㉠ 지붕(골프장의 경우에는 부지를 말한다)에 떨어지는 빗물을 모을 수 있는 집수시설(集水施設)

　㉡ 처음 내린 빗물을 배제할 수 있는 장치나 빗물에 섞여 있는 이물질을 제거할 수 있는 여과장치 등 처리시설

　㉢ ㉡에 따른 처리시설에서 처리한 빗물을 일정 기간 저장할 수 있는 다음의 요건을 갖춘 빗물 저류조(貯溜槽)

　　ⓐ 지붕의 빗물 집수 면적에 0.05미터를 곱한 규모 이상의 용량(골프장의 경우 해당 골프장에 집수된 빗물로 연간 물사용량의 40퍼센트 이상을 사용할 수 있는 용량을 말한다)일 것

　　ⓑ 물이 증발되거나 이물질이 섞이지 아니하고 햇빛을 막을 수 있는 구조일 것

　　ⓒ 내부를 청소하기에 적합한 구조일 것

　㉣ 처리한 빗물을 화장실 등 사용장소로 운반할 수 있는 펌프·송수관·배수관 등 송수시설 및 배수시설

② 아파트, 연립주택, 다세대주택 및 기숙사로서 건축면적이 1만제곱미터 이상인 공동주택의 빗물이용시설의 관리기준은 다음과 같다.

　㉠ 음용(飮用) 등 다른 용도에 사용되지 아니하도록 배관의 색을 다르게 하는 등 빗물이용시설임을 분명히 표시할 것

　㉡ 연 2회 이상 주기적으로 ①의 시설에 대한 위생·안전 상태를 점검하고 이물질을 제거하는 등 청소를 할 것

　㉢ 빗물사용량, 누수 및 정상가동 점검결과, 청소일시 등에 관한 자료를 기록하고 3년간 보존할 것(전자적 방법으로 기록 보존할 수 있다)

⑷ **배수의 종류 및 방식**

① **배수의 종류**

　㉠ 오수: 대·소변기, 비데 등에서 나오는 배수

　㉡ 잡배수: 욕조·주방기구 등에서 나오는 배수

　㉢ 우수: 옥상 등으로부터 내려오는 빗물

② **배수의 방식**: 배수방식은 옥내배수와 옥외배수로 구분된다.

   ㉠ 옥내배수방식

      ⓐ 중력배수: 하수관 상부에서 하부로 중력에 의해 자연배수하는 방식

      ⓑ 기계배수: 하수관 하부의 집수정으로 모았다가 펌프를 통하여 외부로 배수하는 방식

   ㉡ 옥외배수방식

      ⓐ 합류배수식: 오수·잡배수의 구별없이 합류시켜서 오수처리시설에 모았다가 도시하수로 등에 배수시키는 방식

      ⓑ 분류배수식: 잡배수는 하수관으로, 오수는 정화조에 모았다가 도시하수로 등으로 배수시키는 방식

(5) 기구 접속방법

① **직접배수**: 위생기구의 배수관과 배수설비를 직접 연결하는 방식

② **간접배수**: 배관의 위생을 유지·관리할 목적으로 배수관을 배수 계통에 직접 연결하지 않고 물받이 또는 기구 속으로 배수하는 방법

2 트랩(Trap)

(1) 설치목적

① 관내의 악취, 유독가스 등이 실내로 역류하지 못하도록 배관을 봉하는 장치를 말한다.

② 트랩 내에 항상 고여 있어 악취, 유독가스 등의 유입을 방지하는 물을 봉수라 한다.

💡 봉수의 적정깊이는 50~100mm로 한다.

(2) 트랩의 종류 및 특징

① **사이펀식 트랩**

   ㉠ P 트랩

      ⓐ 위생기구에 많이 쓰이며 가장 널리 사용된다.

      ⓑ 세면기의 배수에 사용된다.

   ㉡ S 트랩

      ⓐ 사이펀 작용에 의하여 봉수가 파괴되기 쉽다.

      ⓑ 대변기·세면기·소변기 등의 위생기구에 사용된다.

💡 사이펀식 트랩은 관(pipe)의 형상에 의한 것으로 사이펀 작용으로 배수된다.

ⓒ U 트랩

ⓐ 가옥트랩 또는 메인트랩이라고도 한다.

ⓑ 옥내 배수수평관에 설치되어 공공 하수관에서의 하수가스의 역류 방지용으로 사용한다.

② **비 사이펀식 트랩**

ⓐ 비 사이펀식 트랩은 용적형에 의한 것으로 물이 중력에 의해서 배수된다.

㉠ 드럼 트랩

ⓐ 드럼모양의 통을 만들어 설치한다.

ⓑ 주방용 싱크대에 사용하며 봉수가 안정적이다.

㉡ 벨 트랩

ⓐ 상부 벨을 들면 트랩기능이 상실된다.

ⓑ 화장실, 샤워실의 바닥 배수용으로 사용된다.

㉢ 저집기(포집기, 조집기)

ⓐ 저집기는 배수 중에 혼입된 여러 가지 유해물질이나 기타 불순물 등을 여과함과 동시에 트랩의 기능을 수행한다.

ⓐ 그리스 저집기(그리스 트랩) : 주방 등에서 기름기가 많은 배수로부터 기름기를 제거·분리시키는 장치이다.

ⓑ 샌드 저집기(샌드 트랩) : 배수 중에 진흙이나 모래를 다량으로 포함하는 곳에 설치한다.

ⓒ 플라스터 저집기(플라스터 트랩) : 치과기공실, 정형외과의 기브스실 등의 배수에 사용한다.

ⓓ 가솔린 저집기(오일 트랩) : 가솔린을 많이 사용하는 곳에 쓰이는 것으로 배수에 포함된 가솔린을 수면 위에 뜨게 하여 통기관을 통해서 휘발시킨다. 주차장, 차고 바닥 등에 사용한다.

ⓔ 론더리 저집기(론더리 트랩) : 영업용의 세탁장에 설치하여 단추, 끈 등의 세탁불순물이 배수관에 유입되지 않도록 한다.

ⓕ 헤어 저집기(헤어 트랩) : 이발소·미장원에 설치하여 배수관 내 모발 등을 제거·분리시키는 장치이다.

(3) **트랩의 구비조건**

① 구조가 간단하며 평활한 내면을 이루고 오물이 체류하지 않는 형이어야 한다.

② 자체의 유수로 배수로를 세정할 수 있어야 한다.

③ 봉수가 항상 유지될 수 있는 구조이어야 한다.

④ 재질은 내식성·내구성 있는 재료로 만들어져 있어야 한다.

⑤ 청소 및 수리를 쉽게 할 수 있는 구조이어야 한다.

(4) 봉수파괴 원인

① **자기사이펀작용**: 만수된 물이 배수관 내를 흐르게 되면 사이펀작용에 의하여 봉수가 배수수직관쪽으로 빠져 나가면서 봉수가 파괴된다.

② **유도사이펀(흡출, 흡인)작용**: 배수수직관 내부가 부압으로 되는 곳에 배수수평지관이 접속되어 있을 경우 배수수평지관 내의 공기가 배수수직관 쪽으로 유인됨에 따라 봉수가 이동하여 파괴된다.

③ **역사이펀(분출, 토출)작용**: 저층부 배수수직관 가까이에 위생기구가 설치된 경우 배수수직관 상부로부터 일시에 다량의 물이 배수되면 피스톤작용을 일으켜 저층부 위생기구 내의 봉수가 공기의 압축에 의하여 실내측으로 역류하여 봉수가 파괴된다.

④ **모세관작용**: 트랩의 유출구쪽에 실이나 천조각 등의 고형물이 걸려 있는 경우 모세관현상에 의하여 봉수가 파괴된다.

⑤ **증발**: 위생기구를 장시간 사용하지 않을 경우 증발에 의해서 봉수가 파괴된다.

⑥ **운동량에 의한 관성작용**: 배관 내에 급격한 압력변화 또는 충격 등의 원인에 의하여 봉수가 상하 동요를 일으켜 봉수가 파괴된다.

(5) 봉수파괴 원인에 따른 대책

봉수파괴 원인	대 책
자기사이펀작용	통기관 설치
유도사이펀(흡출, 흡인)작용	
역사이펀(분출, 토출)작용	
모세관작용	거름망 설치 또는 고형물 제거
증 발	기름사용
운동량에 의한 관성작용	격자쇠 철물 설치

3 통기관(Vent-pipe)

(1) 설치목적

① 트랩봉수의 파괴를 방지하기 위하여 설치
② 배수 흐름의 원활
③ 배수관 내 악취 실외배출
④ 배수관 내의 청결유지

통기관을 설치하는 주목적은 트랩의 봉수를 보호하기 위함이다.

(2) **종류 및 특징**

① **각개통기관**

ㄱ 각 위생기구마다 통기관을 연결하는 방식으로 가장 이상적인 통기방식이나 설비비가 많이 든다.

ㄴ 각개통기관은 기구의 물 넘침선보다 150mm 이상 입상하여 통기수평지관에 접속한다.

ㄷ 각개통기관의 배수관 접속점은 기구의 최고 수면과 배수 수평지관이 수직관에 접속되는 점을 연결한 동수 구배선보다 상위에 있도록 배관한다.

② **회로(루프, 환상)통기관**

2개 이상의 트랩을 보호하기 위하여 설치하는 통기관으로서, 최상류 위생기구배수관이 배수수평지관에 접속하는 위치의 직하(直下)에서 입상하여 통기수직관에 접속하는 통기관이다.

③ **도피통기관**

ㄱ 회로통기관의 통기 능률을 촉진시키기 위하여 설치한다.

ㄴ 도피통기관은 수직관과 회로통기관에서 가장 먼 하류의 기구배수관 사이의 배수 수평지관에 연결한다.

④ **습(습윤, 습식)통기관**

배수수평지관 최상류 위생기구의 바로 아래에 접속하여 배수와 통기의 역할을 겸용한다.

⑤ **결합통기관**

ㄱ 배수수직관 내의 압력변동을 방지하기 위해 배수수직관과 통기수직관을 연결하는 통기관이다.

ㄴ 배수수직관으로부터 분기 입상하여 통기수직관에 접속해 배수수직관의 통기를 촉진한다.

⑥ **신정통기관**

ㄱ 배수수직관에서 최상부의 배수수평관이 접속한 지점보다 더 상부 방향으로 그 배수수직관을 지붕 위까지 연장하여 이것을 통기관으로 사용하는 관을 말한다.

ㄴ 신정통기관의 관경은 배수수직관의 관경 이상으로 한다.

⑦ **공용통기관**

맞물림 또는 병렬로 설치한 위생기구의 기구배수관 교차점에 접속하여, 그 양쪽 기구의 트랩 봉수를 보호하는 1개의 통기관을 말한다.

⑧ **특수통기방식**

◊ 특수통기방식은 배수관 하나로 배수와 통기역할을 수행하는 통기관을 말한다.

㉠ 소벤트 방식 : 통기관을 따로 설치하지 않고 하나의 배수수직관으로 배수와 통기를 겸하는 시스템을 말한다. 여기에는 2개의 특수 이음쇠가 사용된다.

ⓐ 공기혼합 이음쇠 : 배수수직관과 각층 배수수평지관의 접속부분에 설치한다. 배수수평지관에서 유입하는 배수와 공기를 배수수직관 중에서 효과적으로 혼합하여 유하수의 유속을 줄여 배수수직관 꼭대기에서의 공기 흡입현상을 방지한다.

ⓑ 공기분리 이음쇠 : 배수수직관이 배수수평관에 접속되기 전에 설치한다. 배수가 배수수평관에 원활히 유입하도록 배수와 공기를 분리시킨다.

㉡ 섹스티아 방식 : 섹스티아 이음쇠와 섹스티아 밴드관을 사용하여 유수에 선회력을 주어 공기코어를 유지시켜 하나의 관으로 배수와 통기를 겸하는 통기방식이다.

ⓐ 섹스티아 이음쇠 : 각 층의 배수수직관과 배수수평지관의 접속부분에 설치한다. 배수수평지관 내의 유수에 선회력을 주어 공기코어를 유지한다. 즉, 관의 바깥쪽으로 물을 흐르게 하고 관의 안쪽으로 공기를 흐르게 한다.

ⓑ 섹스티아 밴드관(45° 곡관) : 배수수직관과 배수수평관의 접속 부분에 설치한다. 배수수직관 내의 유수에 선회력을 주어 공기코어를 유지한다.

(3) 통기관 설치시 주의사항

① 정화조의 통기관과 일반 배수용의 통기관은 별도 배관하며, 통기관은 실내 환기용 덕트에 연결하지 않도록 한다.

② 통기관이 바닥 아래에서 배관되어서는 아니 된다.

③ 통기수직관은 우수수직관에 연결해서는 아니 된다.

④ 배수, 통기수직관은 파이프 샤프트 내에 배관한다.

💡 발포존이란 거품이 발생하는 구역을 말한다.

(4) 발포존

공동주택에서는 세탁기, 주방 싱크대 등에서 세제를 포함한 배수가 위층에서 배수되면 저층부의 기구 트랩에서 분출작용이 발생하여 트랩의 봉수가 파괴되어 세제 거품이 올라오는 경우가 있다. 발포존의 발생을 줄이기 위해서는 배수 수평관의 길이를 짧게 하고, 저층부와 고층부의 배수계통을 별도로 하여야 한다.

(5) 종국유속

배수수직관에서 흘러내리는 물의 속도는 중력가속도에 의해 급격히 증가하지만 무한정 증가하지는 않는다. 즉, 배수가 흐르면서 배관 내벽 및 배관 내 공기와의 마찰에 의해 속도와 저항이 균형을 이루어 일정한 유속을 유지하는데 이것을 종국유속이라 한다.

(6) 수력도약(도수)현상

배수수직주관으로부터 배수수평주관으로 배수가 옮겨가는 경우, 굴곡부에서는 원심력에 의해 외측의 배수는 관벽으로 힘이 작용하면서 흐른다. 또한 배수수직주관 내의 유속은 상당히 빠르지만 배수수평주관 내에서는 이 유속이 유지될 수 없기 때문에 급격히 유속이 떨어지게 되고 뒤이어 흘러내리는 배수가 있을 경우에는 유속이 떨어진 배수의 정체로 인하여 수력도약현상이 발생된다.

(7) 배수관의 관지름

① 기구배수관의 관지름은 이것과 접속하는 기구의 트랩 관지름 이상으로 한다.
② 배수수평지관의 관지름은 이것과 접속하는 기구배수관의 최대 관지름 이상으로 한다.
③ 배수수직관의 관지름은 이것과 접속하는 배수수평지관의 최대 관지름 이상으로 한다.
④ 배수관은 하류방향으로 관지름이 축소되어서는 안 된다.

4 위생기구의 설치

(1) 위생기구의 조건

① 흡습성·내식성이 없고 내구성이 있는 재료일 것
② 외관이 깨끗하고 위생적일 것
③ 기구의 제작이 용이하며, 설치가 간단할 것

(2) 위생설비의 유니트(Unit)화

종래의 현장에서 수행되었던 작업을 최소화하기 위하여 현장에서 수행되던 공정을 공장에서 선수행함으로써 현장공기 단축 및 면적 이용률 증가, 설비 품질 및 경제성의 확보, 유지보수의 용이성 및 A/S의 신속성 확보 도입 등의 목적이 있다.

03 오수정화설비

오수정화설비

01 오수처리설비 관리의 개요
02 개인하수처리시설
03 오물정화조 처리순서 등

1 오수처리설비 관리의 개요

(1) 하수도시설의 설치

① 주택법 제15조에 따른 사업계획의 승인을 얻어 조성하는 일단의 대지에는 ②에 따른 기준 이상인 하수도시설이 설치되어야 한다.
② 하수도시설은 대지면적 1제곱미터당 1일 0.1톤 이상의 오수를 처리할 수 있는 시설이어야 한다.
③ 주택법 제15조의 규정에 따른 대지조성사업계획에 주택의 예정세대수 등에 관한 계획이 포함된 경우에는 ②의 규정에도 불구하고 하수도시설의 공급·처리 용량이 각각 매세대당 1일 1톤 이상인 시설이어야 한다.

(2) 용어의 정의(하수도법)

① 하수라 함은 사람의 생활이나 경제활동으로 인하여 액체성 또는 고체성의 물질이 섞이어 오염된 물(이하 "오수"라 한다)과 건물·도로 그 밖의 시설물의 부지로부터 하수도로 유입되는 빗물·지하수를 말한다. 다만, 농작물의 경작으로 인한 것은 제외한다.
② 분뇨라 함은 수거식 화장실에서 수거되는 액체성 또는 고체성의 오염물질(개인하수처리시설의 청소과정에서 발생하는 찌꺼기를 포함한다)을 말한다.

💡 1일 오수 발생량이 2m³를 초과하면 오수처리시설을, 2m³ 이하이면 정화조를 설치한다.

③ 하수도란 하수와 분뇨를 유출 또는 처리하기 위하여 설치되는 하수관로 · 공공하수처리시설 · 간이공공하수처리시설 · 하수저류시설 · 분뇨처리시설 · 배수설비 · 개인하수처리시설 그 밖의 공작물 · 시설의 총체를 말한다.

④ 공공하수도라 함은 지방자치단체가 설치 또는 관리하는 하수도를 말한다. 다만, 개인하수도는 제외한다.

⑤ 개인하수도라 함은 건물 · 시설 등의 설치자 또는 소유자가 해당 건물 · 시설 등에서 발생하는 하수를 유출 또는 처리하기 위하여 설치하는 배수설비 · 개인하수처리시설과 그 부대시설을 말한다.

⑥ 하수관로란 하수를 공공하수처리시설 · 간이공공하수처리시설 · 하수저류시설로 이송하거나 하천 · 바다 그 밖의 공유수면으로 유출시키기 위하여 지방자치단체가 설치 또는 관리하는 관로와 그 부속시설을 말한다.

⑦ 공공하수처리시설이라 함은 하수를 처리하여 하천 · 바다 그 밖의 공유수면에 방류하기 위하여 지방자치단체가 설치 또는 관리하는 처리시설과 이를 보완하는 시설을 말한다.

⑧ 분뇨처리시설이라 함은 분뇨를 침전 · 분해 등의 방법으로 처리하는 시설을 말한다.

⑨ 배수설비라 함은 건물 · 시설 등에서 발생하는 하수를 공공하수도에 유입시키기 위하여 설치하는 배수관과 그 밖의 배수시설을 말한다.

⑩ 개인하수처리시설이라 함은 건물 · 시설 등에서 발생하는 오수를 침전 · 분해 등의 방법으로 처리하는 시설을 말한다.

⑪ 합류식하수관로란 오수와 하수도로 유입되는 빗물 · 지하수가 함께 흐르도록 하기 위한 하수관로를 말한다.

⑫ 분류식하수관로란 오수와 하수도로 유입되는 빗물 · 지하수가 각각 구분되어 흐르도록 하기 위한 하수관로를 말한다.

⑬ 하수처리구역이라 함은 하수를 공공하수처리시설에 유입하여 처리할 수 있는 지역으로서 공고된 구역을 말한다.

2 개인하수처리시설

(1) 개인하수처리시설의 설치기준

① 하수처리구역 밖

    ㉠ 1일 오수 발생량이 $2m^3$를 초과하는 건물·시설 등을 설치하려는 자는 오수처리시설(개인하수처리시설로서 건물 등에서 발생하는 오수를 처리하기 위한 시설을 말한다)을 설치할 것

    ㉡ 1일 오수 발생량이 $2m^3$ 이하인 건물 등을 설치하려는 자는 정화조(개인하수처리시설로서 건물 등에 설치한 수세식 변기에서 발생하는 오수를 처리하기 위한 시설을 말한다)를 설치할 것

② 하수처리구역 안(합류식 하수관로 설치지역만 해당): 수세식 변기를 설치하려는 자는 정화조를 설치할 것

(2) 개인하수처리시설의 설치 및 준공검사 등

① 오수를 배출하는 건물·시설 등을 설치하는 자는 단독 또는 공동으로 개인하수처리시설을 설치하여야 한다. 다만, 다음의 어느 하나에 해당하는 경우에는 그러하지 아니하다.

    ㉠ 공공폐수처리시설로 오수를 유입시켜 처리하는 경우

    ㉡ 오수를 흐르도록 하기 위한 분류식하수관로로 배수설비를 연결하여 오수를 공공하수처리시설에 유입시켜 처리하는 경우

    ㉢ 공공하수도관리청이 환경부령으로 정하는 기준·절차에 따라 하수관로 정비구역으로 공고한 지역에서 합류식하수관로로 배수설비를 연결하여 공공하수처리시설에 오수를 유입시켜 처리하는 경우

    ㉣ 건물 등을 설치하는 자가 오수를 분뇨수집·운반업자에게 위탁하여 공공하수처리시설·공공폐수처리시설 또는 자기의 오수처리시설로 운반하여 처리하는 경우

    ㉤ 건물 등을 설치하는 자가 오수를 같은 사업장에 설치된 오수처리시설로 운반하여 처리하는 경우

② 개인하수처리시설을 설치하거나 그 시설의 규모·처리방법 등 대통령령으로 정하는 중요한 사항을 변경하려는 자는 환경부령으로 정하는 바에 따라 미리 특별자치시장·특별자치도지사·시장·군수·구청장에게 신고하여야 한다. 개인하수처리시설을 폐쇄하려는 경우에도 또한 같다.

(3) 개인하수처리시설의 관리기준 등

① 개인하수처리시설의 유지·관리에 관한 기술업무를 담당할 기술관리인을 두어야 하는 규모는 다음과 같다.

    ㉠ 1일 처리용량이 50m³ 이상인 오수처리시설(1개의 건물에 2 이상의 오수처리시설이 설치되어 있는 경우 그 용량의 합계가 50m³ 이상인 것을 포함한다)

    ㉡ 처리대상 인원이 1천명 이상인 정화조(1개의 건물에 2 이상의 정화조가 설치되어 있는 경우 그 처리대상 인원의 합계가 1천명 이상인 것을 포함한다)

② 다음의 구분에 따른 기간마다 그 시설로부터 배출되는 방류수의 수질을 자가측정하거나 측정대행업자가 측정하게 하여야 한다.

    ㉠ 1일 처리용량이 200m³ 이상인 오수처리시설과 1일 처리대상 인원이 2천명 이상인 정화조 : 6개월마다 1회 이상

    ㉡ 1일 처리용량이 50m³ 이상 200m³ 미만인 오수처리시설과 1일 처리대상 인원이 1천명 이상 2천명 미만인 정화조 : 연 1회 이상

③ 1일 처리대상 인원이 500명 이상인 정화조에서 배출되는 방류수는 염소 등으로 소독하여야 한다.

(4) 개인하수처리시설의 방류수 수질기준

구 분	1일 처리용량	지 역	항 목	방류수수질 기준
오수 처리 시설	50m³ 미만	수변구역	생물화학적 산소요구량(mg/L)	10 이하
			부유물질(mg/L)	10 이하
		특정지역 및 기타지역	생물화학적 산소요구량(mg/L)	20 이하
			부유물질(mg/L)	20 이하
	50m³ 이상	모든 지역	생물화학적 산소요구량(mg/L)	10 이하
			부유물질(mg/L)	10 이하
			총질소(mg/L)	20 이하
			총인(mg/L)	2 이하
			총대장균군수(개/mL)	3,000 이하
정화조	11인용 이상	수변구역 및 특정지역	생물화학적 산소요구량 제거율(%)	65 이상
			생물화학적 산소요구량(mg/L)	100 이하
		기타지역	생물화학적 산소요구량 제거율(%)	50 이상

(5) 개인하수처리시설의 운영기준 등

① 개인하수처리시설의 소유자 또는 관리자는 개인하수처리시설을 운영·관리함에 있어 다음의 어느 하나에 해당하는 행위를 하여서는 아니 된다.

   ㉠ 건물 등에서 발생하는 오수를 개인하수처리시설에 유입시키지 아니하고 배출하거나 개인하수처리시설에 유입시키지 아니하고 배출할 수 있는 시설을 설치하는 행위

   ㉡ 개인하수처리시설에 유입되는 오수를 최종방류구를 거치지 아니하고 중간배출하거나 중간배출할 수 있는 시설을 설치하는 행위

   ㉢ 건물 등에서 발생하는 오수에 물을 섞어 처리하거나 물을 섞어 배출하는 행위

   ㉣ 정당한 사유 없이 개인하수처리시설을 정상적으로 가동하지 아니하여 방류수수질기준을 초과하여 배출하는 행위

② **방류수 수질기준 초과 방류시의 신고**

개인하수처리시설의 소유자 또는 관리자는 방류수 수질기준을 초과하여 방류하게 되는 때에는 특별자치시장·특별자치도지사·시장·군수·구청장에게 미리 신고하여야 한다.

   ㉠ 개인하수처리시설을 개선·변경 또는 보수하기 위하여 필요한 경우

   ㉡ 개인하수처리시설의 주요 기계장치 등의 사고로 인하여 정상 운영할 수 없는 경우

   ㉢ 단전이나 단수로 개인하수처리시설을 정상적으로 운영할 수 없는 경우

   ㉣ 기후의 변동 또는 이상물질의 유입 등으로 인하여 개인하수처리시설을 정상 운영할 수 없는 경우

   ㉤ 천재지변, 화재, 그 밖의 부득이한 사유로 인하여 개인하수처리시설을 정상 운영할 수 없는 경우

(6) 수질오염의 지표

① **생물학적 산소요구량**(BOD): 오수 중의 유기물이 미생물에 의해 분해되는 과정에서 소비되는 산소량

② **BOD제거율**: 오수정화조의 유입수 BOD와 유출수 BOD의 차이를 유입수 BOD로 나눈 값

③ **화학적 산소요구량**(COD): 오수 중의 산화되기 쉬운 오염물질이 화학적으로 안정된 물질로 변화화는데 필요한 산소량

④ **용존산소량**(DO): 물속에 용해되어 있는 산소량을 ppm으로 나타낸 것으로 DO가 클수록 정화능력이 큼

⑤ **활성오니**(AS): 폭기조 내에 용해되어 있는 유기물과 반응하여 세포가 증식되는 솜모양의 미생물 덩어리

⑥ **활성오니량**(SV) : 정화조 오니 1ℓ를 30분간 가라앉힌 상태의 침전오니량을 %로 표시

⑦ **부유물질**(SS) : 오수 중에 포함되어 있는 고형물질로서 물에 용해되지 않는 것

⑧ **스컴** : 정화조 내의 오수표면 위에 떠오르는 오물찌꺼기

3 오물정화조 처리순서 등

(1) 정화조의 처리순서

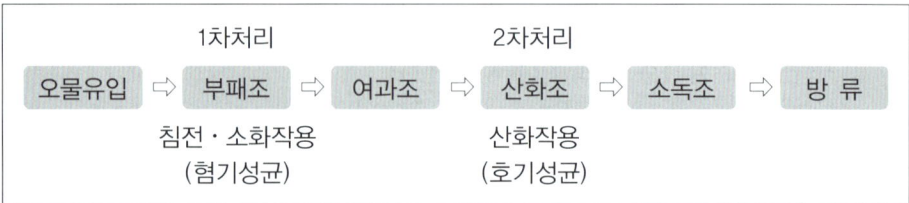

(2) 정화조 구조

① **부패조**

💡 부패조는 혐기성균에 의한 소화·침전작용을 한다.

㉠ 혐기성균의 활동을 왕성하게 하기 위하여 뚜껑을 완전히 밀폐시킨다.

㉡ 부패조는 제1·2부패조와 예비여과조로 구성되어 있으며, 그 용적비는 4 : 2 : 1(4 : 2 : 2)로 한다.

㉢ 유효용량은 유입오수량의 2일분(48시간) 이상을 기준으로 한다.

② **여과조**

㉠ 오수 중에 부유물질이나 덩어리를 쇄석층에 의하여 걸러서 여과하는 탱크를 말한다.

㉡ 여과조는 부패조와 산화조 사이에 설치하며, 배기관은 지상 3m 높이로 설치한다.

③ **산화조**

💡 산화조는 오수를 살수홈통을 통하여 살포시켜 공기를 유입시켜 호기성균에 의하여 산화시키는 탱크를 말한다.

㉠ 산소를 공급하여 호기성균의 증식활동을 조성하여 산화작용을 촉진하기 위하여 송기관 및 살수홈통을 설치하고 뚜껑을 열고 탄산가스를 배출한다.

㉡ 산화조 밑면은 소독조를 향해 1/100 정도의 내림구배로 하여 오수가 소독조로 잘 흘러 들어가게 한다.

④ **소독조** : 산화조를 통한 오수 중 각종 세균을 차아염소산소다($NaClO$), 차아염소산칼슘($CaClO_2$) 등과 같은 소독액으로 소독하여 멸균시키는 탱크이다.

04 난방 · 환기설비

난방 · 환기설비

01 난방방식
02 난방방식의 종류
03 난방설비 등의 설치규정
04 설비의 유지 및 운영관리
05 환기설비

PART

02

1 난방방식

(1) 개 요

① 난방방식에는 개별난방방식 · 중앙집중식난방방식 · 지역난방방식이 있는데, 지역난방방식은 주위에 지역난방의 열원 플랜트가 있어야 가능하다.

② 중앙집중식난방방식의 경우 층별난방 불균일, 공사비 증가와 유지관리비용 증가 등의 여러 가지 상황 변화로 현재에는 채택하는 예가 드물며 지역난방방식이 가능한 지역 이외에는 가스보일러에 의한 개별난방방식이 많이 적용되고 있다. 근래에는 공동주택단지 안에 발전기를 설치하고 전력을 생산함과 동시에 이때 발생하는 열을 사용하여 난방, 급탕을 하는 소형열병합발전방식의 난방방식 또한 새로운 형태이다.

(2) 난방방식별 특징

① **개별난방방식**

㉠ 보일러실의 설치로 건물의 유효면적이 줄어들고 소음이 발생한다.

㉡ 필요시 난방 · 급탕의 편리함으로 최근에는 대규모 공동주택에서 개별난방방식을 이용하는 추세이다.

② **중앙집중식난방방식**

㉠ 공동주택 등 대규모 건물의 지하에 보일러실을 설치하여 여기에서 나오는 열 에너지를 각 세대에 공급하는 방식이다.

㉡ 유지관리비가 많이 들고 간헐운전시 입주자가 원하는 쾌적한 열 환경의 유지가 어렵다.

㉢ 예열시간이 길고 초기 공사비가 많이 들며 추후 개 · 보수가 번거롭다.

③ **지역난방방식**

㉠ 일정지역에 난방설비를 설치하여 해당 권역의 일정범위의 건물에 열에너지를 공급하는 방식이다.

㉡ 수용가의 중간기계실에 열교환기를 설치하여 저온수 및 급탕을 만들어 각 세대에 공급하는 방식이다.

㉢ 24시간 난방수의 공급과 실내의 쾌적한 열 환경 유지가 편리하다.

㉣ 대기오염을 줄일 수 있어 친환경적이다.

㉤ 에너지 이용효율을 높일 수 있다.

㉥ 건설 초기에 설비투자비용이 많이 소요된다.

㉦ 단위세대의 유효면적이 증대된다.

④ **소형열병합발전방식** : 공동주택단지 안에 발전기를 설치하고 전력을 생산
함과 동시에 이때 발생하는 열을 사용하여 난방, 급탕을 하기 때문에 에너
지효율이 높고 송·배전 과정에서 발생하는 손실을 줄일 수 있는 에너지절
약 시스템이다.

(3) 보일러의 종류

① **주철제보일러**
　㉠ 조립식으로 용량을 쉽게 증가시킬 수 있으며 반입이 용이하다.
　㉡ 내식성과 내구성이 우수하고 수명이 길다.
　㉢ 누수가 발생할 수 있기 때문에 고압에는 부적합하다.
　㉣ 가격이 저렴하다.

② **노통연관보일러**
　㉠ 보유수량이 많아 부하의 변동에 안정성이 있다.
　㉡ 수면이 넓어 급수조절이 용이하다.
　㉢ 전열면적이 커서 효율이 좋다.
　㉣ 보유수량이 많아 가동시간이 길다.
　㉤ 수명이 짧고 주철제보일러보다 비싸다.

③ **수관보일러**
　㉠ 가동시간이 짧다.
　㉡ 고가이며 스케일로 인한 수처리가 복잡하다.
　㉢ 열효율이 좋다.
　㉣ 고압 및 대용량에 적합하다.
　㉤ 대규모 건물이나 지역난방에 사용된다.

④ **관류보일러**
　㉠ 하나의 관내를 흐르는 동안에 예열, 가열, 증발, 과열이 행해져 과열증기
　　를 얻을 수 있다.
　㉡ 보유수량이 적어 가동시간이 짧고 소음이 크다.
　㉢ 부하변동에 대응하기 쉽다.
　㉣ 중·소형 건물에 사용된다.

⑤ **입형보일러**
　㉠ 설치면적이 적다.
　㉡ 취급이 용이하다.
　㉢ 구조가 간단하다.
　㉣ 사무실, 주택에 사용된다.

2 난방방식의 종류

(1) 증기난방

① 장 점
　㉠ 잠열을 이용하기 때문에 열의 운반능력이 크다.
　㉡ 예열시간이 짧고 증기순환이 빠르다.
　㉢ 방열면적을 온수난방보다 작게 할 수 있다.
　㉣ 설비비가 저렴하다.

② 단 점
　㉠ 쾌감도가 낮다.
　㉡ 난방부하의 변동에 따라 방열량 조절이 어렵다.
　㉢ 소음이 많이 발생한다.

(2) 온수난방

① 장 점
　㉠ 증기난방에 비하여 쾌감도가 높다.
　㉡ 방열기 표면온도가 낮다.
　㉢ 난방을 정지하여도 난방효과가 지속된다.
　㉣ 보일러 취급이 용이하다.

② 단 점
　㉠ 예열시간이 길다.
　㉡ 증기난방에 비해 방열면적과 배관의 관경이 커야 한다.
　㉢ 설비비가 비싸다.
　㉣ 한랭시 난방을 정지하였을 때 동결우려가 있다.

(3) 복사난방(온수온돌난방)

① 장 점
　㉠ 실내 수직온도분포가 균등하며 쾌감도가 높다.
　㉡ 방을 개방상태로 하여도 난방효과가 높다.
　㉢ 복사에 의한 열전달이 이루어지므로 천장이 높은 방 및 로비 등에 적합하다.
　㉣ 방열기가 설치되지 않아 실내유효면적이 증가한다.

② 단 점
　㉠ 방열량의 조절이 어렵다.
　㉡ 긴 예열시간이 필요하다.
　㉢ 시공이 어렵고 수리비, 설비비가 많이 든다.

⑷ **온풍난방**

① 장 점

㉠ 열용량이 작고 예열시간이 짧다.

㉡ 설비비가 저렴하고 연료비가 적게 든다.

② 단 점

㉠ 소음이 크다.

㉡ 쾌감도가 좋지 않다.

3 난방설비 등의 설치규정

⑴ **주택건설기준 등에 관한 규정에 따른 난방구획 등**

① 중앙집중난방방식의 난방구획

㉠ 6층 이상인 공동주택의 난방설비는 중앙집중난방방식(「집단에너지사업법」에 의한 지역난방공급방식을 포함한다)으로 하여야 한다. 다만, 건축법 시행령 규정에 의한 개별난방설비를 하는 경우에는 그러하지 아니하다.

㉡ 공동주택의 난방설비를 중앙집중난방방식으로 하는 경우에는 난방열이 각 세대에 균등하게 공급될 수 있도록 4층 이상 10층 이하의 건축물인 경우에는 2개소 이상, 10층을 넘는 건축물인 경우에는 10층을 넘는 5개 층마다 1개소를 더한 수 이상의 난방구획으로 구분하여 각 난방구획마다 따로 난방용 배관을 하여야 한다. 다만, ⓐ와 ⓑ에 해당하는 경우에는 그러하지 아니하다.

ⓐ 연구기관 또는 학술단체의 조사 또는 시험에 의하여 난방열을 각 세대에 균등하게 공급할 수 있다고 인정되는 시설 또는 설비를 설치한 경우

ⓑ 난방설비를 「집단에너지사업법」에 의한 지역난방공급방식으로 하는 경우로서 산업통산자원부장관이 정하는 바에 따라 각 세대별로 유량 조절장치를 설치한 경우

② 난방설비를 중앙집중식난방방식으로 하는 공동주택의 각 세대에는 산업통상자원부장관이 정하는 바에 따라 난방열량을 계량하는 계량기와 난방 온도를 조절하는 장치를 각각 설치하여야 한다.

③ 공동주택 각 세대에 「건축법 시행령」 제87조 제2항에 따라 온돌 방식의 난방설비를 하는 경우에는 침실에 포함되는 옷방 또는 붙박이 가구 설치 공간에도 난방설비를 하여야 한다.

⑵ 건축물의 설비기준 등에 관한 규칙에 따른 개별난방방식의 설치규정

① 공동주택과 오피스텔의 난방설비를 개별난방방식으로 하는 경우에는 다음
   의 기준에 적합하여야 한다.

   ㉠ 보일러는 거실 외의 곳에 설치하되, 보일러를 설치하는 곳과 거실 사이
      의 경계벽은 출입구를 제외하고는 내화구조의 벽으로 구획할 것

   ㉡ 보일러실의 윗부분에는 그 면적이 0.5제곱미터 이상인 환기창을 설치하
      고, 보일러실의 윗부분과 아랫부분에는 각각 지름 10센티미터 이상의
      공기흡입구 및 배기구를 항상 열려있는 상태로 바깥공기에 접하도록 설
      치할 것. 다만, 전기보일러의 경우에는 그러하지 아니하다.

   ㉢ 보일러실과 거실사이의 출입구는 그 출입구가 닫힌 경우에는 보일러가
      스가 거실에 들어갈 수 없는 구조로 할 것

   ㉣ 기름보일러를 설치하는 경우에는 기름저장소를 보일러실 외의 다른 곳
      에 설치할 것

   ㉤ 보일러의 연도는 내화구조로서 공동연도로 설치할 것

   ㉥ 오피스텔의 경우에는 난방구획을 방화구획으로 구획할 것

② 가스보일러에 의한 난방설비를 설치하고 가스를 중앙집중공급방식으로 공
   급하는 경우에는 가스관계법령이 정하는 기준에 의하되 오피스텔의 경우
   에는 난방구획을 방화구획으로 구획해야 한다.

③ 허가권자는 개별 보일러를 설치하는 건축물의 경우 소방청장이 정하여 고
   시하는 기준에 따라 일산화탄소 경보기를 설치하도록 권장할 수 있다.

⑶ 건축물의 설비기준 등에 관한 규칙에 따른 온돌 및 난방설비의 설치기준

① **온수온돌**

   ㉠ 온수온돌이란 보일러 또는 그 밖의 열원으로부터 생성된 온수를 바닥에
      설치된 배관을 통하여 흐르게 하여 난방을 하는 방식을 말한다.

   ㉡ 온수온돌은 바탕층, 단열층, 채움층, 배관층(방열관을 포함한다) 및 마
      감층 등으로 구성된다.

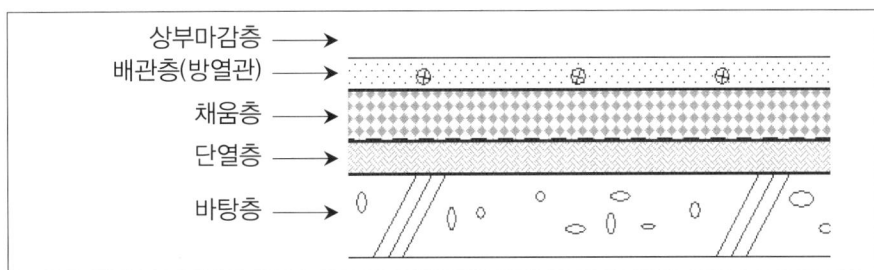

ⓐ 바탕층 : 온돌이 설치되는 건축물의 최하층 또는 중간층의 바닥

ⓑ 단열층 : 온수온돌의 배관층에서 방출되는 열이 바탕층 아래로 손실되는 것을 방지하기 위하여 배관층과 바탕층 사이에 단열재를 설치하는 층

ⓒ 채움층 : 온돌구조의 높이 조정, 차음성능 향상, 보조적인 단열기능 등을 위하여 배관층과 단열층 사이에 완충재 등을 설치하는 층

ⓓ 배관층 : 단열층 또는 채움층 위에 방열관을 설치하는 층

ⓔ 방열관 : 열을 발산하는 온수를 순환시키기 위하여 배관층에 설치하는 온수배관

ⓕ 마감층 : 배관층 위에 시멘트, 모르타르, 미장 등을 설치하거나 마루재, 장판 등 최종 마감재를 설치하는 층

② **온수온돌의 설치기준**

㉠ 단열층은 국토교통부장관이 고시하는 기준에 적합하여야 하며, 바닥난방을 위한 열이 바탕층 아래 및 측벽으로 손실되는 것을 막을 수 있도록 단열재를 방열관과 바탕층 사이에 설치하여야 한다. 다만, 바탕층의 축열을 직접 이용하는 심야전기이용 온돌의 경우에는 단열재를 바탕층 아래에 설치할 수 있다.

㉡ 배관층과 바탕층 사이의 열저항은 「녹색건축물 조성 지원법」 제15조 제1항에 따라 국토교통부장관이 정하여 고시하는 기준에 적합해야 한다.

> 「**녹색건축물 조성 지원법**」 제15조(건축물에 대한 효율적인 에너지 관리와 녹색건축물 조성의 활성화)
> ① 국토교통부장관은 건축물에 대한 효율적인 에너지 관리와 녹색건축물 건축의 활성화를 위하여 필요한 설계·시공·감리 및 유지·관리에 관한 기준을 정하여 고시할 수 있다.
> ② 「건축법」 제5조 제1항에 따른 허가권자는 녹색건축물의 조성을 활성화하기 위하여 대통령령으로 정하는 기준에 적합한 건축물에 대하여 제14조 제1항 또는 제14조의2를 적용하지 아니하거나 다음 각 호의 구분에 따른 범위에서 그 요건을 완화하여 적용할 수 있다.
>   1. 「건축법」 제56조에 따른 건축물의 용적률 : 100분의 115 이하
>   2. 「건축법」 제60조 및 제61조에 따른 건축물의 높이 : 100분의 115 이하
> ③ 지방자치단체는 제1항에 따른 고시의 범위에서 건축기준 완화 기준 및 재정지원에 관한 사항을 조례로 정할 수 있다.

© 단열재는 내열성 및 내구성이 있어야 하며 단열층 위의 적재하중 및 고정하중에 버틸 수 있는 강도를 가지거나 그러한 구조로 설치되어야 한다.

② 바탕층이 지면에 접하는 경우에는 바탕층 아래와 주변 벽면에 높이 10cm 이상의 방수처리를 하여야 하며, 단열재의 윗부분에 방습처리를 하여야 한다.

⑩ 방열관은 잘 부식되지 아니하고 열에 견딜 수 있어야 하며, 바닥의 표면온도가 균일하도록 설치하여야 한다.

⑪ 배관층은 방열관에서 방출된 열이 마감층 부위로 최대한 균일하게 전달될 수 있는 높이와 구조를 갖추어야 한다.

⑫ 마감층은 수평이 되도록 설치하여야 하며, 바닥의 균열을 방지하기 위하여 충분하게 양생하거나 건조시켜 마감재의 뒤틀림이나 변형이 없도록 하여야 한다.

(4) 보일러 부하 등

① **정미출력**: 난방부하 + 급탕부하
② **상용출력**: 난방부하 + 급탕부하 + 배관부하
③ **정격출력**: 난방부하 + 급탕부하 + 배관부하 + 예열부하

💡 정격출력은 보일러가 지정된 조건하에서 연속 운전으로 낼 수 있는 최대출력을 말한다.

4 설비의 유지 및 운영관리

(1) 수질관리 등

① 온수조 내에 침전물이 많으면 급수관 또는 온수반송관에 스트레이너(Strainer, 여과기, 보일러 내의 찌꺼기의 유입을 방지하기 위한 장치)를 설치하고 정기적으로 청소한다.

② 물의 수온을 지나치게 높이지 않고 배관 내의 가스를 즉각 배출시키며, 재질이 다른 금속배관을 함께 사용하지 않음으로써 급탕배관의 부식작용을 방지한다.

③ 배관의 신축으로 인한 누수가 발생하는 것을 방지하기 위하여 신축계수가 정상적으로 작동하도록 하여야 한다.

(2) 보일러 이상현상

구 분	내 용
포 밍	보일러의 물이 끓는 경우 그 물에 함유된 유지분이나 부유물에 의하여 거품이 생기는 현상
프라이밍	관수가 갑자기 끓을 때 물거품이 수면을 벗어나서 증기 속으로 비상하는 현상
캐리오버	증기관으로 송기되는 증기에 비수 등에 의하여 수분이 많이 함유되어 배관 내부에 응결수나 물이 고여서 수격작용(워터해머링)의 원인이 되는 현상
수격작용	증기 송기시 증기관 내부에서 생성되는 응축수가 고온, 고압의 증기의 영향으로 배관을 강하게 치는 현상
가마울림	보일러 연소 중 연소실이나 연도 내에서 지속적인 울림현상
역 화	연소시 화염의 방향이 비정상적인 현상
압 궤	전열면이 과열에 의해 외압을 견디지 못하고 안쪽으로 오목하게 찌그러지는 현상
팽 출	전열면이 과열에 의해 내압력을 견디지 못하고 밖으로 부풀어 오르는 현상
균 열	보일러 내의 재료가 미세하게 금이 가는 현상

5 환기설비

환기는 자연적으로 또는 기계를 사용하여 실내의 공기를 외부로 배출하고 바깥공기를 실내로 유입시키는 것을 말한다.

(1) 환기방식

① **자연환기**
  ㉠ 의의: 실의 환기구, 창문의 개폐에 의해서 자연적으로 환기하는 것이다. 자연환기설비는 환기에 적합한 공기흡입구와 배기구를 갖추어야 한다.
  ㉡ 자연환기의 특성
    ⓐ 개구부를 주풍향에 직각이 되게 계획하면 환기량이 많아진다.
    ⓑ 실내온도가 실외온도보다 낮으면 상부에서는 실외공기가 유입되고 하부에서는 실내공기가 유출된다.
    ⓒ 실내온도가 실외온도보다 높으면 하부에서 실외공기가 유입되고 상부에서 실내공기가 유출된다.
    ⓓ 최근의 고단열, 고기밀 건축물은 열효율 면에서는 유리하나 자연환기에서는 불리하다.
    ⓔ 실내에 바람이 없을 때 실내외의 온도차가 클수록 환기량은 많아진다.

② **기계환기**

　㉠ 제1종 환기(병용식) : 송풍기와 배풍기를 이용한 환기방식이다.

　㉡ 제2종 환기(압입식) : 송풍기와 배기구나 개구부를 통해 자연으로 배출하는 환기방식이다.

　㉢ 제3종 환기(흡출식) : 급기구나 개구부를 통하여 외부 공기를 유입하고 배풍기로 배출하는 환기방식이다.

③ **중앙관리방식** : 공기조화설비에서 조절된 공기를 급기 덕트를 통해서 각 실내에 송풍하는 방식으로, 기계환기설비의 구조기준에 적합하여야 한다.

(2) 발열량에 따른 환기량의 계산

$$Q(환기량) = \frac{H_s}{\rho \cdot C_p \cdot (t_r - t_0)} (\text{m}^3/\text{h})$$

H_s : 실내 발열량(kJ/h)
ρ : 공기비중(1.2kg/m³)
C_p : 공기정압비열(1.01kJ/kg · K)
t_r : 실내 설정온도
t_0 : 급기(외기)온도
∴ 환기횟수 = 환기량 ÷ 실내 체적

(3) 신축공동주택 등의 환기설비의 설치기준

① 신축 또는 리모델링하는 다음의 어느 하나에 해당하는 주택 또는 건축물은 시간당 0.5회 이상의 환기가 이루어질 수 있도록 자연환기설비 또는 기계환기설비를 설치해야 한다.

　㉠ 30세대 이상의 공동주택

　㉡ 주택을 주택 외의 시설과 동일 건축물로 건축하는 경우로서 주택이 30세대 이상인 건축물

② 신축공동주택 등에 자연환기설비를 설치하는 경우에는 자연환기설비가 ①에 따른 환기횟수를 충족하는지에 대하여 지방건축위원회의 심의를 받아야 한다. 다만, 신축공동주택 등에 「산업표준화법」에 따른 한국산업표준의 자연환기설비 환기성능 시험방법(KSF 2921)에 따라 성능시험을 거친 자연환기설비를 별표 1의3에 따른 자연환기설비 설치 길이 이상으로 설치하는 경우는 제외한다.

③ 특별시장·광역시장·특별자치시장·특별자치도지사 또는 시장·군수·구청장(자치구의 구청장을 말하며, 이하 "허가권자"라 한다)은 30세대 미만인 공동주택과 주택을 주택 외의 시설과 동일 건축물로 건축하는 경우로서 주택이 30세대 미만인 건축물 및 단독주택에 대해 시간당 0.5회 이상의 환기가 이루어질 수 있도록 자연환기설비 또는 기계환기설비의 설치를 권장할 수 있다.

(4) **신축공동주택 등의 기계환기설비의 설치기준**

신축공동주택 등의 환기횟수를 확보하기 위하여 설치되는 기계환기설비의 설계·시공 및 성능평가방법은 다음의 기준에 적합하여야 한다.

① 기계환기설비의 환기기준은 시간당 실내공기 교환횟수(환기설비에 의한 최종 공기흡입구에서 세대의 실내로 공급되는 시간당 총 체적 풍량을 실내 총 체적으로 나눈 환기횟수를 말한다)로 표시하여야 한다.

② 하나의 기계환기설비로 세대 내 2 이상의 실에 바깥공기를 공급할 경우의 필요 환기량은 각 실에 필요한 환기량의 합계 이상이 되도록 하여야 한다.

③ 세대의 환기량 조절을 위하여 환기설비의 정격풍량을 최소·적정·최대의 3단계 또는 그 이상으로 조절할 수 있는 체계를 갖추어야 하고, 적정 단계의 필요 환기량은 신축공동주택 등의 세대를 시간당 0.5회로 환기할 수 있는 풍량을 확보하여야 한다.

④ 공기공급체계 또는 공기배출체계는 부분적 손실 등 모든 압력 손실의 합계를 고려하여 계산한 공기공급능력 또는 공기배출능력이 시간당 0.5회 이상의 환기기준을 확보할 수 있도록 하여야 한다.

⑤ 기계환기설비는 신축공동주택 등의 모든 세대가 시간당 0.5회 이상의 환기횟수를 만족시킬 수 있도록 24시간 가동할 수 있어야 한다.

⑥ 기계환기설비의 각 부분의 재료는 충분한 내구성 및 강도를 유지하여 작동되는 동안 구조 및 성능에 변형이 없도록 하여야 한다.

⑦ 기계환기설비는 다음의 어느 하나에 해당되는 체계를 갖추어야 한다.

　㉠ 바깥공기를 공급하는 송풍기와 실내공기를 배출하는 송풍기가 결합된 환기체계

　㉡ 바깥공기를 공급하는 송풍기와 실내공기가 배출되는 배기구가 결합된 환기체계

　㉢ 바깥공기가 도입되는 공기흡입구와 실내공기를 배출하는 송풍기가 결합된 환기체계

⑧ 바깥공기를 공급하는 공기공급체계 또는 바깥공기가 도입되는 공기흡입구는 다음의 요건을 모두 갖춘 공기여과기 또는 집진기 등을 갖춰야 한다. 다만, 바깥공기가 도입되는 공기흡입구와 실내공기를 배출하는 송풍기가 결합된 환기체계를 갖춘 경우에는 한국산업표준(KS B 6141)에 따른 입자 포집률이 질량법으로 측정하여 70퍼센트 이상일 것

　㉠ 입자형·가스형 오염물질을 제거 또는 여과하는 성능이 일정 수준 이상일 것

　㉡ 여과장치 등의 청소 및 교환 등 유지관리가 쉬운 구조일 것

ⓒ 공기여과기의 경우 한국산업표준(KS B 6141)에 따른 입자 포집률이 계수법으로 측정하여 60퍼센트 이상일 것

⑨ 기계환기설비를 구성하는 설비·기기·장치 및 제품 등의 효율 및 성능 등을 판정함에 있어 건축물의 설비기준 등에 관한 규칙에서 정하지 아니한 사항에 대하여는 해당 항목에 대한 한국산업표준에 적합하여야 한다.

⑩ 기계환기설비는 환기의 효율을 극대화할 수 있는 위치에 설치하여야 하고, 바깥공기의 변동에 의한 영향을 최소화할 수 있도록 공기흡입구 또는 배기구 등에 완충장치 또는 석쇠형 철망 등을 설치하여야 한다.

⑪ 기계환기설비는 주방 가스대 위의 공기배출장치, 화장실의 공기배출 송풍기 등 급속 환기 설비와 함께 설치할 수 있다.

⑫ 공기흡입구 및 배기구와 공기공급체계 및 공기배출체계는 기계환기설비를 지속적으로 작동시키는 경우에도 대상 공간의 사용에 지장을 주지 아니하는 위치에 설치되어야 한다.

⑬ 기계환기설비에서 발생하는 소음의 측정은 한국산업규격(KS B 6361)에 따르는 것을 원칙으로 한다. 측정위치는 대표길이 1미터(수직 또는 수평 하단)에서 측정하여 소음이 40dB이하가 되어야 하며, 암소음(측정대상인 소음 외에 주변에 존재하는 소음을 말한다)은 보정하여야 한다. 다만, 환기설비 본체(소음원)가 거주공간 외부에 설치될 경우에는 대표길이 1미터(수직 또는 수평 하단)에서 측정하여 50dB 이하가 되거나, 거주공간 내부의 중앙부 바닥으로부터 1.0~1.2미터 높이에서 측정하여 40dB 이하가 되어야 한다.

⑭ 외부에 면하는 공기흡입구와 배기구는 교차오염을 방지할 수 있도록 1.5m 이상의 이격거리를 확보하거나, 공기흡입구와 배기구의 방향이 서로 90° 이상 되는 위치에 설치되어야 하고 화재 등 유사시 안전에 대비할 수 있는 구조와 성능이 확보되어야 한다.

⑮ 기계환기설비의 에너지절약을 위하여 열회수형 환기장치를 설치하는 경우에는 한국산업표준(KS B 6879)에 따라 시험한 열회수형 환기장치의 유효 환기량이 표시용량의 90% 이상이어야 하고, 열회수형 환기장치의 안과 밖은 물맺힘이 발생하는 것을 최소화할 수 있는 구조와 성능을 확보하도록 하여야 한다.

⑯ 기계환기설비는 송풍기, 열회수형 환기장치, 공기여과기, 공기가 통하는 관, 공기흡입구 및 배기구, 그 밖의 기기 등 주요 부분의 정기적인 점검 및 정비 등 유지관리가 쉬운 체계로 구성되어야 하고, 제품의 사양 및 시방서에 유지관리 관련 내용을 명시하여야 하며, 유지관리 관련 내용이 수록된 사용자 설명서를 제시하여야 한다.

⑰ 실외의 기상조건에 따라 환기용 송풍기 등 기계환기설비를 작동하지 아니하더라도 자연환기와 기계환기가 동시 운용될 수 있는 혼합형 환기설비가 설계도서 등을 근거로 필요 환기량을 확보할 수 있는 것으로 객관적으로 입증되는 경우에는 기계환기설비를 갖춘 것으로 인정할 수 있다. 이 경우, 동시에 운용될 수 있는 자연환기설비와 기계환기설비가 시간당 0.5회 이상의 환기기준을 각각 만족할 수 있어야 한다.

⑱ 중앙관리방식의 공기조화설비가 설치된 경우에는 다음의 기준에도 적합하여야 한다.

　ⓐ 공기조화설비는 24시간 지속적인 환기가 가능한 것일 것. 다만, 주요 환기설비와 분리된 별도의 환기계통을 병행 설치하여 실내에 존재하는 국소 오염원에서 발생하는 오염물질을 신속히 배출할 수 있는 체계로 구성하는 경우에는 그러하지 아니하다.

　ⓑ 중앙관리방식의 공기조화설비의 제어 및 작동상황을 통제할 수 있는 관리실 또는 기능이 있을 것

(5) 신축공동주택 등의 자연환기설비의 설치기준

신축공동주택 등에 설치되는 자연환기설비의 설계·시공 및 성능평가방법은 다음의 기준에 적합하여야 한다.

① 세대에 설치되는 자연환기설비는 세대 내의 모든 실에 바깥공기를 최대한 균일하게 공급할 수 있도록 설치되어야 한다.

② 세대의 환기량 조절을 위하여 자연환기설비는 환기량을 조절할 수 있는 체계를 갖추어야 하고, 최대개방 상태에서의 환기량을 기준으로 건축물의 설비기준 등에 관한 규칙 별표 1의5에 따른 설치길이 이상으로 설치되어야 한다.

③ 자연환기설비는 순간적인 외부 바람 및 실내외 압력차의 증가로 인하여 발생할 수 있는 과도한 바깥공기의 유입 등 바깥공기의 변동에 의한 영향을 최소화할 수 있는 구조와 형태를 갖추어야 한다.

④ 자연환기설비의 각 부분의 재료는 충분한 내구성 및 강도를 유지하여 작동되는 동안 구조 및 성능에 변형이 없어야 하며, 표면결로 및 바깥공기의 직접적인 유입으로 인하여 발생할 수 있는 불쾌감(콜드드래프트 등)을 방지할 수 있는 재료와 구조를 갖추어야 한다.

⑤ 자연환기설비는 다음 각 목의 요건을 모두 갖춘 공기여과기를 갖춰야 한다.

　ⓐ 도입되는 바깥공기에 포함되어 있는 입자형·가스형 오염물질을 제거 또는 여과하는 성능이 일정 수준 이상일 것

♀ 공기조화설비란 실내의 온도·습도 및 청정도 등을 적정하게 유지하는 역할을 하는 설비를 말한다.

ⓛ 한국산업표준(KS B 6141)에 따른 입자 포집률이 질량법으로 측정하여 70퍼센트 이상일 것

ⓒ 청소 또는 교환이 쉬운 구조일 것

⑥ 자연환기설비를 구성하는 설비·기기·장치 및 제품 등의 효율과 성능 등을 판정함에 있어 건축물의 설비기준 등에 관한 규칙에서 정하지 아니한 사항에 대하여는 해당 항목에 대한 한국산업표준에 적합하여야 한다.

⑦ 자연환기설비를 지속적으로 작동시키는 경우에도 대상 공간의 사용에 지장을 주지 아니하는 위치에 설치되어야 한다.

⑧ 자연환기설비는 가능한 외부의 오염물질이 유입되지 않는 위치에 설치되어야 하고, 화재 등 유사시 안전에 대비할 수 있는 구조와 성능이 확보되어야 한다.

⑨ 실내로 도입되는 바깥공기를 예열할 수 있는 기능을 갖는 자연환기설비는 최대한 에너지 절약적인 구조와 형태를 가져야 한다.

⑩ 자연환기설비는 주요 부분의 정기적인 점검 및 정비 등 유지관리가 쉬운 체계로 구성하여야 하고, 제품의 사양 및 시방서에 유지관리 관련 내용을 명시하여야 하며, 유지관리 관련 내용이 수록된 사용자 설명서를 제시하여야 한다.

⑪ 자연환기설비는 설치되는 실의 바닥부터 수직으로 1.2m 이상의 높이에 설치하여야 하며, 2개 이상의 자연환기설비를 상하로 설치하는 경우 1m 이상의 수직간격을 확보하여야 한다.

(6) 배기설비

주택의 부엌·욕실 및 화장실에는 외기에 면하는 창을 설치하거나, 다음 기준에 적합한 배기설비를 하여야 한다.

① 배기구는 반자 또는 반자 아래 80cm 이내의 높이에 설치하고, 항상 개방될 수 있는 구조로 하여야 한다.

② 배기통 및 배기구는 외기의 기류에 의하여 배기에 지장이 생기지 아니하는 구조로 하여야 한다.

③ 배기통에는 그 최상부 및 배기통을 제외하고는 개구부를 두지 아니하여야 한다.

④ 배기통의 최상부는 직접 외기에 개방되게 하되, 빗물 등을 막을 수 있는 설비를 하여야 한다.

⑤ 부엌에 설치하는 배기구에는 전동환기설비를 설치하여야 한다.

⑥ 배기통은 연기나 냄새 등이 실내로 역류하는 것을 방지할 수 있도록 다음의 어느 하나에 해당하는 구조로 하여야 한다.

  ㉠ 세대 안의 배기통에 자동역류방지댐퍼(세대 안의 배기구가 열리거나 전동환기설비가 가동하는 경우 전기 또는 기계적인 힘에 의하여 자동으로 개폐되는 구조로 된 설비를 말하며, 「산업표준화법」에 따른 단체표준에 적합한 성능을 가진 제품이어야 한다) 또는 이와 동일한 기능의 배기설비 장치를 설치할 것

  ㉡ 세대간 배기통이 서로 연결되지 아니하고 직접 외기에 개방되도록 설치할 것

(7) 배연설비

① 배연설비를 설치하여야 하는 건축물에는 다음의 기준에 적합하게 배연설비를 설치해야 한다. 다만, 피난층인 경우에는 그렇지 않다.

  ㉠ 건축물이 방화구획으로 구획된 경우에는 그 구획마다 1개소 이상의 배연창을 설치하되, 배연창의 상변과 천장 또는 반자로부터 수직거리가 0.9m 이내일 것. 다만, 반자높이가 바닥으로부터 3m 이상인 경우에는 배연창의 하변이 바닥으로부터 2.1m 이상의 위치에 놓이도록 설치하여야 한다.

  ㉡ 배연창의 유효면적은 [별표 2]의 산정기준에 의하여 산정된 면적이 $1m^2$ 이상으로서 그 면적의 합계가 당해 건축물의 바닥면적의 100분의 1 이상일 것. 이 경우 바닥면적의 산정에 있어서 거실바닥면적의 20분의 1 이상으로 환기창을 설치한 거실의 면적은 이에 산입하지 아니한다.

  ㉢ 배연구는 연기감지기 또는 열감지기에 의하여 자동으로 열 수 있는 구조로 하되, 손으로도 열고 닫을 수 있도록 할 것

  ㉣ 배연구는 예비전원에 의하여 열 수 있도록 할 것

  ㉤ 기계식 배연설비를 하는 경우에는 ㉠ 내지 ㉣의 규정에 불구하고 소방 관계법령의 규정에 적합하도록 할 것

② 특별피난계단 및 비상용 승강기의 승강장에 설치하는 배연설비의 구조는 다음의 기준에 적합하여야 한다.

  ㉠ 배연구 및 배연풍도는 불연재료로 하고, 화재가 발생한 경우 원활하게 배연시킬 수 있는 규모로서 외기 또는 평상시에 사용하지 아니하는 굴뚝에 연결할 것

  ㉡ 배연구에 설치하는 수동개방장치 또는 자동개방장치(열감지기 또는 연기감지기에 의한 것을 말한다)는 손으로도 열고 닫을 수 있도록 할 것

  ㉢ 배연구는 평상시에는 닫힌 상태를 유지하고, 연 경우에는 배연에 의한 기류로 인하여 닫히지 아니하도록 할 것

② 배연구가 외기에 접하지 아니하는 경우에는 배연기를 설치할 것

⑩ 배연기는 배연구의 열림에 따라 자동적으로 작동하고, 충분한 공기배출 또는 가압능력이 있을 것

⑪ 배연기에는 예비전원을 설치할 것

㉂ 공기유입방식을 급기가압방식 또는 급·배기방식으로 하는 경우에는 ⑤ 내지 ⑪의 규정에도 불구하고 소방관계법령의 규정에 적합하게 할 것

(8) 환기구의 안전기준

① 환기구[건축물의 환기설비에 부속된 급기(給氣) 및 배기(排氣)를 위한 건축 구조물의 개구부(開口部)를 말한다]는 보행자 및 건축물 이용자의 안전이 확보되도록 바닥으로부터 2m 이상의 높이에 설치하여야 한다. 다만, 다음 의 어느 하나에 해당하는 경우에는 예외로 한다.

⑤ 환기구를 벽면에 설치하는 등 사람이 올라설 수 없는 구조로 설치하는 경우. 이 경우 배기를 위한 환기구는 배출되는 공기가 보행자 및 건축물 이용자에게 직접 닿지 아니하도록 설치되어야 한다.

⑥ 안전펜스 또는 조경 등을 이용하여 접근을 차단하는 구조로 하는 경우

② 모든 환기구에는 국토교통부장관이 정하여 고시하는 강도(强度) 이상의 덮 개와 덮개 걸침턱 등 추락방지시설을 설치하여야 한다.

05 급탕설비

급탕설비

01 급탕설비관리의 개요
02 급탕배관 시공상 주의사항
03 급탕설계 일반사항

1 급탕설비관리의 개요

(1) 의 의

급탕설비란 온수를 욕실·주방 등에 적당한 온도로 필요한 양을 지속적으로 공급하는 설비를 말하며, 설비구조 내를 순환하는 물은 고온의 유체이므로, 물 의 팽창에 따른 배관계통의 신축이나 압력상승에 의한 위험문제·수질변화의 문제 및 급탕온도의 균일성 유지문제 등에 유의하여야 한다.

(2) 개별식 급탕법

① **즉시탕비기**(순간온수기)

⑤ 수도꼭지를 틀면 가스·전기 등에 의해 자동 점화된 후 가열코일이 가 열되어 온수가 공급되는 방식이다.

ⓛ 가열온도는 60~70℃이다.

ⓒ 이·미용실, 부엌의 씽크대 등에 사용된다.

② **저탕형탕비기**

ⓣ 가스 또는 전기를 이용하여 단시간에 많은 양의 온수를 공급할 수 있는 방식이다.

ⓛ 비등점에 가까운 온수를 얻을 수 있다.

ⓒ 저탕조 내에 자동온도조절기(서모스탯)를 부착한다.

ⓔ 여관, 기숙사 등에 사용된다.

③ **기수혼합식**

ⓣ 보일러에서 가열된 증기를 배관을 통해 가열하는 방식이다.

ⓛ 열효율은 100%이지만 소음이 심하다.

ⓒ 소음제거장치인 스팀싸이렌서를 부착한다.

ⓔ 공장, 병원 등에 사용된다.

⑶ **중앙식 급탕법**

① **직접가열식**

ⓣ 보일러에서 가열된 온수를 배관을 통해 직접 세대로 공급하는 방식이다.

ⓛ 보일러내면에 스케일이 많이 생긴다.

ⓒ 건물 높이에 상당하는 수압이 보일러에 가해지므로 고압보일러가 필요하다.

ⓔ 보일러 신축이 불균일하다.

ⓜ 열효율면에서 경제적이다.

ⓗ 급탕용 보일러, 난방용 보일러를 각각 설치한다.

ⓢ 중·소규모설비에 적합하다.

② **간접가열식**

ⓣ 보일러 내의 고온수나 증기를 저탕조의 가열코일에 통과시켜 물을 간접적으로 가열해 공급하는 방식이다.

ⓛ 난방용보일러로 급탕까지 가능하다.

ⓒ 보일러 내면에 스케일이 거의 끼지 않는다.

ⓔ 저압용보일러가 필요하다.

ⓜ 가열코일이 필요하다.

ⓗ 대규모설비에 적합하다.

2 급탕배관 시공상 주의사항

(1) 배관방식

① **단관식**(1관식)
  ㉠ 온수를 급탕 전까지 운반하는 공급관만을 설치한 배관방식으로 순환관이 없어 밸브를 열었을 때 처음에는 찬물이 나온다.
  ㉡ 배관길이는 15m 이하가 적당하다.
  ㉢ 소규모 건축물에 적당하다.

② **복관식**(2관식, 순환식)
  ㉠ 보일러에서 급탕 전까지의 공급관과 순환관을 배관하는 방식이다.
  ㉡ 배관길이는 15m 이상으로 한다.
  ㉢ 온수의 즉시 공급이 가능하다.
  ㉣ 대규모 건축물에 적당하다.

(2) 순환방식과 배관의 구배

① **중력순환방식**
  ㉠ 급탕관과 순환관의 중력차에 의해서 자연순환 시키는 방식으로 소규모 설비에 적합하다.
  ㉡ 중력식은 배관의 구배가 150분의 1 정도로 한다.

② **강제순환방식**
  ㉠ 순환관 말단에 급탕 순환펌프를 설치하여 강제적으로 순환시키는 방식으로 대규모설비에 적합하다.
  ㉡ 강제식은 배관의 구배가 200분의 1 정도로 한다.

③ **상향공급방식**
  ㉠ 급탕 수평주관 : 선상향(앞올림) 구배
  ㉡ 급탕관 : 선상향(앞올림) 구배
  ㉢ 복귀(반탕)관 : 선하향(앞내림) 구배

④ **하향공급방식** : 급탕 수평주관, 급탕관, 복귀(반탕)관 모두 선하향(앞내림) 구배

⑤ **역환수**(리버스리턴)**방식** : 역환수방식은 하향식의 배관방식인 경우 온수의 온도가 떨어지는 단점을 보완하기 위하여 반탕관을 거꾸로 회전시켜 배관계통에서 마찰손실을 같게 하여 균등한 유량이 공급되도록 하는 배관방식이다.

💡 **상향공급방식**
온수가 위층으로 올라가면서 각 세대에 공급되는 방식으로 온수의 온도가 떨어지는 정도가 적어 널리 이용된다.

💡 **하향공급방식**
온수가 옥상부분까지 일단 올라갔다가 내려오면서 공급되는 방식이며, 온수의 온도가 떨어지기 쉽다.

⑶ **급탕관의 관경**

① 최소 DN20 이상으로 한다.

② 급수관보다 한 치수 큰 것을 사용하는데 이는 온도가 높아지면 관내 체적 팽창이 발생하기 때문이다.

③ 복귀관(환탕관)은 급탕관보다 작은 치수의 것을 사용한다.

⑷ **공기빼기 밸브**

① 물이 가열되면 그 속에 함유되어 있는 공기가 분리된다. 이 공기는 배관 계통 중 ⊏자형 배관부 등에 고여 온수의 순환을 저해하므로 구배를 주거나 ⊏자형 배관을 피해야 한다.

② 배관시공에서 부득이 굴곡배관을 해야 할 경우에는 공기를 배제하기 위해 공기빼기 밸브를 설치해야 한다.

⑸ **배관의 신축 등**

① **관의 신축**: 배관의 신축·팽창을 흡수, 처리하기 위해 신축이음이 필요하다.

② **신축이음**

㉠ 배관의 신축·팽창량을 흡수 처리하기 위해서는 신축이음이 사용되며, 그 종류에는 스위블조인트(Swivel joint)·신축곡관(Expansion loop)· 슬리브형 신축이음(Sleeve type)·벨로즈형 신축이음(Bellows type), 볼조인트(Ball Joint)가 있다.

㉡ 스위블 조인트는 2개 이상의 엘보를 사용하여 신축을 흡수하는 것으로 신축과 팽창으로 누수의 원인이 되는 것이 단점이다.

㉢ 신축곡관은 고압배관에도 사용할 수 있다는 장점이 있으나 설치 면적을 많이 차지하는 것이 단점이다.

㉣ 1개의 신축이음으로 30mm 전후의 팽창량을 흡수한다. 강관은 보통 30m, 동관은 20m마다 신축이음을 1개씩 설치한다.

③ **보일러용수의 관리**

㉠ 보일러 내의 물은 수시로 배출하고 새로운 물로 교체한다.

㉡ 스케일(물때) 방지 및 부식방지를 위하여 연수를 사용한다.

㉢ 보일러 용수로 경수를 사용하면 스케일이 발생한다.

④ **스케일로 인한 피해 및 대책**

㉠ 피 해

ⓐ 전열량이 감소되며 보일러효율을 저하시킨다.

ⓑ 연료소비량이 증대된다.

💡 신축곡관은 고압배관의 옥외 배관에 적합하다.

💡 연수는 총경도가 90ppm 이하인 물이다.

💡 경수는 총경도가 110ppm 이상인 물이다.

ⓒ 배기가스 온도를 상승시킨다.

ⓓ 과열로 인한 파열사고를 유발시킨다.

ⓔ 보일러수의 순환악화 및 통수공을 차단시킨다.

ⓕ 전열면 국부과열 현상이 나타난다.

ⓖ 부식을 촉진시킨다.

ⓗ 보일러의 수명을 단축시킨다.

ⓛ 대책: 인산염, 규산염을 주성분으로 한 청관제는 물에 열을 가함으로써 물속에 탄산칼슘이 스케일(물때)이 되는 것을 방지하여 배관, 보일러의 효율을 증대시키고 수명을 연장하여 주는 역할을 한다.

⑤ **배관의 수압시험**: 배관의 보온 피복하기 전에 최고 압력의 2배 이상의 압력으로 10분 이상 유지될 수 있어야 한다.

3 급탕설계 일반사항

(1) 열 량

물체가 흡수하거나 방출하는 열에너지의 양을 말한다.

$$열량 \ Q = G \cdot C \cdot \triangle t$$

G: 물체의 중량(kg/h)
C: 물의 비열(4.2kJ/kg · K)
$\triangle t$: 온도차(K)

(2) 급탕부하

초당 필요한 온수를 얻는 데 필요한 열량을 말한다.

$$급탕부하 \ Q = \frac{G \times C \times \triangle t}{3,600} \ (kW)$$

(3) 보일러 가열능력

$$보일러 \ 가열능력 \ H = \frac{Q_d \times r \times C \times (t_h - t_c)}{3,600}$$

Q_d: 1일 급탕량(L/d)
r: 가열능력비율
t_h: 급탕온도(℃)
t_c: 급수온도(℃)
C: 물의 비열(4.2kJ/kg · K)

전기설비

01 전기설비관리 개요
02 변전설비의 관리
03 예비전원설비의 유지관리
04 배전설비의 관리
05 조명설비의 관리
06 피뢰설비
07 통신정보설비
08 지능형 홈네트워크 설비

06 전기설비

1 전기설비관리 개요

(1) 의 의

전기설비는 생활공간을 보다 안전하고 쾌적한 거주공간으로 만들기 위한 설비로서 각종 설비를 작동시키기 위한 주요 동력원이 되고 있다. 따라서 전기설비를 유지·관리하는 데 있어서는 특히 안전에 유의해야 하고 에너지원으로서의 전기의 사용량을 절감할 수 있는 방안과 전기설비의 성능저하나 사고방지를 위해 노력해야 한다.

(2) 용어의 정의

① **저압**: 직류에서는 1500볼트 이하의 전압을 말하고, 교류에서는 1000볼트 이하의 전압을 말한다.
② **고압**: 직류에서는 1500볼트를 초과하고 7천볼트 이하인 전압을 말하고, 교류에서는 1000볼트를 초과하고 7천볼트 이하인 전압을 말한다.
③ **특고압**: 7천볼트를 초과하는 전압을 말한다.
④ **전기수용설비**: 수전설비와 구내배전설비를 말한다.
⑤ **수전설비**: 타인의 전기설비 또는 구내발전설비로부터 전기를 공급받아 구내배전설비로 전기를 공급하기 위한 전기설비로서 수전지점으로부터 배전반(구내배전설비로 전기를 배전하는 전기설비를 말한다)까지의 설비를 말한다.
⑥ **구내배전설비**: 수전설비의 배전반에서부터 전기사용기기에 이르는 전선로·개폐기·차단기·분전함·콘센트·제어반·스위치 및 그 밖의 부속설비를 말한다.
⑦ **전기사업용전기설비**: 전기설비 중 전기사업자가 전기사업에 사용하는 전기설비를 말한다.
⑧ **일반용전기설비**: 산업통상자원부령으로 정하는 소규모의 전기설비로서 한정된 구역에서 전기를 사용하기 위하여 설치하는 전기설비를 말한다.
⑨ **자가용전기설비**: 전기사업용전기설비 및 일반용전기설비 외의 전기설비를 말한다.

(3) 전기설비의 설치기준

① 주택에 설치하는 전기시설의 용량은 각 세대별로 3kW(세대당 전용면적이 60m² 이상인 경우에는 3kW에 60m²를 초과하는 10m²마다 0.5kW를 더한 값) 이상이어야 한다.

② 주택에는 세대별 전기사용량을 측정하는 전력량계를 각 세대 전용부분 밖의 검침이 용이한 곳에 설치하여야 한다. 다만, 전기사용량을 자동으로 검침하는 원격검침방식을 적용하는 경우에는 전력량계를 각 세대 전용부분 안에 설치할 수 있다.

③ 주택단지 안의 옥외에 설치하는 전선은 지하에 매설하여야 한다. 다만, 세대당 전용면적이 60m² 이하인 주택을 전체 세대수의 2분의 1 이상 건설하는 단지에는 폭 8m 이상의 도로에 가설하는 가공선으로 할 수 있다.

(4) 전기안전관리자의 선임기준 등

① 전기안전관리자 선임기준

구 분	안전관리 대상	안전관리자 자격기준	안전관리보조원인력
전기수용설비 및 비상용 예비발전설비	(1) 모든 전기설비의 공사·유지 및 운용	(1) 전기·안전관리(전기안전) 분야 기술사 자격소지자, 전기기사 또는 전기기능장 자격 취득 이후 실무경력 2년 이상인 사람	(1) 용량 1만킬로와트 이상은 전기 분야 2명
	(2) 전압 10만볼트 미만 전기설비의 공사·유지 및 운용	(2) 전기산업기사 자격 취득 이후 실무경력 4년 이상인 사람	(2) 용량 5천킬로와트 이상 1만킬로와트 미만은 전기 분야 1명
	(3) 전압 10만볼트 미만으로서 전기설비용량 2천킬로와트 미만 전기설비의 공사·유지 및 운용	(3) 전기기사 또는 전기기능장 자격 취득 이후 실무경력 1년 이상인 사람 또는 전기산업기사 자격취득 이후 실무경력 2년 이상인 사람	
	(4) 전압 10만볼트 미만으로서 전기설비용량 1,500킬로와트 미만 전기설비의 공사·유지 및 운용	(4) 전기산업기사 이상 자격소지자	

② 전기안전관리자 선임 및 해임신고

㉠ 전기안전관리자의 선임 또는 해임 신고를 하려는 자는 전기안전관리자 선임(해임) 신고서에 다음의 구분에 따른 서류를 첨부하여 선임 또는 해임한 날부터 30일 이내에 「전력기술관리법」에 따라 설립된 전력기술인단체 중 산업통상자원부장관이 지정하여 고시하는 단체(이하 "전력기술인단체"라 한다)에 제출해야 한다.

ⓐ 선임하는 경우에는 다음의 서류

㉮ 선임되는 전기안전관리자의 국가기술자격증 사본

㉯ 선임되는 전기안전관리자의 재직증명서와 실무경력증명서(해당 자만 제출한다) 또는 그 증명서류

㉰ 선임되는 전기안전관리자의 졸업증명서 또는 교육이수증

㉱ 전기안전관리위탁계약서 사본(전기안전관리업무를 위탁 받은 자만 제출한다)

ⓑ 해임하는 경우에는 전기안전관리자의 직무대행자 지정서 사본(후임자의 선임 없이 해임하는 경우만 제출한다)

㉡ 전기안전관리자의 선임 또는 해임 신고를 하려는 자는 전기안전관리자 선임(해임) 신고서에 전기안전관리대행계약서 사본(선임신고의 경우만 해당한다)을 첨부하여 선임 또는 해임한 날부터 30일 이내에 전력기술인단체에 제출해야 한다.

㉢ 안전공사 및 대행사업자는 소속 기술인력이 담당하는 전기설비가 변경된 경우에는 기술인력별 전기설비담당 현황을 그 변경이 있는 날부터 30일 이내에 전력기술인단체에 통보해야 한다.

㉣ 전력기술인단체는 ㉠ 또는 ㉡에 따라 신고를 한 자가 전기안전관리자 선임(해임)신고증명서의 발급을 요구하면 지체 없이 전기안전관리자 선임(해임)신고증명서를 발급해야 한다.

(5) 전기안전관리자의 전기안전교육

① 교육의 과정 · 대상 및 기간

교육과정	교육대상자	교육기간
전기안전관리 기술교육(Ⅰ)	선임기간이 5년 미만인 안전관리자 또는 안전관리보조원	3년마다 1회 이상
전기안전관리 기술교육(Ⅱ)	선임기간이 5년 이상인 안전관리자 또는 안전관리보조원	
전기안전관리 특별교육	처음 선임된 안전관리자 또는 안전관리 보조원	선임된 날부터 6개월 이내

② **교육과목**
    ㉠ 전기안전 관련 소양교육
    ㉡ 전기 관계 법령 및 전력산업정책
    ㉢ 전기안전관리 현장 실무·실습
    ㉣ 전기안전관리 운영 관련 규정
    ㉤ 전력계통 특성 및 사고 예방
    ㉥ 전기재해 예방 및 위기 대응 실무사례
    ㉦ 신기술 및 에너지 관리기술

③ **행정사항**
    ㉠ 교육기관은 매년 12월 말까지 교육의 종류별·대상자별 및 지역별로 다음 해의 교육 실시계획을 수립하여 산업통상자원장관에게 보고해야 한다.
    ㉡ 교육기관은 교육신청이 있을 때에는 교육 실시 10일 전까지 교육대상자에게 교육장소와 교육날짜를 통보해야 한다.

④ **그 밖의 사항**
    ㉠ 교육과목별 교육시간 및 교육내용의 수준은 교육기관이 정한다.
    ㉡ 교육과정별 1회 교육은 각각 21시간 이상이어야 하며, 교육과목 중 일부 과목은 온라인교육을 병행할 수 있다.
    ㉢ 전기안전관리특별교육 대상자는 전기안전관리 현장 실무·실습 과목을 4시간 이상 이수해야 한다.
    ㉣ 전기안전관리 실무경력이 5년 이상인 경우 전기안전관리 특별교육을 전기안전관리기술교육(Ⅱ)으로 갈음할 수 있다.

⑹ **전기안전관리업무의 대행규모**

① **한국전기안전공사 및 대행사업자**: 다음의 어느 하나에 해당하는 전기설비 (둘 이상의 전기설비 용량의 합계가 4,500kW 미만인 경우로 한정한다)
    ㉠ 용량 1천kW 미만의 전기수용설비
    ㉡ 용량 300kW 미만의 발전설비(전기사업용 신재생에너지 발전설비 중 태양광발전설비 이외의 발전설비는 원격감시·제어기능을 갖춘 경우로 한정한다). 다만, 비상용 예비발전설비의 경우에는 용량 500kW 미만으로 한다.
    ㉢ 용량 1천kW(원격감시·제어기능을 갖춘 경우 용량 3천kW) 미만의 태양광발전설비

② **개인대행자** : 다음의 어느 하나에 해당하는 전기설비(둘 이상의 용량의 합계가 1,550kW 미만인 전기설비로 한정한다)

㉠ 용량 500kW 미만의 전기수용설비

㉡ 용량 150kW 미만의 발전설비(전기사업용 신재생에너지 발전설비 중 태양광발전설비 이외의 발전설비는 원격감시·제어기능을 갖춘 경우로 한정한다). 다만, 비상용 예비발전설비의 경우에는 용량 300kW 미만으로 한다.

㉢ 용량 250kW(원격감시·제어기능을 갖춘 경우 용량 750kW) 미만의 태양광발전설비

⑺ **전기안전관리자의 직무범위**

선임된 전기안전관리자의 직무 범위는 다음과 같다.

① 전기설비의 공사·유지 및 운용에 관한 업무 및 이에 종사하는 사람에 대한 안전교육

② 전기설비의 안전관리를 위한 확인·점검 및 이에 대한 업무의 감독

③ 전기설비의 운전·조작 또는 이에 대한 업무의 감독

④ 전기안전관리에 관한 기록의 작성·보존

⑤ 공사계획의 인가신청 또는 신고에 필요한 서류의 검토

⑥ 다음의 어느 하나에 해당하는 공사의 감리 업무

㉠ 비상용 예비발전설비의 설치·변경공사로서 총공사비가 1억원 미만인 공사

㉡ 전기수용설비의 증설 또는 변경공사로서 총공사비가 5천만원 미만인 공사

㉢ 신에너지 및 재생에너지 설비의 증설 또는 변경 공사로서 총공사비가 5천만원 미만인 공사

⑦ 전기설비의 일상점검·정기점검·정밀점검의 절차, 방법 및 기준에 관한 안전관리규정의 작성

⑧ 전기재해의 발생을 예방하거나 그 피해를 줄이기 위하여 필요한 응급조치

⑻ **중대한 사고의 통보·조사**

① 전기사업자 및 자가용 전기설비의 소유자 또는 점유자는 그가 운용하는 전기설비로 인하여 중대한 사고가 발생한 경우에는 산업통상자원부장관에게 통보하여야 한다.

    ㉠ 중대한 사고의 종류

       ⓐ 전기화재사고

          ㉮ 사망자가 1명 이상 발생하거나 부상자가 2명 이상 발생한 사고

          ㉯ 「소방기본법」 제29조에 따른 화재의 원인 및 피해 등의 추정 가액이 1억원 이상인 사고

          ㉰ 「보안업무규정」 제32조 제1항에 따라 지정된 국가보안시설과 「건축법 시행령」에 해당하는 다중이용 건축물에 그 원인이 전기로 추정되는 화재가 발생한 경우

       ⓑ 감전사고(사망자가 1명 이상 발생하거나 부상자가 1명 이상 발생한 경우)

       ⓒ 전기설비사고(1,000세대 이상 아파트 단지의 수전설비·배전설비에서 사고가 발생하여 1시간 이상 정전을 초래한 경우)

    ㉡ 중대한 사고의 통보방법

       ⓐ 사고발생 후 24시간 이내: 다음의 사항을 전기안전종합정보시스템으로 통보할 것

          ㉮ 통보자의 소속·직위·성명 및 연락처

          ㉯ 사고발생일시

          ㉰ 사고발생장소

          ㉱ 사고내용

          ㉲ 전기설비현황(사용 전압 및 용량)

          ㉳ 피해현황(인명 및 재산)

       ⓑ 사고발생 후 15일 이내: 중대한 전기사고의 통보(상보)서식에 따라 통보(전기안전종합정보시스템을 통해서도 통보할 수 있고, 필요한 경우 전자우편 및 팩스를 통해 추가적으로 보고할 수 있다)

② 산업통상자원부장관은 전기사고의 재발방지를 위하여 필요하다고 인정하는 경우에는 다음의 자로 하여금 대통령령으로 정하는 전기사고의 원인·경위 등에 관한 조사를 하게 할 수 있다.

    ㉠ 안전공사

    ㉡ 산업통상자원부령으로 정하는 기술인력 및 장비 등을 갖춘 자 중 산업통상자원부장관이 지정한 자

③ ②에서 '대통령령으로 정하는 전기사고'는 다음과 같다.

    ㉠ ①에 따른 중대한 사고

    ㉡ 전기에 의한 화재사고로 추정되는 사고로서 다음의 어느 하나에 해당하는 사고

       ⓐ 사망자가 2명 이상이거나 부상자가 3명 이상인 화재사고

ⓑ 재산피해가 3억원(해당 화재사고에 대하여 경찰관서나 소방관서에서 추정한 가액에 따른다) 이상인 화재사고

ⓒ 그 밖에 ① ㉠의 ⓐ의 ㉮, ㉯ 또는 ㉰와 유사한 규모의 사고로서 해당 사고의 재발방지를 위해 사고의 원인·경위 등에 관한 조사가 필요하다고 인정하여 산업통상자원부장관이 지정하는 화재사고

(9) **자가용 전기설비의 점검 등**

① 자가용전기설비의 공사계획의 인가 또는 신고

㉠ 자가용전기설비의 설치공사 또는 변경공사로서 산업통상자원부령으로 정하는 공사를 하려는 자는 그 공사계획에 대하여 산업통상자원부장관의 인가를 받아야 한다. 인가받은 사항을 변경하려는 경우에도 또한 같다.

㉡ ㉠에 따라 인가를 받아야 하는 공사 외의 자가용전기설비의 설치 또는 변경공사로서 산업통상자원부령으로 정하는 공사를 하려는 자는 공사를 시작하기 전에 시·도지사에게 신고하여야 한다. 신고한 사항을 변경하려는 경우에도 또한 같다.

㉢ ㉡ 전단에도 불구하고 산업통상자원부령으로 정하는 저압(低壓)에 해당하는 자가용전기설비의 설치 또는 변경공사의 경우에는 사용전검사(使用前檢査) 신청으로 공사계획신고를 갈음할 수 있다.

㉣ 자가용전기설비의 소유자 또는 점유자는 전기설비가 사고·재해 또는 그 밖의 사유로 멸실·파손되거나 전시·사변 등 비상사태가 발생하여 부득이하게 공사를 하여야 하는 경우에는 ㉠ 및 ㉡에도 불구하고 산업통상자원부령으로 정하는 바에 따라 공사를 시작한 후 지체 없이 그 사실을 산업통상자원부장관 또는 시·도지사에게 신고하여야 한다.

② **사용 전 검사**

㉠ 자가용전기설비의 설치공사 또는 변경공사를 한 자는 산업통상자원부령으로 정하는 바에 따라 산업통상자원부장관 또는 시·도지사가 실시하는 검사에 합격한 후에 이를 사용하여야 한다.

㉡ 산업통상자원부장관 또는 시·도지사는 검사에 불합격한 경우에도 안전상 지장이 없고 자가용전기설비의 임시사용이 필요하다고 인정되는 경우에는 1년의 범위에서 사용 기간 및 방법을 정하여 그 설비를 임시로 사용하게 할 수 있다. 이 경우 산업통상자원부장관 또는 시·도지사는 그 사용 기간 및 방법을 정하여 통지를 하여야 한다.

㉢ 비상용 예비발전기가 완공되지 아니할 경우 등 ㉡에 따른 전기설비 임시사용의 허용기준, 1년의 범위에서의 사용기간, 전기설비의 임시사용 방법, 그 밖에 필요한 사항은 산업통상자원부령으로 정한다.

③ **정기검사**

　㉠ 전기사업자 및 자가용전기설비의 소유자 또는 점유자는 산업통상자원부령으로 정하는 전기설비에 대하여 산업통상자원부령으로 정하는 바에 따라 산업통상자원부장관 또는 시·도지사로부터 정기적으로 검사를 받아야 한다.

　㉡ 전기사업자 및 자가용전기설비의 소유자 또는 점유자는 고압 이상의 수전설비 및 75킬로와트 이상의 비상용 예비발전설비에 대하여 3년마다 2월 전후로 산업통상자원부장관 또는 시·도지사로부터 정기적으로 검사를 받아야 한다.

　㉢ 정기검사를 받으려는 자는 정기검사신청서에 전기안전관리자 선임증명서 사본을 첨부하여 검사를 받으려는 날의 7일 전까지 한국전기안전공사에 제출하여야 한다.

　㉣ 한국전기안전공사는 정기검사를 한 경우에는 검사완료일부터 5일 이내에 검사확인증을 검사신청인에게 내주어야 한다. 다만 검사결과 불합격인 경우에는 그 내용·사유 및 재검사 기한을 통지하여야 한다.

　㉤ 전기사업자 및 자가용전기설비의 소유자 또는 점유자는 정기검사결과 불합격인 경우 적합하지 아니한 부분에 대하여 검사완료일부터 3개월 이내에 재검사를 받아야 한다.

④ **전기설비 검사자의 자격**: 사용전검사 및 정기검사는 「국가기술자격법」에 따른 전기·안전관리(전기안전)·토목·기계 분야의 기술자격을 가진 사람 중 다음의 어느 하나에 해당하는 사람이 수행해야 한다.

　㉠ 해당 분야의 기술사 자격을 취득한 사람

　㉡ 해당 분야의 기사 자격을 취득한 사람으로서 그 자격을 취득한 후 해당 분야에서 4년 이상 실무경력이 있는 사람

　㉢ 해당 분야의 산업기사 자격을 취득한 사람으로서 그 자격을 취득한 후 해당 분야에서 6년 이상 실무경력이 있는 사람

⑽ **일반용 전기설비의 사용 전 점검 등**

① 일반용전기설비는 다음에 해당하는 전기설비로 한다.

　㉠ 저압에 해당하는 용량 75킬로와트에서 그 전기를 사용하기 위한 전기설비

　㉡ 저압에 해당하는 용량 10킬로와트 이하인 발전설비

② 산업통상자원부장관은 일반용전기설비가 기술기준에 적합한지 여부에 대하여 산업통상자원부령으로 정하는 바에 따라 그 전기설비의 사용 전과 사용 중에 정기적으로 안전공사 또는 전기판매사업자로 하여금 점검(전기판매사업자는 사용 전 점검 중 대통령령으로 정하는 전기설비의 경우에 한정한다)하도록 하여야 한다. 다만, 주거용 시설물에 설치된 일반용전기설비를 정기적으로 점검(이하 "정기점검"이라 한다)하는 경우 그 소유자 또는 점유자로부터 점검의 승낙을 받을 수 없는 경우에는 그러하지 아니하다.

② **사용 전 점검**

㉠ 일반용전기설비의 사용 전 점검은 전기설비의 설치공사 또는 변경공사가 완료된 후 전기를 공급받기 전에 받아야 한다.

㉡ 사용 전 점검을 받으려는 자는 전기사용계약별로 사용 전 점검 신청서에 전기사업법에 따른 서류를 첨부하여 점검을 받으려는 날의 3일 전까지 한국전기안전공사 또는 전기판매사업자에게 제출해야 한다.

③ **정기점검**

㉠ 일반용 전기설비의 정기점검을 사용 전 점검 또는 정기점검을 한 후 공동주택에 설치된 전기설비는 3년이 되는 날이 속하는 달의 전후 2개월 이내에 실시해야 한다.

㉡ 한국전기안전공사는 정기점검 결과 부적합한 시설에 대해서는 그 사실을 통지한 날부터 2개월 이내에 재점검을 실시하여야 한다.

(11) **공동주택 등의 안전점검**

① 산업통상자원부장관은 다음의 시설에 설치된 자가용전기설비에 대하여 산업통상자원부령으로 정하는 바에 따라 한국전기안전공사(이하 "안전공사"라 한다)로 하여금 정기적으로 점검을 하도록 하여야 한다.

㉠ 「주택법」에 따른 공동주택의 세대

㉡ 「전통시장 및 상점가 육성을 위한 특별법」에 따른 전통시장 점포

② 안전공사는 ①의 시설에 설치된 자가용전기설비에 대한 안전점검을 다음의 구분에 따른 날이 속하는 달의 전후 2개월 이내에 실시해야 한다.

㉠ 공동주택의 세대: 사용전검사를 한 후 25년이 되는 날부터 3년 이내에 안전점검을 실시한 후, 그 안전점검을 한 날부터 매 3년이 되는 날

㉡ 전통시장 점포: 「전통시장 및 상점가 육성을 위한 특별법 시행령」에 따라 인정서가 발급된 날부터 1년 이내에 안전점검을 실시한 후, 그 안전점검을 한 날부터 매 1년이 되는 날

③ 안전공사는 「주택법」에 따른 공동주택의 세대 및 전통시장 점포의 안전점검을 위하여 전기판매사업자에게 공동주택 및 전통시장의 설치장소, 공급전압, 계약전력 등 전기를 공급받는 자에 관한 자료를 요청할 수 있다.

④ ③에 따른 자료의 제공 요청을 받은 전기판매사업자는 특별한 사유가 없으면 요청을 받은 날부터 30일 이내에 해당 자료를 안전공사에 제공해야 한다.

2 변전설비의 관리

(1) 의 의

변전설비란 외부로부터 인입되는 특고압 또는 고압전류를 건물의 용도에 따라 적정한 수준의 전압으로 바꾸어 공급하는 설비를 말하며, 건물의 외부 또는 지하에 설치한다.

(2) 변전설비의 유지관리

① **변전실의 위치 및 구조**

㉠ 부하의 중심에 가까워야 한다.

㉡ 기기의 반출입이 용이하여야 한다.

㉢ 보일러실·펌프실·예비발전실·엘리베이터 기계실과의 관련성을 고려하여야 한다.

㉣ 채광·통풍이 양호하여야 한다. 즉, 직사광선·습기를 방지하여야 한다.

㉤ 바닥은 기기의 하중을 견딜 수 있어야 하며, 케이블 피트의 깊이는 20~30cm 정도로 한다.

㉥ 변전실은 불연재료로 만들어진 벽, 기둥, 바닥 및 천장으로 구획되어야 한다.

㉦ 출입구는 방화문으로 한다.

㉧ 변전실의 천장 높이는 고압의 경우 보 아래 3m 이상, 특고압의 경우 4.5m 이상으로 한다.

② **변전설비용 기기의 종류**

㉠ 변압기(유입식): 두께 $0.35m^2$ 정도의 규소강판에 틈을 만들어 겹쳐서 여기에 1차 권선과 2차 권선을 감아 기전력에 의하여 전압이 상승 또는 강하하도록 만든 장치를 말한다.

ⓛ 절연유(유입식 변압기만 해당)

구비조건	ⓐ 절연성이 클 것 ⓑ 점도가 낮고 냉각효과가 클 것 ⓒ 인화점이 높고 응고점은 낮을 것 ⓓ 금속재료와 접해도 화학반응은 없을 것 ⓔ 증발량이 적을 것
절연내력시험 및 산가측정시기	2년에 1회 이상
산가도 기준치(mgKOH/g) : 사용유 기준	0.2 미만 : 양호
	0.2 이상 0.4 미만 : 주의
	0.4 이상 : 교체
열화방지장치	콘서베이터

ⓒ 차단기 : 자동적으로 전류를 차단하여 기기를 보호하는 장치로서 유입차단기와 공기차단기 등이 있다.

ⓡ 콘덴서 : 교류의 전력은 위상차에 의하여 전력손실과 전압강하가 이루어지는데 이러한 동력의 역률(力率)을 개선하기 위하여 콘덴서를 설치한다.

ⓜ 배전반 : 대리석·강판·철판 등으로 만들어지고 개폐기·자동차단기·계전기 등을 부착한다. 배전반에서 간선의 설치방법은 평행식·나뭇가지식·병용식이 있는데, 대규모 아파트단지에는 설비비가 다소 비싸나 각 분전반마다 단독배전되어 전압강하가 적은 평행식이 적합하다.

3 예비전원설비의 유지관리

(1) 자가발전설비

3상 교류발전기를 사용한다. 수전설비용량의 10~20% 정도의 부하설비에 해당하는 설비를 하여야 하고 정전시에는 10초 이내에 가동하여 30분 이상 전력공급이 가능하여야 한다.

(2) 축전지설비

직류기를 사용하여 교류를 직류로 고쳐서 사용하며, 화재경보장치·확성기·전화교환기 등에 이용된다. 정격용량이 80%로 감소했을 때 전지의 수명이 다 된 것으로 판단한다. 설치하는 경우 천장높이는 2.6m 이상이어야 하고, 정전 후 충전하지 않고 30분 이상 방전할 수 있어야 한다.

(3) **자가발전설비와 축전지 겸용시 가동시간**

자가발전설비는 비상사태 발생 후 45초 이내에 가동하여 30분 이상 전력공급이 가능하여야 하고 축전지 설비는 정전 후 충전함이 없이 20분 이상 방전할 수 있어야 한다.

4 배전설비의 관리

(1) 배전설비의 경로

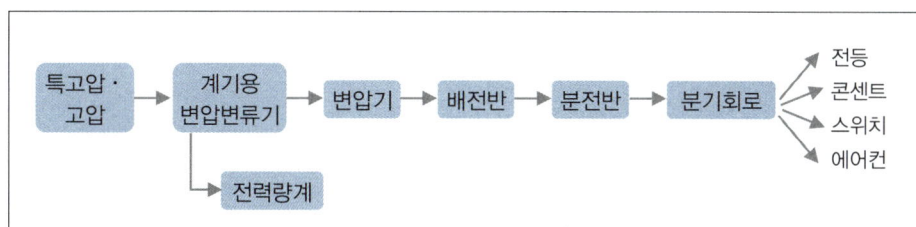

> 🔆 배전설비는 외부의 전기기간설비로부터 공동주택단지 내로 전력을 인입하여 각 세대가 전기를 사용할 수 있도록 하는 각종의 설비를 말한다.

(2) 배전설비의 유지관리

① **분전반**

ㄱ 가능한 부하의 중심에 가까워야 한다.

ㄴ 분전반 1개의 공급면적은 $1,000m^2$ 이하이거나 분기회로의 길이가 30m 이하가 되게 설치한다.

ㄷ 1개층에 적어도 분전반 1개씩 설치한다.

ㄹ 분기회로수는 40회선(예비회로 20회선 포함) 정도로 한다.

> 🔆 분전반이란 전등·콘센트 등 전선의 끝이 되는 분기회로를 조정·개폐시키는 장치를 말한다.

② **배선방식에 의한 간선의 종류**

ㄱ 평행식

ⓐ 배전반에서 각 분전반마다 단독으로 배선되어 있는 방식이다.

ⓑ 전압강하가 적고 사고범위가 좁다.

ⓒ 시설비가 비싸다.

ㄴ 나뭇가지식(수지상식)

ⓐ 배전반에서 한 개의 간선이 각각의 분전반을 거쳐가며 배선되는 방식이다.

ⓑ 말단에 위치한 분전반에서 전압강하가 발생할 수 있다.

ⓒ 소규모 건축물에 적합한 방식이다.

       ⓒ 병용식

          ⓐ 나뭇가지식과 평행식을 조합한 방식으로 부하의 중심에 분전반을 설치하여 각 부하에 배선하는 방식이다.

          ⓑ 가장 많이 쓰이는 방식이다.

   ③ **분기회로**: 분전반에서 전기기구까지의 배선을 말한다.

(3) 배선공사 방법

   ① **목재몰드공사**

       ㉠ 목재에 홈을 파서 절연전선을 넣고 뚜껑을 덮어 설치한다.

       ㉡ 점검할 수 없는 은폐장소에는 적당하지 않다.

   ② **금속몰드공사**

       ㉠ 철제 홈통(폭 5cm 이하, 두께 0.5mm 이상)의 바닥에 전선을 넣고 뚜껑을 덮어 설치한다.

       ㉡ 철근콘크리트 건물에서 기존에 설치된 금속관 배선을 증설할 경우에 사용된다.

   ③ **합성수지관공사**

       ㉠ 플라스틱 파이프 내부에 전선을 매입하는 공사이다.

       ㉡ 절연성과 내식성이 우수하다.

       ㉢ 가볍고 시공이 용이하다.

       ㉣ 열과 기계적 강도가 약하다.

   ④ **금속관공사**

       ㉠ 철근콘크리트의 매입공사에 사용된다.

       ㉡ 전선의 과열로 인한 화재에 대한 위험성이 적다.

       ㉢ 전선의 인입 및 교체가 용이하나 증설공사가 어렵다.

       ㉣ 외부의 충격으로부터 전선의 손상이 적다.

   ⑤ **가요전선관공사**

       ㉠ 굴곡개소가 많아 금속관공사로 하기 어려운 곳에 적합하다.

       ㉡ 콘크리트에 매립해서는 안 된다.

   ⑥ **금속덕트공사**

       ㉠ 전선을 철재덕트 속에 넣고 배선하는 공사이다.

       ㉡ 증설공사시 전기배선 변경이 용이하다.

   ⑦ **버스덕트공사**

       ㉠ 큰 전류가 통하는 간선공사에 사용된다.

       ㉡ 배선을 변경할 필요가 없다.

⑧ **플로어덕트공사**

㉠ 콘크리트 바닥 속에 플로어덕트를 통하여 전선을 매입하는 공사이다.

㉡ 대규모 사무실에서 아웃렛 등의 취출에 편리하다.

⑨ **라이팅덕트공사**: 전선관과 전선이 일체로 되어 벽면 조명등과 같은 광원을 이동시키는 경우에 사용된다.

---

5 조명설비의 관리

(1) 의 의

조명설비는 공동주택의 공용부분 및 부대시설 등에 설치하여 야간통행이나 출입을 편리하게 한다.

(2) 조명의 용어와 단위

광속(lm)	광원에서 나오는 빛의 양
광도(cd)	광원에서 나오는 빛의 세기
휘도(nt, sb)	광원을 보았을 때의 눈부심
조도(lx)	어느 장소에 대한 밝기
연색성	물체의 색을 구별할 수 있는 척도

(3) 광원의 종류와 용도

종 류	용 도
백열등	좁은 장소의 전반 조명, 액센트 조명
형광등	옥내 전반 국부조명
수은등	천장이 높은 옥내·외조명, 공장·도로 조명
메탈할라이트	미술관, 백화점
나트륨등	터널, 도로조명, 가로등

💡 **효율**: 나트륨등 > 메탈할라이트 > 형광등 > 수은등 > 백열등
💡 **연색성**: 백열등 > 메탈할라이트 > 형광등 > 수은등 > 나트륨등

(4) 전기설비의 용량산출을 위한 계산식

구 분	계산식
수용률 (수요율)	$\dfrac{최대수용전력}{부하설비용량} \times 100\%$ 수용장소에 설치된 총 설비용량에 대하여 실제로 사용하고 있는 부하의 최대 수용전력과의 비율을 백분율로 표시한 것
부하율	$\dfrac{평균수용전력}{최대수용전력} \times 100\%$ 전기설비가 어느 정도 유효하게 사용되고 있는가를 나타내는 척도이며 어떤 기간 중에 최대수용전력과 그 기간 중에 평균전력과의 비율을 백분율로 표시한 것
부등률	$\dfrac{각\ 부하의\ 최대수용전력의\ 합계}{합계부하의\ 최대수용전력} \times 100\%$ 수용가의 설비부하는 각 부하의 부하특성에 따라 최대 수용전력 발생시각이 다르게 나타나므로 부등률을 고려하면 변압기 사용량을 적정용량으로 낮추는 효과를 갖게 된다. 부등률은 항상 1보다 크며 이 값이 클수록 일정한 공급설비로 큰 부하설비에 전력을 공급할 수 있다는 것이고 부등률이 크다는 것은 공급설비의 이용률이 높다는 것을 뜻한다.

6 피뢰설비

(1) 설 치

낙뢰의 우려가 있는 건축물, 높이 20m 이상의 건축물 또는 공작물로서 높이 20m 이상의 공작물에는 다음의 기준에 적합하게 피뢰설비를 설치하여야 한다.

① 피뢰설비는 한국산업표준이 정하는 피뢰레벨 등급에 적합한 피뢰설비일 것. 다만, 위험물저장 및 처리시설에 설치하는 피뢰설비는 한국산업표준이 정하는 피뢰시스템레벨 Ⅱ 이상이어야 한다.

② 돌침은 건축물의 맨 윗부분으로부터 25cm 이상 돌출시켜 설치하되,「건축물의 구조기준 등에 관한 규칙」제9조에 따른 설계하중에 견딜 수 있는 구조일 것

③ 피뢰설비의 재료는 최소 단면적이 피복이 없는 동선을 기준으로 수뢰부, 인하도선 및 접지극은 50mm^2 이상이거나 이와 동등 이상의 성능을 갖출 것

④ 피뢰설비의 인하도선을 대신하여 철골조의 철골구조물과 철근콘크리트조의 철근구조체 등을 사용하는 경우에는 전기적 연속성이 보장될 것. 이 경우 전기적 연속성이 있다고 판단되기 위하여는 건축물 금속 구조체의 최상단부와 지표레벨 사이의 전기저항이 0.2옴 이하이어야 한다.

⑤ 측면 낙뢰를 방지하기 위하여 높이가 60m를 초과하는 건축물 등에는 지면에서 건축물 높이의 5분의 4가 되는 지점부터 최상단부분까지의 측면에 수뢰부를 설치하여야 하며, 지표레벨에서 최상단부의 높이가 150m를 초과하는 건축물은 120m 지점부터 최상단부분까지의 측면에 수뢰부를 설치할 것. 다만, 건축물의 외벽이 금속부재(部材)로 마감되고, 금속부재 상호간에 ④의 후단에 적합한 전기적 연속성이 보장되며 피뢰시스템레벨 등급에 적합하게 설치하여 인하도선에 연결한 경우에는 측면 수뢰부가 설치된 것으로 본다.

⑥ 접지(接地)는 환경오염을 일으킬 수 있는 시공방법이나 화학 첨가물 등을 사용하지 아니할 것

⑦ 급수·급탕·난방·가스 등을 공급하기 위하여 건축물에 설치하는 금속배관 및 금속재설비는 전위(電位)가 균등하게 이루어지도록 전기적으로 접속할 것

⑧ 전기설비의 접지계통과 건축물의 피뢰설비 및 통신설비 등의 접지극을 공용하는 통합접지공사를 하는 경우에는 낙뢰 등으로 인한 과전압으로부터 전기설비 등을 보호하기 위하여 한국산업표준에 적합한 서지보호장치[서지(surge : 전류·전압 등의 과도 파형을 말한다)로부터 각종 설비를 보호하기 위한 장치를 말한다]를 설치하여야 한다.

⑨ 그 밖에 피뢰설비와 관련된 사항은 한국산업표준에 적합하게 설치할 것

(2) 담보책임기간 및 장기수선계획수선주기(공동주택관리법령)

① **피뢰침공사**: 3년
② **피뢰설비**(부분수선) : 10년

7 통신정보설비

(1) 통신설비

① 주택에는 세대마다 전화설치장소(거실 또는 침실을 말한다)까지 구내통신선로설비를 설치하여야 하되, 구내통신선로설비의 설치에 필요한 사항은 따로 대통령령으로 정한다.

② 경비실을 설치하는 공동주택의 각 세대에는 경비실과 통화가 가능한 구내전화를 설치하여야 한다.

③ 주택에는 세대마다 초고속 정보통신을 할 수 있는 구내통신선로설비를 설치하여야 한다.

④ 주거용건축물 중 공동주택에는 ⑤에 따른 면적확보 기준을 충족하는 집중구내통신실을 확보하여야 한다.

⑤ **공동주택의 구내통신실 면적확보 기준**

구 분	확보면적
1. 50세대 이상 500세대 이하 단지	10제곱미터 이상으로 1개소
2. 500세대 초과 1,000세대 이하 단지	15제곱미터 이상으로 1개소
3. 1,000세대 초과 1,500세대 이하 단지	20제곱미터 이상으로 1개소
4. 1,500세대 초과 단지	25제곱미터 이상으로 1개소

💡 비 고
1. 집중구내통신실은 외부환경에 영향이 적은 지상에 확보되어야 한다. 다만, 부득이한 사유로 지상 확보가 곤란한 경우에는 침수우려가 없고 습기가 차지 아니하는 지하층에 설치할 수 있다.
2. 집중구내통신실에는 조명시설과 통신장비전용의 전원설비를 구비하여야 한다.
3. 각 통신실의 면적은 벽이나 기둥 등을 제외한 면적으로 한다.
4. 집중구내통신실의 출입구에는 잠금장치를 설치하여야 한다.

(2) 방송공동수신설비

공동주택의 각 세대에는 방송 공동수신설비 중 지상파텔레비전방송, 에프엠(FM)라디오방송 및 위성방송의 수신안테나와 연결된 단자를 2개소 이상 설치하여야 한다. 다만, 세대당 전용면적이 60제곱미터 이하인 주택의 경우에는 1개소로 할 수 있다.

8 지능형 홈네트워크 설비

1. 개 설

주택에 지능형 홈네트워크 설비(주택의 성능과 주거의 질 향상을 위하여 세대 또는 주택단지 내 지능형 정보통신 및 가전기기 등의 상호 연계를 통하여 통합된 주거서비스를 제공하는 설비를 말한다)를 설치하는 경우에는 국토교통부장관, 산업통상자원부장관 및 과학기술정보통신부장관이 협의하여 공동으로 고시하는 지능형 홈네트워크 설비 설치 및 기술기준에 적합하여야 한다.

2. 지능형 홈네트워크 설비 설치 및 기술기준

(1) 목 적

이 기준은 주택법(이하 '법'이라 한다) 제2조 제13호와 주택건설기준 등에 관한 규정(이하 '주택건설기준'이라 한다) 제32조의2에 따른 지능형 홈네트워크(이하 '홈네트워크'라 한다)설비의 설치 및 기술적 사항에 관하여 위임된 사항과 그 시행에 관하여 필요한 사항을 규정함을 목적으로 한다.

(2) 적용범위

이 기준은 법 및 주택건설기준에 따라 홈네트워크설비를 설치하고자 하는 경우에 적용한다.

(3) 용어정의

① **홈네트워크설비**: 주택의 성능과 주거의 질 향상을 위하여 세대 또는 주택단지 내 지능형 정보통신 및 가전기기 등의 상호 연계를 통하여 통합된 주거서비스를 제공하는 설비로 홈네트워크망, 홈네트워크장비, 홈네트워크사용기기로 구분한다.

② **홈네트워크망**: 홈네트워크장비 및 홈네트워크사용기기를 연결하는 것을 말하며, 다음과 같이 구분한다.

　㉠ 단지망: 집중구내통신실에서 세대까지를 연결하는 망

　㉡ 세대망: 전유부분(각 세대 내)을 연결하는 망

③ **홈네트워크장비**: 홈네트워크망을 통해 접속하는 장치를 말하며, 다음과 같이 구분한다.

　㉠ 홈게이트웨이: 전유부분에 설치되어 세대 내에서 사용되는 홈네트워크 사용기기들을 유무선 네트워크로 연결하고 세대망과 단지망 혹은 통신사의 기간망을 상호 접속하는 장치

　㉡ 세대단말기: 세대 및 공용부의 다양한 설비의 기능 및 성능을 제어하고 확인할 수 있는 기기로 사용자인터페이스를 제공하는 장치

　㉢ 단지네트워크장비: 세대 내 홈게이트웨이와 단지서버간의 통신 및 보안을 수행하는 장비로서, 백본(back-bone), 방화벽(Fire Wall), 워크그룹스위치 등 단지망을 구성하는 장비

　㉣ 단지서버: 홈네트워크설비를 총괄적으로 관리하며, 이로부터 발생하는 각종 데이터의 저장·관리·서비스를 제공하는 장비

④ **홈네트워크사용기기**: 홈네트워크망에 접속하여 사용하는 다음과 같은 장비를 말한다.

　㉠ 원격제어기기: 주택 내부 및 외부에서 가스, 조명, 전기 및 난방, 출입 등을 원격으로 제어할 수 있는 기기

　㉡ 원격검침시스템: 주택 내부 및 외부에서 전력, 가스, 난방, 온수, 수도 등의 사용량 정보를 원격으로 검침하는 시스템

　㉢ 감지기: 화재, 가스누설, 주거침입 등 세대 내의 상황을 감지하는 데 필요한 기기

　㉣ 전자출입시스템: 비밀번호나 출입카드 등 전자매체를 활용하여 주동 출입 및 지하주차장 출입을 관리하는 시스템

　㉤ 차량출입시스템: 단지에 출입하는 차량의 등록 여부를 확인하고 출입을 관리하는 시스템

　㉥ 무인택배시스템: 물품배송자와 입주자간 직접대면 없이 택배화물, 등기우편물 등 배달물품을 주고받을 수 있는 시스템

　㉦ 그 밖에 영상정보처리기기, 전자경비시스템 등 홈네트워크망에 접속하여 설치되는 시스템 또는 장비

⑤ **홈네트워크설비 설치공간**: 홈네트워크설비가 위치하는 곳을 말하며, 다음과 같이 구분한다.

　㉠ 세대단자함: 세대 내에 인입되는 통신선로, 방송공동수신설비 또는 홈네트워크설비 등의 배선을 효율적으로 분배·접속하기 위하여 이용자의 전유부분에 포함되어 실내공간에 설치되는 분배함

　㉡ 통신배관실(TPS실): 통신용 파이프 샤프트 및 통신단자함을 설치하기 위한 공간

　㉢ 집중구내통신실(MDF실): 국선·국선단자함 또는 국선배선반과 초고속통신망장비, 이동통신망장비 등 각종 구내통신선로설비 및 구내용 이동통신설비를 설치하기 위한 공간

　㉣ 그 밖에 방재실, 단지서버실, 단지네트워크센터 등 단지 내 홈네트워크설비를 설치하기 위한 공간

(4) 홈네트워크 필수설비

① 공동주택이 다음의 설비를 모두 갖추는 경우에는 홈네트워크설비를 갖춘 것으로 본다.

　㉠ 홈네트워크망

　　ⓐ 단지망

　　ⓑ 세대망

ⓒ 홈네트워크장비
ⓐ 홈게이트웨이(단, 세대단말기가 홈게이트웨이 기능을 포함하는 경우
는 세대단말기로 대체 가능)
ⓑ 세대단말기
ⓒ 단지네트워크장비
ⓓ 단지서버((5) ⑤의 ㉣에 따른 클라우드컴퓨팅 서비스로 대체 가능)
② 홈네트워크 필수설비는 상시전원에 의한 동작이 가능하고, 정전시 예비전
원이 공급될 수 있도록 하여야 한다. 단, 세대단말기 중 이동형 기기(무선망
을 이용할 수 있는 휴대용 기기)는 제외한다.

(5) 홈네트워크설비의 설치기준

① **홈네트워크망**: 홈네트워크망의 배관·배선 등은 방송통신설비의 기술기
준에 관한 규정 및 접지설비·구내통신설비·선로설비 및 통신공동구 등
에 대한 기술기준에 따라 설치하여야 한다.

② **홈게이트웨이**
㉠ 홈게이트웨이는 세대단자함에 설치하거나 세대단말기에 포함하여 설치
할 수 있다.
㉡ 홈게이트웨이는 이상전원 발생시 제품을 보호할 수 있는 기능을 내장하
여야 하며, 동작 상태와 케이블의 연결 상태를 쉽게 확인할 수 있는 구
조로 설치하여야 한다.

③ **세대단말기**: 세대 내의 홈네트워크사용기기들과 단지서버간의 상호 연동
이 가능한 기능을 갖추어 세대 및 공용부의 다양한 기기를 제어하고 확인
할 수 있어야 한다.

④ **단지네트워크장비**
㉠ 단지네트워크장비는 집중구내통신실 또는 통신배관실에 설치하여야 한다.
㉡ 단지네트워크장비는 홈게이트웨이와 단지서버간 통신 및 보안을 수행
할 수 있도록 설치하여야 한다.
㉢ 단지네트워크장비는 외부인으로부터 직접적인 접촉이 되지 않도록 별
도의 함체나 랙(rack)으로 설치하며, 함체나 랙에는 외부인의 조작을 막
기 위한 잠금장치를 하여야 한다.

⑤ **단지서버**
㉠ 단지서버는 집중구내통신실 또는 방재실에 설치할 수 있다. 다만, 단지
서버가 설치되는 공간에는 보안을 고려하여 영상정보처리기기 등을 설
치하되 관리자가 확인할 수 있도록 하여야 한다.

    ⓒ 단지서버는 외부인의 조작을 막기 위한 잠금장치를 하여야 한다.

    ⓒ 단지서버는 상온·상습인 곳에 설치하여야 한다.

    ⓔ ㉠부터 ㉢까지의 규정에도 불구하고 국토교통부장관과 사전에 협의하고, 국가균형발전 특별법 제22조에 따른 지역발전위원회에서 선정한 단지서버 설치 규제특례 지역의 경우에는 클라우드컴퓨팅 발전 및 이용자 보호에 관한 법률 제2조 제3호에 따른 클라우드컴퓨팅 서비스를 이용하는 것으로 할 수 있으며, 다음의 사항이 발생하지 않도록 하여야 한다.

      ⓐ 정보통신 보안 문제

      ⓑ 통신망 이상발생에 따른 홈네트워크사용기기 운영 불안정 문제

⑥ **홈네트워크사용기기**: 홈네트워크사용기기를 설치할 경우, 다음의 기준에 따라 설치하여야 한다.

    ㉠ 원격제어기기는 전원공급, 통신 등 이상상황에 대비하여 수동으로 조작할 수 있어야 한다.

    ㉡ 원격검침시스템은 각 세대별 원격검침장치가 정전 등 운용시스템의 동작 불능시에도 계량이 가능해야 하며, 데이터 값을 보존할 수 있도록 구성하여야 한다.

    ㉢ 감지기

      ⓐ 가스감지기는 LNG인 경우에는 천장 쪽에, LPG인 경우에는 바닥 쪽에 설치하여야 한다.

      ⓑ 동체감지기는 유효감지반경을 고려하여 설치하여야 한다.

      ⓒ 감지기에서 수집된 상황정보는 단지서버에 전송하여야 한다.

    ㉣ 전자출입시스템

      ⓐ 지상의 주동현관 및 지하주차장과 주동을 연결하는 출입구에 설치하여야 한다.

      ⓑ 화재발생 등 비상시, 소방시스템과 연동되어 주동현관과 지하주차장의 출입문을 수동으로 여닫을 수 있게 하여야 한다.

      ⓒ 강우를 고려하여 설계하거나 강우에 대비한 차단설비(날개벽, 차양 등)를 설치하여야 한다.

      ⓓ 접지단자는 프레임 내부에 설치하여야 한다.

    ㉤ 차량출입시스템

      ⓐ 차량출입시스템은 단지 주출입구에 설치하되 차량의 진·출입에 지장이 없도록 하여야 한다.

      ⓑ 관리자와 통화할 수 있도록 영상정보처리기기와 인터폰 등을 설치하여야 한다.

ⓑ 무인택배시스템

    ⓐ 무인택배시스템은 휴대폰·이메일을 통한 문자서비스(SMS) 또는 세대단말기를 통한 알림서비스를 제공하는 제어부와 무인택배함으로 구성하여야 한다.

    ⓑ 무인택배함의 설치수량은 소형주택의 경우 세대수의 약 10~15%, 중형주택 이상은 세대수의 15~20% 정도 설치할 것을 권장한다.

ⓢ 영상정보처리기기

    ⓐ 영상정보처리기기의 영상은 필요시 거주자에게 제공될 수 있도록 관련 설비를 설치하여야 한다.

    ⓑ 렌즈를 포함한 영상정보처리기기장비는 결로되거나 빗물이 스며들지 않도록 설치하여야 한다.

(6) 홈네트워크설비 설치공간

홈네트워크설비가 다음 공간에 설치될 경우, 다음의 기준에 따라 설치하여야 한다.

① 세대단자함

  ㉠ 접지설비·구내통신설비·선로설비 및 통신공동구 등에 대한 기술기준 제30조에 따라 설치하여야 한다.

  ㉡ 세대단자함은 별도의 구획된 장소나 노출된 장소로서 침수 및 결로 발생의 우려가 없는 장소에 설치하여야 한다.

  ㉢ 세대단자함은 '500mm × 400mm × 80mm(깊이)' 크기로 설치할 것을 권장한다.

② 통신배관실

  ㉠ 통신배관실은 유지관리를 용이하게 할 수 있도록 하여야 하며, 통신배관을 위한 공간을 확보하여야 한다.

  ㉡ 통신배관실 내의 트레이(tray) 또는 배관, 덕트 등의 설치용 개구부는 화재시 층간 확대를 방지하도록 방화처리제를 사용하여야 한다.

  ㉢ 통신배관실의 출입문은 폭 0.7m, 높이 1.8m 이상(문틀의 내측치수)이어야 하며, 잠금장치를 설치하고, 관계자 외 출입통제 표시를 부착하여야 한다.

  ㉣ 통신배관실은 외부의 청소 등에 의한 먼지, 물 등이 들어오지 않도록 50mm 이상의 문턱을 설치하여야 한다. 다만, 차수판 또는 차수막을 설치하는 때에는 그러하지 아니하다.

③ 집중구내통신실

　　㉠ 집중구내통신실은 방송통신설비의 기술기준에 관한 규정 제19조에 따라 설치하되, 단지네트워크장비 또는 단지서버를 집중구내통신실에 수용하는 경우에는 설치 면적을 추가로 확보하여야 한다.

　　㉡ 집중구내통신실은 독립적인 출입구와 보안을 위한 잠금장치를 설치하여야 한다.

　　㉢ 집중구내통신실은 적정온도의 유지를 위한 냉방시설 또는 흡배기용 환풍기를 설치하여야 한다.

⑺ 홈네트워크설비의 기술기준

① 연동 및 호환성 등

　　㉠ 홈게이트웨이는 단지서버와 상호 연동할 수 있어야 한다.

　　㉡ 홈네트워크사용기기는 홈게이트웨이와 상호 연동할 수 있어야 하며, 각 기기간 호환성을 고려하여 설치하여야 한다.

　　㉢ 홈네트워크설비는 타 설비와 간섭이 없도록 설치하여야 하며, 유지보수가 용이하도록 설치하여야 한다.

② 기기인증 등

　　㉠ 홈네트워크사용기기는 산업통상자원부와 과학기술정보통신부의 인증규정에 따른 기기인증을 받은 제품이거나 이와 동등한 성능의 적합성평가 또는 시험성적서를 받은 제품을 설치하여야 한다.

　　㉡ 기기인증 관련 기술기준이 없는 기기의 경우 인증 및 시험을 위한 규격은 산업표준화법에 따른 한국산업표준(KS)을 우선 적용하며, 필요에 따라 정보통신단체표준 등과 같은 관련 단체 표준을 따른다.

③ 하자담보 등

　　㉠ 홈네트워크사용기기는 하자담보기간과 내구연한을 표기할 수 있다.

　　㉡ 홈네트워크사용기기의 예비부품은 5% 이상 5년간 확보할 것을 권장하며, 이 경우 ㉠의 규정에 따른 내구연한을 고려하여야 한다.

⑻ 행정사항 - 규제의 재검토

국토교통부장관은 행정규제기본법 제8조 및 훈령·예규 등의 발령 및 관리에 관한 규정(대통령훈령 제248호)에 따라 이 고시에 대하여 2017년 1월 1일을 기준으로 매 3년이 되는 시점(매 3년째의 12월 31일까지를 말한다)마다 그 타당성을 검토하여 개선 등의 조치를 하여야 한다.

07 가스설비

가스설비

01 가스설비관리의 개요

02 설비유지관리

03 도시가스사업법에 따른 검사 등

04 가스사용시설의 시설·기술·검사기준

1 가스설비관리의 개요

(1) 의 의

가스연료는 무게에 비해 열량이 크고, 연소 후 재나 그을음이 없어 공해를 일으키지 않으며, 보일러 등의 부식이 적어 편리하나 가스 취급 부주의로 폭발 또는 화재가 발생하는 경우 그 피해규모는 크기 때문에 안전사고 예방측면에서 취급상 철저한 관리가 요구된다.

(2) 가스공급시설의 설치

① 도시가스의 공급이 가능한 지역에 주택을 건설하거나 액화석유가스를 배관에 의하여 공급하는 주택을 건설하는 경우에는 각 세대까지 가스공급설비를 하여야 하며, 그 밖의 지역에서는 안전이 확보될 수 있도록 외기에 면한 곳에 액화석유가스용기를 보관할 수 있는 시설을 하여야 한다.

② ①에도 불구하고 다음의 요건을 모두 갖춘 경우에는 각 세대까지 가스공급설비를 설치하지 않을 수 있다.

　㉠ 「장기공공임대주택 입주자 삶의 질 향상 지원법」에 따른 장기공공임대주택일 것

　㉡ 세대별 주거전용면적이 50제곱미터 이하일 것

　㉢ 세대 내 가스사용시설이 설치되어 있지 않고 전기를 사용하는 취사시설이 설치되어 있을 것

　㉣ 「건축법 시행령」에 따른 난방을 위한 건축설비를 개별난방방식으로 설치하지 않을 것

③ 특별시장·광역시장·특별자치시장·특별자치도지사 또는 도지사는 500세대 이상의 주택을 건설하는 주택단지에 대하여는 당해 지역의 가스공급계획에 따라 가스저장시설을 설치하게 할 수 있다.

(3) **가스의 종류 및 특성**

① **액화석유가스**(LPG): LPG(Liquefied Petelum Gas)의 주요성분은 프로판·부탄이며 소량의 프로필렌, 부틸렌 등이 포함되어 있다. LPG는 공기보다 무거워서 누출되면 낮은 곳에 머물게 되고 연소범위도 낮아서 조금만 누출되어도 화재·폭발의 위험이 있다. 순수한 LPG는 무색·무취이지만, 가정이나 영업소에서 사용하는 LPG에는 누출될 때 쉽게 감지하여 사고를 예방할 수 있도록 불쾌한 냄새가 나는 메르캅탄류의 물질을 섞어서 공급한다. 단위는 kg/h를 사용하고 경보기는 바닥에서 30cm 이내에 설치한다.

② **액화천연가스**(LNG): 액화천연가스(Liquefied Natural Gas)는 천연가스전에서 채취한 천연가스를 액화시킨 것으로 메탄이 주요성분이다. 천연가스의 주성분인 메탄은 공기보다 가벼워서 누출되면 높은 곳에 체류하고 공기와 혼합되면 폭발성 가스가 되므로 누출되지 않도록 주의해야 한다. 단위는 m³/h를 사용하고 경보기는 천장에서 30cm 이내에 설치한다.

2 설비유지관리

(1) 최근의 건물은 기밀성이 크게 좋아지고 있다. 이 때문에 가스연소시의 산소결핍으로 인한 사고 또는 가스누출로 인해 폭발사고를 일으키는 사례도 있다. 가스기기의 취급시에는 충분히 주의하여 적절한 환기를 행하고 관련설비를 포함하여 정확하게 사용하도록 한다.

(2) 장기간 사용하지 않는 경우에는 메인밸브를 완전히 잠그도록 한다.

(3) 가스누출 탐지장치, 기타 안전장치에 대해서는 정기적으로 점검을 받도록 한다.

(4) 가스누출을 발견한 경우(긴급시의 처치요령)는 다음과 같이 대처한다.
① 창문을 열고 충분히 환기를 한다.
② 실내의 가스밸브뿐만 아니라 메인밸브도 닫는다.
③ 화기는 절대로 가까이 하지 않는다. 특히 조명·환기팬 등의 스위치의 ON/OFF는 불꽃을 일으키기 때문에 조작하지 않도록 한다.

(5) 가스기구를 교체, 증설하는 경우에 반드시 환기를 검토하도록 한다.

3 도시가스사업법에 따른 검사 등

(1) 도시가스의 압력

① **고압**: 1메가파스칼 이상의 압력(게이지압력을 말한다)을 말한다.
② **중압**: 0.1메가파스칼 이상 1메가파스칼 미만의 압력을 말한다.
③ **저압**: 0.1메가파스칼 미만의 압력을 말한다.

(2) 검 사

도시가스사업자와 특정가스사용시설의 사용자는 그 가스공급시설이나 특정가스사용시설에 대하여 산업통상자원부령으로 정하는 바에 따라 정기 또는 수시로 산업통상자원부장관 또는 시장·군수·구청장의 검사를 받아야 한다. 다만, 대통령령으로 정하는 자는 정기검사의 전부 또는 일부를 면제할 수 있다.

① **정기검사**: 완성검사 대상이 되는 특정가스사용시설은 최초로 그 완성검사증명서를 받은 날을 기준으로 매 1년(시·도지사가 지정하는 가스사용시설 중 「노인복지법」에 따른 경로당과 「영유아보육법」에 따른 가정어린이집은 10년)이 되는 날의 전후 30일 이내에 받아야 한다. 다만, 가스공급시설 및 특정가스사용시설의 정기검사일은 한국가스안전공사가 도시가스사업자 또는 특정가스사용시설의 사용자와 협의하여 따로 정할 수 있다.

② **수시검사**
   ㉠ 수시검사는 한국가스안전공사가 도시가스 사고의 예방과 그 밖에 가스 안전을 위하여 필요하다고 인정할 때에 한다.
   ㉡ 한국가스안전공사는 수시검사를 하려면 미리 검사대상자에게 알려야 한다. 다만, 통보할 경우 검사의 목적을 달성할 수 없거나 그 밖에 긴급한 사유로 알릴 수 없을 때에는 그러하지 아니하다.

(3) 안전관리자 선임 등

① 안전관리자를 선임한 자는 안전관리자를 선임 또는 해임하거나 안전관리자가 퇴직한 경우에는 산업통상자원부령이 정하는 바에 따라 지체 없이 산업통상자원부장관, 시·도지사 또는 시장·군수·구청장에게 신고하고, 안전관리자가 해임되거나 퇴직한 날부터 30일 이내에 다른 안전관리자를 선임하여야 한다. 다만, 그 기간 내에 선임할 수 없으면 산업통상자원부장관, 시·도지사 또는 시장·군수·구청장의 승인을 받아 그 기간을 연장할 수 있다.

② **안전관리자의 업무**

　　㉠ 가스공급시설 또는 특정가스사용시설의 안전유지

　　㉡ 정기검사 또는 수시검사 결과 부적합 판정을 받은 시설의 개선

　　㉢ 안전점검의무의 이행확인

　　㉣ 안전관리규정 실시기록의 작성·보존

　　㉤ 종업원에 대한 안전관리를 위하여 필요한 사항의 지휘·감독

　　㉥ 정압기·도시가스배관 및 그 부속설비의 순회점검, 구조물의 관리, 원격감시시스템의 관리, 검사업무 및 안전에 대한 비상계획의 수립·관리

　　㉦ 본관·공급관의 누출검사 및 전기방식시설의 관리

　　㉧ 사용자 공급관의 관리

　　㉨ 공급시설 및 사용시설의 굴착공사의 관리

　　㉩ 배관의 구멍 뚫기 작업

　　㉪ 그 밖의 위해 방지 조치

③ **안전관리자의 자격과 선임 인원**

사업 구분	안전관리자의 종류별 선임 인원 및 자격	
	선임 인원	**자 격**
특정가스 사용시설	안전관리 총괄자 : 1명	－
	안전관리 책임자(월 사용 예정량이 4천m³를 초과하는 경우에만 선임하고, 자동차 연료장치의 가스사용시설은 제외한다) : 1명 이상	가스기능사 이상의 자격을 가진 사람 또는 한국가스안전공사가 산업통상자원부장관의 승인을 받아 실시하는 사용시설안전관리자 양성교육을 이수한 사람

(4) 안전교육

① **교육계획의 수립** : 한국가스안전공사는 매년 11월 말까지 전문교육과 특별교육의 종류별, 대상자별 및 지역별로 다음 연도의 교육계획을 수립하여 이를 관할 시·도지사에게 보고하여야 한다.

② **교육신청**

　　㉠ 전문교육이나 특별교육의 대상자가 된 자는 그 날부터 1개월 이내에 교육수강신청을 하여야 한다. 다만, 부득이한 사유로 교육수강신청을 하지 못한 자는 그 사유가 종료된 날부터 1개월 이내에 교육수강신청을 하여야 한다.

　　㉡ 양성교육을 이수하려는 자는 한국가스안전공사가 매년 초에 지정하는 기간에 교육수강신청을 하여야 한다.

③ **교육일시 통보** : 한국가스안전공사는 교육신청이 있으면 교육일 10일 전까지 교육대상자에게 교육장소와 교육일시를 알려야 한다.

④ **교육의 과정 · 대상범위 및 시기**

교육과정	교육대상자	교육시기
가. 전문교육	1) 도시가스사업자(도시가스사업자 외의 가스공급시설설치자를 포함한다)의 안전관리 책임자 · 안전관리원 · 안전점검원 2) 가스사용시설 안전관리업무대행자에 채용된 기술인력 중 안전관리 책임자 3) 특정가스사용시설의 안전관리 책임자 4) 「건설산업기본법 시행령」 제7조에 따른 제1종 가스시설 시공자에 채용된 시공관리자 5) 시공사(「건설산업기본법 시행령」 제7조에 따른 제2종 가스시설 시공업자의 기술 인력인 시공자 양성교육이수자만을 말한다) 및 제2종 가스시설 시공업자에 채용된 시공관리자 6) 온수보일러 시공자(「건설산업기본법 시행령」 제7조에 따른 제3종 가스시설 시공업자의 기술 인력인 온수보일러 시공자 양성교육과 온수보일러 시공관리자 양성교육이수자만을 말한다)와 제3종 가스시설 시공업자에 채용된 온수보일러 시공관리자	신규 종사 후 6개월 이내 및 그 후에는 3년이 되는 해마다 1회
나. 특별교육	1) 보수 · 유지 관리원 2) 사용시설 점검원 3) 도시가스사용자동차 운전자 4) 도시가스자동차 충전시설의 충전원 5) 도시가스사용자동차 정비원	신규 종사시 1회
다. 양성교육	1) 도시가스시설 안전관리자가 되려는 자 2) 사용시설 안전관리자가 되려는 자 3) 가스시설 시공관리자가 되려는 자 4) 시공자가 되려는 자 5) 온수보일러 시공자가 되려는 자 6) 온수보일러 시공관리자가 되려는 자 7) 안전점검원이 되려는 자 8) 폴리에틸렌관 융착원이 되려는 자	

4 가스사용시설의 시설 · 기술 · 검사기준

(1) 시설기준

① **가스계량기는 다음 기준에 적합하게 설치할 것**

ㄱ 가스계량기와 화기(그 시설 안에서 사용하는 자체화기는 제외한다) 사이에 유지하여야 하는 거리 : 2m 이상

ㄴ 설치 장소 : 다음의 요건을 모두 충족하는 곳. 다만, 아래 ⓓ의 요건은 주택의 경우에만 적용한다.

ⓐ 가스계량기의 교체 및 유지 관리가 용이할 것

ⓑ 환기가 양호할 것

ⓒ 직사광선이나 빗물을 받을 우려가 없을 것. 다만, 보호상자 안에 설치하는 경우에는 그러하지 아니하다.

ⓓ 가스사용자가 구분하여 소유하거나 점유하는 건축물의 외벽. 다만, 실외에서 가스사용량을 검침을 할 수 있는 경우에는 그러하지 아니하다.

ㄷ 설치금지 장소 : 「건축법 시행령」 제46조 제4항에 따른 공동주택의 대피공간, 방 · 거실 및 주방 등으로서 사람이 거처하는 곳 및 가스계량기에 나쁜 영향을 미칠 우려가 있는 장소

② 가스계량기의 설치높이는 바닥으로부터 1.6m 이상 2m 이내에 수직 · 수평으로 설치하고 밴드 · 보호가대 등 고정 장치로 고정시킬 것. 다만, 격납상자에 설치하는 경우, 기계실 및 보일러실(가정에 설치된 보일러실은 제외한다)에 설치하는 경우와 문이 달린 파이프 덕트 안에 설치하는 경우에는 설치 높이의 제한을 하지 아니한다.

③ **가스계량기와 이격거리**

ㄱ 전기계량기 및 전기개폐기와의 거리는 60cm 이상

ㄴ 굴뚝(단열조치를 하지 아니한 경우만을 말한다) · 전기점멸기 및 전기접속기와의 거리는 30cm 이상

ㄷ 절연조치를 하지 아니한 전선과의 거리는 15cm 이상

④ **입상관과 입상관 밸브의 설치규정**

ㄱ 입상관과 화기(그 시설 안에서 사용하는 자체화기는 제외한다) 사이에 유지해야 하는 거리는 우회거리 2m 이상으로 하고, 환기가 양호한 장소에 설치해야 한다.

ㄴ 입상관의 밸브는 바닥으로부터 1.6m 이상 2m 이내에 설치할 것. 다만, 보호상자에 설치하는 경우에는 그러하지 아니하다.

💡 가스계량기가 30m³/hr 미만인 경우만을 말한다.

(2) 가스설비기준

① 가스사용시설에는 그 가스사용시설의 안전 확보와 정상작동을 위하여 지하공급차단밸브, 압력조정기, 가스계량기, 중간밸브, 호스 등 필요한 설비와 장치를 적절하게 설치할 것

② 가스사용시설은 안전을 확보하기 위하여 기밀성능을 가지도록 할 것

(3) 배관설비기준

① 배관 등의 재료와 두께는 그 배관 등의 안전성을 확보하기 위하여 사용하는 도시가스의 종류 및 압력, 사용하는 온도 및 환경에 적절한 것일 것

② 배관은 그 배관의 강도 유지와 수송하는 도시가스의 누출방지를 위하여 적절한 방법으로 접합하여야 하고, 이를 확인하기 위하여 용접부(가스용 폴리에틸렌관, 호칭지름 80mm 미만인 저압 배관 및 노출된 저압배관은 제외한다)에 대하여 비파괴시험을 하여야 하며, 접합부의 안전을 유지하기 위하여 필요한 경우에는 응력 제거를 할 것

③ 배관은 그 배관의 유지관리에 지장이 없고, 그 배관에 대한 위해의 우려가 없도록 설치하며, 배관의 말단에는 막음조치를 하는 등 설치환경에 따라 적절한 안전조치를 마련할 것

④ 배관을 지하에 매설하는 경우에는 지면으로부터 0.6m 이상의 거리를 유지할 것

⑤ 배관을 실내에 노출하여 설치하는 경우에는 다음 기준에 적합하게 할 것
  ㉠ 배관은 누출된 도시가스가 체류(滯留)되지 않고 부식의 우려가 없도록 안전하게 설치할 것
  ㉡ 배관의 이음부(용접이음매는 제외한다)와 전기계량기 및 전기개폐기, 전기점멸기 및 전기접속기, 절연전선(가스누출자동차단장치를 작동시키기 위한 전선은 제외한다), 절연조치를 하지 않은 전선 및 단열조치를 하지 않은 굴뚝(배기통을 포함한다) 등과는 적절한 거리를 유지할 것

⑥ 배관을 실내의 벽·바닥·천정 등에 매립 또는 은폐 설치하는 경우에는 다음 기준에 적합하게 할 것
  ㉠ 배관은 못 박음 등 외부 충격 등에 의한 위해의 우려가 없는 안전한 장소에 설치할 것
  ㉡ 배관 및 배관이음매의 재료는 그 배관의 안전성을 확보하기 위하여 도시가스의 압력, 사용하는 온도 및 환경에 적절한 기계적 성질과 화학적 성분을 갖는 것일 것
  ㉢ 배관은 수송하는 도시가스의 특성 및 설치 환경조건을 고려하여 위해의 우려가 없도록 설치하고, 배관의 안전한 유지·관리를 위하여 필요한 조치를 할 것

💡 배관 등이란 배관, 관이음매 및 밸브를 말한다.

② 매립 설치된 배관에서 가스가 누출될 경우 매립배관 내부의 가스 누출을 감지하여 자동으로 가스공급을 차단하는 안전장치나 다기능가스안전계량기(「액화석유가스의 안전관리 및 사업법 시행규칙」 별표 4 제11호에 따른 것을 말한다)를 설치할 것

⑦ 배관은 움직이지 않도록 고정 부착하는 조치를 하되 그 호칭지름이 13mm 미만의 것에는 1m 마다, 13mm 이상 33mm 미만의 것에는 2m 마다, 33mm 이상의 것에는 3m 마다 고정 장치를 설치할 것(배관과 고정 장치 사이에는 절연조치를 할 것). 다만, 호칭지름이 100mm 이상의 것에는 적절한 방법에 따라 3m를 초과하여 설치할 수 있다.

⑧ 배관은 도시가스를 안전하게 사용할 수 있도록 하기 위하여 내압성능과 기밀성능을 가지도록 할 것

⑨ 배관은 안전을 확보하기 위하여 배관임을 명확하게 알아볼 수 있도록 다음 기준에 따라 도색 및 표시를 할 것

　　㉠ 배관은 그 외부에 사용가스명, 최고사용압력 및 도시가스 흐름방향을 표시할 것. 다만, 지하에 매설하는 배관의 경우에는 흐름방향을 표시하지 아니할 수 있다.

　　㉡ 지상배관은 부식방지도장 후 표면색상을 황색으로 도색하고, 지하매설배관은 최고사용압력이 저압인 배관은 황색으로, 중압 이상인 배관은 붉은색으로 할 것. 다만, 지상배관의 경우 건축물의 내·외벽에 노출된 것으로서 바닥(2층 이상의 건물의 경우에는 각 층의 바닥을 말한다)에서 1m의 높이에 폭 3cm의 황색띠를 2중으로 표시한 경우에는 표면색상을 황색으로 하지 아니할 수 있다.

⑩ 가스용 폴리에틸렌관은 그 배관의 유지관리에 지장이 없고 그 배관에 대한 위해의 우려가 없도록 설치하되, 폴리에틸렌관을 노출배관용으로 사용하지 아니할 것. 다만, 지상배관과 연결을 위하여 금속관을 사용하여 보호조치를 한 경우로서 지면에서 30cm 이하로 노출하여 시공하는 경우에는 노출배관용으로 사용할 수 있다.

⑪ 고압배관은 도시가스사업법 시행규칙 별표 5 제3호 가목 규정 등을 준용하여 설치하며, 매설배관은 보호판으로 안전조치를 할 것

⑫ 배관은 건축물의 기초 밑에 설치하지 않을 것

⑬ **사고예방 설비기준**

　　㉠ 특정가스사용시설·「식품위생법」에 따른 식품접객업소로서 영업장의 면적이 100m^2 이상인 가스사용시설이나 지하에 있는 가스사용시설(가정용 가스사용시설은 제외한다)의 경우에는 가스누출경보차단장치나

가스누출자동차단기를 설치하여야 하며, 차단부는 건축물의 외부나 건축물 벽에서 가장 가까운 내부의 배관 부분에 설치할 것. 다만, 다음 중 어느 하나에 해당하는 경우에는 가스누출경보차단장치나 가스누출자동차단기를 설치하지 아니할 수 있다.

ⓐ 월 사용예정량 2,000m³ 미만으로서 연소기가 연결된 각 배관에 퓨즈콕·상자콕 또는 이와 같은 수준 이상의 성능을 가지는 안전장치가 설치되어 있고, 각 연소기에 소화안전장치가 부착되어 있는 경우

ⓑ 도시가스의 공급이 불시에 차단될 경우 재해와 손실이 막대하게 발생될 우려가 있는 도시가스사용시설

ⓒ 가스누출경보기 연동차단기능의 다기능가스안전계량기를 설치하는 경우

ⓛ 지하에 매설하는 강관에는 부식을 방지하기 위하여 필요한 설비를 설치할 것

⑭ **정압기**

㉠ 시설기준

ⓐ 배치기준: 정압기는 그 정압기의 유지관리에 지장이 없고, 그 정압기 및 배관에 대한 위해의 우려가 없도록 설치하되, 원칙적으로 건축물(건축물 외부에 설치된 정압기실은 제외한다)의 내부나 기초 밑에 설치하지 아니할 것. 다만 부득이하게 건축물 외부에 설치할 수 없는 경우로서 외부와 환기가 잘 되는 지상층에 설치하거나 외부와 환기가 잘 되고 기계환기설비를 갖춘 지하층에 설치하는 경우에는 건축물 내부에 설치할 수 있다.

ⓑ 가스설비기준

㉮ 정압기실은 그 정압기의 보호, 정압기실 안에서의 작업성 확보와 위해발생 방지를 위하여 적절한 구조를 가지도록 하고, 안전 확보에 필요한 조치를 마련할 것

㉯ 정압기는 도시가스를 안전하고 원활하게 수송할 수 있도록 하기 위하여 적절한 기밀성능을 가지도록 할 것

ⓒ 사고예방설비기준

㉮ 정압기에는 안전밸브와 가스방출관을 설치하고 가스방출관의 방출구는 주위에 불 등이 없는 안전한 위치로서 지면으로부터 5m 이상의 높이에 설치할 것. 다만, 전기시설물과의 접촉 등으로 사고의 우려가 있는 장소에서는 3m 이상으로 할 수 있다.

㉯ 정압기실에는 누출된 도시가스를 검지하여 이를 안전관리자가 상주하는 곳에 통보할 수 있는 설비를 갖출 것

    ㉰ 정압기 출구의 배관에는 도시가스 압력이 비정상적으로 상승한 경우 안전관리자가 상주하는 곳에 이를 통보할 수 있는 경보장치를 설치할 것

    ㉱ 정압기의 입구에는 수분 및 불순물 제거장치를 설치할 것. 다만, 다른 정압기로 수분 및 불순물이 충분히 제거되는 경우에는 생략할 수 있다.

    ㉲ 도시가스 중 수분의 동결로 정압기능을 저해할 우려가 있는 정압기에는 동결방지조치를 할 것

    ㉳ 전기설비에는 방폭조치를 할 것

  ⓓ 피해저감설비기준

    ㉮ 정압기의 입구와 출구에는 가스차단장치를 설치할 것

    ㉯ 지하에 설치되는 정압기의 경우에는 ㉮의 가스차단장치 외에 정압기실 외부의 가까운 곳에 가스차단장치를 설치할 것. 다만, 정압기실의 외벽으로부터 50m 이내에 그 정압기실로 가스공급을 지상에서 쉽게 차단할 수 있는 장치가 있는 경우는 제외한다.

  ⓔ 부대설비기준

    ㉮ 정압기의 바이패스관을 설치하는 경우에는 밸브를 설치하고 그 밸브에 잠금 조치를 할 것

    ㉯ 도시가스의 안정공급을 위하여 정압기의 출구에는 도시가스의 압력을 측정·기록 할 수 있는 장치를 설치할 것

  ⓕ 그 밖의 기준 : 도시가스 사용을 위한 가스용품이 「액화석유가스의 안전관리 및 사업법」에 따른 검사대상에 해당할 경우에는 검사에 합격한 것일 것

 ⓛ 기술기준

  ⓐ 가스사용자는 가스사용시설의 안전을 확보하기 위하여 그 설비의 작동상황을 주기적으로 점검하고, 이상이 있을 때에는 지체 없이 보수 등 필요한 조치를 할 것

  ⓑ 정압기와 필터의 경우에는 설치 후 3년까지는 1회 이상 그 이후에는 4년에 1회 이상 분해점검을 실시하고, 사고예방설비 중 도시가스의 안전을 확보하기 위하여 필요한 시설이나 설비에 대하여는 분해 및 작동상황을 주기적으로 점검하고, 이상이 있을 경우에는 그 시설이나 설비가 정상적으로 작동될 수 있도록 필요한 조치를 할 것

소방설비

01 용어정의 및 특정소방대상물의 분류

02 소방시설의 분류

03 소방시설의 설치기준

04 소방안전관리자를 선임해야 하는 소방안전관리대상물의 범위와 선임

05 소방안전관리보조자를 선임해야 하는 소방안전관리대상물의 범위와 선임 대상별 자격 및 인원기준

06 특정소방대상물의 소방안전관리

07 소방안전관리자 선임신고 등

08 소방안전관리업무 수행에 관한 기록·유지

09 소방시설 등의 자체점검

10 소방안전관리대상물 근무자 및 거주자 등에 대한 소방훈련

11 소화기구 및 자동소화장치의 화재안전기준

12 옥내소화전설비의 화재안전기준

13 옥외소화전설비의 화재안전기준

14 스프링클러설비의 화재안전기준

15 비상경보설비 및 단독경보형감지기의 화재안전기준

16 자동화재탐지설비 및 시각경보장치의 화재안전기준

17 유도등 및 유도표지의 화재안전기준

18 연결송수관설비의 화재안전기준

19 제연설비의 화재안전기준

20 고층건축물의 화재안전기준

21 공동주택의 화재안전기준

08 소방설비

1 용어정의 및 특정소방대상물의 분류

(1) 용어정의

① **소방시설**: 소화설비, 경보설비, 피난구조설비, 소화용수설비, 그 밖에 소화활동설비로서 대통령령으로 정하는 것을 말한다.

② **소방시설 등**: 소방시설과 비상구(非常口), 그 밖에 소방 관련 시설로서 대통령령으로 정하는 것을 말한다.

③ **특정소방대상물**: 건축물 등의 규모·용도 및 수용인원 등을 고려하여 소방시설을 설치하여야 하는 소방대상물로서 대통령령으로 정하는 것을 말한다.

④ **화재안전성능**: 화재를 예방하고 화재발생시 피해를 최소화하기 위하여 소방대상물의 재료, 공간 및 설비 등에 요구되는 안전성능을 말한다.

⑤ **성능위주설계**: 건축물 등의 재료, 공간, 이용자, 화재 특성 등을 종합적으로 고려하여 공학적 방법으로 화재 위험성을 평가하고 그 결과에 따라 화재안전성능이 확보될 수 있도록 특정소방대상물을 설계하는 것을 말한다.

⑥ **화재안전기준**: 소방시설 설치 및 관리를 위한 다음의 기준을 말한다.

　㉠ 성능기준: 화재안전 확보를 위하여 재료, 공간 및 설비 등에 요구되는 안전성능으로서 소방청장이 고시로 정하는 기준

　㉡ 기술기준: ㉠에 따른 성능기준을 충족하는 상세한 규격, 특정한 수치 및 시험방법 등에 관한 기준으로서 행정안전부령으로 정하는 절차에 따라 소방청장의 승인을 받은 기준

⑦ **소방용품**: 소방시설 등을 구성하거나 소방용으로 사용되는 제품 또는 기기로서 대통령령으로 정하는 것을 말한다.

　㉠ 연면적·높이·층수 등이 일정 규모 이상인 대통령령으로 정하는 특정소방대상물(신축하는 것만 해당한다)에 소방시설을 설치하려는 자는 성능위주설계를 하여야 한다.

　㉡ ㉠에서 '대통령령으로 정하는 특정소방대상물'이란 다음의 어느 하나에 해당하는 특정소방대상물(신축하는 것만 해당한다)을 말한다.

　　ⓐ 연면적 20만㎡ 이상인 특정소방대상물. 다만, 아파트 등은 제외한다.

　　ⓑ 50층 이상(지하층은 제외한다)이거나 지상으로부터 높이가 200m 이상인 아파트 등

　　ⓒ 30층 이상(지하층을 포함한다)이거나 지상으로부터 높이가 120m 이상인 특정소방대상물(아파트 등은 제외한다)

ⓓ 연면적 3만m² 이상인 특정소방대상물로서 다음 각 목의 어느 하나에 해당하는 특정소방대상물
ⓐ 철도 및 도시철도 시설
ⓑ 공항시설
ⓔ 창고시설 중 연면적 10만m² 이상인 것 또는 지하층의 층수가 2개층 이상이고 지하층의 바닥면적의 합계가 3만m² 이상인 것
ⓕ 하나의 건축물에 영화 및 비디오물의 진흥에 관한 법률에 따른 영화상영관이 10개 이상인 특정소방대상물
ⓖ 초고층 및 지하연계 복합건축물 재난관리에 관한 특별법에 따른 지하연계 복합건축물에 해당하는 특정 소방대상물
ⓗ 터널 중 수저(水底)터널 또는 길이가 5천m 이상인 것

⑧ **무창층** : 지상층 중 다음의 요건을 모두 갖춘 개구부(건축물에서 채광·환기·통풍 또는 출입 등을 위하여 만든 창·출입구 그 밖에 이와 비슷한 것을 말한다)의 면적의 합계가 해당 층의 바닥면적의 30분의 1 이하가 되는 층을 말한다.
㉠ 크기는 지름 50cm 이상의 원이 통과할 수 있을 것
㉡ 해당 층의 바닥면으로부터 개구부 밑부분까지의 높이가 1.2m 이내일 것
㉢ 도로 또는 차량이 진입할 수 있는 빈터를 향할 것
㉣ 화재시 건축물로부터 쉽게 피난할 수 있도록 창살이나 그 밖의 장애물이 설치되지 아니할 것
㉤ 내부 또는 외부에서 쉽게 부수거나 열 수 있을 것

⑨ **피난층** : 곧바로 지상으로 갈 수 있는 출입구가 있는 층을 말한다.

(2) **특정소방대상물 중 공동주택의 분류**

① **아파트 등** : 주택으로 쓰는 층수가 5층 이상인 주택
② **연립주택** : 주택으로 쓰는 1개 동의 바닥면적(2개 이상의 동을 지하주차장으로 연결하는 경우에는 각각의 동으로 본다) 합계가 660m²를 초과하고, 층수가 4개 층 이하인 주택
③ **다세대주택** : 주택으로 쓰는 1개 동의 바닥면적(2개 이상의 동을 지하주차장으로 연결하는 경우에는 각각의 동으로 본다) 합계가 660m² 이하이고, 층수가 4개 층 이하인 주택
④ **기숙사** : 학교 또는 공장 등의 학생 또는 종업원 등을 위하여 쓰는 것으로서 1개 동의 공동취사시설 이용 세대 수가 전체의 50퍼센트 이상인 것(「교육기본법」에 따른 학생복지주택 및 「공공주택 특별법」에 따른 공공매입임대주택 중 독립된 주거의 형태를 갖추지 않은 것을 포함한다)

2 소방시설의 분류

(1) 소화설비

물 또는 그 밖의 소화약제를 사용하여 소화하는 기계·기구 또는 설비로서 다음의 것을 말한다.

① **소화기구**
  ㉠ 소화기
  ㉡ 간이소화용구: 에어로졸식 소화용구, 투척용 소화용구 및 소화약제 외의 것을 이용한 간이소화용구
  ㉢ 자동확산소화기

② **자동소화장치**
  ㉠ 주거용 주방자동소화장치
  ㉡ 상업용 주방자동소화장치
  ㉢ 캐비닛형 자동소화장치
  ㉣ 가스자동소화장치
  ㉤ 분말자동소화장치
  ㉥ 고체에어로졸자동소화장치

③ **옥내소화전설비**(호스릴옥내소화전설비를 포함한다)

④ **스프링클러설비등**
  ㉠ 스프링클러설비
  ㉡ 간이스프링클러설비(캐비닛형 간이스프링클러설비를 포함한다)
  ㉢ 화재조기진압용 스프링클러설비

⑤ **물분무등소화설비**
  ㉠ 물분무소화설비
  ㉡ 미분무소화설비
  ㉢ 포소화설비
  ㉣ 이산화탄소소화설비
  ㉤ 할론소화설비
  ㉥ 할로겐화합물 및 불활성기체(다른 원소와 화학반응을 일으키기 어려운 기체를 말한다) 소화설비
  ㉦ 분말소화설비
  ㉧ 강화액소화설비
  ㉨ 고체에어로졸소화설비

⑥ **옥외소화전설비**

(2) **경보설비**

화재발생 사실을 통보하는 기계·기구 또는 설비로서 다음의 것을 말한다.

① 단독경보형 감지기

② **비상경보설비**

　　㉠ 비상벨설비

　　㉡ 자동식사이렌설비

③ 시각경보기

④ 자동화재탐지설비

⑤ 비상방송설비

⑥ 자동화재속보설비

⑦ 통합감시시설

⑧ 누전경보기

⑨ 가스누설경보기

⑩ 화재알림설비

(3) **피난구조설비**

화재가 발생할 경우 피난하기 위하여 사용하는 기구 또는 설비로서 다음의 것을 말한다.

① **피난기구**

　　㉠ 피난사다리

　　㉡ 구조대

　　㉢ 완강기

　　㉣ 그 밖에 화재안전기준으로 정하는 것

② **인명구조기구**

　　㉠ 방열복, 방화복(안전헬멧, 보호장갑 및 안전화를 포함한다)

　　㉡ 공기호흡기

　　㉢ 인공소생기

③ **유도등**

　　㉠ 피난유도선

　　㉡ 피난구유도등

　　㉢ 통로유도등

　　㉣ 객석유도등

　　㉤ 유도표지

④ **비상조명등 및 휴대용비상조명등**

⑷ **소화용수설비**

화재를 진압하는 데 필요한 물을 공급하거나 저장하는 설비로서 다음의 것을
말한다.
① 상수도소화용수설비
② 소화수조 · 저수조, 그 밖의 소화용수설비

⑸ **소화활동설비**

화재를 진압하거나 인명구조활동을 위하여 사용하는 설비로서 다음의 것을 말
한다.
① 제연설비
② 연결송수관설비
③ 연결살수설비
④ 비상콘센트설비
⑤ 무선통신보조설비
⑥ 연소방지설비

3 소방시설의 설치기준

1. 소화설비

⑴ 화재안전기준에 따라 소화기구를 설치해야 하는 특정소방대상물은 다음의 어
느 하나에 해당하는 것으로 한다.
① 연면적 $33m^2$ 이상인 것. 다만, 노유자 시설의 경우에는 투척용 소화용구 등
을 화재안전기준에 따라 산정된 소화기 수량의 2분의 1 이상으로 설치할
수 있다.
② ①에 해당하지 않는 시설로서 가스시설, 발전시설 중 전기저장시설 및
문화재
③ 터널
④ 지하구

⑵ 아파트 등 및 오피스텔의 모든 층에는 주거용 주방자동소화장치를 설치해야
한다.

(3) 다음의 어느 하나에 해당하는 경우에는 모든 층에 옥내소화전설비를 설치해야 한다.

① 연면적 3천m^2 이상인 것(터널은 제외한다)

② 지하층·무창층(축사는 제외한다)으로서 바닥면적이 600m^2 이상인 층이 있는 것

(4) 층수가 6층 이상인 특정소방대상물의 경우에는 모든 층에 스프링클러설비를 설치해야 한다. 다만, 다음의 어느 하나에 해당하는 경우는 제외한다.

① 주택 관련 법령에 따라 기존의 아파트 등을 리모델링하는 경우로서 건축물의 연면적 및 층의 높이가 변경되지 않는 경우. 이 경우 해당 아파트 등의 사용검사 당시의 소방시설의 설치에 관한 대통령령 또는 화재안전기준을 적용한다.

② 스프링클러설비가 없는 기존의 특정소방대상물을 용도변경하는 경우

(5) 옥외소화전설비를 설치해야 하는 특정소방대상물(아파트 등, 위험물저장 및 처리시설 중 가스시설, 지하구 및 터널은 제외한다)은 다음의 어느 하나에 해당하는 것으로 한다.

① 지상 1층 및 2층의 바닥면적의 합계가 9천m^2 이상인 것. 이 경우 같은 구(區) 내의 둘 이상의 특정소방대상물이 행정안전부령으로 정하는 연소(延燒) 우려가 있는 구조인 경우에는 이를 하나의 특정소방대상물로 본다.

② 문화유산 중「문화유산의 보존 및 활용에 관한 법률」제23조에 따라 보물 또는 국보로 지정된 목조건축물

③ ①에 해당하지 않는 공장 또는 창고시설로서「화재의 예방 및 안전관리에 관한 법률 시행령」별표 2에서 정하는 수량의 750배 이상의 특수가연물을 저장·취급하는 것

2. 경보설비

(1) 비상경보설비를 설치해야 하는 특정소방대상물(모래·석재 등 불연재료 공장 및 창고시설, 위험물 저장 및 처리 시설 중 가스시설, 사람이 거주하지 않거나 벽이 없는 축사 등 동물 및 식물 관련시설 및 지하구는 제외한다)은 다음의 어느 하나에 해당하는 것으로 한다.

① 연면적 400m^2 이상인 것은 모든 층

② 지하층 또는 무창층의 바닥면적이 150m^2(공연장의 경우 100m^2) 이상인 것은 모든 층

③ 터널로서 길이가 500m 이상인 것

④ 50명 이상의 근로자가 작업하는 옥내 작업장

(2) 자동화재탐지설비를 설치해야 하는 특정소방대상물은 다음의 어느 하나에 해당하는 것으로 한다.

① 공동주택 중 아파트 등·기숙사 및 숙박시설의 경우에는 모든 층

② 층수가 6층 이상인 건축물의 경우에는 모든 층

③ 근린생활시설(목욕장은 제외한다), 의료시설(정신의료기관 및 요양병원은 제외한다), 위락시설, 장례시설 및 복합건축물로서 연면적 $600m^2$ 이상인 경우에는 모든 층

(3) 비상방송설비를 설치해야 하는 특정소방대상물(위험물 저장 및 처리 시설 중 가스시설, 사람이 거주하지 않거나 벽이 없는 축사 등 동물 및 식물 관련 시설, 터널 및 지하구는 제외한다)은 다음의 어느 하나에 해당하는 것으로 한다.

① 연면적 3천5백m^2 이상인 것은 모든 층

② 층수가 11층 이상인 것은 모든 층

③ 지하층의 층수가 3층 이상인 것은 모든 층

3. 소화활동설비

(1) 특정소방대상물(갓복도형 아파트 등은 제외한다)에 부설된 특별피난계단, 비상용 승강기의 승강장 또는 피난용 승강기의 승강장에는 제연설비를 설치해야 한다.

(2) 연결송수관설비를 설치해야 하는 특정소방대상물(위험물 저장 및 처리 시설 중 가스시설 및 지하구는 제외한다)은 다음의 어느 하나에 해당하는 것으로 한다.

① 층수가 5층 이상으로서 연면적 6천m^2 이상인 경우에는 모든 층

② ①에 해당하지 않는 특정소방대상물로서 지하층을 포함하는 층수가 7층 이상인 경우에는 모든 층

③ ① 및 ②에 해당하지 않는 특정소방대상물로서 지하층의 층수가 3층 이상이고 지하층의 바닥면적의 합계가 1천m^2 이상인 경우에는 모든 층

④ 터널로서 길이가 1천m 이상인 것

(3) 비상콘센트설비를 설치해야 하는 특정소방대상물(위험물 저장 및 처리 시설 중 가스시설 및 지하구는 제외한다)은 다음의 어느 하나에 해당하는 것으로 한다.

① 층수가 11층 이상인 특정소방대상물의 경우에는 11층 이상의 층

② 지하층의 층수가 3층 이상이고 지하층의 바닥면적의 합계가 1천m^2 이상인 것은 지하층의 모든 층

③ 터널로서 길이가 500m 이상인 것

⑷ 무선통신보조설비를 설치해야 하는 특정소방대상물(위험물 저장 및 처리 시설 중 가스시설은 제외한다)은 다음의 어느 하나에 해당하는 것으로 한다.

① 지하상가로서 연면적 1천m^2 이상인 것

② 지하층의 바닥면적의 합계가 3천m^2 이상인 것 또는 지하층의 층수가 3층 이상이고 지하층의 바닥면적의 합계가 1천m^2 이상인 것은 지하층의 모든 층

③ 터널로서 길이가 500m 이상인 것

④ 지하구 중 공동구

⑤ 층수가 30층 이상인 것으로서 16층 이상 부분의 모든 층

4. 피난구조설비

⑴ 유도등을 설치해야 하는 특정소방대상물은 다음의 어느 하나에 해당하는 것으로 한다. 피난구유도등, 통로구유도등 및 유도표지는 특정소방대상물에 설치한다. 다만, 다음의 어느 하나에 해당 하는 경우는 제외한다.

① 동물 및 식물 관련 시설 중 축사로서 가축을 직접 가두어 사육하는 부분

② 터널

⑵ 비상조명등을 설치해야 하는 특정소방대상물(창고시설 중 창고 및 하역장, 위험물 저장 및 처리 시설 중 가스시설 및 사람이 거주하지 않거나 벽이 없는 축사 등 동물 및 식물 관련 시설은 제외한다)은 다음의 어느 하나에 해당하는 것으로 한다.

① 지하층을 포함하는 층수가 5층 이상인 건축물로서 연면적 3천m^2 이상인 경우에는 모든 층

② ①에 해당하지 않는 특정소방대상물로서 그 지하층 또는 무창층의 바닥면적이 450m^2 이상인 경우에는 해당 층

③ 터널로서 그 길이가 500m 이상인 것

4 소방안전관리자를 선임해야 하는 소방안전관리대상물의 범위와 선임

1. 특급 소방안전관리대상물

(1) 특급 소방안전관리대상물의 범위

「소방시설 설치 및 관리에 관한 법률 시행령」별표 2의 특정소방대상물 중 다음의 어느 하나에 해당하는 것
① 50층 이상(지하층은 제외한다)이거나 지상으로부터 높이가 200m 이상인 아파트
② 30층 이상(지하층을 포함한다)이거나 지상으로부터 높이가 120m 이상인 특정소방대상물(아파트는 제외한다)
③ ②에 해당하지 않는 특정소방대상물로서 연면적이 10만m^2 이상인 특정소방대상물(아파트는 제외한다)

(2) 특급 소방안전관리대상물에 선임해야 하는 소방안전관리자의 자격

다음의 어느 하나에 해당하는 사람으로서 특급 소방안전관리자 자격증을 발급받은 사람
① 소방기술사 또는 소방시설관리사의 자격이 있는 사람
② 소방설비기사의 자격을 취득한 후 5년 이상 1급 소방안전관리대상물의 소방안전관리자로 근무한 실무경력(소방안전관리자로 선임되어 근무한 경력은 제외한다)이 있는 사람
③ 소방설비산업기사의 자격을 취득한 후 7년 이상 1급 소방안전관리대상물의 소방안전관리자로 근무한 실무경력이 있는 사람
④ 소방공무원으로 20년 이상 근무한 경력이 있는 사람
⑤ 소방청장이 실시하는 특급 소방안전관리대상물의 소방안전관리에 관한 시험에 합격한 사람

(3) 선임인원: 1명 이상

2. 1급 소방안전관리대상물

(1) 1급 소방안전관리대상물의 범위

「소방시설 설치 및 관리에 관한 법률 시행령」별표 2의 특정소방대상물 중 다음의 어느 하나에 해당하는 것(특급 소방안전관리대상물은 제외한다)
① 30층 이상(지하층은 제외한다)이거나 지상으로부터 높이가 120m 이상인 아파트

② 연면적 1만5천m² 이상인 특정소방대상물(아파트 및 연립주택은 제외한다)

③ ②에 해당하지 않는 특정소방대상물로서 지상층의 층수가 11층 이상인 특정소방대상물(아파트는 제외한다)

④ 가연성 가스를 1천톤 이상 저장·취급하는 시설

(2) 1급 소방안전관리대상물에 선임해야 하는 소방안전관리자의 자격

다음의 어느 하나에 해당하는 사람으로서 1급 소방안전관리자 자격증을 발급받은 사람 또는 특급 소방안전관리대상물의 소방안전관리자 자격증을 발급받은 사람

① 소방설비기사 또는 소방설비산업기사의 자격이 있는 사람

② 소방공무원으로 7년 이상 근무한 경력이 있는 사람

③ 소방청장이 실시하는 1급 소방안전관리대상물의 소방안전관리에 관한 시험에 합격한 사람

(3) 선임인원: 1명 이상

3. 2급 소방안전관리대상물

(1) 2급 소방안전관리대상물의 범위

「소방시설 설치 및 관리에 관한 법률 시행령」 별표 2의 특정소방대상물 중 다음의 어느 하나에 해당하는 것(특급 소방안전관리대상물 및 1급 소방안전관리대상물은 제외한다)

① 「소방시설 설치 및 관리에 관한 법률 시행령」 별표 4에 따라 옥내소화전설비를 설치해야 하는 특정소방대상물, 스프링클러설비를 설치해야 하는 특정소방대상물 또는 물분무 등 소화설비[화재안전 기준에 따라 호스릴(hose reel) 방식의 물분무 등 소화설비만을 설치할 수 있는 특정소방대상물은 제외한다]를 설치해야 하는 특정소방대상물

② 가스 제조설비를 갖추고 도시가스사업의 허가를 받아야 하는 시설 또는 가연성 가스를 100톤 이상 1천톤 미만 저장·취급하는 시설

③ 지하구

④ 「공동주택관리법」 제2조 제1항 제2호(의무관리대상 공동주택)의 어느 하나에 해당하는 공동주택(「소방시설 설치 및 관리에 관한 법률 시행령」 별표 4에 따른 옥내소화전설비 또는 스프링클러설비가 설치된 공동주택으로 한정한다)

⑤ 「문화유산의 보존 및 활용에 관한 법률」에 따라 보물 또는 국보로 지정된 목조건축물

(2) **2급 소방안전관리대상물에 선임해야 하는 소방안전관리자의 자격**

다음의 어느 하나에 해당하는 사람으로서 2급 소방안전관리자 자격증을 발급받은 사람, 특급 소방안전관리대상물 또는 1급 소방안전관리대상물의 소방안전관리자 자격증을 발급받은 사람

① 위험물기능장·위험물산업기사 또는 위험물기능사 자격이 있는 사람
② 소방공무원으로 3년 이상 근무한 경력이 있는 사람
③ 소방청장이 실시하는 2급 소방안전관리대상물의 소방안전관리에 관한 시험에 합격한 사람
④ 기업활동 규제완화에 관한 특별조치법에 따라 소방안전관리자로 선임된 사람(소방안전관리자로 선임된 기간으로 한정한다)

(3) **선임인원**: 1명 이상

4. 3급 소방안전관리대상물

(1) **3급 소방안전관리대상물의 범위**

「소방시설 설치 및 관리에 관한 법률 시행령」 별표 2의 특정소방대상물 중 다음의 어느 하나에 해당하는 것(특급 소방안전관리대상물, 1급 소방안전관리대상물 및 2급 소방안전관리대상물은 제외한다)

① 「소방시설 설치 및 관리에 관한 법률 시행령」 별표 4에 따라 간이스프링클러설비(주택전용 간이스프링클러설비는 제외한다)를 설치해야 하는 특정소방대상물
② 「소방시설 설치 및 관리에 관한 법률 시행령」 별표 4에 따른 자동화재탐지설비를 설치해야 하는 특정 소방대상물

(2) **3급 소방안전관리대상물에 선임해야 하는 소방안전관리자의 자격**

다음의 어느 하나에 해당하는 사람으로서 3급 소방안전관리자 자격증을 발급받은 사람 또는 특급 소방안전관리대상물, 1급 소방안전관리대상물 또는 2급 소방안전관리대상물의 소방안전관리자 자격증을 발급받은 사람

① 소방공무원으로 1년 이상 근무한 경력이 있는 사람
② 소방청장이 실시하는 3급 소방안전관리대상물의 소방안전관리에 관한 시험에 합격한 사람
③ 「기업활동 규제완화에 관한 특별조치법」에 따라 소방안전관리자로 선임된 사람(소방안전관리자로 선임된 기간으로 한정한다)

(3) **선임인원**: 1명 이상

5 소방안전관리보조자를 선임해야 하는 소방안전관리대상물의 범위와 선임 대상별 자격 및 인원기준

1. 소방안전관리보조자를 선임해야 하는 소방안전관리대상물의 범위

소방안전관리자를 선임해야 하는 소방안전관리대상물 중 다음의 어느 하나에 해당하는 소방안전관리대상물

(1) 「건축법 시행령」 별표 에 따른 아파트 중 300세대 이상인 아파트

(2) 연면적이 1만5천m^2 이상인 특정소방대상물(아파트 및 연립주택은 제외한다)

(3) (1) 및 (2)에 따른 특정소방대상물을 제외한 특정소방대상물 중 다음의 어느 하나에 해당하는 특정소방 대상물
① 공동주택 중 기숙사
② 의료시설
③ 노유자 시설
④ 수련시설
⑤ 숙박시설(숙박시설로 사용되는 바닥면적의 합계가 1천500m^2 미만이고 관계인이 24시간 상시 근무하고 있는 숙박시설은 제외한다)

2. 소방안전관리보조자의 자격

(1) 특급 소방안전관리대상물, 1급 소방안전관리대상물, 2급 소방안전관리대상물 또는 3급 소방안전관리대상물의 소방안전관리자 자격이 있는 사람

(2) 국가기술자격법에 따른 국가기술자격의 직무분야 중 건축, 기계제작, 기계장비설비 · 설치, 화공, 위험물, 전기, 전자 및 안전관리에 해당하는 국가기술자격이 있는 사람

(3) 공공기관의 소방안전관리에 관한 규정에 따른 강습교육을 수료한 사람

(4) 강습교육 중 「화재의 예방 및 안전관리에 관한 법률 시행령」 제33조 제1호부터 제4호까지에 해당하는 사람을 대상으로 하는 강습교육을 수료한 사람

> **제33조 【소방안전관리자의 자격을 인정받으려는 사람】** 법 제34조 제1항 제1호 가목에서 "대통령령으로 정하는 사람"이란 다음 각 호의 사람을 말한다.
> 1. 특급 소방안전관리대상물의 소방안전관리자가 되려는 사람
> 2. 1급 소방안전관리대상물의 소방안전관리자가 되려는 사람
> 3. 2급 소방안전관리대상물의 소방안전관리자가 되려는 사람
> 4. 3급 소방안전관리대상물의 소방안전관리자가 되려는 사람

(5) 소방안전관리대상물에서 소방안전 관련 업무에 2년 이상 근무한 경력이 있는 사람

3. 선임인원

(1) 1. (1)에 따른 소방안전관리대상물의 경우에는 1명. 다만, 초과되는 300세대마다 1명 이상을 추가로 선임해야 한다.

(2) 1. (2)에 따른 소방안전관리대상물의 경우에는 1명. 다만, 초과되는 연면적 1만 5천㎡(특정소방대상물의 방재실에 자위소방대가 24시간 상시 근무하고 「소방장비관리법 시행령」 별표 1에 따른 소방자동차 중 소방펌프차, 소방물탱크차, 소방화학차 또는 무인방수차를 운용하는 경우에는 3만제곱미터로 한다)마다 1명 이상을 추가로 선임해야 한다.

(3) 1. (3)에 따른 소방안전관리대상물의 경우에는 1명. 다만, 해당 특정소방대상물이 소재하는 지역을 관할하는 소방서장이 야간이나 휴일에 해당 특정소방대상물이 이용되지 않는다는 것을 확인한 경우에는 소방안전관리보조자를 선임하지 않을 수 있다.

6 특정소방대상물의 소방안전관리

(1) 특정소방대상물 중 전문적인 안전관리가 요구되는 대통령령으로 정하는 특정소방대상물(이하 "소방안전관리대상물"이라 한다)의 관계인은 소방안전관리 업무를 수행하기 위하여 소방안전관리자 자격증을 발급 받은 사람을 소방안전관리자로 선임하여야 한다. 이 경우 소방안전관리자의 업무에 대하여 보조가 필요한 대통령령으로 정하는 소방안전관리대상물의 경우에는 소방안전관리자 외에 소방안전관리보조자를 추가로 선임하여야 한다.

(2) (1)에도 불구하고 소방안전관리대상물의 관계인은 소방안전관리업무를 대행하는 관리업자(소방시설 설치 및 관리에 관한 법률에 따른 소방시설관리업의 등록을 한 자를 말한다. 이하 "관리업자"라 한다)를 감독할 수 있는 사람을 지정하여 소방안전관리자로 선임할 수 있다. 이 경우 소방안전관리자로 선임된 자는 선임된 날부터 3개월 이내에 교육을 받아야 한다.

(3) 특정소방대상물(소방안전관리대상물은 제외한다)의 관계인과 소방안전관리 대상물의 소방안전관리자는 다음의 업무를 수행한다. 다만, ①, ②, ⑤ 및 ⑦의 업무는 소방안전관리대상물의 경우에만 해당한다.

① 피난계획에 관한 사항과 대통령령으로 정하는 사항이 포함된 소방계획서 의 작성 및 시행

② 자위소방대(自衛消防隊) 및 초기대응체계의 구성, 운영 및 교육

③ 소방시설 설치 및 관리에 관한 법률에 따른 피난시설, 방화구획 및 방화시 설의 관리

④ 소방시설이나 그 밖의 소방 관련 시설의 관리

⑤ 소방훈련 및 교육

⑥ 화기(火氣) 취급의 감독

⑦ 행정안전부령으로 정하는 바에 따른 소방안전관리에 관한 업무수행에 관 한 기록·유지(③, ④ 및 ⑥의 업무를 말한다)

⑧ 화재발생시 초기대응

⑨ 그 밖에 소방안전관리에 필요한 업무

7 소방안전관리자 선임신고 등

(1) 소방안전관리대상물의 관계인은 소방안전관리자를 「화재의 예방 및 안전관리에 관한 법률 시행규칙」 제14조에서 정하는 날부터 30일 이내에 선임해야 한다.

(2) 소방안전관리대상물의 관계인은 소방안전관리자보조자를 「화재의 예방 및 안 전관리에 관한 법률 시행규칙」 제16조에서 정하는 날부터 30일 이내에 선임해 야 한다.

(3) 소방안전관리대상물의 관계인이 소방안전관리자 또는 소방안전관리보조자를 선임한 경우에는 행정안전부령으로 정하는 바에 따라 선임한 날부터 14일 이 내에 소방본부장 또는 소방서장에게 신고하고, 소방안전관리대상물의 출입자 가 쉽게 알 수 있도록 소방안전관리자의 성명과 그 밖에 행정안전부령으로 정 하는 사항을 게시하여야 한다.

(4) 소방안전관리대상물의 관계인이 소방안전관리자 또는 소방안전관리보조자를 해임한 경우에는 그 관계인 또는 해임된 소방안전관리자 또는 소방안전관리 보조자는 소방본부장이나 소방서장에게 그 사실을 알려 해임한 사실의 확인을 받을 수 있다.

8 소방안전관리업무 수행에 관한 기록·유지

(1) 소방안전관리대상물의 소방안전관리자는 소방안전관리업무 수행에 관한 기록을 월 1회 이상 작성·관리해야 한다.

(2) 소방안전관리자는 소방안전관리업무 수행 중 보수 또는 정비가 필요한 사항을 발견한 경우에는 이를 지체 없이 관계인에게 알리고, 기록해야 한다.

(3) 소방안전관리자는 업무 수행에 관한 기록을 작성한 날부터 2년간 보관해야 한다.

9 소방시설 등의 자체점검

1. 소방시설 등에 대한 자체점검

(1) 작동점검

소방시설 등을 인위적으로 조작하여 소방시설이 정상적으로 작동하는지를 소방청장이 정하여 고시하는 소방시설 등 작동점검표에 따라 점검하는 것을 말한다.

(2) 종합점검

소방시설 등의 작동점검을 포함하여 소방시설 등의 설비별 주요 구성 부품의 구조기준이 화재안전기준과 건축법 등 관련 법령에서 정하는 기준에 적합한지 여부를 소방청장이 정하여 고시하는 소방시설 등 종합점검표에 따라 점검하는 것을 말하며, 다음과 같이 구분한다.

① **최초점검**: 소방시설이 새로 설치되는 경우 건축법에 따라 건축물을 사용할 수 있게 된 날부터 60일이내 점검하는 것을 말한다.

② **그 밖의 종합점검**: 최초점검을 제외한 종합점검을 말한다.

2. 작동점검의 실시

(1) 작동점검은 특정소방대상물을 대상으로 한다. 다만, 다음의 어느 하나에 해당하는 특정소방대상물은 제외한다.

① 특정소방대상물 중 「화재의 예방 및 안전관리에 관한 법률」 제24조 제1항에 해당하지 않는 특정소방대상물

> **제24조【특정소방대상물의 소방안전관리】** ① 특정소방대상물 중 전문적인 안전관리가 요구되는 대통령령으로 정하는 특정소방대상물(이하 "소방안전관리대상물"이라 한다)의 관계인은 소방안전관리업무를 수행하기 위하여 소방안전관리자 자격증을 발급받은 사람을 소방안전관리자로 선임하여야 한다. 이 경우 소방안전관리자의 업무에 대하여 보조가 필요한 대통령령으로 정하는 소방안전관리대상물의 경우에는 소방안전관리자 외에 소방 안전관리보조자를 추가로 선임하여야 한다.

② 「위험물안전관리법」에 따른 제조소 등
③ 「화재의 예방 및 안전관리에 관한 법률 시행령」 별표 4의 특급소방안전관리대상물

(2) 작동점검은 다음의 분류에 따른 기술인력이 점검할 수 있다. 이 경우 별표 4에 따른 점검인력 배치기준을 준수해야 한다.

① 간이스프링클러설비(주택전용 간이스프링클러설비는 제외한다) 또는 자동화재탐지설비가 설치된 특정소방대상물
　㉠ 관계인
　㉡ 관리업에 등록된 기술인력 중 소방시설관리사
　㉢ 「소방시설공사업법 시행규칙」에 따른 특급점검자
　㉣ 소방안전관리자로 선임된 소방시설관리사 및 소방기술사
② ①에 해당하지 않는 특정소방대상물
　㉠ 관리업에 등록된 소방시설관리사
　㉡ 소방안전관리자로 선임된 소방시설관리사 및 소방기술사

(3) 작동점검은 연 1회 이상 실시한다.

(4) **작동점검의 점검시기**

① 종합점검 대상은 종합점검을 받은 달부터 6개월이 되는 달에 실시한다.
② ①에 해당하지 않는 특정소방대상물은 특정소방대상물의 사용승인일(건축물의 경우에는 건축물관리대장 또는 건물 등기사항증명서에 기재되어 있는 날, 시설물의 경우에는 시설물의 안전 및 유지관리에 관한 특별법에 따른 시설물통합정보관리체계에 저장·관리되고 있는 날을 말하며, 건축물관리대장, 건물 등기사항증명서 및 시설물통합정보관리체계를 통해 확인되지 않는 경우에는 소방시설완공검사증명서에 기재된 날을 말한다)이 속하는 달의 말일까지 실시한다. 다만, 건축물관리대장 또는 건물 등기사항증명서 등에 기입된 날이 서로 다른 경우에는 건축물관리대장에 기재되어 있는 날을 기준으로 점검한다.

3. 종합점검의 실시

(1) 종합점검은 다음의 어느 하나에 해당하는 특정소방대상물을 대상으로 한다.

① 해당 특정소방대상물의 소방시설 등이 신설된 특정소방대상물

② 스프링클러설비가 설치된 특정소방대상물

③ 물분무 등 소화설비[호스릴(hose reel) 방식의 물분무 등 소화설비만을 설치한 경우는 제외한다]가 설치된 연면적 $5,000m^2$ 이상인 특정소방대상물(제조소 등은 제외한다)

④ 「다중이용업소의 안전관리에 관한 특별법 시행령」의 다중이용업의 영업장이 설치된 특정소방대상물로서 연면적이 $2,000m^2$ 이상인 것

⑤ 공공기관의 소방안전관리에 관한 규정에 따른 공공기관 중 연면적(터널·지하구의 경우 그 길이와 평균 폭을 곱하여 계산된 값을 말한다)이 $1,000m^2$ 이상인 것으로서 옥내소화전설비 또는 자동화재탐지설비가 설치된 것. 다만, 「소방기본법」에 따른 소방대가 근무하는 공공기관은 제외한다.

(2) 종합점검은 다음 어느 하나에 해당하는 기술인력이 점검할 수 있다. 이 경우 별표 4에 따른 점검인력 배치기준을 준수해야 한다.

① 관리업에 등록된 소방시설관리사

② 소방안전관리자로 선임된 소방시설관리사 및 소방기술사

(3) **종합점검의 점검횟수**

① 연 1회 이상(「화재의 예방 및 안전에 관한 법률 시행령」 별표 4의 특급 소방안전관리대상물은 반기에 1회 이상) 실시한다.

② ①에도 불구하고 소방본부장 또는 소방서장은 소방청장이 소방안전관리가 우수하다고 인정한 특정소방대상물에 대해서는 3년의 범위에서 소방청장이 고시하거나 정한 기간 동안 종합점검을 면제할 수 있다. 다만, 면제기간 중 화재가 발생한 경우는 제외한다.

(4) **종합점검의 점검시기**

① (1) ①에 해당하는 특정소방대상물은 건축법에 따라 건축물을 사용할 수 있게 된 날부터 60일 이내 실시한다.

② ①을 제외한 특정소방대상물은 건축물의 사용승인일이 속하는 달에 실시한다. 다만, 공공기관의 안전관리에 관한 규정에 따른 학교의 경우에는 해당 건축물의 사용승인일이 1월에서 6월 사이에 있는 경우에는 6월 30일까지 실시할 수 있다.

③ 건축물 사용승인일 이후 (1) ③에 따라 종합점검 대상에 해당하게 된 경우에는 그 다음 해부터 실시한다.

④ 하나의 대지경계선 안에 2개 이상의 자체점검 대상 건축물 등이 있는 경우에는 그 건축물 중 사용승인일이 가장 빠른 연도의 건축물의 사용승인일을 기준으로 점검할 수 있다.

4. 공동주택(아파트 등으로 한정) 세대별 점검방법

(1) 관리자(관리소장, 입주자대표회의 및 소방안전관리자를 포함한다) 및 입주민(세대 거주자를 말한다)은 2년 이내 모든 세대에 대하여 점검을 해야 한다.

(2) (1)에도 불구하고 아날로그감지기 등 특수감지기가 설치되어 있는 경우에는 수신기에서 원격 점검할 수 있으며, 점검할 때마다 모든 세대를 점검해야 한다. 다만, 자동화재탐지설비의 선로 단선이 확인되는 때에는 단선이 난 세대 또는 그 경계구역에 대하여 현장점검을 해야 한다.

(3) 관리자는 수신기에서 원격 점검이 불가능한 경우 매년 작동점검만 실시하는 공동주택은 1회 점검시 마다 전체 세대수의 50퍼센트 이상, 종합점검을 실시하는 공동주택은 1회 점검시 마다 전체 세대수의 30퍼센트 이상 점검하도록 자체점검 계획을 수립·시행해야 한다.

(4) 관리자 또는 해당 공동주택을 점검하는 관리업자는 입주민이 세대 내에 설치된 소방시설 등을 스스로 점검할 수 있도록 소방청 또는 사단법인 한국소방시설관리협회의 홈페이지에 게시되어 있는 공동주택 세대별 점검 동영상을 입주민이 시청할 수 있도록 안내하고, 점검서식(별지 제36호 서식 소방시설 외관점검표를 말한다)을 사전에 배부해야 한다.

(5) 입주민은 점검서식에 따라 스스로 점검하거나 관리자 또는 관리업자로 하여금 대신 점검하게 할 수 있다. 입주민이 스스로 점검한 경우에는 그 점검 결과를 관리자에게 제출하고 관리자는 그 결과를 관리업자에게 알려주어야 한다.

(6) 관리자는 관리업자로 하여금 세대별 점검을 하고자 하는 경우에는 사전에 점검 일정을 입주민에게 사전에 공지하고 세대별 점검 일자를 파악하여 관리업자에게 알려주어야 한다. 관리업자는 사전 파악된 일정에 따라 세대별 점검을 한 후 관리자에게 점검 현황을 제출해야 한다.

⑺ 관리자는 관리업자가 점검하기로 한 세대에 대하여 입주민의 사정으로 점검을 하지 못한 경우 입주민이 스스로 점검할 수 있도록 다시 안내해야 한다. 이 경우 입주민이 관리업자로 하여금 다시 점검받기를 원하는 경우 관리업자로 하여금 추가로 점검하게 할 수 있다.

⑻ 관리자는 세대별 점검현황(입주민 부재 등 불가피한 사유로 점검을 하지 못한 세대현황을 포함한다)을 작성하여 자체점검이 끝난 날부터 2년간 자체 보관해야 한다.

5. 소방시설 등 자체점검의 통보 및 고시

⑴ 소방시설관리업을 등록한 자(이하 "관리업자"라 한다)는 자체점검을 실시하는 경우 점검 대상과 점검 인력 배치상황을 점검인력을 배치한 날 이후 자체점검이 끝난 날부터 5일 이내에 관리업자에 대한 점검능력 평가 등에 관한 업무를 위탁받은 법인 또는 단체(이하 "평가기관"이라 한다)에 통보해야 한다.

⑵ 자체점검 구분에 따른 점검사항, 소방시설 등 점검표, 점검인원 배치상황 통보 및 세부 점검방법 등 자체점검에 필요한 사항은 소방청장이 정하여 고시한다.

6. 소방시설 등의 자체점검 면제 또는 연기

⑴ 자체점검의 면제 또는 연기를 신청하려는 특정소방대상물의 관계인은 자체점검의 실시 만료일 3일 전까지 소방시설 등의 자체점검 면제 또는 연기신청서 (전자문서로 된 신청서를 포함한다)에 자체점검을 실시하기 곤란함을 증명할 수 있는 서류(전자문서를 포함한다)를 첨부하여 소방본부장 또는 소방서장에게 제출해야 한다.

⑵ 자체점검의 면제 또는 연기 신청서를 제출받은 소방본부장 또는 소방서장은 면제 또는 연기의 신청을 받은 날부터 3일 이내에 자체점검의 면제 또는 연기 여부를 결정하여 자체점검 면제 또는 연기 신청 결과 통지서를 면제 또는 연기 신청을 한 자에게 통보해야 한다.

7. 소방시설 등의 자체점검 결과의 조치

(1) 관리업자 또는 소방안전관리자로 선임된 소방시설관리사 및 소방기술사(이하 "관리업자 등"이라 한다) 는 자체점검을 실시한 경우에는 그 점검이 끝난 날부터 10일 이내에 소방시설 등 자체점검 실시결과보고서(전자문서로 된 보고서를 포함한다)에 소방청장이 정하여 고시하는 소방시설 등 점검표를 첨부하여 관계인에게 제출해야 한다.

(2) 자체점검 실시결과 보고서를 제출받거나 스스로 자체점검을 실시한 관계인은 자체점검이 끝난 날부터 15일 이내에 소방시설 등 자체점검 실시결과 보고서(전자문서로 된 보고서를 포함한다)에 다음의 서류를 첨부하여 소방본부장 또는 소방서장에게 서면이나 소방청장이 지정하는 전산망을 통하여 보고해야 한다.

> ① 점검인력 배치확인서(관리업자가 점검한 경우만 해당한다)
> ② 소방시설 등의 자체점검 결과 이행계획서

(3) 자체점검 실시결과의 보고기간에는 공휴일 및 토요일은 산입하지 않는다.

(4) 소방본부장 또는 소방서장에게 자체점검 실시결과 보고를 마친 관계인은 소방시설 등 자체점검 실시결과 보고서(소방시설 등 점검표를 포함한다)를 점검이 끝난 날부터 2년간 자체 보관해야 한다.

(5) 소방시설 등의 자체점검 결과 이행계획서를 보고받은 소방본부장 또는 소방서장은 다음의 구분에 따라 이행계획의 완료 기간을 정하여 관계인에게 통보해야 한다. 다만, 소방시설 등에 대한 수리 · 교체 · 정비의 규모 또는 절차가 복잡하여 다음의 기간 내에 이행을 완료하기가 어려운 경우에는 그 기간을 달리 정할 수 있다.

> ① 소방시설 등을 구성하고 있는 기계 · 기구를 수리하거나 정비하는 경우: 보고일부터 10일 이내
> ② 소방시설 등의 전부 또는 일부를 철거하고 새로 교체하는 경우: 보고일부터 20일 이내

(6) 완료기간 내에 이행계획을 완료한 관계인은 이행을 완료한 날부터 10일 이내에 소방시설 등의 자체점검 결과 이행완료 보고서(전자문서로 된 보고서를 포함한다)에 다음의 서류(전자문서를 포함한다)를 첨부하여 소방본부장 또는 소방서장에게 보고해야 한다.

> ① 이행계획 건별 전 · 후 사진 증명자료
> ② 소방시설공사 계약서

10 소방안전관리대상물 근무자 및 거주자 등에 대한 소방훈련

(1) 소방안전관리대상물의 관계인은 그 장소에 근무하거나 거주하는 사람 등(이하 "근무자 등"이라 한다)에게 소화·통보·피난 등의 훈련(이하 "소방훈련"이라 한다)과 소방안전관리에 필요한 교육을 하여야 하고, 피난훈련은 그 소방대상물에 출입하는 사람을 안전한 장소로 대피시키고 유도하는 훈련을 포함하여야 한다.

(2) 소방안전관리대상물의 관계인은 소방훈련과 교육을 연 1회 이상 실시해야 한다. 다만, 소방본부장 또는 소방서장이 화재예방을 위하여 필요하다고 인정하여 2회의 범위에서 추가로 실시할 것을 요청하는 경우에는 소방훈련과 교육을 추가로 실시해야 한다.

(3) 소방본부장 또는 소방서장은 특급 및 1급 소방안전관리대상물의 관계인으로 하여금 (1)에 따른 소방훈련과 교육을 소방기관과 합동으로 실시하게 할 수 있다.

(4) 소방안전관리대상물의 관계인은 소방훈련과 교육을 실시하는 경우 소방훈련 및 교육에 필요한 장비 및 교재 등을 갖추어야 한다.

(5) 소방안전관리대상물 중 소방안전관리업무의 전담이 필요한 대통령령으로 정하는 소방안전관리대상물의 관계인은 소방훈련 및 교육을 한 날부터 30일 이내에 소방훈련 및 교육 결과를 행정안전부령으로 정하는 바에 따라 소방본부장 또는 소방서장에게 제출하여야 한다.

(6) 소방안전관리대상물의 관계인은 소방훈련과 교육을 실시했을 때에는 그 실시 결과를 소방훈련·교육 실시 결과 기록부에 기록하고, 이를 소방훈련 및 교육을 실시한 날부터 2년간 보관해야 한다.

11 소화기구 및 자동소화장치의 화재안전기준

1. 용어정의

(1) **소화약제**

소화기구 및 자동소화장치에 사용되는 소화성능이 있는 고체·액체 및 기체의 물질을 말한다.

(2) 능력단위

소화기 및 소화약제에 따른 간이소화용구에 있어서는 형식 승인된 수치를 말한다.

💡 능력단위는 소화기의 소화능력을 표시하는 방법으로 일정 조건하에서 하나의 소화기를 사용하여 그 능력을 측정하여 얻은 결과를 말한다.

(3) 소화기

소화약제를 압력에 따라 방사하는 기구로서 사람이 수동으로 조작하여 소화하는 다음의 것을 말한다.

① **소형소화기**: 능력단위가 1단위 이상이고 대형소화기의 능력단위 미만인 소화기를 말한다.

② **대형소화기**: 화재 시 사람이 운반할 수 있도록 운반대와 바퀴가 설치되어 있고 능력단위가 A급 10단위 이상, B급 20단위 이상인 소화기를 말한다.

(4) 자동확산소화기

화재를 감지하여 자동으로 소화약제를 방출 확산시켜 국소적으로 소화하는 소화기를 말한다.

(5) 자동소화장치

소화약제를 자동으로 방사하는 고정된 소화장치로서 형식승인이나 성능인증을 받은 유효설치 범위(설계방호체적, 최대설치높이, 방호면적 등을 말한다) 이내에 설치하여 소화하는 다음의 것을 말한다.

① **주거용 주방자동소화장치**: 주거용 주방에 설치된 열발생 조리기구의 사용으로 인한 화재 발생시 열원(전기 또는 가스)을 자동으로 차단하며 소화약제를 방출하는 소화장치를 말한다.

② **상업용 주방자동소화장치**: 상업용 주방에 설치된 열발생 조리기구의 사용으로 인한 화재 발생시 열원(전기 또는 가스)을 자동으로 차단하며 소화약제를 방출하는 소화장치를 말한다.

③ **캐비닛형 자동소화장치**: 열, 연기 또는 불꽃 등을 감지하여 소화약제를 방사하여 소화하는 캐비닛 형태의 소화장치를 말한다.

④ **가스자동소화장치**: 열, 연기 또는 불꽃 등을 감지하여 가스계 소화약제를 방사하여 소화하는 소화장치를 말한다.

⑤ **분말자동소화장치**: 열, 연기 또는 불꽃 등을 감지하여 분말의 소화약제를 방사하여 소화하는 소화장치를 말한다.

⑥ **고체에어로졸자동소화장치**: 열, 연기 또는 불꽃 등을 감지하여 에어로졸의 소화약제를 방사하여 소화하는 소화장치를 말한다.

(6) 거 실

거주 · 집무 · 작업 · 집회 · 오락 그 밖에 이와 유사한 목적을 위하여 사용하는 방을 말한다.

(7) 일반화재(A급 화재)

나무, 섬유, 종이, 고무, 플라스틱류와 같은 일반 가연물이 타고 나서 재가 남는 화재를 말한다. 일반화재에 대한 소화기의 적응 화재별 표시는 'A'로 표시한다.

(8) 유류화재(B급 화재)

인화성 액체, 가연성 액체, 석유 그리스, 타르, 오일, 유성도료, 솔벤트, 래커, 알코올 및 인화성 가스와 같은 유류가 타고 나서 재가 남지 않는 화재를 말한다. 유류화재에 대한 소화기의 적응 화재별 표시는 'B'로 표시한다.

(9) 전기화재(C급 화재)

전류가 흐르고 있는 전기기기, 배선과 관련된 화재를 말한다. 전기화재에 대한 소화기의 적응 화재별 표시는 'C'로 표시한다.

(10) 주방화재(K급 화재)

주방에서 동식물유를 취급하는 조리기구에서 일어나는 화재를 말한다. 주방화재에 대한 소화기의 적응 화재별 표시는 'K'로 표시한다.

2. 설치기준

(1) 소화기구의 설치

① 소화기의 설치기준

　㉠ 특정소방대상물의 각 층마다 설치하되, 각 층이 둘 이상의 거실로 구획된 경우에는 각 층마다 설치하는 것 외에 바닥면적이 $33m^2$ 이상으로 구획된 각 거실에도 배치할 것

　㉡ 특정소방대상물의 각 부분으로부터 1개의 소화기까지의 보행거리가 소형소화기의 경우에는 20m 이내, 대형소화기의 경우에는 30m 이내가 되도록 배치할 것. 다만, 가연성 물질이 없는 작업장의 경우에는 작업장의 실정에 맞게 보행거리를 완화하여 배치할 수 있다.

② 능력단위가 2단위 이상이 되도록 소화기를 설치해야 할 특정소방대상물 또는 그 부분에 있어서는 간이소화용구의 능력단위가 전체 능력단위의 2분의 1을 초과하지 않게 할 것. 다만, 노유자시설의 경우에는 그러하지 않다.

③ 소화기구(자동확산소화기를 제외한다)는 거주자 등이 손쉽게 사용할 수 있는 장소에 바닥으로부터 높이 1.5m 이하의 곳에 비치하고, 소화기구의 종류를 표시한 표지를 보기 쉬운 곳에 부착할 것. 다만, 소화기 및 투척용소화용구의 표지는 축광표지의 성능인증 및 제품검사의 기술기준에 적합한 축광식표지로 설치하고, 주차장의 경우 표지를 바닥으로부터 1.5m 이상의 높이에 설치할 것

④ 자동확산소화기의 설치기준

 ㉠ 방호대상물에 소화약제가 유효하게 방사될 수 있도록 설치할 것

 ㉡ 작동에 지장이 없도록 견고하게 고정할 것

(2) 자동소화장치의 설치기준

① 주거용 주방자동소화장치의 설치기준

 ㉠ 소화약제 방출구는 환기구(주방에서 발생하는 열기류 등을 밖으로 배출하는 장치를 말한다)의 청소부분과 분리되어 있어야 하며, 형식승인 받은 유효설치 높이 및 방호면적에 따라 설치할것

 ㉡ 감지부는 형식승인 받은 유효한 높이 및 위치에 설치할 것

 ㉢ 차단장치(전기 또는 가스)는 상시 확인 및 점검이 가능하도록 설치할 것

 ㉣ 가스용 주방자동소화장치를 사용하는 경우 탐지부는 수신부와 분리하여 설치하되, 공기보다 가벼운 가스를 사용하는 경우에는 천장 면으로부터 30cm 이하의 위치에 설치하고, 공기보다 무거운 가스를 사용하는 장소에는 바닥 면으로부터 30cm 이하의 위치에 설치할 것

 ㉤ 수신부는 주위의 열기류 또는 습기 등과 주위온도에 영향을 받지 않고 사용자가 상시 볼 수 있는 장소에 설치할 것

12 옥내소화전설비의 화재안전기준

(1) 용어정의

① **고가수조** : 구조물 또는 지형지물 등에 설치하여 자연낙차의 압력으로 급수하는 수조를 말한다.

② **압력수조** : 소화용수와 공기를 채우고 일정 압력 이상으로 가압하여 그 압력으로 급수하는 수조를 말한다.

③ **충압펌프** : 배관 내 압력손실에 따른 주펌프의 빈번한 기동을 방지하기 위하여 충압역할을 하는 펌프를 말한다.

④ **정격토출량**: 펌프의 정격부하운전시 토출량으로서 정격토출압력에서의 펌프의 토출량을 말한다.

⑤ **정격토출압력**: 펌프의 정격부하운전시 토출압력으로서 정격토출량에서의 펌프의 토출측 압력을 말한다.

⑥ **진공계**: 대기압 이하의 압력을 측정하는 계측기를 말한다.

⑦ **연성계**: 대기압 이상의 압력과 대기압 이하의 압력을 측정할 수 있는 계측기를 말한다.

⑧ **체절운전**: 펌프의 성능시험을 목적으로 펌프 토출측의 개폐밸브를 닫은 상태에서 펌프를 운전하는 것을 말한다.

⑨ **기동용수압개폐장치**: 소화설비의 배관 내 압력변동을 검지하여 자동적으로 펌프를 기동 및 정지시키는 것으로서 압력챔버 또는 기동용압력스위치 등을 말한다.

⑩ **급수배관**: 수원 또는 송수구 등으로부터 소화설비에 급수하는 배관을 말한다.

⑪ **분기배관**: 배관 측면에 구멍을 뚫어 둘 이상의 관로가 생기도록 가공한 배관으로서 다음의 분기배관을 말한다.

　㉠ **확관형 분기배관**: 배관의 측면에 조그만 구멍을 뚫고 소성가공으로 확관시켜 배관 용접이음자리를 만들거나 배관 용접이음자리에 배관이음쇠를 용접 이음한 배관을 말한다.

　㉡ **비확관형 분기배관**: 배관의 측면에 분기호칭내경 이상의 구멍을 뚫고 배관이음쇠를 용접 이음한 배관을 말한다.

⑫ **개폐표시형 밸브**: 밸브의 개폐 여부를 외부에서 식별할 수 있는 밸브를 말한다.

⑬ **가압수조**: 가압원인 압축공기 또는 불연성 고압기체에 따라 소방용수를 가압시키는 수조를 말한다.

⑭ **주펌프**: 구동장치의 회전 또는 왕복운동으로 소화수를 가압하여 그 압력으로 급수하는 주된 펌프를 말한다.

⑮ **예비펌프**: 주펌프와 동등 이상의 성능이 있는 별도의 펌프를 말한다.

(2) 수원

옥내소화전설비의 수원은 그 저수량이 옥내소화전의 설치개수가 가장 많은 층의 설치개수(2개 이상 설치된 경우에는 2개)에 2.6m³(호스릴옥내소화전설비를 포함한다)를 곱한 양 이상이 되도록 해야 한다.

(3) 가압송수장치

전동기 또는 내연기관에 따른 펌프를 이용하는 가압송수장치는 다음의 기준에 따라 설치해야 한다. 다만, 가압송수장치의 주펌프는 전동기에 따른 펌프로 설치해야 한다.

① 쉽게 접근할 수 있고 점검하기에 충분한 공간이 있는 장소로서 화재 및 침수 등의 재해로 인한 피해를 받을 우려가 없는 곳에 설치할 것

② 동결방지조치를 하거나 동결의 우려가 없는 장소에 설치할 것

③ 특정소방대상물의 어느 층에 있어서도 해당 층의 옥내소화전(2개 이상 설치된 경우에는 2개의 옥내소화전)을 동시에 사용할 경우 각 소화전의 노즐선단에서의 방수압력이 0.17메가파스칼(호스릴옥내소화전설비를 포함한다) 이상이고, 방수량이 분당 130리터(호스릴옥내소화전설비를 포함한다) 이상이 되는 성능의 것으로 할 것. 다만, 하나의 옥내소화전을 사용하는 노즐선단에서의 방수압력이 0.7메가파스칼을 초과할 경우에는 호스접결구의 인입측에 감압장치를 설치해야 한다.

④ 펌프의 토출량은 옥내소화전이 가장 많이 설치된 층의 설치개수(옥내소화전이 2개 이상 설치된 경우에는 2개)에 분당 130리터를 곱한 양 이상이 되도록 할 것

⑤ 펌프는 전용으로 할 것

⑥ 펌프의 토출측에는 압력계를 설치하고, 흡입측에는 연성계 또는 진공계를 설치할 것

⑦ 펌프의 성능은 체절운전시 정격토출압력의 140퍼센트를 초과하지 않고, 정격토출량의 150퍼센트로 운전시 정격토출압력의 65퍼센트 이상이 되어야 하며, 펌프의 성능을 시험할 수 있는 성능시험배관을 설치할 것

⑧ 가압송수장치에는 체절운전시 수온의 상승을 방지하기 위한 순환배관을 설치할 것

(4) 배관 등

① 급수배관은 전용으로 해야 한다. 다만, 옥내소화전의 기동장치의 조작과 동시에 다른 설비의 용도에 사용하는 배관의 송수를 차단할 수 있거나, 옥내소화전설비의 성능에 지장이 없는 경우에는 다른 설비와 겸용할 수 있다.

② **펌프의 흡입측 배관 설치기준**

　㉠ 공기 고임이 생기지 않는 구조로 하고 여과장치를 설치할 것

　㉡ 수조가 펌프보다 낮게 설치된 경우에는 각 펌프(충압펌프를 포함한다)마다 수조로부터 별도로 설치할 것

③ 펌프의 토출측 주배관의 구경은 유속이 4m/s 이하가 될 수 있는 크기 이상으로 해야 하고, 옥내 소화전방수구와 연결되는 가지배관의 구경은 40mm (호스릴옥내소화전설비의 경우에는 25mm) 이상으로 해야 하며, 주배관 중 수직배관의 구경은 50mm(호스릴옥내소화전설비의 경우에는 32mm) 이상으로 해야 한다.

④ 옥내소화전설비의 배관을 연결송수관설비와 겸용하는 경우 주배관은 구경 100mm 이상, 방수구로 연결되는 배관의 구경은 65mm 이상의 것으로 해야 한다.

⑤ 성능시험배관에 설치하는 유량측정장치는 성능시험배관의 직관부에 설치하되, 펌프 정격토출량의 175퍼센트 이상을 측정할 수 있는 것으로 해야 한다.

⑥ 가압송수장치의 체절운전 시 수온의 상승을 방지하기 위하여 체크밸브와 펌프사이에서 분기한 구경 20mm 이상의 배관에 체절압력 이하에서 개방되는 릴리프밸브를 설치해야 한다.

⑦ 동결방지조치를 하거나 동결의 우려가 없는 장소에 설치해야 한다. 다만, 보온재를 사용할 경우에는 난연재료 성능 이상의 것으로 해야 한다.

⑧ 급수배관에 설치되어 급수를 차단할 수 있는 개폐밸브(옥내소화전방수구를 제외한다)는 개폐표시형으로 해야 한다. 이 경우 펌프의 흡입측 배관에는 버터플라이밸브 외의 개폐표시형 밸브를 설치해야 한다.

⑨ 배관은 다른 설비의 배관과 쉽게 구분이 될 수 있도록 해야 한다.

⑩ 옥내소화전설비에는 소방자동차부터 그 설비에 송수할 수 있는 송수구를 다음의 기준에 따라 설치해야한다.

　㉠ 소방차가 쉽게 접근할 수 있고 잘 보이는 장소에 설치하고, 화재층으로부터 지면으로 떨어지는 유리창 등이 송수 및 그 밖의 소화작업에 지장을 주지 않는 장소에 설치할 것

　㉡ 송수구로부터 옥내소화전설비의 주배관에 이르는 연결배관에는 개폐밸브를 설치하지 않을 것. 다만, 스프링클러설비·물분무소화설비·포소화설비·또는 연결송수관설비의 배관과 겸용하는 경우에는 그렇지 않다.

　㉢ 지면으로부터 높이가 0.5m 이상 1m 이하의 위치에 설치할 것

　㉣ 구경 65mm의 쌍구형 또는 단구형으로 할 것

　㉤ 송수구의 부근에는 자동배수밸브(또는 직경 5밀리미터의 배수공) 및 체크밸브를 설치할 것

　㉥ 송수구에는 이물질을 막기 위한 마개를 씌울 것

(5) 함 및 방수구 등

① 옥내소화전설비의 함은 소방청장이 정하여 고시한 소화전함의 성능인증 및 제품검사의 기술기준에 적합한 것으로 설치하되 밸브의 조작, 호스의 수납 및 문의 개방 등 옥내소화전의 사용에 장애가 없도록 설치해야 한다.

② **옥내소화전방수구의 설치기준**

    ㉠ 특정소방대상물의 층마다 설치하되, 해당 특정소방대상물의 각 부분으로부터 하나의 옥내소화전방수구까지의 수평거리가 25m(호스릴옥내소화전설비를 포함한다) 이하가 되도록 할 것. 다만, 복층형 구조의 공동주택의 경우에는 세대의 출입구가 설치된 층에만 설치할 수 있다.

    ㉡ 바닥으로부터의 높이가 1.5m 이하가 되도록 할 것

    ㉢ 호스는 구경 40mm(호스릴옥내소화전설비의 경우에는 25mm) 이상인 것으로서 특정소방대상물의 각 부분에 물이 유효하게 뿌려질 수 있는 길이로 설치할 것

    ㉣ 호스릴옥내소화전설비의 경우 그 노즐에는 노즐을 쉽게 개폐할 수 있는 장치를 부착할 것

(6) 전 원

① 옥내소화전설비에 설치하는 상용전원회로의 배선은 상용전원의 상시공급에 지장이 없도록 전용배선으로 해야 한다.

② 다음의 어느 하나에 해당하는 특정소방대상물의 옥내소화전설비에는 비상전원을 설치해야 한다.

    ㉠ 층수가 7층 이상으로서 연면적이 2,000m² 이상인 것

    ㉡ ㉠에 해당하지 않는 특정소방대상물로서 지하층의 바닥면적의 합계가 3,000m² 이상인 것

③ 비상전원은 자가발전설비, 축전지설비 또는 전기저장장치로서 다음의 기준에 따라 설치해야 한다.

    ㉠ 점검에 편리하고 화재 또는 침수 등의 재해로 인한 피해를 받을 우려가 없는 곳에 설치할 것

    ㉡ 옥내소화전설비를 유효하게 20분 이상 작동할 수 있어야 할 것

    ㉢ 상용전원으로부터 전력의 공급이 중단된 때에는 자동으로 비상전원으로부터 전력을 공급받을 수 있도록 할 것

    ㉣ 비상전원(내연기관의 기동 및 제어용 축전기를 제외한다)의 설치장소는 다른 장소와 방화구획 할 것

    ㉤ 비상전원을 실내에 설치하는 때에는 그 실내에 비상조명등을 설치할 것

(7) 제어반

① 옥내소화전설비에는 제어반을 설치하되, 감시제어반과 동력제어반으로 구분하여 설치해야 한다.

② 감시제어반은 가압송수장치, 상용전원, 비상전원, 수조, 물올림수조, 예비전원 등을 감시·제어 및 시험할 수 있는 기능을 갖추어야 한다.

③ 감시제어반의 설치기준

　㉠ 화재 또는 침수 등의 재해로 인한 피해를 받을 우려가 없는 곳에 설치할 것

　㉡ 감시제어반은 옥내소화전설비의 전용으로 할 것

　㉢ 감시제어반은 다음의 기준에 따른 전용실 안에 설치하고, 전용실에는 특정소방대상물의 기계·기구 또는 시설 등의 제어 및 감시설비 외의 것을 두지 않을 것

　　ⓐ 다른 부분과 방화구획을 할 것

　　ⓑ 피난층 또는 지하 1층에 설치할 것

　　ⓒ 비상조명등 및 급·배기설비를 설치할 것

　　ⓓ 무선통신보조설비의 화재안전기술기준(NFTC 505)에 따라 유효하게 통신이 가능할 것

　　ⓔ 바닥면적은 감시제어반의 설치에 필요한 면적 외에 화재시 소방대원이 그 감시제어반의 조작에 필요한 최소면적 이상으로 할 것

④ 동력제어반은 앞면을 적색으로 하고, 동력제어반의 외함은 두께 1.5mm 이상의 강판 또는 이와 동등 이상의 강도 및 내열성능이 있는 것으로 한다.

13 옥외소화전설비의 화재안전기준

(1) 수 원

① 옥외소화전설비의 수원은 그 저수량이 옥외소화전의 설치개수(옥외소화전이 2개 이상 설치된 경우에는 2개)에 7m³를 곱한 양 이상이 되도록 해야 한다.

② 옥외소화전설비의 수원을 수조로 설치하는 경우에는 소방소화설비의 전용수조로 해야 한다.

③ 저수량을 산정함에 있어서 다른 설비와 겸용하여 옥외소화전설비용 수조를 설치하는 경우에는 옥외소화전설비의 풋밸브·흡수구 또는 수직배관의 급수구와 다른 설비의 풋밸브·흡수구 또는 수직배관의 급수구와의 사이의 수량을 그 유효수량으로 한다.

④ 옥외소화전설비용 수조는 다음의 기준에 따라 설치해야 한다.
  ㉠ 점검에 편리한 곳에 설치할 것
  ㉡ 동결방지조치를 하거나 동결의 우려가 없는 장소에 설치할 것
  ㉢ 수조에는 수위계, 고정식 사다리, 청소용 배수밸브(또는 배수관), 표지 및 실내조명 등 수조의 유지관리에 필요한 설비를 설치할 것

(2) 가압송수장치

전동기 또는 내연기관에 따른 펌프를 이용하는 가압송수장치는 다음의 기준에 따라 설치해야 한다.

① 쉽게 접근할 수 있고 점검하기에 충분한 공간이 있는 장소로서 화재 및 침수 등의 재해로 인한 피해를 받을 우려가 없는 곳에 설치할 것

② 동결방지조치를 하거나 동결의 우려가 없는 장소에 설치할 것

③ 특정소방대상물에 설치된 옥외소화전(2개 이상 설치된 경우에는 2개의 옥외소화전)을 동시에 사용할 경우 각 옥외소화전의 노즐선단에서의 방수압력이 0.25메가파스칼 이상이고, 방수량이 분당 350리터 이상이 유지되는 성능의 것으로 할 것. 다만, 하나의 옥외소화전을 사용하는 노즐선단에서의 방수압력이 0.7메가파스칼을 초과할 경우에는 호스접결구의 인입측에 감압장치를 설치해야 한다.

④ 펌프는 전용으로 할 것. 다만, 다른 소화설비와 겸용하는 경우 각각의 소화설비의 성능에 지장이 없을 때에는 그렇지 않다.

⑤ 펌프의 토출측에는 압력계를 체크밸브 이전에 펌프 토출측 플랜지에서 가까운 곳에 설치하고, 흡입측에는 연성계 또는 진공계를 설치할 것. 다만, 수원의 수위가 펌프의 위치보다 높거나 수직회전축펌프의 경우에는 연성계 또는 진공계를 설치하지 않을 수 있다.

⑥ 펌프의 성능은 체절운전시 정격토출압력의 140퍼센트를 초과하지 않고, 정격토출량의 150퍼센트로 운전 시 정격토출압력의 65퍼센트 이상이 되어야 하며, 펌프의 성능을 시험할 수 있는 성능시험배관을 설치할 것

⑦ 가압송수장치에는 체절운전시 수온의 상승을 방지하기 위한 순환배관을 설치할 것

(3) 배관 등

① 호스접결구는 지면으로부터 높이가 0.5m 이상 1m 이하의 위치에 설치하고 특정소방대상물의 각 부분으로부터 하나의 호스접결구까지의 수평거리가 40m 이하가 되도록 설치해야 한다.

② 호스는 구경 65mm의 것으로 해야 한다.

③ 급수배관은 전용으로 해야 한다.

④ 펌프의 흡입측배관은 소화수의 흡입에 장애가 없도록 설치해야 한다.

⑤ 성능시험배관에 설치하는 유량측정장치는 성능시험배관의 직관부에 설치하되, 펌프 정격토출량의 175 퍼센트 이상을 측정할 수 있는 것으로 해야 한다.

⑥ 가압송수장치의 체절운전시 수온의 상승을 방지하기 위하여 체크밸브와 펌프 사이에서 분기한 구경 20mm 이상의 배관에 체절압력 이하에서 개방되는 릴리프밸브를 설치해야 한다.

⑦ 동결방지조치를 하거나 동결의 우려가 없는 장소에 설치해야 한다. 다만, 보온재를 사용할 경우에는 난연재료 성능 이상의 것으로 해야 한다.

⑧ 급수배관에 설치되어 급수를 차단할 수 있는 개폐밸브(옥외소화전방수구를 제외한다)는 개폐표시형으로 해야 한다. 이 경우 펌프의 흡입측 배관에는 버터플라이밸브외의 개폐표시 밸브를 설치해야 한다.

⑨ 배관은 다른 설비의 배관과 쉽게 구분이 될 수 있도록 해야 한다.

(4) 소화전함 등

① 옥외소화전설비에는 옥외소화전마다 그로부터 5m 이내의 장소에 소화전함을 다음의 기준에 따라 설치해야 한다.

   ㉠ 옥외소화전이 10개 이하 설치된 때에는 옥외소화전마다 5m 이내의 장소에 1개 이상의 소화전함을 설치해야 한다.

   ㉡ 옥외소화전이 11개 이상 30개 이하 설치된 때에는 11개 이상의 소화전함을 각각 분산하여 설치해야 한다.

   ㉢ 옥외소화전이 31개 이상 설치된 때에는 옥외소화전 3개마다 1개 이상의 소화전함을 설치해야 한다.

② 옥외소화전설비의 함은 소방청장이 정하여 고시한 소화전함의 성능인증 및 제품검사의 기술기준에 적합한 것으로 설치하되 밸브의 조작, 호스의 수납 등에 충분한 여유를 가질 수 있도록 해야 한다.

③ 옥외소화전설비의 함에는 그 표면에 "옥외소화전"이라는 표시를 해야 한다.

④ 옥외소화전설비의 함에는 옥외소화전설비의 위치를 표시하는 표시등과 가압송수장치의 기동을 표시하는 표시등을 설치해야 한다.

14 스프링클러설비의 화재안전기준

(1) 용어정의

① **고가수조** : 구조물 또는 지형지물 등에 설치하여 자연낙차의 압력으로 급수하는 수조를 말한다.

② **압력수조** : 소화용수와 공기를 채우고 일정압력 이상으로 가압하여 그 압력으로 급수하는 수조를 말한다.

③ **충압펌프** : 배관 내 압력손실에 따른 주펌프의 빈번한 기동을 방지하기 위하여 충압역할을 하는 펌프를 말한다.

④ **정격토출량** : 펌프의 정격부하운전시 토출량으로서 정격토출압력에서의 토출량을 말한다.

⑤ **정격토출압력** : 펌프의 정격부하운전시 토출압력으로서 정격토출량에서의 토출측 압력을 말한다.

⑥ **진공계** : 대기압 이하의 압력을 측정하는 계측기를 말한다.

⑦ **연성계** : 대기압 이상의 압력과 대기압 이하의 압력을 측정할 수 있는 계측기를 말한다.

⑧ **체절운전** : 펌프의 성능시험을 목적으로 펌프 토출측의 개폐밸브를 닫은 상태에서 펌프를 운전하는 것을 말한다.

⑨ **기동용 수압개폐장치** : 소화설비의 배관 내 압력변동을 검지하여 자동적으로 펌프를 기동 및 정지시키는 것으로서 압력챔버 또는 기동용압력스위치 등을 말한다.

⑩ **개방형 스프링클러헤드** : 감열체 없이 방수구가 항상 열려져 있는 헤드를 말한다.

⑪ **폐쇄형 스프링클러헤드** : 정상상태에서 방수구를 막고 있는 감열체가 일정 온도에서 자동적으로 파괴·용융 또는 이탈됨으로써 방수구가 개방되는 헤드를 말한다.

⑫ **조기반응형 스프링클러헤드** : 표준형 스프링클러헤드 보다 기류온도 및 기류속도에 빠르게 반응하는 헤드를 말한다.

⑬ **측벽형 스프링클러헤드** : 가압된 물이 분사될 때 헤드의 축심을 중심으로 한 반원상에 균일하게 분산시키는 헤드를 말한다.

⑭ **건식 스프링클러헤드** : 물과 오리피스가 분리되어 동파를 방지할 수 있는 스프링클러헤드를 말한다.

⑮ **유수검지장치** : 유수현상을 자동적으로 검지하여 신호 또는 경보를 발하는 장치를 말한다.

⑯ **일제개방밸브**: 일제살수식 스프링클러설비에 설치되는 유수검지장치를 말한다.

⑰ **가지배관**: 헤드가 설치되어 있는 배관을 말한다.

⑱ **교차배관**: 가지배관에 급수하는 배관을 말한다.

⑲ **주배관**: 가압송수장치 또는 송수구 등과 직접 연결되어 소화수를 이송하는 주된 배관을 말한다.

⑳ **신축배관**: 가지배관과 스프링클러헤드를 연결하는 구부림이 용이하고 유연성을 가진 배관을 말한다.

㉑ **급수배관**: 수원 송수구 등으로 부터 소화설비에 급수하는 배관을 말한다.

㉒ **분기배관**: 배관 측면에 구멍을 뚫어 둘 이상의 관로가 생기도록 가공한 배관으로서 다음의 분기배관을 말한다.

　　㉠ 확관형 분기배관: 배관의 측면에 조그만 구멍을 뚫고 소성가공으로 확관시켜 배관 용접이음자리를 만들거나 배관 용접이음자리에 배관이음쇠를 용접 이음한 배관을 말한다.

　　㉡ 비확관형 분기배관: 배관의 측면에 분기호칭내경 이상의 구멍을 뚫고 배관이음쇠를 용접 이음한 배관을 말한다.

㉓ **습식 스프링클러설비**: 가압송수장치에서 폐쇄형 스프링클러헤드까지 배관 내에 항상 물이 가압되어 있다가 화재로 인한 열로 폐쇄형 스프링클러헤드가 개방되면 배관 내에 유수가 발생하여 습식유수 검지장치가 작동하게 되는 스프링클러설비를 말한다.

㉔ **부압식 스프링클러설비**: 가압송수장치에서 준비작동식 유수검지장치의 1차측까지는 항상 정압의 물이 가압되고, 2차측 폐쇄형 스프링클러헤드까지는 소화수가 부압으로 되어 있다가 화재시 감지기의 작동에 의해 정압으로 변하여 유수가 발생하면 작동하는 스프링클러설비를 말한다.

㉕ **준비작동식 스프링클러설비**: 가압송수장치에서 준비작동식 유수검지장치 1차측까지 배관 내에 항상 물이 가압되어 있고, 2차측에서 폐쇄형 스프링클러헤드까지 대기압 또는 저압으로 있다가 화재발생시 감지기의 작동으로 준비작동식 밸브가 개방되면 폐쇄형 스프링클러헤드까지 소화수가 송수되고, 폐쇄형 스프링클러헤드가 열에 의해 개방되면 방수가 되는 방식의 스프링클러설비를 말한다.

㉖ **건식 스프링클러설비** : 건식 유수검지장치 2차측에 압축공기 또는 질소 등의 기체로 충전된 배관에 폐쇄형 스프링클러헤드가 부착된 스프링클러설비로서, 폐쇄형 스프링클러헤드가 개방되어 배관 내의 압축공기 등이 방출되면 건식 유수검지장치 1차측의 수압에 의하여 건식 유수검지장치가 작동하게 되는 스프링클러설비를 말한다.

㉗ **일제살수식 스프링클러설비** : 가압송수장치에서 일제개방밸브 1차측까지 배관 내에 항상 물이 가압 되어 있고 2차측에서 개방형 스프링클러헤드까지 대기압으로 있다가 화재시 자동감지장치 또는 수동식 기동장치의 작동으로 일제개방밸브가 개방되면 스프링클러헤드까지 소화수가 송수되는 방식의 스프링클러설비를 말한다.

㉘ **반사판(디플렉터)** : 스프링클러헤드의 방수구에서 유출되는 물을 세분시키는 작용을 하는 것을 말한다.

㉙ **개폐표시형 밸브** : 밸브의 개폐 여부를 외부에서 식별이 가능한 밸브를 말한다.

㉚ **연소할 우려가 있는 개구부** : 각 방화구획을 관통하는 컨베이어·에스컬레이터 또는 이와 유사한 시설의 주위로서 방화구획을 할 수 없는 부분을 말한다.

㉛ **가압수조** : 가압원인 압축공기 또는 불연성 기체의 압력으로 소화용수를 가압하여 그 압력으로 급수하는 수조를 말한다.

㉜ **소방부하** : 소방시설 및 방화·피난·소화활동을 위한 시설의 전력부하를 말한다.

㉝ **소방전원 보존형 발전기** : 소방부하 및 소방부하 이외의 부하(이하 "비상부하"라 한다)겸용의 비상 발전기로서, 상용전원 중단시에는 소방부하 및 비상부하에 비상전원이 동시에 공급되고, 화재시 과부하에 접근될 경우 비상부하의 일부 또는 전부를 자동적으로 차단하는 제어장치를 구비하여, 소방부하에 비상전원을 연속 공급하는 자가발전설비를 말한다.

㉞ **건식 유수검지장치** : 건식 스프링클러설비에 설치되는 유수검지장치를 말한다.

㉟ **습식 유수검지장치** : 습식 스프링클러설비 또는 부압식 스프링클러설비에 설치되는 유수검지장치를 말한다.

㊱ **준비작동식 유수검지장치** : 준비작동식 스프링클러설비에 설치되는 유수검지장치를 말한다.

㊲ **패들형 유수검지장치** : 소화수의 흐름에 의하여 패들이 움직이고 접점이 형성되면 신호를 발하는 유수검지장치를 말한다.

㊳ **주펌프** : 구동장치의 회전 또는 왕복운동으로 소화수를 가압하여 그 압력으로 급수하는 주된 펌프를 말한다.

㊴ **예비펌프** : 주펌프와 동등 이상의 성능이 있는 별도의 펌프를 말한다.

(2) 수원

아파트(폐쇄형 스프링클러헤드 사용기준)의 경우에는 설치개수가 가장 많은 세대에 1.6m³를 곱한 양 이상이 되도록 할 것

(3) 가압송수장치

전동기 또는 내연기관에 따른 펌프를 이용하는 가압송수장치는 다음의 기준에 따라 설치해야 한다. 다만, 가압송수장치의 주펌프는 전동기에 따른 펌프로 설치해야 한다.

① 쉽게 접근할 수 있고 점검하기에 충분한 공간이 있는 장소로서 화재 및 침수 등의 재해로 인한 피해를 받을 우려가 없는 곳에 설치할 것

② 동결방지조치를 하거나 동결의 우려가 없는 장소에 설치할 것

③ 펌프는 전용으로 할 것. 다만, 다른 소화설비와 겸용하는 경우 각각의 소화설비의 성능에 지장이 없을 때에는 그렇지 않다.

④ 펌프의 토출측에는 압력계를 체크밸브 이전에 펌프 토출측 플랜지에서 가까운 곳에 설치하고, 흡입측에는 연성계 또는 진공계를 설치할 것. 다만, 수원의 수위가 펌프의 위치보다 높거나 수직회 전축펌프의 경우에는 연성계 또는 진공계를 설치하지 않을 수 있다.

⑤ 펌프의 성능은 체절운전시 정격토출압력의 140퍼센트를 초과하지 않고, 정격토출량의 150퍼센트로 운전시 정격토출압력의 65퍼센트 이상이 되어야 하며, 펌프의 성능을 시험할 수 있는 성능시험배관을 설치할 것

⑥ 가압송수장치에는 체절운전시 수온의 상승을 방지하기 위한 순환배관을 설치할 것. 다만, 충압펌프의 경우에는 그러하지 않다.

⑦ 기동장치로는 기동용수압개폐장치 또는 이와 동등 이상의 성능이 있는 것을 설치할 것

⑧ 수원의 수위가 펌프보다 낮은 위치에 있는 가압송수장치에는 물올림장치를 설치할 것

⑨ 가압송수장치의 정격토출압력은 하나의 헤드선단에 0.1메가파스칼 이상 1.2메가파스칼 이하의 방수 압력이 될 수 있게 하는 크기일 것

⑩ 가압송수장치의 송수량은 0.1메가파스칼의 방수압력 기준으로 분당 80리터 이상의 방수성능을 가진 기준개수의 모든 헤드로부터의 방수량을 충족시킬 수 있는 양 이상의 것으로 할 것

(4) 송수구

스프링클러설비에는 소방차로부터 그 설비에 송수할 수 있는 송수구를 다음의 기준에 따라 설치해야 한다.

① 송수구는 송수 및 그 밖의 소화작업에 지장을 주지 않도록 설치할 것

② 송수구로부터 주배관에 이르는 연결배관에는 개폐밸브를 설치하지 않을 것

③ 구경 65mm의 쌍구형으로 할 것

④ 송수구에는 그 가까운 곳의 보기 쉬운 곳에 송수압력범위를 표시한 표지를 할 것

⑤ 폐쇄형 스프링클러헤드를 사용하는 스프링클러설비의 송수구는 하나의 층의 바닥면적이 3,000m²를 넘을 때마다 1개 이상(5개를 넘을 경우에는 5개로 한다)을 설치할 것

⑥ 지면으로부터 높이가 0.5m 이상 1m 이하의 위치에 설치할 것

⑦ 송수구의 가까운 부분에 자동배수밸브(또는 직경 5mm의 배수공) 및 체크밸브를 설치할 것

⑧ 송수구에는 이물질을 막기 위한 마개를 씌울 것

15 비상경보설비 및 단독경보형감지기의 화재안전기준

(1) 용어정의

① **비상벨설비**: 화재발생 상황을 경종으로 경보하는 설비를 말한다.

② **자동식 사이렌설비**: 화재발생 상황을 사이렌으로 경보하는 설비를 말한다.

③ **단독경보형 감지기**: 화재발생 상황을 단독으로 감지하여 자체에 내장된 음향장치로 경보하는 감지기를 말한다.

④ **발신기**: 화재발생 신호를 수신기에 수동으로 발신하는 장치를 말한다.

⑤ **수신기**: 발신기에서 발하는 화재신호를 직접 수신하여 화재의 발생을 표시 및 경보하여 주는 장치를 말한다.

(2) 비상벨설비 또는 자동식 사이렌설비

① 비상벨설비 또는 자동식 사이렌설비는 부식성가스 또는 습기 등으로 인하여 부식의 우려가 없는 장소에 설치해야 한다.

② 지구음향장치는 특정소방대상물의 층마다 설치하되, 해당 특정소방대상물의 각 부분으로부터 하나의 음향장치까지의 수평거리가 25m 이하가 되도록 하고, 해당 층의 각 부분에 유효하게 경보를 발할 수 있도록 설치해야 한다.

③ 음향장치는 정격전압의 80퍼센트 전압에서도 음향을 발할 수 있도록 해야한다. 다만, 건전지를 주전원으로 사용하는 음향장치는 그렇지 않다.

④ 음향장치의 음량은 부착된 음향장치의 중심으로부터 1m 떨어진 위치에서 90데시벨 이상이 되는 것으로 해야 한다.

⑤ 발신기의 설치기준

　㉠ 조작이 쉬운 장소에 설치하고, 조작스위치는 바닥으로부터 0.8m 이상 1.5m 이하의 높이에 설치할 것

　㉡ 특정소방대상물의 층마다 설치하되, 해당 특정소방대상물의 각 부분으로부터 하나의 발신기까지의 수평거리가 25m 이하가 되도록 할 것. 다만, 복도 또는 별도로 구획된 실로서 보행거리가 40m 이상일 경우에는 추가로 설치하여야 한다.

　㉢ 발신기의 위치표시등은 함의 상부에 설치하되, 그 불빛은 부착 면으로부터 15도 이상의 범위 안에서 부착지점으로부터 10m 이내의 어느 곳에서도 쉽게 식별할 수 있는 적색등으로 할 것

(3) 단독경보형 감지기의 설치기준

① 각 실(이웃하는 실내의 바닥면적이 각각 30m² 미만이고 벽체의 상부의 전부 또는 일부가 개방되어 이웃하는 실내와 공기가 상호 유통되는 경우에는 이를 1개의 실로 본다)마다 설치하되, 바닥면적이 150m²를 초과하는 경우에는 150m²마다 1개 이상 설치할 것

② 최상층의 계단실의 천장(외기가 상통하는 계단실의 경우를 제외한다)에 설치할 것

③ 건전지 주전원으로 사용하는 단독경보형 감지기는 정상적인 작동상태를 유지할 수 있도록 주기적으로 건전지를 교환할 것

④ 상용전원을 주전원으로 사용하는 단독경보형 감지기의 2차 전지는 법 제40조에 따라 제품검사에 합격한 것을 사용할 것

16 자동화재탐지설비 및 시각경보장치의 화재안전기준

(1) 용어정의

① **경계구역** : 특정소방대상물 중 화재신호를 발신하고 그 신호를 수신 및 유효하게 제어할 수 있는 구역을 말한다.

② **수신기** : 감지기나 발신기에서 발하는 화재신호를 직접 수신하거나 중계기를 통하여 수신하여 화재의 발생을 표시 및 경보하여 주는 장치를 말한다.

③ **중계기** : 감지기·발신기 또는 전기적인 접점 등의 작동에 따른 신호를 받아 이를 수신기에 전송하는 장치를 말한다.

④ **감지기** : 화재시 발생하는 열, 연기, 불꽃 또는 연소생성물을 자동적으로 감지하여 수신기에 화재신호 등을 발신하는 장치를 말한다.

⑤ **발신기** : 수동누름버턴 등의 작동으로 화재 신호를 수신기에 발신하는 장치를 말한다.

⑥ **시각경보장치** : 자동화재탐지설비에서 발하는 화재신호를 시각경보기에 전달하여 청각장애인에게 점멸 형태의 시각경보를 하는 것을 말한다.

⑦ **거실** : 거주·집무·작업·집회·오락 그 밖에 이와 유사한 목적을 위하여 사용하는 실을 말한다.

(2) 경계구역

① 자동화재탐지설비의 경계구역은 다음의 기준에 따라 설정하여야 한다. 다만, 감지기의 형식승인시 감지거리, 감지면적 등에 대한 성능을 별도로 인정받은 경우에는 그 성능인정범위를 경계구역으로 할 수 있다.

ㄱ 하나의 경계구역이 둘 이상의 건축물에 미치지 아니하도록 할 것

ㄴ 하나의 경계구역이 둘 이상의 층에 미치지 아니하도록 할 것

ㄷ 하나의 경계구역의 면적은 600m² 이하로 하고 한 변의 길이는 50m 이하로 할 것

② 계단(직통계단 외의 것에 있어서는 떨어져 있는 상하계단의 상호간의 수평거리가 5m 이하로서 서로 간에 구획되지 아니한 것에 한한다)·경사로(에스컬레이터경사로 포함)·엘리베이터 승강로(권상기실이 있는 경우에는 권상기실)·린넨슈트·파이프 피트 및 덕트 기타 이와 유사한 부분에 대하여는 별도로 경계구역을 설정하되, 하나의 경계구역은 높이 45m 이하(계단 및 경사로에 한한다)로 하고, 지하층의 계단 및 경사로(지하층의 층수가 1일 경우는 제외한다)는 별도로 하나의 경계구역으로 하여야 한다.

③ 외기에 면하여 상시 개방된 부분이 있는 차고·주차장·창고 등에 있어서는 외기에 면하는 각 부분으로부터 5m 미만의 범위 안에 있는 부분은 경계구역의 면적에 산입하지 아니한다.

④ 스프링클러설비·물분무 등 소화설비 또는 제연설비의 화재감지장치로서 화재감지기를 설치한 경우의 경계구역은 해당 소화설비의 방호구역 또는 제연구역과 동일하게 설정할 수 있다.

(3) 수신기

① 자동화재탐지설비의 수신기는 다음의 기준에 적합한 것으로 설치하여야 한다.

  ㉠ 해당 특정소방대상물의 경계구역을 각각 표시할 수 있는 회선 수 이상의 수신기를 설치할 것

  ㉡ 해당 특정소방대상물에 가스누설탐지설비가 설치된 경우에는 가스누설탐지설비로부터 가스누설신호를 수신하여 가스누설경보를 할 수 있는 수신기를 설치할 것

② 자동화재탐지설비의 수신기는 특정소방대상물 또는 그 부분이 지하층·무창층 등으로서 환기가 잘되지 아니하거나 실내면적이 $40m^2$ 미만인 장소, 감지기의 부착면과 실내바닥과의 거리가 2.3m 이하인 장소로서 일시적으로 발생한 열·연기 또는 먼지 등으로 인하여 감지기가 화재신호를 발신할 우려가 있는 때에는 축적기능 등이 있는 것(축적형 감지기가 설치된 장소에는 감지기회로의 감시전류를 단속적으로 차단시켜 화재를 판단하는 방식외의 것을 말한다)으로 설치하여야 한다.

③ 수신기의 설치기준

  ㉠ 수위실 등 상시 사람이 근무하는 장소에 설치할 것

  ㉡ 수신기가 설치된 장소에는 경계구역 일람도를 비치할 것

  ㉢ 수신기의 음향기구는 그 음량 및 음색이 다른 기기의 소음 등과 명확히 구별될 수 있는 것으로 할 것

  ㉣ 수신기는 감지기·중계기 또는 발신기가 작동하는 경계구역을 표시할 수 있는 것으로 할 것

  ㉤ 화재·가스 전기등에 대한 종합방재반을 설치한 경우에는 해당 조작반에 수신기의 작동과 연동하여 감지기·중계기 또는 발신기가 작동하는 경계구역을 표시할 수 있는 것으로 할 것

  ㉥ 하나의 경계구역은 하나의 표시등 또는 하나의 문자로 표시되도록 할 것

ⓢ 수신기의 조작 스위치는 바닥으로부터의 높이가 0.8m 이상 1.5m 이하인 장소에 설치할 것

ⓞ 하나의 특정소방대상물에 둘 이상의 수신기를 설치하는 경우에는 수신기를 상호간 연동하여 화재발생 상황을 각 수신기마다 확인할 수 있도록 할 것

ⓩ 화재로 인하여 하나의 층의 지구음향장치 또는 배선이 단락되어도 다른 층의 화재통보에 지장이 없도록 각 층 배선상에 유효한 조치를 할 것

(4) 자동화재탐지설비의 중계기 설치기준

① 수신기에서 직접 감지기회로의 도통시험을 하지 않는 것에 있어서는 수신기와 감지기 사이에 설치할 것

② 조작 및 점검에 편리하고 화재 및 침수 등의 재해로 인한 피해를 받을 우려가 없는 장소에 설치할 것

③ 수신기에 따라 감시되지 않는 배선을 통하여 전력을 공급받는 것에 있어서는 전원입력측의 배선에 과전류 차단기를 설치하고 해당 전원의 정전이 즉시 수신기에 표시되는 것으로 하며, 상용전원 및 예비전원의 시험을 할 수 있도록 할 것

(5) 음향장치

자동화재탐지설비의 음향장치는 다음의 기준에 적합한 것으로 설치하여야 한다.

① 주음향장치는 수신기의 내부 또는 그 직근에 설치할 것

② 층수가 11층(공동주택의 경우에는 16층) 이상의 특정소방대상물은 발화층에 따라 경보하는 층을 달리하여 경보를 발할 수 있도록 할 것

③ 지구음향장치는 특정소방대상물의 층마다 설치하되, 해당 특정소방대상물의 각 부분으로부터 하나의 음향장치까지의 수평거리가 25m 이하가 되도록 하고, 해당 층의 각 부분에 유효하게 경보를 발할 수 있도록 설치할 것

④ **음향장치의 기준에 따른 구조 및 성능**

㉠ 정격전압의 80퍼센트의 전압에서 음향을 발할 수 있는 것으로 할 것. 다만, 건전지를 주전원으로 사용하는 음향장치는 그러하지 아니하다.

㉡ 음량은 부착된 음향장치의 중심으로부터 1m 떨어진 위치에서 90데시벨 이상이 되는 것으로 할 것

㉢ 감지기 및 발신기의 작동과 연동하여 작동할 수 있는 것으로 할 것

(6) **발신기**

① **자동화재탐지설비의 발신기 설치기준**

㉠ 조작이 쉬운 장소에 설치하고, 스위치는 바닥으로부터 0.8m 이상 1.5m 이하의 높이에 설치할 것

㉡ 특정소방대상물의 층마다 설치하되, 해당 특정소방대상물의 각 부분으로부터 하나의 발신기까지의 수평거리가 25m 이하가 되도록 할 것. 다만, 복도 또는 별도로 구획된 실로서 보행거리가 40m 이상일 경우에는 추가로 설치하여야 한다.

② 발신기의 위치를 표시하는 표시등은 함의 상부에 설치하되, 그 불빛은 부착면으로부터 15도 이상의 범위 안에서 부착지점으로부터 10m 이내의 어느 곳에서도 쉽게 식별할 수 있는 적색등으로 하여야 한다.

(7) **전 원**

① 자동화재탐지설비의 상용전원은 전기가 정상적으로 공급되는 축전지설비, 전기저장장치 또는 교류전압의 옥내 간선으로 하고, 전원까지의 배선은 전용으로 해야 한다.

② 자동화재탐지설비에는 그 설비에 대한 감시상태를 60분간 지속한 후 유효하게 10분 이상 경보할 수 있는 비상전원으로서 축전지설비 또는 전기저장장치를 설치해야 한다.

17 유도등 및 유도표지의 화재안전기준

(1) **용어정의**

① **유도등**: 화재시에 피난을 유도하기 위한 등으로서 정상상태에서는 상용전원에 따라 켜지고 상용전원이 정전되는 경우에는 비상전원으로 자동전환되어 켜지는 등을 말한다.

② **피난구유도등**: 피난구 또는 피난경로로 사용되는 출입구를 표시하여 피난을 유도하는 등을 말한다.

③ **통로유도등**: 피난통로를 안내하기 위한 유도등으로 복도통로유도등, 거실통로유도등, 계단통로유도등을 말한다.

④ **복도통로유도등**: 피난통로가 되는 복도에 설치하는 통로유도등으로서 피난구의 방향을 명시하는 것을 말한다.

⑤ **거실통로유도등**: 거주, 집무, 작업, 집회, 오락 그 밖에 이와 유사한 목적을 위하여 계속적으로 사용하는 거실, 주차장 등 개방된 통로에 설치하는 유도 등으로 피난의 방향을 명시하는 것을 말한다.

⑥ **계단통로유도등**: 피난통로가 되는 계단이나 경사로에 설치하는 통로유도 등으로 바닥면 및 디딤바닥면을 비추는 것을 말한다.

⑦ **객석유도등**: 객석의 통로, 바닥 또는 벽에 설치하는 유도등을 말한다.

⑧ **피난구유도표지**: 피난구 또는 피난경로로 사용되는 출입구를 표시하여 피난을 유도하는 표지를 말한다.

⑨ **통로유도표지**: 피난통로가 되는 복도, 계단 등에 설치하는 것으로서 피난구의 방향을 표시하는 유도표지를 말한다.

⑩ **피난유도선**: 햇빛이나 전등불에 따라 축광(이하 "축광방식"이라 한다)하거나 전류에 따라 빛을 발하는(이하 "광원점등방식"이라 한다) 유도체로서 어두운 상태에서 피난을 유도할 수 있도록 띠 형태로 설치되는 피난유도시설을 말한다.

⑪ **입체형**: 유도등 표시면을 2면 이상으로 하고 각 면마다 피난유도표시가 있는 것을 말한다.

⑫ **3선식 배선**: 평상시에는 유도등을 소등 상태로 유도등의 비상전원을 충전하고, 화재 등 비상시 점등 신호를 받아 유도등을 자동으로 점등되도록 하는 방식의 배선을 말한다.

(2) 피난구유도등

① **피난구유도등의 설치장소**

　㉠ 옥내로부터 직접 지상으로 통하는 출입구 및 그 부속실의 출입구

　㉡ 직통계단·직통계단의 계단실 및 그 부속실의 출입구

　㉢ ㉠과 ㉡에 따른 출입구에 이르는 복도 또는 통로로 통하는 출입구

　㉣ 안전구획된 거실로 통하는 출입구

② 피난구유도등은 피난구의 바닥으로부터 높이 1.5m 이상으로서 출입구에 인접하도록 설치하여야 한다.

③ 피난층으로 향하는 피난구의 위치를 안내할 수 있도록 ①의 출입구 인근 천장에 ①에 따라 설치된 피난구유도등의 면과 수직이 되도록 피난구유도등을 추가로 설치해야 한다.

(3) 통로유도등 설치기준

① 통로유도등은 특정소방대상물의 각 거실과 그로부터 지상에 이르는 복도 또는 계단의 통로에 다음의 기준에 따라 설치하여야 한다.

　㉠ 복도통로유도등의 설치기준

　　ⓐ 복도에 설치하되 피난구유도등이 설치된 출입구의 맞은편 복도에는 입체형으로 설치하거나, 바닥에 설치할 것

　　ⓑ 구부러진 모퉁이 및 ⓐ에 따라 설치된 통로유도등을 기점으로 보행거리 20m마다 설치할 것

　　ⓒ 바닥으로부터 높이 1m 이하의 위치에 설치할 것. 다만, 지하층 또는 무창층의 용도가 도매시장·소매시장·여객자동차터미널·지하역사 또는 지하상가인 경우에는 복도·통로 중앙부분의 바닥에 설치하여야 한다.

　　ⓓ 바닥에 설치하는 통로유도등은 하중에 따라 파괴되지 않는 강도의 것으로 할 것

　㉡ 거실통로유도등의 설치기준

　　ⓐ 거실의 통로에 설치할 것. 다만, 거실의 통로가 벽체 등으로 구획된 경우에는 복도통로유도등을 설치하여야 한다.

　　ⓑ 복도구부러진 모퉁이 및 보행거리 20m마다 설치할 것

　　ⓒ 복도바닥으로부터 높이 1.5m 이상의 위치에 설치할 것. 다만, 거실통로에 기둥이 설치된 경우에는 기둥부분의 바닥으로부터 높이 1.5m 이하의 위치에 설치할 수 있다.

　㉢ 계단통로유도등의 설치기준

　　ⓐ 각층의 경사로 참 또는 계단참마다(1개 층에 경사로 참 또는 계단참이 2 이상 있는 경우에는 2개의 계단참마다)설치할 것

　　ⓑ 바닥으로부터 높이 1m 이하의 위치에 설치할 것

　　ⓒ 통행에 지장이 없도록 설치할 것

　　ⓓ 주위에 이와 유사한 등화광고물·게시물 등을 설치하지 않을 것

(4) 피난유도선 설치기준

① 축광방식의 피난유도선 설치기준

　㉠ 구획된 각 실로부터 주출입구 또는 비상구까지 설치할 것

　㉡ 바닥으로부터 높이 50cm 이하의 위치 또는 바닥면에 설치할 것

　㉢ 피난유도 표시부는 50cm 이내의 간격으로 연속되도록 설치할 것

  ② 부착대에 의하여 견고하게 설치할 것

  ⑩ 외광 또는 조명장치에 의하여 상시 조명이 제공되거나 비상조명등에 의한 조명이 제공되도록 설치할 것

② **광원점등방식의 피난유도선 설치기준**

  ㉠ 구획된 각 실로부터 주출입구 또는 비상구까지 설치할 것

  ㉡ 피난유도 표시부는 바닥으로부터 높이 1m 이하의 위치 또는 바닥 면에 설치할 것

  ㉢ 피난유도 표시부는 50cm 이내의 간격으로 연속되도록 설치하되 실내장식물 등으로 설치가 곤란할 경우 1m 이내로 설치할 것

  ㉣ 수신기로부터의 화재신호 및 수동조작에 의하여 광원이 점등되도록 설치할 것

  ㉤ 비상전원이 상시 충전상태를 유지하도록 설치할 것

  ㉥ 바닥에 설치되는 피난유도 표시부는 매립하는 방식을 사용할 것

  ㉦ 피난유도 제어부는 조작 및 관리가 용이하도록 바닥으로부터 0.8m 이상 1.5m 이하의 높이에 설치할 것

(5) 유도등의 설치 제외

① 다음의 어느 하나에 해당하는 경우에는 피난구유도등을 설치하지 않을 수 있다.

  ㉠ 바닥면적이 1,000m² 미만인 층으로서 옥내로부터 직접 지상으로 통하는 출입구(외부의 식별이 용이한 경우에 한한다)

  ㉡ 대각선 길이가 15m 이내인 구획된 실의 출입구

  ㉢ 거실 각 부분으로부터 하나의 출입구에 이르는 보행거리가 20m 이하이고 비상조명등과 유도표지가 설치된 거실의 출입구

  ㉣ 출입구가 3개소 이상 있는 거실로서 그 거실 각 부분으로부터 하나의 출입구에 이르는 보행거리가 30m 이하인 경우에는 주된 출입구 2개소 외의 출입구(유도표지가 부착된 출입구를 말한다). 다만, 공연장·집회장·관람장·전시장·판매시설·운수시설·숙박시설·노유자시설·의료시설·장례식장의 경우에는 그렇지 않다.

② 다음의 어느 하나에 해당하는 경우에는 통로유도등을 설치하지 않을 수 있다.

  ㉠ 구부러지지 아니한 복도 또는 통로로서 길이가 30m 미만인 복도 또는 통로

  ㉡ 해당하지 않는 복도 또는 통로로서 보행거리가 20m 미만이고 그 복도 또는 통로와 연결된 출입구 또는 그 부속실의 출입구에 피난구유도등이 설치된 복도 또는 통로

18 연결송수관설비의 화재안전기준

(1) 용어정의

① **연결송수관설비**: 건축물의 옥외에 설치된 송수구에 소방차로부터 가압수를 송수하고 소방관이 건축물 내에 설치된 방수구에 방수기구함에 비치된 호스를 연결하여 화재를 진압하는 소화활동설비를 말한다.

② **주배관**: 각 층을 수직으로 관통하는 수직배관을 말한다.

③ **분기배관**: 배관 측면에 구멍을 뚫어 둘 이상의 관로가 생기도록 가공한 배관으로서 확관형 분기배관과 비확관형 분기배관을 말한다.

  ㉠ 확관형 분기배관: 배관의 측면에 조그만 구멍을 뚫고 소성가공으로 확관시켜 배관 용접이음자리를 만들거나 배관 용접이음자리에 배관이음쇠를 용접 이음한 배관을 말한다.

  ㉡ 비확관형 분기배관: 배관의 측면에 분기호칭내경 이상의 구멍을 뚫고 배관이음쇠를 용접이음한 배관을 말한다.

④ **송수구**: 소화설비에 소화용수를 보급하기 위하여 건물 외벽 또는 구조물의 외벽에 설치하는 관을 말한다.

⑤ **방수구**: 소화설비로부터 소화용수를 방수하기 위하여 건물내벽 또는 구조물의 외벽에 설치하는 관을 말한다.

⑥ **충압펌프**: 배관 내 압력손실에 따라 주펌프의 빈번한 기동을 방지하기 위하여 충압역할을 하는 펌프를 말한다.

⑦ **진공계**: 대기압 이하의 압력을 측정하는 계측기를 말한다.

⑧ **연성계**: 대기압 이상의 압력과 대기압 이하의 압력을 측정할 수 있는 계측기를 말한다.

⑨ **체절운전**: 펌프의 성능시험을 목적으로 펌프 토출측의 개폐밸브를 닫은 상태에서 펌프를 운전하는 것을 말한다.

⑩ **기동용 수압개폐장치**: 소화설비의 배관 내 압력변동을 검지하여 자동적으로 펌프를 기동 및 정지시키는 것으로서 압력챔버 또는 기동용 압력스위치 등을 말한다.

(2) 연결송수관설비의 송수구 설치기준

① 송수구는 송수 및 그 밖의 소화작업에 지장을 주지 않도록 설치할 것

② 지면으로부터 높이가 0.5m 이상 1m 이하의 위치에 설치할 것

③ 송수구로부터 연결송수관설비의 주배관에 이르는 연결배관에 개폐밸브를 설치한 때에는 그 개폐 상태를 쉽게 확인 및 조작할 수 있는 옥외 또는 기계실 등의 장소에 설치하고, 그 밸브의 개폐상태를 감시제어반에서 확인할 수 있도록 급수개폐밸브 작동표시 스위치(이하 "탬퍼스위치"라 한다)를 설치할 것

 ㉠ 급수개폐밸브가 잠길 경우 탬퍼스위치의 동작으로 인하여 감시제어반 또는 수신기에 표시되어야 하며 경보음을 발할 것

 ㉡ 탬퍼스위치는 감시제어반 또는 수신기에서 동작의 유무확인과 동작시험, 도통시험을 할 수 있을 것

 ㉢ 탬퍼스위치에 사용되는 전기배선은 내화전선 또는 내열전선으로 설치할 것

④ 구경 65mm의 쌍구형으로 할 것

⑤ 송수구에는 그 가까운 곳의 보기 쉬운 곳에 송수압력범위를 표시한 표지를 할 것

⑥ 송수구는 연결송수관의 수직배관마다 1개 이상을 설치할 것. 다만, 하나의 건축물에 설치된 각 수직배관이 중간에 개폐밸브가 설치되지 아니한 배관으로 상호 연결되어 있는 경우에는 건축물마다 1개씩 설치할 수 있다.

⑦ 송수구의 부근에는 자동배수밸브 및 체크밸브를 다음의 기준에 따라 설치할 것. 이 경우 자동배수밸브는 배관안의 물이 잘빠질 수 있는 위치에 설치하되, 배수로 인하여 다른 물건이나 장소에 피해를 주지 않아야 한다.

 ㉠ 습식의 경우에는 송수구·자동배수밸브·체크밸브의 순으로 설치할 것

 ㉡ 건식의 경우에는 송수구·자동배수밸브·체크밸브·자동배수밸브의 순으로 설치할 것

⑧ 송수구에는 가까운 곳의 보기 쉬운 곳에 "연결송수관설비송수구"라고 표시한 표지를 설치할 것

⑨ 송수구에는 이물질을 막기 위한 마개를 씌울 것

(3) 배관의 설치기준

① **연결송수관설비의 배관 설치기준**

 ㉠ 주배관의 구경은 100mm 이상의 것으로 할 것

 ㉡ 지면으로부터의 높이가 31m 이상인 특정소방대상물 또는 지상 11층 이상인 특정소방대상물에 있어서는 습식설비로 할 것

② 연결송수관설비의 배관은 주배관의 구경이 100mm미터 이상인 옥내소화전설비·스프링클러설비 또는 물분무 등 소화설비의 배관과 겸용할 수 있다.

③ 연결송수관설비의 수직배관은 내화구조로 구획된 계단실(부속실을 포함한다) 또는 파이프덕트 등 화재의 우려가 없는 장소에 설치해야 한다.

④ 확관형 분기배관을 사용할 경우에는 소방청장이 정하여 고시한 분기배관의 성능인증 및 제품검사의 기술기준에 적합한 것으로 설치해야 한다.

⑤ 배관은 다른 설비의 배관과 쉽게 구분이 될 수 있는 위치에 설치하거나, 그 배관표면 또는 배관보온재표면의 색상은 「한국산업표준(배관계의 식별 시, KS A 0503)」 또는 적색으로 식별이 가능하도록 소방용설비의 배관임을 표시해야 한다.

⑷ 연결송수관설비의 방수구 설치기준

① 연결송수관설비의 방수구는 그 특정소방대상물의 층마다 설치할 것. 다만, 다음의 어느 하나에 해당하는 층에는 설치하지 않을 수 있다.

    ㉠ 아파트의 1층 및 2층

    ㉡ 소방차의 접근이 가능하고 소방대원이 소방차로부터 각 부분에 쉽게 도달할 수 있는 피난층

② 특정소방대상물의 층마다 설치하는 방수구는 다음의 기준에 따를 것

    ㉠ 아파트 또는 바닥면적이 $1,000m^2$ 미만인 층에 있어서는 계단(계단이 둘 이상 있는 경우에는 그중 1개의 계단을 말한다)으로부터 5m 이내에 설치할 것. 이 경우 부속실이 있는 계단은 부속실의 옥내 출입구로부터 5m 이내에 설치할 수 있다.

    ㉡ 바닥면적 $1,000m^2$ 이상인 층(아파트를 제외한다)에 있어서는 각 계단(계단의 부속실을 포함하며 계단이 셋 이상 있는 층의 경우에는 그중 두 개의 계단을 말한다)으로부터 5m 이내에 설치할 것. 이 경우 부속실이 있는 계단은 부속실의 옥내 출입구로부터 5m 이내에 설치할 수 있다.

③ 11층 이상의 부분에 설치하는 방수구는 쌍구형으로 할 것. 다만, 다음의 어느 하나에 해당하는 층 에는 단구형으로 설치할 수 있다.

    ㉠ 아파트의 용도로 사용되는 층

    ㉡ 스프링클러설비가 유효하게 설치되어 있고 방수구가 2개소 이상 설치된 층

④ 방수구의 호스접결구는 바닥으로부터 높이 0.5m 이상 1m 이하의 위치에 설치할 것

⑤ 방수구는 연결송수관설비의 전용방수구 또는 옥내소화전방수구로서 구경 65mm의 것으로 설치할 것

⑥ 방수구에는 방수구의 위치를 표시하는 표시등 또는 축광식표지를 설치할 것

⑦ 방수구는 개폐기능을 가진 것으로 설치해야 하며, 평상시 닫힌 상태를 유지할 것

⑸ 연결송수관설비의 방수기구함 설치기준

① 방수기구함은 피난층과 가장 가까운 층을 기준으로 3개층마다 설치하되, 그 층의 방수구마다 보행거리 5m 이내에 설치할 것

② 방수기구함에는 길이 15 m의 호스와 방사형 관창을 다음의 기준에 따라 비치할 것

    ㉠ 호스는 방수구에 연결하였을 때 그 방수구가 담당하는 구역의 각 부분에 유효하게 물이 뿌려질 수 있는 개수 이상을 비치할 것. 이 경우 쌍구형 방수구는 단구형 방수구의 2배 이상의 개수를 설치해야 한다.

    ㉡ 방사형 관창은 단구형 방수구의 경우에는 1개, 쌍구형 방수구의 경우에는 2개 이상 비치할 것

③ 방수기구함에는 "방수기구함"이라고 표시한 축광식 표지를 할 것

⑹ 가압송수장치

지표면에서 최상층 방수구의 높이가 70m 이상의 특정소방대상물에는 다음의 기준에 따라 연결송수관설비의 가압송수장치를 설치해야 한다.

① 쉽게 접근할 수 있고 점검하기에 충분한 공간이 있는 장소로서 화재 및 침수 등의 재해로 인한 피해를 받을 우려가 없는 곳에 설치할 것

② 동결방지조치를 하거나 동결의 우려가 없는 장소에 설치할 것

③ 펌프는 전용으로 할 것. 다만, 각각의 소화설비의 성능에 지장이 없을 때에는 다른 소화설비와 겸용 할 수 있다.

④ 펌프의 토출측에는 압력계를 체크밸브 이전에 펌프토출측 플랜지에서 가까운 곳에 설치하고, 흡입측에는 연성계 또는 진공계를 설치할 것. 다만, 수원의 수위가 펌프의 위치보다 높거나 수직회전축 펌프의 경우에는 연성계 또는 진공계를 설치하지 않을 수 있다.

⑤ 가압송수장치에는 정격부하운전시 펌프의 성능을 시험하기 위한 배관을 설치할 것

⑥ 가압송수장치에는 체절운전시 수온의 상승을 방지하기 위한 순환배관을 설치할 것

⑦ 펌프의 토출량은 분당 2,400리터(계단식 아파트의 경우에는 분당 1,200리터) 이상이 되는 것으로 할 것. 다만, 해당 층에 설치된 방수구가 3개를 초과(방수구가 5개 이상인 경우에는 5개)하는 것에 있어서는 1개마다 분당 800리터(계단식 아파트의 경우에는 분당 400리터)를 가산한 양이 되는 것으로 할 것

⑧ 펌프의 양정은 최상층에 설치된 노즐선단의 압력이 0.35메가파스칼 이상의 압력이 되도록 할 것

⑨ 가압송수장치는 방수구가 개방될 때 자동으로 기동되거나 수동스위치의 조작에 따라 기동되도록 할 것. 이 경우 수동스위치는 2개 이상을 설치하되, 그중 한 개는 다음의 기준에 따라 송수구의 부근에 설치해야 한다.

  ㉠ 송수구로부터 5m 이내의 보기 쉬운 장소에 바닥으로부터 높이 0.8m 이상 1.5m 이하로 설치

  ㉡ 1.5mm 이상의 강판함에 수납하여 설치하고 "연결송수관설비 수동스위치"라고 표시한 표지를 부착할 것. 이 경우 문짝은 불연재료로 설치할 수 있다.

  ㉢ 전기사업법 제67조에 따른 기술기준에 따라 접지하고 빗물 등이 들어가지 않는 구조로 할 것

⑩ 기동장치로는 기동용 수압개폐장치 또는 이와 동등 이상의 성능이 있는 것으로 설치할 것

⑪ 수원의 수위가 펌프보다 낮은 위치에 있는 가압송수장치에는 물올림장치를 설치할 것

⑫ 기동용 수압개폐장치를 기동장치로 사용할 경우에는 충압펌프를 설치할 것

⑬ 내연기관을 사용하는 경우에는 제어반에 따라 내연기관의 자동기동 및 수동기동이 가능하고 기동 장치의 기동을 명시하는 적색등을 설치해야 하며 상시 충전되어 있는 축전지설비와 펌프를 20분 이상 운전할 수 있는 용량의 연료를 갖출 것

⑭ 가압송수장치에는 "연결송수관펌프"라고 표시한 표지를 할 것

⑮ 가압송수장치가 기동이 된 경우에는 자동으로 정지되지 않도록 할 것

⑯ 가압송수장치는 부식 등으로 인한 펌프의 고착을 방지할 수 있도록 부식에 강한재질을 사용할 것

⑺ **전원 등**

① 가압송수장치의 상용전원회로의 배선은 전용배선으로 하고, 상용전원의 공급에 지장이 없도록 설치해야 한다.

② 비상전원은 자가발전설비, 축전지설비, 전기저장장치 또는 연료전지 발전설비로서 다음의 기준에 따라 설치해야 한다.

  ㉠ 점검에 편리하고 화재 및 침수 등의 재해로 인한 피해를 받을 우려가 없는 곳에 설치할 것

  ㉡ 연결송수관설비를 유효하게 20분 이상 작동할 수 있어야 할 것

  ㉢ 상용전원으로부터 전력의 공급이 중단된 때에는 자동으로 비상전원으로부터 전력을 공급받을 수 있도록 할 것

  ㉣ 비상전원의 설치장소는 다른 장소와 방화구획 할 것

  ㉤ 비상전원을 실내에 설치하는 때에는 그 실내에 비상조명등을 설치할 것

19 제연설비의 화재안전기준

⑴ **용어정의**

① **제연구역** : 제연경계(제연경계가 면한 천장 또는 반자를 포함한다)에 의해 구획된 건물 내의 공간을 말한다.

② **제연경계** : 연기를 예상제연구역 내에 가두거나 이동을 억제하기 위한 보 또는 제연경계벽 등을 말한다.

③ **제연경계벽** : 제연경계가 되는 가동형 또는 고정형의 벽을 말한다.

④ **제연경계의 폭** : 제연경계가 면한 천장 또는 반자로부터 그 제연경계의 수직하단 끝부분까지의 거리를 말한다.

⑤ **수직거리** : 제연경계의 하단 끝으로부터 그 수직한 하부 바닥면까지의 거리를 말한다.

⑥ **예상제연구역** : 화재시 연기의 제어가 요구되는 제연구역을 말한다.

⑦ **공동예상제연구역** : 2개 이상의 예상제연구역을 동시에 제연하는 구역을 말한다.

⑧ **통로배출방식** : 거실 내 연기를 직접 옥외로 배출하지 않고 거실에 면한 통로의 연기를 옥외로 배출하는 방식을 말한다.

⑨ **보행중심선** : 통로 폭의 한 가운데 지점을 연장한 선을 말한다.

⑩ **방화문** : 건축법 시행령 제64조의 규정에 따른 60분 + 방화문, 60분 방화문 또는 30분 방화문으로서 언제나 닫힌 상태를 유지하거나 화재로 인한 연기의 발생 또는 온도의 상승에 따라 자동적으로 닫히는 구조를 말한다.

> **제64조【방화문의 구분】** ① 방화문은 다음 각 호와 같이 구분한다.
> 1. 60분 + 방화문 : 연기 및 불꽃을 차단할 수 있는 시간이 60분 이상이고, 열을 차단할 수 있는 시간이 30분 이상인 방화문
> 2. 60분 방화문 : 연기 및 불꽃을 차단할 수 있는 시간이 60분 이상인 방화문
> 3. 30분 방화문 : 연기 및 불꽃을 차단할 수 있는 시간이 30분 이상 60분 미만인 방화문

⑪ **유입풍도** : 예상제연구역으로 공기를 유입하도록 하는 풍도를 말한다.
⑫ **배출풍도** : 예상제연구역의 공기를 외부로 배출하도록 하는 풍도를 말한다.
⑬ **불연재료** : 건축법 시행령에 따른 기준에 적합한 재료로서, 불에 타지 않는 성질을 가진 재료를 말한다.
⑭ **난연재료** : 건축법 시행령에 따른 기준에 적합한 재료로서, 불에 잘 타지 않는 성능을 가진 재료를 말한다.

(2) 제연설비

① 제연설비의 설치장소는 다음에 따른 제연구역으로 구획해야 한다.
　㉠ 하나의 제연구역의 면적은 1,000m² 이내로 할 것
　㉡ 거실과 통로(복도를 포함한다)는 각각 제연구획 할 것
　㉢ 통로상의 제연구역은 보행중심선의 길이가 60m를 초과하지 않을 것
　㉣ 하나의 제연구역은 직경 60m 원내에 들어갈 수 있을 것
　㉤ 하나의 제연구역은 둘 이상의 층에 미치지 않도록 할 것. 다만, 층의 구분이 불분명한 부분은 그 부분을 다른 부분과 별도로 제연구획 해야 한다.
② 제연구역의 구획은 보·제연경계벽(이하 "제연경계"라 한다) 및 벽(화재시 자동으로 구획되는 가동벽·방화셔터·방화문을 포함한다)으로 하되, 다음의 기준에 적합해야 한다.
　㉠ 재질은 내화재료, 불연재료 또는 제연경계벽으로 성능을 인정받은 것으로서 화재 시 쉽게 변형·파괴되지 아니하고 연기가 누설되지 않는 기밀성 있는 재료로 할 것
　㉡ 제연경계는 제연경계의 폭이 0.6m 이상이고, 수직거리는 2m 이내일 것
③ 제연경계벽은 배연시 기류에 따라 그 하단이 쉽게 흔들리지 않고, 가동식의 경우에는 급속히 하강하여 인명에 위해를 주지 않는 구조일 것

20 고층건축물의 화재안전기준

(1) 용어정의

① **고층건축물**: 건축법에 따른 층수가 30층 이상이거나 높이가 120m 이상인 건축물을 말한다.

② **급수배관**: 수원 또는 옥외송수구로부터 소화설비에 급수하는 배관을 말한다.

(2) 옥내소화전설비

① 수원은 그 저수량이 옥내소화전의 설치개수가 가장 많은 층의 설치개수(다섯 개 이상 설치된 경우에는 다섯 개)를 동시에 사용할 수 있는 양 이상이 되도록 해야 한다.

② 수원은 ①에 따라 산출된 유효수량 외에 유효수량의 3분의 1 이상을 옥상에 설치해야 한다.

③ 전동기 또는 내연기관에 의한 펌프를 이용하는 가압송수장치는 옥내소화전설비 전용으로 설치해야 하며, 주펌프와 동등 이상의 성능이 있는 별도의 펌프로서 내연기관의 기동과 연동하여 작동되거나 비상전원을 연결한 예비펌프를 추가로 설치해야 한다.

④ 내연기관의 연료량은 펌프를 40분(50층 이상인 건축물의 경우에는 60분) 이상 운전할 수 있는 용량일 것

⑤ 급수배관은 전용으로 해야 한다. 다만, 옥내소화전설비의 성능에 지장이 없는 경우에는 연결송수 관설비의 배관과 겸용할 수 있다.

⑥ 50층 이상인 건축물의 옥내소화전 주배관 중 수직배관은 두 개 이상(주배관 성능을 갖는 동일 호칭배관)으로 설치해야 하며, 하나의 수직배관의 파손 등 작동 불능 시에도 다른 수직배관으로부터 소화용수가 공급되도록 구성해야 한다.

⑦ 비상전원은 자가발전설비, 축전지설비 또는 전기저장장치로서 옥내소화전설비를 유효하게 40분(50층 이상인 건축물의 경우에는 60분) 이상 작동할 수 있어야 한다.

(3) 스프링클러설비

① 수원은 그 저수량이 스프링클러설비 설치장소별 스프링클러헤드의 기준개수에 $3.2m^3$를 곱한 양 이상이 되도록 해야 한다. 다만, 50층 이상인 건축물의 경우에는 $4.8m^3$를 곱한 양 이상이 되도록 해야 한다.

② 수원은 ①에 따라 산출된 유효수량 외에 유효수량의 3분의 1 이상을 옥상에 설치해야 한다.

③ 전동기 또는 내연기관에 의한 펌프를 이용하는 가압송수장치는 스프링클러설비 전용으로 설치해야 하며, 주펌프와 동등 이상의 성능이 있는 별도의 펌프로서 내연기관의 기동과 연동하여 작동되거나 비상전원을 연결한 예비펌프를 추가로 설치해야 한다.

④ 내연기관의 연료량은 펌프를 40분(50층 이상인 건축물의 경우에는 60분) 이상 운전할 수 있는 용량일 것

⑤ 급수배관은 전용으로 설치해야 한다.

⑥ 50층 이상인 건축물의 스프링클러설비 주배관 중 수직배관은 2개 이상(주배관 성능을 갖는 동일 호칭배관)으로 설치하고, 하나의 수직배관이 파손 등 작동 불능시에도 다른 수직배관으로부터 소화 수가 공급되도록 구성해야 하며, 각각의 수직배관에 유수검지장치를 설치해야 한다.

⑦ 50층 이상인 건축물의 스프링클러 헤드에는 2개 이상의 가지배관으로부터 양방향에서 소화수가 공급되도록 하고, 수리계산에 의한 설계를 해야 한다.

⑧ 비상전원은 자가발전설비, 축전지설비 또는 전기저장장치로서 스프링클러설비를 유효하게 40분 (50층 이상인 건축물의 경우에는 60분) 이상 작동할 수 있어야 한다.

⑷ 비상방송설비

① 비상방송설비의 음향장치는 다음의 기준에 따라 경보를 발할 수 있도록 해야 한다.
  ㉠ 2층 이상의 층에서 발화한 때에는 발화층 및 그 직상 4개 층에 경보를 발할 것
  ㉡ 1층에서 발화한 때에는 발화층·그 직상 4개 층 및 지하층에 경보를 발할 것
  ㉢ 지하층에서 발화한 때에는 발화층·그 직상층 및 기타의 지하층에 경보를 발할 것

② 비상방송설비에는 그 설비에 대한 감시상태를 60분간 지속한 후 유효하게 30분 이상 경보할 수 있는 축전지설비 또는 전기저장장치를 설치해야 한다.

⑸ 자동화재탐지설비

① 감지기는 아날로그방식의 감지기로서 감지기의 작동 및 설치지점을 수신기에서 확인할 수 있는 것으로 설치해야 한다.

② 자동화재탐지설비의 음향장치는 다음의 기준에 따라 경보를 발할 수 있도록 해야 한다.

      ⊙ 2층 이상의 층에서 발화한 때에는 발화층 및 그 직상 4개 층에 경보를 발할 것

      ⓛ 1층에서 발화한 때에는 발화층·그 직상 4개 층 및 지하층에 경보를 발할 것

      ⓒ 지하층에서 발화한 때에는 발화층·그 직상층 및 기타의 지하층에 경보를 발할 것

③ 자동화재탐지설비에는 그 설비에 대한 감시상태를 60분간 지속한 후 유효하게 30분 이상 경보할 수 있는 축전지설비 또는 전기저장장치를 설치해야 한다.

⑹ 특별피난계단의 계단실 및 부속실 제연설비

특별피난계단의 계단실 및 부속실 제연설비는 「특별피난계단의 계단실 및 부속실 제연설비의 화재안전기술기준(NFTC 501A)」에 따라 설치하되, 비상전원은 자가발전설비, 축전지설비, 전기저장장치로 하고 제연설비를 유효하게 40분 이상 작동할 수 있도록 해야 한다. 다만, 50층 이상인 건축물의 경우에는 60분 이상 작동할 수 있어야 한다.

⑺ 연결송수관설비

① 연결송수관설비의 배관은 전용으로 한다. 다만, 주배관의 구경이 100mm 이상인 옥내소화전설비와 겸용할 수 있다.

② 내연기관의 연료량은 펌프를 40분(50층 이상인 건축물의 경우에는 60분) 이상 운전할 수 있는 용량일 것

③ 연결송수관설비의 비상전원은 자가발전설비, 축전지설비(내연기관에 따른 펌프를 사용하는 경우에는 내연기관의 기동 및 제어용 축전지를 말한다), 전기저장장치로서 연결송수관설비를 유효하게 40분 이상 작동할 수 있어야 할 것. 다만, 50층 이상인 건축물의 경우에는 60분 이상 작동할 수 있어야 한다.

21 공동주택의 화재안전기준

(1) 소화기구 및 자동소화장치

① 소화기는 다음의 기준에 따라 설치해야 한다.
  ㉠ 바닥면적 100제곱미터 마다 1단위 이상의 능력단위를 기준으로 설치할 것
  ㉡ 아파트 등의 경우 각 세대 및 공용부(승강장, 복도 등)마다 설치할 것
  ㉢ 아파트 등의 세대 내에 설치된 보일러실이 방화구획되거나, 스프링클러설비·간이스프링클러설비·물분무등소화설비 중 하나가 설치된 경우에는 「소화기구 및 자동소화장치의 화재안전성능기준(NFPC 101)」 제4조 제1항 제3호를 적용하지 않을 수 있다.
  ㉣ 아파트 등의 경우 「소화기구 및 자동소화장치의 화재안전성능기준(NFPC 101)」 제5조의 기준에 따른 소화기의 감소 규정을 적용하지 않을 것
② 주거용 주방자동소화장치는 아파트 등의 주방에 열원(가스 또는 전기)의 종류에 적합한 것으로 설치하고, 열원을 차단할 수 있는 차단장치를 설치해야 한다.

(2) 옥내소화전설비

① 호스릴(hose reel) 방식으로 설치할 것
② 복층형 구조인 경우에는 출입구가 없는 층에 방수구를 설치하지 아니할 수 있다.
③ 감시제어반 전용실은 피난층 또는 지하 1층에 설치할 것. 다만, 상시 사람이 근무하는 장소 또는 관계인이 쉽게 접근할 수 있고 관리가 용이한 장소에 감시제어반 전용실을 설치할 경우에는 지상 2층 또는 지하 2층에 설치할 수 있다.

(3) 스프링클러설비

① 폐쇄형스프링클러헤드를 사용하는 아파트 등은 기준개수 10개(스프링클러헤드의 설치개수가 가장 많은 세대에 설치된 스프링클러헤드의 개수가 기준개수보다 작은 경우에는 그 설치개수를 말한다)에 1.6세제곱미터를 곱한 양 이상의 수원이 확보되도록 할 것. 다만, 아파트 등의 각 동이 주차장으로 서로 연결된 구조인 경우 해당 주차장 부분의 기준개수는 30개로 할 것
② 아파트 등의 경우 화장실 반자 내부에는 「소방용 합성수지배관의 성능인증 및 제품검사의 기술기준」에 적합한 소방용 합성수지배관으로 배관을 설치할 수 있다. 다만, 소방용 합성수지배관 내부에 항상 소화수가 채워진 상태를 유지할 것

③ 하나의 방호구역은 2개 층에 미치지 아니하도록 할 것. 다만, 복층형 구조의 공동주택에는 3개 층 이내로 할 수 있다.

④ 아파트 등의 세대 내 스프링클러헤드를 설치하는 경우 천장·반자·천장과 반자사이·덕트·선반 등의 각 부분으로부터 하나의 스프링클러헤드까지의 수평거리는 2.6미터 이하로 할 것

⑤ 외벽에 설치된 창문에서 0.6미터 이내에 스프링클러헤드를 배치하고, 배치된 헤드의 수평거리 이내에 창문이 모두 포함되도록 할 것. 다만, 다음의 어느 하나에 해당하는 경우에는 그렇지 않다.
　ⓐ 창문에 드렌처설비가 설치된 경우
　ⓑ 창문과 창문 사이의 수직부분이 내화구조로 90센티미터 이상 이격되어 있거나, 「발코니 등의 구조변경절차 및 설치기준」 제4조 제1항부터 제5항까지에서 정하는 구조와 성능의 방화판 또는 방화유리창을 설치한 경우
　ⓒ 발코니가 설치된 부분

⑥ 거실에는 조기반응형 스프링클러헤드를 설치할 것

⑦ 감시제어반 전용실은 피난층 또는 지하 1층에 설치할 것. 다만, 상시 사람이 근무하는 장소 또는 관계인이 쉽게 접근할 수 있고 관리가 용이한 장소에 감시제어반 전용실을 설치할 경우에는 지상 2층 또는 지하 2층에 설치할 수 있다.

⑧ 「건축법 시행령」 제46조 제4항에 따라 설치된 대피공간에는 헤드를 설치하지 않을 수 있다.

⑨ 「스프링클러설비의 화재안전기술기준(NFTC 103)」 2.7.7.1 및 2.7.7.3의 기준에도 불구하고 세대 내 실외기실 등 소규모 공간에서 해당 공간 여건상 헤드와 장애물 사이에 60센티미터 반경을 확보하지 못하거나 장애물 폭의 3배를 확보하지 못하는 경우에는 살수방해가 최소화되는 위치에 설치할 수 있다.

⑷ **물분무소화설비**

물분무소화설비의 감시제어반 전용실은 피난층 또는 지하 1층에 설치해야 한다. 다만, 상시 사람이 근무하는 장소 또는 관계인이 쉽게 접근할 수 있고 관리가 용이한 장소에 감시제어반 전용실을 설치할 경우에는 지상 2층 또는 지하 2층에 설치할 수 있다.

(5) 포소화설비

포소화설비의 감시제어반 전용실은 피난층 또는 지하 1층에 설치해야 한다. 다만, 상시 사람이 근무하는 장소 또는 관계인이 쉽게 접근할 수 있고 관리가 용이한 장소에 감시제어반 전용실을 설치할 경우에는 지상 2층 또는 지하 2층에 설치할 수 있다.

(6) 옥외소화전설비

① 기동장치는 기동용수압개폐장치 또는 이와 동등 이상의 성능이 있는 것을 설치할 것
② 감시제어반 전용실은 피난층 또는 지하 1층에 설치할 것. 다만, 상시 사람이 근무하는 장소 또는 관계인이 쉽게 접근할 수 있고 관리가 용이한 장소에 감시제어반 전용실을 설치할 경우에는 지상 2층 또는 지하 2층에 설치할 수 있다.

(7) 자동화재탐지설비

① 감지기는 다음의 기준에 따라 설치해야 한다.
   ㉠ 아날로그방식의 감지기, 광전식 공기흡입형 감지기 또는 이와 동등 이상의 기능·성능이 인정되는 것으로 설치할 것
   ㉡ 감지기의 신호처리방식은 「자동화재탐지설비 및 시각경보장치의 화재안전성능기준(NFPC 203)」 제3조의2에 따른다.
   ㉢ 세대 내 거실(취침용도로 사용될 수 있는 통상적인 방 및 거실을 말한다)에는 연기감지기를 설치할 것
   ㉣ 감지기 회로 단선시 고장표시가 되며, 해당 회로에 설치된 감지기가 정상 작동될 수 있는 성능을 갖도록 할 것
② 복층형 구조인 경우에는 출입구가 없는 층에 발신기를 설치하지 아니할 수 있다.

(8) 비상방송설비

① 확성기는 각 세대마다 설치할 것
② 아파트 등의 경우 실내에 설치하는 확성기 음성입력은 2와트 이상일 것

(9) 피난기구

① 피난기구는 다음의 기준에 따라 설치해야 한다.

㉠ 아파트 등의 경우 각 세대마다 설치할 것

㉡ 피난장애가 발생하지 않도록 하기 위하여 피난기구를 설치하는 개구부는 동일 직선상이 아닌 위치에 있을 것. 다만, 수직 피난방향으로 동일 직선상인 세대별 개구부에 피난기구를 엇갈리게 설치하여 피난장애가 발생하지 않는 경우에는 그렇지 않다.

㉢ 「공동주택관리법」 제2조 제1항 제2호(마목은 제외함)에 따른 "의무관리 대상 공동주택"의 경우에는 하나의 관리주체가 관리하는 공동주택 구역마다 공기안전매트 1개 이상을 추가로 설치할 것. 다만, 옥상으로 피난이 가능하거나 수평 또는 수직 방향의 인접세대로 피난할 수 있는 구조인 경우에는 추가로 설치하지 않을 수 있다.

② 갓복도식 공동주택 또는 「건축법 시행령」 제46조 제5항에 해당하는 구조 또는 시설을 설치하여 수평 또는 수직 방향의 인접세대로 피난할 수 있는 아파트는 피난기구를 설치하지 않을 수 있다.

③ 승강식 피난기 및 하향식 피난구용 내림식 사다리가 「건축물의 피난·방화구조 등의 기준에 관한 규칙」 제14조에 따라 방화구획된 장소(세대 내부)에 설치될 경우에는 해당 방화구획된 장소를 대피실로 간주하고, 대피실의 면적규정과 외기에 접하는 구조로 대피실을 설치하는 규정을 적용하지 않을 수 있다.

(10) 유도등

① 소형 피난구 유도등을 설치할 것. 다만, 세대 내에는 유도등을 설치하지 않을 수 있다.

② 주차장으로 사용되는 부분은 중형 피난구유도등을 설치할 것

③ 「건축법 시행령」 제40조 제3항 제2호 나목 및 「주택건설기준 등에 관한 규정」 제16조의2 제3항에 따라 비상문자동개폐장치가 설치된 옥상 출입문에는 대형 피난구유도등을 설치할 것

④ 내부구조가 단순하고 복도식이 아닌 층에는 「유도등 및 유도표지의 화재안전성능기준(NFPC 303)」 제5조 제3항 및 제6조 제1항 제1호 가목 기준을 적용하지 아니할 것

(11) 비상조명등

비상조명등은 각 거실로부터 지상에 이르는 복도·계단 및 그 밖의 통로에 설치해야 한다. 다만, 공동주택의 세대 내에는 출입구 인근 통로에 1개 이상 설치한다.

(12) 특별피난계단의 계단실 및 부속실 제연설비

특별피난계단의 계단실 및 부속실 제연설비는 「특별피난계단의 계단실 및 부속실 제연설비의 화재안전기술기준(NFTC 501A)」 2.2.의 기준에 따라 성능확인을 해야 한다. 다만, 부속실을 단독으로 제연하는 경우에는 부속실과 면하는 옥내 출입문만 개방한 상태로 방연풍속을 측정 할 수 있다.

(13) 연결송수관설비

① 방수구는 다음의 기준에 따라 설치해야 한다.
  ㉠ 층마다 설치할 것. 다만, 아파트 등의 1층과 2층(또는 피난층과 그 직상층)에는 설치하지 않을 수 있다.
  ㉡ 아파트 등의 경우 계단의 출입구(계단의 부속실을 포함하며 계단이 2 이상 있는 경우에는 그 중 1개의 계단을 말한다)로부터 5미터 이내에 방수구를 설치하되, 그 방수구로부터 해당 층의 각 부분까지의 수평거리가 50미터를 초과하는 경우에는 방수구를 추가로 설치할 것
  ㉢ 쌍구형으로 할 것. 다만, 아파트 등의 용도로 사용되는 층에는 단구형으로 설치할 수 있다.
  ㉣ 송수구는 동별로 설치하되, 소방차량의 접근 및 통행이 용이하고 잘 보이는 장소에 설치할 것
② 펌프의 토출량은 분당 2,400리터 이상(계단식 아파트의 경우에는 분당 1,200리터 이상)으로 하고, 방수구 개수가 3개를 초과(방수구가 5개 이상인 경우에는 5개)하는 경우에는 1개 마다 분당 800리터(계단식 아파트의 경우에는 분당 400리터 이상)를 가산해야 한다.

(14) 비상콘센트

아파트 등의 경우에는 계단의 출입구(계단의 부속실을 포함하며 계단이 2개 이상 있는 경우에는 그 중 1개의 계단을 말한다)로부터 5미터 이내에 비상콘센트를 설치하되, 그 비상콘센트로부터 해당 층의 각 부분까지의 수평거리가 50미터를 초과하는 경우에는 비상콘센트를 추가로 설치해야 한다.

승강기설비

01 승강기 설치

02 승강기 운용관리 등

09 승강기설비

1 승강기 설치

(1) 승용승강기 설치

① 6층 이상인 공동주택에는 국토교통부령이 정하는 기준에 따라 대당 6인승 이상인 승용승강기를 설치하여야 한다. 다만, 층수가 6층인 건축물로서 각 층 거실의 바닥면적이 $300m^2$ 이내마다 1개소 이상의 직통계단을 설치한 건축물에 해당하는 공동주택의 경우에는 그러하지 아니하다.

② 6층 이상인 공동주택에 설치하는 승용승강기의 설치기준은 다음과 같다.

㉠ 계단실형인 공동주택에는 계단실마다 1대(한 층에 3세대 이상이 조합된 계단실형 공동주택이 22층 이상인 경우에는 2대) 이상을 설치하되, 그 탑승인원수는 동일한 계단실을 사용하는 4층 이상인 층의 세대당 0.3명(독신자용주택의 경우에는 0.15명)의 비율로 산정한 인원수(1명 이하의 단수는 1명으로 본다. 이하 같다) 이상일 것

㉡ 복도형인 공동주택에는 1대에 100세대를 넘는 80세대마다 1대를 더한 대수 이상을 설치하되, 그 탑승인원수는 4층 이상인 층의 세대당 0.2명(독신자용주택의 경우에는 0.1명)의 비율로 산정한 인원수 이상일 것

🖉 **건축법령상 승용승강기의 설치기준**

건축물의 용도 ＼ 6층 이상의 거실 면적의 합계	3천제곱미터 이하	3천제곱미터 초과
공동주택	1대	1대에 3천제곱미터를 초과하는 3천제곱미터 이내마다 1대를 더한 대수

💡 **비 고**

위 표에 따라 승강기의 대수를 계산할 때 8인승 이상 15인승 이하의 승강기는 1대의 승강기로 보고, 16인승 이상의 승강기는 2대의 승강기로 본다.

(2) 비상용승강기 설치

① 10층 이상인 공동주택의 경우에는 승용 승강기를 비상용 승강기의 구조로 하여야 한다.

② 비상용승강기의 승강장 및 승강로의 구조

　㉠ 비상용승강기 승강장의 구조

　　ⓐ 승강장의 창문·출입구 기타 개구부를 제외한 부분은 당해 건축물의 다른 부분과 내화구조의 바닥 및 벽으로 구획할 것. 다만, 공동주택의 경우에는 승강장과 특별피난계단(「건축물의 피난·방화구조 등의 기준에 관한 규칙」에 의한 특별피난계단을 말한다)의 부속실과의 겸용부분을 특별피난계단의 계단실과 별도로 구획하는 때에는 승강장을 특별피난계단의 부속실과 겸용할 수 있다.

　　ⓑ 승강장은 각층의 내부와 연결될 수 있도록 하되, 그 출입구(승강로의 출입구를 제외한다)에는 60분 + 방화문 또는 60분 방화문을 설치할 것. 다만, 피난층에는 60분 + 방화문 또는 60분 방화문을 설치하지 않을 수 있다.

> 방화문은 다음 각 호와 같이 구분한다.
> 1. 60분 + 방화문: 연기 및 불꽃을 차단할 수 있는 시간이 60분 이상이고, 열을 차단할 수 있는 시간이 30분 이상인 방화문
> 2. 60분 방화문: 연기 및 불꽃을 차단할 수 있는 시간이 60분 이상인 방화문
> 3. 30분 방화문: 연기 및 불꽃을 차단할 수 있는 시간이 30분 이상 60분 미만인 방화문

　　ⓒ 노대 또는 외부를 향하여 열 수 있는 창문이나 배연설비를 설치할 것

　　ⓓ 벽 및 반자가 실내에 접하는 부분의 마감재료(마감을 위한 바탕을 포함한다)는 불연재료로 할 것

　　ⓔ 채광이 되는 창문이 있거나 예비전원에 의한 조명설비를 할 것

　　ⓕ 승강장의 바닥면적은 비상용승강기 1대에 대하여 6제곱미터 이상으로 할 것. 다만, 옥외에 승강장을 설치하는 경우에는 그러하지 아니하다.

　　ⓖ 피난층이 있는 승강장의 출입구(승강장이 없는 경우에는 승강로의 출입구)로부터 도로 또는 공지(공원·광장 기타 이와 유사한 것으로서 피난 및 소화를 위한 당해 대지에의 출입에 지장이 없는 것을 말한다)에 이르는 거리가 30미터 이하일 것

　　ⓗ 승강장 출입구 부근의 잘 보이는 곳에 당해 승강기가 비상용승강기임을 알 수 있는 표지를 할 것

ⓒ 비상용승강기의 승강로의 구조
ⓐ 승강로는 당해 건축물의 다른 부분과 내화구조로 구획할 것
ⓑ 각층으로부터 피난층까지 이르는 승강로를 단일구조로 연결하여 설치할 것

(3) 화물용승강기 설치

10층 이상인 공동주택에는 이삿짐 등을 운반할 수 있는 다음의 기준에 적합한 화물용승강기를 설치하여야 한다.
① 적재하중이 0.9톤 이상일 것
② 승강기의 폭 또는 너비 중 한 변은 1.35m 이상, 다른 한 변은 1.6m 이상일 것
③ 계단실형인 공동주택의 경우에는 계단실마다 설치할 것
④ 복도형인 공동주택의 경우에는 100세대까지 1대를 설치하되, 100세대를 넘는 경우에는 100세대마다 1대를 추가로 설치할 것

(4) 승용승강기 또는 비상용승강기로서 화물용승강기의 기준에 적합한 것은 화물용승강기로 겸용할 수 있다.

2 승강기 운용관리 등

(1) 용어정의

이 법에서 사용하는 용어의 뜻은 다음과 같다.
① "승강기"란 건축물이나 고정된 시설물에 설치되어 일정한 경로에 따라 사람이나 화물을 승강장으로 옮기는 데에 사용되는 설비(「주차장법」에 따른 기계식주차장치 등 대통령령으로 정하는 것은 제외한다)로서 구조나 용도 등의 구분에 따라 대통령령으로 정하는 설비를 말한다.
② "승강기부품"이란 승강기를 구성하는 제품이나 그 부분품 또는 부속품을 말한다.
③ "제조"란 승강기나 승강기부품을 판매·대여하거나 설치할 목적으로 생산·조립하거나 가공하는 것을 말한다.
④ "설치"란 승강기의 설계도면 등 기술도서(技術圖書)에 따라 승강기를 건축물이나 고정된 시설물에 장착(행정안전부령으로 정하는 범위에서의 승강기 교체를 포함한다)하는 것을 말한다.

⑤ "유지관리"란 설치검사를 받은 승강기가 그 설계에 따른 기능 및 안전성을 유지할 수 있도록 하는 다음의 안전관리 활동을 말한다.

　㉠ 주기적인 점검

　㉡ 승강기 또는 승강기부품의 수리

　㉢ 승강기부품의 교체

　㉣ 그 밖에 행정안전부장관이 승강기의 기능 및 안전성의 유지를 위하여 필요하다고 인정하여 고시하는 안전관리 활동

⑥ "승강기사업자"란 다음의 어느 하나에 해당하는 자를 말한다.

　㉠ 승강기나 승강기부품의 제조업 또는 수입업을 하기 위하여 등록을 한 자

　㉡ 승강기의 유지관리를 업(業)으로 하기 위하여 등록을 한 자

　㉢ 「건설산업기본법」에 따라 건설업의 등록을 한 자로서 대통령령으로 정하는 승강기 설치공사업에 종사하는 자(이하 "설치공사업자"라 한다)

⑦ "관리주체"란 다음의 어느 하나에 해당하는 자를 말한다.

　㉠ 승강기 소유자

　㉡ 다른 법령에 따라 승강기 관리자로 규정된 자

　㉢ ㉠ 또는 ㉡에 해당하는 자와의 계약에 따라 승강기를 안전하게 관리할 책임과 권한을 부여받은 자

⑵ 승강기 유지관리용 부품 등의 제공기간 등

① 제조업 또는 수입업을 하기 위해 등록을 한 자(이하 "제조·수입업자"라 한다)는 승강기 유지관리용 부품(이하 "유지관리용 부품"이라 한다) 및 장비 또는 소프트웨어(이하 "장비등"이라 한다)의 원활한 제공을 위해 동일한 형식의 유지관리용 부품 및 장비등을 최종 판매하거나 양도한 날부터 10년 이상 제공할 수 있도록 해야 한다. 다만, 비슷한 다른 유지관리용 부품 또는 장비등의 사용이 가능한 경우로서 그 부품 또는 장비등을 제공할 수 있는 경우에는 그렇지 않다.

② 제조·수입업자는 승강기 또는 승강기부품을 판매하거나 양도했을 때에는 그 구매인 또는 양수인(관리주체를 포함한다)에게 다음의 자료를 제공해야 한다.

　㉠ 사용설명서

　㉡ 다음의 사항이 적힌 품질보증서

　　ⓐ 판매일 또는 양도일

　　ⓑ 품질보증기간

　　ⓒ 품질보증내용

ⓓ 제조·수입업자의 성명(법인인 경우에는 법인의 명칭과 대표자의 성명을 말한다), 주소 및 전화번호

ⓔ 유지관리용 부품 및 장비등의 제조국가, 제조사 및 보유기간

ⓕ 사후수리 및 지원체계의 안내문

③ ②의 ⓛ의 ⓑ에 따른 품질보증기간은 3년 이상으로 하며, 그 기간에 구매인 또는 양수인이 사용설명서에 따라 정상적으로 사용·관리했음에도 불구하고 고장이나 결함이 발생한 경우에는 제조·수입업자가 무상으로 유지관리용 부품 및 장비등을 제공(정비를 포함한다)해야 한다.

(3) 승강기 안전관리자

① 관리주체는 승강기 운행에 대한 지식이 풍부한 사람을 승강기 안전관리자로 선임하여 승강기를 관리하게 하여야 한다. 다만, 관리주체가 직접 승강기를 관리하는 경우에는 그러하지 아니하다.

② ①의 본문에 따른 승강기 안전관리자는 다음의 사항을 고려하여 행정안전부령으로 정하는 일정한 자격요건을 갖추어야 한다.

ㄱ 「건축법」에 따른 건축물의 용도

ㄴ 승강기의 종류

ㄷ 그 밖에 행정안전부장관이 승강기 관리에 필요하다고 인정하는 사항

③ 관리주체는 ①에 따라 승강기 안전관리자(관리주체가 직접 승강기를 관리하는 경우에는 그 관리주체를 말한다)를 선임하였을 때에는 행정안전부령으로 정하는 바에 따라 30일 이내에 행정안전부장관에게 그 사실을 통보하여야 한다. 승강기 안전관리자나 관리주체가 변경되었을 때에도 또한 같다.

④ 관리주체(①의 본문에 따라 관리주체가 승강기 안전관리자를 선임하는 경우에만 해당한다)는 승강기 안전관리자가 안전하게 승강기를 관리하도록 지도·감독하여야 한다.

⑤ 관리주체는 승강기 안전관리자로 하여금 한국승강기안전공단이 실시하는 ⑦에 따른 승강기 관리에 관한 교육(이하 "승강기관리교육"이라 한다)을 받게 하여야 한다. 다만, 관리주체가 직접 승강기를 관리하는 경우에는 그 관리주체(법인인 경우에는 그 대표자를 말한다)가 승강기관리교육을 받아야 한다.

⑥ **승강기 안전관리자의 직무범위**

ㄱ 승강기 운행 및 관리에 관한 규정 작성

ㄴ 승강기 사고 또는 고장 발생에 대비한 비상연락망의 작성 및 관리

ㄷ 유지관리업자로 하여금 자체점검을 대행하게 한 경우 유지관리업자에 대한 관리·감독

ㄹ 중대한 사고 또는 중대한 고장의 통보

ㅁ 승강기 내에 갇힌 이용자의 신속한 구출을 위한 승강기 조작(승강기 안전관리자가 해당 승강기관리교육을 받은 경우만 해당한다)

ㅂ 피난용 엘리베이터의 운행(승강기 안전관리자가 해당 승강기관리교육을 받은 경우만 해당한다)

ㅅ 그 밖에 승강기 관리에 필요한 사항으로서 행정안전부장관이 정하여 고시하는 업무

⑦ **승강기관리교육**

ㄱ 승강기관리교육은 다음의 구분에 따른다.

ⓐ 신규교육: 승강기관리교육을 받지 않은 승강기 안전관리자 또는 관리주체(법인인 경우에는 그 대표자를 말한다)가 받아야 하는 다음 각 목의 교육

㉮ 승강기를 신규로 설치(제3조에 따른 승강기 교체는 제외한다)하여 해당 승강기에 대한 관리를 시작하는 경우의 교육

㉯ 승강기를 관리하던 승강기 안전관리자 또는 관리주체가 변경된 경우(관리주체가 법인인 경우에는 그 대표자가 변경된 경우를 포함한다)의 교육

ⓑ 정기교육: 승강기 안전관리자 또는 관리주체(법인인 경우에는 그 대표자를 말한다)가 직전 승강기관리교육을 수료한 날부터 3년마다 받아야 하는 교육

ㄴ ㄱⓐ㉮에 따른 신규교육은 승강기 안전관리자를 새롭게 선임한 날(관리주체가 직접 승강기를 관리하는 경우에는 설치검사에 합격한 날)부터 3개월 이내에 받아야 하고, ㄱⓐ㉯에 따른 신규교육은 승강기 안전관리자 또는 관리주체가 변경된 날(관리주체가 법인인 경우로서 그 대표자가 변경된 경우에는 대표자가 변경된 날을 말한다)부터 3개월 이내에 받아야 한다.

ㄷ 직전 승강기관리교육을 수료한 날부터 3년이 경과한 경우에는 ㄱⓑ에도 불구하고 ㄱⓐ에 따른 신규교육을 받아야 한다

ㄹ 한국승강기안전공단은 안전검사가 연기된 승강기를 관리하는 승강기 안전관리자에 대해서는 그 연기 사유가 없어진 날까지 승강기관리교육을 연기할 수 있다.

ㅁ 승강기관리교육은 집합교육, 현장교육 또는 인터넷 원격교육 등의 방법으로 할 수 있다.

(4) 승강기 자체점검

① 관리주체는 승강기의 안전에 관한 자체점검을 월 1회 이상 하고, 그 결과를 대통령령으로 정하는 기간 이내에 승강기안전종합정보망에 입력하여야 한다.

② ①에서 "대통령령으로 정하는 기간"이란 자체점검 실시일부터 10일을 말한다.

③ 자체점검을 담당하는 사람은 자체점검을 마치면 지체 없이 자체점검 결과를 양호, 주의관찰 또는 긴급수리로 구분하여 관리주체에 통보해야 한다.

④ 관리주체는 자체점검 결과 승강기에 결함이 있다는 사실을 알았을 경우에는 즉시 보수하여야 하며, 보수가 끝날 때까지 해당 승강기의 운행을 중지하여야 한다.

⑤ ①에도 불구하고 다음의 어느 하나에 해당하는 승강기에 대해서는 자체점검의 전부 또는 일부를 면제할 수 있다.

　㉠ 승강기안전인증을 면제받은 승강기

　㉡ 안전검사에 불합격한 승강기

　㉢ 안전검사가 연기된 승강기

　㉣ 그 밖에 새로운 유지관리기법의 도입 등 대통령령으로 정하는 사유에 해당하여 자체점검의 주기 조정이 필요한 승강기

⑥ 관리주체는 자체점검을 스스로 할 수 없다고 판단하는 경우에는 승강기의 유지관리를 업으로 하기 위하여 등록을 한 자로 하여금 이를 대행하게 할 수 있다.

⑦ ⑤의 ㉣에서 "새로운 유지관리기법의 도입 등 대통령령으로 정하는 사유"란 다음의 어느 하나에 해당하는 경우를 말한다.

　㉠ 원격점검 및 실시간 고장 감시 등 행정안전부장관이 정하여 고시하는 원격관리기능이 있는 승강기를 관리하는 경우

　㉡ 승강기의 유지관리를 업으로 하기 위해 등록을 한 자(이하 "유지관리업자"라 한다)가 안전관리 활동을 모두 포함하는 포괄적인 유지관리 도급계약을 체결하여 승강기를 관리하는 경우

　㉢ 유지관리업자가 계약(유지관리업자가 관리주체가 되는 계약을 말한다)을 체결하여 승강기를 관리하는 경우

　㉣ 안전관리우수기업으로 선정된 유지관리업자가 최근 2년 동안 안전검사에 합격한 승강기를 관리하는 경우

　㉤ 다른 법령에서 정하는 바에 따라 건축물이나 고정된 시설물에 설치하도록 의무화되지 않은 승강기(다음의 어느 하나에 해당하는 승강기는 제외한다)를 관리하는 경우

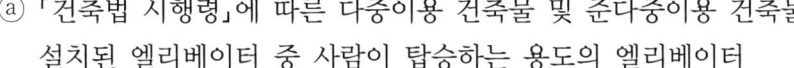

ⓐ 「건축법 시행령」에 따른 다중이용 건축물 및 준다중이용 건축물에 설치된 엘리베이터 중 사람이 탑승하는 용도의 엘리베이터

ⓑ 에스컬레이터

ⓒ 휠체어리프트

⑧ ⑦의 어느 하나에 해당하는 경우의 관리주체는 관리하는 승강기에 대해 3개월의 범위에서 자체점검의 주기를 조정할 수 있다. 다만, 다음의 어느 하나에 해당하는 승강기의 경우에는 그렇지 않다.

㉠ 설치검사를 받은 날부터 15년이 지난 승강기

㉡ 최근 3년 이내에 중대한 사고가 발생한 승강기

㉢ 최근 1년 이내에 중대한 고장이 3회 이상 발생한 승강기

⑨ 자체점검을 대행하는 유지관리업자는 자체점검의 주기를 조정하려는 경우에는 미리 해당 관리주체의 서면 동의를 받아야 한다.

(5) 승강기 안전검사

① 관리주체는 승강기에 대하여 행정안전부장관이 실시하는 다음의 안전검사를 받아야 한다.

㉠ 정기검사: 설치검사 후 정기적으로 하는 검사. 이 경우 검사주기는 2년 이하로 하되, 다음 각목의 사항을 고려하여 행정안전부령으로 정하는 바에 따라 승강기별로 검사주기를 다르게 할 수 있다.

ⓐ 승강기의 종류 및 사용 연수

ⓑ 중대한 사고 또는 중대한 고장의 발생 여부

ⓒ 그 밖에 행정안전부령으로 정하는 사항

㉡ 수시검사: 다음의 어느 하나에 해당하는 경우에 하는 검사

ⓐ 승강기의 종류, 제어방식, 정격(기기의 사용조건 및 성능의 범위를 말한다)속도, 정격용량 또는 왕복운행거리를 변경한 경우(변경된 승강기에 대한 검사의 기준이 완화되는 경우 등 행정안전부령으로 정하는 경우는 제외한다)

ⓑ 승강기의 제어반(制御盤) 또는 구동기(驅動機)를 교체한 경우

ⓒ 승강기에 사고가 발생하여 수리한 경우(승강기의 결함으로 중대한 사고 또는 중대한 고장이 발생한 경우는 제외한다)

ⓓ 관리주체가 요청하는 경우

㉢ 정밀안전검사: 다음의 어느 하나에 해당하는 경우에 하는 검사. 이 경우 ⓒ에 해당할 때에는 정밀안전검사를 받고, 그 후 3년마다 정기적으로 정밀안전검사를 받아야 한다.

ⓐ 정기검사 또는 수시검사 결과 결함의 원인이 불명확하여 사고 예방과 안전성 확보를 위하여 행정안전부장관이 정밀안전검사가 필요하다고 인정하는 경우

ⓑ 승강기의 결함으로 중대한 사고 또는 중대한 고장이 발생한 경우

ⓒ 설치검사를 받은 날부터 15년이 지난 경우

ⓓ 그 밖에 승강기 성능의 저하로 승강기 이용자의 안전을 위협할 우려가 있어 행정안전부장관이 정밀안전검사가 필요하다고 인정한 경우

② 관리주체는 안전검사를 받지 아니하거나 안전검사에 불합격한 승강기를 운행할 수 없으며, 운행을 하려면 안전검사에 합격하여야 한다. 이 경우 관리주체는 안전검사에 불합격한 승강기에 대하여 안전검사에 불합격한 날부터 4개월 이내에 안전검사를 다시 받아야 한다.

③ 행정안전부장관은 행정안전부령으로 정하는 바에 따라 ① 또는 ②에 따른 안전검사를 받을 수 없다고 인정하면 그 사유가 없어질 때까지 ④에 따라 안전검사를 연기할 수 있다.

④ 안전검사를 연기할 수 있는 사유는 다음과 같다.

㉠ 승강기가 설치된 건축물이나 고정된 시설물에 중대한 결함이 있어 승강기를 정상적으로 운행하는 것이 불가능한 경우

㉡ 관리주체가 승강기의 운행을 중단한 경우(다른 법령에서 정하는 바에 따라 설치가 의무화된 승강기는 제외한다)

㉢ 그 밖에 천재지변 등 부득이한 사유가 발생한 경우

⑤ ④에 따라 안전검사 연기를 신청하려는 자는 안전검사 연기신청서(전자문서를 포함한다)에 안전검사 연기 사유를 확인할 수 있는 서류(전자문서를 포함한다)를 첨부하여 행정안전부장관에게 제출해야 한다.

⑹ 정기검사의 검사주기 등

① (5) ① ㉠의 각 목 외의 부분에 따른 정기검사의 검사주기는 1년(설치검사 또는 직전 정기검사를 받은 날부터 매 1년을 말한다)으로 한다.

② ①에도 불구하고 다음의 어느 하나에 해당하는 승강기의 경우에는 정기검사의 검사주기를 직전 정기검사를 받은 날부터 다음의 구분에 따른 기간으로 한다.

㉠ 설치검사를 받은 날부터 25년이 지난 승강기 : 6개월. 다만, 정기검사의 검사주기 도래일 전에 수시검사 또는 정밀안전검사(정밀안전검사 사유 중 승강기의 결함으로 중대한 사고 또는 중대한 고장이 발생한 경우는 제외)를 받은 경우에는 해당 검사 직후의 정기검사에 한정하여 1년으로 한다.

ⓛ 승강기의 결함으로 중대한 사고 또는 중대한 고장이 발생한 후 2년이
지나지 않은 승강기: 6개월

ⓒ 다음의 엘리베이터: 2년

ⓐ 화물용 엘리베이터

ⓑ 자동차용 엘리베이터

ⓒ 소형화물용 엘리베이터(Dumbwaiter)

ⓔ 「건축법 시행령」 별표 1 제1호 가목에 따른 단독주택에 설치된 승강기: 2년

③ (5) ① ㉠ ⓒ에서 "그 밖에 행정안전부령으로 정하는 사항"이란 승강기가
설치되는 건축물 또는 고정된 시설물의 용도를 말한다.

④ 정기검사의 검사기간은 정기검사의 검사주기 도래일 전후 각각 30일 이내
로 한다.

⑤ 정기검사의 검사기간 이내에 검사에 합격한 경우에는 정기검사의 검사주
기 도래일에 정기검사를 받은 것으로 본다. 다만, 관리주체가 정기검사의
검사주기 도래일 전에 정기검사의 신청을 하였으나 관리주체의 귀책이 아
닌 사유로 정기검사의 검사기간을 초과하여 검사에 합격한 경우에는 정기
검사의 검사주기 도래일에 정기검사를 받은 것으로 본다.

⑥ 정기검사의 검사주기 도래일 전에 수시검사 또는 정밀안전검사(정밀안전
검사 사유 중 설치검사를 받은 날부터 15년이 지난 경우는 제외)를 받은 경
우 해당 정기검사의 검사주기는 수시검사 또는 정밀안전검사(정밀안전검
사 사유 중 설치검사를 받은 날부터 15년이 지난 경우는 제외)를 받은 날부
터 계산한다.

⑦ 안전검사가 연기된 경우 해당 정기검사의 검사주기는 연기된 안전검사를
받은 날부터 계산한다.

⑺ 수시검사의 제외 대상

(5)의 ① ⓛ ⓐ에서 "변경된 승강기에 대한 검사의 기준이 완화되는 경우 등
행정안전부령으로 정하는 경우"란 다음의 어느 하나에 해당하는 경우를 말한다.

① 다음의 어느 하나에 해당하는 엘리베이터를 승객용 엘리베이터로 변경한
경우

㉠ 장애인용 엘리베이터

ⓛ 소방구조용 엘리베이터

ⓒ 피난용 엘리베이터

② 그 밖에 검사의 기준이 같은 수준으로 승강기의 종류가 변경된 경우로서
수시검사를 받지 않아도 되는 경우로 행정안전부장관이 인정하는 경우

(8) 안전검사의 면제

행정안전부장관은 다음의 구분에 따른 승강기에 대해서는 해당 안전검사를 면제할 수 있다.

① **승강기안전인증을 면제받은 승강기** : 안전검사
② **정밀안전검사를 받았거나 정밀안전검사를 받아야 하는 승강기** : 해당 연도의 정기검사

(9) 승강기의 사고 보고 및 사고 조사

① 관리주체(자체점검을 대행하는 유지관리업자를 포함한다)는 그가 관리하는 승강기로 인하여 다음의 어느 하나에 해당하는 사고 또는 고장이 발생한 경우에는 행정안전부령으로 정하는 바에 따라 한국승강기안전공단에 통보하여야 한다.
　㉠ 사람이 죽거나 다치는 등 대통령령으로 정하는 중대한 사고(이하 "중대한 사고"라 한다)
　㉡ 출입문이 열린 상태에서 승강기가 운행되는 경우 등 대통령령으로 정하는 중대한 고장

② ①의 ㉠에서 "사람이 죽거나 다치는 등 대통령령으로 정하는 중대한 사고"란 다음의 어느 하나에 해당하는 사고를 말한다.
　㉠ 사망자가 발생한 사고
　㉡ 사고 발생일부터 7일 이내에 실시된 의사의 최초 진단 결과 1주 이상의 입원 치료가 필요한 부상자가 발생한 사고
　㉢ 사고 발생일부터 7일 이내에 실시된 의사의 최초 진단 결과 3주 이상의 치료가 필요한 부상자가 발생한 사고

③ ①의 ㉡에서 "출입문이 열린 상태에서 승강기가 운행되는 경우 등 대통령령으로 정하는 중대한 고장"이란 엘리베이터에서 다음의 구분에 따른 고장을 말한다.
　㉠ 출입문이 열린 상태로 움직인 경우
　㉡ 출입문이 이탈되거나 파손되어 운행되지 않는 경우
　㉢ 최상층 또는 최하층을 지나 계속 움직인 경우
　㉣ 운행하려는 층으로 운행되지 않은 고장으로서 이용자가 운반구에 갇히게 된 경우(정전 또는 천재지변으로 인해 발생한 경우는 제외한다)
　㉤ 운행 중 정지된 고장으로서 이용자가 운반구에 갇히게 된 경우(정전 또는 천재지변으로 인해 발생한 경우는 제외한다)
　㉥ 운반구 또는 균형추(均衡鎚)에 부착된 매다는 장치 또는 보상수단(각각 그 부속품을 포함한다) 등이 이탈되거나 추락된 경우

④ 한국승강기안전공단은 중대한 사고 또는 중대한 고장에 관한 사항을 통보받은 경우에는 지체 없이 중대한 사고 또는 중대한 고장 보고서(전자문서를 포함한다)를 작성하여 행정안전부장관, 관할 시·도지사 및 승강기사고조사위원회에 보고해야 한다.

⑤ 한국승강기안전공단은 보고한 승강기에 대해 그 원인 및 경위 등에 관한 조사를 해야 한다.

⑥ 조사업무를 수행하는 사람은 다음의 구분에 따른 자료를 관리주체 및 중대한 사고 또는 중대한 고장으로 피해를 입은 사람(이하 이 조에서 "사고피해자"라 한다)에게 요청할 수 있다.

⑦ 관리주체에게 요청할 수 있는 자료: 중대한 사고 또는 중대한 고장 발생 전후 상황을 확인할 수 있는 폐쇄회로 텔레비전(CCTV) 영상정보

⑥ 사고피해자에게 요청할 수 있는 자료: 중대한 사고 또는 중대한 고장으로 인한 피해 사실을 알 수 있는 의사의 진단서(중대한 사고 발생일 또는 중대한 고장 발생일부터 7일 이내에 실시된 의사의 최초 진단 결과가 기재된 것을 말한다)

⑦ 조사업무를 수행하는 사람은 자료를 요청하는 경우 그 권한을 표시하는 증표를 지니고 이를 관리주체 또는 사고피해자에게 보여주어야 한다.

⑧ 조사를 위한 조사반의 구성 및 조사결과 보고 등에 관하여 필요한 사항은 행정안전부장관이 정하여 고시한다.

⑽ **승강기의 운행정지명령 등**

① 행정안전부장관은 승강기가 다음의 어느 하나에 해당하는 경우에는 그 사실을 특별자치시장·특별자치도지사 또는 시장·군수·구청장(구청장은 자치구의 구청장을 말한다)에게 통보하여야 한다.

㉠ 설치검사를 받지 아니하거나 설치검사에 불합격한 경우

㉡ 안전검사를 받지 아니하거나 안전검사에 불합격한 경우

② 특별자치시장·특별자치도지사 또는 시장·군수·구청장은 승강기가 다음의 어느 하나에 해당하는 경우에는 그 사유가 없어질 때까지 해당 승강기의 운행정지를 명할 수 있다.

㉠ 설치검사를 받지 아니한 경우

㉡ 자체점검을 하지 아니한 경우

㉢ 승강기의 운행을 중지하지 아니하는 경우

㉣ 안전검사를 받지 아니한 경우

　　　ⓜ 안전검사가 연기된 경우

　　　ⓗ 그 밖에 승강기로 인하여 중대한 위해가 발생하거나 발생할 우려가 있다고 인정하는 경우

　③ 특별자치시장·특별자치도지사 또는 시장·군수·구청장은 ②에 따라 승강기의 운행정지를 명할 때에는 관리주체에게 행정안전부령으로 정하는 운행정지 표지를 발급하여야 한다.

　④ 관리주체는 ③에 따라 발급받은 표지를 행정안전부령으로 정하는 바에 따라 이용자가 잘 볼 수 있는 곳에 즉시 붙이고 훼손되지 아니하게 관리하여야 한다.

(11) 승강기사고조사위원회

　① 행정안전부장관은 승강기 사고 조사의 결과 중대한 사고 등 대통령령으로 정하는 사고의 원인 및 경위에 대한 추가적인 조사가 필요하다고 인정하는 경우에는 승강기사고조사위원회를 구성하여 그 승강기사고조사위원회로 하여금 사고 조사를 하게 할 수 있다.

　② 행정안전부장관은 승강기사고조사위원회의 사고 조사 결과 등을 토대로 승강기 사고의 재발 방지를 위한 대책을 마련하여 시·도지사, 한국승강기안전공단, 지정인증기관 또는 지정검사기관에 권고할 수 있다.

　③ **구성 등**

　　　㉠ 승강기사고조사위원회(이하 "사고조사위원회"라 한다)는 위원장 1명을 포함한 9명 이내의 위원으로 구성한다.

　　　㉡ 사고조사위원회의 위원은 다음의 어느 하나에 해당하는 사람 중에서 성별을 고려하여 행정안전부장관이 지명하거나 위촉하고, 위원장은 위원 중에서 행정안전부장관이 지명한다.

　　　　ⓐ 승강기 안전관리 업무를 담당하는 행정안전부의 4급 이상 공무원 또는 고위공무원단에 속하는 일반직공무원

　　　　ⓑ 변호사 자격을 취득한 후 10년 이상의 실무 경험이 있는 사람

　　　　ⓒ 대학에서 승강기 안전관리 등 승강기 분야 관련 과목을 담당하는 부교수 이상으로 5년 이상 재직하고 있거나 재직하였던 사람

　　　　ⓓ 행정기관의 4급 이상 공무원 또는 고위공무원단에 속하는 일반직공무원으로 2년 이상 재직하였던 사람

ⓔ 공단, 지정인증기관 또는 지정검사기관에서 10년 이상 근무한 사람으로서 최근 3년 이전에 퇴직한 사람

ⓕ 승강기나 승강기부품의 제조·설치 또는 유지관리 관련 업체에서 15년 이상 근무한 경력이 있는 사람으로서 최근 3년 이전에 퇴직한 사람

④ 사고조사위원회 위원(③의 ⓛ의 ⓐ에 따른 위원은 제외한다)의 임기는 3년으로 하며, 한 번만 연임할 수 있다.

⑤ **운 영**

㉠ 사고조사위원회의 위원장은 사고조사위원회의 회의를 소집하고 그 회의의 의장이 된다.

㉡ 사고조사위원회의 회의는 재적위원 과반수의 출석으로 개의하고, 출석위원 과반수의 찬성으로 의결한다.

㉢ 사고조사위원회는 필요하다고 인정되면 관계인이나 관계 전문가를 사고조사위원회에 출석시켜 발언하게 하거나 서면으로 의견을 제출하게 할 수 있다.

㉣ 사고조사위원회에 출석한 위원, 관계인 및 관계 전문가에게는 예산의 범위에서 수당과 여비를 지급할 수 있다. 다만, 공무원인 위원이 그 소관 업무와 직접 관련되어 사고조사위원회에 출석하는 경우에는 그렇지 않다.

㉤ 사고조사위원회는 사고 조사에 관한 심의·의결을 마쳤을 때에는 그 결과를 지체 없이 행정안전부장관에게 보고해야 한다.

㉥ ㉠부터 ㉤까지에서 규정한 사항 외에 사고조사위원회의 운영에 필요한 사항은 행정안전부장관이 정하여 고시한다.

⑿ **승강기안전위원회의 구성 및 운영**

① 행정안전부장관은 다음의 사항을 심의하기 위해 승강기안전위원회(이하 "위원회"라 한다)를 구성·운영한다.

㉠ 승강기 안전에 관한 종합적인 시책

㉡ 승강기 안전관리법 제11조 제3항에 따른 기준의 제정 또는 개정

㉢ 승강기 안전관리법 제17조 제3항에 따른 기준의 제정 또는 개정

㉣ 부품안전인증 업무의 대행기관 지정

㉤ 정기검사 업무의 대행기관 지정

㉥ 승강기 안전산업의 기반 조성을 위한 시책

㉦ 그 밖에 승강기 안전관리 관련 중요 정책사항으로서 행정안전부장관이 회의에 부치는 사항

② 위원회는 위원장 1명을 포함하여 15명 이내의 위원으로 구성한다.

③ 위원회의 위원장은 승강기 안전관리 업무를 담당하는 행정안전부의 고위공무원단에 속하는 일반직공무원(직무등급이 가등급에 해당하는 공무원으로 한정한다)이 되고, 위원회의 위원은 다음의 어느 하나에 해당하는 사람 중에서 성별을 고려하여 행정안전부장관이 지명하거나 위촉한다.

   ㉠ 승강기 안전관리 업무를 담당하는 행정안전부의 4급 이상 공무원 또는 고위공무원단에 속하는 일반직공무원(직무등급이 나등급에 해당하는 공무원으로 한정한다)

   ㉡ 한국승강기안전공단(이하 "공단"이라 한다)에서 승강기 안전관리 업무를 담당하는 임직원 중에서 공단 이사장이 추천하는 사람

   ㉢ 「소비자기본법」에 따른 한국소비자원에서 승강기 안전관리 관련 업무를 담당하는 임직원 중에서 한국소비자원 원장이 추천하는 사람

   ㉣ 「비영리민간단체 지원법」에 따른 비영리민간단체 중 승강기 안전관리 관련 단체가 추천하는 사람

   ㉤ 그 밖에 승강기 안전관리에 관한 학식과 경험이 풍부한 사람

④ 위원회 위원(③의 ㉠에 따른 위원은 제외한다)의 임기는 3년으로 하며, 한 번만 연임할 수 있다.

⑤ 위원회의 위원장은 위원회 회의를 소집하고, 그 회의의 의장이 된다.

⑥ 위원회의 회의는 재적위원 과반수의 출석으로 개의(開議)하고, 출석위원 과반수의 찬성으로 의결한다.

⑦ 위원회의 회의에 출석하는 위원에게는 예산의 범위에서 수당과 여비 등을 지급할 수 있다. 다만, 공무원인 위원이 그 소관 업무와 직접적으로 관련되어 출석하는 경우에는 그렇지 않다.

⑧ ①부터 ⑦까지에서 규정한 사항 외에 위원회의 구성 및 운영에 필요한 사항은 행정안전부장관이 정한다.

⒀ 보험가입

① 관리주체는 승강기의 사고로 승강기 이용자 등 다른 사람의 생명·신체 또는 재산상의 손해를 발생하게 하는 경우 그 손해에 대한 배상을 보장하기 위한 보험(이하 "책임보험"이라 한다)에 가입하여야 한다.

② 책임보험의 종류는 승강기 사고배상책임보험 또는 승강기 사고배상책임보험과 같은 내용이 포함된 보험으로 한다.

③ 책임보험은 다음의 어느 하나에 해당하는 시기에 가입하거나 재가입해야
한다.
　㉠ 설치검사를 받은 날
　㉡ 관리주체가 변경된 경우 그 변경된 날
　㉢ 책임보험의 만료일 이내
④ 책임보험의 보상한도액은 다음의 기준에 해당하는 금액 이상으로 한다. 다만,
지급보험금액은 ㉠의 단서의 경우를 제외하고는 실손해액을 초과할 수 없다.
　㉠ 사망의 경우에는 1인당 8천만원. 다만, 사망에 따른 실손해액이 2천만원
　　미만인 경우에는 2천만원으로 한다.
　㉡ 부상의 경우에는 1인당 상해 등급별 보험금액에서 정하는 금액
　㉢ 부상의 경우 그 치료가 완료된 후 그 부상이 원인이 되어 신체장애(이하
　　"후유장애"라 한다)가 생긴 경우에는 1인당 후유장애 등급별 보험금액
　　에서 정하는 금액
　㉣ 재산피해의 경우에는 사고당 1천만원
　㉤ 부상자가 치료 중에 그 부상이 원인이 되어 사망한 경우에는 ㉠ 및 ㉡의
　　금액을 더한 금액
　㉥ 부상한 사람에게 그 부상이 원인이 되어 후유장애가 생긴 경우에는 ㉡ 및
　　㉢의 금액을 더한 금액
　㉦ ㉢의 금액을 지급한 후 그 부상이 원인이 되어 사망한 경우에는 ㉠의
　　금액에서 ㉢에 따라 지급한 금액을 뺀 금액
⑤ 관리주체는 그가 가입하거나 재가입한 책임보험의 보험회사 등 보험상품
을 판매한 자로 하여금 책임보험의 가입 또는 재가입 사실을 행정안전부장
관이 정하는 바에 따라 승강기안전종합정보망(이하 "승강기안전종합정보
망"이라 한다)에 입력하게 해야 한다.

⒁ 승강기 이용자의 준수사항
승강기 이용자는 승강기를 이용할 때 다음의 안전수칙을 준수하여야 한다.
① 승강기 출입문에 충격을 가하지 아니할 것
② 운행 중인 승강기에서 뛰거나 걷지 아니할 것
③ 정원을 초과하는 탑승 금지
④ 정격하중을 초과하는 화물의 적재 금지
⑤ 그 밖에 승강기의 종류별로 행정안전부장관이 정하여 고시하는 사항

⒂ **벌칙 및 과태료**

① 다음의 어느 하나에 해당하는 자는 1년 이하의 징역 또는 1천만원 이하의 벌금에 처한다.

  ㉠ 설치검사를 받지 아니하고 승강기를 운행하게 하거나 운행한 자

  ㉡ 승강기에 결함이 있다는 사실을 알고도 보수를 하지 아니하고 승강기를 운행하여 중대한 사고를 발생하게 한 자

  ㉢ 안전검사를 받지 아니하고 승강기를 운행한 자

② 다음의 어느 하나에 해당하는 자에게는 1천만원 이하의 과태료를 부과한다.

  ㉠ 승강기의 정기심사를 받지 아니한 자

  ㉡ 자체점검을 담당할 자격을 갖추지 아니한 사람으로 하여금 자체점검 업무를 수행하게 한 자

③ 다음의 어느 하나에 해당하는 자에게는 500만원 이하의 과태료를 부과한다.

  ㉠ 자체점검을 하지 아니한 자

  ㉡ 자체점검 결과를 승강기안전종합정보망에 입력하지 아니하거나 거짓으로 입력한 자

  ㉢ 자체점검 결과 승강기에 결함이 있다는 사실을 알았을 경우에는 즉시 보수하여야 하며, 보수가 끝날 때까지 해당 승강기의 운행을 중지하여야 하는 규정을 위반하여 승강기 운행을 중지하지 아니한 자 또는 운행의 중지를 방해한 자

  ㉣ 중대한 사고 또는 중대한 고장이 발생한 경우 한국승강기안전공단에 통보를 하지 아니하거나 거짓으로 통보한 자

  ㉤ 중대한 사고의 현장 또는 중대한 사고와 관련되는 물건을 이동시키거나 변경 또는 훼손한 자

  ㉥ 책임보험에 가입하지 아니한 자

④ 다음의 어느 하나에 해당하는 자에게는 100만원 이하의 과태료를 부과한다.

  ㉠ 승강기 안전관리자의 선임 또는 변경 통보를 하지 아니한 자

  ㉡ 검사합격증명서 또는 운행금지 표지를 발급받은 자가 그 증명서 또는 표지를 승강기 이용자가 잘 볼 수 있는 곳에 즉시 붙이고 훼손되지 아니하게 관리하여야 하는 규정을 위반하여 검사합격증명서를 붙이지 아니하거나 잘 볼 수 없는 곳에 붙이거나 훼손되게 관리한 자

10 냉동설비

냉동설비

01 압축식 냉동기

02 흡수식 냉동기

03 압축식 냉동기와 흡수식 냉동기의 비교

04 히트펌프

1 압축식 냉동기

(1) 의 의

① 압축식 냉동기는 전기를 이용하여 압축기를 구동하는 냉동기이다.

② 압축식 냉동기는 압축방식의 종류에 따라 왕복식(왕복동식), 원심식(터보식), 회전식으로 구분된다.

(2) 압축식 냉동기의 원리

① **냉매**: 프레온가스

② **압축식 냉동사이클**: 압축기 ⇨ 응축기 ⇨ 팽창밸브 ⇨ 증발기

(3) 압축식 냉동기의 구성요소

① **압축기**(Compressor): 증발기에 넘어온 저온·저압의 냉매가스를 응축 및 액화하기 쉽도록 압축하여 고온·고압으로 만들어 응축기로 보낸다.

② **응축기**(Condener): 고온·고압의 냉매가스를 공기나 물을 접촉시켜 저온·고압의 냉매액으로 하고, 응축열을 냉각탑이나 실외기를 통해서 외부로 방출한다.

💡 응축: 증기로부터 액체나 고체가 형성되어 이보다 낮은 온도의 표면에 부착하는 현상
💡 액화: 기체가 냉각되거나 압축되어 액체로 변함

③ **팽창밸브**(Expansion Valve): 응축기에서 넘어온 저온·고압의 냉매액을 증발할 때 증발하기 쉽도록 하기 위해 감압시켜 저온·저압의 액체로 교축 및 팽창시킨다.

💡 교축: 유체가 밸브나 기타 흐름에 대한 저항이 큰 곳을 통과하거나 흐름에 대한 흐트러짐을 받게 되면 진행하는 방향으로 압력이 강화되는 현상을 말한다.

④ **증발기**(Evaporator): 팽창밸브에서 압력을 줄인 저온·저압의 액체냉매가 피냉각물질로부터 열을 흡수하여 냉수의 냉각이 이루어지도록 한다.

2 흡수식 냉동기

(1) 의 의

① 흡수식 냉동기는 저온 상태에서는 서로 용해되는 두 물질을 고온에서 분리시켜 그 중 한 물질이 냉매작용을 하여 냉동하는 방식을 말한다.

② 흡수식의 재생기(발생기)는 원심식의 압축기 역할로, 가스로 가열하여 냉매물질(H_2O)과 흡수액(LiBr)을 분리시킨다.

⑵ **흡수식 냉동기의 원리**

① **냉매**: 물(H_2O)
② **흡수액**: 리튬브로마이드 용액(LiBr)
③ **흡수식 냉동사이클**: 흡수기 ⇨ 재생기(증발기) ⇨ 응축기 ⇨ 증발기

⑶ **흡수식 냉동기의 구성요소**

① **흡수기**
  ㉠ 증발기에서 넘어온 냉매증기(수증기)를 흡수기에서 수용액에 흡수시키고 묽어지게(묽은 수용액)하여 재생기로 넘긴다.
  ㉡ 리튬 브로마이드의 농용액이 증발기에서 들어온 냉매증기(수증기)를 연속적으로 흡수하고, 농용액은 물로써 희석되고 동시에 흡수열이 발생하며, 흡수열은 냉각수에 의하여 냉각된다.

② **재생기**(발생기)
  ㉠ 흡수기에서 넘어온 묽은 수용액(H_2O + LiBr)에 가스 등으로 열을 가하면 물은 증발하여 수증기로 된 후 응축기로 넘어가고 나머지 진한 용액(LiBr)은 다시 흡수기로 보내진다.
  ㉡ 희석된 희용액은 발생기, 가열관(증기, 가스, 온수)에 의하여 가열된다.

③ **응축기**
  ㉠ 재생기에서 응축기로 넘어온 수증기는 냉각수에 의해 냉각되어 물로 응축된 후 다시 증발기로 넘어간다.
  ㉡ 응축열을 냉각탑이나 실외기를 통해서 외부로 방출한다.

④ **증발기**
  ㉠ 낮은 압력인 증발기 내에서 냉매(물)가 증발하면서 냉수코일 내의 물로부터 열을 빼앗아 냉수의 냉각이 이루어진다.
  ㉡ 흡수식 냉동기의 냉동능력은 증발기에서 냉수코일 내의 물로부터 열을 빼앗아 증발하는데 냉내량에 비례한다.
  ㉢ 증발한 냉매증기(수증기)는 흡수기로 이동한다.

3 압축식 냉동기와 흡수식 냉동기의 비교

구 분	압축식 냉동기	흡수식 냉동기
에너지원	전기	도시가스(증기, 고온수, 폐열)
냉매	프레온 가스	물
구성요소	압축기, 응축기, 팽창밸브, 증발기	흡수기, 재생기, 응축기, 증발기
예냉시간	짧다.	길다.
소음, 진동	크다.	작다.
설치면적, 높이, 중량, 냉각탑	작다.	크다.

4 히트펌프

(1) 의 의

① 물을 낮은 위치에서 높은 위치로 퍼 올리는 기계라는 펌프의 의미를 채용한 것으로서, 히트펌프는 열을 온도가 낮은 곳에서 높은 곳으로 이동시킬 수 있는 장치를 의미한다.

② 히트펌프의 구성 및 사이클은 압축식 냉동기 마찬가지로 압축기, 응축기, 팽창밸브, 증발기로 구성되고 냉동사이클을 따른다.

③ 저온 측으로부터 열을 흡수하는 것(증발기의 냉각효과)을 이용해 냉방을 하고, 고온 측에 방열하는 것(응축기의 방열)을 이용해 난방을 함으로써 동시에 냉난방이 가능하다.

(2) 히트펌프의 성적계수(COP)

① 히트펌프의 좋고 나쁨을 나타내기 위해 성적계수를 사용한다.

② 히트펌프는 냉방과 난방이 동시에 가능하기 때문에 성적계수도 구분하여 산정한다.

③ 일반적으로 히트펌프의 성적계수(COP)는 기종과 열원의 종류에 따라 다르지만, 냉방시보다 난방시 높다.

④ 난방시 히트펌프의 성적계수(COP)는 응축기의 방열량을 압축기의 압축일로 나눈 값이다.

⑤ 냉방시 히트펌프의 성적계수(COP)는 증발기의 흡수열량을 압축기의 압축일로 나눈 값이다.

⑥ 난방시 성적계수(COP)가 냉방시 성적계수(COP)보다 1만큼 크다.

Chapter 03 실전예상문제

01 전기사업법령상의 용어의 정의이다. 법령에서 명시하고 있는 (　)에 들어갈 용어를 쓰시오.

제22회

> (　)(이)란 타인의 전기설비 또는 구내발전설비로부터 전기를 공급받아 구내배전설비로 전기를 공급하기 위한 전기설비로서 수전지점으로부터 배전반(구내배전설비로 전기를 배전하는 전기설비를 말한다)까지의 설비를 말한다.

해설 수전설비란 타인의 전기설비 또는 구내발전설비로부터 전기를 공급받아 구내배전설비로 전기를 공급하기 위한 전기설비로서 수전지점으로부터 배전반(구내배전설비로 전기를 배전하는 전기설비를 말한다)까지의 설비를 말한다.

02 다음에서 설명하고 있는 전기배선 공사방법은?

제23회

> • 철근콘크리트 건물의 매입 배선 등에 사용된다.
> • 화재에 대한 위험성이 낮다.
> • 기계적 손상에 대해 안전하여 다양한 유형의 건물에 시공이 가능하다.

① 금속관 공사　　　　　　　　　② 목재몰드 공사
③ 애자사용 공사　　　　　　　　④ 버스덕트 공사
⑤ 경질비닐관 공사

해설 ① 금속관 공사에 관한 설명이다.

03 주택건설기준 등에 관한 규정상 부대시설의 설치에 관한 설명으로 옳은 것은?

① 세대당 전용면적이 60제곱미터 미만인 주택에 설치하는 전기시설의 용량은 각 세대별로 3킬로와트 이상이어야 한다.

② 공동주택에서 세대별 전기사용량을 측정하는 전력량계는 전기사용량을 자동으로 검침하는 원격검침방식을 적용하는 경우 각 세대 전용부분 안에 설치할 수 없다.

③ 세대당 전용면적이 85제곱미터 이하인 공동주택의 각 세대에는 텔레비전방송 및 에프엠(FM)라디오방송 공동수신안테나와 연결된 단자를 1개소로 할 수 있다.

④ 공동주택에는 세대별 수도계량기 및 세대마다 최소 3개소 이상의 급수전을 설치하여야 한다.

⑤ 주택단지 안의 옥외에 설치하는 전선은 지하에 매설하여야 한다. 다만, 세대당 전용면적이 85제곱미터 이하인 주택을 전체세대수의 2분의 1 이상 건설하는 단지에서 폭 8미터 이상의 도로에 가설하는 전선은 가공선으로 할 수 있다.

해설 ② 공동주택에서 세대별 전기사용량을 측정하는 전력량계는 전기사용량을 자동으로 검침하는 원격검침방식을 적용하는 경우 각 세대 전용부분 안에 설치할 수 있다.

③ 세대당 전용면적이 60제곱미터 이하인 공동주택의 각 세대에는 텔레비전방송 및 에프엠(FM)라디오방송 공동수신안테나와 연결된 단자를 1개소로 할 수 있다.

④ 공동주택에는 세대별 수도계량기 및 세대마다 최소 2개소 이상의 급수전을 설치하여야 한다.

⑤ 주택단지 안의 옥외에 설치하는 전선은 지하에 매설하여야 한다. 다만, 세대당 전용면적이 60제곱미터 이하인 주택을 전체세대수의 2분의 1 이상 건설하는 단지에서 폭 8미터 이상의 도로에 가설하는 전선은 가공선으로 할 수 있다.

04 주택건설기준 등에 관한 규정상 공동주택의 세대당 전용면적이 80m^{2}일 때, 각 세대에 설치해야 할 전기시설의 최소 용량(kW)은? 제23회

① 3.0   ② 3.5   ③ 4.0

④ 4.5   ⑤ 5.0

해설 ③ 주택에 설치하는 전기시설의 용량은 각 세대별로 3킬로와트(세대당 전용면적이 60제곱미터 이상인 경우에는 3킬로와트에 60제곱미터를 초과하는 10제곱미터마다 0.5킬로와트를 더한 값) 이상이어야 한다.

Answer
01 수전설비   02 ①   03 ①   04 ③

05 전기설비의 설비용량 산출을 위하여 필요한 각 계산식이다. 옳게 짝지어진 것은? 제13회

$$\bigcirc = \frac{최대수용전력}{부하설비용량} \times 100\%$$

$$\bigcirc = \frac{평균수용전력}{최대수용전력} \times 100\%$$

$$\bigcirc = \frac{각\ 부하의\ 최대수용전력의\ 합계}{합계부하의\ 최대수용전력} \times 100\%$$

① ㉠: 부등률, ㉡: 수용률, ㉢: 부하율
② ㉠: 수용률, ㉡: 부등률, ㉢: 부하율
③ ㉠: 부등률, ㉡: 부하율, ㉢: 수용률
④ ㉠: 수용률, ㉡: 부하율, ㉢: 부등률
⑤ ㉠: 부하율, ㉡: 수용률, ㉢: 부등률

해설 • 수용률 = 최대수용전력/부하설비용량 × 100(%)
• 부하율 = 평균수용전력/최대수용전력 × 100(%)
• 부등률 = 각 부하의 최대수용전력의 합계/합계부하의 최대수용전력 × 100(%)

06 건축전기설비 설계기준상의 수·변전설비 용량계산에 관한 내용이다. (　　　)에 들어갈 용어를 쓰시오. 제23회

$$(\qquad) = \frac{각\ 부하의\ 최대수요\ 전력\ 합계}{합성최대수요전력}$$

해설 부등률(율) $= \dfrac{각\ 부하의\ 최대수요\ 전력\ 합계}{합성최대수요전력}$

07 건축물의 설비기준 등에 관한 규칙상 피뢰설비의 설치기준에 관한 내용으로 옳지 않은 것은?

제21회

① 피뢰설비의 재료는 최소 단면적이 피복이 없는 동선을 기준으로 수뢰부, 인하도선 및 접지극은 $50mm^2$ 이상이거나 이와 동등 이상의 성능을 갖출 것

② 접지(接地)는 환경오염을 일으킬 수 있는 시공방법이나 화학 첨가물 등을 사용하지 아니할 것

③ 피뢰설비는 한국산업표준이 정하는 피뢰레벨 등급에 적합한 피뢰설비일 것. 다만, 위험물저장 및 처리시설에 설치하는 피뢰설비는 한국산업표준이 정하는 피뢰시스템레벨 Ⅱ 이상이어야 할 것

④ 급수·급탕·난방·가스 등을 공급하기 위하여 건축물에 설치하는 금속배관 및 금속재 설비는 전위(電位)가 균등하게 이루어지도록 전기적으로 접속할 것

⑤ 전기설비의 접지계통과 건축물의 피뢰설비 및 통신설비 등의 접지극을 공용하는 통합접지공사를 하는 경우에는 낙뢰 등으로 인한 과전압으로부터 전기설비 등을 보호하기 위하여 한국산업표준에 적합한 배선용 차단기를 설치할 것

해설 ⑤ 전기설비의 접지계통과 건축물의 피뢰설비 및 통신설비 등의 접지극을 공용하는 통합접지공사를 하는 경우에는 낙뢰 등으로 인한 과전압으로부터 전기설비 등을 보호하기 위하여 한국산업표준에 적합한 서지보호장치를 설치할 것

08 건축물의 설비기준 등에 관한 규칙상 피뢰설비의 기준에 관한 내용이다. (   )에 들어갈 숫자를 옳게 나열한 것은?

제24회

제20조【피뢰설비】<생략>
1. <생략>
2. 돌침은 건축물의 맨 윗부분으로부터 (㉠)센티미터 이상 돌출시켜 설치하되,「건축물의 구조기준 등에 관한 규칙」제9조에 따른 설계하중에 견딜 수 있는 구조일 것
3. 피뢰설비의 재료는 최소 단면적이 피복이 없는 동선(銅線)을 기준으로 수뢰부, 인하도선 및 접지극은 (㉡)제곱밀리미터 이상이거나 이와 동등 이상의 성능을 갖출 것

① ㉠ : 20, ㉡ : 30
② ㉠ : 20, ㉡ : 50
③ ㉠ : 25, ㉡ : 30
④ ㉠ : 25, ㉡ : 50
⑤ ㉠ : 30, ㉡ : 30

해설 25, 50

Answer
05 ④　06 부등률(율)　07 ⑤　08 ④

09 펌프에 관한 설명으로 옳지 않은 것은? 제17회

① 양수량은 회전수에 비례한다.

② 축동력은 회전수의 세제곱에 비례한다.

③ 전양정은 회전수의 제곱에 비례한다.

④ 2대의 펌프를 직렬운전하면 토출량은 2배가 된다.

⑤ 실양정은 흡수면으로부터 토출수면까지의 수직거리이다.

해설 ④ 직렬운전시에는 토출량은 동일하고 양정이 2배가 된다.

10 배관 속에 흐르는 유체의 마찰저항에 관한 설명으로 옳은 것은? 제23회

① 배관의 내경이 커질수록 작아진다.

② 유체의 밀도가 커질수록 작아진다.

③ 유체의 속도가 커질수록 작아진다.

④ 배관의 길이가 길어질수록 작아진다.

⑤ 배관의 마찰손실계수가 커질수록 작아진다.

해설 ② 유체의 밀도가 커질수록 커진다.

③ 유체의 속도가 커질수록 커진다.

④ 배관의 길이가 길어질수록 커진다.

⑤ 배관의 마찰손실계수가 커질수록 커진다.

11 펌프에 관한 설명으로 옳은 것은? 제23회

① 펌프의 회전수를 1.2배로 하면 양정은 1.73배가 된다.

② 펌프의 회전수를 1.2배로 하면 양수량은 1.44배가 된다.

③ 동일한 배관계에서는 순환하는 물의 온도가 낮을수록 서징(surging)의 발생 가능성이 커진다.

④ 동일 성능의 펌프 2대를 직렬운전하면 1대 운전시보다 양정은 커지나 배관계 저항 때문에 2배가 되지는 않는다.

⑤ 펌프의 축동력을 산정하기 위해서는 양정, 양수량, 여유율이 필요하다.

해설 ① 펌프의 회전수를 1.2배로 하면 양정은 1.44배가 된다.

② 펌프의 회전수를 1.2배로 하면 양수량은 1.2배가 된다.

③ 물의 온도와 서징과는 관계가 없다.

⑤ 펌프의 축동력을 산정하기 위해서는 물의 밀도, 양수량, 양정, 6,120, 효율, 여유율이 필요하다.

12 고가수조방식을 적용하는 공동주택에서 각 세대에 공급되는 급수과정 순서로 옳은 것은?

제22회

㉠ 세대 계량기	㉡ 상수도본관	㉢ 양수장치(급수펌프)
㉣ 지하저수조	㉤ 고가수조	

① ㉠ ⇨ ㉣ ⇨ ㉤ ⇨ ㉢ ⇨ ㉡　　② ㉡ ⇨ ㉣ ⇨ ㉢ ⇨ ㉤ ⇨ ㉠

③ ㉡ ⇨ ㉤ ⇨ ㉢ ⇨ ㉣ ⇨ ㉠　　④ ㉣ ⇨ ㉢ ⇨ ㉤ ⇨ ㉡ ⇨ ㉠

⑤ ㉣ ⇨ ㉡ ⇨ ㉤ ⇨ ㉢ ⇨ ㉠

해설 ㉡ 상수도본관 ⇨ ㉣ 지하저수조 ⇨ ㉢ 양수장치(급수펌프) ⇨ ㉤ 고가수조 ⇨ ㉠ 세대 계량기가 옳은 순서이다.

13 급수배관 설계·시공상의 유의사항에 관한 내용이다. (　)에 들어갈 용어를 쓰시오.

제17회

건물 내에는 각종 설비배관이 혼재하고 있어 시공시 착오로 서로 다른 계통의 배관을 접속하는 경우가 있다. 이중에 상수로부터의 급수계통과 그 외의 계통이 직접 접속되는 것을 (　　)이라고 한다. 이렇게 될 경우 급수계통 내의 압력이 다른 계통 내의 압력보다 낮아지게 되면 다른 계통 내의 유체가 급수계통으로 유입되어 물의 오염 원인이 될 수 있다.

해설 건물 내에는 각종 설비배관이 혼재하고 있어 시공시 착오로 서로 다른 계통의 배관을 접속하는 경우가 있다. 이중에 상수로부터의 급수계통과 그 외의 계통이 직접 접속되는 것을 크로스 커넥션이라고 한다. 이렇게 될 경우 급수계통 내의 압력이 다른 계통 내의 압력보다 낮아지게 되면 다른 계통 내의 유체가 급수계통으로 유입되어 물의 오염 원인이 될 수 있다.

Answer
09 ④　10 ①　11 ④　12 ②　13 크로스 커넥션

14 주택건설기준 등에 관한 규정상 비상급수시설 중 지하저수조에 관한 내용이다. (   )에 들어 갈 아라비아 숫자를 쓰시오.   제24회

제35조【비상급수시설】① ∼ ② <생략>

1. <생략>
2. 지하저수조
   가. 고가저수저수량(매 세대당 (㉠)톤까지 산입한다)을 포함하여 매 세대당 (㉡)톤 (독신자용 주택은 0.25톤) 이상의 수량을 저수할 수 있을 것. 다만, 지역별 상수도 시설용량 및 세대당 수돗물 사용량 등을 고려하여 설치기준의 2분의 1의 범위에서 특별시·광역시·특별자치시·특별자치도·시 또는 군의 조례로 완화 또는 강화하 여 정할 수 있다.
   나. (㉢)세대(독신자용 주택은 100세대)당 1대 이상의 수동식펌프를 설치하거나 양수 에 필요한 비상전원과 이에 의하여 가동될 수 있는 펌프를 설치할 것

해설 0.25, 0.5, 50

15 공동주택 지하저수조 설치방법에 관한 설명으로 옳지 않은 것은?   제20회

① 저수조에는 청소, 점검, 보수를 위한 맨홀을 설치하고 오염물이 들어가지 않도록 뚜껑 을 설치한다.
② 저수조 주위에는 청소, 점검, 보수를 위하여 충분한 공간을 확보한다.
③ 저수조 내부는 위생에 지장이 없는 공법으로 처리한다.
④ 저수조 상부에는 오수배관이나 오염이 염려되는 기기류 설치를 피한다.
⑤ 저수조의 넘침(over flow)관은 일반배수계통에 직접 연결한다.

해설 ⑤ 저수조의 넘침(over flow)관은 간접배수방식으로 배관해야 한다.

16 지상 20층 공동주택의 급수방식이 고가수조방식인 경우, 지상 5층의 싱크대 수전에 걸리는 정지수압은 얼마인가? (단, 각층의 높이는 3m, 옥상바닥면에서 고가수조 수면까지의 높이는 7m, 바닥면에서 싱크대 수전까지의 높이는 1m, 단위환산은 10mAq = 1kg/cm² = 0.1MPa로 함)

제13회

① 0.51MPa   ② 0.52MPa   ③ 0.53MPa
④ 0.54MPa   ⑤ 0.55MPa

> **해설** 1. p = 0.01H[p = 수압(MPa), H = 높이]
> 2. [(16층 × 3m) + 7m − 1m] = 54m × 0.01 = 0.54MPa

17 공동주택의 최상층 샤워기에서 최저필요수압을 확보하기 위한 급수펌프의 전양정(m)을 다음 조건을 활용하여 구하면 얼마인가?

제23회

> • 지하 저수조에서 펌프직송방식으로 급수하고 있다.
> • 펌프에서 최상층 샤워기까지의 높이는 50m, 배관마찰, 국부저항 등으로 인한 손실양정은 10m이다.
> • 샤워기의 필요압력은 70kPa로 하며, 1mAq = 10kPa로 환산한다.
> • 저수조의 수위는 펌프보다 5m 높은 곳에서 항상 일정하다고 가정한다.
> • 그 외의 조건은 고려하지 않는다.

① 52   ② 57
③ 62   ④ 67
⑤ 72

> **해설** 펌프의 전양정 = 실양정 + 마찰손실수두
> 62m = [(50m + 10m + 7m) − 5m]

Answer

14 ㉠ 0.25 ㉡ 0.5 ㉢ 50   **15** ⑤   **16** ④   **17** ③

18 수도법령상 저수조의 설치기준에 해당하지 않는 것으로만 짝지어진 것은? 제13회 일부수정

> ㉠ 3세제곱미터인 저수조에는 청소·위생점검 및 보수 등 유지관리를 위하여 1개의 저수조를 둘 이상의 부분으로 구획하거나 저수조를 2개 이상 설치하여야 한다.
> ㉡ 저수조 및 저수조에 설치하는 사다리, 버팀대, 물과 접촉하는 접합부속 등의 재질은 섬유보강 플라스틱·스테인리스스틸·콘크리트 등의 내식성(耐蝕性) 재료를 사용하여야 한다.
> ㉢ 저수조의 공기정화를 위한 통기관과 물의 수위조절을 위한 월류관(越流管)을 설치하고, 관에는 벌레 등 오염물질이 들어가지 아니하도록 녹이 슬지 아니하는 재질의 세목(細木) 스크린을 설치해야 한다.
> ㉣ 저수조를 설치하는 곳은 분진 등으로 인한 2차 오염을 방지하기 위하여 암·석면을 제외한 다른 적절한 자재를 사용하여야 한다.
> ㉤ 저수조 내부의 높이는 최소 1미터 50센티미터 이상으로 하여야 한다.

① ㉠, ㉢   ② ㉠, ㉤   ③ ㉡, ㉣
④ ㉡, ㉤   ⑤ ㉢, ㉣

해설 ㉠ 5세제곱미터를 초과하는 저수조에는 청소·위생점검 및 보수 등 유지관리를 위하여 1개의 저수조를 둘 이상의 부분으로 구획하거나 저수조를 2개 이상 설치하여야 한다.
㉤ 저수조 내부의 높이는 최소 1미터 80센티미터 이상으로 하여야 한다.

19 배관계통에서 마찰손실을 같게 하여 균등한 유량이 공급되도록 하는 배관방식은? 제17회

① 이관식 배관   ② 하트포드 배관   ③ 리턴콕 배관
④ 글로브 배관   ⑤ 역환수 배관

해설 ⑤ 역환수 방식(Reverse Return)은 배관 마찰손실을 같게 하여 온수의 유량분배를 균일하게 한다.

20 증기난방에 비해 고온수난방의 장점이 아닌 것은? 제16회

① 예열시간이 짧다.
② 배관의 기울기를 고려하지 않아도 된다.
③ 배관 내 부식이 발생할 가능성이 낮다.
④ 트랩이나 감압밸브와 같은 부속기기류가 없어 유지·관리가 용이하다.
⑤ 수요 측 부하조건에 따라 송수온도 조절이 용이하다.

해설 ① 고온수난방은 증기난방에 비하여 열용량이 크기 때문에 예열시간이 길다.

21 보일러 가동 중 이상 현상인 팽출에 관한 설명으로 옳은 것은? 　　　　　　제13회

① 전열면이 과열에 의해 내압력을 견디지 못하고 밖으로 부풀어 오르는 현상이다.

② 증기관으로 보내지는 증기에 비수 등 수분이 과다 함유되어 배관 내부에 응결수나 물이 고여서 수격작용의 원인이 되는 현상이다.

③ 비수, 관수가 갑자기 끓을 때 물거품이 수면을 벗어나서 증기 속으로 비상하는 현상이다.

④ 보일러 물이 끓을 때 그 속에 함유된 유지분이나 부유물에 의해 거품이 생기는 현상이다.

⑤ 전열면이 과열에 의해 외압을 견디지 못해 안쪽으로 오목하게 찌그러지는 현상이다.

> **해설** ① 팽출은 전열면이 과열에 의해 내압력을 견디지 못하고 밖으로 부풀어 오르는 현상을 말한다.
> ②는 캐리오버, ③은 프라이밍, ④는 포밍, ⑤는 압궤에 대한 설명이다.

22 지역난방의 특징에 관한 설명으로 옳지 않은 것은? 　　　　　　제12회

① 열의 사용량이 적으면 기본요금이 낮아진다.

② 대기오염을 줄일 수 있어 친환경적이다.

③ 에너지 이용효율을 높일 수 있다.

④ 건설 초기에 설비투자비용이 많다.

⑤ 단위세대의 유효면적이 증대된다.

> **해설** ① 기본요금은 사용량과 관계가 없는 고정된 금액이다.

23 증기난방과 온수난방에 관한 설명이다. 옳지 않은 것은?

① 증기난방은 예열시간이 짧고, 간헐운전에 적합하다.

② 증기난방은 난방부하에 따른 실내 방열량 조정이 쉽다.

③ 증기난방은 표면온도가 높기 때문에 불쾌감을 준다.

④ 건물이 높아지면 온수난방은 보일러나 방열기에 압력이 작용하므로 적용범위가 좁다.

⑤ 증기난방은 온수난방에 비해 방열기 크기나 배관의 크기가 작아도 된다.

> **해설** ② 증기난방은 유량 및 온도조절이 어려우므로 방열량 조절이 어렵다.

Answer

18 ②　　19 ⑤　　20 ①　　21 ①　　22 ①　　23 ②

24 방열기의 방열능력을 표시하는 상당방열면적에 대한 설명이다. (   ) 안에 들어갈 숫자로 옳은 것은?

> 온수난방에서 상당방열면적이란 표준상태에서 방열기의 전 방열량을 실내온도 (㉠)℃, 온수온도 (㉡)℃의 표준상태에서 얻어지는 표준방열량으로 나눈 값이다.

① ㉠: 20.5, ㉡: 70 ② ㉠: 20.5, ㉡: 80
③ ㉠: 20.5, ㉡: 60 ④ ㉠: 18.5, ㉡: 80
⑤ ㉠: 18.5, ㉡: 70

해설 온수온도 80℃, 실내온도 18.5℃의 조건으로 1시간에 450kcal가 방열할 수 있는 방열면적을 표준방열면적 $1m^2$로 정하고 있다.

25 보일러의 정격출력에 관한 내용이다. (   ) 안에 들어갈 용어를 쓰시오.　　　　제19회

> 정격출력 = 난방부하 + 급탕부하 + 손실부하 + (　　　)부하

해설 정격출력 = 난방부하 + 급탕부하 + 손실부하 + 예열부하이다.

26 난방설비에 관한 설명으로 옳지 않은 것은?　　　　제23회

① 방열기의 상당방열면적은 표준상태에서 전 방열량을 표준 방열량으로 나눈 값이다.
② 증기용 트랩으로 열동트랩, 버킷트랩, 플로트트랩 등이 있다.
③ 천장고가 높은 공간에는 복사난방이 적합하다.
④ 보일러의 정격출력은 난방부하 + 급탕부하 + 배관(손실)부하이다.
⑤ 증기난방은 증기의 잠열을 이용하는 방식이다.

해설 ④ 보일러의 정격출력은 난방부하 + 급탕부하 + 배관(손실)부하 + 예열부하이다.

27 보일러의 출력표시방법에 관한 내용이다. (   )에 들어갈 용어를 쓰시오.　　　　제24회

> 보일러의 출력표시방법에서 난방부하와 급탕부하를 합한 용량을 (㉠)출력으로 표시하며 난방부하, 급탕부하, 배관부하, 예열부하를 합한 용량을 (㉡)출력으로 표시한다.

해설 보일러의 출력표시방법에서 난방부하와 급탕부하를 합한 용량을 정미출력으로 표시하며 난방부하, 급탕부하, 배관부하, 예열부하를 합한 용량을 정격출력으로 표시한다.

28 열병합발전에 대한 다음의 설명 중 가장 옳지 않은 것은?

① 열병합발전 시스템이란 연료를 이용하여 전기를 만듦과 동시에 그때 발생하는 배열을 냉·난방이나 급탕, 증기 등의 용도로 이용하는 에너지절약형 시스템을 말한다.

② 하나의 1차 에너지로부터 둘 이상의 에너지를 발생시킨다는 의미에서 co(공동의) generation (발생)이라는 명칭이 되었다.

③ 열병합발전은 공업단지와 산업체 및 아파트단지 등을 중심으로 근래에 많이 건설되고 있다.

④ 분당이나 평촌 등의 신도시나 서울의 신정·목동·노원 등의 열병합발전소에서 전기와 열을 생산한다.

⑤ 전력부하와 열부하의 피크발생 시각이 비슷한 건물은 열병합발전에 바람직하지 않다.

> **해설** ⑤ 열병합발전은 전력과 열을 동시에 발생시켜 에너지 이용률을 70~85%(기존 발전의 2배 이상)로 높이는 발전 체계를 말한다. 즉, 증기 터빈, 가스 터빈 등 각종 엔진으로 발전기를 구동해 전기를 생산하고, 구동기에서 발생하는 배열을 거두어 효율적으로 사용한다. 따라서 소형열병합발전방식은 전력과 열을 동시에 만들기 때문에 전력과 열을 동시에 사용하는 건물은 열병합발전에 바람직하다.

29 공동주택과 오피스텔의 난방설비를 개별난방방식으로 하는 경우에 그 기준으로 잘못된 것은?

① 보일러실의 윗부분에는 그 면적이 $0.5m^2$ 이상인 환기창을 설치하고, 보일러실의 윗부분과 아랫부분에는 공기흡입구 및 배기구를 항상 닫혀있는 상태로 설치할 것

② 보일러는 거실 외의 곳에 설치하되 보일러를 설치하는 곳과 거실 사이의 경계벽은 출입구를 제외하고는 내화구조의 벽으로 구획할 것

③ 보일러실과 거실 사이의 출입구는 그 출입구가 닫힌 경우에는 보일러 가스가 거실에 들어갈 수 없는 구조로 할 것

④ 보일러의 연도는 내화구조로서 공동연도로 설치할 것

⑤ 오피스텔의 경우에는 난방구획을 방화구획으로 구획할 것

> **해설** ① 보일러실의 윗부분에는 그 면적이 $0.5m^2$ 이상인 환기창을 설치하고, 보일러실의 윗부분과 아랫부분에는 각각 지름 10cm 이상의 공기흡입구 및 배기구를 항상 열려있는 상태로 바깥공기에 접하도록 설치할 것. 다만, 전기보일러의 경우에는 그러하지 아니하다.

Answer

24 ④   25 예열   26 ④   27 ㉠ 정미 ㉡ 정격   28 ⑤   29 ①

30 다음은 난방원리에 관한 내용이다. (   )에 들어갈 용어를 순서대로 쓰시오.　　제20회

> (   )은(는) 물질의 온도를 변화시키는 데 관여하는 열로 일반적으로 온수난방의 원리
> 에 적용되는 것이며, (   )은(는) 물질의 상태를 변화시키는 데 관여하는 열로 일반적으
> 로 증기난방의 원리에 적용되는 것이다.

해설 현열은 물질의 온도를 변화시키는 데 관여하는 열로 일반적으로 온수난방의 원리에 적용되는 것이며,
잠열은 물질의 상태를 변화시키는 데 관여하는 열로 일반적으로 증기난방의 원리에 적용되는 것이다.

31 도시가스사업법령상 가스사용시설의 시설 · 기술 · 검사기준에 관한 내용이다. (   )에 들어갈
아라비아 숫자를 쓰시오.　　제24회

> 1. 배관 및 배관설비
>   가. 시설기준
>   1) 배치기군
>   가) 가스계량기는 다음 기준에 적합하게 설치할 것.
>   ① 가스계량기와 화기(그 시설 안에서 사용하는 자체화기는 제외한다) 사이에
>   유지하여야 하는 거리: (㉠)m 이상

32 건축물의 배수 · 통기설비에 관한 설명으로 옳지 않은 것은?　　제24회

① 트랩의 적정 봉수깊이는 50mm 이상 100mm 이하로 한다.
② 트랩은 2중 트랩이 되지 않도록 한다.
③ 드럼 트랩은 트랩부의 수량(水量)이 많기 때문에 트랩의 봉수는 파괴되기 어렵지만 침
　전물이 고이기 쉽다.
④ 각개통기관의 배수관 접속점은 기구의 최고 수면과 배수 수평지관이 수직관에 접속되
　는 점을 연결한 동수 구배선보다 상위에 있도록 배관한다.
⑤ 크로스 커넥션은 배수 수직관과 통기 수직관을 연결하여 배수의 흐름을 원활하게 하기
　위한 접속법이다.

해설 ⑤ 크로스 커넥션은 상수로부터의 급수계통과 그 외의 계통이 직접 접속되는 것을 말한다. 이렇게 될
경우 급수계통 내의 압력이 다른 계통 내의 압력보다 낮아지게 되면 다른 계통 내의 유체가 급수계통으
로 유입되어 물의 오염원인이 될 수 있다.

33 배수트랩에 관한 설명으로 옳지 않은 것은? 제18회

① 배수트랩의 역할 중 하나는 배수관 내에서 발생한 악취가 실내로 침입하는 것을 방지하는 것이다.

② 배수트랩은 봉수가 파괴되지 않은 형태로 한다.

③ 배수트랩 봉수의 깊이는 50~100mm로 하는 것이 보통이다.

④ 배수트랩 중 벨트랩은 화장실 등의 바닥배수에 적합한 트랩이다.

⑤ 배수트랩은 배수수직관 가까이에 설치하여 원활한 배수가 이루어지도록 한다.

해설 ⑤ 배수트랩이 배수수직관 가까이에 설치되면 분출작용, 감압에 의한 흡인작용에 의해서 트랩의 봉수가 파괴될 수 있기 때문에 배수수직관과 멀리 설치하는 것이 바람직하다.

34 공동주택 배수관에서 발생하는 발포 존(zone)에 관한 설명으로 옳지 않은 것은? 제20회

① 물은 거품보다 무겁기 때문에 먼저 흘러내리고 거품은 배수수평주관과 같이 수평에 가까운 부분에서 오랫동안 정체한다.

② 각 세대에서 세제가 포함된 배수를 배출할 때 많은 거품이 발생한다.

③ 수직관 내에 어느 정도 높이까지 거품이 충만하면 배수수직관 하층부의 압력상승으로 트랩의 봉수가 파괴되어 거품이 실내로 유입되게 된다.

④ 배수수평관의 관경은 통상의 관경산정 방법에 의한 관경보다 크게 하는 것이 유리하다.

⑤ 발포 존의 발생방지를 위하여 저층부와 고층부의 배수수직관을 분리하지 않는다.

해설 ⑤ 발포 존의 발생방지를 위하여 저층부와 고층부의 배수계통을 별도로 하여야 한다.

35 배수용 P트랩의 적정 봉수깊이는? 제17회

① 50~100mm

② 110~160mm

③ 170~220mm

④ 230~280mm

⑤ 290~340mm

해설 적정 봉수깊이는 50~100mm이다.

Answer

30 현열, 잠열 **31** ㉠ 2 **32** ⑤ **33** ⑤ **34** ⑤ **35** ①

36 배수트랩 중 밸트랩(bell trap)에 관한 설명으로 옳은 것은?

① 배수수평주관에 설치한다.

② 관트랩보다 자기사이펀 작용에 의해 트랩의 봉수가 파괴되기 쉽다.

③ 호텔, 레스토랑 등의 주방에서 배출되는 배수에 포함된 유지(油脂) 성분을 제거하기 위해 사용된다.

④ 주로 욕실의 바닥 배수용으로 사용된다.

⑤ 세면기의 배수용으로 사용되며, 벽체 내의 배수 수직관에 접속된다.

> **해설** ① 배수수평주관에는 U트랩을 설치한다.
> ② S트랩은 자기사이펀 작용에 의해 트랩의 봉수가 파괴되기 쉽다.
> ③ 호텔, 레스토랑 등의 주방에서 배출되는 배수에 포함된 유지(油脂) 성분을 제거하기 위해 사용되는 트랩은 그리스트랩이다.
> ⑤ 세면기의 배수용으로 사용되며, 벽체 내의 배수 수직관에 접속되는 트랩은 P트랩이다.

37 다음에서 설명하고 있는 배수배관의 통기방식은?   제22회

> • 봉수보호의 안정도가 높은 방식이다.
> • 위생기구마다 통기관을 설치한다.
> • 자기사이펀작용의 방지효과가 있다.
> • 경제성과 건물의 구조 등 때문에 모두 적용하기 어려운 점이 있다.

① 각개통기방식   ② 결합통기방식   ③ 루프통기방식
④ 신정통기방식   ⑤ 섹스티아방식

> **해설** ① 각개통기방식에 관한 설명이다.

38 배수배관 계통에 설치되는 트랩과 통기관에 관한 설명으로 옳지 않은 것은?   제23회

① 신정통기관은 가장 높은 곳에 위치한 기구의 물넘침선보다 150mm 이상에서 배수수직관에 연결한다.

② 도피통기관은 배수수평지관의 최하류에서 통기수직관과 연결한다.

③ 트랩은 자기세정이 가능하도록 하고, 적정 봉수의 깊이는 50 ~ 100mm 정도로 한다.

④ 장기간 사용하지 않을 때, 모세관 현상이나 증발에 의해 트랩의 봉수가 파괴될 수 있다.

⑤ 섹스티아 통기관에는 배수수평주관에 배수가 원활하게 유입되도록 공기분리이음쇠가 설치된다.

> **해설** ⑤ 섹스티아 방식은 섹스티아 이음쇠와 섹스티아 밴드관을 사용하여 유수에 선회력을 주어 공기코어를 유지시켜 하나의 관으로 배수와 통기를 겸하는 통기방식이고, 소벤트 방식은 공기혼합이음쇠와 공기분리이음쇠를 설치하여 하나의 배수수직관으로 배수와 통기를 겸하는 통기방식이다.

39 공동주택의 배수설비계통에서 발생하는 발포존에 관한 설명으로 옳지 않은 것은?　제15회

① 배수에 포함된 세제로 인하여 발생한다.

② 발포존에서는 배수수직관과 배수수평지관의 접속을 피하는 것이 바람직하다.

③ 배수수평주관의 길이를 길게 하여 발포존의 발생을 줄일 수 있다.

④ 발포존의 발생 방지를 위하여 저층부와 고층부의 배수계통을 별도로 한다.

⑤ 배수수직관의 압력변동으로 저층부 배수계통의 트랩에서 분출현상이 발생한다.

해설 ③ 배수수평주관의 길이를 짧게 하여 발포존의 발생을 줄일 수 있다.

40 다음 중 오수의 수질을 나타내는 지표를 모두 고른 것은?　제19회 시설개론

> ㉠ VOCs(Volatile Organic Compounds)
> ㉡ BOD(Biochemical Oxygen Demand)
> ㉢ SS(Suspended Solid)
> ㉣ PM(Particulate Matter)
> ㉤ DO(Dissolved Oxygen)

① ㉠, ㉡　　　　　　　② ㉡, ㉢　　　　　　③ ㉠, ㉢, ㉣

④ ㉡, ㉢, ㉣　　　　　⑤ ㉡, ㉢, ㉤

해설 ㉠ VOCs(Volatile Organic Compounds) : 휘발성 유기화합물(기체)
　　㉡ BOD(Biochemical Oxygen Demand) : 생물화학적 산소요구량
　　㉢ SS(Suspended Solid) : 부유물질량
　　㉣ PM(Particulate Matter) : 미세먼지(입자상 물질)
　　㉤ DO(Dissolved Oxygen) : 용존산소량

Answer

36 ④　37 ①　38 ⑤　39 ③　40 ⑤

41 배수통기설비의 통기관에 관한 설명이다. (   ) 안에 들어갈 용어를 쓰시오. 제17회

> 배수수직관의 길이가 길어지면 배수수직관 내에서도 압력변동이 발생할 수 있다. 이러한 배수수직관 내의 압력변화를 방지하기 위하여 배수수직관과 통기수직관을 연결하는 것을 (   )통기관이라 한다.

해설 배수수직관의 길이가 길어지면 배수수직관 내에서도 압력변동이 발생할 수 있다. 이러한 배수수직관 내의 압력변화를 방지하기 위하여 배수수직관과 통기수직관을 연결하는 것을 결합통기관이라 한다.

42 개인하수처리시설에 관한 설명으로 옳지 않은 것은?

① 1일 처리대상인원 500명 이상인 정화조에서 배출되는 방류수는 염소로 소독하여야 한다.

② 1일 처리용량이 50m³ 이상인 오수처리시설에는 기술관리인을 둔다.

③ 처리대상인원이 500명 이상인 정화조에는 기술관리인을 둔다.

④ 오수정화시설의 방류수 수질기준은 1일 처리용량에 따라 다르다.

⑤ 1일 처리용량이 200m³ 이상인 오수처리시설은 6개월마다 1회 이상 방류수의 수질을 자가측정하거나 측정대행자로 하여금 측정하게 하여야 한다.

해설 ③ 처리대상인원이 1천명 이상인 정화조에 기술관리인을 둔다.

43 오물정화조에 관한 설명으로 옳지 않은 것은?

① 부패조에서는 유입된 오수를 혐기성균에 의하여 소화작용으로 분리침전이 이루어지도록 한다.

② 부패조는 침전분리조 및 예비 여과조를 조합한 구조로 한다.

③ 산화조에서 호기성균의 작용이 이루어진다.

④ 부패조, 산화조, 기계실의 3부분으로 구성한다.

⑤ 산화조의 밑면은 소독조를 향하여 1/100의 내림구배를 둔다.

해설 ④ 정화조는 부패조, 산화조, 소독조로 구성한다.

44 하수도법령상 개인하수처리시설의 소유자 또는 관리자는 부득이한 사유로 인하여 방류수 수질기준을 초과하여 방류하게 된 때에는 특별자치시장·특별자치도지사·시장·군수·구청장에게 신고하도록 되어 있는바, 다음 중 이에 해당하지 않는 것은?

① 개인하수처리시설을 개선·변경·보수하기 위하여 필요한 경우
② 개인하수처리시설의 일부 기계장치의 고장으로 정상운영이 곤란한 경우
③ 단전이나 단수로 개인하수처리시설을 정상적으로 운영할 수 없는 경우
④ 천재지변, 화재 그 밖의 부득이한 사유로 인하여 개인하수처리시설을 정상 운영할 수 없는 경우
⑤ 기후의 변동 또는 이상물질의 유입으로 개인하수처리시설을 정상 운영할 수 없는 경우

해설 개인하수처리시설의 비정상운영 신고 사유는 다음과 같다.
⑴ 개인하수처리시설을 개선, 변경 또는 보수하기 위하여 필요한 경우
⑵ 개인하수처리시설의 주요 기계장치 등의 사고로 인하여 정상 운영할 수 없는 경우
⑶ 단전이나 단수로 개인하수처리시설을 정상적으로 운영할 수 없는 경우
⑷ 기후의 변동 또는 이상물질의 유입 등으로 인하여 개인하수처리시설을 정상 운영할 수 없는 경우
⑸ 천재지변, 화재, 그 밖의 부득이한 사유로 인하여 개인하수처리시설을 정상 운영할 수 없는 경우

45 다음 중 오수정화조의 오물유입에서 방류까지의 과정에 대한 오수처리 순서로 옳은 것은?

① 부패조 ⇨ 산화조 ⇨ 소독조 ⇨ 여과조
② 부패조 ⇨ 여과조 ⇨ 산화조 ⇨ 소독조
③ 산화조 ⇨ 부패조 ⇨ 소독조 ⇨ 여과조
④ 여과조 ⇨ 산화조 ⇨ 소독조 ⇨ 부패조
⑤ 여과조 ⇨ 부패조 ⇨ 산화조 ⇨ 소독조

해설 오수정화 순서는 다음과 같다.
오수유입 ⇨ 부패조 ⇨ 여과조 ⇨ 산화조 ⇨ 소독조 ⇨ 방류
⑴ 부패조 : 침전·소화작용을 하며 혐기성(嫌氣性)세균 작용을 활발(10~15℃)히 하기 위해 공기의 침입을 막는다.
⑵ 여과조(쇄석 크기는 5~7.5cm 정도) : 오수 흐름 방향은 아래에서 위로 하며 여과조 깊이는 수심의 1/3~1/2이 되게 한다.
⑶ 산화조 : 살수여상식으로 호기성 세균(산소를 좋아하는 세균) 활동을 증식시키기 위해 배기관(지상 3m 이상) 및 송기구를 설치하여 통기설비를 한다.
⑷ 소독조 : 소독제로 차아염소산나트륨, 차아염소산칼슘 등의 염소계통을 액체, 고체 상태로 주입한다.

Answer
41 결합 42 ③ 43 ④ 44 ② 45 ②

46 오수 등의 수질지표에 관한 설명으로 옳지 않은 것은? 제22회

① SS − 물 1cm³ 중의 대장균군 수를 개수로 표시하는 것이다.

② BOD − 생물화학적 산소요구량으로 수중 유기물이 미생물에 의해서 분해될 때 필요한 산소량이다.

③ pH − 물이 산성인가 알칼리성인가를 나타내는 것이다.

④ DO − 수중 용존산소량을 나타낸 것이며 이것이 클수록 정화능력도 크다고 할 수 있다.

⑤ COD − 화학적 산소요구량으로 수중 산화되기 쉬운 유기물을 산화제로 산화시킬 때 산화제에 상당하는 산소량이다.

해설 ① SS(부유물질)는 물에 녹지 않으면서 오수 중에 떠다니는 부유물질을 말한다.

47 다음은 주택건설기준 등에 관한 규정의 승강기 등에 관한 기준이다. ( )에 들어갈 숫자를 옳게 나열한 것은? 제20회

---

① 6층 이상인 공동주택에는 국토교통부령이 정하는 기준에 따라 대당 (㉠)인승 이상인 승용승강기를 설치하여야 한다. 다만, 「건축법 시행령」 제89조의 규정에 해당하는 공동주택의 경우에는 그러하지 아니하다.

② (㉡)층 이상인 공동주택의 경우에는 ①의 승용승강기를 비상용승강기의 구조로 하여야 한다.

③ 10층 이상인 공동주택에는 이삿짐 등을 운반할 수 있는 다음 각 호의 기준에 적합한 화물용승강기를 설치하여야 한다.

<1. ~ 3. 생략>

4. 복도형인 공동주택의 경우에는 (㉢)세대까지 1대를 설치하되, (㉢)세대를 넘는 경우에는 (㉢)세대마다 1대를 추가로 설치할 것

---

① ㉠: 5, ㉡: 8, ㉢: 100   ② ㉠: 6, ㉡: 8, ㉢: 50

③ ㉠: 6, ㉡: 10, ㉢: 100   ④ ㉠: 8, ㉡: 10, ㉢: 50

⑤ ㉠: 8, ㉡: 10, ㉢: 200

해설 ㉠ 6, ㉡ 10, ㉢ 100이 옳은 지문이다.

48 승강기의 유지관리시 원활한 부품 및 장비의 수급을 위해 승강기 안전관리법령에서 다음과 같이 승강기 유지관리용 부품 등의 제공기간을 정하고 있다. 법령에서 명시하고 있는 (   )에 들어갈 숫자를 쓰시오.
제22회

> 제11조【승강기 유지관리용 부품 등의 제공기간 등】① 법 제6조 제1항 전단에 따라 제조업 또는 수입업을 하기 위해 등록을 한 자(이하 '제조·수입업자'라 한다)는 법 제8조 제1항 제1호에 따른 승강기 유지관리용 부품(이하 '유지관리용 부품'이라 한다) 및 같은 항 제2호에 따른 장비 또는 소프트웨어(이하 '장비등'이라 한다)의 원활한 제공을 위해 동일한 형식의 유지관리용 부품 및 장비등을 최종 판매하거나 양도한 날부터 (   )년 이상 제공할 수 있도록 해야 한다. 다만, 비슷한 다른 유지관리용 부품 또는 장비등의 사용이 가능한 경우로서 그 부품 또는 장비등을 제공할 수 있는 경우에는 그렇지 않다.

해설 ① 법 제6조 제1항 전단에 따라 제조업 또는 수입업을 하기 위해 등록을 한 자(이하 '제조·수입업자'라 한다)는 법 제8조 제1항 제1호에 따른 승강기 유지관리용 부품(이하 '유지관리용 부품'이라 한다) 및 같은 항 제2호에 따른 장비 또는 소프트웨어(이하 '장비등'이라 한다)의 원활한 제공을 위해 동일한 형식의 유지관리용 부품 및 장비등을 최종 판매하거나 양도한 날부터 10년 이상 제공할 수 있도록 해야 한다. 다만, 비슷한 다른 유지관리용 부품 또는 장비등의 사용이 가능한 경우로서 그 부품 또는 장비등을 제공할 수 있는 경우에는 그렇지 않다.

49 승강기 안전관리법상 승강기의 안전검사에 관한 설명으로 옳은 것은?
제24회
① 정기검사의 검사주기는 3년 이하로 하되, 행정안전부령으로 정하는 바에 따라 승강기별로 검사주기를 다르게 할 수 있다.
② 승강기의 제어반 또는 구동기를 교체한 경우 수시검사를 받아야 한다.
③ 승강기 설치검사를 받은 날부터 20년이 지난 경우 정밀안전검사를 받아야 한다.
④ 승강기의 결함으로 중대한 사고 또는 중대한 고장이 발생한 경우 수시검사를 받아야 한다.
⑤ 승강기의 종류, 제어방식, 정격(기기의 사용조건 및 성능의 범위를 말한다)속도, 정격용량 또는 왕복운행거리를 변경한 경우(변경된 승강기에 대한 검사의 기준이 완화되는 경우 등 행정안전부령으로 정하는 경우는 제외한다) 정밀안전검사를 받아야 한다.

해설 ① 정기검사의 검사주기는 2년 이하로 하되, 행정안전부령으로 정하는 바에 따라 승강기별로 검사주기를 다르게 할 수 있다.
③ 승강기 설치검사를 받은 날부터 15년이 지난 경우 정밀안전검사를 받아야 한다.
④ 승강기의 결함으로 중대한 사고 또는 중대한 고장이 발생한 경우 정밀안전검사를 받아야 한다.
⑤ 승강기의 종류, 제어방식, 정격(기기의 사용조건 및 성능의 범위를 말한다)속도, 정격용량 또는 왕복운행거리를 변경한 경우(변경된 승강기에 대한 검사 기준이 완화되는 경우 등 행정안전부령으로 정하는 경우는 제외한다) 수시검사를 받아야 한다.

Answer
46 ①   47 ③   48 10   49 ②

50 화재안전기준상 연결송수관설비의 기준이다. (   )에 들어갈 숫자를 옳게 나열한 것은?
제22회 수정

> 연결송수관설비의 배관은 다음 각 호의 기준에 따라 설치하여야 한다.
> 1. 주배관의 구경은 100mm 이상의 것으로 할 것
> 2. 지면으로부터의 높이가 (㉠)m 이상인 특정소방대상물 또는 지상 (㉡)층 이상인 특정소방대상물에 있어서는 습식설비로 할 것

① ㉠: 20, ㉡: 7　　　　　　② ㉠: 21, ㉡: 7
③ ㉠: 25, ㉡: 7　　　　　　④ ㉠: 30, ㉡: 11
⑤ ㉠: 31, ㉡: 11

해설 ㉠ 31m, ㉡ 11층이 옳은 지문이다.

51 화재안전기준상 소화기구 및 자동소화장치의 화재안전기준에 관한 내용으로 옳지 않은 것은?
제23회 수정

① "소형소화기"란 능력단위가 1단위 이상이고 대형소화기의 능력단위 미만인 소화기를 말한다.
② "주거용 주방자동소화장치"란 주거용 주방에 설치된 열발생 조리기구의 사용으로 인한 화재 발생시 열원(전기 또는 가스)을 자동으로 차단하며 소화약제를 방출하는 소화장치를 말한다.
③ "일반화재(A급화재)"란 나무, 섬유, 종이, 고무, 플라스틱류와 같은 일반 가연물이 타고 나서 재가 남는 화재를 말한다. 일반화재에 대한 소화기의 적응 화재별 표시는 'A'로 표시한다.
④ 소화기는 각층마다 설치하되, 특정소방대상물의 각 부분으로부터 1개의 소화기까지의 보행거리가 소형소화기의 경우에는 20m 이내, 대형 소화기의 경우는 30m 이내가 되도록 배치한다.
⑤ 소화기구(자동확산소화기를 제외한다)는 거주자 등이 손쉽게 사용할 수 있는 장소에 바닥으로부터 높이 1.6m 이하의 곳에 비치한다.

해설 ⑤ 소화기구(자동확산소화기를 제외한다)는 거주자 등이 손쉽게 사용할 수 있는 장소에 바닥으로부터 높이 1.5m 이하의 곳에 비치한다.

52 화재안전기준상 옥내소화전설비의 송수구 설치기준에 관한 설명으로 옳지 않은 것은?

제19회 수정

① 지면으로부터 높이가 0.8m 이상 1.5m 이하의 위치에 설치할 것
② 구경 65mm의 쌍구형 또는 단구형으로 할 것
③ 송수구의 가까운 부분에 자동배수밸브(또는 직경 5mm의 배수공) 및 체크밸브를 설치할 것. 이 경우 자동배수밸브는 배관 안의 물이 잘 빠질 수 있는 위치에 설치하되, 배수로 인하여 다른 물건 또는 장소에 피해를 주지 아니하여야 한다.
④ 송수구에는 이물질을 막기 위한 마개를 씌울 것
⑤ 송수구는 소방차가 쉽게 접근할 수 있는 잘 보이는 장소에 설치하되 화재층으로부터 지면으로 떨어지는 유리창 등이 송수 및 그 밖의 소화작업에 지장을 주지 아니하는 장소에 설치할 것

해설 ① 옥내소화전설비의 송수구는 지면으로부터 높이가 0.5m 이상 1m 이하의 위치에 설치하여야 한다.

53 화재안전기준상 소화기구 및 자동소화장치의 주거용 주방자동소화장치에 관한 설치기준이다. ( )에 들어갈 내용을 옳게 나열한 것은?

제20회 수정

주거용 주방자동소화장치는 다음 각 목의 기준에 따라 설치할 것
• (㉠)는 형식승인 받은 유효한 높이 및 위치에 설치할 것
• 가스용 주방자동소화장치를 사용하는 경우 (㉡)는 수신부와 분리하여 설치하되, 공기보다 가벼운 가스를 사용하는 경우에는 천장면으로부터 (㉢)의 위치에 설치하고, 공기보다 무거운 가스를 사용하는 장소에는 바닥면으로부터 (㉢)의 위치에 설치할 것

① ㉠: 감지부, ㉡: 탐지부, ㉢: 30cm 이하
② ㉠: 환기구, ㉡: 감지부, ㉢: 30cm 이하
③ ㉠: 수신부, ㉡: 환기구, ㉢: 30cm 이상
④ ㉠: 감지부, ㉡: 중계부, ㉢: 60cm 이하
⑤ ㉠: 수신부, ㉡: 탐지부, ㉢: 60cm 이상

해설 ㉠ 감지부, ㉡ 탐지부, ㉢ 30cm 이하가 옳은 지문이다.

Answer
50 ⑤ 51 ⑤ 52 ① 53 ①

54 화재안전기준상 유도등 및 유도표지의 화재안전기준에 관한 설명으로 옳은 것은?

제21회 수정

① 복도통로유도등은 복도에 설치하며, 구부러진 모퉁이 및 보행거리 20m마다 설치하여야 한다.

② 피난구유도등은 피난통로를 안내하기 위한 유도등으로 복도통로유도등, 거실통로유도등, 계단통로유도등을 말한다.

③ 계단통로유도등은 각 층의 경사로 참 또는 계단참마다(1개층에 경사로 참 또는 계단참이 2 이상 있는 경우에는 2개의 계단참마다) 설치하며, 바닥으로부터 높이 1.5m 이하의 위치에 설치하여야 한다.

④ 피난구유도등은 바닥면적이 1,000m² 미만인 층으로서 옥내로부터 직접 지상으로 통하는 출입구(외부의 식별이 용이한 경우에 한한다)에 설치하여야 한다.

⑤ 피난구유도표지는 출입구 상단에 설치하고, 통로유도표지는 바닥으로부터 높이 1.5m 이하의 위치에 설치하여야 한다.

해설 ② 통로유도등은 피난통로를 안내하기 위한 유도등으로 복도통로유도등, 거실통로유도등, 계단통로유도등을 말하고, 피난구유도등은 피난구 또는 피난경로로 사용되는 출입구를 표시하여 피난을 유도하는 등을 말한다.
③ 계단통로유도등은 각 층의 경사로 참 또는 계단참마다(1개층에 경사로 참 또는 계단참이 2 이상 있는 경우에는 2개의 계단참마다) 설치하며, 바닥으로부터 높이 1m 이하의 위치에 설치하여야 한다.
④ 피난구유도등은 바닥면적이 1,000m² 미만인 층으로서 옥내로부터 직접 지상으로 통하는 출입구(외부의 식별이 용이한 경우에 한한다)에 설치하지 않는다.
⑤ 피난구유도표지는 출입구 상단에 설치하고, 통로유도표지는 바닥으로부터 높이 1m 이하의 위치에 설치하여야 한다.

55 화재안전기준상 스프링클러설비의 화재안전기준에 관한 용어로 옳은 것은?

① 압력수조: 구조물 또는 지형지물 등에 설치하여 자연낙차 압력으로 급수하는 수조

② 충압펌프: 배관 내 압력손실에 따른 주펌프의 빈번한 기동을 방지하기 위하여 충압역할을 하는 펌프

③ 일제개방밸브: 폐쇄형스프링클러헤드를 사용하는 건식 스프링클러설비에 설치하는 밸브로서 화재발생시 자동 또는 수동식 기동장치에 따라 밸브가 열려지는 것

④ 진공계: 대기압 이상의 압력과 대기압 이하의 압력을 측정할 수 있는 계측기

⑤ 체절운전: 펌프의 성능시험을 목적으로 펌프토출측의 개폐밸브를 개방한 상태에서 펌프를 운전하는 것

해설 ① 고가수조: 구조물 또는 지형지물 등에 설치하여 자연낙차 압력으로 급수하는 수조를 말한다.
③ 일제개방밸브: 개방형스프링클러헤드를 사용하는 일제살수식 스프링클러설비에 설치하는 밸브로서 화재발생시 자동 또는 수동식 기동장치에 따라 밸브가 열려지는 것을 말한다.
④ 연성계: 대기압 이상의 압력과 대기압 이하의 압력을 측정할 수 있는 계측기를 말한다.
⑤ 체절운전: 펌프의 성능시험을 목적으로 펌프토출측의 개폐밸브를 닫은 상태에서 펌프를 운전하는 것을 말한다.

56 「소방시설 설치 및 관리에 관한 법률」상 소방안전관리자를 두어야 하는 특정소방대상물 중 1급 소방안전대상물에 관한 내용이다. ( )에 들어갈 아라비아 숫자를 쓰시오. 제24회 수정

> 1. <생략>
> 2. 별표 2의 특정소방대상물 중 특급 소방안전관리대상물을 제외한 다음 각 목의 어느 하나에 해당하는 것으로서 동·식물원, 철강 등 불연성 물품을 저장·취급하는 창고, 위험물 저장 및 처리 시설 중 위험물 제조소등, 지하구를 제외한 것(이하 "1급 소방안전관리대상물"이라 한다)
>   가. (㉠)층 이상(지하층은 제외한다)이거나 지상으로부터 높이가 (㉡)미터 이상인 아파트

해설 30층 이상(지하층은 제외한다)이거나 지상으로부터 높이가 120미터 이상인 아파트

57 「소방시설 설치 및 관리에 관한 법률」상 '소방시설 등의 자체점검'은 다음과 같이 구분하고 있다. ( )에 들어갈 용어를 쓰시오. 제21회 수정

> 작동점검은 소방시설 등을 인위적으로 조작하여 소방시설이 정상적으로 작동하는지를 소방청장이 정하여 고시하는 소방시설 등 작동점검표에 따라 점검하는 것을 말한다. ( )은 (는) 소방시설 등의 작동점검을 포함하여 소방시설 등의 설비별 주요 구성 부품의 구조기준이 화재안전기준과 「건축법」 등 관련 법령에서 정하는 기준에 적합한 지 여부를 소방청장이 정하여 고시하는 소방시설 등 종합점검표에 따라 점검하는 것을 말한다.

해설 작동점검은 소방시설 등을 인위적으로 조작하여 소방시설이 정상적으로 작동하는지를 소방청장이 정하여 고시하는 소방시설 등 작동점검표에 따라 점검하는 것을 말한다. 종합점검은 소방시설 등의 작동점검을 포함하여 소방시설 등의 설비별 주요 구성 부품의 구조기준이 화재안전기준과 「건축법」 등 관련 법령에서 정하는 기준에 적합한 지 여부를 소방청장이 정하여 고시하는 소방시설 등 종합점검표에 따라 점검하는 것을 말한다.

Answer
54 ① **55** ② **56** ㉠ 30 ㉡ 120 **57** 종합점검

58 옥외소화전설비의 화재안전기준의 일부이다. (   )에 들어갈 숫자를 쓰시오. 제23회 수정

> 호스접결구는 지면으로부터 높이가 0.5m 이상 (㉠)m 이하의 위치에 설치하고 특정소방
> 대상물의 각 부분으로부터 하나의 호스접결구까지의 수평거리가 (㉡)m 이하가 되도록
> 설치하여야 한다.

해설 호스접결구는 지면으로부터 높이가 0.5m 이상 1m 이하의 위치에 설치하고 특정소방대상물의 각 부분
으로부터 하나의 호스접결구까지의 수평거리가 40m 이하가 되도록 설치하여야 한다.

59 건축물의 설비기준 등에 관한 규칙상 개별난방설비의 기준에 관한 설명으로 옳지 않은 것은?
제24회

① 보일러는 거실 외의 곳에 설치하되, 보일러를 설치하는 곳과 거실사이의 경계벽은 출
입구를 제외하고는 내화구조의 벽으로 구획해야 한다.
② 보일러실의 윗부분에는 그 면적이 0.5제곱미터 이상인 환기창을 설치해야 한다. 다만,
전기보일러의 경우에는 그러하지 아니한다.
③ 보일러실과 거실사이의 출입구는 그 출입구가 닫힌 경우에는 보일러가스가 거실에 들
어갈 수 없는 구조로 해야 한다.
④ 오피스텔의 경우에는 난방구획을 방화구획으로 구획해야 한다.
⑤ 기름보일러를 설치하는 경우에는 기름저장소를 보일러실 내에 설치해야 한다.

해설 ⑤ 기름보일러를 설치하는 경우에는 기름저장소를 보일러실 외의 다른 곳에 설치해야 한다.

60 건축물의 설비기준 등에 관한 규칙상 30세대 이상 신축공동주택 등의 기계환기설비의 설치기준에 관한 설명으로 옳지 않은 것은?

① 하나의 기계환기설비로 세대 내 2 이상의 실에 바깥공기를 공급할 경우의 필요 환기량은 각 실에 필요한 환기량의 합계 이상이 되도록 하여야 한다.

② 세대의 환기량 조절을 위하여 환기설비의 정격풍량을 최소·최대의 2단계 또는 그 이하로 조절할 수 있는 체계를 갖추어야 한다.

③ 기계환기설비는 환기의 효율을 극대화할 수 있는 위치에 설치하여야 하고, 바깥공기의 변동에 의한 영향을 최소화할 수 있도록 해야 한다.

④ 기계환기설비의 각 부분의 재료는 충분한 내구성 및 강도를 유지하여 작동되는 동안 구조 및 성능에 변형이 없도록 하여야 한다.

⑤ 공기흡입구 및 배기구와 공기공급체계 및 공기배출체계는 기계환기설비를 지속적으로 작동시키는 경우에는 대상공간의 사용에 지장을 주지 아니하는 위치에 설치되어야 한다.

해설 ② 세대의 환기량 조절을 위하여 환기설비의 정격풍량을 최소·적정·최대의 3단계 또는 그 이상으로 조절할 수 있는 체계를 갖추어야 한다.

61 건축물의 설비기준 등에 관한 규칙상 30세대 이상의 신축공동주택 등의 기계환기설비 설치기준에 관한 설명으로 옳지 않은 것은?   제17회

① 공기흡입구 및 배기구와 공기공급체계 및 공기배출체계는 기계환기설비를 지속적으로 작동시키는 경우에도 대상 공간의 사용에 지장을 주지 아니하는 위치에 설치되어야 한다.

② 세대의 환기량 조절을 위해서 환기설비의 정격풍량을 2단계 이상으로 조절할 수 있도록 하여야 한다.

③ 기계환기설비는 주방 가스대 위의 공기배출장치, 화장실의 공기배출 송풍기 등 급속 환기 설비와 함께 설치할 수 있다.

④ 에너지 절약을 위하여 열회수형 환기장치를 설치하는 경우에는 한국산업표준(KS B 6879)에 따라 시험한 열회수형 환기장치의 유효환기량이 표시용량의 90% 이상이어야 한다.

⑤ 외부에 면하는 공기흡입구와 배기구는 교차오염을 방지할 수 있도록 1.5미터 이상의 이격거리를 확보하거나 공기흡입구와 배기구의 방향이 서로 90도 이상 되는 위치에 설치되어야 한다.

해설 ② 세대의 환기량 조절을 위하여 환기설비의 정격풍량을 최소·적정·최대의 3단계 또는 그 이상으로 조절할 수 있는 체계를 갖추어야 하고, 적정 단계의 필요 환기량은 신축공동주택 등의 세대를 시간당 0.5회로 환기할 수 있는 풍량을 확보하여야 한다.

Answer

58 ㉠ 1 ㉡ 40   59 ⑤   60 ②   61 ②

62 가로 10m, 세로 20m, 천장높이 5m인 기계실에서, 기기의 발열량이 40kW일 때 필요한 최소 환기횟수(회/h)는? (단, 실내 설정온도 28℃, 외기온도 18℃, 공기의 비중 1.2kg/m³, 공기의 비열 1.0kJ/kg·K로 하고 주어진 조건 외의 사항은 고려하지 않음) 제20회

① 10   ② 12   ③ 14
④ 16   ⑤ 18

해설 Q(환기량) $= \dfrac{H_s}{\rho \cdot C_p \cdot (t_r - t_0)}$ (m³/h) $= \dfrac{40 \times 3{,}600}{1.2 \times 1.0 \times (28 - 18)} = 12{,}000$m³

여기서 H_s : 실내 발열량(kJ/h) ρ : 공기의 비중(1.2kg/m³) C_p : 공기의 비열(1.0kJ/kg·K)

t_r : 실내 설정온도 t_0 : 외기온도

∴ 환기횟수 = 환기량 ÷ 실내체적 = 12,000 ÷ (10 × 20 × 5) = 12회

63 배관 중에 먼지 또는 토사·쇠부스러기 등이 들어가면 배관이 막힐 우려가 있으므로 이를 방지하기 위하여 배관에 부착하는 것은?

① 볼탭(ball tap)   ② 드렌처(drencher)
③ 스트레이너(strainer)   ④ 스팀 사일런서(steam silencer)
⑤ 벤튜리(venturis)

해설 ③ 스트레이너는 펌프 흡입관의 말단이나 배관에 설치하여 모래 등의 유입을 막는 장치이다.

64 다음이 설명하는 용어를 쓰시오. 제21회

> 공동주택에서 지하수조 등에서 배출되는 잡배수를 배수관에 직접 연결하지 않고, 한번 대기에 개방한 후 물받이용 기구에 받아 배수하는 방식

해설 공동주택에서 지하수조 등에서 배출되는 잡배수를 배수관에 직접 연결하지 않고, 한번 대기에 개방한 후 물받이용 기구에 받아 배수하는 방식을 간접배수라 한다.

65 배관 부속품인 밸브에 대한 설명 중 옳지 않은 것은?

① 콕(cock)은 유체의 흐름을 급속하게 개폐하는 경우에 사용된다.

② 조정밸브에는 감압밸브, 안전밸브, 온도조절밸브 등이 있다.

③ 글로브밸브(globe valve)는 스톱밸브(stop valve)라고도 하며 유체에 대한 저항이 큰 것이 단점이다.

④ 체크밸브(check valve)는 유체의 흐름을 한쪽 방향으로만 흐르게 한다.

⑤ 게이트밸브(gate valve)는 유체의 흐름을 직각으로 바꾸는 경우에 사용된다.

> **해설** ⑤ 슬루스밸브 또는 게이트밸브라고 하는 것은 유체의 마찰손실이 적어서 급수·급탕배관에 사용되고, 유체의 흐름을 직각으로 바꾸는 데에는 앵글밸브가 사용된다.

66 건물의 급탕설비에 관한 설명으로 옳지 않은 것을 모두 고른 것은?

> ㉠ 점검에 대비하여 팽창관에는 게이트밸브를 설치한다.
> ㉡ 단관식 급탕공급방식은 배관길이가 길어지면 급탕수전에서 온수를 얻기까지의 시간이 길어진다.
> ㉢ 급탕량 산정은 건물의 사용 인원수에 의한 방법과 급탕기구수에 의한 방법이 있다.
> ㉣ 중앙식 급탕방식에서 직접가열식은 보일러에서 만들어진 증기나 고온수를 가열코일을 통해서 저탕탱크 내의 물과 열교환하는 방식이다.

① ㉠, ㉡   ② ㉠, ㉣

③ ㉡, ㉢   ④ ㉠, ㉡, ㉣

⑤ ㉡, ㉢, ㉣

> **해설** ㉠ 팽창관에는 밸브를 설치하지 않는다.
> ㉣ 중앙식 급탕방식에서 간접가열식은 보일러에서 만들어진 증기나 고온수를 가열코일을 통해서 저탕탱크 내의 물과 열교환하는 방식이다.

Answer

62 ②   63 ③   64 간접배수   65 ⑤   66 ②

67 급탕설비에서 간접가열식 중앙급탕법에 관한 설명으로 옳지 않은 것은?

① 저압의 보일러를 사용하여도 되고 내식성도 직접가열식에 비하여 유리하다.

② 난방용보일러로 급탕까지 가능하다.

③ 열효율면에서 경제적이다.

④ 스케일이 부착하는 일이 적다.

⑤ 저장탱크의 가열코일은 아연도금강관, 주석도금강관 또는 황동관을 사용한다.

해설 ③ 열효율면에서 경제적인 급탕법은 직접가열식이다.

68 급탕량이 3m³/h이고 급탕온도 60℃, 급수온도 10℃일 때의 급탕부하는? (단, 물의 비열은 4.2kJ/kg·K, 물 1m³는 1,000kg으로 한다) 제20회

① 175kW

② 185kW

③ 195kW

④ 205kW

⑤ 215kW

해설 급탕부하 $Q = \dfrac{G \times C \times \triangle t}{3,600}$ (kW) $= \dfrac{3,000 \times 4.2 \times (60 - 10)}{3,600} = 175kW$

여기서 G : 물의 중량(kg/h) C : 물의 비열(4.2kJ/kg·K) $\triangle t$: 온도차(K)

69 급탕설비에서 급탕배관의 설계 및 시공상 주의사항에 관한 설명으로 옳지 않은 것은? 제14회

① 상향식 공급방식에서 급탕 수평주관은 선상향 구배로 하고 반탕(복귀)관은 선하향 구배로 한다.

② 하향식 공급방식에서 급탕관은 선하향 구배로 하고 반탕(복귀)관은 선상향 구배로 한다.

③ 이종(異種) 금속 배관재의 접속시에는 전식(電飾)방지 이음쇠를 사용한다.

④ 배관의 신축이음의 종류에는 스위블형, 슬리브형, 벨로스형 등이 있다.

⑤ 수평관 지름을 축소할 경우에는 편심 리듀서(eccentric reducer)를 사용한다.

해설 ② 하향식 공급방식에서 급탕관, 반탕(복귀)관 모두 선하향 구배로 한다.

70 냉각목적의 냉동기 성적계수와 가열목적의 열펌프(Heat Pump) 성적계수에 관한 설명으로 옳은 것은?
제24회

① 냉동기의 성적계수의 열펌프의 성적계수는 같다.
② 냉동기의 성적계수는 열펌프의 성적계수보다 1 크다.
③ 열펌프의 성적계수는 냉동기의 성적계수보다 1 크다.
④ 냉동기의 성적계수는 열펌프의 성적계수보다 2 크다.
⑤ 열펌프의 성적계수는 냉동기의 성적계수보다 2 크다.

해설 ③ 열펌프의 성적계수는 냉동기의 성적계수보다 1 크다.

Answer
67 ③   68 ①   69 ②   70 ③

단·원·열·기 환경관리는 매년 2문제 정도가 출제되는 장으로서 공동주택의 소독대상과 점검횟수, 소음관리, 신축 공동주택의 실내공기질 관리규정을 특히 주의하여 정리하여야 한다.

환경관리의 개요

01 환경의 정의

02 환경관리의 의의

01 환경관리의 개요

1 환경의 정의

(1) 환경은 자연환경과 생활환경으로 구분한다. 자연환경이라 함은 지하·지표(해양을 포함한다) 및 지상의 모든 생물과 이를 둘러싸고 있는 비생물적인 것을 포함한 자연의 상태(생태계를 포함한다)를 말하고, 생활환경이라 함은 대기, 물, 폐기물, 소음·진동, 악취, 일조 등 사람의 일상생활과 관계되는 환경을 말한다.

(2) 환경오염이라 함은 사업활동 기타 사람의 활동에 따라 발생되는 대기오염, 수질오염, 토양오염, 해양오염, 방사능오염, 소음·진동, 악취 등으로서 사람의 건강이나 환경에 피해를 주는 상태를 말한다.

(3) 공동주택관리의 대상이 되는 주요환경 내지 환경오염은 다음과 같다.

① **자연환경오염**
  ㉠ 먼지·쓰레기·오물 등에 의한 오염
  ㉡ 병균·해충 등에 의한 오염

② **생활환경오염**
  ㉠ 폐기물 오염
  ㉡ 대기오염
  ㉢ 수질오염
  ㉣ 소음 및 진동에 의한 오염

③ **조경관리**

2 환경관리의 의의

환경관리라 함은 환경오염 및 환경훼손으로부터 환경을 보호하고 오염되거나 훼손된 환경을 개선함과 동시에 쾌적한 환경의 상태를 유지·조성하기 위한 행위를 말한다.

02 자연환경관리

자연환경관리

01 청소관리
02 위생관리

1 청소관리

(1) 의 의

청소관리는 공동주택 입주자 등의 건강과 쾌적한 주거공간의 확보를 위하여 공동주택 단지 내에 있는 먼지·쓰레기·오물 등을 수거 또는 제거하는 작업을 말한다.

(2) 청소관리의 개요

① **목 적**
　㉠ 주거환경의 청결유지 및 위생환경유지
　㉡ 시설 및 설비의 정리·정돈
　㉢ 시설 및 설비의 노후화 방지
　㉣ 빙판·제설작업 등을 통한 안전사고 예방

② **관리대상**: 관리주체가 담당해야 할 청소관리 대상은 공동주택의 공용부분 및 부대시설과 입주자 공유인 복리시설이다.

③ **청소관리방식**
　㉠ 청소시기에 따른 분류
　　ⓐ 일상청소: 현관·계단·복도 등의 공용부분과 도로·관리사무소·주차장 등의 부대시설 및 어린이놀이터·경로당·주민운동시설 등의 복리시설 청소
　　ⓑ 정기청소: 계단·바닥 등에 대한 세정작업, 시설 및 설비의 금속부분에 대한 녹 제거작업 등과 같이 청소작업계획에 의하여 정기적으로 실시하는 청소
　　ⓒ 특별청소: 외벽·내벽 등 오염정도에 따라 실시하는 청소, 강우·강설 등에 의하여 부정기적으로 시행하는 제설·제빙작업 등

ⓛ 작업주체에 따른 분류

ⓐ 용역회사에 의한 청소 : 청소전문업체와 용역계약을 체결하여 동업체로 하여금 청소하게 하는 방법이다.

ⓑ 고용직원에 의한 청소 : 청소 전담직원을 고용하여 청소를 하는 방법이다.

2 위생관리

(1) 의 의

공동주택의 위생관리는 각종 질병의 매개체가 되는 해충을 박멸하고, 전염병을 예방하기 위한 방역작업을 실시하여 입주자의 건강 및 수목·잔디 등의 조경시설의 건전한 육성을 도모하기 위한 관리행위를 말한다.

(2) 살충작업

① 살충작업의 일반사항

㉠ 살충대상 해충 : 쥐·바퀴벌레·파리·모기·개미 등이 있다.

㉡ 일반원칙

ⓐ 해충발생지를 발본색원한다.

ⓑ 살충작업은 해충이 발생하는 초기에 시행한다.

ⓒ 일정지역을 전체적으로 실시하여야 하며 부분적으로 실시하는 경우에는 해충의 번식·이전 등으로 살충효과가 없다.

ⓓ 해충의 특성에 따라 살충작업도 다양하게 실시한다.

ⓔ 쥐가 건물 안으로 들어오는 것을 방지하기 위하여 배관과 벽 사이를 봉쇄한다.

ⓕ 바퀴벌레 구제는 완전구제 효과를 얻기 위해 수회에 걸쳐 구제하는 것이 좋다.

ⓖ 파리 서식지에 먼저 살충제를 살포한 후 파리 발생지가 되는 쓰레기장, 하수구 등에 집중 살포한다.

ⓗ 개미가 출몰하는 건물틈새 및 개미굴 등을 사전조사하여 통로가 될 만한 장소에 약제를 살포한다.

ⓘ 방역작업원은 너무 장시간 작업해서는 안 되며, 지하탱크 등 밀폐공간의 경우 송기마스크를 착용 후 작업한다.

② **사용방법**

살 포	유제를 살충장소에 뿌려서 살포하는 방법
분 무	안개처럼 분출시켜서 살포하는 방법
미스트	분무와 연무의 중간입자의 크기로 만들어 살포하는 방법
연 무	연기처럼 살포하는 방법

(3) 소독횟수 기준 및 신고 등

① **공동주택**

㉠ 범위 : 300세대 이상 공동주택

㉡ 시 기

ⓐ 4월부터 9월까지 3개월에 1회 이상

ⓑ 10월부터 3월까지 6개월에 1회 이상

② **기숙사**

4월부터 9월까지 2개월에 1회 이상, 10월부터 3월까지 3개월에 1회 이상

③ **어린이집 및 유치원**

4월부터 9월까지 2개월에 1회 이상, 10월부터 3월까지 3개월에 1회 이상

💡 어린이집 및 유치원에는 50명 이상을 수용하는 어린이집 및 유치원만 해당한다.

④ **소독업의 신고 등**

㉠ 소독을 업으로 하고자 하는 자는 보건복지부령이 정하는 시설·장비 및 인력을 갖추어 특별자치도지사 또는 시장·군수·구청장에게 신고하여야 한다. 신고한 사항을 변경하고자 하는 때에도 또한 같다.

㉡ 소독업자가 그 영업을 30일 이상 휴업하거나 재개업 또는 폐업하고자 할 때에는 보건복지부령이 정하는 바에 따라 특별자치도지사 또는 시장·군수·구청장에게 신고하여야 한다.

㉢ 소독업자가 휴업한 후 재개업을 하려면 보건복지부령으로 정하는 바에 따라 특별자치도지사 또는 시장·군수·구청장에게 신고하여야 한다. 이 경우 특별자치도지사 또는 시장·군수·구청장은 그 내용을 검토하여 「감염병예방법」에 적합하면 신고를 수리하여야 한다.

㉣ 소독업자는 소독실시시항을 기록하고 이를 2년간 보존하여야 한다.

⑤ **100만원 이하의 과태료**

㉠ 공동주택 등의 관리운영자로서 소독을 실시하지 아니한 자

㉡ 휴업·폐업 또는 재개업 신고를 하지 아니한 소독업자

㉢ 소독의 실시사항을 기록·보존하지 아니하거나 거짓으로 기록한 자

💡 과태료는 보건복지부장관, 관할 시·도지사 또는 시장·군수·구청장이 부과·징수한다.

소독의 방법

1. 청 소
오물 또는 오염되었거나 오염이 의심되는 물건을 수집하여 「폐기물관리법」에 따라 위생적인 방법으로 안전하게 처리해야 한다.

2. 소 독
① 소각 : 오염되었거나 오염이 의심되는 소독대상 물건 중 소각해야 할 물건을 불에 완전히 태워야 한다.

② 증기소독 : 유통증기를 사용하여 소독기 안의 공기를 빼고 1시간 이상 섭씨 100° 이상의 증기소독을 하여야 한다. 다만, 증기소독을 할 경우 더럽혀지고 손상될 우려가 있는 물건은 다른 방법으로 소독을 하여야 한다.

③ 끓는 물 소독 : 소독할 물건을 30분 이상 섭씨 100도 이상의 물속에 넣어 살균해야 한다.

④ 약물소독 : 다음의 약품을 소독대상 물건에 뿌려야 한다.
    ㉠ 석탄산수(석탄산 3% 수용액)
    ㉡ 크레졸수(크레졸액 3% 수용액)
    ㉢ 승홍수(승홍 0.1%, 식염수 0.1%, 물 99.8% 혼합액)
    ㉣ 생석회(대한약전 규격품)
    ㉤ 크롤칼키수(크롤칼키 5% 수용액)
    ㉥ 포르마린(대한약전 규격품)
    ㉦ 그 밖의 소독약을 사용하려는 경우에는 석탄산 3% 수용액에 해당하는 소독력이 있는 약제를 사용해야 한다.

⑤ 일광소독 : 의류, 침구, 용구, 도서, 서류나 그 밖의 물건으로서 ①부터 ④까지의 규정에 따른 소독방법을 따를 수 없는 경우에는 일광소독을 해야 한다.

3. 질병매개곤충 방제(防除)
① 물리적·환경적 방법
    ㉠ 서식 장소를 완전히 제거하여 질병매개곤충이 서식하지 못하게 한다.
    ㉡ 질병매개곤충의 발생이나 유입을 막기 위한 시설을 설치해야 한다.
    ㉢ 질병매개곤충의 종류에 따른 적절한 덫을 사용하여 밀도를 낮추어야 한다.

② 화학적 방법
    ㉠ 질병매개곤충에 맞는 곤충 성장 억제제 또는 살충제를 사용하여 유충과 성충을 제거해야 한다.
    ㉡ 잔류성 살충제를 사용하여 추가적인 유입을 막아야 한다.
    ㉢ 살충제 처리가 된 창문스크린이나 모기장을 사용해야 하다.

③ 생물학적 방법
    ㉠ 모기 방제를 위하여 유충을 잡아먹는 천적(미꾸라지, 송사리, 잠자리 유충 등)을 이용한다.
    ㉡ 모기유충 서식처에 미생물 살충제를 사용한다.

4. **쥐의 방제**
   ① 위생적 처리
      ㉠ 음식 찌꺼기통이나 쓰레기통의 용기는 밀폐하거나 뚜껑을 덮어 먹이 제공을 방지해야 한다.
      ㉡ 쓰레기 더미, 퇴비장, 풀이 우거진 담장 등의 쥐가 숨어있는 곳을 사전에 제거함으로써 서식처를 제거한다.
   ② 건물의 출입문, 환기통, 배관, 외벽, 외벽과 창문 및 전선 등을 통하여 쥐가 침입하지 못하도록 처리해야 한다.
   ③ 쥐약을 적당량 사용하여 쥐를 방제한다.

5. **소독약품의 사용**
   살균·살충·쥐잡기 등의 소독에 사용하는 상품화된 약품은 「생활화학제품 및 살생물제의 안전관리에 관한 법률」 제3조 제4호에 따른 안전확인대상생활화학제품(살균제품 및 구제제품으로 한정한다) 또는 같은 조 제8호에 따른 살생물제품(살균제류 및 구제제류로 한정한다)으로서 환경부장관의 승인을 받은 제품을 용법·용량에 따라 안전하게 사용해야 한다.

03 생활환경관리

생활환경관리

01 대기오염관리
02 소음관리
03 실내공기질 관리법
04 수질오염의 관리

1 대기오염관리

(1) 대기오염의 의의

대기 중에 매연·분진·그을음 등 공해물질이 혼입되어 사람의 건강이나 환경에 피해를 주는 상태를 말한다.

(2) 대기오염물질

① **용어정의(「대기환경보전법」)**
   ㉠ 가스: 물질이 연소·합성·분해될 때에 발생하거나 물리적 성질로 인하여 발생하는 기체상물질을 말한다.
   ㉡ 입자상물질: 물질이 파쇄·선별·퇴적·이적(移積)될 때, 그 밖에 기계적으로 처리되거나 연소·합성·분해될 때에 발생하는 고체상(固體狀) 또는 액체상(液體狀)의 미세한 물질을 말한다.
   ㉢ 먼지: 대기 중에 떠다니거나 흩날려 내려오는 입자상물질을 말한다.
   ㉣ 매연: 연소할 때에 생기는 유리(遊離) 탄소가 주가 되는 미세한 입자상물질을 말한다.

ⓜ 검댕 : 연소할 때에 생기는 유리(遊離) 탄소가 응결하여 입자의 지름이 1미크론 이상이 되는 입자상물질을 말한다.

ⓑ 대기오염물질 : 대기 중에 존재하는 물질 중 심사·평가 결과 대기오염의 원인으로 인정된 가스·입자상물질로서 환경부령으로 정하는 것을 말한다.

ⓢ 기후, 생태계 변화유발물질 : 지구온난화 등으로 생태계의 변화를 가져올 수 있는 기체상물질로서 온실가스와 환경부령으로 정하는 것을 말한다.

ⓞ 온실가스 : 적외선 복사열을 흡수하거나 다시 방출하여 온실효과를 유발하는 대기 중의 가스상태 물질로서 이산화탄소, 메탄, 아산화질소, 수소불화탄소, 과불화탄소, 육불화황을 말한다.

ⓩ 특정대기유해물질 : 유해성대기감시물질 중 심사·평가 결과 저농도에서도 장기적인 섭취나 노출에 의하여 사람의 건강이나 동식물의 생육에 직접 또는 간접으로 위해를 끼칠 수 있어 대기 배출에 대한 관리가 필요하다고 인정된 물질로서 환경부령으로 정하는 것을 말한다.

ⓧ 휘발성유기화합물 : 탄화수소류 중 석유화학제품·유기용제 그 밖의 물질로서 환경부장관이 관계 중앙행정기관의 장과 협의하여 고시하는 것을 말한다.

② **오염물질의 자가측정 및 환경기술인**

㉠ 사업자가 그 배출시설을 운영할 때에는 나오는 오염물질을 자가측정하거나 「환경분야 시험·검사 등에 관한 법률」 제16조에 따른 측정대행업자에게 측정하게 하여 그 결과를 사실대로 기록하고, 자가측정시 사용한 여과지 및 시료채취기록지의 보존기간은 「환경분야 시험·검사 등에 관한 법률」 제6조 제1항 제1호에 따른 환경오염공정시험기준에 따라 측정한 날부터 6개월로 한다.

㉡ 환경기술인의 준수사항은 다음과 같다.

ⓐ 배출시설 및 방지시설을 정상가동하여 대기오염물질 등의 배출이 배출허용기준에 맞도록 할 것

ⓑ 배출시설 및 방지시설의 운영기록을 사실에 기초하여 작성할 것

ⓒ 자가측정은 정확히 할 것

ⓓ 자가측정한 결과를 사실대로 기록할 것

ⓔ 자가측정시에 사용한 여과지는 「환경분야 시험·검사 등에 관한 법률」 제6조 제1항 제1호에 따른 환경오염공정시험기준에 따라 기록한 시료채취기록지와 함께 날짜별로 보관·관리할 것

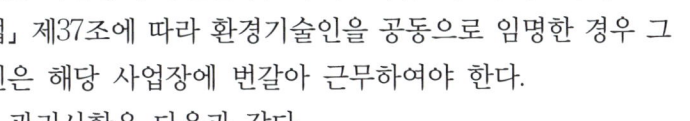

ⓕ 환경기술인은 사업장에 상근할 것. 다만, 「기업활동 규제완화에 관한 특별조치법」 제37조에 따라 환경기술인을 공동으로 임명한 경우 그 환경기술인은 해당 사업장에 번갈아 근무하여야 한다.

   ⓒ 환경기술인의 관리사항은 다음과 같다.

      ⓐ 배출시설 및 방지시설의 관리 및 개선에 관한 사항

      ⓑ 배출시설 및 방지시설의 운영에 관한 기록부의 기록·보존에 관한 사항

      ⓒ 자가측정 및 자가측정한 결과의 기록·보존에 관한 사항

      ⓓ 그 밖에 환경오염 방지를 위하여 유역환경청장, 지방환경청장, 수도권대기환경청장 또는 시·도지사가 지시하는 사항

② 소음관리

(1) 의 의

소음을 방지하고 소음원을 제거하여 입주자의 쾌적한 주거생활을 보호하기 위한 관리활동을 말한다. 공동주택의 경우 지역적 위치나 특성, 주변 근린시설 등의 성격에 따라 소음의 형태 내지 소음원이 다양한데 특히 야간에는 주간보다 소음에 의한 피해가 크므로 유의해야 한다.

(2) 소음방지대책

① 사업주체는 공동주택을 건설하는 지점의 소음도(이하 "실외소음도"라 한다)가 65데시벨 미만이 되도록 하되, 65데시벨 이상인 경우에는 방음벽·방음림(소음막이숲) 등의 방음시설을 설치하여 해당 공동주택의 건설지점의 소음도가 65데시벨 미만이 되도록 소음방지대책을 수립해야 한다. 다만, 공동주택이 「국토의 계획 및 이용에 관한 법률」 제36조에 따른 도시지역(주택단지 면적이 30만제곱미터 미만인 경우로 한정한다) 또는 「소음·진동관리법」에 따라 지정된 지역에 건축되는 경우로서 다음의 기준을 모두 충족하는 경우에는 그 공동주택의 6층 이상인 부분에 대하여 본문을 적용하지 않는다.

   ㉠ 세대 안에 설치된 모든 창호(窓戶)를 닫은 상태에서 거실에서 측정한 소음도(이하 "실내소음도"라 한다)가 45데시벨 이하일 것

   ㉡ 공동주택의 세대 안에 「건축법 시행령」에 따라 정하는 기준에 적합한 환기설비를 갖출 것

② ①에 따른 실외소음도와 실내소음도의 소음측정기준은 국토교통부장관이 환경부장관과 협의하여 고시한다.

(3) 소음 등으로부터 보호

① 공동주택·어린이놀이터·의료시설(약국은 제외한다)·유치원·어린이집·다함께돌봄센터 및 경로당(이하 이 조에서 "공동주택 등"이라 한다)은 다음 각 호의 시설로부터 수평거리 50미터 이상 떨어진 곳에 배치해야 한다. 다만, 위험물 저장 및 처리 시설 중 주유소(석유판매취급소를 포함한다) 또는 시내버스 차고지에 설치된 자동차용 천연가스 충전소(가스저장 압력용기 내용적의 총합이 20세제곱미터 이하인 경우만 해당한다)의 경우에는 해당 주유소 또는 충전소로부터 수평거리 25미터 이상 떨어진 곳에 공동주택 등(유치원, 어린이집 및 다함께돌봄센터는 제외한다)을 배치할 수 있다.

   ㉠ 다음의 어느 하나에 해당하는 공장[「산업집적활성화 및 공장설립에 관한 법률」에 따라 이전이 확정되어 인근에 공동주택 등을 건설하여도 지장이 없다고 사업계획승인권자가 인정하여 고시한 공장은 제외하며, 「국토의 계획 및 이용에 관한 법률」에 따른 주거지역 또는 같은 법에 따른 지구단위계획구역(주거형만 해당한다) 안의 경우에는 사업계획승인권자가 주거환경에 위해하다고 인정하여 고시한 공장만 해당한다]

   ⓐ 「대기환경보전법」에 따른 특정대기유해물질을 배출하는 공장

   ⓑ 「대기환경보전법」에 따른 대기오염물질배출시설이 설치되어 있는 공장으로서 제1종사업장부터 제3종사업장까지의 규모에 해당하는 공장

   ⓒ 「대기환경보전법 시행령」에 따른 제4종사업장 및 제5종사업장 규모에 해당하는 공장으로서 국토교통부장관이 산업통상자원부장관 및 환경부장관과 협의하여 고시한 업종의 공장. 다만, 「도시 및 주거환경정비법」에 따른 재건축사업(1982년 6월 5월 전에 법률 제6916호 「주택법」 중 개정법률로 개정되기 전의 「주택건설촉진법」에 따라 사업계획승인을 신청하여 건설된 주택에 대한 재건축사업으로 한정한다)에 따라 공동주택 등을 건설하는 경우로서 제5종사업장 규모에 해당하는 공장 중에서 해당 공동주택 등의 주거환경에 위험하거나 해롭지 아니하다고 사업계획승인권자가 인정하여 고시한 공장은 제외한다.

   ⓓ 「소음·진동관리법」에 따른 소음배출시설이 설치되어 있는 공장. 다만, 공동주택 등을 배치하려는 지점에서 소음·진동관리 법령으로 정하는 바에 따라 측정한 해당 공장의 소음도가 50데시벨 이하로서 공동주택 등에 영향을 미치지 않거나 방음벽·방음림 등의 방음시설을 설치하여 50데시벨 이하가 될 수 있는 경우는 제외한다.

ⓛ 「건축법 시행령」에 따른 위험물 저장 및 처리 시설

ⓒ 그 밖에 사업계획승인권자가 주거환경에 특히 위해하다고 인정하는 시설(설치계획이 확정된 시설을 포함한다)

② 공동주택 등을 배치하는 경우 공동주택 등과 ①의 각 호의 시설 사이의 주택단지 부분에는 방음림을 설치해야 한다. 다만, 다른 시설물이 있는 경우에는 그렇지 않다.

(4) 소음관리방안

① 옥내소음의 관리

ㄱ 환경벽의 소음차단

ⓐ 공동주택 각 세대 간의 경계벽 및 공동주택과 주택 외의 시설 간의 경계벽은 내화구조로서 다음에 해당하는 구조로 하여야 한다.

㉮ 철근콘크리트조 또는 철골·철근콘크리트조로서 그 두께(시멘트모르터·회반죽·석고프라스터 기타 이와 유사한 재료를 바른 후에 두께를 포함한다)가 15cm 이상인 것

㉯ 무근콘크리트조·콘크리트블록조·벽돌조 또는 석조로서 그 두께(시멘트모르터·회반죽·석고프라스터 기타 이와 유사한 재료를 바른 후의 두께를 포함한다)가 20cm 이상인 것

㉰ 조립식 주택부재인 콘크리트판으로서 그 두께가 12cm 이상인 것

ⓑ ⓐ의 규정에 의한 경계벽은 이를 지붕밑 또는 바로 윗층바닥판까지 닿게 하여야 하며, 소리를 차단하는데 장애가 되는 부분이 없도록 설치하여야 한다. 이 경우 경계벽의 구조가 벽돌조인 경우에는 줄눈 부위에 빈틈이 생기지 아니하도록 시공하여야 한다.

ⓒ 공동주택의 3층 이상인 층의 발코니에 세대 간 경계벽을 설치하는 경우에는 위 ⓐ, ⓑ의 규정에도 불구하고 화재 등의 경우에 피난 용도로 사용할 수 있는 피난구를 경계벽에 설치하거나 경계벽의 구조를 파괴하기 쉬운 경량구조 등으로 할 수 있다. 다만, 경계벽에 창고 기타 이와 유사한 시설을 설치하는 경우에는 그러하지 아니하다.

ⓓ ⓒ에 따라 피난구를 설치하거나 경계벽의 구조를 경량구조 등으로 하는 경우에는 그에 대한 정보를 포함한 표지 등을 식별하기 쉬운 위치에 부착 또는 설치하여야 한다.

ㄴ 입주자의 공동질서의식 계몽: 옥내소음은 입주자의 도덕의식이 높을수록 옥외소음에 비해 쉽고도 효과적으로 차단할 수 있다. 따라서 관리주체는 평소 입주자관리활동을 통해서 소음원을 차단하여 민원이 생기지 않도록 유의하여야 한다.

② 옥외소음의 관리

   ㉠ 방음벽 설치: 공동주택과 소음원 간에 콘크리트 또는 알루미늄 방음판을 설치하여 소음을 차단하는 방법이다.

   ㉡ 방음창 설치: 공동주택의 창문 등 개구부에 2중창 등을 설치하여 소음을 차단하는 방안이다. 유리는 두꺼울수록 차음효과가 높다.

   ㉢ 식수조성: 숲에 의한 소음감소효과는 그리 크지 않으나, 시각에 의한 심리적 안정감을 주고 나뭇잎에 의한 마스킹 효과(Masking Effect)도 거둘 수 있으므로 소음대책방안이 되고 있다.

⑸ **생활소음 · 진동의 규제기준**

① 생활소음 규제기준

[단위 : dB(A)]

대상지역	소음원	시간대별	아침, 저녁 (05:00~07:00, 18:00~22:00)	주간 (07:00~18:00)	야간 (22:00~05:00)
가. 주거지역, 녹지지역, 관리지역 중 취락지구 · 주거개발진흥지구 및 관광 · 휴양개발진흥지구, 자연환경보전지역, 그 밖의 지역에 있는 학교 · 종합병원 · 공공도서관	확성기	옥외설치	60 이하	65 이하	60 이하
		옥내에서 옥외로 소음이 나오는 경우	50 이하	55 이하	45 이하
	공장		50 이하	55 이하	45 이하
	사업장	동일 건물	45 이하	50 이하	40 이하
		기타	50 이하	55 이하	45 이하
	공사장		60 이하	65 이하	50 이하
나. 그 밖의 지역	확성기	옥외설치	65 이하	70 이하	60 이하
		옥내에서 옥외로 소음이 나오는 경우	60 이하	65 이하	55 이하
	공장		60 이하	65 이하	55 이하
	사업장	동일 건물	50 이하	55 이하	45 이하
		기타	60 이하	65 이하	55 이하
	공사장		65 이하	70 이하	50 이하

② 생활진동 규제기준

[단위 : dB(V)]

대상 지역 \ 시간대별	주간 (06:00~22:00)	심야 (22:00~06:00)
가. 주거지역, 녹지지역, 관리지역 중 취락지구 · 주거개발진흥지구 및 관광 · 휴양개발진흥지구, 자연환경보전지역, 그 밖의 지역에 소재한 학교 · 종합병원 · 공공도서관	65 이하	60 이하
나. 그 밖의 지역	70 이하	65 이하

3 실내공기질 관리법

(1) 신축공동주택의 실내공기질 관리 등

① 용어정의

　㉠ 다중이용시설이라 함은 불특정다수인이 이용하는 시설을 말한다.

　㉡ 공동주택이라 함은 「건축법」 제2조 제2항 제2호의 규정에 의한 공동주택을 말한다.

　㉢ 오염물질이라 함은 실내공간의 공기오염의 원인이 되는 가스와 떠다니는 입자상물질 등으로서 환경부령이 정하는 것을 말한다.

　㉣ 환기설비라 함은 오염된 실내공기를 밖으로 내보내고 신선한 바깥공기를 실내로 끌어들여 실내공간의 공기를 쾌적한 상태로 유지시키는 설비를 말한다.

　㉤ 공기정화설비라 함은 실내공간의 오염물질을 없애거나 줄이는 설비로서 환기설비의 안에 설치되거나, 환기설비와는 따로 설치된 것을 말한다.

② **실내공기질 측정 대상 공동주택**: 100세대 이상으로 신축되는 아파트, 연립주택 및 기숙사

③ **실내공기질 측정항목 및 기준치**

　㉠ 폼알데하이드 : $210\mu g/m^3$ 이하

　㉡ 벤젠 : $30\mu g/m^3$ 이하

　㉢ 톨루엔 : $1,000\mu g/m^3$ 이하

　㉣ 에틸벤젠 : $360\mu g/m^3$ 이하

　㉤ 스티렌 : $300\mu g/m^3$ 이하

💡 실내공기질 측정 대상 공동주택에 다세대주택은 포함되지 않는다.

ⓗ 자일렌 : $700\mu g/m^3$ 이하

ⓢ 라돈 : $148Bq/m^3$ 이하

④ **측정 및 그 결과의 공고 등**

㉠ 신축되는 공동주택의 시공자는 환경부령으로 정하는 바에 따라 선정된 입주예정자의 입회하에 시공이 완료된 공동주택의 실내공기질을 스스로 측정하거나 환경부령으로 정하는 자로 하여금 측정하도록 하여 그 측정결과를 특별자치시장·특별자치도지사·시장·군수·구청장에게 제출하고, 입주 개시전에 입주민들이 잘 볼 수 있는 장소에 공고 하여야 한다.

㉡ 신축 공동주택의 시공자는 실내공기질을 측정한 경우 주택 공기질 측정결과 보고(공고)를 작성하여 주민 입주 7일 전까지 특별자치시장·특별자치도지사·시장·군수·구청장(자치구의 구청장을 말한다)에게 제출하고, 주민 입주 7일 전부터 60일간 다음의 장소 등에 주민들이 잘 볼 수 있도록 공고하여야 한다.

ⓐ 공동주택 관리사무소 입구 게시판

ⓑ 각 공동주택 출입문 게시판

ⓒ 시공자의 인터넷 홈페이지

㉢ 특별시장·광역시장·특별자치시장·도지사 또는 특별자치도지사(이하 "시·도지사"라 한다) 또는 시장·군수·구청장은 제출된 측정결과를 공보 또는 인터넷 홈페이지 등을 통하여 공개할 수 있다.

⑵ **보고 및 검사**

① 시·도지사 또는 특별자치시장·특별자치도지사·시장·군수·구청장은 실내공기질관리를 위하여 필요하다고 인정하는 때에는 다중이용시설의 소유자 등 또는 신축되는 공동주택의 시공자에게 필요한 보고를 하도록 하거나 자료를 제출하게 할 수 있으며, 관계공무원으로 하여금 해당 다중이용시설 또는 신축되는 공동주택에 출입하여 오염물질을 채취하거나 관계서류 및 시설·장비 등을 검사하게 할 수 있다.

② 환경부장관은 실내공기질관리를 위하여 필요하다고 인정하는 때에는 대중교통차량의 제작자 및 운송사업자에게 필요한 보고 또는 자료제출을 요구할 수 있으며, 관계 공무원으로 하여금 해당 대중교통차량 또는 대중교통차량 제작시설에 출입하여 오염물질을 채취하거나 관계 서류 및 시설·장비 등을 검사하게 할 수 있다.

(3) **오염물질 방출 건축자재의 사용제한**

① 다중이용시설 또는 공동주택(「주택법」에 따른 건강친화형 주택은 제외한다)
을 설치(기존 시설 또는 주택의 개수 및 보수를 포함한다)하는 자는 다음의
어느 하나에 해당하는 건축자재를 사용하려는 경우 환경부장관이 관계 중
앙행정기관의 장과 협의하여 환경부령으로 정하는 기준을 초과하지 아니
하는 것으로 확인을 받고 실내공기질 관리법에 따른 건축자재의 표지를 붙
인 건축자재만을 사용하여야 한다.

 ㉠ 접착제

 ㉡ 페인트

 ㉢ 실란트(sealant)

 ㉣ 퍼티(putty)

 ㉤ 벽지

 ㉥ 바닥재

 ㉦ 그 밖에 건축물 내부에 사용되는 건축자재로서 표면가공 목질판상(木質
  板狀) 제품 등 환경부령으로 정하는 것

② **건축자재의 오염물질 방출 기준**

오염물질 종류 구 분	폼알데하이드	톨루엔	총휘발성 유기화합물
1. 접착제			2.0 이하
2. 페인트			2.5 이하
3. 실란트			1.5 이하
4. 퍼티	0.02 이하	0.08 이하	20.0 이하
5. 벽지			4.0 이하
6. 바닥재			4.0 이하
7. 표면가공 목질판상제품	0.05 이하		0.4 이하

 💡 비고 : 위 표에서 오염물질의 종류별 측정단위는 $mg/m^2 \cdot h$로 한다. 다만, 실란트의 측정
  단위는 $mg/m \cdot h$로 한다.

(4) 신축되는 공동주택의 실내공기질 측정결과를 제출·공고하지 아니하거나 거
짓으로 제출·공고한 자에 해당하는 자에게는 500만원 이하의 과태료를 부과
한다.

4 수질오염의 관리

(1) 의 의

수질오염이란 바다·호수·강 등의 수자원과 지하수 등 자연수에 유해물질의 유입으로 오염 물질량이 정상치 농도를 초과하여 이를 사용하는 사람의 건강이나 환경에 피해를 주는 현상을 말한다.

(2) 수질기준

먹는물의 수질기준은 다음과 같다.

① **미생물에 관한 기준**

  ㉠ 일반세균은 1mL 중 100CFU(Colony Forming Unit)를 넘지 아니할 것. 다만, 샘물 및 염지하수의 경우에는 저온일반세균은 20CFU/mL, 중온일반세균은 5CFU/mL를 넘지 아니하여야 하며, 먹는샘물, 먹는염지하수 및 먹는해양심층수의 경우에는 병에 넣은 후 4℃를 유지한 상태에서 12시간 이내에 검사하여 저온일반세균은 100CFU/mL, 중온일반세균은 20CFU/mL를 넘지 아니할 것

  ㉡ 총 대장균군은 100mL(샘물·먹는샘물, 염지하수·먹는염지하수 및 먹는해양심층수의 경우에는 250mL)에서 검출되지 아니할 것

  ㉢ 대장균·분원성 대장균군은 100mL에서 검출되지 아니할 것. 다만, 샘물·먹는샘물, 염지하수·먹는염지하수 및 먹는해양심층수의 경우에는 적용하지 아니한다.

  ㉣ 분원성 연쇄상구균·녹농균·살모넬라 및 쉬겔라는 250mL에서 검출되지 아니할 것(샘물·먹는샘물, 염지하수·먹는염지하수 및 먹는해양심층수의 경우에만 적용한다)

  ㉤ 아황산환원혐기성포자형성균은 50mL에서 검출되지 아니할 것(샘물·먹는샘물, 염지하수·먹는염지하수 및 먹는해양심층수의 경우에만 적용한다)

  ㉥ 여시니아균은 2L에서 검출되지 아니할 것(먹는물공동시설의 물의 경우에만 적용한다)

② **건강상 유해영향 무기물질에 관한 기준**

  ㉠ 납은 0.01mg/L를 넘지 아니할 것

  ㉡ 불소는 1.5mg/L(샘물·먹는샘물 및 염지하수·먹는염지하수의 경우에는 2.0mg/L)를 넘지 아니할 것

  ㉢ 비소는 0.01mg/L(샘물·염지하수의 경우에는 0.05mg/L)를 넘지 아니할 것

    ㉣ 셀레늄은 0.01mg/L(염지하수의 경우에는 0.05mg/L)를 넘지 아니할 것

    ㉤ 수은은 0.001mg/L를 넘지 아니할 것

    ㉥ 시안은 0.01mg/L를 넘지 아니할 것

    ㉦ 크롬은 0.05mg/L를 넘지 아니할 것

    ㉧ 암모니아성 질소는 0.5mg/L를 넘지 아니할 것

    ㉨ 질산성 질소는 10mg/L를 넘지 아니할 것

    ㉩ 카드뮴은 0.005mg/L를 넘지 아니할 것

    ㉪ 붕소는 1.0mg/L를 넘지 아니할 것(염지하수의 경우에는 적용하지 아니한다)

    ㉫ 브롬산염은 0.01mg/L를 넘지 아니할 것(수돗물, 먹는샘물, 염지하수·
먹는염지하수, 먹는해양심층수 및 오존으로 살균·소독 또는 세척 등을
하여 음용수로 이용하는 지하수만 적용한다)

    ㉬ 스트론튬은 4mg/L를 넘지 아니할 것(먹는염지하수 및 먹는해양심층수
의 경우에만 적용한다)

    ㉭ 우라늄은 30μg/L를 넘지 않을 것[수돗물(지하수를 원수로 사용하는 수
돗물을 말한다), 샘물, 먹는샘물, 먹는염지하수 및 먹는물공동시설의 물
의 경우에만 적용한다]

③ **건강상 유해영향 유기물질에 관한 기준**

    ㉠ 페놀은 0.005mg/L를 넘지 아니할 것

    ㉡ 다이아지논은 0.02mg/L를 넘지 아니할 것

    ㉢ 파라티온은 0.06mg/L를 넘지 아니할 것

    ㉣ 페니트로티온은 0.04mg/L를 넘지 아니할 것

    ㉤ 카바릴은 0.07mg/L를 넘지 아니할 것

    ㉥ 1,1,1-트리클로로에탄은 0.1mg/L를 넘지 아니할 것

    ㉦ 테트라클로로에틸렌은 0.01mg/L를 넘지 아니할 것

    ㉧ 트리클로로에틸렌은 0.03mg/L를 넘지 아니할 것

    ㉨ 디클로로메탄은 0.02mg/L를 넘지 아니할 것

    ㉩ 벤젠은 0.01mg/L를 넘지 아니할 것

    ㉪ 톨루엔은 0.7mg/L를 넘지 아니할 것

    ㉫ 에틸벤젠은 0.3mg/L를 넘지 아니할 것

    ㉬ 크실렌은 0.5mg/L를 넘지 아니할 것

    ㉭ 1,1-디클로로에틸렌은 0.03mg/L를 넘지 아니할 것

    ㉮ 사염화탄소는 0.002mg/L를 넘지 아니할 것

    ㉯ 1,2-디브로모-3-클로로프로판은 0.003mg/L를 넘지 아니할 것

    ㉰ 1,4-다이옥산은 0.05mg/L를 넘지 아니할 것

④ 소독제 및 소독부산물질에 관한 기준(샘물·먹는샘물·염지하수·먹는염지하수·먹는해양심층수 및 먹는물공동시설의 물의 경우에는 적용하지 아니한다)

  ㉠ 잔류염소(유리잔류염소를 말한다)는 4.0mg/L를 넘지 아니할 것

  ㉡ 총트리할로메탄은 0.1mg/L를 넘지 아니할 것

  ㉢ 클로로포름은 0.08mg/L를 넘지 아니할 것

  ㉣ 브로모디클로로메탄은 0.03mg/L를 넘지 아니할 것

  ㉤ 디브로모클로로메탄은 0.1mg/L를 넘지 아니할 것

  ㉥ 클로랄하이드레이트는 0.03mg/L를 넘지 아니할 것

  ㉦ 디브로모아세토니트릴은 0.1mg/L를 넘지 아니할 것

  ㉧ 디클로로아세토니트릴은 0.09mg/L를 넘지 아니할 것

  ㉨ 트리클로로아세토니트릴은 0.004mg/L를 넘지 아니할 것

  ㉩ 할로아세틱에시드(디클로로아세틱에시드, 트리클로로아세틱에시드 및 디브로모아세틱에시드의 합으로 한다)는 0.1mg/L를 넘지 아니할 것

  ㉪ 포름알데히드는 0.5mg/L를 넘지 아니할 것

⑤ 심미적 영향물질에 관한 기준

  ㉠ 경도(硬度)는 1,000mg/L(수돗물의 경우 300mg/L, 먹는염지하수 및 먹는해양심층수의 경우 1,200mg/L)를 넘지 아니할 것. 다만, 샘물 및 염지하수의 경우에는 적용하지 아니한다.

  ㉡ 과망간산칼륨 소비량은 10mg/L를 넘지 아니할 것

  ㉢ 냄새와 맛은 소독으로 인한 냄새와 맛 이외의 냄새와 맛이 있어서는 아니될 것. 다만, 맛의 경우는 샘물, 염지하수, 먹는샘물 및 먹는물공동시설의 물에는 적용하지 아니한다.

  ㉣ 동은 1mg/L를 넘지 아니할 것

  ㉤ 색도는 5도를 넘지 아니할 것

  ㉥ 세제(음이온 계면활성제)는 0.5mg/L를 넘지 아니할 것. 다만, 샘물·먹는샘물, 염지하수·먹는염지하수 및 먹는해양심층수의 경우에는 검출되지 아니하여야 한다.

  ㉦ 수소이온 농도는 pH 5.8 이상 pH 8.5 이하이어야 할 것. 다만, 샘물, 먹는샘물 및 먹는물공동시설의 물의 경우에는 pH 4.5 이상 pH 9.5 이하이어야 한다.

  ㉧ 아연은 3mg/L를 넘지 아니할 것

  ㉨ 염소이온은 250mg/L를 넘지 아니할 것(염지하수의 경우에는 적용하지 아니한다)

ⓩ 증발잔류물은 수돗물의 경우에는 500mg/L, 먹는염지하수 및 먹는해양심층수의 경우에는 미네랄 등 무해성분을 제외한 증발잔류물이 500mg/L를 넘지 아니할 것

ⓚ 철은 0.3mg/L를 넘지 아니할 것. 다만, 샘물 및 염지하수의 경우에는 적용하지 아니한다.

ⓣ 망간은 0.3mg/L(수돗물의 경우 0.05mg/L)를 넘지 아니할 것. 다만, 샘물 및 염지하수의 경우에는 적용하지 아니한다.

ⓟ 탁도는 1NTU(Nephelometric Turbidity Unit)를 넘지 아니할 것. 다만, 지하수를 원수로 사용하는 마을상수도, 소규모급수시설 및 전용상수도를 제외한 수돗물의 경우에는 0.5NTU를 넘지 아니하여야 한다.

ⓗ 황산이온은 200mg/L를 넘지 아니할 것. 다만, 샘물, 먹는샘물 및 먹는물 공동시설의 물은 250mg/L를 넘지 아니하여야 하며, 염지하수의 경우에는 적용하지 아니한다.

ⓐ 알루미늄은 0.2mg/L를 넘지 아니할 것

⑥ **방사능에 관한 기준**(염지하수의 경우에만 적용한다)

ㄱ 세슘(Cs − 137)은 4.0mBq/L를 넘지 아니할 것

ㄴ 스트론튬(Sr − 90)은 3.0mBq/L를 넘지 아니할 것

ㄷ 삼중수소는 6.0Bq/L를 넘지 아니할 것

5 건축물의 에너지절약설계기준

(1) 목 적

건축물의 효율적인 에너지 관리를 위하여 열손실 방지 등 에너지절약 설계에 관한 기준, 에너지절약계획서 및 설계 검토서 작성기준, 녹색건축물의 건축을 활성화하기 위한 건축기준 완화에 관한 사항 등을 정함을 목적으로 한다.

(2) 용어의 정의

이 기준에서 사용하는 용어의 뜻은 다음 각 호와 같다.

① 의무사항이라 함은 건축물을 건축하는 건축주와 설계자 등이 건축물의 설계 시 필수적으로 적용해야 하는 사항을 말한다.

② 권장사항이라 함은 건축물을 건축하는 건축주와 설계자 등이 건축물의 설계 시 선택적으로 적용이 가능한 사항을 말한다.

③ 제로에너지건축물 인증이라 함은 국토교통부와 산업통상자원부의 공동부령인 「제로에너지건축물 인증에 관한 규칙」에 따라 제로에너지건축물 인증을 받는 것을 말한다.

④ 녹색건축인증이라 함은 국토교통부와 환경부의 공동부령인 「녹색건축의 인증에 관한 규칙」에 따라 인증을 받는 것을 말한다.

⑤ 고효율제품이라 함은 산업통상자원부 고시 「고효율에너지기자재 보급촉진에 관한 규정」에 따라 인증서를 교부받은 제품과 산업통상자원부 고시 「효율관리기자재 운용규정」에 따른 에너지소비효율 1등급 제품 또는 동 고시에서 고효율로 정한 제품을 말한다.

⑥ 완화기준이라 함은 「건축법」, 「국토의 계획 및 이용에 관한 법률」 및 「지방자치단체 조례」 등에서 정하는 건축물의 용적률 및 높이제한 기준을 적용함에 있어 완화 적용할 수 있는 비율을 정한 기준을 말한다.

⑦ 예비인증이라 함은 건축물의 완공 전에 설계도서 등으로 인증기관에서 제로에너지건축물 인증, 녹색건축인증을 받는 것을 말한다.

⑧ 본인증이라 함은 신청건물의 완공 후에 최종설계도서 및 현장 확인을 거쳐 최종적으로 인증기관에서 제로에너지건축물 인증, 녹색건축인증을 받는 것을 말한다.

(3) 건축부문

① 거실이라 함은 건축물 안에서 거주(단위 세대 내 욕실·화장실·현관을 포함한다)·집무·작업·집회·오락 기타 이와 유사한 목적을 위하여 사용되는 방을 말하나, 특별히 이 기준에서는 거실이 아닌 냉방 또는 난방공간 또한 거실에 포함한다.

② 외피라 함은 거실 또는 거실 외 공간을 둘러싸고 있는 벽·지붕·바닥·창 및 문 등으로서 외기에 직접 면하는 부위를 말한다.

③ 거실의 외벽이라 함은 거실의 벽 중 외기에 직접 또는 간접 면하는 부위를 말한다. 다만, 복합용도의 건축물인 경우에는 해당 용도로 사용하는 공간이 다른 용도로 사용하는 공간과 접하는 부위를 외벽으로 볼 수 있다.

④ 최하층에 있는 거실의 바닥이라 함은 최하층(지하층을 포함한다)으로서 거실인 경우의 바닥과 기타 층으로서 거실의 바닥 부위가 외기에 직접 또는 간접적으로 면한 부위를 말한다. 다만, 복합용도의 건축물인 경우에는 다른 용도로 사용하는 공간과 접하는 부위를 최하층에 있는 거실의 바닥으로 볼 수 있다.

⑤ 최상층에 있는 거실의 반자 또는 지붕이라 함은 최상층으로서 거실인 경우의 반자 또는 지붕을 말하며, 기타 층으로서 거실의 반자 또는 지붕 부위가 외기에 직접 또는 간접적으로 면한 부위를 포함한다. 다만, 복합용도의 건축물인 경우에는 다른 용도로 사용하는 공간과 접하는 부위를 최상층에 있는 거실의 반자 또는 지붕으로 볼 수 있다.

⑥ 외기에 직접 면하는 부위라 함은 바깥쪽이 외기이거나 외기가 직접 통하는 공간에 면한 부위를 말한다.

⑦ 외기에 간접 면하는 부위라 함은 외기가 직접 통하지 아니하는 비난방 공간(지붕 또는 반자, 벽체, 바닥 구조의 일부로 구성되는 내부 공기층은 제외한다)에 접한 부위, 외기가 직접 통하는 구조이나 실내공기의 배기를 목적으로 설치하는 샤프트 등에 면한 부위, 지면 또는 토양에 면한 부위를 말한다.

⑧ 방풍구조라 함은 출입구에서 실내외 공기 교환에 의한 열출입을 방지할 목적으로 설치하는 방풍실 또는 회전문 등을 설치한 방식을 말한다.

⑨ 기밀성 창, 기밀성 문이라 함은 창 및 문으로서 한국산업규격(KS) F 2292 규정에 의하여 기밀성 등급에 따른 기밀성이 1~5등급(통기량 $5m^3/h \cdot m^2$ 미만)인 것을 말한다.

⑩ 외단열이라 함은 건축물 각 부위의 단열에서 단열재를 구조체의 외기측에 설치하는 단열방법으로서 모서리 부위를 포함하여 시공하는 등 열교를 차단한 경우를 말한다.

⑪ 방습층이라 함은 습한 공기가 구조체에 침투하여 결로발생의 위험이 높아지는 것을 방지하기 위해 설치하는 투습도가 24시간당 $30g/m^2$ 이하 또는 투습계수 $0.28g/m^2 \cdot h \cdot mmHg$ 이하의 투습저항을 가진 층을 말한다.(시험방법은 한국산업규격 KS T 1305 방습포장재료의 투습도 시험방법 또는 KS F 2607 건축 재료의 투습성 측정 방법에서 정하는 바에 따른다) 다만, 단열재 또는 단열재의 내측에 사용되는 마감재가 방습층으로서 요구되는 성능을 가지는 경우에는 그 재료를 방습층으로 볼 수 있다.

⑫ 평균 열관류율이라 함은 지붕(천창 등 투명 외피부위를 포함하지 않는다), 바닥, 외벽(창 및 문을 포함한다) 등의 열관류율 계산에 있어 세부 부위별로 열관류율 값이 다를 경우 이를 면적으로 가중평균하여 나타낸 것을 말한다. 단, 평균열관류율은 중심선 치수를 기준으로 계산한다.

⑬ 별표1의 창 및 문의 열관류율 값은 유리와 창틀(또는 문틀)을 포함한 평균 열관류율을 말한다.

⑭ 투광부라 함은 창, 문면적의 50% 이상이 투과체로 구성된 문, 유리블럭, 플라스틱패널 등과 같이 투과재료로 구성되며, 외기에 접하여 채광이 가능한 부위를 말한다.

⑮ 태양열취득률(SHGC)이라 함은 입사된 태양열에 대하여 실내로 유입된 태양열취득의 비율을 말한다.

⑯ 일사조절장치라 함은 태양열의 실내 유입을 조절하기 위한 차양, 구조체 또는 태양열취득률이 낮은 유리를 말한다. 이 경우 차양은 설치위치에 따라 외부 차양과 내부 차양 그리고 유리간 차양으로 구분하며, 가동여부에 따라 고정형과 가동형으로 나눌 수 있다.

(4) 기계설비부문

① 위험률이라 함은 냉(난)방기간 동안 또는 연간 총시간에 대한 온도출현분포중에서 가장 높은(낮은) 온도쪽으로부터 총시간의 일정 비율에 해당하는 온도를 제외시키는 비율을 말한다.

② 효율이라 함은 설비기기에 공급된 에너지에 대하여 출력된 유효에너지의 비를 말한다.

③ 열원설비라 함은 에너지를 이용하여 열을 발생시키는 설비를 말한다.

④ 대수분할운전이라 함은 기기를 여러 대 설치하여 부하상태에 따라 최적 운전상태를 유지할 수 있도록 기기를 조합하여 운전하는 방식을 말한다.

⑤ 비례제어운전이라 함은 기기의 출력값과 목표값의 편차에 비례하여 입력량을 조절하여 최적운전상태를 유지할 수 있도록 운전하는 방식을 말한다.

⑥ 심야전기를 이용한 축열·축냉시스템이라 함은 심야시간에 전기를 이용하여 열을 저장하였다가 이를 난방, 온수, 냉방 등의 용도로 이용하는 설비로서 한국전력공사에서 심야전력기기로 인정한 것을 말한다.

⑦ 열회수형환기장치라 함은 난방 또는 냉방을 하는 장소의 환기장치로 실내의 공기를 배출할 때 급기되는 공기와 열교환하는 구조를 가진 것으로서 KS B 6879(열회수형 환기 장치) 부속서 B에서 정하는 시험방법에 따른 열교환효율과 에너지계수의 최소 기준 이상의 성능을 가진 것을 말한다.

⑧ 이코노마이저시스템이라 함은 중간기 또는 동계에 발생하는 냉방부하를 실내 엔탈피 보다 낮은 도입 외기에 의하여 제거 또는 감소시키는 시스템을 말한다.

⑨ 중앙집중식 냉·난방설비라 함은 건축물의 전부 또는 냉난방 면적의 60% 이상을 냉방 또는 난방함에 있어 해당 공간에 순환펌프, 증기난방설비 등을 이용하여 열원 등을 공급하는 설비를 말한다. 단, 산업통상자원부 고시 「효율관리기자재 운용규정」에서 정한 가정용 가스보일러는 개별 난방설비로 간주한다.

⑩ TAB라 함은 Testing(시험), Adjusting(조정), Balancing(평가)의 약어로 건물내의 모든 설비시스템이 설계에서 의도한 기능을 발휘하도록 점검 및 조정하는 것을 말한다.

⑪ 커미셔닝이라 함은 효율적인 건축 기계설비 시스템의 성능 확보를 위해 설계 단계부터 공사완료에 이르기까지 전 과정에 걸쳐 건축주의 요구에 부합되도록 모든 시스템의 계획, 설계, 시공, 성능시험 등을 확인하고 최종 유지관리자에게 제공하여 입주 후 건축주의 요구를 충족할 수 있도록 운전성능 유지 여부를 검증하고 문서화하는 과정을 말한다.

(5) 전기설비부문

① 역률개선용커패시터(콘덴서)라 함은 역률을 개선하기 위하여 변압기 또는 전동기 등에 병렬로 설치하는 커패시터를 말한다.

② 전압강하라 함은 인입전압(또는 변압기 2차전압)과 부하측전압과의 차를 말하며 저항이나 인덕턴스에 흐르는 전류에 의하여 강하하는 전압을 말한다.

③ 조도자동조절조명기구라 함은 인체 또는 주위 밝기를 감지하여 자동으로 조명등을 점멸하거나 조도를 자동 조절할 수 있는 센서장치 또는 그 센서를 부착한 등기구를 말한다.

④ 수용률이라 함은 부하설비 용량 합계에 대한 최대 수용전력의 백분율을 말한다.

⑤ 최대수요전력이라 함은 수용가에서 일정 기간 중 사용한 전력의 최대치를 말하며, 최대수요전력제어설비라 함은 수용가에서 피크전력의 억제, 전력 부하의 평준화 등을 위하여 최대수요전력을 자동제어할 수 있는 설비를 말한다.

⑥ 가변속제어기(인버터)라 함은 정지형 전력변환기로서 전동기의 가변속운전을 위하여 설치하는 설비를 말한다.

⑦ 변압기 대수제어라 함은 변압기를 여러 대 설치하여 부하상태에 따라 필요한 운전대수를 자동 또는 수동으로 제어하는 방식을 말한다.

⑧ 대기전력자동차단장치라 함은 산업통상자원부고시 「대기전력저감프로그램운용규정」에 의하여 대기전력저감우수제품으로 등록된 대기전력자동차단콘센트, 대기전력자동차단스위치를 말한다.

⑨ 자동절전멀티탭이라 함은 산업통상자원부고시 「대기전력저감프로그램운용규정」에 의하여 대기전력저감우수제품으로 등록된 자동절전멀티탭을 말한다.

⑩ 일괄소등스위치라 함은 층 또는 구역 단위(세대 단위)로 설치되어 조명등(센서등 및 비상등 제외 가능)을 일괄적으로 끌 수 있는 스위치를 말한다.

⑪ 회생제동장치라 함은 승강기가 균형추보다 무거운 상태로 하강(또는 반대의 경우)할 때 모터는 순간적으로 발전기로 동작하게 되며, 이 때 생산되는 전력을 다른 회로에서 전원으로 활용하는 방식으로 전력소비를 절감하는 장치를 말한다.

⑫ 간선이라 함은 인입구에서 분기과전류차단기에 이르는 배선으로서 분기회로의 분기점에서 전원측의 부분을 말한다.

⑹ 신 · 재생에너지설비부문

① 신 · 재생에너지라 함은 「신에너지 및 재생에너지 개발 · 이용 · 보급 촉진법」에서 규정하는 것을 말한다.

② 전자식 원격검침계량기 란 에너지사용량을 전자식으로 계측하여 에너지관리자가 실시간으로 모니터링하고 기록할 수 있도록 하는 장치이다.

③ 건축물에너지관리시스템(BEMS)이란 「녹색건축물 조성 지원법」 제6조의2 제2항에서 규정하는 것을 말한다.

④ 에너지요구량이란 건축물의 냉방, 난방, 급탕, 조명부문에서 표준 설정 조건을 유지하기 위하여 해당 건축물에서 필요로 하는 에너지량을 말한다.

⑤ 에너지소요량이란 에너지요구량을 만족시키기 위하여 건축물의 냉방, 난방, 급탕, 조명, 환기 부문의 설비기기에 사용되는 에너지량을 말한다.

⑥ 1차에너지란 연료의 채취, 가공, 운송, 변환, 공급 등의 과정에서의 손실분을 포함한 에너지를 말하며, 에너지원별 1차에너지 환산계수는 "제로에너지건축물 인증 제도 운영규정"에 따른다.

⑺ 건축부문 설계기준

① **건축부문의 의무사항**

㉠ 단열조치 일반사항

ⓐ 외기에 직접 또는 간접 면하는 거실의 각 부위에는 건축물의 열손실 방지 조치를 하여야 한다. 다만, 다음 부위에 대해서는 그러하지 아니할 수 있다.

㉮ 지표면 아래 2미터를 초과하여 위치한 지하 부위(공동주택의 거실 부위는 제외)로서 이중벽의 설치 등 하계 표면결로 방지 조치를 한 경우

㉯ 지면 및 토양에 접한 바닥 부위로서 난방공간의 외벽 내표면까지의 모든 수평거리가 10미터를 초과하는 바닥부위

ⓓ 외기에 간접 면하는 부위로서 당해 부위가 면한 비난방공간의 외기에 직접 또는 간접 면하는 부위를 별표1에 준하여 단열조치하는 경우

ⓔ 공동주택의 층간바닥(최하층 제외) 중 바닥난방을 하지 않는 현관 및 욕실의 바닥부위

ⓕ 방풍구조(외벽제외) 또는 바닥면적 150제곱미터 이하의 개별 점포의 출입문

ⓖ 「건축법 시행령」 별표1 제21호에 따른 동물 및 식물 관련 시설 중 작물재배사 또는 온실 등 지표면을 바닥으로 사용하는 공간의 바닥부위

ⓗ 「건축법」 제49조 제3항에 따른 소방관진입창(단, 「건축물의 피난·방화구조 등의 기준에 관한 규칙」 제18조의2 제1호를 만족하는 최소 설치 개소로 한정한다.)

ⓑ 단열조치를 하여야 하는 부위의 열관류율이 위치 또는 구조상의 특성에 의하여 일정하지 않는 경우에는 해당 부위의 평균 열관류율 값을 면적가중 계산에 의하여 구한다.

ⓛ 에너지절약계획서 및 설계 검토서 제출대상 건축물은 별지 제1호 서식 에너지절약계획 설계 검토서 중 에너지성능지표(이하 "에너지성능지표"라 한다) 건축부문 1번 항목 배점을 0.6점 이상 획득하여야 한다.

ⓐ 바닥난방에서 단열재의 설치

바닥난방 부위에 설치되는 단열재는 바닥난방의 열이 슬래브 하부로 손실되는 것을 막을 수 있도록 온수배관(전기난방인 경우는 발열선) 하부와 슬래브 사이에 설치하고, 온수배관(전기난방인 경우는 발열선) 하부와 슬래브 사이에 설치되는 구성 재료의 열저항의 합계는 해당 바닥에 요구되는 총열관류저항(별표1에서 제시되는 열관류율의 역수)의 60% 이상이 되어야 한다. 다만, 바닥난방을 하는 욕실 및 현관부위와 슬래브의 축열을 직접 이용하는 심야전기이용 온돌 등(한국전력의 심야전력이용기기 승인을 받은 것에 한한다)의 경우에는 단열재의 위치가 그러하지 않을 수 있다.

ⓑ 기밀 및 결로방지 등을 위한 조치

ⓐ 벽체 내표면 및 내부에서의 결로를 방지하고 단열재의 성능 저하를 방지하기 위하여 제2조에 의하여 단열조치를 하여야 하는 부위(창 및 문과 난방공간 사이의 층간 바닥 제외)에는 방습층을 단열재의 실내측에 설치하여야 한다.

㉯ 방습층 및 단열재가 이어지는 부위 및 단부는 이음 및 단부를 통한 투습을 방지할 수 있도록 다음과 같이 조치하여야 한다.

> 1. 단열재의 이음부는 최대한 밀착하여 시공하거나, 2장을 엇갈리게 시공하여 이음부를 통한 단열성능 저하가 최소화될 수 있도록 조치할 것
> 2. 방습층으로 알루미늄박 또는 플라스틱계 필름 등을 사용할 경우의 이음부는 100mm 이상 중첩하고 내습성 테이프, 접착제 등으로 기밀하게 마감할 것
> 3. 단열부위가 만나는 모서리 부위는 방습층 및 단열재가 이어짐이 없이 시공하거나 이어질 경우 이음부를 통한 단열성능 저하가 최소화되도록 하며, 알루미늄박 또는 플라스틱계 필름 등을 사용할 경우의 모서리 이음부는 150mm 이상 중첩되게 시공하고 내습성 테이프, 접착제 등으로 기밀하게 마감할 것
> 4. 방습층의 단부는 단부를 통한 투습이 발생하지 않도록 내습성 테이프, 접착제 등으로 기밀하게 마감할 것

㉰ 건축물 외피 단열부위의 접합부, 틈 등은 밀폐될 수 있도록 코킹과 가스켓 등을 사용하여 기밀하게 처리하여야 한다.

㉱ 외기에 직접 면하고 1층 또는 지상으로 연결된 출입문은 방풍구조로 하여야 한다. 다만, 다음 각 호에 해당하는 경우에는 그러하지 않을 수 있다.

> 1. 바닥면적 3백 제곱미터 이하의 개별 점포의 출입문
> 2. 주택의 출입문(단, 기숙사는 제외)
> 3. 사람의 통행을 주목적으로 하지 않는 출입문
> 4. 너비 1.2미터 이하의 출입문

㉲ 방풍구조를 설치하여야 하는 출입문에서 회전문과 일반문이 같이 설치되어진 경우, 일반문 부위는 방풍실 구조의 이중문을 설치하여야 한다.

㉳ 건축물의 거실의 창이 외기에 직접 면하는 부위인 경우에는 기밀성 창을 설치하여야 한다.

② 건축부문의 권장사항
  ㉠ 배치계획
    ⓐ 건축물은 대지의 향, 일조 및 주풍향 등을 고려하여 배치하며, 남향 또는 남동향 배치를 한다.
    ⓑ 공동주택은 인동간격을 넓게 하여 저층부의 태양열 취득을 최대한 증대시킨다.

ⓛ 평면계획

ⓐ 거실의 층고 및 반자 높이는 실의 용도와 기능에 지장을 주지 않는 범위 내에서 가능한 낮게 한다.

ⓑ 건축물의 체적에 대한 외피면적의 비 또는 연면적에 대한 외피면적의 비는 가능한 작게 한다.

ⓒ 실의 냉난방 설정온도, 사용스케줄 등을 고려하여 에너지절약적 조닝계획을 한다.

ⓒ 단열계획

ⓐ 건축물 용도 및 규모를 고려하여 건축물 외벽, 천장 및 바닥으로의 열손실이 최소화되도록 설계한다.

ⓑ 외벽 부위는 외단열로 시공한다.

ⓒ 외피의 모서리 부분은 열교가 발생하지 않도록 단열재를 연속적으로 설치하고, 기타 열교부위는 별표11의 외피 열교부위별 선형 열관류율 기준에 따라 충분히 단열되도록 한다.

ⓓ 건물의 창 및 문은 가능한 작게 설계하고, 특히 열손실이 많은 북측 거실의 창 및 문의 면적은 최소화한다.

ⓔ 발코니 확장을 하는 공동주택이나 창 및 문의 면적이 큰 건물에는 단열성이 우수한 로이(Low-E) 복층창이나 삼중창 이상의 단열성능을 갖는 창을 설치한다.

ⓕ 태양열 유입에 의한 냉·난방부하를 저감 할 수 있도록 일사조절장치, 태양열취득률(SHGC), 창 및 문의 면적비 등을 고려한 설계를 한다. 건축물 외부에 일사조절장치를 설치하는 경우에는 비, 바람, 눈, 고드름 등의 낙하 및 화재 등의 사고에 대비하여 안전성을 검토하고 주변 건축물에 빛반사에 의한 피해 영향을 고려하여야 한다.

ⓖ 건물 옥상에는 조경을 하여 최상층 지붕의 열저항을 높이고, 옥상면에 직접 도달하는 일사를 차단하여 냉방부하를 감소시킨다.

ⓔ 기밀계획

ⓐ 틈새바람에 의한 열손실을 방지하기 위하여 외기에 직접 또는 간접으로 면하는 거실 부위에는 기밀성 창 및 문을 사용한다.

ⓑ 공동주택의 외기에 접하는 주동의 출입구와 각 세대의 현관은 방풍구조로 한다.

ⓒ 기밀성을 높이기 위하여 외기에 직접 면한 거실의 창 및 문 등 개구부 둘레를 기밀테이프 등을 활용하여 외기가 침입하지 못하도록 기밀하게 처리한다.

ⓜ 자연채광계획

자연채광을 적극적으로 이용할 수 있도록 계획한다. 특히 학교의 교실, 문화 및 집회시설의 공용부분(복도, 화장실, 휴게실, 로비 등)은 1면 이상 자연채광이 가능하도록 한다.

⑧ **기계설비부문 설계기준**

① **기계부문의 의무사항**

에너지절약계획서 제출대상 건축물의 건축주와 설계자 등은 다음 각 호에서 정하는 기계부문의 설계기준을 따라야 한다.

㉠ 설계용 외기조건

난방 및 냉방설비의 용량계산을 위한 외기조건은 각 지역별로 위험률 2.5%(냉방기 및 난방기를 분리한 온도출현분포를 사용할 경우) 또는 1%(연간 총시간에 대한 온도출현 분포를 사용할 경우)로 하거나 별표7에서 정한 외기온·습도를 사용한다. 별표7 이외의 지역인 경우에는 상기 위험률을 기준으로 하여 가장 유사한 기후조건을 갖는 지역의 값을 사용한다. 다만, 지역난방공급방식을 채택할 경우에는 산업통상자원부 고시「집단에너지시설의 기술기준」에 의하여 용량계산을 할 수 있다.

㉡ 열원 및 반송설비

ⓐ 공동주택에 중앙집중식 난방설비(집단에너지사업법에 의한 지역난방공급방식을 포함한다)를 설치하는 경우에는「주택건설기준 등에 관한 규정」제37조의 규정에 적합한 조치를 하여야 한다.

ⓑ 펌프는 한국산업규격(KS B 6318, 7501, 7505등) 표시인증제품 또는 KS규격에서 정해진 효율 이상의 제품을 설치하여야 한다.

ⓒ 기기배관 및 덕트는 국토교통부에서 정하는「국가건설기준 기계설비공사 표준시방서」의 보온두께 이상 또는 그 이상의 열저항을 갖도록 단열조치를 하여야 한다. 다만, 건축물내의 벽체 또는 바닥에 매립되는 배관 등은 그러하지 아니할 수 있다.

② **기계부문의 권장사항**

에너지절약계획서 제출대상 건축물의 건축주와 설계자 등은 다음 각 호에서 정하는 사항을 제15조의 규정에 적합하도록 선택적으로 채택할 수 있다.

㉠ 설계용 실내온도 조건

난방 및 냉방설비의 용량계산을 위한 설계기준 실내온도는 난방의 경우 20℃, 냉방의 경우 28℃를 기준으로 하되(목욕장 및 수영장은 제외) 각 건축물 용도 및 개별 실의 특성에 따라 별표8에서 제시된 범위를 참고하여 설비의 용량이 과다해지지 않도록 한다.

ⓛ 열원설비
　ⓐ 열원설비는 부분부하 및 전부하 운전효율이 좋은 것을 선정한다.
　ⓑ 난방기기, 냉방기기, 냉동기, 송풍기, 펌프 등은 부하조건에 따라 최고의 성능을 유지할 수 있도록 대수분할 또는 비례제어운전이 되도록 한다.
　ⓒ 난방기기, 냉방기기, 급탕기기는 고효율제품 또는 이와 동등 이상의 효율을 가진 제품을 설치한다.
　ⓓ 보일러의 배출수·폐열·응축수 및 공조기의 폐열, 생활배수 등의 폐열을 회수하기 위한 열회수설비를 설치한다. 폐열회수를 위한 열회수설비를 설치할 때에는 중간기에 대비한 바이패스(by-pass)설비를 설치한다.
　ⓔ 냉방기기는 전력피크 부하를 줄일 수 있도록 하여야 하며, 상황에 따라 심야전기를 이용한 축열·축냉시스템, 가스 및 유류를 이용한 냉방설비, 집단에너지를 이용한 지역냉방방식, 소형열병합발전을 이용한 냉방방식, 신·재생에너지를 이용한 냉방방식을 채택한다.

ⓒ 공조설비
　ⓐ 중간기 등에 외기도입에 의하여 냉방부하를 감소시키는 경우에는 실내 공기질을 저하시키지 않는 범위 내에서 이코노마이저시스템 등 외기냉방시스템을 적용한다. 다만, 외기냉방시스템의 적용이 건축물의 총에너지비용을 감소시킬 수 없는 경우에는 그러하지 아니한다.
　ⓑ 공기조화기 팬은 부하변동에 따른 풍량제어가 가능하도록 가변익축류방식, 흡입베인제어방식, 가변속제어방식 등 에너지절약적 제어방식을 채택한다.

ⓡ 반송설비
　ⓐ 냉방 또는 난방 순환수 펌프, 냉각수 순환 펌프는 운전효율을 증대시키기 위해 가능한 한 대수제어 또는 가변속제어방식을 채택하여 부하상태에 따라 최적 운전상태가 유지될 수 있도록 한다.
　ⓑ 급수용 펌프 또는 급수가압펌프의 전동기에는 가변속제어방식 등 에너지절약적 제어방식을 채택한다.
　ⓒ 공조용 송풍기, 펌프는 효율이 높은 것을 채택한다.

ⓜ 환기 및 제어설비
　ⓐ 환기를 통한 에너지손실 저감을 위해 성능이 우수한 열회수형환기장치를 설치한다.

ⓑ 기계환기설비를 사용하여야 하는 지하주차장의 환기용 팬은 대수제어 또는 풍량조절(가변익, 가변속도), 일산화탄소(CO)의 농도에 의한 자동(on-off)제어 등의 에너지절약적 제어방식을 도입한다.

ⓒ 건축물의 효율적인 기계설비 운영을 위해 TAB 또는 커미셔닝을 실시한다.

ⓓ 에너지 사용설비는 에너지절약 및 에너지이용 효율의 향상을 위하여 컴퓨터에 의한 자동제어시스템 또는 네트워킹이 가능한 현장제어장치 등을 사용한 에너지제어시스템을 채택하거나, 분산제어 시스템으로서 각 설비별 에너지제어 시스템에 개방형 통신기술을 채택하여 설비별 제어 시스템간 에너지관리 데이터의 호환과 집중제어가 가능하도록 한다.

(9) 전기설비부문 설계기준

① 전기부문의 의무사항

에너지절약계획서 제출대상 건축물의 건축주와 설계자 등은 다음 각 호에서 정하는 전기부문의 설계기준을 따라야 한다.

㉠ 수변전설비

변압기를 신설 또는 교체하는 경우에는 고효율제품으로 설치하여야 한다.

㉡ 간선 및 동력설비

ⓐ 전동기에는 기본공급약관 시행세칙 별표6에 따른 역률개선용커패시터(콘덴서)를 전동기별로 설치하여야 한다. 다만, 소방설비용 전동기 및 인버터 설치 전동기에는 그러하지 아니할 수 있다.

ⓑ 간선의 전압강하는 한국전기설비규정을 따라야 한다.

㉢ 조명설비

ⓐ 조명기기 중 안정기내장형램프, 형광램프를 채택할 때에는 산업통상자원부 고시 「효율관리기자재 운용규정」에 따른 최저소비효율기준을 만족하는 제품을 사용하고, 유도등 및 주차장 조명기기는 고효율제품에 해당하는 LED 조명을 설치하여야 한다.

ⓑ 공동주택 각 세대내의 현관 및 숙박시설의 객실 내부입구, 계단실의 조명기구는 인체감지점멸형 또는 일정시간 후에 자동 소등되는 조도자동조절조명기구를 채택하여야 한다.

ⓒ 조명기구는 필요에 따라 부분조명이 가능하도록 점멸회로를 구분하여 설치하여야 하며, 일사광이 들어오는 창측의 전등군은 부분점멸이 가능하도록 설치한다. 다만, 공동주택은 그러하지 않을 수 있다.

ⓓ 공동주택의 효율적인 조명에너지 관리를 위하여 세대별로 일괄적 소등이 가능한 일괄소등스위치를 설치하여야 한다. 다만, 전용면적 60제곱미터 이하인 주택의 경우에는 그러하지 않을 수 있다.

② **전기부문의 권장사항**

에너지절약계획서 제출대상 건축물의 건축주와 설계자 등은 다음 각 호에서 정하는 사항을 제15조의 규정에 적합하도록 선택적으로 채택할 수 있다.

㉠ 수변전설비

ⓐ 변전설비는 부하의 특성, 수용률, 장래의 부하증가에 따른 여유율, 운전조건, 배전방식을 고려하여 용량을 산정한다.

ⓑ 부하특성, 부하종류, 계절부하 등을 고려하여 변압기의 운전대수제어가 가능하도록 뱅크를 구성한다.

ⓒ 수전전압 25kV이하의 수전설비에서는 변압기의 무부하손실을 줄이기 위하여 충분한 안전성이 확보된다면 직접강압방식을 채택하며 건축물의 규모, 부하특성, 부하용량, 간선손실, 전압강하 등을 고려하여 손실을 최소화할 수 있는 변압방식을 채택한다.

ⓓ 전력을 효율적으로 이용하고 최대수용전력을 합리적으로 관리하기 위하여 최대수요전력 제어설비를 채택한다.

ⓔ 역률개선용커패시터(콘덴서)를 집합 설치하는 경우에는 역률자동조절장치를 설치한다.

ⓕ 건축물의 사용자가 합리적으로 전력을 절감할 수 있도록 층별 및 임대 구획별로 전력량계를 설치한다.

㉡ 조명설비

ⓐ 옥외등은 고효율제품인 LED 조명을 사용하고, 옥외등의 조명회로는 격등 점등(또는 조도조절 기능) 및 자동점멸기에 의한 점멸이 가능하도록 한다.

ⓑ 공동주택의 지하주차장에 자연채광용 개구부가 설치되는 경우에는 주위 밝기를 감지하여 전등군별로 자동 점멸되거나 스케줄제어가 가능하도록 하여 조명전력이 효과적으로 절감될 수 있도록 한다.

ⓒ LED 조명기구는 고효율제품을 설치한다.

ⓓ KS A 3011에 의한 작업면 표준조도를 확보하고 효율적인 조명설계에 의한 전력에너지를 절약한다.

ⓔ 효율적인 조명에너지 관리를 위하여 층별 또는 구역별로 일괄 소등이 가능한 일괄소등스위치를 설치한다.

ⓒ 제어설비
ⓐ 여러 대의 승강기가 설치되는 경우에는 군관리 운행방식을 채택한다.
ⓑ 팬코일유닛이 설치되는 경우에는 전원의 방위별, 실의 용도별 통합 제어가 가능하도록 한다.
ⓒ 수변전설비는 종합감시제어 및 기록이 가능한 자동제어설비를 채택한다.
ⓓ 실내 조명설비는 군별 또는 회로별로 자동제어가 가능하도록 한다.
ⓔ 승강기에 회생제동장치를 설치한다.
ⓕ 사용하지 않는 기기에서 소비하는 대기전력을 저감하기 위해 대기전력자동차단장치를 설치한다.
② 건축물에너지관리시스템(BEMS)이 설치되는 경우에는 「제로에너지건축물 인증 기준」 별표1의2에 따라 센서·계측장비, 분석 소프트웨어 등이 포함되도록 한다.

6 신에너지 및 재생에너지 개발 · 이용 · 보급 촉진법

(1) 목 적

이 법은 신에너지 및 재생에너지의 기술개발 및 이용·보급 촉진과 신에너지 및 재생에너지 산업의 활성화를 통하여 에너지원을 다양화하고, 에너지의 안정적인 공급, 에너지 구조의 환경친화적 전환 및 온실가스 배출의 감소를 추진함으로써 환경의 보전, 국가경제의 건전하고 지속적인 발전 및 국민복지의 증진에 이바지함을 목적으로 한다.

(2) 용어정의

이 법에서 사용하는 용어의 뜻은 다음과 같다.
① 신에너지란 기존의 화석연료를 변환시켜 이용하거나 수소·산소 등의 화학 반응을 통하여 전기 또는 열을 이용하는 에너지로서 다음 각 목의 어느 하나에 해당하는 것을 말한다.
㉠ 수소에너지
㉡ 연료전지
㉢ 석탄을 액화·가스화한 에너지 및 중질잔사유(重質殘渣油)를 가스화한 에너지로서 대통령령으로 정하는 기준 및 범위에 해당하는 에너지
㉣ 그 밖에 석유·석탄·원자력 또는 천연가스가 아닌 에너지로서 대통령령으로 정하는 에너지

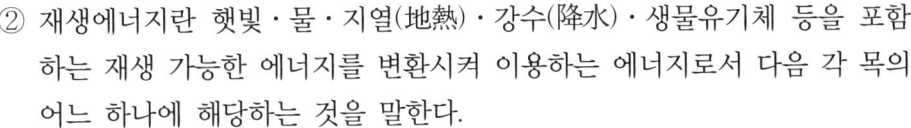

② 재생에너지란 햇빛·물·지열(地熱)·강수(降水)·생물유기체 등을 포함하는 재생 가능한 에너지를 변환시켜 이용하는 에너지로서 다음 각 목의 어느 하나에 해당하는 것을 말한다.
　㉠ 태양에너지
　㉡ 풍력
　㉢ 수력
　㉣ 해양에너지
　㉤ 지열에너지
　㉥ 생물자원을 변환시켜 이용하는 바이오에너지로서 대통령령으로 정하는 기준 및 범위에 해당하는 에너지
　㉦ 폐기물에너지(비재생폐기물로부터 생산된 것은 제외한다)로서 대통령령으로 정하는 기준 및 범위에 해당하는 에너지
　㉧ 그 밖에 석유·석탄·원자력 또는 천연가스가 아닌 에너지로서 대통령령으로 정하는 에너지
③ 신에너지 및 재생에너지 설비(이하 "신·재생에너지 설비"라 한다)란 신에너지 및 재생에너지(이하 "신·재생에너지"라 한다)를 생산 또는 이용하거나 신·재생에너지의 전력계통 연계조건을 개선하기 위한 설비로서 산업통상자원부령으로 정하는 것을 말한다.
④ 신·재생에너지 발전이란 신·재생에너지를 이용하여 전기를 생산하는 것을 말한다.
⑤ 신·재생에너지 발전사업자란 「전기사업법」 제2조 제4호에 따른 발전사업자 또는 같은 조 제19호에 따른 자가용전기설비를 설치한 자로서 신·재생에너지 발전을 하는 사업자를 말한다.

01 감염병의 예방 및 관리에 관한 법률상 소독 관련 내용이다. (   ) 안에 들어갈 용어를 쓰시오.

제16회

> 소독에 이용되는 방법으로 소각, (   ), 끓는 물 소독, 약물소독, 일광소독이 있다.

해설 소독에 이용되는 방법으로 소각, 증기소독, 끓는 물 소독, 약물소독, 일광소독이 있다.

02 감염병의 예방 및 관리에 관한 법률상 300세대 이상의 공동주택에 대한 소독시기로 옳은 것은?

① 4월부터 9월까지 − 3개월에 1회 이상, 10월부터 3월까지 − 6개월에 1회 이상
② 4월부터 9월까지 − 6개월에 1회 이상, 10월부터 3월까지 − 3개월에 1회 이상
③ 1월부터 6월까지 − 3개월에 1회 이상, 7월부터 12월까지 − 6개월에 1회 이상
④ 1월부터 6월까지 − 6개월에 1회 이상, 7월부터 12월까지 − 3개월에 1회 이상
⑤ 3월부터 8월까지 − 3개월에 1회 이상, 9월부터 2월까지 − 6개월에 1회 이상

해설 4월부터 9월까지 − 3개월마다 1회 이상, 10월부터 3월까지 − 6개월마다 1회 이상이 옳다.

03 감염병의 예방 및 관리에 관한 법령상의 내용이다. (   ) 안에 들어갈 숫자를 쓰시오. 제15회

> 300세대 이상인 공동주택은 4월부터 9월까지는 (   )개월에 1회 이상 감염병 예방에 필요한 소독을 하여야 한다.

해설 300세대 이상인 공동주택은 4월부터 9월까지는 3개월에 1회 이상 감염병 예방에 필요한 소독을 하여야 한다.

04 대기환경보전법령상 용어에 관한 설명으로 옳지 않은 것은?

① "가스"라 함은 물질이 연소·합성·분해될 때에 발생하거나 물리적 성질로 인하여 발생하는 기체상물질을 말한다.

② "먼지"라 함은 대기 중에 떠다니거나 흩날려 내려오는 입자상물질을 말한다.

③ "매연"이라 함은 연소할 때에 생기는 유리(遊離) 탄소가 주가 되는 미세한 입자상물질을 말한다.

④ "검댕"이라 함은 연소할 때에 생기는 유리(遊離) 탄소가 응결하여 입자의 지름이 10미크론 이상이 되는 입자상물질을 말한다.

⑤ "입자상물질"이라 함은 물질이 파쇄·선별·퇴적·이적(移積)될 때, 그 밖에 기계적으로 처리되거나 연소·합성·분해될 때에 발생하는 고체상(固體狀) 또는 액체상(液體狀)의 미세한 물질을 말한다.

해설 ④ "검댕"이라 함은 연소할 때에 생기는 유리(遊離) 탄소가 응결하여 입자의 지름이 1미크론 이상이 되는 입자상물질을 말한다.

05 바닥충격음에 대한 차음(遮音)대책으로 가장 적절하지 않은 것은?

① 뜬바닥 구조를 활용한다.
② 철근콘크리트 슬래브의 중량을 증가시킨다.
③ 천장반자 시공에 의한 이중천장을 설치한다.
④ 차음재를 설치한다.
⑤ 바닥 마감재를 딱딱한 것으로 설치한다.

해설 ⑤ 바닥충격음과 같은 고체전달 소음을 효과적으로 감소시키기 위해 기존의 바닥구조를 크게 변형시키지 않는 범위 내에서 슬래브와 경량기포 콘크리트층 사이에 완충재를 삽입하는 뜬바닥 구조라는 소음 감소공법이 제시되고 있다. 반면 바닥이 딱딱하면 전음도가 커져 소리전달이 잘되므로 이는 피해야 한다.

Answer
01 증기소독 02 ① 03 3 04 ④ 05 ⑤

06 다음은 주택건설기준 등에 관한 규정의 세대간의 경계벽 등에 관한 기준이다. (   )에 들어갈 숫자를 순서대로 쓰시오.

제20회

> ① 공동주택 각 세대 간의 경계벽 및 공동주택과 주택 외의 시설 간의 경계벽은 내화구조로서 다음에 해당하는 구조로 하여야 한다.
>   1. 철근콘크리트조 또는 철골·철근콘크리트조로서 그 두께(시멘트모르터·회반죽·석고프라스터 기타 이와 유사한 재료를 바른 후의 두께를 포함한다)가 (   )센티미터 이상인 것
>   2. 무근콘크리트조·콘크리트블록조·벽돌조 또는 석조로서 그 두께(시멘트모르터·회반죽·석고프라스터 기타 이와 유사한 재료를 바른 후의 두께를 포함한다)가 (   ) 센티미터 이상인 것

해설 1. 철근콘크리트조 또는 철골·철근콘크리트조로서 그 두께(시멘트모르터·회반죽·석고프라스터 기타 이와 유사한 재료를 바른 후의 두께를 포함한다)가 15센티미터 이상인 것
2. 무근콘크리트조·콘크리트블록조·벽돌조 또는 석조로서 그 두께(시멘트모르터·회반죽·석고프라스터 기타 이와 유사한 재료를 바른 후의 두께를 포함한다)가 20센티미터 이상인 것

07 소음·진동관리법령상 생활소음 규제기준에 관한 내용이다. (   ) 안에 들어갈 숫자 ①과 ②를 순서대로 각각 쓰시오.

제17회

[단위: dB(A)]

대상지역	소음원	시간대별	주간 (07:00~18:00)	야간 (22:00~05:00)
주거지역	확성기	옥외 설치	(①) 이하	(②) 이하
		옥내에서 옥외로 소음이 나오는 경우	55 이하	45 이하

해설 ① 65, ② 60이 옳은 지문이다.

08 소음 · 진동관리법령상 생활소음 규제기준에 관한 설명이다. (   ) 안에 들어갈 숫자로 알맞게 짝지은 것은?

제13회

주거지역에서 소음원이 공장일 경우의 생활소음 규제기준은 낮(07:00~18:00)은 (㉠) dB(A) 이하이고, 밤(22:00~05:00)에는 (㉡)dB(A) 이하이다(단, 배출시설이 설치되지 아니한 공장을 의미함).

① ㉠ 50, ㉡ 40   ② ㉠ 55, ㉡ 45   ③ ㉠ 60, ㉡ 50
④ ㉠ 65, ㉡ 55   ⑤ ㉠ 70, ㉡ 60

해설 ㉠ 55, ㉡ 45가 옳은 지문이다.

09 실내공기질 관리법령상 신축 공동주택의 실내공기질 권고기준으로 옳은 것을 모두 고른 것은?

제22회

㉠ 폼알데하이드 $210\mu g/m^3$ 이하   ㉡ 벤젠 $60\mu g/m^3$ 이하
㉢ 톨루엔 $1,000\mu g/m^3$ 이하   ㉣ 에틸벤젠 $400\mu g/m^3$ 이하
㉤ 자일렌 $900\mu g/m^3$ 이하   ㉥ 스티렌 $500\mu g/m^3$ 이하

① ㉠, ㉡   ② ㉠, ㉢   ③ ㉡, ㉣
④ ㉢, ㉥   ⑤ ㉣, ㉤

해설 ㉡ 벤젠 $30\mu g/m^3$ 이하, ㉣ 에틸벤젠 $360\mu g/m^3$ 이하, ㉤ 자일렌 $700\mu g/m^3$ 이하, ㉥ 스티렌 $300\mu g/m^3$ 이하가 옳다.

10 다음 중 실내공기질 관리법령상 신축 공동주택의 실내공기질 측정항목이 아닌 것은?

제15회 일부수정

① 자일렌   ② 벤젠
③ 페놀   ④ 에틸벤젠
⑤ 스티렌

해설 신축 공동주택의 실내공기질 측정항목은 다음과 같다.
• 폼알데하이드   • 벤젠   • 톨루엔   • 에틸벤젠
• 자일렌   • 스티렌   • 라돈

Answer
06 15, 20   **07** ① 65, ② 60   **08** ②   **09** ②   **10** ③

11 실내공기질 관리법령상 100세대 이상의 신축공동주택에 관한 설명이다. (   ) 안에 들어가는 숫자로만 바르게 짝지어진 것은?

> 신축 공동주택의 시공자는 실내공기질을 측정한 경우 주택 공기질 측정결과 보고(공고)를 작성하여 주민 입주 (   )일 전까지 특별자치시장·특별자치도지사·시장·군수·구청장 (자치구의 구청장을 말한다)에게 제출하여야 하고, 주민 입주 (   )일 전부터 (   )일간 주민들이 잘 볼 수 있도록 공고하여야 한다.

① 3, 7, 60   ② 7, 7, 60   ③ 7, 3, 30
④ 3, 3, 60   ⑤ 5, 3, 30

해설 신축 공동주택의 시공자는 실내공기질을 측정한 경우 주택 공기질 측정결과 보고(공고)를 작성하여 주민 입주 7일 전까지 특별자치시장·특별자치도지사·시장·군수·구청장(자치구의 구청장을 말한다)에게 제출하여야 하고, 주민 입주 7일 전부터 60일간 주민들이 잘 볼 수 있도록 공고하여야 한다.

12 실내공기질 관리법령상 100세대 이상의 신축공동주택 실내공기질 관리에 관한 설명으로 옳지 않은 것은? 제17회 일부수정

① 신축공동주택의 실내공기질 측정항목은 폼알데하이드, 벤젠, 톨루엔, 에틸벤젠, 자일렌, 스티렌, 라돈이다.
② 폼알데하이드의 실내공기질 권고기준은 $120\,\mu g/m^3$ 이하이다.
③ 특별시장·광역시장·특별자치시장·도지사 또는 특별자치도지사 또는 시장·군수·구청장은 실내공기질 측정결과를 공보 또는 인터넷 홈페이지 등에 공개할 수 있다.
④ 실내공기질 측정결과는 주민입주 7일 전부터 60일간 공동주택 관리사무소 입구 게시판과 각 공동주택 출입문 게시판에 주민들이 잘 볼 수 있도록 공고하여야 한다.
⑤ 톨루엔의 실내공기질 권고기준은 $1,000\,\mu g/m^3$ 이하이다.

해설 ② 폼알데하이드의 실내공기질 권고기준은 $210\,\mu g/m^3$ 이하이다.

13 실내공기질 관리법령상 신축공동주택의 실내공기질 권고기준으로 옳은 것을 모두 고른 것은?

제14회 일부수정

ⓐ 폼알데하이드: $210\mu g/m^3$ 이하
ⓑ 벤젠: $300\mu g/m^3$ 이하
ⓒ 자일렌: $700\mu g/m^3$ 이하
ⓓ 스티렌: $500\mu g/m^3$ 이하
ⓔ 톨루엔: $1,200\mu g/m^3$ 이하

---

① ㄱ, ㄴ   ② ㄱ, ㄷ
③ ㄴ, ㄷ   ④ ㄴ, ㄹ
⑤ ㄹ, ㅁ

해설 ㄴ 벤젠: $30\mu g/m^3$ 이하, ㄹ 스티렌: $300\mu g/m^3$ 이하, ㅁ 톨루엔: $1,000\mu g/m^3$ 이하가 옳다.

14 먹는물 수질 및 검사 등에 관한 규칙상 수돗물의 수질기준으로 옳지 않은 것은? 제25회

① 경도(硬度)는 300mg/L을 넘지 아니할 것
② 동은 1mg/L를 넘지 아니할 것
③ 색도는 5도를 넘지 아니할 것
④ 염소이온은 350mg/L을 넘지 아니할 것
⑤ 수소이온 농도는 pH5.8 이상 pH8.5 이하이어야 할 것

해설 ④ 염소이온은 250mg/L을 넘지 않아야 한다.

Answer

11 ②   12 ②   13 ②   14 ④

단·원·열·기

공동주택관리법령상의 안전관리계획, 안전점검, 안전관리교육은 객관식 문제뿐만 아니라 주관식 기입형 문제를 대비해야 하는 중요한 부분이다. 또한 어린이놀이시설 안전관리법령은 앞으로 출제문항이 늘어날 수 있기 때문에 관리적인 측면에 대한 정리가 반드시 필요하다.

안전관리계획과
안전관리진단기준

01 안전관리계획과 교육

02 시설의 안전관리에 관한 기준 및 진단사항

01 안전관리계획과 안전관리진단기준

1 안전관리계획과 교육

의무관리대상 공동주택의 관리주체는 해당 공동주택의 시설물로 인한 안전사고를 예방하기 위하여 대통령령으로 정하는 바에 따라 안전관리계획을 수립하고, 이에 따라 시설물별로 안전관리자 및 안전관리책임자를 지정하여 이를 시행하여야 한다.

(1) **안전관리계획의 수립**

① 의무관리대상 공동주택의 관리주체는 다음의 시설에 관한 안전관리계획을 수립하여야 한다.
  ㉠ 고압가스·액화석유가스 및 도시가스시설
  ㉡ 중앙집중식 난방시설
  ㉢ 발전 및 변전시설
  ㉣ 위험물 저장시설
  ㉤ 소방시설
  ㉥ 승강기 및 인양기
  ㉦ 연탄가스배출기
  ㉧ 석축·옹벽·담장·맨홀·정화조·하수도
  ㉨ 옥상 및 계단 등의 난간
  ㉩ 우물 및 비상저수시설
  ㉪ 펌프실·전기실·기계실
  ㉫ 주차장·경로당 및 어린이놀이터에 설치된 시설
  ㉬ 「주택건설기준 등에 관한 규정」에 따른 지능형 홈네트워크 설비

💡 세대별로 설치된 연탄가스배출기는 제외한다.

ⓗ 주민운동시설

㉮ 주민휴게시설

② 안전관리계획에는 다음의 사항이 포함되어야 한다.

㉠ 시설별 안전관리자 및 안전관리책임자에 의한 책임점검사항

㉡ 국토교통부령이 정하는 시설의 안전관리에 관한 기준 및 진단사항

㉢ ㉠ 및 ㉡의 점검 및 진단결과 위해의 우려가 있는 시설에 대한 이용제한 또는 보수 등 필요한 조치사항

㉣ 지하주차장의 침수 예방 및 대응에 관한 사항

㉤ 수립된 안전관리계획의 조정에 관한 사항

㉥ 그 밖에 시설안전관리에 필요한 사항

(2) 방범교육 및 안전교육

① 아래의 자는 공동주택단지의 각종 안전사고의 예방과 방범을 위하여 시장·군수·구청장이 실시하는 방범교육 및 안전교육을 받아야 한다.

㉠ 경비업무에 종사하는 사람

㉡ 안전관리계획에 따라 시설물 안전관리자 및 안전관리책임자로 선정된 사람

② 시장·군수·구청장은 방범교육 및 안전교육을 다음의 구분에 따른 기관 또는 법인에 위임하거나 위탁하여 실시할 수 있다.

㉠ 방범교육 : 관할 경찰서장 또는 인정받은 법인

㉡ 소방에 관한 안전교육 : 관할 소방서장 또는 인정받은 법인

㉢ 시설물에 관한 안전교육 : 인정받은 법인

③ 방범교육 및 안전교육은 다음의 기준에 따른다.

㉠ 이수 의무 교육시간 : 연 2회 이내에서 시장·군수·구청장이 실시하는 횟수, 매회별 4시간

㉡ 대상자

ⓐ 방범교육 : 경비책임자

ⓑ 소방에 관한 안전교육 : 시설물 안전관리책임자 및 경비책임자

ⓒ 시설물에 관한 안전교육 : 시설물 안전관리책임자

㉢ 교육내용

ⓐ 방범교육 : 강도, 절도 등의 예방 및 대응

ⓑ 소방에 관한 안전교육 : 소화, 연소 및 화재예방 등 소방안전에 관한 사항

ⓒ 시설물에 관한 안전교육 : 시설물 안전사고의 예방 및 대응

④ 「소방시설 설치 및 관리에 관한 법률 시행규칙」에 따른 소방안전교육 또는 소방안전관리자 실무교육을 이수한 사람은 「공동주택관리법」에 따른 소방에 관한 안전교육을 이수한 것으로 본다.

2 시설의 안전관리에 관한 기준 및 진단사항

💡 안전관리진단사항의 세부내용은 시·도지사가 정하여 고시한다.

구 분	대상시설	점검횟수
해빙기진단	석축, 옹벽, 법면, 교량, 우물 및 비상저수시설	연 1회(2월 또는 3월)
우기진단	석축, 옹벽, 법면, 담장, 하수도 및 주차장	연 1회(6월)
월동기진단	연탄가스배출기, 중앙집중식 난방시설, 노출배관의 동파방지 및 수목보온	연 1회(9월 또는 10월)
안전진단	변전실, 고압가스시설, 도시가스시설, 액화석유가스시설, 소방시설, 맨홀(정화조의 뚜껑을 포함한다), 유류저장시설, 펌프실, 인양기, 전기실, 기계실, 어린이놀이터, 주민운동시설 및 주민휴게시설	매 분기 1회 이상
	승강기	승강기안전관리법에서 정하는 바에 따른다.
	지능형 홈네트워크 설비	매월 1회 이상
위생진단	저수시설, 우물 및 어린이 놀이터	연 2회 이상

안전점검 등

01 안전점검
02 설계도서의 보관 등
03 어린이놀이시설 안전관리법

02 안전점검 등

1 안전점검

(1) 안전점검 대상

① 의무관리대상 공동주택의 관리주체는 그 공동주택의 기능유지와 안전성 확보로 입주자 등을 재해 및 재난 등으로부터 보호하기 위하여 「시설물의 안전 및 유지관리에 관한 특별법」에 따른 지침에서 정하는 안전점검의 실시 방법 및 절차 등에 따라 공동주택의 안전점검을 실시하여야 한다. 다만, 16층 이상의 공동주택 및 사용연수, 세대수, 안전등급, 층수 등을 고려하여 대통령령으로 정하는 15층 이하의 공동주택에 대하여는 대통령령으로 정하는 자로 하여금 안전점검을 실시하도록 하여야 한다.

② 관리주체는 안전점검의 결과 건축물의 구조·설비의 안전도가 매우 낮아 재해 및 재난 등이 발생할 우려가 있는 경우에는 지체 없이 입주자대표회의(임대주택은 임대사업자를 말한다)에 그 사실을 통보한 후 대통령령으로 정하는 바에 따라 시장·군수·구청장에게 그 사실을 보고하고, 해당 건축물의 이용 제한 또는 보수 등 필요한 조치를 하여야 한다.

③ 의무관리대상 공동주택의 입주자대표회의 및 관리주체는 건축물과 공중의 안전 확보를 위하여 건축물의 안전점검과 재난예방에 필요한 예산을 매년 확보하여야 한다.

(2) 안전점검 실시 등

① 의무관리대상 공동주택의 안전점검은 반기마다 하여야 한다.

② 16층 이상의 공동주택은 다음의 어느 하나에 해당하는 자가 안전점검을 실시하여야 한다.

　㉠「시설물의 안전 및 유지관리에 관한 특별법 시행령」에 따른 책임기술자로서 해당 공동주택단지의 관리직원인 자

　㉡ 주택관리사 등이 된 후 국토교통부령으로 정하는 교육기관에서「시설물의 안전 및 유지관리에 관한 특별법 시행령」에 따른 정기안전점검교육을 이수한 자 중 관리사무소장으로 배치된 자 또는 해당 공동주택단지의 관리직원인 자

　㉢「시설물의 안전 및 유지관리에 관한 특별법」에 따라 등록한 안전진단전문기관

　㉣「건설산업기본법」에 따라 국토교통부장관에게 등록한 유지관리업자

③ 15층 이하의 공동주택으로서 아래에 해당하는 공동주택의 안전점검은 ②에 따른 안전점검을 실시하는 자가 안전점검을 실시하여야 한다.

　㉠ 사용검사일부터 30년이 경과한 공동주택

　㉡「재난 및 안전관리 기본법 시행령」에 따른 안전등급이 C등급, D등급 또는 E등급에 해당하는 공동주택

④「재난 및 안전관리 기본법 시행령」에 따른 안전등급은 다음과 같다.

　㉠ A등급 : 안전도가 우수한 경우

　㉡ B등급 : 안전도가 양호한 경우

　㉢ C등급 : 안전도가 보통인 경우

　㉣ D등급 : 안전도가 미흡한 경우

　㉤ E등급 : 안전도가 불량한 경우

⑤ 안전점검교육을 실시한 기관은 지체 없이 그 교육 이수자 명단을 주택관리
사단체에 통보하여야 한다.

⑥ 관리주체는 안전점검의 결과 건축물의 구조·설비의 안전도가 매우 낮아
위해 발생의 우려가 있는 경우에는 다음의 사항을 시장·군수·구청장에
게 보고하고, 그 보고내용에 따른 조치를 취하여야 한다.

　　㉠ 점검대상 구조·설비

　　㉡ 취약의 정도

　　㉢ 발생 가능한 위해의 내용

　　㉣ 조치할 사항

⑦ 시장·군수·구청장은 보고받은 공동주택에 대하여 다음의 조치를 하고
매월 1회 이상 점검을 실시하여야 한다.

　　㉠ 공동주택 단지별 점검책임자의 지정

　　㉡ 공동주택 단지별 관리카드의 비치

　　㉢ 공동주택 단지별 점검일지의 작성

　　㉣ 공동주택 단지의 관리기구와 관계 행정기관 간의 비상연락체계 구성

⑶ 소규모 공동주택의 안전관리

지방자치단체의 장은 의무관리대상 공동주택에 해당하지 아니하는 공동주택
의 관리와 안전사고의 예방 등을 위하여 다음의 업무를 할 수 있다.

① 시설물에 대한 안전관리계획의 수립 및 시행

② 공동주택에 대한 안전점검

③ 그 밖에 지방자치단체의 조례로 정하는 사항

⑷ 소규모 공동주택의 안전관리 업무위탁

시장·군수·구청장은 소규모 공동주택의 안전관리 업무를 다음의 어느 하나
에 해당하는 법인을 지정하여 위탁한다.

① 국토안전관리원

② 주택관리사단체

③ 그 밖에 국토교통부장관이 소규모 공동주택의 안전관리 업무를 수행할 수
있다고 인정하여 고시하는 법인

(5) 소규모 공동주택의 층간소음 상담 등

① 지방자치단체의 장은 소규모 공동주택에서 발생하는 층간소음 분쟁의 예방 및 자율적인 조정을 위하여 조례로 정하는 바에 따라 소규모 공동주택 입주자 등을 대상으로 층간소음 상담·진단 및 교육 등의 지원을 할 수 있다.

② 지방자치단체의 장은 ①에 따른 층간소음 상담·진단 및 교육 등의 지원을 위하여 필요한 경우 관계 중앙행정기관의 장 또는 지방자치단체의 장이 인정하는 기관 또는 단체에 협조를 요청할 수 있다.

2 설계도서의 보관 등

(1) 설계도서의 보관 대상

의무관리대상 공동주택의 관리주체는 공동주택의 체계적인 유지관리를 위하여 공동주택의 설계도서 등을 보관하고, 공동주택 시설의 교체·보수 등의 내용을 기록·보관·유지하여야 한다.

(2) 설계도서의 보관

① 의무관리대상 공동주택의 관리주체는 아래의 서류를 기록·보관·유지하여야 한다.

㉠ 사업주체로부터 인계받은 설계도서 및 장비의 명세

㉡ 안전점검 결과보고서

㉢ 감리보고서

㉣ 공용부분 시설물의 교체, 유지보수 및 하자보수 등의 이력관리 관련 서류·도면 및 사진

② 의무관리대상 공동주택의 관리주체는 공용부분에 관한 시설의 교체, 유지보수 및 하자보수 등을 한 경우에는 그 실적을 시설별로 이력관리하여야 하며, 공동주택관리정보시스템에도 등록하여야 한다.

③ 의무관리대상 공동주택의 관리주체는 공용부분 시설물의 교체, 유지보수 및 하자보수 등을 한 경우에는 다음의 서류를 공동주택관리정보시스템에 등록하여야 한다.

㉠ 이력 명세

㉡ 공사 전·후의 평면도 및 단면도 등 주요 도면

㉢ 주요 공사 사진

3 어린이놀이시설 안전관리법

(1) 용어정의

① 어린이놀이기구란 어린이가 놀이를 위하여 사용할 수 있도록 제조된 그네, 미끄럼틀, 공중놀이기구, 회전놀이기구 등으로서 「어린이제품 안전 특별법」에 따른 안전인증대상어린이제품을 말한다.

② 어린이놀이시설이라 함은 어린이놀이기구가 설치된 실내 또는 실외의 놀이터로서 대통령령으로 정하는 것을 말한다.

③ 관리감독기관의 장이란 어린이놀이시설의 안전한 유지관리를 위하여 다음의 구분에 따라 어린이놀이시설을 관리·감독하는 행정기관의 장을 말한다.
 ㉠ 교육장 : 어린이놀이시설이 「초·중등교육법」에 따른 학교와 「유아교육법」에 따른 유치원 및 「학원의 설립·운영 및 과외교습에 관한 법률」에 따른 학원에 소재하는 경우
 ㉡ 특별자치도지사·시장·군수·구청장(자치구의 구청장을 말한다) : ㉠ 외의 어린이놀이시설의 경우

④ 관리주체라 함은 어린이놀이시설의 소유자로서 관리책임이 있는 자, 다른 법령에 의하여 어린이놀이시설의 관리자로 규정된 자 또는 그 밖에 계약에 의하여 어린이놀이시설의 관리책임을 진 자를 말한다.

⑤ 설치검사라 함은 어린이놀이시설의 안전성 유지를 위하여 행정안전부장관이 정하여 고시하는 어린이놀이시설의 시설기준 및 기술기준에 따라 설치한 후에 안전검사기관으로부터 받아야 하는 검사를 말한다.

⑥ 안전점검이라 함은 어린이놀이시설의 관리주체 또는 관리주체로부터 어린이놀이시설의 안전관리를 위임받은 자가 육안 또는 점검기구 등에 의하여 검사를 하여 어린이놀이시설의 위험요인을 조사하는 행위를 말한다.

⑦ 안전진단이라 함은 안전검사기관이 어린이놀이시설에 대하여 조사·측정·안전성 평가 등을 하여 해당 어린이놀이시설의 물리적·기능적 결함을 발견하고 그에 대한 신속하고 적절한 조치를 하기 위하여 수리·개선 등의 방법을 제시하는 행위를 말한다.

⑧ **유지·관리** : 설치된 어린이놀이시설이 기능 및 안전성을 유지할 수 있도록 정비·보수 및 개량 등을 행하는 것을 말한다.

⑨ **정기시설검사** : 설치검사를 받은 어린이놀이시설이 행정안전부장관이 정하여 고시하는 시설기준 및 기술기준에 따른 적합성을 유지하고 있는지를 확인하기 위하여 안전검사기관으로부터 받아야 하는 검사를 말한다.

⑵ 다른 법률과의 관계

어린이놀이시설 안전관리법은 어린이놀이시설의 안전관리에 관하여 다른 법률에 우선하여 적용한다.

⑶ 설치검사 등

① 설치자는 설치한 어린이놀이시설을 관리주체에게 인도하기 전에 안전검사기관으로부터 설치검사를 받아야 한다.

② 설치검사를 받으려는 자는 행정안전부령으로 정하는 신청 서류를 갖추어 지정받은 안전검사기관에 제출하여야 한다.

③ 설치검사의 신청을 받은 안전검사기관은 다음의 사항을 확인하여야 한다.
　㉠ 해당 어린이놀이시설에 설치된 어린이놀이기구가 「어린이제품 안전 특별법」 제17조에 따른 안전인증을 받았는지 여부
　㉡ 해당 어린이놀이시설이 기술기준 및 시설기준에 적합하게 설치되었는지 여부

④ 안전검사기관은 설치검사를 할 때에 신청인 또는 그 대리인을 현장에 참석하게 하여야 한다.

⑤ 안전검사기관은 설치검사의 결과를 소관 관리감독기관의 장과 신청인에게 알려야 하며, 설치검사에 합격한 어린이놀이시설에 대해서는 설치검사합격증을 신청인에게 내주어야 한다.

⑥ 설치검사의 방법 및 절차에 관한 세부적인 사항은 행정안전부장관이 정하여 고시한다.

⑷ 정기시설검사

① 관리주체는 설치검사를 받은 어린이놀이시설이 규정에 따른 시설기준 및 기술기준에 적합성을 유지하고 있는지를 확인하기 위하여 안전검사기관으로부터 2년에 1회 이상 정기시설검사를 받아야 한다.

② 정기시설검사 유효기간의 기산일은 다음의 구분에 따른다.
　㉠ 설치검사 또는 직전 정기시설검사의 유효기간이 1개월을 초과하여 남았거나 유효기간이 경과한 후에 정기시설검사에 합격한 경우: 해당 정기시설검사의 합격 판정일
　㉡ 설치검사 또는 직전 정기시설검사의 유효기간이 1개월 이하로 남았을 때 정기시설검사에 합격한 경우: 설치검사 또는 직전 정기시설검사의 유효기간 만료일의 다음날

③ 정기시설검사를 받으려는 자는 정기시설검사의 유효기간이 끝나기 1개월 전(최초로 정기시설검사를 받으려는 경우에는 해당 어린이놀이시설에 대한 설치검사의 유효기간이 끝나기 1개월 전을 말한다)까지 행정안전부령으로 정하는 신청 서류를 갖추어 안전검사기관에 제출하여야 한다.

④ 정기시설검사의 신청을 받은 안전검사기관은 신청을 받은 날부터 1개월 이내에 해당 어린이놀이시설이 시설기준 등에 적합한지 여부를 확인하여야 한다.

⑤ 안전검사기관은 정기시설검사를 할 때에 신청인 또는 그 대리인을 현장에 참석하게 하여야 한다.

⑥ 안전검사기관은 혹한, 폭설 등으로 물놀이형 어린이놀이시설의 물순환시설에 대한 정기시설검사를 할 수 없는 경우에는 3개월 이내에 해당 물순환시설에 대한 정기시설검사에 합격할 것을 조건으로 해당 어린이놀이시설에 대하여 정기시설검사의 합격 판정을 할 수 있다.

⑦ 안전검사기관은 합격 판정을 받은 어린이놀이시설이 ⑥에 따른 기간 내에 물순환시설에 대한 정기시설검사에 합격하지 못한 경우에는 해당 어린이놀이시설에 대한 정기시설검사의 합격 판정을 취소해야 한다.

⑧ 안전검사기관은 정기시설검사의 결과를 소관 관리감독기관의 장과 신청인에게 알려야 하며, 정기시설검사에 합격한 어린이놀이시설에 대해서는 정기시설검사합격증을 신청인에게 내주어야 한다.

⑨ ②부터 ⑧까지에서 규정한 사항 외에 정기시설검사의 방법 및 절차에 관한 세부적인 사항은 행정안전부장관이 정하여 고시한다.

⑸ **안전점검 실시**

① 관리주체는 설치된 어린이놀이시설의 기능 및 안전성 유지를 위하여 월 1회 이상 당해 어린이놀이시설에 대한 안전점검을 실시하여야 한다.

② 관리주체가 해당 어린이놀이시설에 대하여 안전점검을 실시할 수 없는 경우에는 서면계약에 의한 대리인을 지정하여 안전점검을 하게 할 수 있다.

③ **안전점검의 항목**
  ㉠ 어린이놀이시설의 연결상태
  ㉡ 어린이놀이시설의 노후정도
  ㉢ 어린이놀이시설의 변형상태
  ㉣ 어린이놀이시설의 청결상태
  ㉤ 어린이놀이시설의 안전수칙 등의 표시상태
  ㉥ 부대시설의 파손 상태 및 위험물질의 존재 여부

④ **안전점검의 방법**: 어린이놀이시설의 관리주체는 ③의 점검항목에 대하여 다음의 기준에 따라 구분하여 안전점검을 한 후 그 결과를 안전점검 실시 대장에 기록하여야 한다.

　　㉠ 양호: 어린이놀이시설의 이용자에게 위해(危害)·위험을 발생시킬 요 소가 없는 경우

　　㉡ 요주의: 어린이놀이시설의 이용자에게 위해·위험을 발생시킬 요소는 발견할 수 없으나, 어린이놀이기구와 그 부분품의 제조업체가 정한 사 용연한이 지난 경우

　　㉢ 요수리: 어린이놀이시설의 이용자에게 위해·위험을 발생시킬 요소가 되는 틈, 헐거움, 날카로움 등이 생길 가능성이 있거나, 어린이놀이시설 이 더럽거나 안전 관련 표시가 훼손된 경우

　　㉣ 이용금지: 어린이놀이시설의 이용자에게 위해·위험을 발생시킬 수 있 는 틈, 헐거움, 날카로움 등이 있거나 위해가 발생한 경우

⑤ 관리주체는 안전점검 결과 해당 어린이놀이시설이 어린이에게 위해를 가 할 우려가 있다고 판단되는 경우에는 그 이용을 금지하고 1개월 이내에 안 전검사기관에 안전진단을 신청하여야 한다. 다만, 해당 어린이놀이시설을 철거하는 경우에는 안전진단 신청을 생략할 수 있다.

(6) 안전진단실시

① 안전진단 신청을 받은 안전검사기관은 안전진단을 실시하고 그 결과를 신 청인 및 해당 관리감독기관의 장에게 통보하여야 한다.

② 안전진단 결과를 통보받은 관리주체는 해당 어린이놀이시설이 시설기준 및 기술기준에 적합하지 아니한 경우에는 수리·보수 등 필요한 조치를 실 시하고 안전검사기관으로부터 해당 어린이놀이시설의 재사용 여부를 확인 받아야 한다.

③ 안전진단 결과를 통보받은 관리감독기관의 장은 재사용 불가 판정을 받은 어린이놀이시설이 안전을 침해할 것으로 판단되는 경우에는 그 철거를 명 할 수 있다.

④ 관리주체는 어린이놀이시설을 이용 금지·폐쇄·철거하는 경우에는 어린 이 등이 출입하지 못하도록 조치를 하고 해당 관리감독기관의 장에게 그 사실을 통보하여야 한다.

(7) 점검결과 등의 기록·보관

관리주체는 안전점검 또는 안전진단을 한 결과에 대하여 안전점검실시대장 또는 안전진단실시대장을 작성하여 최종 기재일부터 3년간 보관하여야 한다.

(8) 안전교육

① 관리주체는 어린이놀이시설의 안전관리에 관련된 업무를 담당하는 자로 하여금 어린이놀이시설 안전관리지원기관에서 실시하는 어린이놀이시설의 안전관리에 관한 교육을 받도록 하여야 한다.

② 관리주체는 안전관리자를 신규 또는 변경 배치한 경우 안전관리자의 인적사항을 포함한 자료를 배치한 날부터 15일 이내에 어린이놀이시설 안전관리시스템 등을 통해 관리감독기관의 장에게 통보하여야 하며, 관리감독기관의 장은 통보받은 즉시 해당 안전관리자에게 안전교육 이수의무에 대해 고지하여야 한다. 이 경우 관리주체가 안전관리자로서 역할을 병행하는 경우에는 관리주체를 안전관리자로 본다.

③ 관리주체는 다음의 구분에 따른 기간 이내에 어린이놀이시설의 안전관리에 관련된 업무를 담당하는 자로 하여금 안전교육을 받도록 하여야 한다.
  ㉠ 어린이놀이시설을 인도 받은 경우: 인도 받은 날부터 3개월
  ㉡ 안전관리자가 변경된 경우: 변경된 날부터 3개월
  ㉢ 안전관리자의 안전교육 유효기간이 만료되는 경우: 유효기간 만료일 전 3개월

④ 어린이놀이시설을 인도받은 관리주체가 해당 어린이놀이시설의 사용을 개시하지 않은 경우로서 다음의 요건을 모두 갖춘 경우에는 ③의 ㉠에도 불구하고 해당 어린이놀이시설의 사용을 개시하는 날의 전날까지 안전관리자로 하여금 안전교육을 받도록 할 수 있다.
  ㉠ 이용금지 조치를 하고, 그 사실을 해당 관리감독기관의 장에게 통보했을 것
  ㉡ 이용금지 조치의 사유 등을 적은 안내표지판을 설치했을 것

⑤ 안전교육의 내용은 다음과 같다.
  ㉠ 어린이놀이시설 안전관리에 관한 지식 및 법령
  ㉡ 어린이놀이시설 안전관리 실무
  ㉢ 그 밖에 어린이놀이시설의 안전관리를 위하여 필요한 사항

⑥ 안전교육의 주기는 2년에 1회 이상으로 하고, 1회 안전교육 시간은 4시간 이상으로 한다.

⑦ 안전교육을 실시하는 어린이놀이시설 안전관리지원기관은 안전교육을 인터넷 홈페이지를 활용한 사이버교육방식으로 제공할 수 있다. 이 경우 사이버교육의 구체적인 방법 등은 행정안전부장관이 정하여 고시한다.

(9) 보험가입

① 관리주체 및 안전검사기관은 어린이놀이시설의 사고로 인하여 어린이의 생명·신체 또는 재산상의 손해를 발생하게 하는 경우 그 손해에 대한 배상을 보장하기 위하여 보험에 가입하여야 한다.

② 보험의 종류는 어린이놀이시설 사고배상책임보험이나 사고배상책임보험과 같은 내용이 포함된 보험으로 한다.

③ 보험은 다음의 구분에 따른 시기에 가입하여야 한다.

　㉠ 관리주체인 경우 : 어린이놀이시설을 인도 받은 날부터 30일 이내

　㉡ 안전검사기관인 경우 : 안전검사기관으로 지정받은 후 설치검사·정기시설검사·안전진단 중 어느 하나의 업무를 최초로 시작한 날부터 30일 이내

④ 어린이놀이시설을 인도받은 관리주체가 해당 어린이놀이시설의 사용을 개시하지 않은 경우로서 다음의 요건을 모두 갖춘 경우에는 ③의 ㉠에도 불구하고 해당 어린이놀이시설의 사용을 개시하는 날의 전날까지 ②에 따른 보험에 가입할 수 있다.

　㉠ 이용금지 조치를 하고, 그 사실을 해당 관리감독기관의 장에게 통보했을 것

　㉡ 이용금지 조치의 사유 등을 적은 안내표지판을 설치했을 것

(10) 사고보고의무 및 사고조사

① 관리주체는 그가 관리하는 어린이놀이시설로 인하여 중대한 사고가 발생한 때에는 즉시 사용중지 등 필요한 조치를 취하고 해당 관리감독기관의 장에게 통보하여야 한다.

② 중대한 사고란 어린이놀이시설로 인하여 어린이놀이시설 이용자에게 다음의 어느 하나에 해당하는 경우가 발생한 사고를 말한다.

　㉠ 사망

　㉡ 하나의 사고로 인한 3명 이상의 부상

　㉢ 사고 발생일로부터 7일 이내에 48시간 이상의 입원 치료가 필요한 부상

　㉣ 골절상

　㉤ 수혈 또는 입원이 필요한 정도의 심한 출혈

       ⓗ 신경, 근육 또는 힘줄의 손상

       ⓢ 2도 이상의 화상

       ⓞ 부상 면적이 신체 표면의 5퍼센트 이상인 부상

       ⓩ 내장(內臟)의 손상

③ 통보를 받은 관리감독기관의 장은 필요하다고 판단되는 경우에는 관리주체에게 자료의 제출을 명하거나 현장조사를 실시할 수 있다.

④ 관리감독기관의 장은 자료 및 현장조사 결과에 따라 해당 어린이놀이시설이 안전에 중대한 침해를 줄 수 있다고 판단되는 경우에는 그 관리주체에게 사용중지·개선 또는 철거를 명할 수 있다.

⑤ 관리주체는 자료의 제출 명령을 받은 날부터 10일 이내에 해당 자료를 제출하여야 한다. 다만, 관리주체가 정하여진 기간에 자료를 제출하는 것이 어렵다고 사유를 소명하는 경우 관리감독기관의 장은 20일의 범위에서 그 제출 기한을 연장할 수 있다.

⑥ 관리감독기관의 장은 현장조사를 실시하려면 미리 현장조사의 일시·장소 및 내용 등을 포함한 조사계획을 관리주체에게 문서로 알려야 한다. 다만, 긴급히 조사를 실시하여야 하거나 부득이한 사유가 있는 경우에는 그러하지 아니하다.

(11) 사고기록대장의 작성·배부 등

① 관리감독기관의 장은 중대한 사고에 대하여 아래에서 정하는 중요 사항을 정기적으로 행정안전부장관에게 보고하여야 한다.

       ㉠ 사고 일시

       ㉡ 사고 시설 현황

       ㉢ 사고 경위

       ㉣ 관리주체 및 관리감독기관의 장의 조치사항

       ㉤ 사고자 인적사항

       ㉥ 그 밖에 행정안전부장관이 사고에 관하여 중요하다고 인정하는 사항

② 행정안전부장관은 보고받은 내용을 종합하여 기록한 대장(이하 "사고기록대장"이라 한다)을 매년 작성하여 관리감독기관의 장 및 관리주체에게 배포하여야 한다.

③ 행정안전부장관은 사고기록대장을 분석·검토하여 동일·유사한 사고가 발생하지 아니하도록 대책을 마련하여야 한다.

④ 보고 및 배포시에는 어린이놀이시설 안전관리시스템을 활용할 수 있다.

(12) **보고 · 검사 등**

① 관리감독기관의 장은 소관 어린이놀이시설의 안전관리를 위하여 필요하다고 인정하는 때에는 설치자 또는 관리주체에게 해당 어린이놀이시설의 설치 · 관리 등에 관한 자료의 제출을 명하거나 보고를 하게 할 수 있다.

② 설치자 또는 관리주체는 자료 제출 명령을 받거나 보고를 요구받은 날부터 20일 이내에 해당 자료를 제출하거나 해당 사항에 대하여 보고하여야 한다. 다만, 설치자 또는 관리주체가 정하여진 기간에 자료 제출 또는 보고를 하는 것이 어렵다고 사유를 소명하는 경우 관리감독기관의 장은 30일의 범위에서 그 제출 또는 보고의 기한을 연장할 수 있다.

(13) **안전검사기관의 지정취소**

① 행정안전부장관은 안전검사기관이 다음의 어느 하나에 해당하는 때에는 그 지정을 취소하거나 1년 이내의 기간을 정하여 업무의 전부 또는 일부의 정지를 명할 수 있다. 다만, ⊙ 또는 ⓒ에 해당하는 경우에는 그 지정을 취소하여야 한다.

⊙ 거짓 그 밖의 부정한 방법으로 안전검사기관으로 지정을 받은 경우
ⓒ 업무정지 기간 중에 설치검사 · 정기시설검사 또는 안전진단을 행한 경우
ⓒ 정당한 사유 없이 설치검사 · 정기시설검사 또는 안전진단을 거부한 경우
ⓔ 어린이놀이시설 안전관리법 제4조 제2항의 규정에 따른 지정요건에 적합하지 아니하게 된 경우
ⓜ 관리주체가 된 경우
ⓗ 안전점검 또는 유지관리 업무를 하는 경우(그 소속 임직원이 안전점검 또는 유지관리 업무를 하는 경우를 포함한다)
ⓢ 어린이놀이시설 안전관리법 제12조의 규정에 따른 방법 · 절차 등을 위반하여 설치검사 또는 정기시설검사를 행한 경우
ⓞ 어린이놀이시설 안전관리법 제16조 제1항의 규정에 따른 방법 · 절차 등을 위반하여 안전진단을 행한 경우

② ①의 규정에 따른 지정취소, 업무정지의 기준 및 절차 등에 관하여 필요한 사항은 행정안전부령으로 정한다.

⒁ **벌 칙**

① **3년 이하의 징역 또는 3천만원 이하의 벌금**
  ㉠ 철거명령, 사용중지 등의 명령을 위반한 자
  ㉡ 안전검사기관으로 지정을 받지 아니하고 설치검사·정기시설검사 또는 안전진단을 행한 자
  ㉢ 안전검사기관의 지정이 취소되거나 또는 업무정지 기간 중에 설치검사·정기시설검사 또는 안전진단을 행한 자
  ㉣ 거짓 그 밖의 부정한 방법으로 안전검사기관으로 지정받은 자
  ㉤ 거짓 그 밖의 부정한 방법으로 설치검사·정기시설검사 또는 안전진단을 받은 자
② 설치검사 또는 정기시설검사를 받지 아니하였거나 설치검사 또는 정기시설검사에 불합격하거나, 안전진단에서 위험하거나 보수가 필요하다는 판정을 받은 어린이놀이시설을 이용하도록 한 자는 1년 이하의 징역 또는 1천만원 이하의 벌금에 처한다.
③ **500만원 이하의 과태료**
  ㉠ 안전점검을 실시하지 아니한 자
  ㉡ 어린이놀이시설의 이용을 금지하지 아니하거나 안전진단을 신청하지 아니한 자
  ㉢ 안전점검 및 안전진단을 실시한 결과를 기록·보관하지 아니한 자
  ㉣ 안전교육을 받도록 하지 아니한 관리주체
  ㉤ 보험가입의무를 위반한 자
  ㉥ 중대한 사고가 발생한 때 통보하지 아니한 자
  ㉦ 보고·검사 또는 질문에 대한 답변을 거부·방해 또는 기피한 자
  ㉧ 관리감독기관의 장의 보완 명령에 따르지 아니한 자
  ㉨ 안전요원을 배치하지 아니한 관리주체
  ㉩ 시설개선의 명령을 받은 관리주체가 수리·보수 등 필요한 조치를 하지 아니하거나 해당 어린이놀이시설을 보완하도록 한 관리감독기관의 장의 명령에 따르지 아니한 자

01 공동주택관리법령상 공동주택단지 안의 강도, 절도 등의 예방 및 대응을 위하여 경비책임자에게 방범교육을 실시할 수 있는 자는?

> ㉠ 국토교통부장관   ㉡ 시장·군수·구청장
> ㉢ 특별시장·광역시장·도지사   ㉣ 관리사무소장

① ㉠   ② ㉡
③ ㉠, ㉡   ④ ㉡, ㉢
⑤ ㉢, ㉣

해설 경비책임자는 시장·군수·구청장이 실시하는 방범교육을 받아야 한다.

02 공동주택관리법령상 의무관리대상 공동주택의 안전관리·방범 및 안전점검에 대한 설명으로 옳은 것은?

① 시설물 안전관리책임자와 경비책임자는 연 2회 이내에서 시장·군수·구청장이 실시하는 소방에 관한 안전교육을 받아야 한다.
② ①에 따른 소방에 관한 안전교육 시간은 7시간이다.
③ 의무관리대상 공동주택의 관리주체는 1년마다 안전점검을 실시하여야 한다.
④ 관리주체는 석축·옹벽·담장에 대하여 연 2회 우기진단을 실시하여야 한다.
⑤ 어린이놀이터에 대한 위생진단은 연 1회 이상 실시하여야 한다.

해설 ② 소방에 관한 안전교육 시간은 4시간이다.
③ 의무관리대상 공동주택의 관리주체는 반기마다 안전점검을 실시하여야 한다.
④ 관리주체는 석축·옹벽·담장에 대하여 연 1회 우기진단을 실시할 수 있다.
⑤ 어린이놀이터에 대한 위생진단은 연 2회 이상 실시하여야 한다.

Answer
01 ②   02 ①

03 공동주택관리법령상 의무관리대상 공동주택의 안전관리계획에 포함되지 않는 시설은?

① 중앙집중식 난방시설　　　　　　② 소방시설
③ 승강기 및 인양기　　　　　　　　④ 세대별 보일러시설
⑤ 경로당 및 어린이놀이터시설

> **해설** 안전관리계획을 수립하여야 하는 시설은 다음과 같다.
> 1. 고압가스 · 액화석유가스 및 도시가스시설
> 2. 중앙집중식 난방시설
> 3. 발전 및 변전시설
> 4. 위험물 저장시설
> 5. 소방시설
> 6. 승강기 및 인양기
> 7. 연탄가스배출기(세대별로 설치된 것은 제외한다)
> 8. 석축 · 옹벽 · 담장 · 맨홀 · 정화조 · 하수도
> 9. 옥상 및 계단 등의 난간
> 10. 우물 및 비상저수시설
> 11. 펌프실, 전기실, 기계실
> 12. 주차장, 경로당 또는 어린이놀이터에 설치된 시설
> 13. 「주택건설기준 등에 관한 규정」에 따른 지능형 홈네트워크 설비
> 14. 주민운동시설
> 15. 주민휴게시설

04 공동주택관리법령상 의무관리대상 공동주택의 안전관리에 관한 설명으로 옳지 않은 것은?

제12회

① 관리주체는 해당 공동주택의 시설물로 인한 안전사고를 예방하기 위하여 안전관리계획을 수립하고 이에 따라 시설물별로 안전관리자와 안전관리책임자를 선정하여 이를 시행하여야 한다.
② 안전관리계획 수립대상 시설에는 도시가스시설, 중앙집중식 난방시설, 발전 및 변전시설 등이 포함된다.
③ 각종 안전사고 예방과 방범을 위하여 시설물 안전관리책임자와 경비책임자는 연 2회 이내에서 시장 · 군수 · 구청장이 실시하는 횟수, 매회별 4시간의 안전교육 및 방범교육을 받아야 한다.
④ 안전진단대상 시설 중 도시가스시설, 소방시설, 전기실, 기계실의 점검횟수는 매 분기 1회 이상이다.
⑤ 연탄가스배출기 · 중앙집중식 난방시설 · 노출배관의 동파방지, 수목보온은 해빙기진단대상 시설이다.

> **해설** ⑤ 연탄가스배출기 · 중앙집중식 난방시설 · 노출배관의 동파방지, 수목보온은 월동기진단대상 시설이다.

05 공동주택관리법령상 의무관리대상 공동주택의 안전관리에 관한 설명으로 옳지 않은 것은?

① 석축 및 옹벽 등에 대한 시설물 해빙기진단은 매년 2월 또는 3월에 연 1회 실시한다.

② 시설물로 인한 안전사고를 예방하기 위하여 안전관리계획을 수립하여야 하는 대상시설로는 중앙집중식 난방시설 등이 있다.

③ 의무관리대상 공동주택의 관리주체는 연 1회 안전점검을 실시하여야 한다.

④ 시설물 안전관리책임자는 시장·군수·구청장이 실시하는 소방 및 시설물에 관한 안전교육을 받아야 한다.

⑤ 방범 및 안전 교육대상자의 이수 의무 교육시간은 연 2회 이내에서 시장·군수·구청장이 실시하는 횟수로 하며 매회별 4시간이다.

해설 ③ 관리주체는 반기마다 안전점검을 실시하여야 한다.

06 공동주택관리법령상 의무관리대상 공동주택 시설의 안전관리에 관한 기준 및 진단사항으로 옳지 않은 것은?   제22회

① 저수시설의 위생진단은 연 2회 이상 실시한다.

② 어린이놀이터의 안전진단은 연 2회 실시한다.

③ 노출배관의 동파방지 월동기진단은 연 1회 실시한다.

④ 석축, 옹벽의 우기진단은 연 1회 실시한다.

⑤ 법면의 해빙기진단은 연 1회 실시한다.

해설 ② 어린이놀이터의 안전진단은 매분기 1회 이상 실시한다.

07 공동주택관리법령상 의무관리대상 공동주택의 안전관리진단 대상시설 중 해빙기 진단과 동시에 위생진단을 실시해야 하는 시설은?

① 석축, 옹벽, 법면   ② 담장, 하수도

③ 우물   ④ 승강기, 인양기

⑤ 변전실, 펌프실, 고압가스

해설 ③ 우물의 경우는 해빙기 진단과 동시에 위생진단을 실시해야 하는 시설이다.

Answer
03 ④   04 ⑤   05 ③   06 ②   07 ③

08 공동주택관리법령상 의무관리대상 공동주택의 매분기 1회 이상 안전관리진단을 요하는 시설은?

① 석축 및 옹벽
② 비상저수시설
③ 소방시설
④ 중앙집중식 난방시설
⑤ 하수도

해설 공동주택시설물에 대한 안전관리진단기준은 다음과 같다.

구 분	대상시설	점검횟수
해빙기진단	석축, 옹벽, 법면, 교량, 우물 및 비상저수시설	연 1회(2월 또는 3월)
우기진단	석축, 옹벽, 법면, 담장, 하수도 및 주차장	연 1회(6월)
월동기진단	연탄가스배출기, 중앙집중식 난방시설, 노출배관의 동파방지 및 수목보온	연 1회(9월 또는 10월)
안전진단	변전실, 고압가스시설, 도시가스시설, 액화석유가스시설, 소방시설, 맨홀(정화조의 뚜껑을 포함한다), 유류저장시설, 펌프실, 인양기, 전기실, 기계실, 어린이놀이터, 주민운동시설 및 주민휴게시설	매 분기 1회 이상
	승강기	승강기안전관리법에서 정하는 바에 따른다.
	지능형 홈네트워크 설비	매월 1회 이상
위생진단	저수시설, 우물 및 어린이 놀이터	연 2회 이상

09 공동주택관리법령상의 의무관리대상 공동주택의 해빙기진단대상의 시설물로 옳지 않은 것은?

① 석축
② 담장
③ 옹벽
④ 법면
⑤ 교량

해설 ② 담장은 우기진단에 해당된다.

10 공동주택관리법령상 의무관리대상 공동주택의 관리주체의 안전관리계획과 안전점검 및 안전
진단에 관한 설명으로 옳지 않은 것은? 제23회

① 건축물과 공중의 안전 확보를 위하여 건축물의 안전점검과 재난예방에 필요한 예산을
매년 확보하여야 한다.

② 사용검사일부터 30년이 경과한 15층 이하의 공동주택에 대하여 반기마다 대통령령으
로 정하는 자로 하여금 안전점검을 실시하도록 하여야 한다.

③ 석축과 옹벽, 법면은 해빙기 진단 연 1회(2월 또는 3월)와 우기진단 연 1회(6월)가 이루
어지도록 안전관리계획을 수립하여야 한다.

④ 해당 공동주택의 시설물로 인한 안전사고를 예방하기 위하여 대통령령으로 정한 바에
따라 안전관리계획을 수립하고 시설물별로 안전관리자 및 안전관리책임자를 지정하여
이를 시행하여야 한다.

⑤ 변전실, 맨홀(정화조 뚜껑 포함), 펌프실, 전기실, 기계실 및 어린이 놀이터의 안전진단
에 대하여 연 3회 이상 실시하도록 안전관리계획을 수립하여야 한다.

> **해설** ⑤ 변전실, 맨홀(정화조의 뚜껑을 포함한다), 펌프실, 전기실, 기계실 및 어린이 놀이터의 안전진단에
> 대하여 매분기 1회 이상 실시하도록 안전관리계획을 수립하여야 한다.

11 공동주택관리법령상 의무관리대상 공동주택의 방범교육 및 안전교육에 관한 설명으로 옳지
않은 것은?

① 이수 의무 교육시간은 연 2회 이내에서 시장·군수·구청장이 실시하는 횟수로 하며
매회별 4시간이다.

② 「화재의 예방 및 안전관리에 관한 법률」에 따른 소방안전관리자 실무교육 또는 소방안
전교육을 이수한 사람은 소방에 관한 안전교육을 이수한 것으로 본다.

③ 방범교육은 시설물 안전관리책임자 및 경비책임자를 대상으로 한다.

④ 시설물의 안전교육에 관한 업무를 위탁받은 기관은 교육실시 10일 전에 교육의 일시·
장소·기간·내용·대상자 그 밖에 교육에 관하여 필요한 사항을 공고하거나 대상자
에게 통보하여야 한다.

⑤ 시설물에 관한 안전교육은 시설물 안전사고의 예방 및 대응을 교육내용으로 한다.

> **해설** ③ 방범교육 대상자는 경비책임자로 한다.

12 공동주택관리법령상 안전관리교육에 대한 내용이다. (   ) 안에 들어갈 숫자를 각각 순서대로 쓰시오.

제13회 일부수정

> 공공주택단지 안의 각종 안전사고 예방과 방범을 하기 위하여 경비업무에 종사하는 자와 안전관리계획에 의하여 시설물 안전관리책임자로 선정된 자는 국토교통부령이 정하는 바에 의하여 시장·군수·구청장이 실시하는 방범교육 및 안전교육을 받아야 한다. 이 때 그 교육기간은 연 (   )회 이내에서 시장·군수·구청장이 실시하는 횟수, 매회별 (   )시간이다.

해설 공공주택단지 안의 각종 안전사고 예방과 방범을 하기 위하여 경비업무에 종사하는 자와 안전관리계획에 의하여 시설물 안전관리책임자로 선정된 자는 국토교통부령이 정하는 바에 의하여 시장·군수·구청장이 실시하는 방범교육 및 안전교육을 받아야 한다. 이 때 그 교육기간은 연 2회 이내에서 시장·군수·구청장이 실시하는 횟수, 매회별 4시간이다.

13 공동주택관리법령상 공동주택의 안전점검에 관련된 내용이다. (   ) 안에 알맞은 것은?

제11회 일부수정

> 관리주체는 안전점검의 결과 건축물의 구조·설비의 안전도가 취약하여 위해의 우려가 있는 경우에는 다음의 사항을 시장·군수 또는 구청장에게 보고하고, 그 보고내용에 따른 조치를 취하여야 한다.
> 1. (   )
> 2. 취약의 정도
> 3. 발생 가능한 위해의 내용
> 4. 조치할 사항

① 점검기관   ② 안전점검 책임자
③ 비상연락 체계   ④ 점검대상 구조·설비
⑤ 점검기간

해설 관리주체는 안전점검의 결과 건축물의 구조·설비의 안전도가 취약하여 위해의 우려가 있는 경우에는 다음의 사항을 시장·군수 또는 구청장에게 보고하고, 그 보고내용에 따른 조치를 취하여야 한다.
⑴ 점검대상 구조·설비   ⑵ 취약의 정도
⑶ 발생 가능한 위해의 내용   ⑷ 조치할 사항

14 어린이놀이시설 안전관리법령상 안전관리에 관한 설명으로 옳지 않은 것은? 제13회 일부수정

① 관리주체는 설치검사를 받은 어린이놀이시설이 시설기준 및 기술기준에 적합성을 유지하고 있는지를 확인하기 위하여 안전검사기관으로부터 2년에 1회 이상 정기시설검사를 받아야 한다.

② 관리주체는 설치된 어린이놀이시설의 기능 및 안전성 유지를 위하여 시설의 노후정도, 변형상태 등의 항목에 대해 안전점검을 월 1회 이상 실시하여야 한다.

③ 관리주체는 어린이놀이시설을 인도받은 날부터 3개월 이내에 어린이놀이시설의 안전관리에 관련된 업무를 담당하는 자로 하여금 안전교육을 받도록 하여야 한다.

④ 안전교육의 주기는 2년에 1회 이상으로 하고, 1회 안전교육시간은 4시간 이상으로 한다.

⑤ 관리주체는 어린이놀이시설을 인도받은 날부터 2개월 이내에 사고배상책임보험이나 사고배상책임보험과 같은 내용이 포함된 보험에 가입하여야 한다.

> **해설** ⑤ 관리주체는 어린이놀이시설을 인도받은 날부터 30일 이내에 사고배상책임보험이나 사고배상책임보험과 같은 내용이 포함된 보험에 가입하여야 한다.

15 어린이놀이시설 안전관리법령상 중대한 사고란 어린이놀이시설로 인하여 어린이놀이시설 이용자에게 다음의 어느 하나에 해당하는 경우가 발생한 사고를 말한다. 옳지 않은 것은?

① 사고 발생일부터 7일 이내에 48시간 이상의 입원 치료가 필요한 부상을 입은 경우

② 하나의 사고로 인한 2명 이상의 부상 입은 경우

③ 2도 이상의 화상을 입은 경우

④ 부상 면적이 신체 표면의 5퍼센트 이상인 경우

⑤ 사망한 경우

> **해설** ② 하나의 사고로 인한 3명 이상의 부상 입은 경우가 해당된다.

Answer

12 ②, ④ **13** ④ **14** ⑤ **15** ②

16 어린이놀이시설 안전관리법령상 어린이놀이시설의 설치검사 등에 관한 내용이다. (　) 안에 들어갈 숫자를 쓰시오. 제19회

> 관리주체는 설치검사를 받은 어린이놀이시설이 시설기준 및 기술기준에 적합성을 유지하고 있는지를 확인하기 위하여 대통령령이 정하는 방법 및 절차에 따라 안전검사기관으로부터 (　)년에 1회 이상 정기시설검사를 받아야 한다.

해설 관리주체는 설치검사를 받은 어린이놀이시설이 시설기준 및 기술기준에 적합성을 유지하고 있는지를 확인하기 위하여 대통령령이 정하는 방법 및 절차에 따라 안전검사기관으로부터 2년에 1회 이상 정기시설검사를 받아야 한다.

17 다음은 「어린이놀이시설 안전관리법」의 용어 정의에 관한 내용이다. (　)에 들어갈 용어를 순서대로 쓰시오. 제20회

> • (　　　)(이)라 함은 어린이놀이시설의 관리주체 또는 관리주체로부터 어린이놀이시설의 안전관리를 위임받은 자가 육안 또는 점검기구 등에 의하여 검사를 하여 어린이놀이시설의 위험요인을 조사하는 행위를 말한다.
> • (　　　)(이)라 함은 법 제4조의 안전검사기관이 어린이놀이시설에 대하여 조사 · 측정 · 안전성 평가 등을 하여 해당 어린이놀이시설의 물리적 · 기능적 결함을 발견하고 그에 대한 신속하고 적절한 조치를 하기 위하여 수리 · 개선 등의 방법을 제시하는 행위를 말한다.

해설 • 안전점검이라 함은 어린이놀이시설의 관리주체 또는 관리주체로부터 어린이놀이시설의 안전관리를 위임받은 자가 육안 또는 점검기구 등에 의하여 검사를 하여 어린이놀이시설의 위험요인을 조사하는 행위를 말한다.
• 안전진단이라 함은 제4조의 안전검사기관이 어린이놀이시설에 대하여 조사 · 측정 · 안전성 평가 등을 하여 해당 어린이놀이시설의 물리적 · 기능적 결함을 발견하고 그에 대한 신속하고 적절한 조치를 하기 위하여 수리 · 개선 등의 방법을 제시하는 행위를 말한다.

Answer
16 2　**17** 안전점검, 안전진단

부 록

 제28회 기출문제

01 공동주택관리법령상 공동주택의 입주자등 또는 관리주체가 시장·군수·구청장의 허가를 받거나 시장·군수·구청장에게 신고를 하여야 하는 행위가 아닌 것은?

① 공동주택을 사업계획에 따른 용도 외의 용도에 사용하는 행위
② 급·배수관 등 배관설비의 교체
③ 공동주택의 효율적 관리에 지장을 주는 행위로서 공동주택의 용도폐지
④ 공동주택을 증축·개축·대수선하는 행위(「주택법」에 따른 리모델링은 제외한다)
⑤ 「주택법」에 따른 세대구분형 공동주택을 설치하는 행위

해설 ② 급·배수관 등 배관설비의 교체는 시장·군수·구청장의 허가를 받거나 신고를 하지 않아도 행위이다.

02 공동주택관리법령상 의무관리대상 공동주택 전환 등에 관한 설명으로 옳은 것은?

① 의무관리대상 전환 공동주택의 관리인이 의무관리대상 공동주택 전환 신고를 하지 않는 경우 입주자등은 신고를 할 수 없다.
② 의무관리대상 전환 공동주택의 입주자등은 관리규약의 제정 신고가 수리된 날부터 6개월 이내에 입주자대표회의를 구성하여야 한다.
③ 의무관리대상 전환 공동주택의 입주자등이 공동주택을 위탁관리할 것을 결정한 경우 입주자대표회의는 입주자대표회의의 구성 신고가 수리된 날부터 6개월 이내에 주택관리업자를 선정하여야 한다.
④ 시장·군수·구청장은 의무관리대상 공동주택 전환 신고를 받은 날부터 7일 이내에 신고수리 여부를 신고인에게 통지하여야 한다.
⑤ 의무관리대상 공동주택 전환 신고를 하려는 자는 입주자등의 동의를 받은 날부터 10일 이내에 관할 시장·군수·구청장에게 국토교통부령으로 정하는 신고서를 제출해야 한다.

해설 ① 의무관리대상 전환 공동주택의 관리인이 의무관리대상 공동주택 전환 신고를 하지 않는 경우 입주자등의 10분의 1 이상이 연서하여 신고할 수 있다.
② 의무관리대상 전환 공동주택의 입주자등은 관리규약의 제정 신고가 수리된 날부터 3개월 이내에 입주자대표회의를 구성하여야 한다.
④ 시장·군수·구청장은 의무관리대상 공동주택 전환 신고를 받은 날부터 10일 이내에 신고수리 여부를 신고인에게 통지하여야 한다.
⑤ 의무관리대상 공동주택 전환 신고를 하려는 자는 입주자등의 동의를 받은 날부터 30일 이내에 관할 시장·군수·구청장에게 국토교통부령으로 정하는 신고서를 제출해야 한다.

03 공동주택관리법령상 공동주택의 하자담보책임기간이 3년에 해당하는 것은?

① 마감공사 중 미장공사
② 마감공사 중 수장공사(건축물 내부 마무리 공사)
③ 대지조성공사 중 배수공사
④ 대지조성공사 중 옹벽공사(토목옹벽)
⑤ 옥외급수·위생 관련공사 중 저수조(물탱크)공사

> **해설** ①·② : 2년, ③·④ : 5년

04 공동주택관리법령상 자치관리에 관한 설명으로 옳지 않은 것은?

① 자치관리기구 관리사무소장은 입주자대표회의가 입주자대표회의 구성원 3분의 2 이상의 찬성으로 선임한다.
② 주택관리업자에게 위탁관리하다가 자치관리로 관리방법을 변경하는 경우 입주자대표회의는 그 위탁관리의 종료일까지 자치관리기구를 구성하여야 한다.
③ 의무관리대상 공동주택의 입주자등이 공동주택을 자치관리할 것을 정한 경우 입주자대표회의는 공동주택의 관리사무소장을 자치관리기구의 대표자로 선임하여야 한다.
④ 입주자대표회의는 선임된 관리사무소장이 해임되었을 때에는 그 사유가 발생한 날부터 30일 이내에 새로운 관리사무소장을 선임하여야 한다.
⑤ 자치관리기구는 입주자대표회의의 감독을 받는다.

> **해설** ① 자치관리기구 관리사무소장은 입주자대표회의가 입주자대표회의 구성원 과반수의 찬성으로 선임한다.

05 공동주택관리법령상 의무관리대상 공동주택의 일반관리비 중 인건비에 해당하지 않는 것은?

① 식대
② 퇴직금
③ 고용보험료
④ 피복비
⑤ 국민건강보험료

> **해설** ④ 인건비의 구성명세에는 급여, 제수당, 상여금, 퇴직금, 산재보험료, 고용보험료, 국민연금, 국민건강보험료 및 식대 등 복리후생비가 있다.

Answer

01 ②   02 ③   03 ⑤   04 ①   05 ④

06 공동주택관리법령상 주택관리업자에게 영업정지를 갈음하여 과징금을 부과할 수 있는 경우를 모두 고른 것은?

> ㉠ 관리비와 장기수선충당금을 「공동주택관리법」에 따른 용도 외의 목적으로 사용한 경우
> ㉡ 매년 12월 31일을 기준으로 최근 3년간 공동주택의 관리 실적이 없는 경우
> ㉢ 과실로 공동주택을 잘못 관리하여 소유자에게 재산상의 손해를 입힌 경우
> ㉣ 법인인 주택관리업자의 자본금이 2억원에 미달하게 된 경우

① ㉠, ㉡, ㉢   ② ㉠, ㉡, ㉣
③ ㉠, ㉢, ㉣   ④ ㉡, ㉢, ㉣
⑤ ㉠, ㉡, ㉢, ㉣

해설 ㉠ 관리비와 장기수선충당금을 「공동주택관리법」에 따른 용도 외의 목적으로 사용한 경우 1년 이내의 기간을 정하여 영업의 전부 또는 일부의 정지를 명하여야 하는 사유로 과징금 부과대상에 해당되지 않는다.

07 공동주택관리법령상 하자심사·분쟁조정위원회 소위원회의 심의·의결사항을 모두 고른 것은?

> ㉠ 1천만원 미만의 소액 사건
> ㉡ 전문분야 등을 고려하여 분과위원회에서 소위원회가 의결하도록 결정한 사건
> ㉢ 당사자 쌍방이 소위원회의 조정안을 수락하기로 합의한 사건
> ㉣ 하자의 발견 또는 보수가 쉬운 공용부분에 관한 하자 중 조경공사에서 발생한 하자와 관련된 심사 및 분쟁조정 사건

① ㉠   ② ㉡, ㉢
③ ㉠, ㉡, ㉢   ④ ㉡, ㉢, ㉣
⑤ ㉠, ㉡, ㉢, ㉣

해설 소위원회의 심의·의결사항은 다음과 같다.
 1. 1천만원 미만의 소액 사건
 2. 전문분야 등을 고려하여 분과위원회에서 소위원회가 의결하도록 결정한 사건
 3. 공동주택관리법 제45조 제2항후단에 따른 조정등의 신청에 대한 각하
 4. 당사자 쌍방이 소위원회의 조정안을 수락하기로 합의한 사건
 5. 하자의 발견 또는 보수가 쉬운 전유부분에 관한 하자 중 마감공사 또는 하나의 시설공사에서 발생한 하자와 관련된 심사 및 분쟁조정 사건

> **제45조 【조정 등의 처리기간 등】** ② 하자분쟁조정위원회는 신청사건의 내용에 흠이 있는 경우에는 상당한 기간을 정하여 그 흠을 바로잡도록 명할 수 있다. 이 경우 신청인이 흠을 바로잡지 아니하면 하자분쟁조정위원회의 결정으로 조정 등의 신청을 각하(却下)한다.

08 공동주택관리법령상 위탁관리를 위해 입찰방식으로 주택관리업자를 선정하는 경우에 관한 설명으로 옳지 않은 것은?

① 국토교통부장관이 정하여 고시하는 경우 외에는 경쟁입찰방식으로 선정하여야 한다.

② 경쟁입찰의 참가자격을 제한하려면 전체 입주자등의 과반수의 동의를 얻어야 한다.

③ 계약기간은 장기수선계획의 조정 주기를 고려하여 정하여야 한다.

④ 입주자대표회의의 감사가 입찰과정 참관을 원하는 경우에는 참관할 수 있도록 하여야 한다.

⑤ 기존 주택관리업자의 관리 서비스가 만족스럽지 못한 경우라도 기존 주택관리업자의 입찰참가를 제한할 수 없다.

해설 ⑤ 입주자 등은 기존 주택관리업자의 관리 서비스가 만족스럽지 못한 경우에는 대통령령으로 정하는 바에 따라 새로운 주택관리업자 선정을 위한 입찰에서 기존 주택관리업자의 참가를 제한하도록 입주자대표회의에 요구할 수 있다. 이 경우 입주자대표회의는 그 요구에 따라야 한다.

09 민간임대주택에 관한 특별법령상 공공주택사업자 또는 임차인대표회의가 임대주택분쟁조정위원회에 조정을 신청할 수 있는 사항이 아닌 것은?

① 관리비

② 임대료의 증감

③ 공공임대주택의 분양전환승인

④ 민간임대주택의 공용부분·부대시설 및 복리시설의 유지·보수

⑤ 발행한 어음 및 수표를 기한까지 결제하지 못하여 어음교환소로부터 거래정지 처분을 받은 임대사업자의 민간임대주택에 대한 분양전환

해설 공공주택사업자 또는 임차인대표회의가 임대주택분쟁조정위원회에 조정을 신청할 수 있는 사항은 다음과 같다.
1. 민간임대주택에 관한 특별법 제56조 제1항 각 호의 사항
2. 공공임대주택의 분양전환가격. 다만, 분양전환승인에 관한 사항은 제외한다.

Answer
06 ④   07 ③   08 ⑤   09 ③

10 국민건강보험법령상 직장가입자가 될 수 있는 자는?

① 비상근 근로자

② 근로자가 없는 사업장의 사업주

③ 소재지가 일정하지 아니한 사업장의 근로자

④ 고용 기간이 1개월인 일용근로자

⑤ 1개월 동안의 소정근로시간이 50시간인 단시간근로자

> **해설** 모든 사업장의 근로자 및 사용자와 공무원 및 교직원은 직장가입자가 된다. 다만, 다음 각 호의 어느 하나에 해당하는 사람은 제외한다.
> 1. 고용 기간이 1개월 미만인 일용근로자
> 2. 「병역법」에 따른 현역병(지원에 의하지 아니하고 임용된 하사를 포함한다), 전환복무된 사람 및 군간부후보생
> 3. 선거에 당선되어 취임하는 공무원으로서 매월 보수 또는 보수에 준하는 급료를 받지 아니하는 사람
> 4. 비상근 근로자 또는 1개월 동안의 소정(所定)근로시간이 60시간 미만인 단시간근로자
> 5. 비상근 교직원 또는 1개월 동안의 소정근로시간이 60시간 미만인 시간제공무원 및 교직원
> 6. 소재지가 일정하지 아니한 사업장의 근로자 및 사용자
> 7. 근로자가 없거나 제1호에 해당하는 근로자만을 고용하고 있는 사업장의 사업주

11 산업재해보상보험법상 용어에 관한 설명으로 옳지 않은 것은?

① 사망한 사람의 배우자(사실상 혼인 관계에 있는 사람 포함)는 "유족"에 해당한다.

② 취업과 관련하여 한 취업장소에서 다른 취업장소로의 이동은 "출퇴근"에 해당하지 않는다.

③ 부상이 치료의 효과를 더 이상 기대할 수 없고 그 증상이 고정된 상태에 이르게 된 것은 "치유"에 해당한다.

④ 업무상의 질병에 따른 정신적 훼손으로 노동능력이 감소된 상태로서 그 질병이 치유되지 아니한 상태는 "중증요양상태"에 해당한다.

⑤ 「근로기준법」에 따라 "임금" 또는 "평균임금"을 결정하기 어렵다고 인정되면 고용노동부장관이 정하여 고시하는 금액을 해당 "임금" 또는 "평균임금"으로 한다.

> **해설** ② 출퇴근이란 취업과 관련하여 주거와 취업장소 사이의 이동 또는 한 취업장소에서 다른 취업장소로의 이동을 말한다.

12 고용보험법상 취업촉진 수당의 종류에 해당하지 않는 것은?

① 구직급여
② 조기(早期)재취업 수당
③ 직업능력개발 수당
④ 광역 구직활동비
⑤ 이주비

해설 ① 취업촉진 수당의 종류에는 조기(早期)재취업 수당, 직업능력개발 수당, 광역 구직활동비, 이주비가 있다.

13 건축물의 에너지절약설계기준상 건축부문의 의무사항에서 기밀 및 결로방지 등을 위한 조치에 관한 내용으로 옳지 않은 것은?

① 단열부위가 만나는 모서리 부위에 알루미늄박 또는 플라스틱계 필름 등을 사용할 경우 그 이음부는 80mm 이상 중첩되게 시공하여야 한다.
② 건축물 외피 단열부위의 접합부, 틈 등은 밀폐될 수 있도록 코킹과 가스켓 등을 사용하여 기밀하게 처리하여야 한다.
③ 방풍구조를 설치하여야 하는 출입문에서 회전문과 일반문이 같이 설치되어진 경우, 일반문 부위는 방풍실 구조의 이중문을 설치하여야 한다.
④ 외기에 직접 면하고 1층 또는 지상으로 연결된 출입문은 방풍구조로 하여야 한다. 다만, 너비 1.2미터 이하의 출입문은 그러하지 않을 수 있다.
⑤ 건축물의 거실의 창이 외기에 직접 면하는 부위인 경우에는 기밀성 창을 설치하여야 한다.

해설 ① 단열부위가 만나는 모서리 부위에 알루미늄박 또는 플라스틱계 필름 등을 사용할 경우 그 이음부는 100mm 이상 중첩되게 시공하여야 한다.

Answer
10 ④   11 ②   12 ①   13 ①

14 건축물의 설비기준 등에 관한 규칙상 비상용승강기의 승강장에 설치하는 배연설비의 구조에 관한 내용으로 옳은 것을 모두 고른 것은? (단, 공기유입방식을 급기가압방식 또는 급·배기 방식으로 하는 경우는 제외함)

> ㉠ 배연구 및 배연풍도는 난연재료로 하고, 화재가 발생한 경우 원활하게 배연시킬 수 있는 규모로서 외기 또는 평상시에 사용하지 아니하는 굴뚝에 연결할 것
> ㉡ 배연구에 설치하는 수동개방장치 또는 자동개방장치(열감지기 또는 연기감지기에 의한 것을 말한다)는 손으로도 열고 닫을 수 있도록 할 것
> ㉢ 배연구는 평상시에는 닫힌 상태를 유지하고, 연 경우에는 배연에 의한 기류로 인하여 닫히지 아니하도록 할 것

① ㉠   ② ㉡

③ ㉠, ㉡   ④ ㉠, ㉢

⑤ ㉡, ㉢

해설 ㉠ 배연구 및 배연풍도는 불연재료로 하고, 화재가 발생한 경우 원활하게 배연시킬 수 있는 규모로서 외기 또는 평상시에 사용하지 아니하는 굴뚝에 연결하여야 한다.

15 승강기 안전관리법상 승강기의 안전검사에 관한 내용으로 옳지 않은 것은?

① 관리주체가 요청하는 경우는 수시검사를 받아야 한다.

② 승강기의 제어반(制御盤) 또는 구동기(驅動機)를 교체한 경우는 수시검사를 받아야 한다.

③ 설치검사를 받은 날부터 15년이 지난 경우는 정밀안전검사를 받아야 한다.

④ 관리주체는 승강기에 대하여 국토교통부장관이 실시하는 안전검사를 받아야 한다.

⑤ 정기검사는 설치검사 후 정기적으로 하는 검사이다.

해설 ④ 관리주체는 승강기에 대하여 행정안전부장관이 실시하는 안전검사를 받아야 한다.

16

주택건설기준 등에 관한 규정상 난간에 관한 내용이다. (   )에 들어갈 내용을 옳게 나열한 것은?

제18조 【난간】 ① <생략>

② 난간의 각 부위의 치수는 다음 각호의 기준에 적합하여야 한다.

1. 난간의 높이 : 바닥의 마감면으로부터 (㉠) 센티미터 이상. 다만, 건축물 내부계단에 설치하는 난간, 계단중간에 설치하는 난간 기타 이와 유사한 것으로 위험이 적은 장소에 설치하는 난간의 경우에는 (㉡) 센티미터 이상으로 할 수 있다.

2. 난간의 간살의 간격 : 안목치수 10 센티미터 이하

---

① ㉠: 100, ㉡: 90   ② ㉠: 120, ㉡: 60

③ ㉠: 120, ㉡: 90   ④ ㉠: 150, ㉡: 60

⑤ ㉠: 150, ㉡: 80

해설 난간의 높이는 바닥의 마감면으로부터 120센티미터 이상. 다만, 건축물 내부계단에 설치하는 난간, 계단중간에 설치하는 난간 기타 이와 유사한 것으로 위험이 적은 장소에 설치하는 난간의 경우에는 90센티미터 이상으로 할 수 있다.

17

실내공기질 관리법 시행규칙상 신축 공동주택의 실내공기질 측정항목에 해당하는 것을 모두 고른 것은?

㉠ 라돈   ㉡ 에틸벤젠
㉢ 석면   ㉣ 스티렌

---

① ㉠   ② ㉡, ㉢

③ ㉢, ㉣   ④ ㉠, ㉡, ㉢

⑤ ㉠, ㉡, ㉣

해설 신축 공동주택의 실내공기질 측정항목에는 폼알데하이드, 벤젠, 톨루엔, ㉡ 에틸벤젠, 자일렌, ㉣ 스티렌, ㉠ 라돈이 있다.

Answer
14 ⑤   15 ④   16 ③   17 ⑤

18 관경이 동일한 배관을 직선으로 이음하는데 사용하는 배관의 부속품이 아닌 것은?

① 유니언 　　　　　　　　　　② 소켓
③ 부싱 　　　　　　　　　　　④ 플랜지
⑤ 니플

해설 ③ 관경이 동일한 배관을 직선으로 이음하는데 사용하는 배관의 부속품은 소켓, 유니온, 플랜지, 니플이 있고 부싱은 구경이 다른 관을 접합할 때 사용된다.

19 급탕설비에 관한 설명으로 옳은 것은?

① 개별식 급탕방식은 중앙식 급탕방식에 비해 배관길이가 길어져 열손실이 크다.
② 중앙식 급탕방식 중 간접가열식은 고층건물에서 직접가열식에 비해 저압의 보일러로 충분하여 고압용 보일러를 설치할 필요는 없다.
③ 팽창관은 배관 도중에 이상 압력을 차단하는 체크밸브를 설치해야 한다.
④ 2개 이상의 엘보를 이용하여 신축을 흡수하는 이음은 더블 벨로즈형이다.
⑤ 신축이음의 종류에는 슬리브형, 라인형, 컬러형 등이 있다.

해설 ① 중앙식 급탕방식은 개별식 급탕방식에 비해 배관길이가 길어져 열손실이 크다.
③ 팽창관은 배관 도중에 밸브를 설치하지 않는다.
④ 스위블형 신축이음은 2개 이상의 엘보를 이용하여 신축을 흡수하는 이음이다.
⑤ 신축이음의 종류에는 스위블형, 슬리브형, 벨로우즈형, 루프형(신축곡관), 볼형이 있다.

20 펌프에 관한 설명으로 옳은 것은?

① 펌프의 흡상높이는 수온이 올라갈수록 높아진다.
② 펌프의 회전수를 1.2배로 하면 양수량은 1.73배가 된다.
③ 펌프의 흡입양정을 작게 하면 공동현상(cavitation)의 발생 가능성은 커진다.
④ 펌프의 성능 곡선은 가로축에 양수량, 세로축에 전양정, 효율, 축동력을 나타낸 것이다.
⑤ 비속도는 펌프의 형식을 결정하는 척도로 사용되며, 펌프가 대유량, 저양정일수록 그 값은 작아진다.

해설 ① 펌프의 흡상높이는 수온이 올라갈수록 낮아진다.
② 펌프의 회전수를 1.2배로 하면 양수량은 1.2배가 된다.
③ 펌프의 흡입양정을 작게 하면 공동현상(cavitation)의 발생 가능성은 작아진다.
⑤ 비속도는 펌프의 형식을 결정하는 척도로 사용되며, 펌프가 대유량, 저양정이면 비속도가 커지고 소유량 고양정일수록 비속도는 작아진다.
※ 비속도 : $1m^3/min$의 유량을 1m 양수하는데 필요한 회전수

21 난방설비에 관한 설명으로 옳은 것은?

① 중앙난방 방식의 온수난방에는 팽창탱크가 필요하다.
② 증기난방은 온수난방에 비해 부하변동에 따른 실내 온도조절이 용이하다.
③ 온수난방에는 방열기 트랩을 사용하여 열효율을 증가시킨다.
④ 방열기의 상당방열면적은 표준방열량을 방열기의 방열량으로 나눈 값을 말한다.
⑤ 직접환수방식은 역환수방식에 비해 배관설치 비용이 증가한다.

> **해설** ② 증기난방은 온수난방에 비해 부하변동에 따른 실내 온도조절이 용이하지 않다.
> ③ 증기난방에는 방열기 트랩을 사용하여 열효율을 증가시킨다.
> ④ 방열기의 상당방열면적은 방열기의 방열량을 표준방열량으로 나눈 값을 말한다.
> ⑤ 역환수방식은 직접환수방식에 비해 배관설치 비용이 증가한다.

22 냉동설비에 관한 내용으로 옳지 않은 것은?

① 히트펌프는 냉방용 및 난방용으로 사용할 수 있다.
② 흡수식냉동기는 압축식냉동기에 비해 소음이 작다.
③ 1중효용(단효용) 흡수식냉동기는 2중효용 흡수식냉동기에 비해 에너지효율이 좋다.
④ 히트펌프는 난방운전 시가 냉방운전 시보다 성적계수(COP)가 높다.
⑤ 응축기와 팽창밸브는 압축식냉동기의 구성요소에 포함된다.

> **해설** ③ 2중효용 흡수식냉동기는 1중효용(단효용) 흡수식냉동기에 비해 에너지효율이 좋다.

23 소방시설 설치 및 관리에 관한 법률 시행령에서 정하고 있는 소방시설 중 경보설비가 아닌 것은?

① 시각경보기　　　　　　　② 비상경보설비
③ 비상방송설비　　　　　　④ 자동화재탐지설비
⑤ 무선통신보조설비

> **해설** ⑤ 무선통신보조설비는 소화활동설비로 분류된다.

Answer
18 ③　19 ②　20 ④　21 ①　22 ③　23 ⑤

24 가로 20m, 세로 10m, 높이 6m인 기계실의 발열량이 20kW일 때 실내온도를 30°C로 유지하기 위한 환기횟수(회/h)는? (단, 외기온도 25°C, 공기의 비중 1.2kg/m3, 공기의 비열 1.0kJ/kg·K로 하고, 주어진 조건 외는 고려하지 않음)

① 5   ② 10   ③ 15
④ 20   ⑤ 30

해설 1. 환기량 $= \dfrac{실내발열량}{비중 \times 비열 \times 온도차} = \dfrac{72,000}{1.2 \times 1.0 \times 5} = 12,000$

※ 실내발열량 20KW를 KJ/h로 환산하려면 $20 \times 3,600 = 72,000KJ/h$

2. 환기횟수 $= \dfrac{환기량}{실체적} = \dfrac{12,000}{1,200} = 10$

25 공동주택관리법상 용어 정의에 관한 규정이다. (   )에 들어갈 용어를 쓰시오.

> "(㉠)"(이)란 분양을 목적으로 한 공동주택과 임대주택이 함께 있는 공동주택 단지를 말한다.

26 공동주택관리법령상 선거관리위원회 구성원 수 등에 관한 규정의 일부이다. (   )에 들어갈 용어와 아라비아 숫자를 쓰시오.

> • 법 제15조 ① 입주자등은 동별 대표자나 입주자대표회의의 임원을 선출하거나 해임하기 위하여 선거관리위원회를 구성한다.
> • 시행령 제15조 ① 법 제15조 제1항에 따른 선거관리위원회는 입주자등(서면으로 위임된 대리권이 없는 공동주택 (㉠)의 배우자 및 직계존비속이 그 (㉠)을(를) 대리하는 경우를 포함한다) 중에서 위원장을 포함하여 다음 각호의 구분에 따른 위원으로 구성한다.
> 1. 500세대 이상인 공동주택: (㉡)명 이상 9명 이하
> 2. 500세대 미만인 공동주택: (㉢)명 이상 9명 이하

27 공동주택관리법 제19조(관리규약 등의 신고) 규정의 일부이다. (   )에 들어갈 아라비아 숫자를 쓰시오.

> 의무관리대상 전환 공동주택의 관리인이 관리규약의 제정 신고를 하지 아니하는 경우에는 입주자등의 (㉠)분의 1 이상이 연서하여 신고할 수 있다.

28 공동주택관리법령상 업무의 위탁에 관한 규정의 일부이다. ( )에 들어갈 용어를 쓰시오.

> 시행령 제95조 ⑧ 시장·군수·구청장은 법 제89조 제2항에 따라 소규모 공동주택의 안전관리 업무를 다음 각 호의 어느 하나에 해당하는 법인을 지정하여 위탁한다.
> 1. 국토안전관리원
> 2. (㉠)
> 3. 그 밖에 (㉡)이 소규모 공동주택의 안전관리 업무를 수행할 수 있다고 인정하여 고시하는 법인
>
> ※ 법 제89조(권한의 위임·위탁)

29 공동주택관리법령상 층간소음 실태조사에 관한 규정의 일부이다. ( )에 들어갈 용어를 쓰시오.

> • 법 제85조의2 ③ 국토교통부장관 또는 지방자치단체의 장은 층간소음에 관한 실태조사 업무를 대통령령으로 정하는 기관 또는 단체에 위탁하여 실시할 수 있다.
> • 시행령 제91조의2 ② 법 제85조의2 제3항에서 "대통령령으로 정하는 기관 또는 단체"란 다음 각 호의 기관 또는 단체를 말한다.
> 　1. 법 제86조에 따른 공동주택관리 (㉠)

30 근로자퇴직급여 보장법상 퇴직급여제도의 설정에 관한 규정의 일부이다. ( )에 들어갈 아라비아 숫자를 쓰시오.

> 제4조 ① 사용자는 퇴직하는 근로자에게 급여를 지급하기 위하여 퇴직급여제도 중 하나 이상의 제도를 설정하여야 한다. 다만, 계속근로기간이 (㉠)년 미만인 근로자, 4주간을 평균하여 1주간의 소정근로시간이 (㉡)시간 미만인 근로자에 대하여는 그러하지 아니하다.

Answer
24 ② 　25 혼합주택단지 　26 소유자, 5, 3 　27 10 　28 주택관리사단체, 국토교통부장관 　29 지원기구 　30 1, 15

31

민간임대주택에 관한 특별법령상 민간임대주택의 임대사업자의 관리업무에 관한 규정의 일부이다. (   )에 들어갈 용어를 쓰시오.

> • 법 제51조 ② 임대사업자는 민간임대주택이 300세대 이상의 공동주택 등 대통령령으로 정하는 규모 이상에 해당하면 「공동주택관리법」에 따른 주택관리업자에게 관리를 위탁하거나 자체관리하여야 한다.
> • 법 제53조 ① 제51조 제2항에 따른 민간임대주택의 임대사업자는 주요 시설을 교체하고 보수하는 데에 필요한 (㉠)을(를) 적립하여야 한다.
> • 시행령 제43조 ① 법 제53조 제1항에 따른 민간임대주택의 임대사업자는 해당 민간임대주택(제41조 제3항 각 호의 공동주택으로 한정한다)의 공용부분, 부대시설 및 복리시설(분양된 시설은 제외한다)에 대한 장기수선계획을 수립하여 「주택법」 제49조에 따른 사용검사 신청시 함께 제출하여야 하며, 임대기간 중 해당 민간임대주택단지에 있는 (㉡)에 장기수선계획을 갖춰 놓아야 한다.

32

남녀고용평등과 일·가정 양립 지원에 관한 법률상 난임치료휴가에 관한 규정의 일부이다. (   )에 들어갈 아라비아 숫자를 쓰시오.

> 제18조의3 ① 사업주는 근로자가 인공수정 또는 체외수정 등 난임치료를 받기 위하여 휴가를 청구하는 경우에 연간 (㉠)일 이내의 휴가를 주어야 하며, 이 경우 최초 (㉡)일은 유급으로 한다. 다만, 근로자가 청구한 시기에 휴가를 주는 것이 정상적인 사업 운영에 중대한 지장을 초래하는 경우에는 근로자와 협의하여 그 시기를 변경할 수 있다.

33

주택건설기준 등에 관한 규정상 급·배수시설에 관한 내용이다. (   )에 들어갈 용어와 아라비아 숫자를 쓰시오.

> 제43조(급·배수시설) ① 1. ~ 3. <생략>
> ② 주택의 화장실에 설치하는 급수·배수용 배관은 다음 각 호의 기준에 적합해야 한다.
> 1. 급수용 배관에는 (㉠)밸브 등 수압을 조절하는 장치를 설치하여 각 세대별 수압이 일정하게 유지되도록 할 것
> 2. 배수용 배관은 층상배관공법(배관을 해당 층의 바닥 슬래브 위에 설치하는 공법을 말한다) 또는 층하배관공법(배관을 바닥 슬래브 아래에 설치하여 아래층 세대 천장으로 노출시키는 공법을 말한다)으로 설치할 수 있으며, 층하배관공법으로 설치하는 경우에는 일반용 경질(단단한 재질) 염화비닐관을 설치하는 경우보다 같은 측정조건에서 (㉡)데시벨 이상 소음 차단 성능이 있는 저소음형 배관을 사용할 것

34 주차장법 시행규칙상 노외주차장의 구조·설비기준에 관한 내용이다. ( )에 들어갈 아라비아 숫자를 쓰시오.

> 노외주차장 내부 공간의 일산화탄소 농도는 주차장을 이용하는 차량이 가장 빈번한 시각의 앞뒤 8시간의 평균치가 (㉠)피피엠 이하(「실내공기질 관리법」 제3조 제1항 제19호에 따른 실내주차장은 (㉡)피피엠 이하)로 유지되어야 한다.

35 건축물의 설비기준 등에 관한 규칙상 피뢰설비에 관한 내용이다. ( )에 공통으로 들어갈 아라비아 숫자를 쓰시오.

> 제20조【피뢰설비】영 제87조 제2항에 따라 낙뢰의 우려가 있는 건축물, 높이 (㉠)미터 이상의 건축물 또는 영 제118조 제1항에 따른 공작물로서 높이 (㉠)미터 이상의 공작물(건축물에 영 제118조 제1항에 따른 공작물을 설치하여 그 전체 높이가 (㉠)미터 이상인 것을 포함한다)에는 다음 각 호의 기준에 적합하게 피뢰설비를 설치해야 한다.
> 1. ~ 9. <생략>

36 신에너지 및 재생에너지 개발·이용·보급 촉진법상 용어의 정의에 관한 내용이다. ( )에 들어갈 용어를 쓰시오.

> 제2조【정의】이 법에서 사용하는 용어의 뜻은 다음과 같다.
> 1. <생략>
> 2. "재생에너지"란 햇빛·물·지열(地熱)·강수(降水)·생물유기체 등을 포함하는 재생가능한 에너지를 변환시켜 이용하는 에너지로서 다음 각 목의 어느 하나에 해당하는 것을 말한다.
>   가. (㉠)에너지   나. (㉡)   다. 수력
>   라. 해양에너지   마. 지열에너지
>   바. 생물자원을 변환시켜 이용하는 (㉢)에너지로서 대통령령으로 정하는 기준 및 범위에 해당하는 에너지
>   사. 폐기물에너지(비재생폐기물로부터 생산된 것은 제외한다)로서 대통령령으로 정하는 기준 및 범위에 해당하는 에너지
>   아. 그 밖에 석유·석탄·원자력 또는 천연가스가 아닌 에너지로서 대통령령으로 정하는 에너지

Answer
31 특별수선충당금, 관리사무소 **32** 6, 2 **33** 감압, 5 **34** 50, 25 **35** 20 **36** 태양, 풍력, 바이오

37 먹는물 수질기준 및 검사 등에 관한 규칙상 먹는물의 수질기준에 관한 내용이다. (   )에 들어갈 아라비아 숫자를 쓰시오.

> 1. <생략>
> 2. 건강상 유해영향 무기물질에 관한 기준
>   가. 납은 (㉠)mg/L를 넘지 아니할 것
>   나. 불소는 1.5mg/L(샘물·먹는샘물 및 염지하수·먹는염지하수의 경우에는 2.0mg/L)를 넘지 아니할 것
>   다. ~ 하. <생략>

38 도시가스사업법 시행규칙상 가스사용시설의 시설·기술·검사기준에 관한 내용이다. (   )에 들어갈 용어와 아라비아 숫자를 쓰시오.

> 1. 배관 및 배관설비
>   가. 시설기준
>   1) ~ 2) <생략>
>   3) 배관설비기준
>   가) ~ 아) <생략>
>   자) 배관은 안전을 확보하기 위하여 배관임을 명확하게 알아볼 수 있도록 다음 기준에 따라 도색 및 표시를 할 것
>   ① <생략>
>   ② 지상배관은 부식방지도장 후 표면색상을 황색으로 도색하고, 지하매설배관은 최고 사용압력이 (㉠)인 배관은 황색으로, 중압 이상인 배관은 붉은색으로 할 것. 다만, 지상배관의 경우 건축물의 내·외벽에 노출된 것으로서 바닥(2층 이상의 건물의 경우에는 각 층의 바닥을 말한다)에서 (㉡)m의 높이에 폭 3cm의 황색띠를 2중으로 표시한 경우에는 표면색상을 황색으로 하지 아니할 수 있다.
>   차) ~ 타) <생략>

39 화재의 예방 및 안전관리에 관한 법률 시행령상 특급 소방안전관리대상물에 관한 내용이다. ( )에 들어갈 아라비아 숫자를 쓰시오.

> 1. 특급 소방안전관리대상물
>   가. 특급 소방안전관리대상물의 범위
>   「소방시설 설치 및 관리에 관한 법률 시행령」 별표 2의 특정소방대상물 중 다음의
>   어느 하나에 해당하는 것
>   1) (㉠)층 이상(지하층은 제외한다)이거나 지상으로부터 높이가 (㉡)미터 이상
>   인 아파트
>   2) ~ 3) <생략>

40 피난기구의 화재안전기술기준(NFTC 301)상 승강식 피난기 및 하향식 피난구용 내림식사다리에 관한 내용이다. ( )에 들어갈 아라비아 숫자를 쓰시오.

> 대피실의 면적은 (㉠)m²(2세대 이상일 경우에는 3m²) 이상으로 하고, 「건축법 시행령」
> 제46조 제4항 각 호의 규정에 적합하여야 하며 하강구(개구부) 규격은 직경 60cm 이상일 것.
> 다만, 외기와 개방된 장소에는 그렇지 않다.

Answer

37 0.01 **38** 저압, 1 **39** 50, 200 **40** 2

연구 집필위원

김 혁

2026 제29회 시험대비 전면개정

박문각 주택관리사 기본서 2차 공동주택관리실무

초판인쇄 | 2025. 10. 1.　**초판발행** | 2025. 10. 5.　**편저** | 김혁 외 박문각 주택관리연구소
발행인 | 박 용　**발행처** | (주)박문각출판　**등록** | 2015년 4월 29일 제2019-000137호
주소 | 06654 서울시 서초구 효령로 283 서경 B/D 4층　**팩스** | (02)584-2927
전화 | 교재 주문 (02)6466-7202, 동영상문의 (02)6466-7201

판 권
본 사
소 유

정가 44,000원

ISBN 979-11-7519-285-0　|　ISBN 979-11-7519-283-6(2차세트)